主 编 李育民

近代中外条约关系通史

第 3 卷

条约关系的发展与朝贡关系的危机

(1861—1896)

李传斌 著

中 华 书 局

目　录

导言

第一章　"合作政策"下中外不平等条约关系的普遍建立 / 1

第一节　清政府对外关系的变化与"合作政策"的出台 / 1

第二节　欧洲各小国与中国条约关系的建立 / 19

第三节　列强在华共同权益的扩展与规范 / 62

第四节　俄国《陆路通商章程》的扩展 / 91

第二章　限制侵权与建立平等条约关系的尝试与努力 / 97

第一节　中英《新定条约》与条约关系的两种趋向 / 97

第二节　中美《续增条约》与中美关系 / 110

第三节　中日《修好条规》与中日条约关系的建立 / 117

第四节　中秘、中巴条约关系的建立 / 128

第三章　"合作政策"破产后的各国对华条约关系 / 143

第一节　中英《烟台条约》及其后续条约的签订 / 144

第二节　中法、中德、中美条约关系的发展 / 171

第三节　中葡条约关系的建立 / 191

第四节　各国通商约章的扩展 / 195

第四章　条约关系影响下的朝贡关系危机 / 202

第一节　中日条约关系与中琉朝贡关系 / 203

第二节　中法战争与中越朝贡关系的结束 / 212

第三节　条约关系对中朝朝贡关系的影响 / 220

第四节　中朝朝贡关系的条约化 / 231

第五节　中英《缅甸条款》与中缅关系的变化 / 237

第五章 边界条约与边界关系的变化 / 243

第一节 第二次鸦片战争后的中俄边界条约 / 244

第二节 边疆危机与中俄、中英边界条约 / 258

第三节 越南问题与中法边界条约 / 283

第六章 "准条约"的产生 / 293

第一节 洋务运动与"准条约"的产生 / 293

第二节 中外首批电信类"准条约" / 304

第七章 条约的执行与冲突 / 320

第一节 执行条约与各项章程的产生 / 320

第二节 条约执行中的变通问题 / 333

第三节 经济领域的违约、纠纷与中外交涉 / 353

第四节 传教与中外交涉 / 386

第五节 边界条约的执行与中外交涉 / 403

第六节 其他方面的条约执行与中外交涉 / 413

第八章 条约关系下的外交礼仪与制度 / 420

第一节 清朝外交礼仪的变化 / 420

第二节 清朝中央外交制度的变化 / 431

第三节 清朝地方外交制度的变化 / 435

第四节 外交的"内外兼顾"与驻外使领馆的设立 / 455

第九章 条约关系运行中的各方应对 / 465

第一节 清政府应对条约关系的方略 / 465

第二节 各国对待条约关系的态度 / 494

第三节 国际法传入与中国对条约关系的应对 / 512

第四节 改变不平等条约关系的早期呼声 / 523

第十章 《马关条约》与东亚传统国际秩序的崩溃 / 550

第一节 《马关条约》与中日商约的签订 / 550

第二节 条约关系的新变化 / 560

第三节 朝贡关系的崩溃 / 566

结语 / 571

主要参考文献 / 573

导　言

　　19 世纪 60—90 年代是中外条约关系发展的重要时期。这一时期,国际关系、中西关系、中国内部均发生了前所未有的变化。在这些因素的影响下,中外条约关系在国别、内容、实施范围上不断扩展,影响的广度和深度不断扩大,逐步取代传统的朝贡关系,成为中外交往的主导性国际秩序。

　　第二次鸦片战争后,近代中国的条约制度基本形成①。清政府被迫承担起条约义务,列强对华采取"合作政策"。19 世纪 70 年代,列强的"合作政策"破产,此后列强在单独侵华的同时,仍然有彼此之间的合作。与此同时,中国日益走向世界,中外交往的发展使得中外条约关系不断扩展。

　　就国别而言,欧洲各小国相继来华,在英、法、美等国的庇护下,先后与中国签订了不平等条约。这就是所谓的"小国订约"。到 1870 年,与中国有条约关系的国家由原来的英、法、美、俄、瑞典—挪威扩大到十多个国家,普鲁士、丹麦、比利时、荷兰、意大利、西班牙、奥地利相继与中国建立起条约关系。葡萄牙也加入议约的行列,但是因为澳门主权问题而未能将议定的条约互换生效,迟至 19 世纪 80 年代中葡之间才形成条约关系。19 世纪 70—80 年代,中国又与日本、秘鲁、巴西、朝鲜等国建立起了条约关系。各国与中国双边条约的建立使得中外条约关系的涉及国家不断增多,条约关系显得更为复杂多样。

　　就条约关系的内容而言,1860 年以后中外条约的内容在之前的基础上不断扩展。在中外交往的新形势下,中外之间签订了一批新条约,相关的章程相继出台。这些条约有双边条约、与多国利益相关的条约、修订的条约、边界条约,还有新出现的"准条约"、国际公约。相关章程则涉及条约关系的诸多方面。它们不仅使协定关税、领事裁判权、传教等条约特权不断得到扩展,而且使列强获得了修筑铁路、开办工厂等新权利。因此,条约关系的内涵不断丰富。值得注意的是,清政府在中外修约和订约的过程中,开始注意限制和收回外人在华权利,如与英、法等国修约时试图限制条约特权,与日本、秘鲁、巴西等国订约时注意双方的平等性,与各国商议限制传教,等等。

---

① 李育民:《近代中国的条约制度》,湖南师范大学出版社,1995 年,第 12 页。

就实施范围而言,条约特权的实施范围由东南五口扩大到从南到北的中国沿海,从上海深入到重庆等长江沿岸,外国人可以进入内地游历、通商,传教士还可以进入内地自由传教。而且,随着中外条约关系的不断扩展,东北、西北、西南等边疆地区也被纳入条约关系的实施范围。与此同时,中国开始走向国际社会,向外国派出使节和领事,在办理交涉的同时,保护华工华侨。

就条约关系的运行而言,中外各方围绕着中外条约的执行,逐步建立起了适应中外条约关系的外交制度、礼仪制度、通商贸易制度。条约关系的运行在第二次鸦片战争后的三十余年间也是一个不断调整和变化的过程。中外双方在外交、通商、传教、边界等问题上既有冲突,也有变通、调适和改易。在此过程中,清政府和各国在对待条约关系上采取了相应的方略和政策。

条约关系的运行对中国的外交、内政、经济、文化产生了多方面的影响,特别是对中国的国家主权造成了极大的侵害,使中国国家地位日益低落。为改变这种处境,中国各界出于国家利益的考虑,发出了改变不平等条约关系的早期呼声。清政府在相关问题上采取了相应的举措。尤其是随着国际法的传入,清政府试图运用国际法调整中外条约关系,并从 19 世纪 60 年代起进行了努力。然而,在特殊的国际关系处境之下,清政府受制于国力衰弱以及"力保和局"的外交战略,加之列强炮舰政策的影响,最终难以改变条约关系。这与日本在 19 世纪 60—90 年代对外条约关系的发展与变化形成了强烈的反差。

条约关系还对近代中国的国际交往产生了重要影响。条约关系逐渐取代朝贡制度,成为中外交往的新秩序。在中国面临列强侵略之际,中国周边的传统藩属国相继遭到各国的侵略。清政府自顾不暇,虽然采取了相应的措施,但是力不从心,难以继续与这些国家维持传统的朝贡关系。19 世纪七八十年代,朝贡关系面临严重的危机。清政府在与相关国家签订的条约中,不得不涉及琉球、缅甸、越南、朝鲜等藩属国。相继失去琉球、越南、缅甸等藩属国后,1895 年《马关条约》签订,中国又失去重要的藩属国朝鲜,朝贡关系最终崩溃。

本卷主要研究 1861—1896 年间中外条约关系的发展演变,剖析其发展与运行对中外经济关系、文化关系、外交关系的变化所产生的影响。主要内容包括:列强"合作政策"与不平等条约关系的普遍建立,"合作政策"的破产与条约关系的发展,清政府谋求建立平等条约关系的尝试与努力,条约关系的影响及朝贡关系的危机与崩溃,边界条约与"准条约"问题,条约关系运行与各界的反应、应对。

本卷内容的撰写遵循全书的理论框架与写作框架,紧扣 19 世纪 60—90 年代中外关系的历史演进以及中外条约关系的整体发展态势,系统论述这一时期中外条约关系的发展变化及其影响。本卷的具体研究思路是:

首先,从纵向上理清这一时期中外条约关系的发展变化,围绕条约关系的发展与朝贡关系的危机,按不同阶段的发展主题论述这一时期中外条约关系的发展演变。

其次,对不同时段都产生的条约关系问题,如边界条约、"准条约"等问题,设立专题,按其时间演进,集中论述。

再次,从横向上研究条约关系的运行,剖析条约的执行及其在经济、文化等领域内所产生的冲突;并从总体上把握这一时期条约关系的发展及其运行所产生的影响及各界的反应,从而进一步剖析条约关系的运行实态与发展变化。

最后,集中探讨这一时段最后产生的《马关条约》,剖析其对朝贡关系、条约关系以及东亚国际秩序的变化所产生的影响。

本卷注意与前后卷研究内容的联系与贯通,既注意本时段条约关系发展的内在规律与特点,又注意关照前后卷的研究,从而与前后内容相互关联。

第一章　"合作政策"下中外不平等条约关系的普遍建立

19 世纪 60 年代，清政府被迫承担起条约义务，列强为维护在华利益采取了所谓的"合作政策"。在此背景下，欧洲各小国先后来华，与中国签订了不平等条约。于是中国与欧美诸多国家普遍建立了不平等条约关系。与此同时，各国还与清政府签订了相关约章，扩大其在华共同权益；俄国因与中国陆路接壤，不断提出要求，扩大其在华陆路通商权益。因此，19 世纪 60 年代，不平等条约关系在国别、内容、空间范围上不断扩大，这一时期可以说是不平等条约关系的重要拓展期。

第一节　清政府对外关系的变化与"合作政策"的出台

第二次鸦片战争后，条约制度的基本建立从制度上规范了条约关系的内容和实施范围。然而，在特定的时局之下，清政府的对外政策、列强的对华政策，对条约关系的扩展产生了重要的影响。这突出地表现在清政府的信守条约方针、"和戎自强"的外交战略以及列强对华侵略的"合作政策"等方面。

一、 清政府对外政策的变化

19 世纪 60 年代，清政府面临严重的内忧外患，处于"三千年未有之变局"。清政府不得不接受西方列强武力威迫之下签订的不平等条约，履行条约义务，采取了信守条约的方针。而且，面对时局，清政府形成了"和戎自强"的外交战略。

清政府信守条约的方针是第二次鸦片战争后特殊时局之下的产物。中英、中法《北京条约》签订后，咸丰帝于 1860 年 10 月 28 日发布上谕，称："其和约内应行各事宜，即着通行各省督抚大吏，一体按照办理。"[①] 对于发布上谕颁行条约，当时负责办理抚局的奕䜣等人曾奏称："条约既已互换，不待降旨，自然宣布。"咸丰帝认为奕䜣等人的这一主张是出于慎重，不过和约已交换，"不如示之以信，使之不疑"，打消列强疑虑，主张发布上谕颁行条约。而且，咸丰帝在发布上谕后，让奕䜣等人告诉各国使节，"并交内阁发钞，令中外不逞之徒，知和约已成，不敢乘机滋事，亦可定人心而杜奸谋"[②]。显然，咸丰帝接受新签订的《天津条约》《北京条约》，很大程度上是因为清朝面临严重的内忧外患。也就是说迫于内外形势，清政府不得不接受不平等条约，执行不平等条约的规定。当然，清政府执行条约也是基于对列强认识的变化。诚如奕䜣、桂良、文祥在上奏时所称，"自换约以后，该夷退回天津，纷纷南驶，而所请尚执条约为据。是该夷并不利我土地人民，犹可以信义笼络，驯服其性，自图振兴，似与前代之事稍异"[③]。

即便清廷发布上谕颁行条约，列强仍然要求其采取措施向地方颁行条约。前述上谕颁发后，英国、法国驻华公使刊刻 1050 张通行各省条约告示，

---

① 《上谕》，咸丰十年九月十五日，贾桢等纂修：《筹办夷务始末·咸丰朝》七，中华书局，1979 年，第 2502 页。

② 《廷寄》，咸丰十年九月十五日，贾桢等纂修：《筹办夷务始末·咸丰朝》七，第 2502—2503 页。

③ 《奕䜣桂良文祥奏统计全局酌拟章程六条呈览请议遵行折》，咸丰十年十一月初三日，贾桢等纂修：《筹办夷务始末·咸丰朝》八，第 2674 页。

条约约本 1280 册，向办理交涉的奕䜣等人提出将之"通行各省"。然而，英国、法国驻华公使担心各省不知情况，或者有意推迟不办，所以提出在告示上"铃用钦差大臣关防，另备公文知照"。而且，他们声称：何日到各地交付完成，何日返回天津。奕䜣等认为，英、法显然有要挟之意；而且，"该夷必欲自行带往，于体制殊有关碍，但或因此藉口，竟不回津，转致有妨大局"。所以，奕䜣等人迫不得已，只好答应英、法两国的要求①。奕䜣在致沿海各省的咨文中，指出条约签订互换，条约、京报、告示等都要备文封送，颁发各省，各地督抚府尹应照办理②。

而且，英国还要求中国刊刻条约。奕䜣、桂良、文祥等人商议后，鉴于《天津条约》已在上海刊刻，决定立即刊印《北京条约》，以应付英国的要求③。随后，额尔金和葛罗在条约签订后南下，并通过两国驻沪领事，将奕䜣等致薛焕的公函和刊刻条约的告示，交署理上海道台吴煦，由其转呈薛焕。对于英、法条约，薛焕的态度是："条约业经互换通行，应即按照办理，当即转行各衙门遵照。将来该酋等如请议详细章程，仍应于权宜之中，寓限制之意，断不任其于条约之外另生枝节。"④

与此同时，奕䜣等人积极着手刊印中英、中法、中美《天津条约》《北京条约》，寄往奉天、山东、江苏、浙江、福建、广东、广西等七省；至于其他各省的督抚、将军、都统、副都统、城守尉、各关税务监督，奕䜣等人又将已刊条约交给兵部，由兵部颁发转行；新定的税则章程，则交给户部转行沿海通商各省，由督抚再转行海关监督；至于中俄《天津条约》《北京条约》，奕䜣等将刊印的条约咨送理藩院转行恰克图，并备文交兵部，分咨伊犁、吉林、库伦、察哈尔、塔尔巴哈台、张家口、黑龙江、喀什噶尔各将军

---

① 《奕䜣等又奏英法送到条约告示请盖印带往各省宣布已咨各省文二件片》，咸丰十年九月三十日，贾桢等纂修：《筹办夷务始末·咸丰朝》七，第 2578 页。

② 《奕䜣交英法带往奉天山东江苏福建浙江两广咨文》，咸丰十年九月三十日，贾桢等纂修：《筹办夷务始末·咸丰朝》七，第 2580 页。

③ 《奕䜣桂良文祥奏英法人请代中国攻太平军英人已定日退兵并请张贴条约住居府第折》，咸丰十年九月二十五日，贾桢等纂修：《筹办夷务始末·咸丰朝》七，第 2546 页。

④ 《薛焕奏英法已将条约告示呈送前来折》，咸丰十年十一月十五日，贾桢等纂修：《筹办夷务始末·咸丰朝》七，第 2657 页。

监督办事大臣，以及沿海通商各省①。这种公开刊刻、颁行条约的做法完全有别于此前清政府对中外条约匿而不宣。

不过，有的地方官员并不讲求条约。这引起了各国的不满。各国多次就条约的执行向清政府提出交涉，有时还为条约利益受损而使用炮舰政策。因此，清廷多次在上谕中强调遵守条约，主持中外交涉的总理衙门也在上奏朝廷和咨文地方官员时强调这一点。从总体上看，清政府在理与势的选择之下，不得不接受不平等条约，承担条约义务。咸丰帝死后，经过一段时间的中外摩擦，到同治初年恪守条约的方针才逐渐得以确立。而潮州入城事件的处理，则反映了清政府外交观念及守约方针的转变，1866 年潮州入城事件的解决，可以说是清政府确立守约方针的一个重要的转折点②。

清政府信守条约方针的确定成为条约关系运行的重要基础。而且，这种对外交往的格局，也使清政府不得不重新思考对外关系的基本战略。

外交是内政的延伸，二者之间有着密切的互动关系。在强权政治的背景下，实力是外交的重要后盾。在西方列强的威逼之下，非西方国家往往处于受人宰割的地位。这在鸦片战争后的中外交往中有明显的体现。第二次鸦片战争后，清朝的封疆大吏在反思二十余年来中外交往的成败得失时，无不指出外交上的失误。曾国藩就指出，道光庚子以后办理洋务，"失在朝和夕战，无一定之至计，遂至外患渐深，不可收拾"③。尤其是 1860 年的庚申之役使清政府遭受到前所未有的外来打击，"创巨痛深"。清政府不得不接受城下之盟，承担条约义务。与此同时，太平天国等反清起义持续不断。因此，严重的内忧外患、中西实力的差距使得清政府不得不对外讲求"和"，提出了"和"的外交主张。与此同时，奕䜣、曾国藩、李鸿章等洋务派官员从长远出发，提出中国必须自强的主张。于是，清政府在对外政策上形成了"和戎

---

① 《奕䜣等又奏复奏印寄各省条约情形片》，咸丰十年十月二十日，贾桢等纂修：《筹办夷务始末·咸丰朝》七，第 2630 页。
② 李育民：《论清政府的信守条约方针及其变化》，《近代史研究》2004 年第 2 期。
③ 《密陈津郡教案委曲求全大概情形片》，同治九年六月二十八日，《曾国藩全集》（修订版）第 11 册，岳麓书社，2011 年，第 510 页。

自强"的外交战略,诚如李鸿章所说"外敦和好、内要自强"①。

就和而言,"和"是儒家思想的一个重要内容,也是长期以来中国传统外交所遵循的基本原则。不过,洋务派的"和戎"主张与传统有着明显的不同。一方面,它是以承认和接受在西方强权之下签订的不平等条约为前提,这是传统"和戎"所没有的。另一方面,它以不启衅端为条件。正如奕䜣、桂良、文祥所言:"若就目前之计,按照条约,不使稍有侵越,外敦信睦,而隐示羁縻。"②曾国藩指出:"方今发、捻交炽,苗祸日深,中国实自治之不暇。苟可与洋人相安无事,似不必别寻衅端。"③而且,他主张对外要"和让",一意保全和局,不能轻开衅隙④。但是,他们又认为和不可恃,必须自强。

就自强而言,自强是中国传统思想中的积极因素。开明士大夫深受儒家传统的熏陶,他们在内外交困的时局下,重提自强。一方面,这是基于对和局不可靠性的认识;另一方面,这是基于对外交关系的认识。如奕䜣等指出:"探源之策,在于自强";"现在抚议虽成,而国威未振,亟宜力图振兴,使该夷顺则可以相安,逆则可以有备,以期经久无患"⑤。曾国藩认为在和局之下,只能暂时羁縻,但中国不可一日忘备⑥,只有"隐图自强之策,庶冀有补于万一"⑦。

就和与自强的关系而言,二者是互为表里、相互依存的关系。和是自强的前提,自强是和的保障。奕䜣等指出:"自古御夷无上策,大要修明礼义,以作忠义之气为根本;一面即当实力讲求战守,期得制伏之法,不能以一和

① 《上曾制帅》,同治元年五月初二日,顾廷龙、戴逸主编:《李鸿章全集》第 29 册,安徽教育出版社,2008 年,第 88 页。

② 《奕䜣桂良文祥奏统计全局酌拟章程六条呈览请议遵行折》,咸丰十年十一月初三日,贾桢等纂修:《筹办夷务始末·咸丰朝》八,第 2675 页。

③ 《复毛鸿宾》,同治元年正月二十六日,《曾国藩全集》(修订版)第 25 册,第 49 页。

④ 《钦奉谕旨复陈夷务折》,同治十年正月十二日,《曾国藩全集》(修订版)第 12 册,第 172 页。

⑤ 《奕䜣等又奏请八旗禁军训练枪炮片》,咸丰十年十二月十四日,贾桢等纂修:《筹办夷务始末·咸丰朝》八,第 2700 页。

⑥ 《遵旨复奏借俄兵助剿发逆并代运南漕折》,咸丰十年十一月初八日,《曾国藩全集》(修订版)第 2 册,第 618 页。

⑦ 《复杨昌浚》,同治九年九月十一日,《曾国藩全集》(修订版)第 31 册,第 358 页。

而遂谓可长治久安也。"① 曾国藩则指出：只有实现了自强，"使彼之所长，我皆有之，顺则报德有其具，逆则报怨亦有其具"。否则"若在我者，挟持无具，则曲固罪也，直亦罪也，怨之罪也，德之亦罪也"②。而且，为实现自强，清政府从练兵、制器开始进行改革，采西学、制洋器，在军事、制造、文化以及教育等领域采取了一系列的举措。

从总体上看，清政府"和戎自强"的外交战略在当时有其合理性。首先，从当时的国际形势看，西方列强在第二次鸦片战争后，与中国进一步建立起条约关系，为了使清政府履行不平等条约义务，暂不对清政府施加军事压力。而且，为了协调彼此间的矛盾，列强主张采取合作态度以求在华利权的实现，因此造成了 19 世纪六七十年代的和局。清政府于此时提出利用和局以求自强的长远战略，有其时代的可行性。其次，1840 年以来的历次中外冲突都以中国的败北而告终，在力量悬殊的情况下，只有忍辱负重以图长远才是明智之举。因此，这一战略可以说是在国情对比下的理智选择。再次，就外交而言，"外交是运用智略处理各独立国家的政府之间的官方关系，有时也推广到独立国家和附庸国家之间的关系；或者更简单地说，是指以和平方式处理国与国之间的事务"③。而且，为了达到维护国家权益的目的，"各种外交往往在很大程度上力求缓和冲突，谋求妥协"④。最后，从历史现实看，在千古大变局之下，奕䜣、曾国藩、李鸿章等洋务派均有此种主张。冯桂芬、王韬等著名思想家也有类似的主张。因此，这一外交战略是特定时代氛围的产物，有其时代的共时性特征。而且，这一外交战略对清朝的外交产生了深远的影响。

不过，这一战略有明显的缺陷。一方面，它是以束缚自身发展的不平等条约为前提的；另一方面，它有待于自强之实。然而，清政府长期以来的自强努力未能取得实质性的效果。其结果是：清政府为保全和局，在外交上不

---

① 《奕䜣等奏议复倭仁请罢正途学天文算学折》，同治六年三月初二日，中华书局编辑部、李书源整理：《筹办夷务始末·同治朝》五，中华书局，2008 年，第 2019 页。

② 同治元年五月初七日日记，《曾国藩全集》（修订版）第 17 册，第 289 页。

③ ［英］萨道义著、中国人民外交学会编译室译：《外交实践指南》，世界知识出版社，1959 年，第 25 页。

④ 袁明主编：《国际关系史》，北京大学出版社，1994 年，第 11 页。

断地妥协退让，进而对条约关系的恶性发展产生了重要的影响。

二、 列强对华"合作政策"的提出[①]

19世纪60年代，列强对华采取了所谓的"合作政策"。这一政策是由美国首先提出的。在第二次鸦片战争中，美国以"搭便车"的方式与中国签订《天津条约》，并以总结概括的形态，在该约最后一款（第三十款）再次对片面最惠国待遇作了明确规定。为了使这一条约权利得到充分保证，鉴于自己在华实力的不足，美国调整了以往"充当独来独往的拾荒者"的做法，实施所谓"合作政策"。如果说，此前美国的对华政策局囿于自身，注重为自己攫取条约权利，那么，自此之后，它开始将自己的在华条约权益与各国的合作一致联系起来，显示了从整体上协同中外条约关系的趋向。"合作政策"的提出，反映了美国摆脱依附英国的独立外交走向，其核心是保障美国在华机会均等的根本权益，为其世纪之交对华政策的最终形成和确立奠定了基础。

"合作政策"最初是美国在19世纪50年代"扭扭捏捏提将出来"[②]，于第二次鸦片战争期间，出于共同权益开始与英、法合作。美国国务卿卡斯致函英国驻美公使内皮尔，谓：英、法两国提出的修约建议，"是正当而合理的"，对中国和所有通商国家"都将是有益的"。为了实现修约目标，"将命令合众国代表与英、法两国官员诚挚地协力工作"。他特别指出，"我们的利益像英、法两国的利益一样，同这次胜利的结果有直接联系"，因此美国将与英、法"就最明智的行动计划达成谅解，俾能通过坚定的外交交涉使中国政府同意把这些建议作为条约安排的基础"[③]。当体现列强共同权益的《天津条约》缔结后不久，"通称列强的对华合作政策便开始了"。通过与中国签订《天津条约》，美国获得机会均等的种种条约特权，这是它实施"合

---

① 本部分由李育民撰写。
② ［美］泰勒·丹涅特著、姚曾廙译：《美国人在东亚——19世纪美国对中国、日本和朝鲜政策的批判的研究》，商务印书馆，1959年，第573页。
③ 《国务卿卡斯致英国驻美公使内皮尔勋爵》，1857年4月10日，阎广耀、方生选译：《美国对华政策文件选编：从鸦片战争到第一次世界大战（1842—1918）》，人民出版社，1990年，第144页。

作政策"的基本出发点和根本利益所在。海斯总统评论该条约时说，该约用 30 项条款为同中国通商"设计一种周到而全面的制度"。该约全部条款的主旨，是明确规定和保证美国人民在华居住受到保护，以及同中国做买卖的权利。这些有利于美方的具体规定，"适合于我们的商业利益"，且通过最后条款，取得了最惠国的重要保证①。这一条约权益又是借助英、法发动的第二次鸦片战争获得的。列强在华利益又具有共同性，这是美国推行这一政策的重要因素。

这一政策是蒲安臣担任美国驻华公使期间，即"在六十年代中大力予以奉行的"②。1862 年 3 月 6 日，美国国务卿西华德向蒲安臣发出训令，指出："英国和法国在中国不仅有它们的外交代表，而且还有作为这些外交代表后盾的海陆军力量。不幸的是，你没有这一后盾。就我所知，我国在华利益，与前面提到的这两个国家完全一致。毫无疑问，英、法公使正在实施的行动方式，将最有力地促进所有西方国家的利益。因此，兹训令你与他们协商、合作，除非在特殊情况下，有充分的理由与他们分开行动，而且你要在各方面向我提出适宜的建议。"③ 显然，美国实行"合作政策"的重要原因之一，还在于其在华军事实力不济，无法与其他列强抗衡。在 19 世纪 60 年代，由于国内爆发南北战争，美国在华海军力量基本上撤回本国，所留无几，甚至"最后削减到仅仅一艘船"④，与英国等国在华军舰数量悬殊。在这种情况下，美国也不得不采取与其他列强国家合作的外交方针。根据西华德的指令，蒲安臣向各国提出了"合作政策"，随后又致函上海总领事，要求他"函告其他领事和美国人"⑤。

---

① 《海斯总统否决〈限制华人向合众国移民法案〉的咨文》，1879 年 3 月 1 日，阎广耀、方生选译：《美国对华政策文件选编：从鸦片战争到第一次世界大战（1842—1918）》，第 194 页。

② ［美］泰勒·丹涅特著、姚曾廙译：《美国人在东亚——19 世纪美国对中国、日本和朝鲜政策的批判的研究》，第 573 页。

③ "Mr. Seward to Mr. Burlingame," March 6, 1862, *Message of the President of the United States to the Two Houses of Congress at the Commencement of the Third Session of the Thirty-Seventh Congress*, Vol. 1, Washington: Government Printing Office, 1862, p. 839.

④ 孔华润主编、王琛等译：《剑桥美国对外关系史》上，新华出版社，2004 年，第 282 页。

⑤ "Mr. Burlingame to Mr. George F. Seward," June 15, 1864, *Papers Relating to Foreign Affairs, Accompanying the Annual Message of the President to the Second Session Thirty-eighth Congress*, Part Ⅲ, Washington: Government Printing Office, 1865, p. 426.

所谓"合作政策",蒲安臣做了解释,是指:"在中国,对于一切重大问题要协商合作,在维护我们的条约权利所必需的范围内保卫条约口岸;在纯粹的行政方面,并在世界性的基础之上,支持在外国人管理下的那个海关;赞助中国政府在维持秩序方面的努力;在条约口岸内,既不要求,也不占用租界,不用任何方式干涉中国政府对于它自己的人民的管辖,也永不威胁中华帝国的领土完整。"他强调,这个政策是借此知悉,"我们本国政府和我们自己在对待其它条约国家方面所具有的约束"。美国"正在作一种努力",即"要在中国用公平的外交行动来代替武力;我们企求实行正义,以使我们获得正义,所以合作就变成推行这类关系的准则了"。而要实行这一政策,"合作应该是真诚的;要发生效果的话,它首先需要一种对同僚们和善相处的意向;其次,它需要不可能不赢得友伴们的尊敬和信任的那种正当的温和态度"。他认为,"虽然这些是我们对于在中国的外国代表们的义务,可是对于中国的官员,不问是本国人,还是外国人,它们具有同等的力量,因为我们是经由这些人同中国维持关系的,所以对待他们任何的缺乏礼貌与尊敬就立刻反映到我们自己身上,并且毁损我们谋求事功的能力"。他认为,这是一个"宽宏的政策",要求上海总领事会同其他领事和美国人,"大家一齐不断地支持"上述意见[1]。从这一解释来看,"合作政策"主要包括三个要点:其一,维护列强在华条约权利;其二,西方各国在华重大问题上相互协商和合作;其三,不干涉中国内政,赞助清政府维持国内秩序,以及维护中国的领土完整。而此前订立的中美《天津条约》亦体现了"合作政策"的协调精神,如该约第 1 条规定,"嗣后大清与大合众两国并其民人,各皆照前和平友好,毋得或异;更不得互相欺凌,偶因小故而启争端。若他国有何不公轻藐之事,一经照知,必须相助,从中善为调处,以示友谊关切"[2]。此外,与此相关,美国还对自己的独特政策做了表白,即在对华关系上的非武力方针。

1868 年,作为中国出使大臣的蒲安臣,代表清政府与美国签订《天津条

---

[1] "Mr. Burlingame to Mr. George F. Seward," June 15, 1864, *Papers Relating to Foreign Affairs, Accompanying the Annual Message of the President to the Second Session Thirty-eighth Congress*, Part Ⅲ, pp. 426—430.

[2] 中美《天津条约》,咸丰八年五月初八日,王铁崖编:《中外旧约章汇编》第 1 册,生活·读书·新知三联书店,1957 年,第 89—90 页。

约续增条约》(又称中美《续增条约》、《蒲安臣条约》),又以条约的方式表述了其中的某些内容。如第 1 条规定,"大清国大皇帝按约准各国商民在指定通商口岸及水路洋面贸易行走之处,推原约内该款之意,并无将管辖地方水面之权一并议给"。"再凡中国已经指准美国官民居住贸易之地及续有指准之地,或别国人民在此地内有居住贸易等事,除有约各国款内指明归某国官管辖外,皆仍归中国地方官管辖"。第八条规定,"凡无故干预代谋别国内治之事,美国向不以为然,至于中国之内治,美国声明并无干预之权及催问之意,即如通线、铁路各等机法,于何时,照何法,因何情欲行制造,总由中国皇帝自主,酌度办理"①。这些规定涵蕴尊重中国领土完整和主权独立,以平等地位待遇中国的原则。美国国务卿菲什声称,《蒲安臣条约》的"伟大原则","就是承认北京帝国政府对中华帝国的人民和他们与西方列强的社会、商业和政治关系的主权"。而在此之前,许多基督教政府,包括美国政府在内,"就已经同帝国政府签订了条约,然而并非夸张地说,它们当时的关系与其说是和睦的,不如说是强制的"。为了这些条约,它们发动了"对中国造成惨重后果的战争","条约所包含的特许权是用武力从该帝国政府夺取的;中国的政治家并不赞成这种新政策"。而该约改变了这一方式,肯定并尊重中国的主权地位,"朝着另一方向迈了一大步"。"它是中国自愿提出的,并且使这个国家在理论上同西方世界的国家处于同等的外交地位。条约承认帝国政府是拒绝或给予更多商业特权的政权,也是有义务保证和平享有已经给予的这些权利的政权"。虽然条约确认以前给予西方列强以领事裁判权,但同时"也承认中国的领土完整,并且防止这种管辖权超出其原来宗旨"②。

上述非武力和维护中国领土完整两大方针,似乎说明美国与华条约关系是温和的,坚持了正义和公道。其实,若对此进行深入剖析,我们可以发现其言不符实的虚伪性,以及通过坚持机会均等的条约特权以维护美国在华利益的内在本质。

先看所谓非武力方针。其实,美国尽管没有如英、法等国一样直接发动

---

① 中美《续增条约》,同治七年六月初九日,王铁崖编:《中外旧约章汇编》第 1 册,第 261—263 页。

② 《国务卿菲什给美国驻德大使班克罗夫特的指示》,1869 年 8 月 31 日,阎广耀、方生选译:《美国对华政策文件选编:从鸦片战争到第一次世界大战(1842—1918)》,第 86—88 页。

战争，但其外交家毫不隐讳地推崇武力的作用，在其对华政策的取向中，有着强烈的武力倾向。而美国未采取这一方针，则是因为有其他列强代劳而可以坐享其成。如《望厦条约》签订，顾盛从中国争得了几项新的让步，"是以一种殆与恫吓无异的方法争得的"①。在第二次鸦片战争前后，不少美国驻华外交官主张对华使用武力或强硬手段。如麦莲建议采取武力手段，迫使中国修改现行条约，使在整个中国境内的通商特权"受到尊重，一切其他条约规定得到承认和执行"②。其后伯驾（也译作"巴驾"）又要求政府授权参加英、法两国联合对华军事行动，且搬出惠顿的《国际法要素》作理由，主张"作为一种最后手段，采取国际法认可的措施中的任何一种"，"已经成为不可避免的了"③。列卫廉也"要求赋予行使远非战争的强制权力"，并说"对这样一种民族来说，这是唯一的可以理解的呼吁"④。驻华公使劳文罗斯典型地反映了这一倾向，他就"维护条约权利就必得采取的政策"，对美、英商人提出的种种问题做了长篇答复，系统地阐释了实施强硬手段必要性的理论，主要包括：

其一，对待中国的"公道"，须按照基督教国家的准则。劳文罗斯否认所谓新政策"就是对待中国的公道"的说法，说：美国的政策"曾经是公平而协调的"，英国"也没有离开类似的一个政策"，并无"新的方法曾经被采用"，也"没有新的启示曾经被作出"。他提出，"公道不能被赞扬得太过"，"基督教国家要对条约作一种基于为了文明的利益而采用的国际法原则的解释，而中国方面却按照异端的见解或利益去解释"，那么，这"确有探讨的余地"。而在相互抵触中，"优越者不能进入一种后退的路程去适应低劣者"，这一关系，"必须基于像较强者可能愿意采取的那种公允条件而存在"，"任何文明国家要舍弃它自己对公道的解释而去接受中国的解释，那确然倒是一

---

① ［美］泰勒·丹涅特著、姚曾廙译：《美国人在东亚——19世纪美国对中国、日本和朝鲜政策的批判的研究》，第141页。

② 《美国驻华全权专员麦莲给国务卿马西的报告》，1854年11月19日，阎广耀、方生选译：《美国对华政策文件选编：从鸦片战争到第一次世界大战（1842—1918）》，第133页。

③ 《美国驻华全权专员巴驾给国务卿马西的报告》，1856年12月12日，阎广耀、方生选译：《美国对华政策文件选编：从鸦片战争到第一次世界大战（1842—1918）》，第137—138页。

④ 《美国驻华公使列卫廉给国务卿卡斯的报告》，1858年2月13日，阎广耀、方生选译：《美国对华政策文件选编：从鸦片战争到第一次世界大战（1842—1918）》，第155页。

个奇怪的政策了"。异端和基督教的信仰不可调和，"为了忠于我们的信仰，我们只能让与可能和我们的信仰所教诲的那些神圣责任相调和的那么多的东西"。如果越出这个范围，我们就承认任何国家"有权享受一个文明强国的特权和特别待遇"，"却坚决地拒绝众多国家为了一般的幸福而加给它的义务"。例如，"现存条约里的那些紧要条款是用武力从中国勒索得来的，无疑地她认为是不公平"。简要地说，"强行和一个国家发生关系，而这些关系的整个趋势就是要搞乱并且要终于毁坏那个国家的最宠爱的一些制度，这分明是一种干涉了"。假使放弃一切从中国勒索的特权，"而实行孔德的理想的公道主义"，"这对中国并无利"。

其二，强迫中国遵守条约义务，是友好交往的主要条件。劳文罗斯认为，关于中国，应视为政治方面有主权，但是与绝对平等不相称，要以这样一种"忍耐、尊重和尊敬"来对待。他认为西方优于中国，就应该"勉力把他们提高到我们的标准"，然而"那是办不到的事"，中国也不具有"基督教国家们所享受的那种独立状况"，所以在中国能够取得平等地位以前，要努力"用合作方法，去加强并提高他们自己到一个实际平等的地位"。这是"友好交往的一个主要条件"。西方国家无权强迫中国去做"近代发明中的任何部分"，但有"全权去强迫他们遵守条约的义务"。"国际法里的抽象原则，用一种诺言的形式写出来而没有索得任何互惠的条件，这纵令不是侮辱性的，也是不必要而且是无意义"，所要争持的一切，"就是我们既然已经把义务强加在她的身上，我们就必须强迫她遵守这些义务，不然的话，就必须从我们已经着手维持的那个地位引退"。

其三，若不用武力去维持对华政策，这个政策是不会产生所愿望的结果。劳文罗斯认为，从已经发生的所有案件来看，只有强行索取条约所允许的一切权利并且以武力去维持，对华政策才会产生列强在中国所愿望的结果。如果把中国的统治人物当作自立而又聪慧的人去看待，"这仅是助长他们的顽固和自大"。在各种获得补救的案件中，单用外交手段而不借武力的话，中国"是不会答应补救"。回顾订立条约的历史，他认为中国进步是"无根据的"，用和平的手段不能获得更有利的结果，"忍耐和劝说都不曾在这一个国家里把文明事业向前推进一步过"。强行和一个国家发生关系，"继续这样的交往，不过是在背后用武力把在前面用武力开始做的事进行下去罢了。如果中国是有力量的话，毫无问题，她不把每一个外国人驱逐出境，也会把外国人的交往范围限在各口岸以内。她没有能力做这个，所以就企图用外交伎俩来规避她用武力避不掉的东西"。

其四，由主要强国决定与中国的关系，要用高压的手腕维护条约关系。在劳文罗斯看来，如果认为与中国友好交往，以及维持现存条约权利，是紧要的话，那么"可以坚持到怎样的地步，这就要让主要强国去决定"。劳文罗斯认为，中国的统治者所希望的就是一切要随他们自己的意思，"用他们自己的方法去形成他们自己的命运，那仅是退步和终于回到野蛮而已"；他们作些小的让步，企图规避较大的让步，目的就是要反对作出任何让步；他们"在支持着一种不平等的斗争"，以保存它的旧制度而反抗联合起来的列强。故而美国"要启发他们，提高他们，而不必把那些和他们的整个历史，现在情形，以及一些有限的知识不相配合的能力或动机指作是他们所具有"。劳文罗斯坦陈"这不是用助长他们的迷信或弱点的方法可以做到的。高压的手腕可能在终局比空言谄媚要仁慈些。没有一种信赖还要比那种基于条约国家的忍耐或宽容显得更加不切实了"。所以，劳文罗斯认为美国现在对中国的关系是"友好"的，"和平与谅解可以用一种公平而同时又坚定的政策来维持。这些友好的关系并没有受到搅乱的机会；除掉一种罪恶性的对于现实的不顾，没有一件事情能够导致战争；并且避免战争的最好方法就是坚持条约的实行"。

其五，维持与其他列强各国的合作关系，分享它们使用武力从中国攫取的"让与"。在中外冲突中，美国政府依照它的既定政策，"曾经维持一种中立地位"，但这并非"要拒绝接受那些使用武力而得来的让与"。美国在许多公文中"坦白地答谢大不列颠对于我们的公民和商务所作的贡献"，并且表示，只要"看见英国的企业到了什么地方，我们的就和它并肩而来"。蒲安臣提到卜鲁士①等人开始推行"合作政策"时说："没有一件事可以比合众国

---

①　英国驻华公使卜鲁士（Frederick William Adolphus Bruce），在有的文献中又译作卜鲁斯、普鲁斯，下文中的英国驻华公使卜鲁士、卜鲁斯、普鲁斯系为一人。

和大不列颠在中国相互敌对还要显得没有意义。"①

上述主张和理论无疑反映了美国对华政策中真实的一面。美国政府虽然否定了他们的建议,并拒绝英国提出的对华宣战要求,但并未完全排除武力或强硬手段。战争期间,美国分遣舰队因为美国国旗受到"据说的侮辱"而进行报复,占领并摧毁一些要塞炮台,"给中国以严厉的惩罚"②。劳文罗斯因主张采取强硬政策而被召回,但美国政府"宣布在主要方面接受了那些使他被召回的意见"③。美国务卿菲什指示驻华公使镂斐迪,说:你要向中国表示美国的诚意,要表明美国总统的既定目的,即"真实地遵守美国的一切条约义务",在"不干预美国由于条约而取得的各种权利的时候","尊重中国人民的各种习惯和传统"。同时,必须清楚说明,中国政府必须"全部履行它同美国经由各项条约或协定所承担的一切诺言和义务"。在保持各项权利达到完满程度方面,"你必须是坚定而果断"④。

尽管不少外交官有着强烈的使用武力倾向,但其意见终未被美国政府所采纳,其原因何在? 基本原因之一,是由于美国享有保证机会均等的最惠国待遇,不须动武却可获得他国动武所攫取的条约特权,同时还可获得中国的好感。美国政府非常清楚,如果不采取武力手段,包括它自己在内的西方列强不可能在华获得它们所需要的条约特权。而他国对华发动战争和使用武力获得的战利品,不啻亦是美国的囊中物。美国国务卿马西就曾指示驻华专员麦莲,注意英国和中国的修约谈判,并要他以一种适当的方式帮助英国,取得中国对通商的"慷慨让步",因为英国取得的权益,美国在两年后修约时也能够得到⑤。列卫廉还不无自得地说,在中国口岸和市场,无论英国企业

---

① 《劳文罗斯对于美英商人所递公函的答复》,1869 年 7 月 17 日,〔美〕马士著、张汇文等合译:《中华帝国对外关系史》第 2 卷,商务印书馆,1963 年,第 478—492 页。

② 《布坎南总统在其第二个年度咨文里谈〈天津条约〉的缔结》,1858 年 12 月 6 日,阎广耀、方生选译:《美国对华政策文件选编:从鸦片战争到第一次世界大战(1842—1918)》,第 170 页。

③ 〔美〕马士著、张汇文等合译:《中华帝国对外关系史》第 2 卷,第 221 页。

④ "Mr. Fish to Mr. Frederick F. Low," December 3, 1869, *Executive Documents Printed by Order of the House of Representatives*, 1870—1871, Washington: Government Printing Office, 1871, p. 303.

⑤ 《劳文罗斯对于美英商人所递公函的答复》,1869 年 7 月 17 日,〔美〕马士著、张汇文等合译:《中华帝国对外关系史》第 2 卷,第 485—486 页;《列卫廉给国务卿卡斯的报告》,1858 年 11 月 9 日,阎广耀、方生选译:《美国对华政策文件选编:从鸦片战争到第一次世界大战(1842—1918)》,第 167 页。

到了什么地方,只要和它并肩而来,"大不列颠在邮政与维持它的海军方面所花去的每一块钱都是为了我们的利益的"①。美国历史学家赖德烈更说:"如果没有英国海军,美国是否能很少使用武力并且不需获得基地而在远东达到它的目的,这是不能肯定的。"②

这一不使用武力的政策收到了预期的效果。布坎南总统一再不无得意地说,"事件已经证明,我们的中立是明智的。我们的公使以他的杰出的手腕和才干执行了给他的命令。他和俄国全权公使一起与英、法两国全权公使进行了和平而有效的合作,4个强国中的每一个国家,分别与中国缔结了非常令人满意的条约"③。毋庸置疑,美国不需要付出如英、法那样的战争成本,便收获了同样的战果。正因为美国深悉武力的功效,因此在维持中立立场的同时,并不排除与强国合作。如在第二次鸦片战争中,美国与英、法两国合作,"用一切和平手段,通过条约规定,去取得世界各国都有权期待并且不能允许中国长此继续拒绝的那些对通商的正当特许权"④。美国深悉其中的奥秘,既要撇清自己,又要得到好处,如它自己所言,"深思远虑地与这些强国的公使合作"。同时,它也要显示自己的军事存在,虽"不介入英、法的军事行动,但要乘美国军舰随联军舰队开赴白河以保护美国利益"。而对于战争,要做出不沾边的姿态,不对战争起因做出判断或干预战争,并"必需对战争表示遗憾,并且希望能够迅速而令人满意地结束"。为使驻华公使华若翰懂得其中的诀窍,国务卿卡斯指示说,"你的立场是微妙的,需要发挥你的最佳分辨能力"⑤。

从所谓维护中国领土完整来看,这实际上是服从美国利益的需要,并非

---

① 《劳文罗斯对于美英商人所递公函的答复》,1869年7月17日,〔美〕马士著、张汇文等合译:《中华帝国对外关系史》第2卷,第485—486页;《列卫廉给国务卿卡斯的报告》,1858年11月9日,阎广耀、方生选译:《美国对华政策文件选编:从鸦片战争到第一次世界大战(1842—1918)》,第167页。

② 赖德烈:《美国在横跨太平洋移动》,中国科学院近代史研究所资料编译组编译:《外国资产阶级是怎样看待中国历史的》第1卷,商务印书馆,1961年,第23页。

③ 《布坎南总统在其第二个年度咨文里谈〈天津条约〉的缔结》,1858年12月6日,阎广耀、方生选译:《美国对华政策文件选编:从鸦片战争到第一次世界大战(1842—1918)》,第170页。

④ 《布坎南总统在其第一个年度咨文里谈修改〈望厦条约〉》,1857年12月8日;《布坎南总统在其第三个年度咨文里谈中美〈天津条约〉的签订经过》,1859年12月19日,阎广耀、方生选译:《美国对华政策文件选编:从鸦片战争到第一次世界大战(1842—1918)》,第151—152、171页。

⑤ 《国务卿卡斯给驻华公使华若翰的命令》,1860年2月23日,阎广耀、方生选译:《美国对华政策文件选编:从鸦片战争到第一次世界大战(1842—1918)》,第174页。

真正尊重中国主权。美国常以《蒲安臣条约》中的规定来标榜，声称对华没有领土野心，没有租界要求等。还在《天津条约》谈判时，美使列卫廉向钦差大臣桂良和花沙纳表示：美国一向是中国的朋友，"无论是在一八四四年条约以前或以后，友好关系从无轻微的中阻"。美国和其他西方国家不同之点在于，即使想，"宪法却绝对不许它获得殖民地，如香港之类；也不得把皇帝陛下的领土的任何部分永远占据"。任何欧洲国家意图"夺取并占据更多的中国领土"，而"无论如何，美国不要中国的领土，不会掠夺；即使提供给它，也将不予接受"。他特别提出，一年多以前，英、法要求美国参加对华战争，"但美国记得同中国的悠久友谊，拒绝这样做。美国公使同目前的战争，毫无关系"[①]。蒲安臣在阐述"合作政策"时表示，"既不要求，也不占用租界"。其实，美国这一对华政策，并非出于高尚的利他主义，而是为了保障自己的利益。如租界问题，蒲安臣道出真谛，谓：美国公民有权在条约口岸的任何地区进行买卖和居住，"若因一个条约国家向中国政府所作的租借领土的要求，它借此就能够对于我们的公民的身体和财产施行管辖，这如果是受到承认的话，会造成我们的权利的减削"[②]。此外，《蒲安臣条约》还在某种意义上掩盖了列强侵略中国主权的本质，美国国务卿菲什便道出了其中的妙用，他说：外国人占据中国土地作为租界，凭借他们自己制定的土地条例，对这些区域行使自治权。而一旦宣布以《蒲安臣条约》的原则作为基督教国家与中国之间的关系的法律时，"就不再是对中国的侵略因素了"。也就是说，该约关于尊重中国主权的条款，似乎洗白了列强侵略中国主权的事实。此外，以此类条款作交换，美国还可向中国要求新的特权。菲什便说，总统"诚挚地希望皇帝陛下的顾问们早日能够做到建议授予一些和阿礼国爵士、劳罗斯先生所要求的相似的特许权"[③]。由此可见，维护中国领土完整和不用武力等，这些标榜对华友好的政策，实则是美国为自身利益所做的

---

① "列卫廉致喀斯函"，1858 年 6 月 15 日，转引自蒋孟引：《第二次鸦片战争》，生活·读书·新知三联书店，1965 年，第 262 页。

② "Mr. Burlingame to Mr. George F. Seward," June 15, 1864, *Papers Relating to Foreign Affairs, Accompanying the Annual Message of the President to the Second Session Thirty-eighth Congress*, Part Ⅲ, pp. 428—429.

③ 《国务卿菲什给美国驻德大使班克罗夫特的指示》，1869 年 8 月 31 日，阎广耀、方生选译：《美国对华政策文件选编：从鸦片战争到第一次世界大战（1842—1918）》，第 92 页。

精心盘算。

正由于"合作政策"涉及列强各国的整体利益，当蒲安臣向英、法、俄等国驻华公使阐述这一政策及其相关看法时，得到他们的"完全赞同"①。美国由此在某种程度上协调和主导了列强对华政策。英国公使卜鲁斯表示"不谋而合"②，俄国公使巴留捷克非常乐意这一项"把西方文明嫁接到东方文明之上而又不会使中华帝国解体的政策"，法国公使柏德美也感到"在一切重大问题上合作所具有的益处"③。这一益处即在于维护列强对华实施"准统治权"的条约关系，各国通过协调合作在这一共同诉求上达成一致，构建一个统一的利益体系。对美国而言，通过"合作政策"，使其在华机会均等的基本政策和原则得到充分保障，这是它所要达到的目的。美国政府所注重的，是要求中国"不应当规避条约义务"④。如前所引国务卿菲什在给驻华公使镂斐迪的训令中，指示他以强硬的态度要求中国政府，"全部履行它同美国经由各项条约或协定所承担的一切诺言和义务"⑤，强调的不是美国的善意，而是中国的义务⑥。另外，美国通过与其他国家的合作，又可牟取新的条约权益。例如，在丹麦与清政府订约过程中，蒲安臣积极予以帮助，使其获得某些新特权，而这些特权又通过最惠国条款转而为美国所有。如蒲安臣所言，"自英约签订以来，凡是那一些改变，为我们所不断要求者，都已签订在这个丹麦条约之内"，诸如中国对外通商口岸的增加、过境税和退税的规定、取消牛庄及烟台运豆出口的禁令，等等⑦。显然，"合作政策"成了一项"具

---

① "Mr. Burlingame to Mr. George F. Seward," June 15，1864，*Papers Relating to Foreign Affairs*，*Accompanying the Annual Message of the President to the Second Session Thirty-eighth Congress*，Part Ⅲ，p. 430.

② ［美］泰勒·丹涅特著、姚曾廙译：《美国人在东亚——19世纪美国对中国、日本和朝鲜政策的批判的研究》，第318页。

③ F. W. Williams, *Anson Burlingame and the First Chinese Mission to Foreign Powers*，New York：Charles Scribner's Sons，1912，pp. 33，32.

④ "Mr. Burlingame to Mr. George F. Seward," June 15，1864，*Papers Relating to Foreign Affairs*，*Accompanying the Annual Message of the President to the Second Session Thirty-eighth Congress*，p. 429.

⑤ "Mr. Fish to Mr. Frederick F. Low," December 3，1869，*Executive Documents Printed by Order of the House of Representatives*，*1870—1871*，p. 303.

⑥ 刘广京：《19世纪后半期的美国与中国》，［美］欧内斯特·梅、小詹姆斯·汤姆逊编，齐文颖等译：《美中关系史论——兼论美国与亚洲其他国家的关系》，中国社会科学出版社，1991年，第89页。

⑦ 卿汝楫：《美国侵华史》第2卷，人民出版社，1962年，第116—117页。

体而有实用价值"的政策①，美国从中获得了实在的条约权益。

总之，第二次鸦片战争之后，中外条约关系基本形成，美国需要稳定这一关系来保证自己机会均等的条约权利，"合作政策"正是这一新形势的产物。美国看到，在所有西方国家所订条约中包含最惠国条款这一形势下，它们"已经被看成在共同商议下将要遵循的一种共同政治利益和商业利益"，由此"在所有这些国家当中有一种实质上统一的计划"②。这种"统一"符合美国的机会均等主张，为其坐享其他国家采用武力等手段攫取的条约特权提供了条件，有助于大肆扩张自己在华的商贸利益。它倡议"合作政策"，正是基于"共同政治利益和商业利益"，旨在实行"统一的计划"而在整体上协同列强对华条约关系。因为他们相信，假若中国向所有国家自由开放，"美国的企业将会兴旺发达"，"把一切竞争者都抛在后面"③。"合作政策"可说是应运而生，是美国在对华关系上从单枪匹马向国际协作的转折，也是美国为自身利益所做的最佳政策选择。经过这一政策的调整，美国对华外交的原则基本定型，开始有意识地摆脱依附性，逐渐走向独立的形态。1880 年，国务卿威廉·埃瓦茨就说，"我们应该有一个独立的对华政策，不应单纯地依附英国"④。在这一过程中，蒲安臣起了关键的作用，他将这些原则明确化，并通过"合作政策"使各国协同一致，奠立了此后美国对华政策的基石。在这一意义上，蒲安臣被视为"门户开放政策之父"⑤，而宣布这一政策的海约翰自己并不认为是"一些新原则的发起人"⑥。当然，美国倡导的"合作政策"对中国以及列强的对华政策均产生了重要的影响。诚如时人所言，它"给中国政府施加了强大的压力，然而各条约国利益的差异性以及国家间

① ［美］泰勒·丹涅特著、姚曾廙译：《美国人在东亚——19 世纪美国对中国、日本和朝鲜政策的批判的研究》，第 317 页。

② 《国务卿菲什给美国驻德大使班克罗夫特的指示》，1869 年 8 月 31 日，阎广耀、方生选译：《美国对华政策文件选编：从鸦片战争到第一次世界大战（1842—1918）》，第 89 页。

③ 《劳罗斯给国务卿西华德的报告》，1868 年 11 月 25 日，阎广耀、方生选译：《美国对华政策文件选编：从鸦片战争到第一次世界大战（1842—1918）》，第 85 页。

④ ［美］戴维·安德森：《帝国主义和理想主义：美国外交官在中国，1861—1898》，第 120 页，转引自杨生茂主编：《美国外交政策史（1775—1989）》，人民出版社，1991 年，第 216 页。

⑤ "Preface," F. W. Williams, *Anson Burlingame and the First Chinese Mission to Foreign Powers*, p. 8.

⑥ ［美］泰勒·丹涅特著、姚曾廙译：《美国人在东亚——19 世纪美国对中国、日本和朝鲜政策的批判的研究》，第 555 页。

的猜忌，又使这种压力将不会被不合理地使用"①。

因此，在19世纪60年代的时局之下，中国政府的对外政策，以及列强对华的"合作政策"，对中外条约关系的发展产生了重要的影响。它们也成为中外条约关系发展的重要政治背景。

第二节　欧洲各小国与中国条约关系的建立

第二次鸦片战争以清朝的彻底失败而告终，清政府被迫与欧美各大国签订了城下之盟。中国的衰弱在列强坚船利炮的轰击之下暴露无遗。因此，第二次鸦片战争的硝烟刚刚散去，普鲁士、葡萄牙、丹麦、比利时、荷兰、意大利、西班牙、奥地利等欧洲小国，在英、法、美、俄之后，接踵而至。这些欧洲小国先后向清政府提出签订条约的要求，谋求与清政府建立条约关系。于是，19世纪60年代出现了一个"小国订约"的热潮。

早在第二次鸦片战争期间，在清政府与各列强签订条约之际，欧洲各小国就希望能够分得一杯羹，与清政府建立条约关系。以普鲁士为例，普鲁士政府出于自身利益的考虑，企图利用第二次鸦片战争的机会与中国签订一个条约。1858年《天津条约》签订后，普鲁士商务大臣海特相当露骨地说道："普鲁士也应从那里发生的事变中尽速设法捞点好处，而不要等待别国的商人阶级占领了市场。"②

1858年，桂良、花沙纳等人在上海谈判税则时，各小国即向其发出照会，提出了订约的要求。对此，桂良等人断然加以拒绝，并将照会退回。同时，桂良等人不无忧虑，认为各国"纷纷禀请，极为可厌，恐其故智复萌，不可不豫为虑及"③。显然，清政府不愿意与欧洲各小国建立条约关系。之所

①　Raphael Pumpelly，"Western Policy in China，"*The North American Review*，Vol. 106，No. 219，April，1868，pp. 592—612.
②　［德］施丢克尔著、乔松译：《十九世纪的德国与中国》，生活·读书·新知三联书店，1963年，第56页。
③　《恭亲王奕訢等又奏请敕薛焕如上海通商各小国恳请换约设法阻止片》，咸丰十年十二月十四日，贾桢等纂修：《筹办夷务始末·咸丰朝》八，第2698页。

以如此，原因有二：一是这些国家毕竟是小国，不能与欧美各大国相提并论。二是欧洲各小国在华的贸易地位本来就是清政府格外宽容的结果。诚如1861 年奕䜣等人在上奏中所称"查该各小国在港贸易，非独不在本年和约之内"，就是在道光年间也只有英、法、美三国与中国签订条约，而各小国不在其列；不过，各小国依附在英、法、美三国名下通商，"中国未忍驱逐，已属格外邀恩"。所以，奕䜣等人的意见是：如果各小国效法英、法、美三国，意图换约，"必当严行拒绝，以杜要求"①。

然而，1860 年，英、法、美三国与中国互换和约后，在上海通商的各小国，"不无有觊觎之心"②。奕䜣等人对此有所防范，"早已虑及在上海各小国从而效尤"③。同时，奕䜣等人考虑到"惟治之未萌，较易为力，若于明年春夏间，径驶天津，转致有费唇舌"，所以他们在 1861 年 1 月 24 日上奏时，提出了如下应对办法：一是要求薛焕按照桂良等人 1858 年的办法阻止各小国的订约要求；二是告知英、法、美三国，"以各小国如一体换约，则与三国并驾齐驱，转自侪于小弱之邦，并令该三国立为劝阻，勿令遽行北上"；三是如果各小国不听劝告，径赴天津，"亦即迅速奏闻，以便豫为杜绝，庶免临时周章"④。

奕䜣等人的意见为清政府采纳。清廷发布上谕，要求江苏巡抚薛焕按照奕䜣等人提出的办法，阻止各小国的订约要求⑤。不过，这种阻止是毫无效果的。因为有的国家根本就不与薛焕商议，直接到天津，提出修约要求。葡萄牙即是如此。所以，当葡萄牙代表班德到达天津后，总理衙门在上奏时不无担忧地说："诚恐各小国纷纷而来，欲求换约住京，殊属不成事体。"⑥ 而

---

① 《恭亲王奕䜣等又奏请敕薛焕如上海通商各小国恳请换约设法阻止片》，咸丰十年十二月十四日，贾桢等纂修：《筹办夷务始末·咸丰朝》八，第 2698 页。

② 《恭亲王奕䜣等又奏请敕薛焕如上海通商各小国恳请换约设法阻止片》，咸丰十年十二月十四日，贾桢等纂修：《筹办夷务始末·咸丰朝》八，第 2698 页。

③ 《奕䜣等又奏布鲁西亚国投文通商可否准其换约片》，咸丰十一年二月十九日，贾桢等纂修：《筹办夷务始末·咸丰朝》八，第 2778 页。

④ 《恭亲王奕䜣等又奏请敕薛焕如上海通商各小国恳请换约设法阻止片》，咸丰十年十二月十四日，贾桢等纂修：《筹办夷务始末·咸丰朝》八，第 2698 页。

⑤ 《廷寄》，咸丰十年十二月十四日，贾桢等纂修：《筹办夷务始末·咸丰朝》八，第 2700 页。

⑥ 《总理各国事务衙门奏布鲁西亚国恳请换约通商片（抄件）》，1860 年 3 月，太平天国历史博物馆编：《吴煦档案选编》第 4 辑，江苏人民出版社，1983 年，第 278 页。

且，这些欧洲小国毕竟国力弱小，又是在非战争状态下提出签订条约的。因此，它们在谋求建立条约关系时，纷纷向欧美强国寻求支持和帮助。在这种情况下，清政府根本无力阻止各小国提出的订约要求。如普鲁士向清政府提出订约要求后，清政府虽然予以阻止，但是由于英、法的帮助，清政府只能同意其订约要求。

当然，出于自身的考虑，清政府仍然希望拒绝其他小国的订约要求。1861 年，清廷在上谕中指出：除布鲁西亚国（即普鲁士）外，还有大西洋国（即葡萄牙），"难免恳求换约，将来亦可照此办理。其余各小国，若纷纷换约，亦属不成事体"。对此应"如何豫为阻绝"，奕䜣等人要"悉心筹画，妥为办理"①。1861 年 5 月，桂良致函吴煦，谈及普鲁士前来议约时也指出："现在未据议定，不知能否就范，似此纷纷效尤，更属不成事体，殊堪痛恨。"②

面对欧洲各小国的要求，清政府出于对这些国家的国力、中国的政局、欧美大国的态度等方面的考虑，在对待其订约要求时采取了有别于英、法、美、俄的政策。而且，各国具体情形不一，下文拟分别阐述各小国与中国建立条约关系的过程。

一、　中普条约关系的建立

第二次鸦片战争后首先同中国订约的欧洲小国是普鲁士。此时，德意志正处于分裂状态，普鲁士在当时的德意志关税同盟中居于重要地位。早在1859 年，普鲁士政府决定派遣一支远征队到东亚，并通知了德意志其他各邦政府，得到它们的赞同。随后，普鲁士政府任命前任驻华沙总领事艾林波为使节前往东亚，并训令他在必要的时候使用武力。在赴远东前，艾林波于1860 年 3 月先来到了巴黎，特意在那里向额尔金和葛罗求教③。随后，这个带着与东亚国家签约使命的远征队向远东进发了。到达东亚后，艾林波首先

---

① 《上谕　着崇纶会同崇厚办理布鲁西亚通商事务（抄件）》，1861 年 3 月 31 日，太平天国历史博物馆编：《吴煦档案选编》第 4 辑，第 280 页。
② 《桂良致吴煦函》，1861 年 5 月，太平天国历史博物馆编：《吴煦档案选编》第 5 辑，第 227 页。
③ ［德］施丢克尔著、乔松译：《十九世纪的德国与中国》，第 61 页。

代表本国政府同日本签订了条约。

对于普鲁士的远东外交活动，中国方面在 1860 年初即已获悉。当时，美国驻沪领事照会苏松太道吴煦称，普鲁士使臣带领兵船三艘，"前赴大清国及暹罗、日本等国立约通商"。该国驻美国大臣耆落知照美国内阁，"札谕该领事察核襄办"。何桂清得到吴煦的禀告后，批令他照复美国领事立即寄信阻止艾林波前来，"并告以该国向来既在上海贸易，其完钞纳税等项，本照各国办理，准循其旧，未便另立条约"。何桂清的意见由吴煦转复美国领事。然而，普鲁士并没有受此影响。1861 年 3 月 7 日，艾林波一行来到中国。他们先到上海，向江苏巡抚薛焕提出到天津订约之事。薛焕继续按照何桂清的意见办理，企图阻止普鲁士使团到天津。对于普鲁士的订约心态，薛焕的看法是："该国欲来中国立约通商，蓄意已久。又闻英、法、美、俄四国新换条约，不免夸耀海外，每以有约为荣。该国因而歆羡，恃有强邻，妄思仿效，且乘坐大轿异以八人，殊觉夜郎自大。"另外，道光年间，英、法、美三国与中国签订条约后，"复有大西洋国吁请另立条约九款，曾经奏准照议办理，刊布通行有案"。所以，"今布路斯国夷酋，坚欲赴津商立条约，显系欲效大西洋前事"。他劝艾林波说，自己是办理通商大臣，"既因通商请见，自当一体善待，毋须前赴天津"，况且中国与英、法、美、俄四国立有条约，"此外无约各国，仍准照旧通商，均未尝另立条约，尔不必徒劳跋涉"。艾林波不为所动。与此同时，薛焕还饬令吴煦密谕洋商，对艾林波进行劝导；并转告英、法、美、俄四国领事，"以此等小国不能与尔等大国平列，一体立约。嘱其帮同拦阻。如该领事等不致通同一气，或尚可止其赴津"[①]。

显然，此时第二次鸦片战争早已结束，普鲁士不可能从战争中直接捞到好处。随后，艾林波在了解相关信息后，决计前往天津[②]。在到达天津后，艾林波向中方直截了当地提出签订条约的要求，并要求派公使驻京。而且，普鲁士是依靠法国向中国提出要求的。清政府试图对此加以阻止。奕䜣等人

① 《薛焕奏劝阻布路斯国艾林波赴津立约折（抄件）》，1861 年 4 月 18 日，太平天国历史博物馆编：《吴煦档案选编》第 4 辑，第 280—281 页。

② 王维江：《从德语文献看 1861 年中普通商条约的签订》，《史林》2011 年第 6 期。

在与法国驻华公使哥士耆会晤时，与之"论及万不能允之理"，"且以各国如一并换约"，则与英、法"俨然敌国，转自侪于弱小之邦。冀以激其争胜之心，设法阻止"①。

然而，总理衙门的劝说未能奏效，哥士耆不仅没有改变态度，还为普鲁士的订约要求提供帮助。一方面，他有意提高普鲁士的地位，说普鲁士"原系大国，譬如大西洋一国"，像普鲁士这样与英、法、美相等的国家，"亦不过一二国"。另一方面，中国与普鲁士立约可以"稽查漏税，严查滋事"，对中国有益。不过，哥士耆知道清政府的态度，所以故意留有余地，指出"但住京则不必允许"，"倘肯另派大员与之换约，仅办通商一事，如或希冀住京，必当帮同阻止"。英国的威妥玛也为普鲁士说好话，说普鲁士距离英国三百余里，系英王之婿的国家，"颇称大国，不可不与换约"②。这种情况下，总理衙门向清廷提出了如下应对办法：只能同意与普鲁士订约，并拟向哥士耆说定，将来换约，"亦只准布鲁西亚国及大西洋国，其余断不能再行渎请"③。清廷发布上谕，同意总理衙门的意见，并称英、法两国"既不能代为阻止"，即当与普鲁士换约，"以示一视同仁之意"④。

随后，清政府派崇厚和崇纶为代表，同艾林波就中普缔结"友好和通商条约"进行谈判。不过，崇厚和崇纶"只愿和普鲁士订立商约，而拒绝给予普鲁士派外交代表驻北京和保护基督教徒的权利"⑤。艾林波肆意威胁，持强硬态度。谈判于是陷入了僵局。考虑到中国政府最怕外国人进入北京城，艾林波在不通知中国政府的情况下，派随员巴兰德等人进入北京，目的就是要

---

① 《奕䜣等又奏布鲁西亚国投文通商可否准其换约片》，咸丰十一年二月十九日，贾桢等纂修：《筹办夷务始末·咸丰朝》八，第 2778 页；另参见《总理各国事务衙门奏布鲁西亚国恳请换约通商片（抄件）》，1861 年 3 月，太平天国历史博物馆编：《吴煦档案选编》第 4 辑，第 278 页。

② 《奕䜣等又奏布鲁西亚国投文通商可否准其换约片》，咸丰十一年二月十九日，贾桢等纂修：《筹办夷务始末·咸丰朝》八，第 2778 页；另参见《总理各国事务衙门奏布鲁西亚国恳请换约通商片（抄件）》，1861 年 3 月，太平天国历史博物馆编：《吴煦档案选编》第 4 辑，第 278 页。

③ 《总理各国事务衙门奏布鲁西亚国恳请换约通商片（抄件）》，1861 年 3 月，太平天国历史博物馆编：《吴煦档案选编》第 4 辑，第 279 页。

④ 《廷寄》，咸丰十一年二月十九日，《筹办夷务始末·咸丰朝》八，第 2779 页；另参见《上谕　着崇纶会同崇厚办理布鲁西亚通商事务（抄件）》，1861 年 3 月 31 日，太平天国历史博物馆编：《吴煦档案选编》第 4 辑，第 280 页。

⑤ ［德］施丢克尔著、乔松译：《十九世纪的德国与中国》，第 64 页。

制造麻烦。而且，巴兰德进京后还"蛮横地占领了一所空房子"①。对此，中国政府采取了强硬态度，巴兰德一行不得不退出北京。1861 年 6 月 27 日，奕䜣、文祥在与赫德会谈时，谈及中普议约之事，还指出中方不能接受普鲁士提出的条约，其中关键的两点是进驻北京和对他们新开放口岸；而且，清政府对于崇纶未能留意巴兰德擅自进京相当不满②。巴兰德等人进京事件解决后，中普双方的谈判继续进行。谈判的争论主要集中在两个方面：

一是普鲁士公使驻京问题。当时，中国政府只同意英、法、美、俄四国公使驻京，不同意其他国家的使节进驻北京。所以，中方代表提出驻京一事十年以后再谈，艾林波坚持要在五年后再谈。当时，总理衙门担心不答应普鲁士，难保它转而接济太平军；所以，总理衙门决定对于"十年后进京一节，权为稍减"。同时，总理衙门考虑到"许之太易，不独恐该使得步进步，且恐无约各国，亦必纷纷效尤"。于是，总理衙门又让崇纶等人同艾林波商议，五年后如果中国不能答应普鲁士这一要求，那么公使驻京的期限就要再向后推延，而且要将这一要求列入专条。对此，艾林波坚决不同意，他说答应五年以后进京已经算是曲意顺从，如果再将展缓期限列入专条，"更恐诸国见而耻笑"③。然而，在崇纶等人的反复辩驳之下，艾林波只好以变通的方式接受清政府的要求，即不将这一要求写进专条，而以照会的形式确定下来。

二是条约具体内容的争议。艾林波提出的条约文本完全是依据《天津条约》，将其内容全部涵盖。谈判时，崇纶不愿意将英、法通过战争获取的条约权利给予普鲁士，并提出了反对意见。崇纶等人按照奕䜣等人的指示，对普鲁士"间有格外要求之处"，屡次驳斥删改④。然而，艾林波态度相当强硬，甚至威胁说："我除了最惠国条约以外不愿在别的基础上缔结一个条

---

① ［德］施丢克尔著、乔松译：《十九世纪的德国与中国》，第 65 页。

② D. F. Rennie, *Peking and the Pekingese：During the First Year of the British Embassy at Peking*, Vol. I, London：John Murray, Albemarle Street, 1865, p. 247.

③ 《奕䜣等奏与布路斯国议定通商条约情形折》，咸丰十一年七月十八日，中华书局编辑部、李书源整理：《筹办夷务始末·同治朝》一，第 1 页。

④ 《奕䜣等奏与布路斯国议定通商条约情形折》，咸丰十一年七月十八日，中华书局编辑部、李书源整理：《筹办夷务始末·同治朝》一，第 2 页。

约"①。因此，崇纶等人无能为力，谈判的结果只是对一些字句作了删改，同时加上了商人不能充任领事等内容。

但是，总理衙门对双方议定条约中的第五款有不同看法。该款规定"所有条约及将来照会，专以布国文字为凭"。对此，奕䜣等人认为"英、法二国条约虽有此语，而布国不应效其强横，且恐为将来狡赖地步，复令崇纶等驳改，总以中国文字为凭"。双方为此反复争辩，不能定议。这时通事马吉士生病，艾林波邀请法国使馆翻译美里登帮助。美里登"意在两边见好，从中调处，始行议定中国、布国各以本字为正，此外立一法文底稿，以便将来作为质证"②。这样，中普双方就条约基本达成一致。1861 年 8 月 14 日，一直帮助普鲁士使团谈判订约的美里登从天津回到北京③。

随后，总理衙门将条约上奏朝廷，请求批准。因此，与英国驻华公使布鲁斯、法国驻华公使布尔布隆在艾林波来华之初的担忧④比较起来，中普订约还是比较顺利的。之所以如此，原因有以下几个方面：首先，普鲁士来华订约得益于英、法的帮助。其次，普鲁士公使艾林波在议约谈判时态度坚决，中方难以使其轻易就范；加之中国时局动荡，清政府担心其得不到满足而支持太平军，所以不得不同意其要求。正如崇纶等人多次函报奕䜣等人时所说，"三月余以来，已属舌敝唇焦，时有决裂之虞。诚恐其铤而走险，狼狈为奸，似应早为定议，免生枝节"⑤。再次，中方在谈判过程中，对相关条款和相关问题作了限定，并非完全接受普方的要求，与英、法所订条约已有所区别。据奕䜣等上奏时所言，"其中如不准即时住京，及崇纶等添出不准商人作领事官，及删改各条字句之处不一而足，实与英、法已有区别"⑥。

---

① ［德］施丢克尔著、乔松译：《十九世纪的德国与中国》，第 66 页。

② 《奕䜣等奏与布路斯国议定通商条约情形折》，咸丰十一年七月十八日，中华书局编辑部、李书源整理：《筹办夷务始末·同治朝》一，第 2 页。

③ D. F. Rennie, *Peking and the Pekingese：During the First Year of the British Embassy at Peking*，Vol. I, p. 349.

④ 二人认为艾林波来得不是时候，担心立即订约会给奕䜣带来困难，希望艾氏等 8—10 个月再订约（［德］施丢克尔著、乔松译：《十九世纪的德国与中国》，第 64 页）。

⑤ 《奕䜣等奏与布路斯国议定通商条约情形折》，咸丰十一年七月十八日，中华书局编辑部、李书源整理：《筹办夷务始末·同治朝》一，第 2 页。

⑥ 《奕䜣等奏与布路斯国议定通商条约情形折》，咸丰十一年七月十八日，中华书局编辑部、李书源整理：《筹办夷务始末·同治朝》一，第 2 页。

因此，奕䜣等人商议后认为，艾林波乘中国多事之际，来华要求通商，"固不可稍示轻易，使萌挟制之心，亦不可拒之太严，致生意外之虞。揆度时势，自不如速行定议之为得计"①。

不过，总理衙门还有一件事担心，那就是怕五年后普鲁士公使驻京，会像英、法两国一样提出"住府第"的要求。所以，总理衙门又让崇纶等向普方提出要求，将"不住府第"载入条约的第三款，以免日后多费口舌。然而，艾林波认为把这一要求载入条约，"恐贻别国之笑"。所以，他提出了一个变通办法，即为此专递照会一件交给中方，声明届时普鲁士公使"不住府第"，"如无合式房屋，即由中国给一空闲地基，听其自行修盖"。对此，奕䜣等人认为目的已经达到，而且"该使既有照会声明，即与载入条约无异"②。普鲁士公使五年后驻京使馆房屋的问题因此得以解决。于是，中普议定条约事宜办理完毕。显然，总理衙门在与普鲁士订约的过程对相关方面的问题考虑较为全面，但是议定的条约还有其不完善的地方。这在以后条约执行中体现了出来。如中普条约第十三款并没有将船主漏报、捏报的处理办法载明，所以总理衙门于1868年照会普鲁士驻华公使，"应照中国与各国所立和约内罚银之数办理"③。

1861年9月2日，中普双方代表在天津签订条约。这是第二次鸦片战争后，中国在非战争状态下同欧洲国家签订的第一份条约。该约虽然与英、法等国同中国签订的条约有所不同，但是普鲁士通过它基本上获得了他国所享有的特权。正因为如此，普鲁士很快批准了这个条约。艾林波一行因此而得到普鲁士和以后德国政府的重用。艾林波回国后被任命为内政大臣，直到1878年；其随员巴兰德以后担任过德国驻日本公使和驻华公使，成为之后20年里"德国在东亚的重要外交代表"④。

---

① 《奕䜣等奏与布路斯国议定通商条约情形折》，咸丰十一年七月十八日，中华书局编辑部、李书源整理：《筹办夷务始末·同治朝》一，第2页。

② 《奕䜣等奏与布国定约情形并定使臣住京房屋折》，咸丰十一年九月初四日，中华书局编辑部、李书源整理：《筹办夷务始末·同治朝》一，第31页。

③ 《崇厚与布（普鲁士）国愿按所拟船主漏报捏报罚办章程办理事札》，同治七年九月初五日，天津市档案馆编：《三口通商大臣致津海关税务司札文选编》，天津人民出版社，1992年，第26、28页。

④ ［德］施丢克尔著、乔松译：《十九世纪的德国与中国》，第56页。

按照中普《通商条约》的规定,条约在一年内互换。所以,1862 年 8 月 16 日,普鲁士国使臣列斐士到达上海,照会总理衙门要求与中国互换条约。列斐士自称是普鲁士驻中国总领事兼代钦差大臣。然而,根据中外条约的规定,领事与总理衙门往来不能用平行的照会,只能用申陈。所以,中方认为列斐士的照会不合外交礼仪。如何应对此事反映了清政府在建立条约关系上的谨慎和处理条约关系时对体制的坚持。奕䜣等认为:列斐士既已呈递照会,无论将来能否令他收回,"此时总当予以照复,若径置之不理,恐该使引以为耻,必将藉口希图来津"。为给列斐士照会,总理衙门准备了两个办法:一是仍用上年订约时崇纶及崇厚的衔名,复照会一件,寄交薛焕等查收;二是仍令薛焕等先于司道中酌定一人办理照复并与之换约;"万一该使不允,即将寄去臣崇纶等照复发给";互换条约则可派薛焕、李鸿章负责办理①。清政府对总理衙门的意见表示同意,并认为"国家体制所在,争得一分,即获一分之益"②。

经过薛焕等人反复劝导,列斐士同意向总理衙门改用申陈。由于当时德国尚未统一,由以普鲁士为首的 23 个国家联合组成德意志公会,所以其他 22 国也要求与中国换约。于是,围绕着如何与普鲁士之外的 22 国换约,中普之间又进行了交涉。

1862 年 12 月 24 日,列斐士在与办理换约事宜的兼署江苏布政使署按察使刘郁膏会晤时,提出:中国在同普鲁士换约时,也要同其他 22 国一同换约;换约时将条约另缮写 22 份,并请中方缮写中文 22 份,以便与条约原本一同互换。对于列斐士的这种要求,刘郁膏表示碍难照办,并请示薛焕、李鸿章。薛、李二人对此的意见是:中普条约本包括公会各国在内,而且"原约并未载有互换时另缮汉文、洋字各二十二本,与公会各国分换明文",此时不能别有增添。他们要求刘郁膏照此反驳列斐士。列斐士虽经刘郁膏反驳,依然坚持已见,声称"各国盼望条约甚急,总须通融照办,免得再赴天

---

① 《奕䜣等又奏列斐士系总领事应令崇纶等照复片》,同治元年闰八月十五日,中华书局编辑部、李书源整理:《筹办夷务始末·同治朝》一,第 381—382 页。

② 《廷寄》,同治元年闰八月十五日,中华书局编辑部、李书源整理:《筹办夷务始末·同治朝》一,第 382 页。

津"。刘郇膏对此加以反驳。随后，列斐士在照会中称：普鲁士作为公会各国的首领，"换约后均须各送一本"，"并非各要画押之约，惟请照录二十二本，钤用江苏藩司印信，以便分送各国奉行"。中方依然表示反对，请其速换条约；声称将条约分送各国是公会内部的事，与中方无关。对于换约中的这一问题，薛焕、李鸿章认为：如果列斐士答应中方要求，事情容易办理；"第该使既困于公会各国之追索，而洋人性情又皆坚执，恐其再三恳请，似未便操之过蹙，激令赴津"①。清廷在得到薛焕、李鸿章的奏报后，于 1863 年 1 月 18 日发布上谕：普鲁士公使"所请照录条约二十二本，仅钤用江苏藩司印信之处，即着准其照办"；对于呈递洋字条约一事，指令由薛焕、李鸿章与列斐士议明"交换约衙门存案，不得请递都门，以示羁縻而昭限制"②。显然，清政府担心普鲁士赴津、进京，没有同意列斐士所提出的与德意志公会的其他 22 国的互换条约的要求，而是以变通的办法予以解决。

就在地方上报和朝廷做出决定之际，中普换约的交涉也在进行。与江苏地方交涉办理的进程相比，清政府的前述决定显然要滞后一些。也就是说，普鲁士与中国换约在上谕发出之前即已解决③。其具体情况如下：

列斐士因为自己的要求遭到中方的反驳，所以只好将换约与其他 22 国的事分为两件事来办理。薛焕等告知办理换约事宜的刘郇膏，"如该使坚申前请，应即答以此系原约不载，如必须恳办，中国亦应重议删去约内不便之事，庶可两得其平"。刘郇膏据此意见答复列斐士，列斐士未再坚持此前的意见，他的其他理由也遭到中方驳斥，于是他只好同意中普换约④。1863 年 1 月 13 日，列斐士在照会中提出次日换约，同时又提出公会各国之事另外设法办理。对于前者中方表示同意，对于后者薛焕等又令刘郇膏予以驳斥，列

---

① 《薛焕李鸿章奏布国条约求多缮二十二本请旨遵行折》，同治元年十一月二十九日，中华书局编辑部、李书源整理：《筹办夷务始末·同治朝》二，第 514—515 页。

② 《廷寄》，同治元年十一月二十九日，中华书局编辑部、李书源整理：《筹办夷务始末·同治朝》二，第 515—516 页。

③ 《奕䜣等奏布使韦根思敦来京求给约二十二本已允办理折》，同治二年二月初九日，中华书局编辑部、李书源整理：《筹办夷务始末·同治朝》二，第 605 页。

④ 《薛焕等又奏换约事竣布使列斐士恐有争辩片》，同治元年十二月十四日，中华书局编辑部、李书源整理：《筹办夷务始末·同治朝》二，第 535 页。

斐士"并无他说"①。不过，薛焕等认为难以预料列斐士下一步会采取何种行动，然而"该使屡次为理所屈，似此后制伏不甚难"②。于是，1863 年 1 月 14 日，中普条约在上海互换生效。

中普换约实现后，普鲁士来华官员避开江苏地方官员，直接派人到北京解决与公会各国相关事宜。1863 年 3 月 5 日，列斐士的随员韦根思敦在英国驻华使馆参赞威妥玛的带领下来到总理衙门，呈递列斐士的申陈两件。其目的就是要求将生效的条约照录 22 份，盖上负责换约的江苏布政使的官印。恭亲王奕䜣等认为：普鲁士在上海换约未能如愿，又来北京提出要求，"本属可恶"；但是，普鲁士的这一要求毕竟没有损及清朝的体制，而且"外国人性情坚执，凡有所请，辄挟不允不止之心"，若严厉拒绝，"转恐别生哓渎，多所烦聒"③。出于上述考虑，总理衙门同意普鲁士的要求，并在答复列斐士时说：刘郁膏不答应其要求是遵从条约起见，"惟念两国既经和好，原议虽未声叙，而今所欲得者，不过盖用司印之条约，似可稍示权变，以见两国和好之谊"④。不过，由于换约事宜是由江苏巡抚奉皇帝之命负责办理，所以总理衙门认为普方应当在上海，听候钦差大臣办理。当然，总理衙门这样做，还有对当时外交体制的考虑，避免由总理衙门做出决定，"显以崇外省大吏之体，即隐以杜任意来京之心"⑤。最终，22 国要求的盖印条约一事在上海得以解决。

所以，中国与普鲁士之间签订的条约也为公会其他 22 国所接受，形式上满足了其要求。1871 年，普鲁士统一德国。中普条约也就是中德之间签订的第一个条约，奠定了以后中德条约关系的基础。而且，这是第二次鸦片战

---

① 《薛焕李鸿章奏与布国换约情形折》，同治元年十二月十四日，中华书局编辑部、李书源整理：《筹办夷务始末·同治朝》二，第 534 页。

② 《薛焕等又奏换约事竣布使列斐士恐有争辩片》，同治元年十二月十四日，中华书局编辑部、李书源整理：《筹办夷务始末·同治朝》二，第 535 页。

③ 《奕䜣等奏布使韦根思敦来京求给约二十二本已允办理折》，同治二年二月初九日，中华书局编辑部、李书源整理：《筹办夷务始末·同治朝》二，第 605 页。

④ 《给布总领事札文》，同治二年二月初九日，中华书局编辑部、李书源整理：《筹办夷务始末·同治朝》二，第 607—608 页。

⑤ 《奕䜣等奏布使韦根思敦来京求给约二十二本已允办理折》，同治二年二月初九日，中华书局编辑部、李书源整理：《筹办夷务始末·同治朝》二，第 605 页。

争后，中国与四大国之外的国家签订的第一个条约。该约无论是从清政府的处理办法，还是从英、法、美三国的态度，以及此后各小国谋求与中国订约采取的策略与办法来看，都为其他小国同中国订约提供了范例。

二、 中比条约关系的建立

比利时早有与中国签订条约的要求。但是，清政府并没有同意，只是于1845年同意该国有在五口通商的权利。第二次鸦片战争期间，比利时试图在此基础上扩大在华权利。1858年，桂良、花沙纳等人在上海与英、法、美三国办理通商章程时，接到比利时使臣的照会。桂良等以现在专办英、法、美三国事务，其他各国仍应由广东总办五口通商大臣奏请办理为由，将照会由薛焕交英国领事，转寄给驻广东的比利时领事①。

1859年初，比利时使臣照会江苏巡抚，声称："道光二十五年六月，曾奉粤省知会，准在五口通商，现又新增各口，请将天津所与英、法两国之美举，暨日后获益之事，该国亦得与及，或另由全权大臣商立条约。"② 随后，比利时公使又照会时任五口通商大臣的两江总督何桂清请求通商。然而，江苏的官员并不了解比利时与中国的通商原案。据苏松太道吴煦的说法，"据称咸丰四年议有准行章程。两广总督之卷，未必移送江南，此时拒复颇难措词"。对此，吴煦的意见是由何桂清"照复该公使，令其抄录章程送阅，一面咨查两广总督衙门有无此案"；由于担心前年英法联军入广州城时档案毁失，所以吴煦询问何桂清是否能够"俟复到察办"③。的确，何桂清对于此事的办理，也不急于回复，只是等待广东的文件到来，让吴煦照会比利时领事转达该国公使。正如吴煦所言，"因该公使来文声叙年分不符，又未录呈原案，是以节奉宪驳"④。后来，何桂清接到两广总督抄送来的原案，才照会比

---

① 《薛焕又奏比利时国请立约通商折》，同治元年四月初七日，中华书局编辑部、李书源整理：《筹办夷务始末·同治朝》一，第202页。

② 《薛焕又奏比利时国请立约通商折》，同治元年四月初七日，中华书局编辑部、李书源整理：《筹办夷务始末·同治朝》一，第202页。

③ 《吴煦致胡芝轩函（底稿）》，1859年6月20日，太平天国历史博物馆编：《吴煦档案选编》第5辑，第48页。

④ 《吴煦蓝蔚雯上何桂清禀（底稿）》，1859年10月16日，太平天国历史博物馆编：《吴煦档案选编》第5辑，第109—110页。

利时公使遵照办理。

　　1859 年 10 月 15 日，比利时领事塔布函送该国公使致何桂清的照会，照会提出："新开各口该国应立新约，一体准行，各国复有受惠，该国亦应同沾。"而且，他还提出三条要求：一是该国的大小官员、商民、眷属、船只货物，均应"与别国同视"；二是和约签订，以 10 年为限；三是和约签订后，"须请用宝，在上海互换①。对此，吴煦和蓝蔚雯禀告何桂清时指出："今该公使来文系未奉宪文之先所发，而所请三条本系越分妄求，欲自比于大国之列。"二人对于比利时请求立约的态度是，何桂清可以照会的方式答复比利时公使，现在美国"虽已换约，尚未开办新章"，英、法两国"此时均未定议"，"应俟三国章程定妥，开办新章之际，再当代为陈奏，仍钞发各国章程，准其在于通商各口，毋庸另立条约，庶与从前原办相符，以昭划一。该国既得一体通商，似足杜其妄念矣"②。何桂清采纳了吴、蓝二人的建议，照此答复比利时公使。也就是说，何桂清仍照 1845 年旧例，同意比利时在新开口岸通商，不同意与之签订条约③。然而，何桂清并没有将此事上报朝廷。

　　1862 年 4 月 10 日，英国驻上海领事馆给时任通商大臣的薛焕送来比利时使臣包礼士的照会，包礼士在照会中请求约期会晤。随后，薛焕与苏松太道吴煦会见了包礼士一行。包礼士当面交来一件照会，声称要到北京订约，请薛焕先告知总理衙门。会谈中，包礼士说：比利时在欧洲与英国是"姻娅之邦"，他这次来中国奉有全权，签订与其他国家一样的条约。薛焕对此当即加以反驳，说自己是通商事务大臣，职责只是商办中外交涉事件，比利时与中国通商相安无事，"现在应与无约诸邦照旧通市，固无须另立条约"，更没有必要进京。包礼士坚持声称自己带有使命，反对在上海商议。薛焕再三开导也无济于事，最后只好同意将此事奏报朝廷，并让包礼士在上海等待朝

---

① 《薛焕又奏比利时国请立约通商折》，同治元年四月初七日，中华书局编辑部、李书源整理：《筹办夷务始末·同治朝》一，第 202—203 页。

② 《吴煦蓝蔚雯上何桂清禀（底稿）》，1859 年 10 月 16 日，太平天国历史博物馆编：《吴煦档案选编》第 5 辑，第 109—110 页。

③ 《薛焕又奏比利时国请立约通商折》，同治元年四月初七日，中华书局编辑部、李书源整理：《筹办夷务始末·同治朝》一，第 203 页。

廷的消息。对于比利时公使的态度，薛焕认为他"恃有强邻，颇存奢望，而辞气尚属平顺，不得不稍示羁縻"。根据 1845 年同意比利时在各口通商的旧例，薛焕认为"此次仍照旧章办理，俾在新增各口通市，尚待圣主恩施。惟各国新约内有外国使臣住京、内地游历、通商等事，均未便颁发该国，殊觉事多窒碍"①。

清政府在得知比利时请求订约之事后，于 1862 年 5 月 5 日发布上谕指出：比利时是法国的属国，通商之事应该附在法国的名下办理；至于该国所说与英国有姻亲关系，只不过是想效仿普鲁士，与中国签订条约。针对比利时的要求，上谕提出了三个应对办法：一是由总理衙门告知法国公使，"力为拦阻"；二是让薛焕妥为开导，既允其通商，则不必另立条约；三是如果比利时公使要求必须签订条约，即照普鲁士之例办理，"断不能与英、法相同"。上谕还就如何订约提出了如下要求："此时该国换约与否，于大体并无增损，惟允行太易，则恐得步进步，翻多晓渎，不可不稍为操纵以防其弊。"而且，薛焕要劝阻比利时公使北行到天津；与之在上海订立条约，也要以总理衙门寄来的中普条约为本，"照此量为增损，断不可大有出入"②。显然，清政府对比利时要求订约并没有采取强硬的态度。

随后，总理衙门为比利时请求通商一事咨文薛焕，进一步表明了清政府对比利时要求订约的立场。总理衙门指出比利时为欧洲小国，"似此蕞尔微区，亦与英、法国抗衡，将来恐不胜其扰。虽该国恃英国姻谊之声势，故敢于自大，即使严行拒绝，谅英国亦不能因此致衅端。但当此内地多事之秋，如果万不能拒绝，姑且设法羁縻，以济时艰"。鉴于普鲁士订约的问题，总理衙门认为，比利时与普鲁士大小悬殊，办理亦应有别，指示薛焕与之商办时，"直可将驻京一节，永远杜绝，方为妥善。若驻京可以杜绝，则不住府第一层亦无庸议矣"。至于君主的称号，普鲁士公使来时称大皇帝，"后经驳辩，遂亦改称为大君主，此体制之最大者，不可不争"。至于不准多添通商

---

① 《薛焕又奏比利时国请立约通商折》，同治元年四月初七日，中华书局编辑部、李书源整理：《筹办夷务始末·同治朝》一，第 202—203 页。

② 《廷寄》，同治元年四月初七日，中华书局编辑部、李书源整理：《筹办夷务始末·同治朝》一，第 204 页。

口岸、不准派商人充领事官，也应当留意。其他各节，"但察其有碍于通商各口者"，亦应随时斟酌办理。总体而言，总理衙门认为比利时此番来华，"未必非为各小国预为尝试"，因此对之可以"设法拒绝，不与换约"为上策；如果确实不得已，则上述各节"务须悉心筹酌"，只要能在各款内有减无增，使各小国"闻之无可希冀，不致纷纷效尤"，方是办理妥善①。随后，清政府派薛焕为全权大臣负责与比利时商议签订条约的事宜。

1862年5月30日，薛焕与比利时公使包礼士进行了会晤。他按清政府的既定步骤，首先劝告包礼士说：既然比利时在各通商口岸通商贸易一切照旧，就不必再签订条约。包礼士坚决表示反对。接着，薛焕又设法阻止包礼士北上进京，说已接到饬令，让他在上海办理一切中比交涉。经过这番劝说后，包礼士对进京一层并没有强烈要求，但是坚持要与中国签订条约，并且在照会中提出了条约的稿本。比方提出的约稿有三条，第一条最为关键，包含内容广泛，而且涵盖较多。其文称："凡比利时国所派之钦差大臣领事府以及各等商民船货物件，在于中国，均应与别国受益最优者同受其益"；而中国官民前往比利时享受同样待遇。第二条是条约以十二年为期限。第三条是条约议成后由双方盖国印互换生效②。针对包礼士在条约稿本中所提出的要求，薛焕于6月19日照会包礼士，提出"立约必须彼此两有利益，两无窒碍，方属可行"。为达到限制比方要求的目的，薛焕就中比订约拟出三条内容，即比利时必须在各通商口岸设立领事，并且禁止商人充当领事；可以在15处通商口岸贸易，不必考虑赴内地游历、通商；使臣不必进京，可驻上海以及浙江、福建、广东的通商口岸③。薛焕提出这些要求的目的，就是要在日后的谈判中作为相互增减条款的依据。6月27日，包礼士照会薛焕，不提薛焕所提的几条要求，只是说定期与薛焕会晤。

6月30日，中比正式的条约谈判开始。中方的代表是办理通商事务大臣

---

① 《总理各国事务衙门为比利时请通商事咨薛焕》，1862年5月，太平天国历史博物馆编：《吴煦档案选编》第5辑，第239—240页。

② 《比使包礼士给薛焕照会》，同治元年六月十六日，中华书局编辑部、李书源整理：《筹办夷务始末·同治朝》一，第287页。

③ 《薛焕给比使包礼士照会》，同治元年六月十六日，中华书局编辑部、李书源整理：《筹办夷务始末·同治朝》一，第287—288页。

薛焕、苏松太道吴煦以及作为随员的常州知府薛书堂；比方代表是包礼士，随带人员只有英国翻译官阿查理。会谈开始后，包礼士仍然要求北上会商修约。薛焕对此当然表示反对，说："此说毋庸再提"。包礼士见中方态度如此坚决，只好提出："立约须允所递三条，不能更易。"薛焕针锋相对地说："我拟三条，亦不能更易。"包礼士见双方互不相让，于是提出按普鲁士所订条约办理。经过一番辩论，包礼士又提出逐条商议双方所提出的各项要求。然而，包礼士的真实目的是要将薛焕所提三条内容全部删除。经过商议，双方同意对薛焕所出的前两项要求进行变通。至于第三条，薛焕与包礼士争执时间最长，也最为激烈。后来，吴煦等中方代表参与会谈后，双方才平和下来。于是，包礼士将他提出的三条要求拿出来会谈，双方只在后两条有所争执，薛焕要求将"条约十二年为期"删去，最终包礼士只好勉强答应；薛焕要求将条约"盖国宝"字样删去，因包礼士强烈反对而未能实现。最后，双方在比利时公使进京一事上又进行了辩论。由于彼此不能同意各自的意见，包礼士说干脆都不采用双方的意见。此时，薛焕还要求将"盖国宝"的字样删去。包礼士颇有不悦地说："尔将我所递三条删削无遗，使我何以归对我主？如能仍许住京，庶可删此一端。"他还说："此次所议太觉吃亏，应悉作罢论，另行订酌重议。"薛焕担心再坚持下去会谈将会功败垂成，于是不再坚持把"盖国宝"的字样删去。双方最终达成条约四款①。

显然薛焕等人不仅坚持不同意比利时公使进驻北京，而且在通商方面多有限制，条约文本更是简单。所以，清廷对薛焕、吴煦等人的办理结果比较满意，认为他们"将住京一节删去"，并将包礼士"所递三条内暗为消融"，"刚柔互用，甚为得体"②。事后，薛焕担心包礼士又有其他要求，节外生枝，所以主张让吴煦劝说包礼士赶紧将条约翻成外国文字，早日画押。

8月8日，薛焕等与包礼士在上海在条约上签字画押。这个条约比较简单，只有区区四条。其中第一条规定比利时在华派驻领事；第二条规定比利

---

① 《薛焕奏与比国定约情形折》，同治元年六月二十三日，中华书局编辑部、李书源整理：《筹办夷务始末·同治朝》一，第304—305页。

② 《廷寄》，同治元年六月二十三日，中华书局编辑部、李书源整理：《筹办夷务始末·同治朝》一，第307页。

时商人可以在通商口岸，按照有约各国一体贸易；第三条规定比利时商人来华贸易时交税及其违约受罚、查办人犯欠债，均按有约国的章程办理；第四条规定双方国家批准后，在18个月内在上海互换①。然而，比利时并没有按期派人来华换约。

1865年，比利时派遣金德来华。不过，金德来华的目的并不是要换约，而是负有新的使命，那就是订立新的条约。金德来华后没有立即同清政府进行接触，而是通过英国驻华公使将订约一事告诉了清政府。其目的非常明显，那就是想借助英国的力量实现改约。

1865年初，英国署理公使威妥玛照会总理衙门，说比利时派使臣来华订约。总理衙门回复说：中国同比利时早已订立条约，只等互换。几个月后，金德领取英国人的护照进入北京，住进英国使馆。六月，威妥玛当面告诉恭亲王等人说：比利时因上次使臣"办理不善，贻笑各国"，所以现派使臣金德来华。金德领有英国人护照，现住英国使馆。同时，威妥玛请总理衙门给金德照会，以便进行谈判。总理衙门对此坚决反对，并指出金德应先照会三口通商大臣崇厚，听候答复，而不应该冒昧来京。随后，威妥玛把金德致崇厚的照会交给总理衙门，"属为转寄"。金德在照会中声明自己是"奉派来华，将通商章程照各国已定条约再行酌定"②。

对于比利时的这种要求，总理衙门表示反对，认为中比所订条约"虽属简少，而各国条约内所有之意，业已全括其中"，而且当时签订条约是彼此商定，没有勉强，所以没有必要改订条约。不过，英国公使威妥玛一心要帮助比利时。他在面见总理衙门大臣时说：以前比利时使臣所订的条约只有4款，实在是太简单，"不独该国商人不能明悉，并且贻笑邻封"。所以，比利时惩处了前任使臣，另派使臣来华。为了达到帮助比利时订约的目的，威妥玛还为比利时向总理衙门"再三代为恳求"，并声称以后所订条约绝对不会超出各国所订条约的范围。面对这种情况，总理衙门从办理洋务的策略以及

---

① 《比利时国条约四款》，同治元年六月二十三日，中华书局编辑部、李书源整理：《筹办夷务始末·同治朝》一，第307—308页。
② 《奕䜣等奏议复崇厚比使金德再求完约折》，同治四年七月十一日，中华书局编辑部、李书源整理：《筹办夷务始末·同治朝》四，第1451页。

比利时要求改约的现状出发，认为"现办洋务，先在折服其气，然后乘机即转，庶不至过事要求，亦不至操之太蹙"。比利时在订约一事上，"既已不照各国为耻，复行派使前来"，又有威妥玛的帮助，"已挟志在必行之势"；然而，对于比利时的要求，如果中国"遽允所求，又恐视之太易，过肆要求"。出于这种考虑，总理衙门在将金德的照会寄给崇厚时，指出：在回复金德的照会中，要告诉他"自行认错"，"方可允为代奏"①。

崇厚在收到金德的照会后，按照总理衙门的意见，回复道：前定条约是两国共同商定的，"足致其美，无庸更改"；而且，金德在照会中"仅泛言与成章相背，并未将前定条约应再行酌改，其咎当归何人之处，切实声明"，所以他"不敢冒昧入奏"②。随后，金德又照会崇厚，说明是包礼士在议定条约时"实属显违谕旨误办"③。崇厚认为金德的这一答复无疑是"自认为包使之咎，措词尚属恭顺，是该使业已屈服，既据一再恳请"，所以上奏朝廷④。

奕䜣等人对比利时公使金德的态度也表示满意，认为金德在照会中既然承认包礼士办理错误，已经自认本国"用人不当之咎"，经过这一番挫折，将来议约时，"该使或不至任意狡执，求多于各国条约之外"。于是，奕䜣等人上奏朝廷，请派员重订中比条约。由于比利时是请英国公使威妥玛帮助订约，与此前中国与丹麦订约的情况大致相同；所以，奕䜣等人奏请按中国与丹麦订约的成案办理，无论金德在京与否，都先与威妥玛往来商议，而不与金德晤面⑤。随后，清廷发布上谕，派董恂、崇厚为全权大臣办理中比订约事宜。

1865 年 9 月 14 日，威妥玛将金德所拟的约稿 50 条送交给总理衙门。次日，威妥玛派英国驻华副使柏卓安偕同金德到总理衙门，相互阅看双方议约

① 《奕䜣等奏议复崇厚比使金德再求完约折》，同治四年七月十一日，中华书局编辑部、李书源整理：《筹办夷务始末·同治朝》四，第 1451 页。

② 《崇厚给比使金德照会》，同治四年七月初六日，中华书局编辑部、李书源整理：《筹办夷务始末·同治朝》四，第 1447—1448 页。

③ 《比使金德给崇厚照会》，同治四年七月初六日，中华书局编辑部、李书源整理：《筹办夷务始末·同治朝》四，第 1448 页。

④ 《崇厚奏比使金德来津求再定约折》，同治四年七月初六日，中华书局编辑部、李书源整理：《筹办夷务始末·同治朝》四，第 1446—1447 页。

⑤ 《奕䜣等奏议复崇厚比使金德再求完约折》，同治四年七月十一日，中华书局编辑部、李书源整理：《筹办夷务始末·同治朝》四，第 1452 页。

人员的全权证书。

总理衙门看过金德所拟条约后，发现其内容"均系从各国条约内采摘凑集而成，其中有各国条约所有必不可删，而该使删去者；有款内意义大略相同，可以并为一款者"。于是，总理衙门便将应添加、应合并的地方一一标明，并加以更正，将原拟约稿由五十条合并为四十七条。在这四十七条中，中比双方对第七款有不同看法。中方认为应该添入"各口领事官不准派商人兼充"一句。但是，金德"不肯照添"，认为"商人兼充，不过恐其生弊"，因此答应"领事如有不协，立即撤退"。针对金德的这种态度，董恂说："既如此说，即可将此言载入条约。"金德却说将此句加入条约，会关系到本国颜面。这时，威妥玛又出面帮助比利时。他代金德请求说，允许将这层意思另备照会，以作日后的凭据。总理衙门认为"既有照会，即与条约亦无大异"，所以同意照此办理。至于通商税则一事，总理衙门告诉金德按照与丹麦一样的情况办理，不必另外商议。这样，中比条约谈判达成一致。11 月 2 日，双方先在总理衙门签字画押。然后，金德又到天津，于 11 月 11 日与崇厚画押，签订条约①。

至此，中国与比利时重订条约之事办妥。1866 年 11 月 23 日，中比条约在上海换约生效。此次换约相当顺利，以至于当时负责换约的郭柏荫说："从前布、丹等国来沪换约，皆不免小有参差，颇费唇舌。此次比国使臣情词恭顺，除凭单之外，并无照会往来，亦无语言辩论之处。"②

三、"议而未换"的中葡条约

继普鲁士向中国提出签订条约后，葡萄牙提出了同样的要求。其实，葡萄牙在第一次鸦片战争后就一直寻求机会，试图与中国签订条约。葡萄牙之所以要与中国签订条约，主要是因为其在华特殊地位的丧失。据葡萄牙公使基玛良士所说，中国与英国签订条约后，"本国利益视昔少杀"；而且，英、法、美与中国签订条约后，"视本国未立章程者加一等，在本国来贵国独先，

---

① 《奕䜣等奏与比国定约情形折》，同治四年九月十四日，中华书局编辑部、李书源整理：《筹办夷务始末·同治朝》四，第 1513—1514 页。

② 《郭柏荫奏与比国换约情形折》，同治五年十月初二日，中华书局编辑部、李书源整理：《筹办夷务始末·同治朝》五，第 1890 页。

且甚和好,今在诸国中纵非出头,亦不当落下"。所以,葡萄牙派遣基玛良士到中国签订条约,并且其内容要与最近各国签订的条约相同。正当基玛良士奉命向中国提出签订条约之际,广州发生战事,第二次鸦片战争爆发。所以,他只能照会两广总督叶名琛①。第二次鸦片战争期间,葡萄牙积极活动,希望在英、法等国的支持之下与中国签订不平等条约。但是由于多种原因,葡萄牙未能如愿以偿。

第二次鸦片战争结束后,葡萄牙政府又命基玛良士向中国提出签订条约的要求。值得注意的是,为同中国签订条约,葡萄牙积极寻求法国的支持。1861年,法国驻华公使哥士耆在帮助普鲁士与中国签订条约时,专门为葡萄牙铺路搭桥。他说:葡萄牙亦系大国,"该国在澳门居住二百余年,极为安静,近因中国未与换约,不能约束其众,以致漏税诸弊甚多,若与换约,必于中国税务有益"②。当年,清政府在同意与普鲁士订约时,也注意到了葡萄牙可能提出订约的问题。清廷发布上谕称:"布鲁西亚国之外,尚有大西洋国,难免恳求换约,将来亦可照此办理。"③因此,清政府对于葡萄牙提出签订条约即按照对待普鲁士的办法办理。

1862年6月2日,正当中国与比利时谈判签约之际,哥士耆给总理衙门送来葡萄牙公使基玛良士的照会。基玛良士在照会中声称签订条约外,又故作姿态地说:英、法与中国在天津订约时都有兵船,而美国和俄国也到天津同中国签订了条约;当时,他也可以到天津,与中国签订无异于各国的条约,"惟意在始终如一,不欲人非议本国与贵国有衅隙之处,故未来耳"④。

总理衙门接到照会后立即上奏照上年的上谕办理,但是由于担心葡萄牙公使进京,所以提出要"豫为阻绝"。奕䜣等在哥士耆送照会时当面同他商

① 《大西洋国使基玛良士照会》,同治元年五月十七日,中华书局编辑部、李书源整理:《筹办夷务始末·同治朝》一,第245页。

② 《奕䜣等又奏大西洋国请立约通商折》,同治元年五月十七日,中华书局编辑部、李书源整理:《筹办夷务始末·同治朝》一,第243页;另参见《奕䜣等又奏布鲁西亚国投文通商可否准其换约片》,咸丰十一年二月十九日,贾桢等纂修:《筹办夷务始末·咸丰朝》八,第2778页。

③ 《廷寄》,咸丰十一年二月十九日,中华书局编辑部、李书源整理:《筹办夷务始末·咸丰朝》八,第2779页。

④ 《大西洋国使基玛良士照会》,同治元年五月十七日,中华书局编辑部、李书源整理:《筹办夷务始末·同治朝》一,第245页。

定，如果基玛良士要求进京，"必极力驳斥不行"①。可见，清政府采取了与对待普鲁士一样的办法，限制英、法、美、俄四国之外的使节进京。

当时，葡萄牙公使基玛良士虽然没有提出进京的要求，但是在哥士耆的帮助之下，清政府的这种限制被变相地破解了。哥士耆致函总理衙门，代葡萄牙请求道：天津现在流行瘟疫，恳求中国政府同意基玛良士以法国留住朋友的名义暂住法国使馆，只带随行人员3名，不言明是葡萄牙公使；谈判时，由哥士耆往来商议，条约商定后再由基玛良士到天津或通州等处画押。对于哥士耆的所作所为，奕䜣等人看得很清楚，认为他"不以进京商办为请，而藉口于天津瘟疫盛行，粉饰其词，狡诈之情如绘"。即便如此，奕䜣等人并没有强硬地加以拒绝，因为"若严为拒绝，徒与牴牾，终难阻其进京之举，且虑其从中挑激，致生事端"。因此，奕䜣等人认为这与公然提出进京不同，以后各国也不会因为这件事而要求到北京商定条约；所以，他们同意哥士耆的提议，并奏请派全权大臣，会同崇厚办理与葡萄牙的通商事宜②。

随后，清廷发布上谕派恒祺为全权大臣，会同三口通商大臣崇厚办理相关事宜③。恒祺随即与哥士耆进行会谈。这时，哥士耆又以去年崇纶曾办过与普鲁士换约事宜，所以他坚决要求崇纶参与会谈。于是，恒祺、崇纶与哥士耆往返商办了两个多月，终于将中葡条约商定。恒祺等在谈判中，坚持要求葡萄牙公使不进驻北京、商人不能兼充领事，而且认为"通商各款内最要者惟住京一节"。最终，中葡达成的条约规定：葡萄牙公使不能与其他国家一样长住北京，遇有要事时可以进京，每年不过一次；并且，商人不能做领事官。除这两条与其他国家所签条约不同外，中葡条约中还有中国政府在澳门设官的规定④。这一结果也与谈判之初中国坚持对澳门的主权有密切关系。按规定，条约议定后恒祺到天津会同崇厚一起签字画押。然而，基玛良士此

---

① 《奕䜣等又奏大西洋国请立约通商折》，同治元年五月十七日，中华书局编辑部、李书源整理：《筹办夷务始末·同治朝》一，第243页。

② 《奕䜣等又奏大西洋国请立约通商折》，同治元年五月十七日，中华书局编辑部、李书源整理：《筹办夷务始末·同治朝》一，第244页。

③ 《上谕》，同治元年五月十七日，中华书局编辑部、李书源整理：《筹办夷务始末·同治朝》一，第244页。

④ 《奕䜣等又奏与大西洋国立约经过片》，同治元年七月十六日，中华书局编辑部、李书源整理：《筹办夷务始末·同治朝》一，第325—326页。

时又要急着离开北京。清政府只好答应在京、津两地先后签字画押①。1862年 8 月 8 日，恒祺与基玛良士在北京就中葡条约签字画押；8 月 13 日，会办此约的崇厚又与基玛良士在天津签字画押。这样，中、葡双方签订《和好贸易条约》。按照该条约第五十四款的规定，"约计限以二年，俟大清国大皇帝，大西洋国大君主，彼此批准，即在天津互换"②。

然而，中葡条约的互换并不顺利。早在 1863 年 7 月 16 日，赫德在日记中就写道："我发现任命恒祺与葡萄牙人谈判的上谕原来仅限于通商事务。由此引申，我认为可以断定，他在工作中僭越了他所接到的指示，从而使他自己所订立的上了当的条约没有得到批准。"③ 显然，清政府在中葡条约签订后，发现了条约中存在难以接受的问题。随后，中葡在换约中的争执即证明了这一点。

1864 年 5 月 20 日，尚未到两年的换约期限，葡萄牙公使阿穆恩就来到天津要求换约。对此，奕䜣等人对阿穆恩的意图持怀疑态度，认为其难保不另有要求。加上葡萄牙租住澳门，"必须时加防范，方免日后纠缠，以致办理棘手"④。所以，奕䜣等人奏定派薛焕、崇厚为全权大臣负责换约后，又上奏"拟勿庸先为请用御宝，应俟钦派大臣与之见面时查看有无别情，再由该大臣奏明办理"⑤。

后续发生的事情果然不出奕䜣等人所料。阿穆恩抵津后，就告知崇厚，"换约后，尚有会商事件"。他还在照会中提出在澳门以西各海口通商等要求。当时，薛焕尚未启程到天津，便与奕䜣等人商议，"该使如此肆意要求，亟须设法以折其方张之焰"。经商议后，他们发现 1862 年议定条约中的"中国澳门设官，与各国领事驻扎澳门无异"一句有问题，可提出来与该使商

---

① 《奕䜣等奏与大西洋定约情形折》，同治元年七月十六日，中华书局编辑部、李书源整理：《筹办夷务始末·同治朝》一，第 324—325 页。

② 中葡《和好贸易条约》，同治元年七月十八日，王铁崖编：《中外旧约章汇编》第 1 册，第 194 页。

③ ［美］凯瑟琳·F. 布鲁纳、费正清、理查德·J. 司马富编，傅曾仁等译：《步入中国清廷仕途——赫德日记（1854—1863）》，中国海关出版社，2003 年，第 376 页。

④ 《奕䜣等奏议复崇厚大西洋国使臣阿穆恩到津请派员互换条约折》，同治三年四月二十九日，中华书局编辑部、李书源整理：《筹办夷务始末·同治朝》三，第 1097 页。

⑤ 《奕䜣等又奏大西洋国换约尚未届限俟察看有无别情再请用御宝片》，同治三年四月二十九日，中华书局编辑部、李书源整理：《筹办夷务始末·同治朝》三，第 1098 页。

议，"酌为删易"，"以杜其过肆要求之渐"。1864 年 6 月 13 日，薛焕到达天津，又与崇厚相商，决定在 6 月 17 日与西班牙公使会晤。当阿穆恩前来会晤提出换约时，中方代表提出：中国皇帝尚未批准，"因其中有应商酌之处"。阿穆恩说：本国主已经批准，"须俟换约后，方可再行商量改约之事"。薛焕、崇厚当然不会中阿穆恩的圈套。因为，阿穆恩在条约互换后肯定会提出开放澳门以西各口，同时还会以条约已经互换为由拒绝中方所提出的要求。所以，他们反驳说："中国所商者并非改约，尔既可商量更易于互换之后，何妨变通商酌于未换之前。"这时，阿穆恩强词夺理地说："条约既不带来，是定议不肯互换。"① 于是，双方的会晤不欢而散，阿穆恩则声称离津赴澳门。

然而，阿穆恩对于换约未成，并不认为是自己的问题。6 月 20 日，阿穆恩照会薛焕、崇厚，同时照会各国驻华公使，并附"预言明书"，将换约一事的责任推给中方。当天，薛焕、崇厚照复阿穆恩，进一步申明中方的立场，指出未能换约的责任在阿穆恩②。而且，总理衙门也根据薛焕、崇厚的意见，照会驻京各国公使，说明责任之所在③。

实际上，葡萄牙公使阿穆恩不想因此而停止换约。7 月 7 日，葡萄牙驻天津领事左欣那送来阿穆恩从上海寄来的照会。由于阿穆恩离开天津后，薛焕和崇厚在给他的照会中指责他不肯换约、轻视中国，所以他在照会就这两件事极力为自己辩解，并提出愿意换约④。薛焕和崇厚随即照会阿穆恩，指出中方并非想要将条约大为更易，"特以约中未尽明晰之处，须于未换约之先，豫为明白商定，方可行之永久"；同时，驳斥了阿穆恩照会中的不实之处，提请阿穆恩考虑中方的意见，即早商议换约⑤。

---

① 《薛焕崇厚奏大西洋使阿穆恩因有要求未能换约即行回澳折》，同治三年五月二十一日，中华书局编辑部、李书源整理：《筹办夷务始末·同治朝》三，第 1112—1113 页。

② 《大西洋使阿穆恩给薛焕崇厚照会并附预言明书》《薛焕崇厚给大西洋使阿穆恩照会》，同治三年五月十七日，中华书局编辑部、李书源整理：《筹办夷务始末·同治朝》三，第 1114—1116 页。

③ 《奕訢等奏议复薛焕等大西洋使阿穆恩回澳已与照复并与英法俄美使照会折》，同治三年六月十五日，中华书局编辑部、李书源整理：《筹办夷务始末·同治朝》三，第 1139 页。

④ 《薛焕崇厚奏大西洋使阿穆恩自沪照会仍求换约已给照复折》，同治三年六月十二日，中华书局编辑部、李书源整理：《筹办夷务始末·同治朝》三，第 1133 页。

⑤ 《薛焕崇厚给大西洋使阿穆恩照会》，同治三年六月十二日，中华书局编辑部、李书源整理：《筹办夷务始末·同治朝》三，第 1135—1137 页。

7月9日，左欣那又给崇厚、薛焕送来阿穆恩致总理衙门的照会，照会仍然是请中方换约，并提出地点可以在广东。随后，总理衙门在回复时，再次申明：中方并不是要增减条约，而是"须将和约未显明处豫先言定，以免日后彼此误会偏解"。如条约第九款"任凭仍设立官员"等的本意是：中国仍照从前设官之例，在澳门办理中国税项，稽查本国及各国遵守章程。而且，第八款规定"不得派商人充领事官"，葡萄牙还没有遵照办理，换约后要改派正式的官员。至于阿穆恩提出在广东换约，中方表示反对，因为原约只规定在天津换约，并没有规定在其他地方换约。所以，总理衙门希望阿穆恩能够在与薛焕、崇厚商议好之后换约①。

8月21日，左欣那再次送来阿穆恩致薛焕、崇厚的照会。阿穆恩在照会中对中方所提出的要求做出如下解释：一是第八款中的商人不能担任领事，他声明："此若大清国政问讨必行"；二是第九款中国在澳门设官的规定，他解释说："驻澳之中国领事官，此若大清大皇帝愿意设立，其权办事，均与法、英、美诸国领事官驻扎澳门无异。"他还声称如果中方决定换约，他会立即前往天津换约②。薛焕、崇厚在照复阿穆恩时，驳斥了他关于"驻澳之中国领事官"的说法，因为条约中只有"大清国大皇帝任凭仍设立官员驻扎澳门"的规定，并没有"中国领事官"的字样；同时，他们还指出葡萄牙侵占三巴门以外的地界应该及早清理③。

然而，阿穆恩并没有立即赴天津商议换约事宜。不久，阿穆恩通过左欣那给薛焕、崇厚送来照会④。阿穆恩在照会中的态度有所变化，对中方的主张多有反驳。关于中方提出的不能用商人做领事、应速派领事官，阿穆恩在上次照会中称"问讨必行"，在此次照会中却称"和约尚未互换，何能得速？贵大臣问讨过早"。关于条约中第九款的规定如何解释，他援引第九款的规

---

① 《给大西洋使阿穆恩照会》，同治三年六月十五日，中华书局编辑部、李书源整理：《筹办夷务始末·同治朝》三，第 1143 页。

② 《大西洋使阿穆恩给薛焕崇厚照会》，同治三年七月二十九日，中华书局编辑部、李书源整理：《筹办夷务始末·同治朝》三，第 1189 页。

③ 《薛焕崇厚给大西洋使阿穆恩照会》，同治三年七月二十九日，中华书局编辑部、李书源整理：《筹办夷务始末·同治朝》三，第 1189—1190 页。

④ 此时，薛焕已奉命回京。

定，认为中国在澳门设立官员，"权秉办事，照诸国领事官住澳无异，不论用何职衔之官，不免为领事官实也"。他还援引第二款中的"既已新定和约章程，一切旧章自应革除"，声称："该澳门旧官员旧时之权，在革除旧章，今有新章程，所以旧权概革除也。"而且，他对于中方所指出的越界一事也予以反驳，认为界线早有，澳葡当局没有越界。然而，问题的关键是中国在澳门设官的性质问题。所以，他在照会末提出中方既然愿意让他到天津互换条约，"惟希依本大臣所解第九款明言愿依，则互换可也"①。

对于阿穆恩的主张，薛焕与崇厚在商议后，照会反驳。关于派设领事"问讨过早"，薛焕、崇厚指出此事换约后即当遵照执行，必须预先问明，"否则换约后，中国亦碍难将章程遍行各省"。关于中国在澳门设官的问题，薛焕、崇厚认为第二款虽然有"一切旧章自应革除"等内容，但并不是阿穆恩所理解的"澳门旧时官员之权亦应革除"。因为，第九款又载有"仍设立官员"。所以，"应革除者自应革除；应仍设者自应仍设，条约所载甚为明晰，毫不牵混"。至于第二款与第九款的关系，薛焕、崇厚的解释是："若将条约载明仍设之事，亦指为在革除之列，则当时议立条约既有第二款，何必又立第九款？所以两款分前后而立者，正系声明仍设官员之权，不在革除之列也。"此外，薛焕、崇厚提出澳门以三巴门为界，如果葡方认为是以关闸为界，"想必另有实据，容查明另议"②。

1865年2月8日，薛焕、崇厚收到阿穆恩的照会。阿穆恩在照会中，对薛焕、崇厚主张的"在澳照旧时官权设立之意"表示反对。他认为1862年中葡议定条约的第二款规定"从前大清国与大西洋国来往交涉，所有澳门各事一切旧章，自应革除。可见在澳官权，已在革除旧章之内"。他进一步说，"显然将在澳所设之官权，惟照第九款所言，均与法、英、美诸国领事等官一律办理矣"。他认为中方对条款的解释不合理，"贵大臣已知在澳门设立之权，多年以前已经歇断，今中国既可再在澳设立旧有之官，但不能以其旧权

---

① 《大西洋使阿穆恩给薛焕崇厚照会》，同治三年十月十七日，中华书局编辑部、李书源整理：《筹办夷务始末·同治朝》三，第1264—1265页。

② 《薛焕崇厚给大西洋使阿穆恩照会》，同治三年十月十七日，中华书局编辑部、李书源整理：《筹办夷务始末·同治朝》三，第1265—1266页。

而行，若使条款未曾解明，然此道理已是明也"。中方在澳门设官，只能与英、法、美设立的领事官一样，"不能另作异议"。他进而甚至威胁："不即互换和约章程，误解耽阁，致两国数百年和好有伤。"①

针对阿穆恩照会中的言辞，薛焕、崇厚等认为"以条约既有仍设官员之句，自当藉此再与辩论，以期得寸则寸。因设词责其误解仍设之句，即是不以条约为重，使其不敢担承，或可渐期转圜。并使知中国所论，系照条约而行，以免该使藉口生衅"②。随后，薛焕、崇厚照会阿穆恩，表明中方的立场，指出：阿穆恩"不以仍设之句为重，是不以条约为重也"；至于有伤中葡"数百年和好"，实际上是阿穆恩"轻视条约仍设之句，是意在有伤和好，而不顾各国之公论也"。二人重申上次照会的主张，并声称"条约内既分晰清楚，此乃的当不易之论，除此别无讲解也"③。

很明显，葡萄牙就是想利用这次签订条约取得对澳门的"合法"占据。这遭到了清政府的强烈反对。所以，中葡双方就换约进行了长期的交涉，最终未经双方批准，未能实现互换。

1867年，赫德向奕訢等提出葡萄牙"日渐贫困，如能乘机动之以利，澳门可望收复"。奕訢等人认定收回澳门归中国治理，葡萄牙必须撤退军队、交出炮台和公所；然而，也为薛焕和崇厚"因换约而争论澳门，议久不决"，顾虑"今复增此数节，更恐为难"。当赫德向任满回国的西班牙公使玛斯谈及此事时，玛斯表示愿意代中国向葡萄牙进行交涉。此时，葡萄牙公使又从澳门寄照会给崇厚，提出原订和约未换，请派员在广东就近办理。这种情况下，总理衙门决定"不如将换约及现商澳门之事，归并一件，即令玛斯前往办理"④。所以，总理衙门将中葡原议条约中"牵涉澳门之处，分别删除添

---

① 《大西洋使阿穆恩给薛焕崇厚照会》，同治四年二月二十三日，中华书局编辑部、李书源整理：《筹办夷务始末·同治朝》四，第1339页。

② 《薛焕崇厚奏又接大西洋使阿穆恩照会已给照复折》，同治四年二月二十三日，中华书局编辑部、李书源整理：《筹办夷务始末·同治朝》四，第1338页。

③ 《薛焕崇厚给大西洋使阿穆恩照会》，同治四年二月二十三日，中华书局编辑部、李书源整理：《筹办夷务始末·同治朝》四，第1340页。

④ 《奕訢等奏大西洋久占澳门拟请日使玛斯代办收回折》，同治七年闰四月二十日，中华书局编辑部、李书源整理：《筹办夷务始末·同治朝》六，第2365—2366页。

改，并于约末另立专条，将现商撤退洋兵，交出炮台、公所等事，续行列入"①，并将新改定的条约交给玛斯，由他到葡萄牙进行交涉②。随后，奕䜣接到葡萄牙公使通过崇厚转寄来的照会。葡萄牙公使在照会中称，他是由其国主特简，"授以钦差"，在中国的全权大臣，此次前来为"商定新期"，以便在天津继续执行互换和约的程序，同时也亦奉有便宜行事之权，"托委更易在天津已立之约，又能再商更立新约"，期望将"互换约内相异之事商定，能可妥当决办"③。此时，中国已经派玛斯出使葡萄牙。奕䜣照会葡萄牙公使，声称中方愿意更改旧约、商立新约，并已派出使大臣前往葡萄牙；同时，告诉葡萄牙公使在收到照会时，天津已经封河，等次年春天开封后再作商议④。

然而，上述计划因突如其来的变故而不能实行。1868 年，葡萄牙出现政治变故，玛斯不能前往；随后，玛斯病故。1869 年初，赫德根据金登干的函报，将此向总理衙门作了报告，并提出接续办理的意见。奕䜣等人认为"蒲安臣系派往有约之国出使，事未完竣，金登干系帮办税务之人，均未便派办此事"。玛斯病故后，无人办理此事。而且，葡萄牙和各国"均未知有此举，自可暂行停待"；将来葡萄牙派人前来商议换约之事时，再设法办理⑤。这样中葡条约的换约与修改一事就长期搁置下去。

1871 年，奕䜣致函俄国驻华公使倭良嘎里时，还谈及中葡条约未能换约一事。他在函中指出：中国与葡萄牙"不能提换约二字，应俟大西洋自认澳门是中国地方，任凭中国设官经理，然后再提换约"。奕䜣说自己

---

① 《奕䜣等奏大西洋久占澳门拟请日使玛斯代办收回折》，同治七年闰四月二十日，中华书局编辑部、李书源整理：《筹办夷务始末·同治朝》六，第 2367 页。原约五十四款中有改动的条款是第二、三、二十一、二十九款，第九款全删；这样约变后有五十三款，并在第五十三款后附收回澳门的"专条"（参见《拟删除增改大西洋原议条约五十四款》，同治七年五月初七日，中华书局编辑部、李书源整理：《筹办夷务始末·同治朝》六，第 2383—2395 页）。

② 《奕䜣等奏大西洋约改缮后交玛斯送换并颁国书折》，同治七年五月初七日，中华书局编辑部、李书源整理：《筹办夷务始末·同治朝》六，第 2380—2381 页。

③ 《大西洋使疏吵照会》，同治七年九月二十四日，中华书局编辑部、李书源整理：《筹办夷务始末·同治朝》七，第 2482 页。

④ 《给大西洋使疏吵照会》，同治七年九月二十四日，中华书局编辑部、李书源整理：《筹办夷务始末·同治朝》七，第 2483 页。

⑤ 《奕䜣等奏大西洋有变玛斯亦病故此举自可暂停折》，同治八年十一月十一日，中华书局编辑部、李书源整理：《筹办夷务始末·同治朝》七，第 2822 页。

"所以不肯如此立说者，中国与大西洋国和好最久，又兼贵大臣来说，原是一番美意，因将和平真实办法告知。其实澳门之事，各国早有公论，特未知贵大臣以为何如也"①。显然清政府的立场很明确，那就是坚持中国对澳门的主权，这是中葡条约关系建立的重要前提。因此，葡萄牙占据澳门的企图未能实现。

四、 中荷条约关系的建立

荷兰在明末清初即与中国有交往。鸦片战争后，荷兰在各通商口岸贸易，并未与中国发生外交关系。第二次鸦片战争后，各国与中国纷纷订约，对之不能不产生影响。所以，荷兰也想加入到在中国有特权的国家行列。

1862 年 10 月 16 日，荷兰驻上海副领事哥老司与法国驻上海总领事馆翻译官李梅一同来到通商大臣薛焕的衙门，当面把该国驻广州总领事的申陈交给薛焕。申陈中提出：荷兰与中国"通商极先，数百年来久敦和好，相安无事。现查泰西各国至中国通商，各经互立和约，本国商人往中国各口贸易者船只甚多，尚未专立和约，诚恐商人无所遵循，至多阻滞"。所以，荷兰国王派总领事转陈中国通商大臣，请中国皇帝"准照各国已定章程互立和约"；如果中国皇帝同意，那么荷兰就派使臣前往中国订约②。哥老司通过翻译李梅告诉薛焕说："此事将来法国住京公使，当与总理衙门商议办理。"薛焕对此表示反对，他告诉哥老司说："荷兰在各海口贸易，日久相安，现应照旧通商，无须另立条约。"而且，薛焕认为：这位副领事只是负责传递文件，没有权力参与订约一事③。然而，荷兰的这一举动拉开了中荷条约关系形成的序幕。

荷兰毕竟是小国，鸦片战争后与中国并没有冲突。因此，清政府在对待荷兰这样的小国时，依然带有天朝上国的观念。不过，清政府同时认识到荷

---

① 《致俄使倭良戞里函》，同治十一年十二月十八日，中华书局编辑部、李书源整理：《筹办夷务始末·同治朝》九，第 3572 页。

② 《荷兰国领事求立和约请薛焕转陈》，同治元年九月二十五日，中华书局编辑部、李书源整理：《筹办夷务始末·同治朝》一，第 433 页。

③ 《薛焕奏荷兰国请立约通商折》，同治元年九月二十五日，中华书局编辑部、李书源整理：《筹办夷务始末·同治朝》一，第 431 页。

兰请求订约背后的大国因素，即法国可能会出面帮助；而且，其他小国先后
与中国订约。所以，清政府同意与荷兰签订条约。如负责办理通商事务的薛
焕对于荷兰及其外交举动，所持看法是："荷兰国在西洋欧罗巴洲，壤地褊
小，而以商贾航海营运为务。故于本国七万里之外，至南洋各岛广设埠头，
通市中华，为日甚久，颇称驯顺。"西方的英、法、美、俄以及普鲁士、比
利时、葡萄牙先后与中国订立条约，"荷兰闻而羡慕，因以得立条约为荣，
而法国使臣将来代为该国吁恳，亦在意料之中"①。清政府在得到薛焕关于荷
兰请求订约的奏报后，认为荷兰国请求立约，"自系见布路斯、比利时、大
西洋先后立定条约，心生羡慕，亦欲一例邀恩"。清廷同意派薛焕按照比利
时请求立约的办法，与荷兰议立条约，以表示中国一视同仁之意②。

　　清政府在对待荷兰以及议定中荷条约问题上，仍想顾及天朝上国或大国
的颜面。一方面，对于荷兰领事在申陈中称本国君主为"大皇帝"，清廷认
为"薛焕拟即设法令其更改，所筹甚是，国家体制争得一分，即受一分之益
也"。另一方面，清廷要求薛焕"照办理比利时国成案，将住京一节豫为杜
绝"；条约议定后，在上海换约③。薛焕和李鸿章鉴于外国"最易得步进步"，
认为"议事之初，不遽全行允许，迫彼再四恳求，乘机予以通融，乃可恰如
分际"。他们提出可以由薛焕先发给荷兰总领事札文，告诉他中国与比利时
已经订立条约，两国互换后，可以抄一份给荷兰一体照行，荷兰不必另派大
臣前来议立条约。不过，薛、李二人认为，"该国既以立约为请，窃料终当
遣使前来，此时所给札文，明知该国未必听从，不过稍寓操纵，为将来互议
条款时，杜其渎请之计"④。

　　1862 年 12 月 9 日，薛焕将中国政府的态度告诉荷兰总领事。薛焕调任
后，此事由李鸿章负责。1863 年 8 月 11 日，荷兰领事哥老司在申陈中告诉

① 《薛焕奏荷兰国请立约通商折》，同治元年九月二十五日，中华书局编辑部、李书源整理：《筹办夷务始
末·同治朝》一，第 431 页。
② 《廷寄》，同治元年九月二十五日，中华书局编辑部、李书源整理：《筹办夷务始末·同治朝》一，第
432 页。
③ 《廷寄》，同治元年九月二十五日，中华书局编辑部、李书源整理：《筹办夷务始末·同治朝》一，第
432—433 页。
④ 《薛焕李鸿章奏遵旨密筹荷兰通商事宜折》，同治元年十一月初七日，中华书局编辑部、李书源整理：《筹
办夷务始末·同治朝》二，第 488 页。

时任署理通商大臣的江苏巡抚李鸿章，荷兰所派使节已到上海，准备前往北京。同时，他还将本国公使礜大何文的照会转递给李鸿章，照会声称礜大何文奉命到中国来签订条约，"钦点大火轮师船一艘，乘驾护送抵京"，现抵上海，故照会李鸿章①。李鸿章随即照会荷兰公使，请他前来面商，在上海商议订约事宜。在这种情况下，清政府一方面要求李鸿章，如果荷兰公使前来商议，就在上海按照与比利时订约的方法办理，不要让他进京；另一方面，又让总理衙门做好应对荷兰公使执意前往天津或进京的准备②。

　　然而，礜大何文并不愿在上海谈判，而是到了天津。1863 年 8 月 22 日，礜大何文照会三口通商大臣崇厚，声称奉命前来，在天津或北京与中国签订条约，请清政府派大臣会商。总理衙门在得到崇厚的报告后，让崇厚查看礜大何文所持凭证。

　　9 月 6 日，清政府派崇厚为钦差大臣，在天津与礜大何文会商两国订约事宜。9 月 10 日，两国开始商议订约事宜。中方代表是崇厚委派的天津知府费学曾、候补知府周家勋，荷方代表是礜大何文与翻译官凯士。由于礜大何文不懂中文，所以荷方在谈判中唱主角的是翻译官凯士。起初，凯士就声称：此次公使"特来天津议立条约，拟照英、法各国条款办理，以示一体优待之意"。中方代表反驳说："凡在通商章程内，两国取利防损之处，均可斟酌允准。惟不能照英、法各国分列数十款之多，只须得其大意，包括一切，立有数款，即可完竣。"在遭到中方反对之后，凯士约定时间先与崇厚所派委员进行会晤。会晤时，凯士说：现在送来的条约稿本是按照英、法两国与中国所签条约，并参考普鲁士、葡萄牙、丹麦等国与中国所签条约而拟定的，"分别各款，请为商酌会议"。中方代表当然不能接受，仍然坚持前次的意见，反对多列条款。在中方代表的再三坚持下，凯士才同意将条约款数减少。随后，凯士送来了条约稿本，共有 19 条；他还煞有介事地说："此次所列各款，较他国删去三分之二，格外从简，再不能删减短少。"中方对荷方

---

　　① 《和使给李鸿章照会》，同治二年七月十三日，中华书局编辑部、李书源整理：《筹办夷务始末·同治朝》二，第 816 页。

　　② 《廷寄》，同治二年七月十三日，中华书局编辑部、李书源整理：《筹办夷务始末·同治朝》二，第815 页。

提出条约内容仍表示不满意，认为款数虽然减少，"而大意并无稍异"，主张再酌量归并，条约只求简明了当，不在于条款的多少。同时，中方代表对荷方所拟条约中的关键地方逐条反驳，认为应该删改以下内容：前往京师、南京通商、内地传教、减税、条约以荷文为据、在北京换约。狡猾异常的凯士却不同意中方的意见。双方各持已见，辩论一番，毫无成效①。

随后，崇厚一边将攀大何文所拟条款送交总理衙门，一边研究应添、应删的条款。总理衙门在商议后函复崇厚，告诉其关键地方所在，并将条约归并为 16 条。崇厚派人将总理衙门修改后的条约交给攀大何文。不久，中荷双方代表定期会晤。在这次会晤时，双方又在一些互不相让的问题上发生了争执，中方代表或是婉言相劝，或是予以驳斥，约稿上有的地方都反复涂改了数次。在此情形之下，不懂中文的攀大何文"词气怏怏"。但是，凯士十分狡黠，他总是拿普鲁士和西班牙两国签订的条约与中方代表力争。此后，中方代表又与凯士对条约逐条商议，最终中方才实现将紧要内容完全删改的目的。这样，拖了一年多的中荷条约谈判总算有了结果。至于通商税则章程，双方"议明均照各国按例输税办理，一字不改，此次只立条约，不复再议税则。并言明彼此均不缮写，亦不互换"。不过，中方担心荷兰又有反复，所以在 16 款之外，另立一款，"议明各国税则届重修年分，该国亦准一体办理"②。1863 年 10 月 6 日，崇厚与攀大何文分别代表本国签订了条约，条约规定一年内在天津或广东换约。然而，关于税则的问题，攀大何文专就荷兰所产羽缎征 5% 的税提出交涉，希望减轻。崇厚以通商税则自 1858 年订立以后并无一字更易、羽缎价高等为由，予以反对。最终，攀大何文提出援照各国《通商章程善后条约》十年改定一次的规定，迟几年再改此项商品的税率③。

1864 年 6 月 14 日，攀大何文派伯飞鲤到天津，送来照会，声称按条约

① 《崇厚奏与和兰国定约十六款情形折》，同治二年八月二十八日，中华书局编辑部、李书源整理：《筹办夷务始末·同治朝》二，第 890—891 页。

② 《崇厚奏与和兰国定约十六款情形折》，同治二年八月二十八日，中华书局编辑部、李书源整理：《筹办夷务始末·同治朝》二，第 891—892 页。

③ 《和使攀大何文给崇厚照会》《崇厚给和使攀大何文照会》，同治二年八月二十八日，中华书局编辑部、李书源整理：《筹办夷务始末·同治朝》二，第 892—894 页。

规定换约，并提出要在广州换约。清政府对此表示同意，并派署理广东巡抚郭嵩焘办理此事。但是，礜大何文在广州换约时并没有将签字画押的条约原件带来。这与条约规定不符，郭嵩焘表示反对换约。在这种情况下，礜大何文只好将此事向国内报告，请本国君主定夺。1865 年 7 月 21 日，礜大何文照会郭嵩焘，说已经接到条约原本，并盖了本国君主之印，请求定期互换条约。7 月 26 日，中荷双方代表在广州互换条约，中荷条约由此生效。中荷条约关系正式建立。

五、 中丹条约关系的建立

与普鲁士、比利时、葡萄牙、荷兰等国一样，丹麦在第二次鸦片战争前虽然没有与中国签订条约，但是在通商口岸按照有约国条约的相关规定，与中国有通商关系。在普鲁士、比利时、葡萄牙先后派出使节来华签订条约的背景下，丹麦"因此而生觊觎"，于同治二年（1863）二月派出使节前往中国，寻求签订条约，并且得到英国的支持[1]。显然，丹麦提出订约虽然晚于荷兰，但是派出使节来华订约却早于荷兰。

1863 年 4 月 4 日，丹麦公使拉斯勒福来到天津。他不遵守中国办理外交的惯例，撇开天津的三口通商大臣，直接前往北京。署理三口通商大臣董恂知道后立即告知总理衙门，恭亲王奕䜣等随即照会各国，声称丹麦公使无故来到北京，已经命令守城官员阻拦[2]。

然而，丹麦派使节来华同此前的普鲁士、葡萄牙等国一样，都是寻求各大国做依靠。总理衙门的照会发出后不久，就接到英国公使发来的照会，声称拉斯勒福是英国使馆的宾客，请不要阻其入城。而且，其入京是要与英、美、俄公使商议事情，"公务未见报明"，"仅是平人交接之仪"[3]。在这种情

---

① 《奕䜣等又奏丹使拉斯勒福来京已令回津商办折》，同治二年三月十九日，中华书局编辑部、李书源整理：《筹办夷务始末·同治朝》二，第 659 页。

② 《奕䜣等又奏丹使拉斯勒福来京已令回津商办折》，同治二年三月十九日，中华书局编辑部、李书源整理：《筹办夷务始末·同治朝》二，第 659 页。

③ 《英使卜鲁士照会》，同治二年三月十九日，中华书局编辑部、李书源整理：《筹办夷务始末·同治朝》二，第 662 页。

况下，总理衙门"明知丹使此来，无非希冀换约"①；由于英国使馆说拉斯勒福是自己的宾客，所以总理衙门在其进京后也不予理会。

此后，英国驻华使馆参赞威妥玛亲自出马，来到总理衙门，代丹麦公使请求与中国签订条约。总理衙门首先指责丹麦不按中国规定，"擅自越过天津，来京议约，显系轻视中国，断难允准"。威妥玛于是说丹麦是英国的"姻娅之邦"，并引用法国帮助普鲁士、葡萄牙订约，再三请求中国与丹麦订约。因此，英国的帮助是清政府同意与丹麦订约的重要原因之一。此外，总理衙门在对待丹麦订约要求时，也有对无约国通商管理的考虑。一直以来无约国在中国各口岸通商，均由有约各国代管报税，然而遇到交涉事件，代管的领事官并不能照章惩办，"且从中播弄"；中国与丹麦"如一经立约，不独彼可以免受其制，即我亦可以借收其权"。受以上原因的影响，总理衙门从内、外两个方面，都难以拒绝丹麦签订条约的要求。不过，出于"未便许之太易，显遂其来京议约之私"的考虑，总理衙门告诉威妥玛，丹麦要同中国订约，必须遵守中国的规定，先到天津向三口通商大臣呈递照会，三口通商大臣奏明后，朝廷再派大臣同他一道在天津办理，否则绝不同丹麦办理订约事宜。威妥玛无言再辩，只得答应总理衙门的要求②。1863 年 4 月 20 日，拉斯勒福照会三口通商大臣，提出奉命前来订约。同时，威妥玛又致函三口通商大臣，为拉斯勒福提供帮助。这样，清政府同意与丹麦签订条约。那么怎样同丹麦订约呢？

总理衙门认为以往普鲁士订约虽然有法国的庇护，但是在天津办理，使节没有进京。葡萄牙的订约由法国公使哥士耆代办，议定后在天津画押，换约也是在天津。所以，总理衙门决定按照葡萄牙与中国订约的成例，由威妥玛往来商议条约，丹麦使节拉斯勒福不必出面。随后，清政府派恒祺会同崇厚商办与丹麦订约事宜。

中丹双方互看全权证明后，威妥玛给总理衙门带来拉斯勒福的照会以及

---

① 《奕訢等又奏丹使拉斯勒福来京已令回津商办折》，同治二年三月十九日，中华书局编辑部、李书源整理：《筹办夷务始末·同治朝》二，第 659 页。

② 《奕訢等又奏丹使拉斯勒福来京已令回津商办折》，同治二年三月十九日，中华书局编辑部、李书源整理：《筹办夷务始末·同治朝》二，第 659—660 页。

拟定的条约和税则底本。中方发现拟好的条约稿本是以中英条约为蓝本的，并且增加了一些条款。总理衙门认为条约增加的内容，其实是威妥玛"代为谋主"，"意图借此滋润，以便将来各国援照，希冀一体均沾"。由于总理衙门事先已经奏明按照葡萄牙订约办理，所以恒祺当即驳斥了对方，要求改成同葡萄牙一样的条约。威妥玛狡辩说：丹麦是"英国姻娅"，拉斯勒福又托他帮助，所以应该仿照英国所订条约与中国订约，不能照葡萄牙与中国签订的条约办理。此后一连几天，双方多次会晤；中方逐层辩论，参照中国与葡萄牙等国所定条约，对条约稿本中不能答应的地方，"分别删除更改，较之英国原定条约款目，尚属有减无增"。而且，奕䜣等认为"其通商章程及税则，与各国旧本亦无出入"；未经载入的《长江通商暂定章程》，可以另案核办①。这样，中丹条约相关问题基本商妥。据赫德 1863 年 7 月 5 日的日记所称，威妥玛当天带着中丹条约到总理衙门，离开时"似乎对一切有争议的问题都已谈妥"②。

不过，恒祺在谈判过程中，未与其他人商议，同意丹麦船只在中丹条约换约前进入长江。1863 年 7 月 9 日，赫德在总理衙门指出了这一问题，"如果在中丹条约未经批准换文之前就允许丹麦船只进入扬子江，那么葡萄牙在法国支持之下，也将提出同样的要求。这样下去，扬子江行将充斥洋船，其害无穷"。在这种情况下，恒祺提出想收回自己的话，赫德建议他给威妥玛写封便函，并答应自己去找威妥玛商议。然而，威妥玛对此事的建议却是"中国人不应该对丹麦人食言，而应冠冕堂皇地主动通知葡萄牙人，如果他们能够同意某些为了抑制不良行为做的安排，他们就可能享受同样的特权"。次日，赫德带着致拉斯勒福信函的草稿，到总理衙门去见恒祺。该函就兵舰、轮船进入长江作了限制。这一问题由此得以解决③。

中丹条约关系的形成得益于英国等国的支持，而且也得到了赫德的支

---

① 《奕䜣等奏与丹国定约情形折》，同治二年五月二十五日，中华书局编辑部、李书源整理：《筹办夷务始末·同治朝》二，第 727—728 页。

② ［美］凯瑟琳·F. 布鲁纳、费正清、理查德·J. 司马富编，傅曾仁等译：《步入中国清廷仕途——赫德日记（1854—1863）》，第 369 页。

③ ［美］凯瑟琳·F. 布鲁纳、费正清、理查德·J. 司马富编，傅曾仁等译：《步入中国清廷仕途——赫德日记（1854—1863）》，第 371—372 页。

持。如 1863 年 6 月 18 日，赫德按约定到威妥玛家，会晤丹麦公使拉斯勒福。拉斯勒福要求赫德与他一起仔细阅读丹麦条约，并请赫德把自己认为可能会遭到反对的所有地方指出，赫德照办了。同时，赫德又在为总理衙门服务。7 月 3 日，赫德到总理衙门"与恒祺把中丹条约看了一遍，并作了一些改正，以便使问题易于解决"。显然，赫德对中丹条约的达成起到了重要的作用。7 月 8 日，拉斯勒福为条约得以通过，专门向赫德表示谢意①。丹麦公使拉斯勒福"从外交团的合作政策中获得很大的帮助"，所以他对提供支持和协助的各国公使以及赫德深表感谢②。

中丹条约的签订画押与一年前中葡条约有相似之处。条约议定后，丹麦公使也说自己急着要到天津乘坐轮船回国，恐怕难以等到恒祺到天津。所以，清政府只能让他先在北京与恒祺画押，然后在经过天津时再与崇厚画押。

值得注意的是，英国不仅帮助丹麦同中国签订条约，而且在丹麦同中国换约时又为其出面联络。在丹麦派员即将到达中国时，英国公使威妥玛就照会中方，请中方派员在上海与丹麦代表换约。在上海换约时，英国领事巴夏礼也曾致函中方，为中丹换约进行联络。1864 年 7 月 29 日，中丹双方在上海互换条约，中丹条约正式生效，中丹条约关系由此形成。

中丹条约是一个值得注意的条约，它与此前各国对华条约是有不同之处的。中丹条约的第四十四款将沿岸贸易税作为专款列进条约，也就是对外国船只在沿海贩卖土货征收复进口半税作了规定。这显然是受到了 1861 年 10 月 30 日中国海关公布的通告的影响。继中丹条约之后，西班牙、比利时、意大利、奥地利等国与中国签订的条约中均有这一专款③。不仅如此，中丹条约所附通商章程虽然是依据 1858 年各国与中国所签订的通商章程，"但是略去禁止从牛庄和登州（芝罘）输出豆类和豆饼的那个条款"，这一改动"给与的特权立刻被一切国家的商人和船只所援用"。1869 年，"中国政府表

---

①　［美］凯瑟琳·F. 布鲁纳、费正清、理查德·J. 司马富编，傅曾仁等译：《步入中国清廷仕途——赫德日记（1854—1863）》，第 351、367、370 页。

②　［美］马士著、张汇文等合译：《中华帝国对外关系史》第 2 卷，第 128 页。

③　［英］莱特著、姚曾廙译：《中国关税沿革史》，生活·读书·新知三联书店，1958 年，第 194—195 页。

示从这些口岸直接输出到外洋的那些豆类和豆饼的禁令仍然有效，但是经过各国抗议后，中国政府就从它所采取的立场退缩"①。因此，丹麦通过新签订的条约获得了新的利权，并对此后的中外条约关系产生了较大的影响。

六、 中西、中意、中奥条约关系的建立

西班牙②曾经是海上殖民强国，随后在与其他列强的竞争中衰落下来。第二次鸦片战争后，西班牙在与中国订约方面显得有些姗姗来迟。1864 年 5 月 26 日，西班牙公使玛斯乘坐法国的军舰来到天津，随后派副使给崇厚送来照会，提出要同中国议立通商条约，请转达总理衙门。崇厚随即将此向总理衙门作了汇报③。

此时，总理衙门主张对各小国的订约之请，应当加以限制。因为继各大国之后，普鲁士、葡萄牙、比利时、丹麦等国"因英、法等国代为先容，先后请立条约，各该小国均闻风而来，以与中国换约为荣，若不示以限制，恐将来无所底止"。鉴于商人兼充领事的弊端，总理衙门试图以设立领事、商人不兼充领事作为限制之法。毕竟以往清政府只是在与各国签订条约时，或于约内注明，或是在签订条约后以照会的方式声明，"办理棘手，且未能一律如愿"。因此，奕䜣等在接到崇厚的报告后，认为西班牙虽是小国，"然其人强悍，英、法与中国用兵时，多藉该国人之力，其国主既派使臣前来，是立约之意恐难中止"。出于以上考虑，奕䜣等人提出：在未答应与西班牙立约之前，先由三口通商大臣崇厚告诉其使臣，"一经立约，则各口均应设领事官，方准该国商船前往贸易。其领事等官须由该国主派来，不得以商人充当"。如果该国使节同意，中国才可以派员与之商议订约之事；如果不同意，"则中国有词可托，即不与之立约，以杜要求"。总理衙门认为"嗣后凡遇外国来立约者，均照此先为询诘，如其国小力弱，不能专设领事，自当废然思

---

① ［美］马士著、张汇文等合译：《中华帝国对外关系史》第 2 卷，第 128 页。
② 当时清政府又称西班牙为大吕宋国、日斯巴尼亚国。
③ 《崇厚奏日斯巴尼亚国请立约通商折》，同治三年五月初八日，中华书局编辑部、李书源整理：《筹办夷务始末·同治朝》三，第 1098 页。

返。且可使未来之小国闻而裹足，庶于柔远之中，仍示限制之意"①。

6月6日，崇厚与西班牙使臣玛斯等人会面。由于崇厚曾得到总理衙门的咨文，要求请求立约的国家事先必须同意设立领事、商人不能兼任领事；所以，崇厚在会见玛斯时，就向其提出了这一要求。玛斯当面声称，本国从不用商人做领事。崇厚担心口说无凭，专为此事照会玛斯，并要照复。6月9日，玛斯照会崇厚，声称：条约签订后，西班牙一定会在通商口岸派驻领事，不用商人做领事②。6月13日，清政府派薛焕、崇厚为钦差大臣，在天津办理和西班牙的订约事宜。

然而，此后中国与西班牙商议签订条约并不顺利。这与其他列强的支持不无关系，如威妥玛和英国新任驻华公使卜鲁士先后到天津，当面告诉崇厚说，西班牙此次立约，"渠奉本国君主之命，谕令相助为理"。而且，英、法、俄、美四国也致函总理衙门，声称要帮助西班牙与中国签订条约③。所以，西班牙使臣玛斯提出进京议约，并在条约的内容上多所要求。

为达到进京议约的目的，玛斯在天津假托生病，不与崇厚商议；同时，他又暗中致函各国在京公使，托他们向总理衙门请求进京商议签订条约，这遭到总理衙门的严词拒绝④。无奈之下，玛斯只得照会薛焕、崇厚，提出援照普鲁士、丹麦、葡萄牙进京之例办理。薛焕、崇厚答复道，普鲁士公使是在天津订约后到北京"看亲友"，中国并没有以钦差相待；丹麦、葡萄牙的公使是到北京"看视朋友"，都是托英、法驻华公使代在北京议约，订约后在天津填写日期，所以并不是在北京立约；而且，他们都是在未奉谕旨之前，所以可以通融办理。按照中国制度，奉谕旨后即不能改变。所

① 《奕䜣等又奏大吕宋国来请立约请先告以领事不得用商人充当折》，同治三年四月二十八日，中华书局编辑部、李书源整理：《筹办夷务始末·同治朝》三，第1089—1090页。
② 《日斯巴尼亚使玛斯给崇厚照会》，同治三年五月初八日，中华书局编辑部、李书源整理：《筹办夷务始末·同治朝》三，第1101页。
③ 《薛焕崇厚奏与日斯巴尼亚国定约五十二款情形折》，同治三年九月十七日，中华书局编辑部、李书源整理：《筹办夷务始末·同治朝》三，第1231页。
④ 《薛焕崇厚奏与日斯巴尼亚国定约五十二款情形折》，同治三年九月十七日，中华书局编辑部、李书源整理：《筹办夷务始末·同治朝》三，第1231页。

以，西班牙只能在天津议约，而不能到北京议约①。最终，玛斯只好同意在天津议定条约。

在条约内容上，中国与西班牙代表也有激烈的争执。玛斯同意在津议约后，过了很久才将拟定的条约稿本送来。其中多条是其他国家条约中所没有的，如增开漳州为通商口岸、西班牙"人犯须寄中国监看守"等。此外，该约稿还提出西班牙公使进驻北京。他在送约稿时还恫喝中方，说如果中方不答应西班牙公使进驻北京，"必定立约不成，致启衅端"②。

崇厚、薛焕并不畏惧玛斯的威胁。二人在接到玛斯送来的约稿后，派员对约稿中"过肆妄求之款，逐条删改"，然后派他们与西班牙副使阿义拉等会商，让阿义拉把中方的意见转达玛斯。但是，玛斯拒绝中方改定的条款，要求完全接受其所提条款。随后，薛焕、崇厚又与玛斯当面辩驳，玛斯仍然固执己见。双方的谈判多次面临破裂。这种情况下，玛斯才答应中方的一些要求。但是，他对于公使驻京一事依然坚持，毫不退让，要求在条约中载明"长住"字样，甚至要求在签订条约后就进住北京。薛焕、崇厚等人强烈反对也无济于事。这时，他们只好把谈判的具体情况报告给总理衙门，以便与各国公使辩论。然而，各国驻京公使都纷纷为西班牙说情，总理衙门则极力驳斥西班牙的非分要求。这种情况下，薛焕、崇厚考虑到西班牙本国的情况，以及英、法等国对其支持，认为"势不能不稍示变通"；担心再"严为拒绝，势必立成决裂"，从而引发战争，影响大局。所以，他们向玛斯提出"照美国第六条，嗣后再有别国钦差住京，方准其一体照办"。玛斯仍有意见，最终同意以三年为期限，以便与普鲁士公使同时进京；但是，他坚持要在条约中注明"长久居住"③。

随后，薛焕、崇厚乘机对约稿中的内容与玛斯进行辩论，如"洋商不准在内地开设行栈""入内地通商游历执照须分别办理""领事官不得以商

① 《日斯巴尼亚使玛斯给薛焕崇厚照会》《薛焕崇厚给日斯巴尼亚使玛斯照会》，同治三年九月十七日，中华书局编辑部、李书源整理：《筹办夷务始末·同治朝》三，第1234—1235页。

② 《薛焕崇厚奏与日斯巴尼亚国定约五十二款情形折》，同治三年九月十七日，中华书局编辑部、李书源整理：《筹办夷务始末·同治朝》三，第1231页。

③ 《薛焕崇厚奏与日斯巴尼亚国定约五十二款情形折》，同治三年九月十七日，中华书局编辑部、李书源整理：《筹办夷务始末·同治朝》三，第1231—1232页。

人充当""拐卖人员，应送中国究办""华商到小吕宋贸易，应照最好之国相待"等。双方经过多日的交涉，最终将这些内容确定下来。同时，薛焕、崇厚针对玛斯提出的公使"长久居住"北京，提出要将"长久"二字删除，玛斯对此仍然不同意。然而，在相持一个多月后，玛斯无计可施，只好同意将"长久"二字以及"约内窒碍字句"删除。而条约的其他各款，与各国无甚出入[①]。

1864 年 10 月 10 日，中国和西班牙签订《和好通商条约》。条约规定一年内换约生效。然而，一年期限到时，西班牙并没有按规定来华换约。1867年初，该国翻译官阿义拉到天津拜谒三口通商大臣，声称去年该国公使因在广东生病不能如期换约，所以今年来华换约，并请彼此公立文凭，以昭信守。1867 年 5 月 10 日，双方代表在天津互换条约。中国与西班牙的条约关系正式建立。

1866 年，意大利派使臣阿尔明雍来到中国，要求签订条约。意大利在订约一事上也是寻求法国的帮助。1866 年 9 月 25 日，法国驻天津领事德微理亚致函三口通商大臣崇厚，声称意大利使臣阿尔明雍到达天津，请立通商条约。但是，阿尔明雍并没有照会崇厚，而是直接到了北京。9 月 30 日，阿尔明雍请法国驻华使馆翻译官李梅，代向总理衙门呈递照会，提出签订条约的事宜。总理衙门对此表示反对。这种情况下，阿尔明雍只好回到天津，在法国领事德微理亚陪同下，面见崇厚，递交请求订约的照会。崇厚将此上奏朝廷。这样，中意订约事宜方进入正式议题。

对于意大利提出的订约要求，奕䜣等人鉴于前述诸国订约的事实，认为"自应一律核办"，并提请派员商办订约事宜；至于订约的原则，奕䜣等人提出"至将来应议条约，自当力与辩论，不令出各国条约范围，以杜要求而示限制"[②]。随后，清政府派谭廷襄与崇厚负责与意大利的订约事宜。

10 月 14 日，意大利使臣阿尔明雍与法国驻华使馆翻译官李梅一同来到

①　《薛焕崇厚奏与日斯巴尼亚国定约五十二款情形折》，同治三年九月十七日，中华书局编辑部、李书源整理：《筹办夷务始末·同治朝》三，第 1232 页。

②　《奕䜣等奏义大利亚议立条约请特派大臣办理折》，同治五年九月初一日，中华书局编辑部、李书源整理：《筹办夷务始末·同治朝》五，第 1857 页。

总理衙门，与谭廷襄见面。10 月 16 日，阿尔明雍和李梅到总理衙门，带来草拟好的条约。意大利提出的约稿共有 55 条。谭廷襄查阅后，发现这个约稿大致上是以中丹条约为蓝本，有的地方参照了中法、中普等国条约的内容，也有超出各国条约的内容。对于这些内容，谭廷襄根据具体情况，采取了区别对待的态度。他认为完全袭用中丹条约的内容，"自当一律照准"；参考中法、中普等国条约的内容"亦未便驳斥"；"此外非各国条约所载，如会同地方官议定引水工价一层，其事甚小，不值与辩"；然而，约稿中"有虽系载在他国条约，而办理已见流弊，及章程确为各国条约所无不应载入条约者"，谭廷襄均与阿尔明雍进行了辩论。阿尔明雍起初并不答应，最终在谭廷襄的一再坚持下，只好当面删去；至于"各国条约所有不应删去者"，又当面补入。通商章程税则照各国一律办理，不必另议。这样，中意双方就条约内容达成一致。10 月 26 日，谭廷襄与意大利公使议定条约 55 条，画押盖印①。条约规定一年后在上海换约。

不过，中意条约的换约生效并不顺利。1867 年，意大利新任公使通过驻天津的法国领事当面告诉崇厚，他已经到达上海，并致函崇厚和谭廷襄，提出是否可以在北京换约。总理衙门认为这与其他各国换约不同，而且中意条约也没有规定在北京换约。总理衙门的意见是可以在天津换约②。不久，意大利公使又致函崇厚说自己九月将到上海，可以在上海换约。于是，清政府决定派丁日昌负责换约事宜。1867 年 11 月 12 日，中意双方代表在上海进行换约。然而，换约之际，意大利公使骆通恩又出了小差错。因为，他所带的条约虽然盖有意大利君主的印，但并不是原来在北京议定的外文原件，而是用意大利文重新书写的。所以，负责换约中方代表丁日昌表示不能换约。骆通恩只好解释说原约遗漏在国内未带来，请求中方能同意换约。一同前来参与换约的法国总领事白来尼也帮他说情，声称如果所带外文条约与汉文文本不符，惟法国领事是问，并请通融办理换约事宜。丁日昌、应宝时让中方人

---

① 《奕訢等又奏与义国定约情形折》，同治五年九月十八日，中华书局编辑部、李书源整理：《筹办夷务始末·同治朝》五，第 1866—1867 页。

② 《奕訢等奏义使阿尔明雍请互换条约折》，同治六年九月二十日，中华书局编辑部、李书源整理：《筹办夷务始末·同治朝》五，第 2130—2131 页。

员与白来尼等核对意大利文的条约，发现与原约没有差异。但是，中方还是不同意换约，最后，换约只好通融办理。中方只将盖印的条约中文本与骆通恩带来的外文本交换，而将中方盖印的外文本存上海道衙门，等 6 个月后（起初中方提出 4 个月，经意方要求改为 6 个月）意大利公使将上年在北京所定的条约原件拿来再互换①。

1868 年 7 月 11 日，意大利领事霍锦时告诉中方，骆通恩已将原约寄来。但是，这时已经过了以往所定的 6 个月的期限。丁日昌让上海道应宝时前往询问，方才知道条约寄到中国时没有超过期限，只是因为骆通恩有事在日本，所以延误了时间。对此，丁日昌认为事出有因，并没有苛求对方。1868 年 7 月 27 日，应宝时与意大利领事霍锦时等在上海补换原约。至此，中国与意大利条约关系正式建立。

1869 年，奥地利也加入到了要求与中国订约的行列。奥地利毕竟是欧洲小国，所以在订约问题上也仿效他国，寻求英国帮助。当年，奥地利公使毕慈到达香港后，托英国代理领事梅辉立致函两广总督瑞麟，告知奥地利公使已到香港，"不日进京议修条约，欲来省拜谒"。随后，毕慈在梅辉立的陪同下，到广州拜会瑞麟。瑞麟在事后将此函告总理衙门。1869 年 7 月初，毕慈在英国驻天津领事孟甘的带领下拜会三口通商大臣崇厚，递交请求与中国订约的照会。然而，毕慈没有在天津等待，而是直接到了北京。7 月 9 日，英国驻华公使阿礼国照会总理衙门，声称奥地利使臣已到北京，请立条约。总理衙门没有拒绝，而是在照会阿礼国时提出毕慈应当先照会三口通商大臣，由他请旨后才能办理。7 月 17 日，崇厚将奥地利请求订约一事奏报朝廷。这样，中奥订约一事进入正式程序。

对于奥地利派使臣前来订约一事，总理衙门的意见是"自英、法各国换约后，布路斯、大西洋、丹、比、义大利亚各国，均经陆续换约。兹奥国事同一律，自可援照办理"②。7 月 20 日，清政府谕令派董恂、崇厚负责办理

---

① 《郭伯荫奏与义国换约因约不全先换一半折》，同治六年十一月初三日，中华书局编辑部、李书源整理：《筹办夷务始末·同治朝》六，第 2176—2177 页。

② 《奕䜣等奏议复奥国立约请派全权大臣折》，同治八年六月十二日，中华书局编辑部、李书源整理：《筹办夷务始末·同治朝》七，第 2664 页。

与奥地利的订约事宜。

在订约之际，奥地利仍然寻求英国的支持。当时，毕慈与英国驻华副使雅妥玛一同去总理衙门面见董恂，并将所拟条约 49 款交给中方。董恂查看后发现奥方所拟条款"均从各国内采摘芟节凑集而成，其中有为各国条约所有，必不可删，而该使臣删去者；有为各国条约所无，必不可添，而该使臣添设者。有款内意义相同，可以并为一款者"。可见，奥方不仅要求获得他国已有的利权，而且要获得新的利权。董恂自然不会轻易答应，当即派人仔细核查奥方所拟条款，然后将"有碍体制暨流弊过甚"的 4 款删去，并将有的内容作了删改，将不完备的地方作了补充，另增 3 条。这样中方修改后的条约有 47 条。董恂在修改约稿时，注重两个方面的问题：一是传教问题。他认为外人在华传教"流弊滋多"，"多一传教之国，即多一滋事之案，不得不杜渐防微，慎之于始。是以虽为各国条约中所有，亦必决然删去，以冀一发千钧之挽"。二是商人充当领事。鉴于商人充当领事弊端较多，董恂仿照中国与西班牙签订的《和好贸易条约》的第四款，"将商人不准充领事一语，明列条约，以免各海口贸易弊端"①。

7 月 31 日，董恂把改定后的条约 47 款函送雅妥玛，请他转交毕慈。毕慈很快就致函总理衙门，要求将中方所添的"商人不准充领事官"不列入条约，将中方所删传教一条仍然列入条约。然而，董恂认为这两条"大局所系"，并与毕慈当面力争，毫不放松，双方僵持二十多天都没有结果。最终，毕慈作让步。8 月 19 日，毕慈致函中方，同意将传教一条删去，"商人不准充领事官"可以照会的形式确定。于是，中奥双方就条约的内容基本达成一致。8 月 21 日，雅妥玛又来总理衙门核对条款，将条约归并为 45 条，中方表示同意。这样，中奥条约最终确定下来②。9 月 2 日，董恂与毕慈当面签字画押，随后毕慈又到天津与崇厚画押。

1871 年 11 月 27 日，中奥双方根据条约规定，互换条约。不过，在中奥换

---

① 《奕䜣等奏与奥斯马加国定约情形折》，同治八年七月二十五日，中华书局编辑部、李书源整理：《筹办夷务始末·同治朝》七，第 2699 页。

② 《奕䜣等奏与奥斯马加国定约情形折》，同治八年七月二十五日，中华书局编辑部、李书源整理：《筹办夷务始末·同治朝》七，第 2699—2700 页。

约时，中方代表发现了奥文本与中文本有数处不符，当面要求奥方改正。奥地利使臣嘉理治只好承认是"笔误"；由于条约文本已经由本国君主盖印，不便更改，所以他提出先换约，再由本国政官与中国的总理衙门商议改正。中国代表对此表示同意，条约于是互换①。中奥条约关系正式形成。由于文本的不符，中奥条约不能如其他中外条约互换后即刊刻颁行各省，只能在改定后方能颁行。1872 年 7 月 30 日，嘉理治与总理衙门将条约不符之处改正②。

1862—1869 年间，欧洲各小国在英、法、美等国的支持下，先后同清政府签订了不平等条约。英、法驻华外交官还直接参与了一些国家对华条约的议定。欧洲各小国与中国签订的条约均以欧美各列强与中国已签订条约为蓝本，获得了英、法、美等国已获利权。不过，各小国与中国条约关系的建立并非此前各国对华条约关系的翻版，在某些方面还是有所差别的。

一方面，清政府在订约的过程中，对欧洲各小国采取了区别对待的政策。清政府对它们在某些方面的要求予以了抵制和反对。如清政府对普鲁士进京的要求予以了限制；清政府坚持要求商人不能兼充领事，各国或同意在条约中注明，或以照会的形式表示认同这一要求；清政府还拒绝了奥地利在条约中加入传教条款的要求。此外，中国与西班牙订约时对华工出洋有更为具体的规定。欧洲各小国与清政府所订条约中的一些限制性规定在一定程度上起到了应有的作用，产生了一定的影响。如 1864 年的中西《和好贸易条约》第十款规定："凡有华民情甘出口"在西班牙"所属各处承工"，俱准与西班牙人立约为凭，"无论单身或愿携带家属，一并由通商各口前往"。该处的官员要与西班牙官员"查照各口地方情形，会定章程。为保全此项华工之意，但不得收留中国逃人及另有拐卖不法情事。如有前项情弊，一经地方官知会领事官，即行查出送还中国究办，不得掯留"③。这一规定在 1860 年中英、中法《北京条约》基础上，又增加了"不得收留中国逃人及另有拐卖不

---

① 《曾国藩奏与奥使换约情形折》，同治十年十一月十八日，中华书局编辑部、李书源整理：《筹办夷务始末·同治朝》九，第 3398—3399 页。

② 《奕䜣等又奏奥国条约奥文与汉文不符已改正片》，同治十一年七月二十九日，中华书局编辑部、李书源整理：《筹办夷务始末·同治朝》九，第 3398—3399 页。

③ 中西《和好贸易条约》，同治三年九月初十日，王铁崖编：《中外旧约章汇编》第 1 册，第 220 页。

法情事"，以及发现后交中国官员处理的内容。该条规定有助于规范华工出洋以及限制拐卖华工。又如，通过 1869 年中奥《通商条约》的签订，清政府改变了中外条约中只有片面最惠国待遇的规定。该约的第 43 款在给予奥地利权益时，中国获得同样的权益，"是中外条约中第一个双方的概括性最惠国条款"；受此影响，后来中国与秘鲁、巴西、墨西哥等国签订的条约都有类似条款①。

另一方面，欧洲各小国从总体上看，较为轻松地获得了英、法等国通过武力获取的各项特权，并在各大国的支持下获得了新的利权。如中丹条约与通商章程的相关规定就为各国获得了新的利益。列强可以利用片面最惠国待遇，对相关条款加以援用，以获取在华利益。1877 年编撰出版的《英国与外国的条约和关税协定集（中国部分）》，列举了英国通过片面最惠国待遇可以从其他国家与中国签订的条约中获利权的条款，其中就有各小国与中国签订的条约②。

因此，欧洲各小国实现对华订约可以说是"合作政策"下的产物。这在国别和内容上扩大了中外条约关系的范围，推动了中外条约关系的普遍化。

第三节 列强在华共同权益的扩展与规范

19 世纪 60 年代，伴随着不平等条约的实施，传教和通商成为中外条约关系的重要内容。虽然各国在华利益各有侧重，但是传教、通商、华工出洋等问题涉及各国在华共同权益。相关约章的签订与执行扩大了各国在华共同权益。同时，清政府也试图通过签订条约和制定章程的方式，规范华工出洋等问题，然而未能实现这一目的。

---

① 李育民：《晚清中外条约关系研究》，法律出版社，2018 年，第 133 页。

② Edward Hertslet, *Treaties and Tariffs Regulating the Trade Between Great Britain and Foreign Nations; and Extracts of Treaties between Foreign Powers, Containing Most-favoured-nation Clauses Applicable to Great Britain* (*China*), London: Butterworth, Harrison and Sons, 1877, pp. 78—85.

一、 传教特权的扩展

通过《天津条约》，俄、美、英、法获得了在中国内地的自由传教权。随后，欧洲各小国也通过签订条约获得在中国的自由传教权。中法《北京条约》中文本第六款规定的"任法国传教士在各省租买田地，建造自便"①，又使法国传教士获得了在中国内地租地建房之权。然而，该约此款的中法文本不同，中文本中的上述文字是充当翻译的法国传教士在谈判中擅自加入的。因此，各国对其法律效力有不同的看法。第二次鸦片战争后，围绕着传教条款的执行，各国传教士在华传教权有一个扩展的过程。

一方面，传教士获得了一些条约所没有赋予的权利。例如，条约并没有传教士有在内地设立医院和育婴堂等机构的规定，也没有传教士在内地有从事何种职业的规定。然而，传教士在 1860 年以后于中国各地设立了不少辅助传教的机构，有的还从事传教之外的经营活动。关于开办育婴事业的问题，沈葆桢在 1862 年处理南昌教案时就指出"查法国传教条款，本无教堂养育幼孩明文"②。后来，张之洞也指出过此类问题。然而，清政府并没有因此而认为外国传教士违约，而是采取了默许的政策。这种默许实际上也是一种变通的承认，从而造成了一种惯例，实际上无异于承认了传教士拥有这方面的特权。

另一方面，各国传教士获得了内地的租地建房权。传教士在内地"租买田地，建造自便"本身是没有法律效力的。清政府起初没有发觉。至于如何实行这一规定，总理衙门与法国驻华公使柏德美③进行过商议。1865 年 2 月20 日，总理衙门就天主教堂公产一事作出决定，照会柏德美称："嗣后法国传教士如入内地置买田地、房屋，其契据内写明'立文契人某某（此系卖产人姓名）卖与本处天主教堂公产'字样，不必专列传教士及奉教人之名。"④

① 中法《续增条约》，咸丰十年九月十二日，王铁崖编：《中外旧约章汇编》第 1 册，第 147 页。
② 《沈葆桢奏江西拆毁教堂实情首犯未获请旨议处折》，同治元年五月二十七日，中华书局编辑部、李书源整理：《筹办夷务始末·同治朝》一，第 267 页。
③ 柏德美（Jules Frangois Gustave Berthemy）又译作柏尔德密。
④ 《法国教堂入内地买地照会》，同治四年正月二十五日，王铁崖编：《中外旧约章汇编》第 1 册，第 227 页。

这也就是法国所称的"柏德美协定"。

"柏德美协定"将中法《北京条约》规定的法国传教士在内地租地建房之权合法化。对此，威罗贝认为："在 1865 年所谓的'柏德美协定'中，中国人似乎至少部分地同意了这一规定。"① 赖德烈也有类似看法②。实际上，天主教传教士完全享有了内地租买土地的权利，形成一种特权。后来，新教传教士同法国天主教传教士一样使用了这种特权，从而造成了一定事实，形成了一种所谓的"惯例"，最终实现了这种权利的合法化。

值得注意的是，列强对于教会在内地租地权虽然有不同看法，但是各国传教士事实上享用了这一特权。1860 年以后，各国公使和领事的态度即体现了这一点。为说明问题，下文的论述对 19 世纪 60 年代以后的情况也有所涉及。

传教士进入内地租买土地，所依据的是中法《北京条约》第六款。然而，关于在内地购买地产与居留是不是条约明确给予的权利，许多人是有疑问的。1872 年 9 月 21 日，也就是在《天津条约》《北京条约》签订多年之后，美国驻宁波领事罗尔梯在致函美国驻华公使镂斐迪时就说："至于条约有没有给予教士在开放口岸以外的地方取得住所和居留权问题，我们当然知道有人曾经提出过。"③ 1881 年，美国驻华公使安吉立依然指出："外国人究竟有什么权利在中国内地拥有不动产"是"教会同中国政府关系中最微妙的争议之一。"④1886 年，田贝在致柏夏函中说："对教士在内地定居和永久居住的权利，可能存有疑问。"⑤ 1897 年，田贝又说："柏德美协定""才为传教士取得在中国内地居留的权利，并为此目的享有买地的权利。"⑥

马士在其著作中的看法更为直接明白，他说：中法《北京条约》中有

---

① ［美］威罗贝著、王绍坊译：《外人在华特权和利益》，生活·读书·新知三联书店，1957 年，第 429 页。

② Kenneth Scott Latourette, *A History of Christian Missions in China*, New York: The Macmillan Company, 1932, p. 278.

③ 《镂斐迪致斐士函·附件 2 罗尔梯致镂斐迪函》，1872 年 9 月 21 日，中国第一历史档案馆等合编：《刊续编·清末教案》第 5 册，中华书局，2000 年，第 100 页。

④ 《安吉立致布莱恩函》，1881 年 8 月 18 日，中国第一历史档案馆等合编：《清末教案》第 5 册，中华书局，2000 年，第 145 页。

⑤ 《田贝致叭嘎函》，1886 年 9 月 21 日，中国第一历史档案馆等合编：《清末教案》第 5 册，第 164 页。叭嘎，即柏夏，近代文献中也译作蚍蝂。

⑥ 《田贝致奥尔尼函》，1897 年 2 月 3 日，中国第一历史档案馆等合编：《清末教案》第 5 册，第 495 页。

"租买田地，建造自便"的规定，中英《天津条约》中有在各口并各地方建立栈房、礼拜堂等权利。但是，"所有官方的人员，不论中国的或外国的，都曾一致的否认根据这一条款把这项特权扩张到内地去的解释，但是商人和传教士却都坚持着这种解释"①。

美国驻华公使镂斐迪的表述为我们提供了另一种信息，他在 1872 年曾说："尽管我的意见是清楚的和坚定的，即教士们并没有永久地居留于开放口岸之外的地方的权利，但另一方面，需要说明的是，在 1860 年诸条约获得批准之后，相反的一种意见在这几年占了上风；而且中国人现在并不对教士在内地的居留权公开地提出异议，这从领事给我的信件中也可以看出。"②那么各国在此问题究竟持何种态度和政策，又是如何变化的呢？下面以法、英、美三国为例加以说明。

传教士在内地居住与置产的权利来自中法《北京条约》第六款，条约权利的执行首先关系到的是法国，所以我们先看看法国是如何对待这一权利的。据何天爵的说法，"伪造被迅速发现，它并没有价值，因为只有条约的法文本是权威的，而且它也没有被美国、英国、法国政府直接或间接地加以利用。法国驻华公使正式通知中国官方说，法国政府发现了条款中伪造的字句，不会在此条款之下声称权利"③。法国的态度果真如何天爵所说的那样吗？由于文献所限，我们难以作出评判。据顾维钧的研究，中法《北京条约》签订后，"法政府对于汉文内窜入词句所载之权利，究如何了解，不得而知"④。不过，法国在条约签订后根据该款的相关规定要求归还教堂⑤。据此，顾维钧认为法国政府实际上是"默喻是款，为许天主教士以教会执事资格，为传教起见，得仍如中国严禁耶教以前，在内地居住置产矣"⑥。而且，

① ［美］马士著、张汇文等合译：《中华帝国对外关系史》第 2 卷，第 244 页。

② 《镂斐迪致斐士函》，1872 年 10 月 23 日，中国第一历史档案馆等合编：《清末教案》第 5 册，第 98 页。

③ Chester Holcombe, *The Real Chinese Question*, New York: Young People Missionary Movement, 1907, p. 160.

④ 顾维钧：《外人在华之地位》，外交部图书处，1924 年，第 262 页。

⑤ 1860 年 11 月 5 日，法国公使葛罗就照会奕䜣索要南、北二堂；11 月 7 日，又索要东、西二堂。清政府随后即把以上四堂归还给了法国教会。（参见耿昇：《传教士与远征军——法国传教士艾嘉略第二次鸦片战争亲历记》，《杭州师范学院学报》2005 年第 4 期。）

⑥ 顾维钧：《外人在华之地位》，第 262 页。

美国传教士李佳白在研究这一问题时为我们提供了另一个佐证。他认为以下两个方面可以用来答复否定中法《北京条约》第六款的看法，即：一、条约的中文本"是在中方代表知晓与认可之下拟定的"；二、"法文本仅是在事实上产生争议的情况下，方能认为有约束力"。中方没有提出反对，双方也没有产生争议①。出于以上认识，他认为法国完全可用以上理由坚持条约的规定。所以，顾维钧的看法是有说服力的。

1865 年，"柏德美协定"达成后，清政府在办理浙江会稽天主教租地案即以此为据。这样，法国天主教真正实现了在内地租买土地的权利。与法国关注天主教不同的是，英、美等国在华传教士主要是新教传教士，他们在面临该权利时持何态度呢？值得注意的是，英、美两国政府的态度和政策有一个变化的过程。

19 世纪 60 年代，英国传教士进入内地非通商口岸地区传教，由此引发了租地等方面的纠纷。对于此类问题，英国官方最初的反应是：提出抗议，并要求中方保护传教士。不过，英方上述要求的条约依据是中英《天津条约》第八款，并没有提及享受中法《北京条约》所规定的租地建房的权利。如 1868 年台湾凤山教案发生时，在台的英舰"依喀拉斯"号舰长爱士秃于 8 月 21 日致函台湾府道台，提出保护教会、中国教徒等问题的条约依据就是中英《天津条约》的第八款及其他相关内容②。而且，英国驻华公使早就知道中法《北京条约》中法文本的差异，并且没有同意英国传教士拥有与法国传教士同样的权利。1864 年，在厦门的传教士 W. 巴恩斯向英国驻华公使卜鲁斯"提出要求并且正式申请在内地拥有土地"，他依据的是根据中文本译成英文的中法《北京条约》的第六款。然而，当卜鲁斯向他出示法文本后，"他大为惊讶"，发现法文本并没有"给予在内地拥有土地的权利"③。不过，英国政府在此问题上的看法在一定程度上受驻华公使态度的影响。1868—

---

① Gilbert Reid, "Chinese Law Ownership of Church Property in the Interior of China," *The Chinese Recorder*, Vol. Ⅹ Ⅹ, 1889, p. 425.

② 《海军部秘书致哈蒙德先生文·附件 3 舰长爱士秃勋爵致台湾府道台文》，1868 年 8 月 21 日，中国第一历史档案馆等合编：《清末教案》第 6 册，中华书局，2006 年，第 207—208 页。

③ ［美］凯瑟琳·F. 布鲁纳、费正清、理查德·J. 司马富编，陈绛译：《赫德与中国早期现代化——赫德日记（1863—1866）》，中国海关出版社，2005 年，第 177 页。

1869 年，英国驻华公使阿礼国在此问题上的看法就有一定的变化。

　　扬州教案发生之际，阿礼国表达了他对英国传教士在华传教特权的看法。1868 年 9 月 11 日，阿礼国致函斯坦利伯爵，指出英国传教士获得在中国各处购买土地与居住的权利，无须于条约中增加新的条款。因为"法国条约的第六款，对此权利已有明确的规定。我最近曾有机会向外交部申述，法国传教士所得到的一切权利，根据最惠国条款，英国传教士是可以同样取得的"。不过，对于英国传教士获得同法国传教士一样的权利，阿礼国是有考虑的。他认为"追求这种权利是否合乎明智和谨慎，或是否实际可行，是另一个问题；而传教士们本身的安全，和他们选择居住的地方，其社会治安和行政管理是否良好，都值得考虑"①。也就是说，此项权利的获得是可以援引法国与中国签订的条约，但是具体实行要考虑中国的具体情况。1868 年，阿礼国在同中国交涉修改条约时，同样承认了中法《北京条约》第六款的有效性。因为，他在谈判时要求外国商人在内地设栈存货，遭到总理衙门的反对，为此他以传教的事实和传教条款加以反驳，说："近来进内地传教者不少，伊等俱在内地置买产业，所得之益与商人运货进内地者较多。如果不准商人等租房租栈等事，非但藐视洋商，亦且办理不公……再查《法国条约》第六款内载：任听法国传教士，在各省租买田地，建造自便等语。各国教士亦无不共沾此益，然教士既获此益，何以商人等不能一律办理？"②

　　1868 年 12 月 1 日，斯坦利伯爵致函阿礼国传达了英国政府的态度，即"在具体行使此权时，英国传教士们均应谨慎从事，随时注意中国官员与人民的感情与性格，尽力避免发生冲突；在地方官可能有不愿承认这种权利时，不要强求承认，应暂时搁置所有这些争论，而向女王陛下驻华公使提出申诉"。显然，英国政府出于对中国国内形势的考虑，对于传教士在内地租地权利的实现并不是很迫切。然而，对于英国传教士遭到"无缘无故的暴行"，英国驻华公使还是要向清政府采取措施，以达到保护本国

---

　　① 《阿礼国爵士致斯坦利伯爵文》，1868 年 11 月 20 日，中国第一历史档案馆等合编：《清末教案》第 6 册，第 40 页。
　　② 《英使阿礼国节略》，同治七年十二月二十一日，中华书局编辑部、李书源整理：《筹办夷务始末·同治朝》七，第 2542 页。

传教士的目的①。

1868 年 12 月，英国浸礼会传教士致函英国外交部，就内地租地等问题提出询问。英国外交部对此问题的态度还是比较慎重的，没有直接回答教会，而是先询问英国驻华公使阿礼国的意见。

值得注意的是，阿礼国直到 1869 年才发现中法《北京条约》第六款的中法文本的差异②。所以，当年 3 月，他就浸礼会所提问题回答英国外交部时，态度发生了相应的变化。阿礼国答复外交部说：“按照条约规定，对于英国人民是不允许在通商口岸以外的地方租赁、购买或以赠送的形式接受土地或房产，以供教会或其他目的之用，但对法国是例外。”虽然阿礼国认为法国是通过《北京条约》获得此项权利的，但他同时指出该项权利的法律依据是不足的。他说道：“在内地居住的权利，以及获得土地或房屋的权利除了在暂行条约的中文本中增添这一条以外，而在法文本中则无相应的条文，因此这两项权利均无可靠的依据；但按 1858 年法国条约第三款规定，所有事件均受法文本约束，‘法文本上未经规定者，订约双方均不受约束’。”③ 而且，阿礼国对中国事务比较熟悉，他认为获得此项权利是因为中国的主动让与，而形成的一种“已成惯例的或获准行使的权利”；而且，其行使是有条件的，即取决于地方当局的态度，如果“地方当局心怀敌意，就会遇到他们这方面类似禁止等阻力”。在这种特殊的情况下，阿礼国针对传教士的提问，回答说：“经过抗议，有可能获得清廷政府允给一种附有条件的权利；法国教士所享受的权利，按照条约规定，中国当局自不能拒绝英国也可享受。”④ 显然，阿礼国这里的看法就是可以用片面最惠国待遇来作为获得该权利的依据。然而，这种权利的获得取决于中国地方政府的态度以及英国强权的压力。同时，阿礼国认为传教士进入内地会引发中外冲突，从而影响英国在华

---

① 《斯坦利伯爵致阿礼国爵士文》，1868 年 12 月 1 日，中国第一历史档案馆等合编：《清末教案》第 6 册，第 47—48 页。

② 顾维钧：《外人在华之地位》，第 261 页。

③ 《阿礼国爵士致克拉伦登伯爵文（摘要）》，1869 年 3 月 12 日，中国第一历史档案馆等合编：《清末教案》第 6 册，第 139 页。

④ 《阿礼国爵士致克拉伦登伯爵文（摘要）》，1869 年 3 月 12 日，中国第一历史档案馆等合编：《清末教案》第 6 册，第 140 页。

商业利益。所以，阿礼国向政府提出的意见是："法国人从中国的宽大容忍之中得到的定居权的事例，不论它的意义和性质如何，女王陛下政府应否为英国传教士求得与法国政府为罗马教会在内地获得的相等的特权问题，仍应慎重考虑后再作决定。因此对于这些人在某些条件上已作了让步，但不能由此推论，女王政府也要承担着发生严重纠纷的后果和全民族的责任去接受同样的要求。我认为这一问题，或拒或从，女王陛下政府操有自由选择作出相宜决定的权利。"①

阿礼国的上述回答虽然未要英国政府做出决定，但是其态度的倾向性十分明确，因而也得到英国政府的认可。1869年5月19日，克拉伦登致函阿礼国，传达本国政府的政策。即：英国政府"认为坚决帮助英国传教士获取罗马天主教传教士业已得到的那种特权，或冒险去争取这一结果，不是我们应尽的义务"。并且，英国政府要求阿礼国约束在华的英国传教士，一定不要让他们设想，"认为女王陛下政府会凭借该添加的文字，支持他们的非分要求，想享受超越一般英国人民所享受的在中国定居和自由旅行的任何其他特权"。如有必要，也可以警告他们，"倘若他们想寻求更大的特权，则他们应自行承担一切风险和责任"，不能指望英国政府为之提供保护②。而且，英国外交部在致函英格兰圣经会时，也表达了与以上类似的意见③。

此后，阿礼国在评论在京英国传教士信函中的议论时，继续持上述看法，并指出西方传教士中国内地居住权的基础非常不稳固，"部分根据法国诸条约中涉及为罗马天主教传道会收回曾由以前的几位皇帝赠予而后来又被没收的土地和房屋等财产的条款——这在基督教传道会中缺乏类似的例子；再者就是现住所得到中国政府的批准或未加反对者"④。

1870年9月20日，英国驻华公使威妥玛通令驻华领事，传达英国政府

---

① 《阿礼国爵士致克拉伦登伯爵文（摘要）》，1869年3月12日，中国第一历史档案馆等合编：《清末教案》第6册，第140—141页。

② 《克拉伦登伯爵致阿礼国爵士文》，1869年5月19日，中国第一历史档案馆等合编：《清末教案》第6册，第142页。

③ A. J. Sargent, *Anglo-Chinese Commerce and Diplomacy (Mainly in the Nineteenth Century)*, Oxford: The Clarendon Press, 1907, pp. 183—184.

④ 《阿礼国爵士致克拉伦登伯爵文·附件1 在京英国基督教传教士致阿礼国爵士文》，1869年7月14日，中国第一历史档案馆等合编：《清末教案》第6册，第160—161页。

对于教会在内地居留权的政策：一是按照条约，英国教会在华居留权利，与其他英人所享有之权利无异。二是英国人在华居留权利，只能行于通商口岸或口岸最近地方①。《英国与外国的条约和关税协定集（中国部分）》，列举了英国通过片面最惠国待遇可以从其他国家与中国签订的条约中获得的诸多利权，然而关于财产和宗教方面的利权均没有提及 1860 年的中法《北京条约》第六款②。这也表明了英国政府并不赞同通过片面最惠国待遇享受中法《北京条约》第六款的规定。

然而，中国地方官员在 1869 年前后实际上已经给予了英国教会在内地租买土地的权利。对此，英国政府并没有要求本国传教士不准接受。很明显，英国在法理上不认同中法《北京条约》的相关规定，事实上却认同了本国传教士在中国所享有的权利。只不过英国官方的态度并不是十分明朗而已。1891 年，英国海军中将理查兹的言论进一步证明了这一点。当年，长江流域频发教案，理查兹奉命到长江各口岸巡视，他在致函海军部时说：当他就英国传教士在条约规定的限制之外是否有权可以在全中国定居这一点，向英国驻北京公使寻求资料时，得到的答复是，"《北京条约》中根本没有此项规定"。当前的情况是中法《北京条约》第六款派生出来的，英国是"援引最惠国待遇条款"要求英国人享受同等的权利。同时，他认为从长江教案的教训来看，关于在华传教士到条约限制地区以外的地方去活动这一问题，"似应取得某种谅解"；"应该规定女王陛下驻中国公使在这类问题上的权限，并制定英国人民享有定居权利的地点的登记表"；"基督教各差会想享有想去任何地方就可以去的绝对自由，而他们的当事人还要期待女王陛下的政府给予保护，这纯属无理的要求"③。

美国在此问题上的态度与英国虽然有相似之处，但是也有较大的不同。19 世纪 70—90 年代，美国国务院和驻华公使在法理上均认为传教士没有这

① 顾维钧：《外人在华之地位》，第 270 页。

② Edward Hertslet, *Treaties and Tariffs Regulating the Trade Between Great Britain and Foreign Nations: and Extracts of Treaties between Foreign Powers, Containing Most-favoured-nation Clauses Applicable to Great Britain* (China), pp. 81, 84.

③ 《海军部致外交部文·附件 1 海军中将理查兹爵士致海军部文》，1891 年 7 月 27 日，中国第一历史档案馆等合编：《清末教案》第 6 册，第 536—537 页。

方面的特殊权利；但是在事实上却认同这一权利，并在具体处理事件时尽可能地保护美国在华传教士的利益。从这个角度看，美国与法国的政策没有什么实质上的不同，只是形式上更巧妙而已。

早在 1872 年，美国驻华公使镂斐迪就说，他本人十分清楚美国传教士没有在中国内地居住的条约权利。在处理具体事件时，镂斐迪并不会按他对本国条约权利的理解办理，而是以现有事实为依据来保护美国传教士的利益。1872 年，他在处理杭州租地案时的态度就是："我将尽力使他们能平安无事地居留在那里。"同时，镂斐迪在对待这种事实上拥有而法理上没有的权利时，还是比较谨慎的。他说自己在这样做的同时，要让传教士牢记"无论是条约规定的权利，还是好的政策，都不会认可在内地扩充原有的教会机构或增设新的教会机构"①。

1881 年，美国驻华公使安吉立在处理美国传教士莫约翰与洪士提反在济南租地一案时，所持态度和镂斐迪如出一辙。当时，他依然认为传教士没有在内地获取地产的权利，他说：美国教士被允许在内地取得产业，"与其说是根据权利，倒不如说是由于容忍"，严格地说，"我们并没有要求将济南府任何地方作为我们自己场所的条约权利"。如何处理此事呢？安吉立认为"事涉微妙，还是小心翼翼，相机行事较为明智"。然而，从事实上看，"几乎在这个帝国的所有地方，各教士均被允许取得产业"；莫约翰和洪士提反在济南居住和买房，民众没有抱怨和异议。所以，他认为这两位传教士"有强力的根据来坚持"，即以事实为据坚持购房，如果原有房屋买不到，可以更换地点②。然而，以上这种态度并不能够解决层出不穷的教会租地事件。

1885—1898 年，田贝任美国驻华公使。其间，他在处理相关事件时，更加明确地表达了美国官方在这一问题上的立场。

1886 年重庆教案发生，英、美、法教会产业被毁。田贝在处理此案时，指出外国传教士在内地居留的权利"可能存有疑问"，而且传教士事实上享有这种权利是由于中国官方的容忍。但是"无论这种权利是否存在"，它对

---

① 《镂斐迪致斐士函》，1872 年 10 月 23 日，中国第一历史档案馆等合编：《清末教案》第 5 册，第 98 页。

② 《安吉立致布莱恩函·附件 2 安吉立复莫约翰及洪士提反函》，1881 年 7 月 30 日，中国第一历史档案馆等合编：《清末教案》第 5 册，第 152 页。

于相关案件的公正裁决是"无关重要的"。显然，田贝考虑问题的关键不在于法理，而是美国传教士的利益。不仅如此，他还提出了另一个冠冕堂皇的依据，即"我国与中国缔结的条约均明确保证，在中国所有地区的美国所有公民，不论是人身还是财产，有完全不受任何形式凌辱或侵害的权利"。显然，这是在利用传教条款以外的条款来保护传教士。不过，田贝毕竟还不是那么有底气。因为，他在做出如上表述的同时，还说："我们将防止地方当局提出教士进入内地的原始权利。"①

1887 年，田贝在处理济南美国传教士置产纠纷续案时，一方面按照自己的政策办理此案，同时向美国国务院询问政府对传教士在中国内地居留置产的明确态度。至此，美国政府在这方面的政策才真正明确表现出来。当年 12 月 20 日，田贝致函柏夏时说："在不同场合，国务院曾多次赞同这样的声明：条约并没有赋予美国人在中国内地取得产业的合法权利。可是，国务院在给本使馆的所有文件中，未曾就教士在中国内地的权利，明确地表明它的观点。是否需要准备明白详细的指示，以便权威地向所有教士传达，并为本使馆提供可资遵循的无可置疑的方针，应值得阁下赐予考虑。"那么，田贝本人又是如何看待美国传教士的传教特权的呢？他认为中美《天津条约》第 12 款所规定的权利只限于通商口岸。然而，"通过慢慢地侵蚀，这种权利已经扩展到中国内地。对行使这种权利是予以承认还是否定，这在中国是一个主要问题，而且可能继续成为今后长时期内首要的和最为恼人的问题"。而他的政策"一直是不鼓励在内地冒险寻找定居场所，实际上明确宣布本使馆不认为条约赋予教士在内地租、买土地的不受限制的权利"。但是，如果传教士在中国地方政府的同意下获得住所，那么美国驻华使馆就保护他不受侵犯。这也成为他就任驻华公使第二年处理重庆教案的"基本原则"。不过，田贝并不敢完全自作主张，他是以提出问题的方式向美国国

---

① 《田贝致叭嘎函》，1886 年 9 月 21 日，中国第一历史档案馆等合编：《清末教案》第 5 册，第 164 页。不过，田贝对美国人在中国各地均得到保护的看法与柏夏的看法是有出入的。1886 年，柏夏在致函田贝时指出，《望厦条约》《天津条约》关于对美国公民的保护的规定"系限制在极为有限的地区范围以内，并未扩大到整个帝国领域"。（《叭嘎致田贝函》，1886 年 11 月 29 日，中国第一历史档案馆等合编：《清末教案》第 5 册，第 177 页。）

务院表达自己的意见①。

1888 年 3 月 7 日，柏夏就上述田贝函件中所提出的问题，回复称，"你就此一问题表示的看法，国务院表示赞同"，并确认条约并未赋予美国人在中国内地不受限制地租买土地的权利，"这是没有争论余地的"。他指示田贝，当美国驻华使馆遇有人就此问题征询意见时，"将此事实告诉他们是合适的"。同时，柏夏也同意了田贝主张的保护在华居留的美国传教士。此外，柏夏还指出："中国既然同各国缔结过条约，开放让外国人入境和居留，条约规定的居住和营业的限制范围的松动，就无可避免。在地方当局同意下，实际上已经逐渐这样做了。"②

美国国务院对中美条约相关规定的解释是十分明确的。但是，面对传教士在中国内地居留、购房的事实，美国政府及其在华外交官又采取了认可政策，并对传教士予以保护。那么怎样利用这种不是条约特权的特殊权利呢？1888 年 6 月 6 日，柏夏在致函田贝时所提出的办法相当高明，他希望传教士在尊重中国的风俗和习惯的前提下，采取温和的态度将权利扩大到条约规定的范围以外。他说："只要教士们不咄咄逼人地坚持他们的权利，假以时间和耐心，其权利的范围将会逐渐扩大，从而取得比较稳定的既得特权，但是，居民的宗教观和地方上的成见，如这次引起争议的风水之类的问题，应始终记在心里。教士所提出的善后安排，要尽可能避免诉诸条约权利，因为这可能导致中国人正式地坚持严格执行条约的条文。经验证明，适度的和解与善意，会使外国人的权利逐渐扩大，而且会被中国人以更宽宏的度量加以理解，使外人权利得以扩大到通商口岸以外。"③ 7 月 17 日，柏夏回复美国传教士李佳白 5 月 24 日的函件时，进一步向在华传教士表达了美国政府的立场和办法，他说道："如果你要推断（看起来是这样）美国驻华公使将要'站在认为教士并无条约权利的一方'，那你就是被误导了。我们一直指示田贝先生，努力为我国在华的优秀的、具有自我牺牲精神的所有教士，获取绝

① 《田贝致叭嘎函（摘录）》，1887 年 12 月 20 日，中国第一历史档案馆等合编：《清末教案》第 5 册，第 186—187 页。

② 《叭嘎致田贝函》，1888 年 3 月 7 日，中国第一历史档案馆等合编：《清末教案》第 5 册，第 191 页。

③ 《叭嘎致田贝函》，1888 年 6 月 6 日，中国第一历史档案馆等合编：《清末教案》第 5 册，第 196 页。

不少于任何其他国家或传播其它教义的教士的特权，这些特权是通过条约给与、优惠权赋予、或习俗惯例而取得。"同时，他评价田贝的工作说：田贝"一直都在采取切实可行的方法，竭尽所能并卓有成效地为教士们服务。在这样做的同时，很可能他有时会提醒那些急于扩大他们的特权的人们注意，在行使超出条约的条文主要靠恩惠而不是条约明确赋予的权利时，不要不明智地轻举妄动"①。

美国政府在认可并利用事实造成的特权前提下，处理相关事件时还是有所克制的。1890 年 1 月 31 日，美国国务院的布莱恩为济南租地案致函田贝，重申中美《望厦条约》第十七款和中美《天津条约》第十二款，指出美国人在通商口岸居留是有限制条件的，"因此，如果美国公民在条约所保证的地区以外被赋予居留的权利，他们就必须像在开放口岸那样，负有恪守同样的一般行为准则的义务，这一要求并不过分。这正如我国政府一直坚持的：美国公民无论在中国什么地方，由于已往坚持的限制有所缓解而被允许在那个地方定居，中国政府同样负有保护他们的义务"②。4 月 12 日，布莱恩又针对同一事件致函田贝，希望他斟酌决定处理此事的方法，"力求把教会和你对这个问题的观点协调起来"，以便按照 1844 年《望厦条约》的条款解决现存于教会与地方当局之间的难题③。1894 年，美国驻华使馆为解决琼州租地纠纷，考虑到了这类事件的所有先例，在给广州领事的指令中说："不必相信中国官方指控获得这份地产有欺诈行为，我的观点是：建议教会放弃有争议的土地，拿回他们买地的钱，与中国官方协商另一块他们能够和平拥有的土地。1844 年条约的第十七条指出美国人在获取地产时不能毫无理由地坚持特殊的地点。1858 年条约的第十二条包括有同样的条款。"并且，美国驻华使馆希望广州领事能够引导中国官方和教会和平解决争端。"这一指令被认为是明智的，并且与条约中关于教会地基需要互相同意的规定是一致的。"④

① 《叭嘎致田贝函·附件 2 叭嘎致李佳白函》，1888 年 7 月 17 日，中国第一历史档案馆等合编：《清末教案》第 5 册，第 198 页。

② 《布莱恩致田贝函》，1890 年 1 月 31 日，中国第一历史档案馆等合编：《清末教案》第 5 册，第 221 页。

③ 《布莱恩致田贝函》，1890 年 4 月 12 日，中国第一历史档案馆等合编：《清末教案》第 5 册，第 230 页。

④ John Bassett Moore, *A Digest of International Law*, Vol. V, Washington: Government Printing Office, 1906，p. 462.

19 世纪 90 年代，由于中国各地教案不断发生，美国对待传教条约的态度也相应发生变化。1896 年 12 月 7 日，美国国务卿奥尔尼（Olney）在给总统的报告中说："需要指出的是，对于以后我国公民将和平地居住在中国，最令人鼓舞的是，中国政府已经将购买土地的权利扩展到我国公民，这项权利以前已出让给了法国。"① 次年 2 月 11 日，美国驻华公使田贝将一份"精心拟订"的文件送给总理衙门，该文件由美国国务卿"亲自准备，并予以批发"，提出了要求庆亲王采取行动的五个要点。其中一、二两个要点分别是："正式承认美国传教士有在中国内地居住的权利""明确声明他们有买地的权利"。以上两点均得到中方的同意②。可见，1897 年，美国抛弃了以往对待传教士在内地居留、购地问题上的含蓄政策，采取了直接要求特权的态度。1903 年，中美商约签订时才明确了美国传教士在中国内地的租地建屋权。

同法、英、美三国一样，其他有约国实际上也认可本国教会享有在内地租买土地的特权。1871 年，德国驻华公使李福斯照会总理衙门时说："耶稣教传教士欲在各省买地置产，各省皆未允准，而天主教皆可任意而行，似未平允。"所以，他要求中国政府平等地对待天主教和新教，"使该二教嗣后皆可一律得沾条约所载之益"③。

从英、美两国情况来看，两国承认本国传教士在内地拥有这种权利依据的并不是最惠国待遇④，很大程度上取决于中国政府的让与。如果依据的是片面最惠国待遇，那么商人也完全可以获得内地居住与租地建房的权利。事实却恰恰相反。在英国传教士进入中国内地租地建房后，英国的商人也提出了同样的要求。对此，英国驻华公使予以了否认。不过，英国驻华公使却是从难以保护这一角度出发来否定商人要求的。当时，阿礼国说："内地居住与治外法权是相矛盾的。"他的继任威妥玛说自己"不能要求一个英国领事

---

① John Bassett Moore，*A Digest of International Law*，Vol. V，p. 462.

② 《田贝致总理衙门照会》，1897 年 7 月 10 日，中国第一历史档案馆等合编：《清末教案》第 5 册，第 512 页。

③ 《德使李福斯为已将总署传教章程译送本国等事致奕䜣照会》，同治十年二月初七日，中国第一历史档案馆等合编：《清末教案》第 1 册，中华书局，1996 年，第 970 页。

④ Chao-Kwang Wu，*International Aspect of the Missionary Movement in China*，Baltimore：The Johns Hopkins Press，1930，pp. 30—32.

被派到炮舰不能到达的地方"。英国商人居住内地也会给中英两国增添管理方面的问题。所以，英国政府没有同意本国商人在中国内地的居住权[①]。

因此，法国天主教会通过中法《北京条约》、"柏德美协定"，取得了在中国内地居住、租地、建房的权利。英、美等国教会因中国自动让与的结果，实际上也获得了在中国内地居住、租地和建房的权利。关于租地建房，中外约章除对地产归属有规定外，其他方面的规范并不明确。就教会地产的归属而言，"柏德美协定"规定，传教士在租买土地时，"其契据内写明'立文契人某某（此系卖产人姓名）卖与本处天主教堂公产'字样，不必专列传教士及奉教人之名"[②]。不过，对于购地手续，中外条约中并没有相应的规定，总理衙门曾提出办法，即卖产之人须报明地方官，由官方决定能否买卖，不准私卖，否则将予惩处。这一限制办法遭到传教士的反对，最终在 1895 年取消。至于教产的用途，中外条约中并没有规定[③]。因此，19 世纪 60—90 年代，清政府的态度实际上给予了英、美等国传教士在中国内地租地、建房的权利，这在中外条约中并没有法律的依据。

二、 通商权益的扩展

随着各口岸的开放，各国在华通商权益日益从沿海向内地渗透。围绕着通商利权的实施，与各国共同权益相关的通商章程相继出台。它们当中有的只是对通商事务的规范，如《出口土货拆动改装章程》（1866 年 2 月 8 日）、《客船行李免税货物拖带轮船三项章程》（1867 年 4 月 27 日）、《洋商躲避收口船钞分别征免章程》（1870 年）；有的则在规范通商事务的同时，扩展了列强在华利益，如《长江各口通商暂行章程》（1861 年 10 月 9 日）、《通商各口通共章程》（1861 年 10 月 9 日）、《会讯船货入官章程》（1868 年 5 月 31 日）、《各海口引水总章》（1868 年 11 月 3 日）、《茶末减税章程》（1868 年 11 月 16 日）、《钟表减税并严防偷漏章程》（1869 年 5 月 12 日）等。

---

① Alexander Michie, *The Political Obstacles to Missionary Success in China*, Hong Kong: Hong Kong Daily Press Office, 1901, pp. 20—21.

② 《法国教堂入内地买地照会》，同治四年正月二十五日，王铁崖编：《中外旧约章汇编》第 1 册，第 227 页。

③ 李育民：《近代中国的条约制度》，第 286—287 页。

就内容而言，有关长江通商的章程涉及较广，其他章程则是针对中外通商中具体事务而制定的。就后者而言，有的章程还在不同程度上侵犯了中国主权，扩大了列强在某个方面的具体权益，如《会讯船货入官章程》《各海口引水总章》《茶末减税章程》《钟表减税并严防偷漏章程》等①。以《各海口引水总章》为例，该章程的第二款规定"引水者宜宽其招募也。凡华民及有条约各国之民有欲充引水者，均准其一体充当"②。外国人因此获得了在中国通商口岸引水的权利。就产生来看，有关长江通商的章程先后产生了多个，较为复杂，下文拟对之作具体的阐述。

根据中英《天津条约》第十款的规定，长江沿线的各通商口岸，由于长江流域不安宁，"除镇江一年后立口通商外，其余俟地方平靖"，由中英两国派员商定"准将自汉口溯流至海各地，选择不逾三口，准为英船出进货物通商之区"③。然而，咸丰十年（1860）十月，英国驻华公使卜鲁士向中方提出汉口、九江先行通商，并提出"倘私卖军器等物，即将货物入官，并驱逐该船出口，不准在江面贸易"。对于卜鲁士的请求，奕䜣认为"办理本为公平"，同意"通融办理，暂准通商，以期中外商人均沾利益，永敦和好"④。而且，奕䜣等人认为江苏巡抚薛焕是上海钦差大臣，"有管理内江之责"，所以在照会英国驻华公使时，提出如何议定税项章程，应由该公使与上海关商定⑤。1860 年 12 月 2 日，清廷颁发上谕："唯汉口、九江两处系属通商创始，所有一切章程，必须按照条约与之妥为商定，毋令别生枝节，以期永远相安。其进口出口应纳税饷，恭亲王已令其与上海关公同商酌，亦须明定章程，免致税课亏短。"至于英国船只所带兵器、火药等物，英国驻华公使已"声明在海关呈报，均须严密稽查，照章办理"；"其经行江面地方，所有防

①　侯中军：《近代中国的不平等条约》，上海书店出版社，2012 年，第 169—170 页。
②　《各海口引水总章》，同治七年九月十九日，王铁崖编：《中外旧约章汇编》第 1 册，第 265 页。
③　中英《天津条约》，咸丰八年五月十六日，王铁崖编：《中外旧约章汇编》第 1 册，第 97 页。
④　《给英使卜鲁士照会》，咸丰十一年十月十二日，中华书局编辑部、李书源整理：《筹办夷务始末·同治朝》一，第 54—55 页。
⑤　《奕䜣等又奏议复官文长江章程窒碍已令赫德赴楚商办折》，同治元年三月十五日，中华书局编辑部、李书源整理：《筹办夷务始末·同治朝》一，第 185 页。

守弁兵，俱应饬令一体知悉，毋得滋生疑虑，以致别启衅端"①。

1861 年初，巴夏礼与英国舰队司令何伯巡查长江流域的通商口岸，并到达汉口。所以，英国方面将制定通商章程的任务交给了巴夏礼②。1861 年 3 月 25 日，巴夏礼与中方官员张集馨在九江拟定《长江各口通商暂订章程》十款③。然而，上海道吴煦起初接到的却是英国领事送来的英文本，他随即令人赶紧译出，核查后发现与英国公使原意多有不符之处。吴煦认为，"此事本系巴领事擅专，原可一概驳斥，第闻该领事已将英文刊布，且洋商纷纷载货而去，实已无可再迟"，只能允许先试办第一至六及第八、十等八款，而第七、九两款"系于税务大有窒碍"，驳令缓办④。吴煦还与英国驻上海领事密迪乐进行了争辩，但是密氏态度恶劣⑤。

薛焕在接到吴煦送来的译稿后，指出巴夏礼所为在程序和内容上都存在问题。薛焕认为：按照中英双方的商定，此次长江通商，指明汉口、九江两处，其九江、镇江、汉口各口进出应纳税饷章程，应与上海关将新章纳税事宜商定后，由上海关迅速知照妥办。然而，巴夏礼所拟的贸易章程，薛焕"并未寓目，亦未闻该监督先有会商之事"，在程序上不合规。就具体内容而言，巴夏礼所拟章程的第七款称："各船领照行过镇江，无论何处俱可起下，例准买卖之货毋庸关署发单"。薛焕认为该条违背中英《天津条约》第四十七款、中法《天津条约》第七款的规定；应该遵照《通商章程善后条约》第七款的规定，"先请给执照，注明货物若干，应在何口卸货，路上各子口查验盖戳报完内地税项，节节均有稽考"。巴夏礼所拟章程的第九款有"各船长江贸易，遇有另被指控之事，任领事官扣船审断等语"。薛焕对之表示反

---

① 《廷寄 着薛焕等悉心妥办英国长江通商事宜（抄件）》，1860 年 12 月 2 日，太平天国历史博物馆编：《吴煦档案选编》第 4 辑，第 270 页。

② Stanley Lane-Poole, *The Life of Sir Harry Parkes*, K.C.B., G.C.M.G., *Sometime Her Majesty's Minister to China and Japan*, Vol. I-Consul in China, London: Macmillan and Co., 1894, p. 424.

③ 《长江各口通商暂订章程》，咸丰十一年二月十五日，王铁崖编：《中外旧约章汇编》第 1 册，第 154—156 页。

④ 《薛焕致奕䜣桂良文祥函（底稿）》，1861 年 3 月，太平天国历史博物馆编：《吴煦档案选编》第 5 辑，第 219 页。

⑤ 《薛焕再呈奕䜣函（底稿）》，1861 年 4 月 5 日，太平天国历史博物馆编：《吴煦档案选编》第 5 辑，第 220 页。

对，指出："另被指控之事，未识究指何事，本大臣反复寻思，不能索解。英民指告英商，照章应由领事官办理，中国人欺凌扰害英民，由中国官办理。"中英《天津条约》十五、十六款均有专条，不必在贸易章程重复声叙。至于走私漏税等，应由各关监督照定章办理，中英《天津条约》第四十九款有相应的规定。"走私等事，悉关涉税饷，和约所载甚详，监督与领事官各有分内应办之事，均可遵办，更非寻常指告讼案可比，从无另由领事官扣船审断之条。"所以，薛焕认为第七、九两款"洵属窒碍难行，未便照办"。其处理办法是：第七、九两款，由他咨请奕䜣与卜鲁斯"转饬删除，仍请详加斟酌，另行会商定夺"。其他八款，"论理亦应先由两国钦差大臣会同商定，奏闻照办"。考虑到英文本已刊布，洋商已经载货入江，为不妨碍洋商贸易，"惟有格外体恤通融酌办，除将第七款、第九款先为删除，另行酌办外，其余八款，只得暂为试办，仍候咨明钦差大臣恭亲王察核，一面飞咨长江经由各督、抚院饬属一体查照"①。

奕䜣对《长江各口通商暂订章程》也有异议。就程序而言，因为巴夏礼"自行增改长江章程，未候会商，遽行刊布"，所以，第七、九两款"碍难照办"，其他八款因为薛焕"允其暂行试办"，不必再议。就内容来说，对于第七款，奕䜣指出：如果依照巴夏礼的条款，"无关处皆得起卸，到处皆可贸易"，那么指定的汉口、九江两口，徒然设关，"稽征善后条款之请照查验各条，尽成虚设，必致百病丛生"。即使洋商认交内地税饷，没有稽查之法，完税也将有名无实。因此，此款显然与新章不符，并且有碍税务，"断不可行"。至于第九款，奕䜣对之表示反对，他在致英国驻华公使卜鲁斯的照会中指出："另被指控，不识所指何事？"如果这是指英国自行管理、与中国无关之事，那么长江通商章程事关两国，"无庸将此载入"；如果其意是指条约所载税务各条，分别办理，有明文者，"是欲遽改新章，并将中国所操之权夺归外国也"。因为外国与中国没有签订条约以前，"凡来中国之外国人及其财产，自由中国管理。嗣既定立条约，则将管理英国人及其财产之权，仍归

---

① 《薛焕批吴煦详送巴夏礼所拟长江贸易章程》，1861 年 8 月，太平天国历史博物馆编：《吴煦档案选编》第 5 辑，第 233—234 页。

英国"。而且，按照通商条约的规定，"英人违犯关例，听凭中国官办理，亦仍恪守定章也。关务之权，乃中国所独操，所以和约等件，凡于验货、完税以及查拿私漏违章罚办等事，均有一定限制，情理各得其平，委无外国官分别代办之理。中国与贵国无事不可通融办理，独此权不能自失，谅贵国亦不欲夺其权也"①。

因此，中方不愿接受的是《长江各口通商暂订章程》的第七、九两款。1861 年 4 月 30 日，双方商定另拟第七、九两款②。然而，该章程在实施的过程中也存在问题，其最后一项"易被外国商人解释为在镇江和汉口之间的沿江各处可以自由贸易，由此极易产生越轨投机行为"③。

如何处理《长江各口通商暂订章程》，薛焕的意见是请总理衙门与英国驻华公使商量定议。不过，奕䜣等人以长江离京师遥远不熟悉为由，主张仍然在上海解决。奕䜣等人在巴夏礼来京时，"商令仍回上海与薛焕酌办，或径行赴楚与官文商定"。然而，巴夏礼却认为在北京办理方便；赫德到北京后，奕䜣等札令他与崇厚商办，赫德却主张在北京办理。与此同时，奕䜣等人又奉旨酌议此事；湖广总督官文也就该章程提出意见。这种情况下，奕䜣等人与英国驻华公使卜鲁士、总税务司赫德经过多次商议，最终于 1861 年 10 月 9 日定下《长江各口通商暂行章程》十二款、《通商各口通共章程》五款④。

当然，《长江各口通商暂行章程》《通商各口通共章程》的产生，与长江各口暂行通商后的情形也有关系。当时，中国商船"附载轮船"，插英国旗号，不交纳税厘，并有接济太平军的行为。奕䜣认为这些行为违背了 1858 年通商税则中关于违禁物品以及中国严防偷漏税的规定。所以，奕䜣在照会英国驻华公使卜鲁士时，提出应当"一体立法禁止"；并将对章程的修改意

---

① 《奕䜣为巴夏礼擅改长江贸易章程事致卜鲁斯照会（抄件）》，1861 年 8 月，太平天国历史博物馆编：《吴煦档案选编》第 4 辑，第 369—370 页。

② 《长江各口通商暂订章程·附注》，咸丰十一年二月十五日，王铁崖编：《中外旧约章汇编》第 1 册，第 156 页。

③ 江天凤主编：《长江航运史（近代部分）》，人民交通出版社，1992 年，第 61 页。

④ 《奕䜣等又奏议复官文长江章程窒碍已令赫德赴楚商办折》，同治元年三月十五日，中华书局编辑部、李书源整理：《筹办夷务始末·同治朝》一，第 186 页。

见交给卜鲁士，希望他"示知长江各商遵照"，"倘商船不肯遵行，则贼匪得有接济，势更蔓延，于中国军务饷需实有不便"，必然会引起中国官兵的不满。奕訢指出：在这种情况下，"本爵更无别法，只好仍按照条约暂缓通商，于镇江一带禁止商船入江，俟地方平靖再行办理"①。

值得注意的是，《长江各口通商暂行章程》《通商各口通共章程》实行后，仍然存在问题。官文就对长江通商征税提出了不同意见。他认为"揆诸地方情形，诸多窒碍，倘一意遵行，流弊无极"；因为"其中有专为上海计而未为通商三口计者，有专为洋商获益计而不为内地税饷计者"。官文对长江之税由上海代征尤其不满："长江之利既为洋商占尽，长江之税又为洋商漏尽，缘贩运往来洋货少而土货多，既不准收税，又不准照条约查验，沿途各处既可随意销售，并可由狼山、福山直出海门，不必迂途绕至上海故也"。他主张汉口、九江照海关例"就地收税，各清各款，按季报部"，以免牵连混杂，避免发生问题与后患②。

不惟如此，湖南巡抚毛鸿宾也上奏称："三国通商条款乃颁行天下之书"，但所议长江通商收税章程却"并无内江与海口分别办理明文"。而且，该章程"归并上海收税，实与条款所载互相参差。所议洋货之税单，土货之报单、运单，办理徒觉繁累，内江各口实亦无所施其稽查之力"。他建议"及今改图，犹易为议"；"日久弊深"，难以设法补救③。

对于官文提出的意见，奕訢等人指出："但念长江情形，臣等究未谙悉，窒碍之处断不能免"；而且，该章程的第十二款也指明："如有与各口收税情形窒碍之处，应由两国大臣随时会议"。官文既然提出该章程有"诸多窒碍"，"自应亟予更正"④。所以，奕訢照会英国驻华公使，除言及章程第十二款的规定外，还提出中英《天津条约》第四十六款载有"中国各口收税官员，凡有严

---

① 《给英使卜鲁士照会》，咸丰十一年十月十二日，中华书局编辑部、李书源整理：《筹办夷务始末·同治朝》一，第 55 页。

② 《官文奏长江暂订章程诸多窒碍请饬另议折》，同治元年正月二十三日，中华书局编辑部、李书源整理：《筹办夷务始末·同治朝》一，第 136、138 页。

③ 《毛鸿宾奏长江收税章程急宜补救折》，同治元年二月初五日，中华书局编辑部、李书源整理：《筹办夷务始末·同治朝》一，第 144—145 页。

④ 《奕訢等又奏议复官文长江章程窒碍已令赫德赴楚商办折》，同治元年三月十五日，中华书局编辑部、李书源整理：《筹办夷务始末·同治朝》一，第 187 页。

防偷漏之法，均准其相度机宜，随时便宜设法办理，以杜弊端"；而且，湖广总督所说的窒碍难行、偷漏绕越等问题"系属实在情形"①。可见，总理衙门当时对于修改章程较为积极，提出的理由较为充分②。英国公使卜鲁士在接到照会后，表示同意更改该章程，但要"先期熟商，庶免日后之累"③。中方对此也很慎重。为周全考虑相关问题，奕䜣等人札饬赫德到湖北，与湖广总督官文、江汉关监督郑兰就《长江各口通商暂行章程》《通商各口通共章程》两个章程进行商议，"妥为更正"④。

总理衙门在随后议复毛鸿宾的奏折时，对洋船绕越、子口税征收、进口土货复进口税作了说明，指出长江通商章程现已请旨饬令官文与赫德"悉心筹议，妥为更正"；提出该折"亦应请饬交官文一并妥议"，待议定后，毛鸿宾可一律照办，无庸再为核议⑤。不仅如此，总理衙门在议复毛鸿宾提出的茶税征收办法时⑥，指出办法中"洋商茶捐改充子税，应归湖南征收"，虽然是为湖南省筹济军饷考虑，但是与现在各关征收洋税各项章程不符。至于如何处理，总理衙门认为湖南归湖广总督所辖，而且官文正在与赫德商议长江洋税章程，所以应将此事一并纳入其中商议。其意见是"惟须详细讲求，通盘筹画，既须有裨课款，更宜无背《善后条约》，尤不可因一隅之利，遂置各处税务全局于不顾"⑦。

---

① 《给英使卜鲁士照会》，同治元年三月十五日，中华书局编辑部、李书源整理：《筹办夷务始末·同治朝》一，第 188 页。

② 然而章程修改后，英国驻华公使却有所刁难。此时，奕䜣等人的态度则有所变化，说"与外国人议立章程，原无朝更暮改之理，惟前项章程，官文既以为窒碍难行，而上海代征之税又未能照章拨解，自不能不准其另议"。（《奕䜣等又奏议复官文与赫德核定长江章程折》，同治元年九月二十九日，中华书局编辑部、李书源整理：《筹办夷务始末·同治朝》一，第 446 页。）

③ 《英使卜鲁士照会》，同治元年三月十五日，中华书局编辑部、李书源整理：《筹办夷务始末·同治朝》一，第 189 页。

④ 《奕䜣等又奏议复官文长江章程窒碍已令赫德赴楚商办折》，同治元年三月十五日，中华书局编辑部、李书源整理：《筹办夷务始末·同治朝》一，第 187 页。

⑤ 《奕䜣等又奏议复毛鸿宾洋税章程折》，同治元年三月十五日，中华书局编辑部、李书源整理：《筹办夷务始末·同治朝》一，第 189—190 页。

⑥ 毛鸿宾提出，依据中外条约的规定，对湖南出口红茶应征收子口税，免征厘税。（《毛鸿宾奏议复耆龄湖南茶税办法折》，同治元年二月二十四日，中华书局编辑部、李书源整理：《筹办夷务始末·同治朝》一，第 167—168 页。）

⑦ 《奕䜣等奏议复毛鸿宾茶税折》，同治元年四月初八日，中华书局编辑部、李书源整理：《筹办夷务始末·同治朝》一，第 205 页。

随后，赫德到湖北与官文商议更定长江通商章程①，制定了如下三个章程：《长江通商统共章程》《江汉关各国商船进出起下货物完纳税钞章程》《九江关各国商船进出起下货物完纳税钞章程》。而且，赫德还就毛鸿宾提出的湖南出口茶叶征收子口税提出了具体的办法②。对于新定章程，官文认为"于防范走私漏税诸弊，尚属周妥"③。总理衙门随后照会英国驻华公使核议，并"催令迅速照复，俾汉口得以如期开办"。然而，英国认为各省办理洋务不善，改章各项条款，"均由外间酌议"，于是"种种设法枝梧"，迟迟不肯商议决定。有鉴于此，总理衙门不得不与英国驻华公使卜鲁士进行交涉，最终后者提出在赫德到北京后，再进行商议。与此同时，通商大臣薛焕认为官文与赫德议定章程中"拖带盐船一条，流弊不可胜言，应行驳删"；而且，提出了其他修改意见。赫德到京后，总理衙门督饬司员与之进行核议，将官文原议《长江通商统共章程》十三条作了修改，将第五条"拖带盐船"按照薛焕的意见删除；第八、九、十条涉及各关自办事项，可以不与英国方面核议，所以予以保留；第十一、十二、十三条涉及征收子口税，"应另行核议"。此外，第一至四条以及第六、七条，再加上赫德另加的一条，形成《长江通商统共章程》七条。这个七条章程"止就官文原议略加增减，而办法较称包括，词意较为显明"。随后，总理衙门照会英、法两国公使核议新的章程。两国表示"均可依允"，并提出修改意见。总理衙门认为，其修改之处"有较之原议更称切实者，亦有较之原议稍为从宽者，而大致于紧要关键尚无出入，应即定议，饬令长江各关遵办"④。

不过，英国驻华公使卜鲁士对于新形成的七条章程，并不立即表示同意；而是提出准许英国商人在安庆、芜湖、大通用轮船装运茶叶，如果中国不允许，英国对七条章程"亦不能遽定"。经过总理衙门与英国公使多次交

---

① 《官文奏已与赫德更定长江章程请遵行折》，同治元年六月十六日，中华书局编辑部、李书源整理：《筹办夷务始末·同治朝》一，第290页。

② 《官文又奏议复毛鸿宾茶税办法片》，同治元年六月十六日，中华书局编辑部、李书源整理：《筹办夷务始末·同治朝》一，第291页。

③ 《官文奏已与赫德更定长江章程请遵行折》，同治元年六月十六日，中华书局编辑部、李书源整理：《筹办夷务始末·同治朝》一，第290页。

④ 《奕䜣等又奏议复官文与赫德核定长江章程折》，同治元年九月二十九日，中华书局编辑部、李书源整理：《筹办夷务始末·同治朝》一，第446页。

涉，英方才同意先答应七条章程。随后，英方又提出安庆、芜湖、大通三处轮船装运茶叶的要求。奕䜣等只能作如下答复："此件是否可行，应由沿江各督抚察看情形核办，非都中所能悬揣"。为解决这一问题，总理衙门只好抄录英国公使照会，"分咨沿江督抚确切查明，复到再行核办"①。英国驻华公使卜鲁士之所以有这样的要求，是因为受太平天国起义的影响，洋商赴内地购买土货运沪出洋，多有不便。所以，他提出英商可在三处装载茶叶，"总非仿照九江、汉口等处一律通商之例，更非概准无论何项船只均得在彼买货。但因时势诚为阂阻，土货难以前运，为此暂行变通设法，既与商贾解难，亦与制度无乖"②。对于英方提出的这一变通之举，奕䜣一方面以安庆、芜湖、大通三处通商，答复"原条约所不载，未便遽行开端"；另一方面，又说因受战事影响，"若不暂行通融办理，亦无以示体恤商民之至意"。所以，他将英方提出的要求行文两江总督和安徽巡抚，如果二者"查系有利无弊，谅无不允行之理"③。

1862 年 11 月 20 日，《长江通商统共章程》（又称《长江收税章程》）七条议定。至于官文与赫德所拟的《长江通商统共章程》第十一、十二、十三款，英国驻华公使卜鲁士在此后"另行核议"时表现出了不满，认为第十一款"分省发给执照一节，不便照依新议"；其他两款，"与约不符，并以为辩论反生枝节"。实际上，奕䜣等人清楚卜鲁士是有意刁难，他反对原议第十一款，显然是为了芜湖、大通、安庆三处将来通商，所以不愿分省办理。奕䜣等人商议后，认为各国商人在长江通商征收子口税，"条约业已载明，尚可无庸另议"。然而，对于卜鲁士提出的芜湖等处下货这一要求，奕䜣等人在接到曾国藩的建议后，认为"此事如于大局尚无妨碍，将来或不妨通融办理，惟此时尚未议定，实不便任令洋船前往"④。由

---

① 《奕䜣等又奏英使卜鲁士请在安庆等三处贩茶已咨沿江督抚查办片》，同治元年九月二十九日，中华书局编辑部、李书源整理：《筹办夷务始末·同治朝》一，第 450 页。

② 《英使卜鲁士照会》，同治元年九月二十九日，中华书局编辑部、李书源整理：《筹办夷务始末·同治朝》一，第 451 页。

③ 《给英使卜鲁士照会》，同治元年九月二十九日，中华书局编辑部、李书源整理：《筹办夷务始末·同治朝》一，第 452 页。

④ 《奕䜣等又奏与英使卜鲁士核议长江子口税章程折》，同治元年十一月二十九日，中华书局编辑部、李书源整理：《筹办夷务始末·同治朝》二，第 510—511 页。

于这 3 款是由官文与赫德所议定，所以奕诉在照会卜鲁士时提出仍由二人妥筹办理①。

长江各口通商章程的出台实际上涉及如何解决条约执行的问题。1861年，奕诉在议复官文的上奏时就指出：关于"洋人自入内地买土货"，中英《天津条约》第九款有外国人入内地游历经商的规定，"势不能禁之不入山乡市镇采办"。所以，奕诉与英方议定了纳税的管理办法。"至汉口油、麻、钢铁、米粮、面食、木植、铜钱等项，条约内既有通商明文，止能使之不济贼匪，不能使之概停贩卖。""洋商雇用内地船只，条约内亦有明文，似难禁止。现均议令该商呈具保单，领取各该关执照，运赴指定海口厅关查验相符，即将执照画押盖印，仍于限内将照缴回，如违罚办。是于无可禁止之中，暗寓防闲之法。"② 因此，各项长江通商章程虽然是在《天津条约》的基础上制定的，但是给予了列强在长江流域航行、贸易、税收等方面的权益。

总体而论，以上这些章程使得各国在华通商口岸制度、协定关税制度、引水制度等进一步完备，扩大了各国在华通商贸易的特权，便利了各国在华通商贸易。

在通商权益之外，《上海洋泾浜设官会审章程》（1868 年 12 月 28 日）、《上海洋泾浜北首租界章程》（1869 年 9 月 24 日）等有关租界的章程相继出台，进一步扩大了列强在租界的特权，侵犯了中国的领土主权和司法主权。如《上海洋泾浜设官会审章程》颁行后，会审公廨制度正式确立。

三、 规范华工出洋问题的努力

近代中国的华工问题由来已久。鸦片战争前后，各国就在中国东南沿海一带非法拐卖华工出洋。1860 年以前，清政府没有开放华工出洋之禁，中外条约中没有各国在华招工出洋的规定。为防止拐卖华工，广东、江苏地方官

---

① 《给英使卜鲁士照会》，同治元年十一月二十九日，中华书局编辑部、李书源整理：《筹办夷务始末·同治朝》二，第 513 页。

② 《奕诉等又奏议复官文汉口设关折》，咸丰十一年十月十二日，中华书局编辑部、李书源整理：《筹办夷务始末·同治朝》一，第 60 页。

曾采取过相关政策。

1859年4月6日，广东南海县和番禺县知县曾联衔发布告示，严禁拐骗华人出洋的"卖猪仔"，警告自愿应雇出洋的华人，如有外国人意欲雇觅中国民人或工役前往外国作工者，或有华人声称受外国委托代为招工者，"务须详细查明是否确系外国招工，慎勿轻坠奸人拐骗之计"，并且双方应当将相关事宜议定，立下契约。"此事既系两方各自甘愿共同协议，自毋庸阻其随外人出洋"①。4月9日，广东巡抚柏贵发布告示称：华工出洋"设若实属情甘自愿，自可毋庸禁阻，令其任便与外人立约出洋"；但是，严禁拐骗良民出洋，以安心而除民患②。

1859年，苏松太道吴煦因外商在上海非法招工，向各国领事提出"俟后永禁私雇华民出洋"，并请两江总督何桂清照会各国公使禁止。何桂清照会美国驻华公使华若翰，声明："中国民人例禁私赴外洋，即各国商人来至各口通商，只准贩运货物；各国和约，亦无雇人出洋之条。"所以，他请华若翰"谕知各口领事，永禁私雇华民出洋"③。显然，江苏应对华工出洋的政策与广东有所不同。

1860年初，两广总督劳崇光出于防范拐骗华工出洋的考虑，不同意美国领事提出的在黄埔长洲泊墩船招工，指出"应一体在省设立公所，按照英、法国原定条款办理"④。随后，劳崇光制定了《外国招工章程》十二条，对外国在华招工出洋作了相应的规定⑤。劳崇光照会华若翰，认为广州港口已经议定招工章程，拐骗之风，可以杜绝⑥。

因此，中外条约尚无有关华工出洋的规定之前，地方政府试图通过内政或外交的方式规范相关问题。

---

① 《附件6 南海、番禺两县知县联衔告示》，咸丰九年三月初四日，陈翰笙主编：《华工出国史料》第2辑《英国议会文件选译》，中华书局，1980年，第179页。

② 《附件5 署广东巡抚柏贵告示》，咸丰九年三月初七日，陈翰笙主编：《华工出国史料》第2辑《英国议会文件选译》，第178页。

③ 《何桂清致华若翰照会》，咸丰九年八月初九日，朱士嘉编：《美国迫害华工史料》，中华书局，1958年，第17页。

④ 《劳崇光致华若翰照会》，咸丰九年十二月十六日，朱士嘉编：《美国迫害华工史料》，第18页。

⑤ 《劳崇光致华若翰照会》，咸丰十年正月二十七日，朱士嘉编：《美国迫害华工史料》，第28—29页。

⑥ 《劳崇光致华若翰照会》，咸丰十年正月二十七日，朱士嘉编：《美国迫害华工史料》，第27页。

1860 年，英、法两国与中国签订的《北京条约》，均有招收华工出洋的规定，"苦力贸易"因此走上合法化①。《北京条约》签订时，奕䜣、桂良、文祥对华工出洋持态度是："华民出口一节，为害较甚，所幸尚有会同各省设立限制"，只能接受英、法两国的要求②。不过，奕䜣等人鉴于招工出洋，"其来已久，诚恐滨海地方官漫不加察，难免有拐骗勉强弊端，一经查禁，外国又必从而争执"；所以在签订条约时，特意加上了"华民情甘出口及保全华工"，目的就是"为立约后将来会定章程地步"③。《北京条约》签订后，各国在华招收华工出洋成为合法。而且，中英《北京条约》第五款、中法《北京条约》第九款还规定，各省大吏应当与英国、法国钦差大臣根据各口的地方情形，会定章程④。

然而，如何会定章程，各地并没有统一的办法。1864 年，法国领事向湖广总督官文提出在湖北招工出洋，官文令江汉关代送告示。然而，法国领事在江西提出招工要求时，却未能如愿。当时，法国领事向江西省的广饶九南道提出招募华工，该道台认为招募华工"虽经载有条约，然未奉有明文"，便向江西巡抚沈葆桢报告，请其决定能否允许招募。在沈葆桢看来，条约中并无"另行设局招募，官为领贴告示"的明文；而且，条约签订后，华人自愿出洋，地方官并不禁阻，华民与法民自相立约，也未滋生事端，"是此款遵行日久，彼此相安，未便复事更张"。所以，他的批示是"照复恪遵原约办理，该领事不必设局出示，地方官于华民愿赴承工者，毋庸禁阻"⑤。对于沈葆桢的决定，法国领事认为这是违背条约。沈葆桢也咨文总理衙门，报告上述情况。

大约同时，两广总督毛鸿宾鉴于广东"常有略卖人口出洋之事"，上

---

① 李育民：《近代中国的条约制度》，第 426 页。
② 《奕䜣桂良文祥奏英法续约已有删增现于十一十二日换约折》，咸丰十年九月十五日，贾桢等纂修：《筹办夷务始末·咸丰朝》七，第 2497 页。
③ 《奕䜣等奏与英法商定招工章程折》，同治五年正月二十六日，中华书局编辑部、李书源整理：《筹办夷务始末·同治朝》四，第 1624 页。
④ 中英《续增条约》，咸丰十年九月十一日，中法《续增条约》，咸丰十年九月十二日，王铁崖编：《中外旧约章汇编》第 1 册，第 145、148 页。
⑤ 《江西巡抚沈葆桢为华民出洋在法属各处承工应不准设局出示致总署咨文》，同治三年九月十六日，陈翰笙主编：《华工出国史料汇编》第 1 辑《中国官文书选辑》第 1 册，第 39、42—43 页。

奏"请严定罪名"。总理衙门奉旨与刑部议复毛鸿宾的奏折,对毛鸿宾的意见表示认同,并提出"应由该督等与各国妥议章程"①。随后,总理衙门又在答复沈葆桢的咨文中提出:按照条约虽然没有"设局出示"的明文,但是条约有"会定章程"的规定,沈葆桢应当令九江的官员与法国领事妥议章程②。

刑部在毛鸿宾上奏后,就处罚拐卖人口出洋者制定了新章。总理衙门综合国内外情况,有如下认识:一方面,中国有人拐卖人口出洋,难保外国也有奸商揽买出洋转卖,如果不速定章程,申明禁约,华民就会受害无穷;另一方面,刑部即便奏定新章,"仍恐外国以此为中国自行办理之件,并未照约会定章程,藉词袒护奸民,谓刑部新章为阻挠招工条约,纷纷争辩,在所不免"③。于是,总理衙门着手制订有关华工出洋的章程,令总税务司赫德到广东与两广总督、广东巡抚商拟。赫德到广东后,在此前劳崇光所颁招工章程的基础上,提出了一份 17 条的招工章程,只涉及在华招工的事项;至于华工出国后如何保护,他认为需要与各国商议,于是又拟出了给英、法两国驻华公使的照会,以及与英、法两国驻广州领事另议的4 项事情。毛鸿宾与署理广东巡抚郭嵩焘、粤海关监督核议赫德所拟章程,并参照劳崇光所拟办法,略作添加,改为十九条。广州英、法领事对于两广总督发来的招工章程,声称他们不能定议,只能报请本国驻华公使决定。

1865 年 6 月 21 日,署理两广总督瑞麟等咨文总理衙门,将商议情形作了说明,并将相关文件咨送总理衙门④。总理衙门在广东官员商定十九条的基础上,进行增删,将招工章程定为十八条。同治四年(1865)七月,总理衙门照会英、法驻华公使,除告知招工章程外,还提及保护在外国的华工等

① 《奕䜣等奏与英法商定招工章程折》,同治五年正月二十六日,中华书局编辑部、李书源整理:《筹办夷务始末·同治朝》四,第 1624 页。

② 《总署为法人招工应由本省官吏与领事妥议章程致江西巡抚沈葆桢咨文》,同治三年十一月二十三日,陈翰笙主编:《华工出国史料汇编》第 1 辑《中国官文书选辑》第 1 册,第 43—44 页。

③ 《奕䜣等奏与英法商定招工章程折》,同治五年正月二十六日,中华书局编辑部、李书源整理:《筹办夷务始末·同治朝》四,第 1625 页。

④ 《两广总督瑞麟为呈送会拟招工章程等致总署咨文》,同治四年五月二十八日,陈翰笙主编:《华工出国史料汇编》第 1 辑《中国官文书选辑》第 1 册,第 127—128 页。

事宜。法国驻华署理公使伯洛内次月即照复，声称："此项章程，止可饬令本国招工主人及船主等遵办，此外必由中国商请别国大臣，转饬所属一体遵守"；同时，伯洛内还就章程各条提出意见。英国驻华代理公使威妥玛当年十月才回复，声称："此事倍极紧要，本大臣留心斟酌之处甚多"。为防备威妥玛又有新的要求，也为早定章程，总理衙门让赫德综合总理衙门改定的十八条以及法国公使所改章程，提出新的版本。奕䜣等人审议后，发现其中仍有遗漏，"复将紧要节目添入数层"。1866年2月28日，总理衙门令赫德将重新修改的章程送交威妥玛。次日，威妥玛到总理衙门进行商议，经过反复辩论，最终达成章程二十二条。而且，章程后所加的"总结"，"将不遵章程查出重办，并将刑部奏定章程一层载入"，作为将来各省办理略卖人口案件，与外国辩论的依据①。

1866年3月5日，奕䜣与英国驻华公使阿礼国、法国署理公使伯洛内在总理衙门签订《续定招工章程条约》二十二款。与《北京条约》的规定相比，《续定招工章程条约》在招工的原则和地点、招工方式、承工条件、中外监督等方面，对华工出洋作了更多限制，一定程度上体现了对华工的保护。《续定招工章程条约》作为通商口岸各国招工出洋的规范性文件，与1864年国内法的修订，从内外两个方面构成了对诱拐华工出洋的防范。诚如1873年奕䜣等人在上奏时所称：1864年，为防范诱拐华工出洋，总理衙门与刑部"严定拐匪罪名，藉以杜绝弊端"；1866年，与英、法议定《续定招工章程条约》二十二条"以为钳制"；"盖律例以儆内地奸民，章程以防外国狡计，相辅而行，庶不至别滋流弊"②。

不过，《北京条约》《续定招工章程条约》所规定的这种合法的"苦力贸易"，"仍然反映了西方列强对华工进行殖民奴役的性质"。因为，外国人可以利用条约，为其他国家"承办合法招工而从中谋利"；而且，相关约章不

---

① 《奕䜣等奏与英法商定招工章程折》，同治五年正月二十六日，中华书局编辑部、李书源整理：《筹办夷务始末·同治朝》四，第1625页。

② 《奕䜣等奏请派员往查日国有无陵虐华工情事折》，同治十二年八月初一日，中华书局编辑部、李书源整理：《筹办夷务始末·同治朝》十，第3679页。

能改变契约苦力的身份与地位，中国也不能给华工提供切实的保护①。因此，清政府与英、法签订《续定招工章程条约》目的是为了防弊除害，但是无法从根本上解决。即便如此，英、法两国政府却因《续定招工章程条约》的某些条款，而不予批准。1867 年 6 月 12 日，法国驻华公使兰盟在照会中声称"两国大臣每有议定条款，必须俟有本国允准，始可妥当施行"；对于续订的招工章程，法国有"不允照办数条"，因此不能批准。6 月 21 日，总理衙门在给法方的照会中称：该章程议定后，由阿礼国和伯洛内"转谕英、法两国各商遵办"，总理衙门也已行文南、北通商大臣照办，该章程是根据中英、中法条约而制定的，"现在已历年余，早经刊刻成本，通行中外"；而且，章程议定后，"即经刊刻通行，并未闻有待奉允准方能遵行之语"②。随后，英国驻华公使阿礼国照会总理衙门，提出英国政府不同意批准上年议定的招工章程。而且，1868 年 6 月 12 日，英国、法国、西班牙驻华公使还分别照会奕訢，提出要求改订招工章程的意见③。

然而，俄、比、德、美四国则表示接受《续定招工章程条约》④，美国和俄国还是"公开同意"接受⑤。以美国为例，美国国务卿西华德于 1866 年 8 月 21 日致函美国驻华公使蒲安臣，指出：中国与法国、英国政府制定的章程就是要证实"这种移民是自由和自愿的"，"中国政府有权制定这种章程"；蒲安臣应指令美国驻华领事遵守这些章程⑥。

面对上述情况，总理衙门在处理相关问题时，仍然坚持《续定招工章程条约》的效用。1868 年，法国驻广州领事李添嘉在办理招工事宜时，向两广总督瑞麟提出照原来劳崇光任内制定的旧章办理，并且声称法国驻华公使已

---

① 李育民：《近代中国的条约制度》，第 427—429 页。
② 孙学雷、刘家平主编：《国家图书馆藏清代孤本外交档案》第 12 册，全国图书馆文献缩微复制中心，2003 年，第 4590、4592—4593 页。
③ 孙学雷、刘家平主编：《国家图书馆藏清代孤本外交档案》第 12 册，第 4603、4633、4656 页。
④ 李育民：《近代中国的条约制度》，第 426 页。
⑤ Douglas Howland, *International Law and Japanese Sovereignty: The Emerging Global Order in the 19th Century*, Palgrave Macmillan, 2016, p. 33.
⑥ "Mr. Seward to Mr. Burlingame," August 21, 1866, *Executive Documents Printed by Order of the House of Representatives, during the Second Session of the Thirty-ninth Congress, 1866—1867*, Washington: Government Printing Office, 1867, p. 557.

与总理衙门"说明许以循照旧章"。值得注意的是，劳崇光所定旧章与《续定招工章程条约》之间有不同之处。所以，瑞麟向总理衙门提出如何处理。总理衙门在答复瑞麟时否认了法方的说法，指出法国和英国提出修改《续定招工章程条约》、要求"暂照旧章办理"，总理衙门没有犹豫，均"力为驳斥"[①]。1869 年，总理衙门就禁止无约国人设局招工时，指出"现在通商口岸各国举办招工者自必按照二十二款章程办理"。同时，总理衙门照会英、法、俄、美、德、西班牙六国驻华公使，申明：1866 年与英、法两国议定的招工章程二十二款，"画押盖印，照会通行"；既有此项章程，"凡在通商各口举办招工者，自必照章办理"[②]。此后，英、法为此与总理衙门仍有交涉，但是未能如愿。甚至到了 1871 年，总理衙门在答复威妥玛关于修改招工章程的要求时，还指出"今虽欲权为办理，似与各国有所分别；但本衙门再四思议，仍恐有碍难分别之处，总不如按照同治五年间贵国与法国会同中国所定章程，画一办理较为妥协"[③]。

可见，19 世纪 60 年代，伴随着条约关系的运行，与各国共同权益相关的约章在数量上有所扩大。这些约章在规范相关问题的同时，又进一步扩大了条约特权。它们是中外条约关系发展的重要表现。

第四节　俄国《陆路通商章程》的扩展

俄国对华贸易主要是陆路贸易，这是与其他国家的一种显著区别。根据中俄《天津条约》第四条的规定，俄国对华海上贸易、商船纳税等"均照外国与中华通商总例办理"[④]。因此，各国在华沿海、沿江的贸易利权，俄国均可以享受。至于陆路贸易，俄国在第二次鸦片战争后，根据相关条约的规

---

① 孙学雷、刘家平主编：《国家图书馆藏清代孤本外交档案》第 12 册，第 4597、4601 页。

② 《总署咨无约各国不准设局招工文　附照会》，同治八年，北洋洋务局纂辑：《约章成案汇览》乙篇，上海点石斋承印，1905 年，卷 30 下，第 6、8 页。

③ 孙学雷、刘家平主编：《国家图书馆藏清代孤本外交档案》第 12 册，第 4751—4752 页。

④ 中俄《天津条约》，咸丰八年五月初三日，王铁崖编：《中外旧约章汇编》第 1 册，第 87 页。

定，提出了新的要求。19 世纪 60 年代，中俄经过交涉，达成《陆路通商章程》，并围绕着《陆路通商章程》的执行和修改进行了交涉。

根据中俄《北京条约》第五条的规定，"俄国商人，除在恰克图贸易外，其由恰克图照旧到京，经过之库伦、张家口地方，如有零星货物，亦准行销"①。所以，1861 年，俄国即以"条约内有照旧到京字样，坚请京城通商"。奕䜣等人极力阻止，才改为赴天津贸易。然而，到天津贸易，如何纳税却是需要解决的问题。而且，奕䜣等人认为俄国要求到内地贸易，经过地方自应纳税，还要议定章程。不过，俄国驻华公使巴留捷克提出："陆运费用较重，断难照各海口总例一律办理。"而且，他在照会中提出派帮办大臣格凌喀与中方商议税则问题，要求总理衙门派出大臣一名在北京共议。奕䜣等"以税务均非素谙，因令其赴津与三口通商大臣崇厚另议"。俄国驻华公使巴留捷克表示反对，声称"崇厚系管理北洋三口，自库伦等处至津各关卡，并非该大臣兼管"，所以一定要与总理衙门大臣将章程大概商议后，再派领事与崇厚核议详细章程②。

中俄双方在议定陆路通商税则时，体现了各自利益的考量，以及彼此之间的较量与让步。起初，俄国驻华公使巴留捷克提出"纳税从轻；蒙古地方则随处可去；张家口则设立行栈；经过关隘则处处免其稽查"。对于俄方的要求，奕䜣等人出于华商利益、稽查管理、近畿安全等方面的考虑，主张"征税从重；蒙古地方不准任意行走；张家口不准设立行栈；陆路通商如处处皆在稽查，方能与之定议"。由于中俄双方存在巨大分歧，俄国"愿望太奢"，奕䜣等人"不敢过事迁就"，陆路通商税则议定进程并不顺利。从 1861 年春开始，奕䜣等与巴留捷克等往返商议交涉数十次，数月之间税则几易其稿，仍不能商定。1862 年初，俄国驻华公使巴留捷克鉴于中方坚持定议不改，才同意"进出货物照华税从重征收，张家口不再设立行栈及领事官；其陆路行走亦任凭中国官吏盘查"。然而，对于俄国商人在蒙古贸易，巴留捷克"必欲随意行走"，声称"俄商私与蒙古贸易已经有年"。中方表示反对。

---

① 中俄《北京续增条约》，咸丰十年十月初二日，王铁崖编：《中外旧约章汇编》第 1 册，第 150 页。
② 《奕䜣等奏与俄使巴留捷克酌定陆路通商章程折》，同治元年二月十四日，中华书局编辑部、李书源整理：《筹办夷务始末·同治朝》一，第 147 页。

双方各持已见，"几至决裂"。在这种情况下，奕䜣等人商量后，认为"值此四方多故，自不便因此一节致启衅端"。同时，奕䜣等人考虑到蒙古各部落有中国设官与不设官之分，认为中国设官的蒙古地方（伊犁、乌里雅苏台、科布多、库伦），有驻防的将军、大臣可以稽查，因此同意俄商持照前往贸易；此外未设官的蒙古地方，如俄商前往贸易，"设有事端，应与中国无涉"。几经交涉，最终中俄双方达成《陆路通商章程》二十一条。奕䜣等认为章程各条规定"是皆于无可禁止之中，暗寓防闲之法"，虽然不能尽去弊端，但是相比俄国原议已稍有限制。当然，总理衙门大臣因对税务不熟，担心疏于防范，又将章程交户部复核，户部认为"均属妥密周详"。于是，1862 年 3 月 4 日，中俄《陆路通商章程》正式生效。至于详细的章程，则由崇厚与俄国驻天津领事妥议，续在章程之后①。

　　随后，俄国驻华公使巴留捷克又照会总理衙门，提出"中国出口砖茶等货，应定续则"。因为这类货物按各国税则的规定纳税，颇难实行。于是，总理衙门咨行三口通商大臣崇厚负责办理。这样，崇厚与俄国领事孟第议定《续增税则》，并由奕䜣与俄国驻华公使巴留捷克加盖印信、画押②。可见，俄国在华陆路通商权益的获得有着多方面的原因。其中有中俄《北京条约》的规定与解释的问题，也有中俄既有贸易的影响，更有中国特殊时局的影响。

　　根据中俄《陆路通商章程》第二十款的规定，该章程试行三年，期满时，如俄国或中国"有欲行更改之处"，应于六个月内照会对方，会议酌改③。因此，1865 年 3 月 16 日，俄国驻华公使倭良嘎里在《陆路通商章程》三年期满之际，即向总理衙门提出修改意见。俄方提出的要求主要有以下两个方面：一是将章程内的"张家口酌留货物十分之二"，改为"不拘成数"。二是天津免征复进口半税；并将条款内"蒙古边界贸易小本营生"一节删

　　① 《奕䜣等奏与俄使巴留捷克酌定陆路通商章程折》，同治元年二月十四日，中华书局编辑部、李书源整理：《筹办夷务始末·同治朝》一，第 148—149 页。
　　② 《奕䜣等奏崇厚与俄议定续增税则折》，同治元年二月二十日，中华书局编辑部、李书源整理：《筹办夷务始末·同治朝》一，第 158—159 页。
　　③ 中俄《陆路通商章程：续增税则》，同治元年二月初四日，王铁崖编：《中外旧约章汇编》第 1 册，第 182 页。

去，允许在蒙古未销货物，尽运内地售卖。总理衙门认为，这些要求中最重要的是"张家口任意通商"。因为张家口靠近北京，"非边界地方可比"，如果答应俄方的要求，不仅影响中国商税，"且恐俄商囤积货物，聚人渐多，其患尤宜豫防"。关于删去"小本营生"字样，总理衙门认为这样会导致"俄商货色、人数均无限制，殊多关碍"。关于天津免交纳子口税，总理衙门认为"虽于税课稍减，而于地方情形尚无流弊"。围绕上述问题，总理衙门与俄国驻华公使倭良嘎里先后多次面商、照会往来。双方在如何变通与让步上一时未能达成一致，往来交涉相持一年有余，直到1866年4月方才有结果。双方最终同意"将张家口不拘货数各节，展缓二年内从容妥议"；"小本营生一节一并缓商"；中方同意俄商免交天津复进口子税①。

1867年夏，俄国驻华公使倭良嘎里再提前议，企图在张家口设立领事，开设行栈。奕䜣等以张家口并非边界地方，临近京畿，设领开栈"碍于华商生计者患犹浅，其关于内地边防者患实深"为由，予以驳斥。双边各执己见，未能达成一致②。

1869年，中俄此前议定的试办年限期满。这时，俄国驻华公使倭良嘎里向中方提出商议中俄陆路通商之事，奕䜣等人只好同意"将未便之处酌改"。于是，倭良嘎里向中方提出了修改后的《陆路通商章程》二十一款。奕䜣等派员详加核对，发现其与旧章不符，而关键之处有以下五个方面：一是最为紧要之处，在俄商路经张家口款内，删去"不得设立行栈"六字；二是张家口货物酌留十分之二，改为"酌留若干"；三是关于俄商赴蒙古贸易，删去"小本营生"四字，另添"行抵中国第一边卡"一语；四是在绕越偷卖应罚办的地方，避重就轻；五是贩卖他国货物由陆路回俄，"欲将他国所交之半税存票还给俄商"。其他方面的字句删定，无不考虑有利可图。针对俄方的要求，奕䜣等人认为中俄关系重在边界问题，商务问题可以通融办理；"必

---

① 《奕䜣等奏与俄使更改陆路章程三事允一其二缓办折》，同治五年三月初一日，中华书局编辑部、李书源整理：《筹办夷务始末·同治朝》五，第1685—1686页。

② 《奕䜣等奏与俄使倭良嘎里改定陆路通商章程折》，同治八年七月二十九日，中华书局编辑部、李书源整理：《筹办夷务始末·同治朝》七，第2713页。

有益于该国者可允则允，庶有益于中国者可争则争"①。因此，奕䜣等对于俄方的要求，采取了如下区别对待的办法：

一是坚决反对俄国在张家口设栈的要求。鉴于张家口设栈一事有隐患存在，奕䜣等人十分谨慎，与倭良戛里"再三辩论，不惟不准其删去此款内不得设立行栈六字，并于其上添写不得设立领事官"。二是通融办理，满足俄国人的要求。如准其在张家口的货物，由旧章规定酌留十分之二，改为酌留若干，"以便商情"；第二款删去"小本营生"四字，以及"应行罚办之处避重就轻"，"无非图得小利之意，不得不为通融"。至于张家口酌留货物"复令其交一正税，又于各国税则及俄国《续增税则》所未载者，概令照英国《善后条约》值百抽五征收，此又有益于中国税务者也"。三是涉及他国利益的注明暂存。"至贩卖他国之货给还半税存票一节，原恐他国效尤，有碍税饷，而未与他国议定，又未便径行拒绝"。所以，双方商定"在条约内注明作为暂存，俟与各国议改后，再为照行"。至于其他地方均是小的改动，双方均商议达成一致。此外，鉴于所有俄商赴蒙古各处贸易一款中，添加有"至中国第一边卡"一语，关涉出入边界路程，必须加意慎重。中方又与俄国公使议明"此款虽经画押，仍须两国边界大员，会定出入卡伦数处，以便稽查"②。

由此，中俄双方斟酌妥协，最终达成了《改订陆路通商章程》二十一款，并签字画押。俄国通过此次修订，进一步获得了一些陆路通商权益；但是，中方出于自身利益的考虑，依然反对俄方在张家口设栈的要求。这一结果可以说是双方彼此让步的结果。当然，该章程还留下了后续需要解决的问题。那就是第十二款的如下规定："俄商在津贩买复进口土货，由陆路回国，如在原口完清全税，于一年限内出津运往俄国，一切与章程相符，不再重征，并将暂存天津复进口半税给还存票，沿途不得销售。领取执照，一切按照第十款办理。"而此句之后还附注："嗣后天津复进口纳税章程中国与各国

①《奕䜣等奏与俄使倭良戛里改定陆路通商章程折》，同治八年七月二十九日，中华书局编辑部、李书源整理：《筹办夷务始末·同治朝》七，第2713页。

②《奕䜣等奏与俄使倭良戛里改定陆路通商章程折》，同治八年七月二十九日，中华书局编辑部、李书源整理：《筹办夷务始末·同治朝》七，第2713—2714页。

一行拟改，俄国亦一律改定。"① 这为以后中俄《陆路通商章程》的修改也作了注脚。

19 世纪 60 年代，中外条约关系在特殊的背景下得到扩展。欧洲各小国先后通过订约的方式获得了欧美大国在中国所获得的权益。与此同时，各国的共同权益也得到进一步扩展。当然，各国与中国所签双边条约和获得的权益也是有所差异的。如小国订约过程中就体现了若干差异，俄国在华利益明显有别于其他国家。上述中外条约关系的拓展和国别上的具体差异，不仅体现了中外条约关系的复杂性，而且对中外条约关系的后续发展产生了重要影响。

---

① 中俄《改定陆路通商章程》，同治八年三月十六日，王铁崖编：《中外旧约章汇编》第 1 册，第 273 页。

第二章 限制侵权与建立平等条约关系的尝试与努力

第二次鸦片战争后，伴随着中外条约关系的发展和运行，条约特权制度对中国的危害日渐显现。国际法的传入使中国人从公法上认识到国家主权之所在。因此，清政府在对外交往中出于国家利益和统治的需要，在19世纪六七十年代采取了相应的措施，以限制列强侵权，维护国家利权。这在中英修约和中美《蒲安臣条约》的签订上有清楚的体现。清政府在同日本、秘鲁、巴西等国建立外交关系时，采取了区别对待的政策，试图建立平等的条约关系。

第一节 中英《新定条约》与条约关系的两种趋向

根据1858年中英《天津条约》第二十七款的规定，中英"新定税则并通商各款，日后彼此两国再欲重修，以十年为限"①。因此，1868—1869年，

---

① 中英《天津条约》，咸丰八年五月十六日，王铁崖编：《中外旧约章汇编》第1册，第99页。

中英双方进行了修约谈判，达成中英《新定条约》。这是鸦片战争以来中英两国首次在非战争状态下，以和谈的方式进行的条约修订。中英《新定条约》的内容及其最终结果也体现了中英条约关系的两种不同趋向。

一、 中英《新定条约》 的签订

中英修约是"各国通商后第一次办理"，总理衙门十分重视，认为"尤宜加倍审慎"[①]。总理衙门考虑到 1860 年以来中外条约关系运行的影响，试图通过修约对外人在华特权加以限制。

就在清政府紧锣密鼓地为修约做准备时，英国也在为即将到来的修约做准备。1867 年夏，英国驻华公使阿礼国到各沿海通商口岸巡视，以了解条约执行情况和各地商人的要求。由于修约关系到英国在华的商业利益，而在华外商又对《天津条约》的执行有不满情绪，所以英国为修约首先征求了本国商人的意见。阿礼国邀请英国驻华商会，请其发表对修约的意见。英国商人提出了在中国开矿、修筑铁路、架设电线以及税收等诸多方面的要求。值得注意的是，英国商人对待条约执行的态度以及对新利益的要求，远远超出中英官方可以接受的限度。"他们坚持要求对某些条款作最为特殊的解决；他们所有的要求等于是完全要一个新的条约，而且要么无视实现过程上的困难，要么是对中国人的思想和情感的无限蔑视。"[②]

英国的教会对于修约也提出了相关建议。1868 年，伦敦会向英国官方建议，"利用与中国修约之机，加入一项条款，使英国传教士在中国内地获得与通商口岸一样的居住和租地的权利"[③]。

然而，英国官方对于商人们的要求却有不同看法。1867 年 11 月 8 日，阿礼国在给其他国家驻华公使的备忘录中，提出以和平谈判的方式达到目的。他在给英国的报告中说：从在华贸易的长远利益考虑，商人们要考虑

---

① 《奕䜣等奏与英使阿礼国修约前后情形折》，同治八年九月十九日，中华书局编辑部、李书源整理：《筹办夷务始末·同治朝》七，第 2747 页。

② A. J. Sargent, *Anglo-Chinese Commerce and Diplomacy* (*Mainly in the Nineteenth Century*)，p. 155.

③ "Correspondence Respecting the Attack on British Protestant Missionaries at Yang-chow-foo, August 1868,"
British Parliamentary Papers：*Missionaries in China*, *1868—1872*, Cleveland, 1915, p. 26.

中国"现行的法律和习惯上所存在的不能克服的障碍"，也要考虑他们自身的"欺诈行为和缺乏善意所造成的而并不算少的难以克服的困难"；商人们所提出的要求，"可能在一定程度上为外洋国家所采取，在那种情况下，将构成进步上的最大障碍"；"如果外洋国家要指导而不是威逼这个民族，他们必须从说服和诱导他们开始"①。事实上，他是担心一些要求会引起中国官方和民间的反对，从而使外国在华利益受到损害②。英国政府在研究各方面的意见后，决定将全面修约推迟到同治帝成年。英国的这种态度对其他国家产生了一定的影响。所以，修约到期时，英国只是同中国进行了部分条约内容的修改③。

为了争取修约的主动，总理衙门事先同阿礼国进行了会晤。总理衙门提及即将到来的修约，表明了中方对待修约的立场。对于架设电线和修筑铁路，奕䜣等总理衙门大臣同阿礼国多番唇枪舌剑，才使对方不提此事。所以，1868 年 1 月 2 日，阿礼国派翻译柏卓安给总理衙门送来修约的节略，其中并没有提及架设电线和修筑铁路之事。在节略中，阿礼国先是大谈中外友好，劝告中国遵守条约，保护外人在华利益，改革内政和外交；接着，他提出了修改条约的五项要求：一是除子口税外，在内地对英商货物一概免征税饷；二是条约所定税则中的十余种货物征税较重，应该重新删改；三是准许外国轮船在内河行驶；四是在长江的镇江到汉口段增开码头；五是在海口设立官栈。除以上要求外，阿礼国还提出"尚有数事关乎洋商身业及其事者，以上数节如能照行，其余未尽言之事，自可不论而止矣"。他希望中国政府尽早答复，以便能在中国的蒲安臣使团到达英国之前，报告英国政府④。

接到英方的节略后，中英双方派出代表进行商议。总理衙门派出的是专办修约的两位章京，阿礼国派出的是参赞傅磊斯、副使雅妥玛等，双方就五项要求进行了数次会谈。中方指出其中有几项难以实行，并且纠正了英方的

① ［美］马士著、张汇文等合译：《中华帝国对外关系史》第 2 卷，第 233—234 页。
② ［英］伯尔考维茨著，江载华、陈衍合译：《中国通与英国外交部》，商务印书馆，1959 年，第 86—87 页。
③ ［美］马士著、张汇文等合译：《中华帝国对外关系史》第 2 卷，第 234—235 页。
④ 《英使阿礼国节略》，同治七年十二月二十一日，中华书局编辑部、李书源整理：《筹办夷务始末·同治朝》七，第 2520—2528 页。

错误说法，指出：中国政府按照《天津条约》的规定，并没有对交纳子口税的洋商重复征税，"刻下仍作告示，通谕关卡遵照"。1868 年 5 月，英方送来节略，要求准许洋商在中国内地开设栈房①。5 月 4 日，英方又送来节略 29 条。此次节略二十九条没有提"洋货应免重征"，但包含了以前提出的其他所有要求，而且增加了以下内容：退还以往向洋商征收的厘金；沿海各通商口岸 30 里内一概停征厘金；准许洋盐进口；各关税银成色划一；存票不论时间多长，都可以领取现银；洋人在内地开栈常住，应设外国官员管理；在长江增添码头十处，沿海增添温州一处；准许洋人首先在宛平和句容两处挖煤；不许包揽台湾樟脑等商品的贸易；要制定通商律例。除上述情况外，节略还提出应该将某些税收减少或免除。同时，中英双方的会议代表也就相关问题进行了磋商②。

对于英方在节略中提出的二十九条要求，总理衙门再三权衡，做出如下答复：答应英方所提出的洋煤炭、洋布、黑胡椒、白胡椒、马口铁、木料等非通行商品减免税收的要求，但是如果这有碍于官方试办时就要停止；增加茶叶的出口税，其他几种需要加税的商品另外商办；误收洋商的厘金待查明后送还；存票在三个月以内的可以发给现银，一年以内的只能抵税；禁止包揽台湾的樟脑贸易；在长江拟开放芜湖、大通、安庆为通商口岸，开放沿海口岸，拟以未开放的琼州换温州；同意在海关设立官栈；答应由南洋通商大臣自行开办挖煤，至于中国租用外国机器、聘用外人与否均由南洋通商大臣试办；答应统一各关税银成色，制定通商律例；其他如在内地设官管理外国商人、内地设栈房、洋盐进口、税银解省等要求，均以有关国政、有碍民生为由，一概加以拒绝。而且，总理衙门在双方商议时，还答应出示通谕，要求内地民众不能骚扰洋商，"以冀其停息栈房之议"③。

在答复阿礼国所提出的各项要求后，为保障华洋商人利益、解决彼此

① 《奕䜣等奏与英使阿礼国修约彼此或允或否大概情形折》，同治七年十二月二十一日，中华书局编辑部、李书源整理：《筹办夷务始末·同治朝》七，第 2514 页。

② 《奕䜣等奏与英使阿礼国修约彼此或允或否大概情形折》，同治七年十二月二十一日，中华书局编辑部、李书源整理：《筹办夷务始末·同治朝》七，第 2514—2515 页。

③ 《奕䜣等奏与英使阿礼国修约彼此或允或否大概情形折》《给英使阿礼国节略》，同治七年十二月二十一日，中华书局编辑部、李书源整理：《筹办夷务始末·同治朝》七，第 2514—2515、2530—2537 页。

"羼杂"而影响中国税收的问题，总理衙门在给英方的节略中提出了如下要求：禁止洋商包揽华商货物，禁止洋商将洋旗私自交给中国船只使用，增加茶叶出口税、鸦片进口税、湖丝和土丝的出口税。继此之后，总理衙门又给阿礼国送去节略一件，就贸易征税的问题向英方作了说明[①]。

这样，阿礼国先后接到总理衙门的节略多件。阿礼国认为中方的提议事关各国通商条款，必须照会各国驻华公使。在得到各国驻华公使的回复后，阿礼国送节略给总理衙门。他答应禁止洋商包揽华商货物，禁止洋商将洋旗私自交给中国船只使用，同意对洋商贩运土货和洋货的征税办法；不再要求总理衙门已经拒绝的停收厘金、运盐、设官、税银解省等。至于其他内容，或者请修改，或者表示不同意，或者推托说要照会各国。同时，阿礼国在节略中"始终坚执，志在必行"的要求有三：内河行轮、内地设栈房、开挖煤窑。他还节外生枝，提出了一些额外的要求，如：在谈及内地设栈时，他牵带地提到中国应在架设电线、修铁路方面"请让些须"；言及挖煤时，又提及雇用洋人、租用洋人机器不体面，而且洋商认为这样"无利而不愿为"，同时他还牵带地提出一定要准许洋人开挖矿产；长江设立码头一事，要求在镇江北岸或瓜洲设关，在九江的湖口设关；开放温州、台州、泉州、北海、琼州等五处海口；存票在一年之内的准许领现银[②]。

随后，阿礼国又给总理衙门送来节略，就总理衙门提出的增加进出口商品的税率提出不同看法。他甚至说茶、丝、鸦片增税，"惟不论何国，与中国有交易的各国洋商，定不欲此货增税，该商人不愿增税，即该商本国亦必不准"。如果中国想让外国同意增税，"必须于外国另有利益之处，与所增税银不相上下方可"，那就是内河行轮、修筑铁路、架设电线[③]。

1868年11月9日，阿礼国与美国公使劳文罗斯一同来总理衙门，显然阿礼国是想用劳文罗斯来帮助自己。但是，总理衙门仍然坚持以前的意见，

---

① 《给英使阿礼国节略》，同治七年十二月二十一日，中华书局编辑部、李书源整理：《筹办夷务始末·同治朝》七，第2537—2540页。

② 《奕䜣等奏与英使阿礼国修约彼此或允或否大概情形折》《英使阿礼国节略》，同治七年十二月二十一日，中华书局编辑部、李书源整理：《筹办夷务始末·同治朝》七，第2515、2540—2550页。

③ 《英使阿礼国论税则节略》，同治七年十二月二十一日，中华书局编辑部、李书源整理：《筹办夷务始末·同治朝》七，第2550—2552页。

阿礼国竟然说中国违背条约。总理衙门毫不客气地驳斥道：阿礼国所要求的东西"多系条约所无"。结果这次会谈无果而终①。

会谈后不久，阿礼国又送来照会一件。他所提出的要求与前此大概相同，"惟措言不逊，仍有背约欺骗之言，且牵引咸丰八年用兵之事"。显然，阿礼国可能认为婉言相商不能达到目的，"不得不出于恫喝"。总理衙门的大臣们很容易发现这一点。所以，当英国驻华副使来总理衙门时，总理衙门大臣就此事"与之严辩"。结果，英国驻华副使只好请求中国方面将照会退回，更正后再送来。出人意料的是，英国使馆再次送来的照会虽然将出言不逊的话删掉，但是提出的要求依然如故②。在这次照会中，阿礼国重申外国商人进入内地、内地设栈、开挖煤矿等无理要求。而且，他在照会所附的黏单中提出 19 条意见，就修约谈判以来已达成共识、未得满足的要求等发表意见，甚至提出以后还要商办如何优待住京的使臣、觐见中国皇帝的礼节。实际上，这些要求与前次他送给总理衙门的节略没有什么区别③。

针对阿礼国的强词夺理，总理衙门在给他的照会中予以反驳，指出：中国已在十余件事项上作了让步，并同意制定新的征税章程，发布告示保护洋商在内地的贸易，中国体恤洋商是足够周全的；而英方提出的内河行轮、内地设栈、内地开矿等要求，目的是让洋商与华人一样受益，同时又不遵守中国法律，"益尚未见而先害中国之权"，中国不能答应。而且，总理衙门在节略中对阿礼国的要求作了回复，答应将以前多收税的货物"知照各国大臣"；同时，反对内地设栈房、开挖矿产、内河行轮、多开口岸，并指出"凡稍可通融之事，已无不格外相让。惟于有碍民生，有妨政权，有关国课等件，实属碍难允从"④。

照会由总理衙门大臣董恂、文祥、谭廷襄亲自送给阿礼国。他们还与阿

---

① 《奕䜣等奏与英使阿礼国修约彼此或允或否大概情形折》，同治七年十二月二十一日，中华书局编辑部、李书源整理：《筹办夷务始末·同治朝》七，第 2515 页。

② 《奕䜣等奏与英使阿礼国修约彼此或允或否大概情形折》，同治七年十二月二十一日，中华书局编辑部、李书源整理：《筹办夷务始末·同治朝》七，第 2515—2516 页。

③ 《英使阿礼国照会并黏单》，同治七年十二月二十一日，中华书局编辑部、李书源整理：《筹办夷务始末·同治朝》七，第 2553—2561 页。

④ 《给英使阿礼国节略》，同治七年十二月二十一日，中华书局编辑部、李书源整理：《筹办夷务始末·同治朝》七，第 2562—2568 页。

礼国谈了很久，就阿礼国所提出的内地设栈等三项要求当面答复，并请其尽快回复中方。几个回合下来，阿礼国发现在内地设栈等问题上，仅仅依靠挟持这种手段难以奏效；所以，他在当面会谈时委婉地说，商人们殷切请求满足这些要求，请贵国在无可商办之中再设法办理。这时，总理衙门认为："彼既已易倨为恭，若再不略示通融，虑其变羞成怒，势必哓哓更甚。"所以，总理衙门决定在内河行轮、挖煤上做出相应的让步；同意由九江关自备轮船一只，专在鄱阳湖为洋商运送茶叶；同意在中国南方省份试挖煤矿，一切由中国自主开办，并允许外国人购买①。

几经交涉，英方实际已经获得了不少的利权，而且为其以后进一步扩充利权埋下了伏笔。阿礼国在接到中方的以上答复后，回复了中方。这次，他在照会中倒是表现得"通情达理"，声称：恭亲王与诸位大臣认为洋商在内地租房、立栈、挖矿三件事"诸多碍难办理，现本大臣亦不能谓此论全无意见，第不致如来文所云，是以本大臣亦有不能勉从之处。因思贵国办此三事，将来之碍难，自必较目前渐次减少"。同时，他告诉总理衙门，已经将往来谈判修约的文件送回本国，等本国发来指示再与中国修改条约②。乘此时机，总理衙门照会阿礼国，请他把中方所提的商办而未答应的内容一同送交本国决定。随后，阿礼国照会总理衙门。但是，他仍然念念不忘中国所反对的修筑铁路等事项。他在照会后面的附单中说，在运河堤上修铁路不仅省钱，而且可以加固堤防。总理衙门看后认为这不过是引诱中国的话，其目的昭然若揭，又以"不便于民"回复，断绝其念③。

总理衙门及时向清政府汇报了一年来的谈判情况。为了集思广益，总理衙门奏请亲王、郡王以及大学士等朝中官员查阅此次准备修约以来的文件，以便共同讨论，提出意见，为下一阶段的谈判做准备。

1869 年 1 月，中英双方以照会的形式，对续修条约中的相关内容作了说

---

①《奕䜣等奏与英使阿礼国修约彼此或允或否大概情形折》，同治七年十二月二十一日，中华书局编辑部、李书源整理：《筹办夷务始末·同治朝》七，第 2516 页。

②《给英使阿礼国照会》，同治七年十二月二十一日，中华书局编辑部、李书源整理：《筹办夷务始末·同治朝》七，第 2574—2575 页。

③《奕䜣等奏与英使阿礼国修约彼此或允或否大概情形折》，同治七年十二月二十一日，中华书局编辑部、李书源整理：《筹办夷务始末·同治朝》七，第 2517—2518 页。

明。如"除两国彼此互相情愿照办各条外，其余各条，均俟有约各国，将凡得其益则守其章一节允准后，再为照办施行。现在彼此又允各将此次增修条约，知会有约各国，一体照行，以免开办无期之虞"。关于第十款引水，"现经订明，凡属中国海面江面，中国有自主之权，有例行各事者，并通商口岸所订附近水面之章程，由英国晓示英商英船，一体恪守"①。

阿礼国接到本国的答复后，于 1869 年 8 月 31 日给总理衙门送来节略，告明本国对《新定条约》的态度，即：英国要将 1868 年"所拟作为暂行章程，不算修约，俟将来法、布两国修约时，再行一同办理。如中国必欲作为修约，应将觐见及招工章程，并应办各件，同时妥议，方可会定"。对于英国这种态度，奕䜣等人的判断是：中国拒绝了英国所提出的铁路电线、挖煤贩盐、内地设行栈、内河行轮等要求，"该使臣不能满欲，又恐忽尔中变，无可藉口"。不过，英国知道中国现在肯定不能答应觐见，所以"首先以此为请，次及招工，并以应办各件浑括贩盐等事，以冀得步进步，为层出不穷之计"②。显然，中英双方对各自的情况都十分明了。

奕䜣等人认为此时"若稍一松劲，不但将来各国可以合而谋我，更恐纷纷效尤，皆欲援改修约期限，尤难措手"。所以，他们只能坚持定见，与阿礼国极力辩论，并反驳阿礼国道："原议本系修约，今忽欲变作章程，无此情理。且办事以信为主，若首先失信，此后中国岂能甘心。"阿礼国无可置辩，只好说这是本国执政大臣的意思。奕䜣等乘势反驳说：贵国"执政大臣不知中国情形，伊应早为转致，不当自食前言，如此时不作修约，则必再俟十年方可议修"③。此外，总理衙门还就阿礼国提出的觐见、招工、洋盐进口等问题进行了交涉。关于觐见、招工二事，奕䜣等人坚持原议，所以阿礼国同意不将此二事列入修约条内。但是，阿礼国仍以蒲安臣在英国得到英王接见和优待为由，提出觐见皇帝的要求；奕䜣等"仍以礼节难之，并告以无论

①《给英国照会》，同治八年十二月二十五日，中华书局编辑部、李书源整理：《筹办夷务始末·同治朝》七，第 2850 页。

②《奕䜣等奏与英使阿礼国修约前后情形折》，同治八年九月十九日，中华书局编辑部、李书源整理：《筹办夷务始末·同治朝》七，第 2746 页。

③《奕䜣等奏与英使阿礼国修约前后情形折》，同治八年九月十九日，中华书局编辑部、李书源整理：《筹办夷务始末·同治朝》七，第 2746 页。

将来大皇帝准行与否，均非臣下所敢豫拟"。然而，招工一事，总理衙门虽然予以拒绝，但是阿礼国不断坚持，总理衙门只好同意"酌量通融"，"仍以令愚民不受拐骗为主"。至于洋盐进口，总理衙门坚决予以反对①。

于是，中英双方各持己见，相持了很久。阿礼国无计可施，只好同意派傅磊斯、雅妥玛，与中方代表进行会商。奕䜣等则令参与会商的章京等中方代表，"逐款与之较辩"。会谈中，双方代表对1868年中方答应的各条"一一再行面订"，傅磊斯等人表示接受。随后，中方代表就中国所提出的六条，询问英方代表的意见。傅磊斯表示同意其中的四条。由于英国没有商人充任领事之事，所以傅磊斯主张不将"商人不准充领事"一条载入条约；至于华商将来到英国贸易一条，英方提出等到中国在英国设官时再议。中方对此没有异议。然而，英方对于中方提出的买卖洋货、土货办法以及鸦片、茶、丝加税，坚决表示反对。英方代表认为："土货另备子税，洋货正、半两税并交，系属苛刻洋商，令其亏折；丝、茶加税，系大宗之货，比较允减伊国零星之税，数目出入不啻二十分之一，岂可谓平？"由于利害所关，双方在此问题上互不相让，"几至不可收拾"。此时，奕䜣等人考虑到阿礼国即将回国，如果等到英国派来新任公使，那时"人非原议，更易翻案"。所以，中方对土、洋货物征税办法稍作变通，税额不变；茶税照旧，不再增加税额；但是，鸦片和湖丝一定要加税。经过十余次谈判，阿礼国才同意中方的意见②。

1869年10月23日，中英《新定条约》（16款）签订，并附有善后章程十款、新修税则十二条。由于该约由阿礼国所签，所以又称《阿礼国协约》。

二、 中英《新定条约》及其命运

中英《新定条约》的签订在一定程度上体现了清政府抵制英国和其他列强肆意侵权的意图。如条约中规定了对片面最惠国待遇的限制，这是此前中

---

① 《奕䜣等又奏觐见及招工章程二事片》，同治八年九月十九日，中华书局编辑部、李书源整理：《筹办夷务始末·同治朝》七，第2748—2749页。
② 《奕䜣等奏与英使阿礼国修约前后情形折》，同治八年九月十九日，中华书局编辑部、李书源整理：《筹办夷务始末·同治朝》七，第2746—2747页。

外条约中所没有的。中英《新定条约》第一款规定："中国允，凡与通商各国所定条约章程内有益于各国者，英国商民亦得一体均沾。英国允，凡英国商民欲援中国与各国所定条约章程之益一体均沾，即应照中国与各国所定条约章程之款一体遵守。"① 而且，条约各款均以"中国允""英国允"的方式行文，在形式上体现了平等和对中国的尊重。

在奕訢等人看来，中英《新定条约》给予英国的相关权益考虑到了现实情况以及封疆大吏的意见，并且有抵制外国、对中国有利之处。奕訢等人在上奏时指出：中英《新定条约》"有益于英商者，以南省由中国自行挖煤及芜湖设关为大；有益于中国者，以洋药增税、湖丝倍征为最大"。就芜湖设关而言，奕訢等认为：这是按照从前外省所论情形办理，因芜湖江面，洋船长久往来，增设海关，也没有妨碍。就挖煤而言，曾国藩、李鸿章、沈葆桢在修约前认为外国人屡次提出，"有不允不休之势，自可酌量开办"，还可以满足本国的需求。在新订条约时，奕訢等人仅允许开办三处，又是由中国自办，"并非授柄洋人，流弊似不至甚多"。鸦片和湖丝加征税收，既可以增加税收，又可抵制英国提出的某些商品的关税要求，"第彼既有减，我亦必当有增，因逐款配匀，示以均平"，借此可杜绝将来各国格外觊觎②。奕訢等人后来又指出：中英《新定条约》的第一、二、三、七、八、九、十四各款中，中国答应的内容或是旧约本有的，或是向来办法，并非新的章程，"不过重言申明，藉示均平之义"。关于洋药、丝斤加税的第十二、十三两款，"将中国现允各条，层层开列"。"盖以各国通商，志在谋利，必加税以难之，使知该国若有要求，中国即增税项，庶可杜将来洋商觊觎之心。其实现允各条，久为各国所力争，不允不休，不加税势亦难再阻止，非真欲以彼易此也。"③

清政府在修约过程中，虽然取得了一些外交上的胜利，但是这些只是

---

① 中英《新定条约》，同治八年九月十九日，王铁崖编：《中外旧约章汇编》第 1 册，第 308 页。
② 《奕訢等奏与英使阿礼国修约前后情形折》，同治八年九月十九日，中华书局编辑部、李书源整理：《筹办夷务始末·同治朝》七，第 2747 页。
③ 《奕訢等奏英国新约应办一切事宜折》，同治八年十二月二十五日，中华书局编辑部、李书源整理：《筹办夷务始末·同治朝》七，第 2848—2849 页。

"巨大的外国束缚之网下的微小改进"①。而且，清政府迫于情势，不得不在诸多方面做出了让步。因此，该约仍然是一个不平等条约。英国通过该约获得了减税、增开口岸、内地贸易等方面的利权。英国的查理·狄尔克爵士就指出：中国在《新定条约》中"所让与的显然是比贸易部认为可以向中国要求的为多"②。阿礼国认为进口的纺织品在交纳子口税后，可在十个口岸的省内免纳税厘，这是外国商人获得的最大收获；而允许洋商自备中式民船在内河航行"是任何独立国家从来没有允许过的最大让与权"③。亨利·理查德（Henry Richard）在评论该约时指出：通过 1869 年的新约，阿礼国"从中国政府那里获得了最重要的让步，这将对英国商业带来重大的利益"④。甚至英国伦敦会的传教士也认为通过中英《新定条约》的第一款，他们可以通过片面最惠国待遇，获得同法国天主教一样的在内地活动的权利，并认为这一款是"最重要的条款"⑤。

当然，阿礼国也指出此次修约"是有限度的"，这一结果不为各国驻华公使和英国的商人所接受。在阿礼国看来，这是因为各国公使和商人追求更大的特权，他们"对于一切特权都看得不很重要，如果这些特权不能使中国像欧洲任何国家似地对外国人完全开放，而同时还要保持他们的治外法权，这种不平等和自相矛盾的条件只能用武力强加于一个被征服的国家，但决不能由谈判得到结果；我认为实现这些条件便会严重地危及现在的政府和帝国"⑥。值得注意的是，中英《新定条约》的这一结果不仅与阿礼国有关，而且与英国的对华政策有关。当时，英国政府出于在华长远利益的考虑，不主张采取强硬的武力政策，而是以和平谈判的外交方式获得利益⑦。英国外交

---

① Immanuel C. Y. Hsü, *China's Entrance into the Family of Nations：The Diplomatic Phase 1858—1880*, Harvard University Press，1960，p. 142.

② ［英］伯尔考维茨著，江载华、陈衍合译：《中国通与英国外交部》，第 83 页。

③ 转见赵佳楹编著：《中国近代外交史（1840—1919）》，山西高校联合出版社，1994 年，第 252 页。

④ Henry Richard，*Our Relations with China：Speech Delivered in the House of Commons*，June 27th 1876，London：Hodder and Stoughton，1876，p. 31.

⑤ "The New Treaty with China, and Missionaries' Liberty," *The Watchman and Wesleyan Advertiser*，Vol. Ⅷ，Issue 371，February 9，1870，p. 47.

⑥ ［英］伯尔考维茨著，江载华、陈衍合译：《中国通与英国外交部》，第 86 页。

⑦ 参见［英］伯尔考维茨著，江载华、陈衍合译《中国通与英国外交部》，第 88—90 页；［英］莱特著、姚曾廙译，《中国关税沿革史》，第 237 页。

大臣柯莱伦顿指示阿礼国在与中国谈判时，接受他"所能诱导中国政府表示愿意让与的任何利益"；而且，他被授权"接受中国人感到满意的无论什么样的协定"，并被指示"接受任何中国人可以立即答应的妥协的协定"①。至于英国商人所要求的内地设货栈、内河行轮、开矿、修铁路、架设电线等要求，阿礼国认为这些必然会引起中国的反对，只有通过武力的方式才可以获得，他自然不会执意强争。因此，英国商人没有通过《新定条约》获得诸多梦寐以求的利益，并对丝、茶等的加税表示不满。诚如亨利·理查德所说，作为对中国让步的回报，阿礼国"在三件事情上作出了让步——丝的出口从价税增加1%；鸦片的从价税增长 2.5%；以及中国在英国口岸派遣领事的权利"。然而，在华英国商人以及他们在商会中的支持者却强烈反对这一条约，"主要是因为鸦片税的少量增加，总共大约增加至 7.5%"②。奕䜣等总理衙门大臣在阅读南洋和北洋送来的报纸时，也发现英国商人聚集在一起，议论纷纷，并向英国国内呈递禀文，"以新约有益于中国，无便于外国，务求国主不得批准"③。的确，1869 年 12 月 31 日，英国的上海总商会曾向英国外交大臣提交请愿书，就征收子口税、生丝加税、鸦片加税表示反对意见。而且，上海总商会对该约的评论所提出的意见，被"英国有影响的商业团体所接受"，后者还劝说英国外交大臣不批准该约。英国政府迫于"商人在选举上的压力"而选择了让步，接受其要求，不同意批准中英《新定条约》。新约的失败"中止了将中国作为一个完全自由的国家谈判一项条约的尝试"④。

清政府了解到英国商人的反对意见，不确定英国能否批准和实施该约。奕䜣等人认为"如果该国不肯遵行，则中国所允，亦不开办，更为有辞"。不过，奕䜣等人认为英国应当不会听从商人的私议，中英新约也没有规定互

---

① ［英］伯尔考维茨著，江载华、陈衍合译：《中国通与英国外交部》，第 91 页。

② Henry Richard, *Our Relations with China：Speech Delivered in the House of Commons*，*June 27th 1876*，p. 31.

③ 《奕䜣等奏英国新约现欲中止情形折》，同治九年十二月初一日，中华书局编辑部、李书源整理：《筹办夷务始末·同治朝》八，第 3207 页。

④ Alexander Michie, *The Englishman in China during the Victorian Era as Illustrated in the Career of Sir Rutherford Alcock*，Vol. II，Edinburgh and London：William Blackwood and Sons，1900，pp. 220—221.

换的时间，此时中国应当为该约的实施早做准备①。所以，总理衙门在该约签订后，就将条约和相关文件寄送两江总督马新贻和江苏巡抚丁日昌，让他们为日后条约的执行做准备。

然而，由于英国商人对中英《新定条约》的强烈反对，加之其他与中国有条约关系的国家反应冷淡②，英国政府决定不批准这一条约。而且，英国外交部决定不采用贸易部所提出的意见，而是将不批准条约归结到英国商人的反对上③。1870 年 7 月 25 日，英国政府宣布不批准中英《新定条约》。11月 2 日，英国驻华公使威妥玛照会总理衙门，声称："新约所载，据住华英商及在本国与中国交易商民，金称窒碍。本国秉政大臣，睹此情形，只得奏请未便批准。"总理衙门在接到英国不批准条约的照会后，不愿一年来的谈判结果付之东流，照会威妥玛，严词驳斥，声称："如此项新约不行，则以后办事，中外商民均不信服。"威妥玛照复称："已定之约，官民俱不信服，甚为可惜，已将来文即日译送本国入奏。"④ 其实，威妥玛的答复只是一个托词，英国不批准条约已成定局。奕䜣等在英国做出答复之前，分析时局认为：法、德两国即将修改，如果三国到时联合提出修约，对中国颇为不利；所以"总期潜遏其连横之势，以豫伐其未就之谋"。同时，奕䜣等人担忧：通商口岸的各国商人"于条约各款，得有便宜，即执为铁案；稍不合算，将视为具文。深恐于新约中在彼有利之端，或指定条款，托言试办，或巧更名目，含混请行。万一入其彀中，将来更无以抵制"⑤。

总理衙门的这种担忧并非没有原因，事实上英国的确有这方面的打算。英国政府在通知新任驻华公使威妥玛告诉中国政府英国不批准新约时，要他"试探有无可能诱使中国方面自动让与条约中所包含的可以增进通商关系的

---

① 《奕䜣等奏英国新约应办一切事宜折》，同治八年十二月二十五日，中华书局编辑部、李书源整理：《筹办夷务始末·同治朝》七，第 2849 页。

② ［英］魏尔特著、陈敉才等译：《赫德与中国海关》上，厦门大学出版社，1993 年，第 508、510 页。

③ ［英］伯尔考维茨著，江载华、陈衍合译：《中国通与英国外交部》，第 103—106 页。

④ 《奕䜣等奏英国新约现欲中止情形折》，同治九年十二月初一日，中华书局编辑部、李书源整理：《筹办夷务始末·同治朝》八，第 3207 页。

⑤ 《奕䜣等奏英国新约现欲中止情形折》，同治九年十二月初一日，中华书局编辑部、李书源整理：《筹办夷务始末·同治朝》八，第 3208 页。

特权"①。威妥玛还真的这样做了，他"每以新约内于彼相宜之事，抽摘一二，坚请举办"。对此，总理衙门坚决不同意，明白地告诉威妥玛说："新约各事，如欲开办，必须一律全行，不得随意抽摘"，从而杜绝了英国觊觎侥幸之心②。

中英《新定条约》是鸦片战争后，中英之间首次以平等协商的方式签订的条约。清政府在新修订的这个条约中没有完全答应英国的要求，相关条款在一定程度上限制了英国在华特权，并且体现了中英之间形式上的平等。这在一定程度上体现了清政府试图谋求平等关系，也体现了中英之间武力订约之外的另一种订约方式，即以和平协商的谈判方式签订条约。这可以说是第二次鸦片战争后中英条约关系的一种新的趋向，即追求平等的趋向。然而，这种趋向最终未能向好的方向发展，中英《新定条约》的命运即是最好的注脚。事实上，阿礼国以和谈的方式实现中英修约谈判和订约，使用的是一种策略性的办法。诚如阿礼国在中英修约时所说，"为取得外人利益和商业上的成功，这里的确必须总是需要使用压力。我们可能会用这种或那种方式掩饰，但是我们在中国的地位一直是用武力创造的——赤裸裸的武力；任何为改善或保护那种地位的明智政策，仍然必须寻求某种潜在或公开的武力以达到其结果"③。而且，中英《新定条约》签订后，英国却以本国商人反对为由拒绝批准，根本无视这是双方历时一年多的谈判方达成的结果。这恰恰体现了英国对华外交强权的一面。因此，中英修约谈判的最终结果表明强权与武力仍然是左右中英条约关系趋向的主导性力量。

第二节　中美《续增条约》与中美关系

中美《续增条约》是中美两国在 1858 年中美《天津条约》的基础上签

---

① ［英］伯尔考维茨著，江载华、陈衍合译：《中国通与英国外交部》，第 108 页。

② 《奕訢等奏英法俄布各国请在琼州通商折》，同治十年十二月初十日，中华书局编辑部、李书源整理：《筹办夷务始末·同治朝》九，第 3403 页。

③ Alexander Michie, *The Englishman in China during the Victorian Era as Illustrated in the Career of Sir Rutherford Alcock*, Vol. II, pp. 221—222.

订的条约。该约在内容与签订形式上均与其他中外条约不同，对于中美关系以及中外交往都产生了重要影响。

1867 年 11 月，清政府聘请美国卸任驻华公使蒲安臣作为中国使臣出使各国，中国官员志刚、孙家谷一同出使，会同办理交涉事务；另聘英国人柏卓安、法国人德善分别担任左、右协理。出使之前，总理衙门将相关事宜告知蒲安臣。1868 年，蒲安臣使团出使各国。蒲安臣到达美国华盛顿后，与美国国务院"商酌中国交办各事，及现在应办事宜"，形成《续增条约》八条。志刚、孙家谷等人将之译成中文，"详加酌核，均系有益应办之事"。1868 年 7 月 25 日，志刚、孙家谷与蒲安臣一同赴美国国务院，签字盖印。因此，条约是由蒲安臣一手操办，签字时中方代表署名是蒲安臣、志刚、孙家谷。随后，志刚、孙家谷将此事咨报总理衙门，并奏报清廷，请总理衙门核议后，奏请批准。二人主张"应俟各国一律办讫，再行定期互换"。与此同时，志刚、孙家谷将条约逐条注释，说明立约的原因，并咨报总理衙门①。

1869 年初，美国驻华公使劳文罗斯照会总理衙门，声称受命办理《续增条约》的换约事宜。对此，奕䜣等人认为"蒲安臣初到美国，即与议约，将来至他国时，或不免再有此举"，决定在蒲安臣完成出使任务回到北京后，由总理衙门"通行核议，择其无窒碍者，奏请施行"。所以，总理衙门照会劳文罗斯，缓办换约一事。然而，蒲安臣为实现换约，派其左协理柏卓安回北京，请将换约一事"速为办理"。在这种情况下，奕䜣等人认为蒲安臣出使"与中外一切交涉事件，颇为有益"；他所拟的中美《续增条约》"尚无窒碍难行之处"，已经与美国签字，柏卓安又专门回京请速换约，所以，奏请派员换约②。随后，清政府派董恂作为全权大臣办理换约事宜。然而，当清政府同意换约时，美国驻华公使劳文罗斯又回国了，所有事务由美国署理驻华公使卫廉士（即卫三畏）负责。总理衙门照会卫廉士提出换约。卫廉士在照复中称：两国议订《续增条约》已经有一年多，互换"不宜再

---

① 《使臣志刚孙家谷折》，同治八年十月十五日，中华书局编辑部、李书源整理：《筹办夷务始末·同治朝》七，第 2792 页。

② 《奕䜣等又奏蒲安臣等在美续订条约请派员互换折》，同治八年十月十五日，中华书局编辑部、李书源整理：《筹办夷务始末·同治朝》七，第 2789—2790 页。

迟";不过,美国是特派劳文罗斯办理此事,由他人代办"殊非常规";"来文既以早换为是,本大臣亦能破例相从,现时册内书名画押,只得本大臣为劳大臣代笔"①。于是,中美《续增条约》即以这种方式,由董恂与美国代表签字互换生效。由于该约是由蒲安臣一手经办,故又称《蒲安臣条约》。

中美《续增条约》虽然只有八条,但是其内容涉及国家主权、中美贸易、派驻领事、华工出洋、对待侨民、文化教育、中国内政等多个方面。该约在形式上有尊重中国国家主权的规定,在规定相关利益时指明中美双方的对等,尊重中国自主之权。当时与蒲安臣一同出使外国的志刚、孙家谷在向总理衙门呈报时,逐条注释该约,对之多有肯定之处。

该约的第一条在形式上部分地体现了对中国主权的尊重。该条的前一部分是"大清国大皇帝按约准各国商民在指定通商口岸及水陆洋面贸易行走之处,推原约内该款之意,并无将管辖地方水面之权一并议给,嗣后如别国与美国或有失和,或至争战,该国官兵不得在中国辖境洋面及准外国人居住行走之处与美国人争战,夺货劫人;美国或与别国失和,亦不在中国境内洋面及准外国人居住行走之处有争夺之事。有别国在中国辖境先与美国擅起争端,不得因此条款禁美国自行保护"②。对于这一内容,志刚、孙家谷的注释是:"系因从前布国兵船,在天津海口抢劫丹国货船,有违公法。今特为提明,各国如肯照办,则日后中国,可免此等挂累。"③ 第 1 条的后半部内容是"凡中国已经指准美国官民居住贸易之地及续有指准之地,或别国人民在此地内有居住、贸易等事,除有约各国款内指明归某国官管辖外,皆仍归中国地方官管辖"④。志刚、孙家谷的注释指出:这部分内容"系因上海及别国通商口岸,各国一经租地,即似据为己有。地方官在外国租界内,拿犯查赃,往往被其徇庇。而中国奸猾,亦即以外国租界为逋逃薮。此约一定,则华民及无约国之流氓,皆仍归地方官管辖,外国人不得徇庇"⑤。

① 《美使卫廉士照会》,同治八年十月二十五日,中华书局编辑部、李书源整理:《筹办夷务始末·同治朝》七,第 2811 页。

② 中美《续增条约》,同治七年六月初九日,王铁崖编:《中外旧约章汇编》第 1 册,第 261—262 页。

③ 志刚:《初使泰西记》,湖南人民出版社,1981 年,第 26 页。

④ 中美《续增条约》,同治七年六月初九日,王铁崖编:《中外旧约章汇编》第 1 册,第 262 页。

⑤ 志刚:《初使泰西记》,第 26 页。

第二条规定"嗣后如有于两国贸易兴旺之事，中国欲于原定贸易章程之外，与美国商民另开贸易、行船利益之路，皆由中国作主自定章程，仍不得与原约之义相背，如此办理似与贸易所获利益较为安稳"①。志刚、孙家谷的注释指出，这一条"系指贩盐、开矿、内地行轮船、增口岸等事可以缓办，中国亦有转身地步。要在两国贸易兴旺，方开利益之路。若于外国贸易兴旺，与中国贸易伤碍，则不能另开利益之路也"②。

第三条规定中国在美国派驻领事，按公法、条约一体优待。据志刚、孙家谷的注释，这一条主要针对在旧金山华人的管理和保护而言。事实上，这一内容对于美国国内对待华工是有所影响的③。

第四、六两条从双方对等的角度规定了中国人和美国人在对方国家的利益。第四条规定"美国人在中国，不得因美国人民异教，稍有欺侮凌虐，嗣后中国人在美，亦不得因中国人民异教，稍有屈抑苛待，以昭公允"。第六条则规定"美国人民前往中国，或经历各处，或常行居住，中国总须按照相待最优之国所得经历、常住之利益，俾美国人一体均沾"；同样，中国人到美国，美国也要以上述方式对待中国人④。据志刚、孙家谷的注释，前者是因中国人在美国奉异教而遭受司法和纳税上的不公正待遇而制定，而第六条则是"明指利益"⑤。

第五条规定中美两国"切念民人前往各国，或愿常住入籍，或随时来往，总听其自便，不得禁阻，为是现在两国人民互相来往，或游历，或贸易，或久居，得以自由，方有利益。两国人民自愿往来居住之外，别有招致之法，均非所准"⑥。据志刚、孙家谷的注释，该条"系指西班牙国贩运'猪仔'，陷害华民无数。闻各国皆斥为非理。美国并无此事，立此约者，为别人说法也"⑦。

---

① 中美《续增条约》，同治七年六月初九日，王铁崖编：《中外旧约章汇编》第1册，第262页。
② 志刚：《初使泰西记》，第26—27页。
③ F. W. Williams, *Anson Burlingame and the First Chinese Mission to Foreign Powers*, pp. 154—157.
④ 中美《续增条约》，同治七年六月初九日，王铁崖编：《中外旧约章汇编》第1册，第262页。
⑤ 志刚：《初使泰西记》，第27页。
⑥ 中美《续增条约》，同治七年六月初九日，王铁崖编：《中外旧约章汇编》第1册，第262页。
⑦ 志刚：《初使泰西记》，第27页。

第七条规定中国人和美国人均可入对方国家的官办学校学习，按照对待最优国之人民"一体优待"。该条还规定"美国人可以在中国按约指准外国人居住地方设立学堂，中国人亦可在美国一体照办"①。志刚和孙家谷的注释指出：第七条"欲将美国所讲各家学问，如算学、重学、化学等事，炫美于中国。而中国之人在美国者，亦得与其本国人同长学问也"②。

第八条申明美国不干涉中国内政，"凡无故干预代谋别国内治之事，美国向不以为然，至于中国之内治，美国声明并无干预之权及催问之意，即如通线、铁路各等机法，于何时，照何法，因何情欲行制造，总由中国皇帝自主，酌度办理。此意预已言明，将来中国自欲制造各项机法，向美国以及泰西各国借助襄理"，美国可以提供帮助③。志刚和孙家谷对此的注释只是"系缓手办"④。这显然是使团出使前总理衙门已经表达的意愿，故二人的解释较为简单。

而且，志刚和孙家谷在上奏时，表明了他们对中美《续增条约》的看法，即："蒲安臣所拟续约，系将总理衙门交办及现在应办事宜，销纳于中，执此以往各国，即不必另寻头绪，以为迎刃而解之势。"续约当中也有"暗关他事者"，各国是否准许照办，虽不能确定，不过，蒲安臣已在华盛顿"与各国住扎大臣往来斡旋，豫为地步，将来或当无甚龃龉"⑤。由此看来，蒲安臣立约内容包括总理衙门交办之事、现在应办之事（如在美华侨等）、暗关他事者（当指中英修约以及其他国家所要求的铁路、电线等事宜）。

蒲安臣对该约也有高度的评价。1868 年 8 月 21 日，他在美国波士顿演讲时指出："该约首先宣称中国领水的中立"，尊重中国的领水主权和司法权。"该约将中国看作是各国中的平等一员，这不同于旧的原则，即：由于中国不是一个基督教国家，她不能被置于各国名录之中。"他认为该约在修筑铁路等事务上，尊重中国管理其国内事务的权力。他感到骄傲的是：美国

---

① 中美《续增条约》，同治七年六月初九日，王铁崖编：《中外旧约章汇编》第 1 册，第 263 页。

② 志刚：《初使泰西记》，第 27 页。

③ 中美《续增条约》，同治七年六月初九日，王铁崖编：《中外旧约章汇编》第 1 册，第 263 页。

④ 志刚：《初使泰西记》，第 27 页。

⑤ 《使臣志刚孙家谷片》，同治八年十月十五日，中华书局编辑部、李书源整理：《筹办夷务始末·同治朝》七，第 2792 页。

与中国签订这一条约，"没有为自己索要任何东西"①。

实际上，《蒲安臣条约》在一定程度上体现了对中国主权的尊重和双边的互惠。同时，它也为美国人在海外获得了新的权益②。1870年，曾经来华传教的施惠廉（William Speer）在其著作中指出：该约"确定了西方国家与中国交往的准则"；"它保护了帝国的领土完整，将世界上文明国家相互给予的关于对领土、领水支配权以及对辖境人民和财产管辖权，给予了中国"。他同时指出："它迈出了中国在我国海港派驻领事的第一步——这一措施有助于增进中国和美国的利益。就两国的宗教信仰而言，它保证了免受所有的反对和迫害。它承认自愿出境移民的权利，以及对苦力贸易的不道德行为进行处罚。它保障在任意一方游历或居住的权利，正如最惠国所享有的那样。它同意中国人进入我们的学校和大学，并允许我们在中国自由地建立和维持学校。"③ 显然，该约既有对中国有利的一面，也有对美国有利的一面。后来，美国国会委员会主席莫顿（Morton）专门指出了《蒲安臣条约》对美国的意义，即："当这个条约与中国签订时，整个国家都认为这是美国外交与原则的胜利……因为他为美国人获得了中国政府的保护以及在中国生活和贸易的权利，同时因为他从中国获得了对可以称为是伟大美国原则的认同，那就是人拥有改变国家和忠诚的固有的、不可剥夺的权利。"④ 莫顿所说的"美国原则"就是美国建国以来即主张的"各国人民均准随时随地入籍"，长期以来美国向各国提出这一要求，均未能实现；1868年，美国国会将"准各国人民随便入籍，载在政纲"。而《蒲安臣条约》第五条与此意相符，所以美国议员魏礼森说"天下各国于准人民入美籍一事，最先允美国所请者，中国也"⑤。此外，美国传教士也认为该约的第四条扩大了1858年《天津条约》所规定的范围，通过这一款美国传教士和中国教徒可"免受迫害"⑥。

① F. W. Williams, *A Sketch of the Relations between the United States and China*, Boston: Thomas Y. Crowell & Co., 1910, pp. 63—65.

② F. W. Williams, *Anson Burlingame and the First Chinese Mission to Foreign Powers*, p. 154.

③ William Speer, *The Oldest and the Newest Empire: China and the United States*, Hartford: S. S. Scranton and Company, 1870, pp. 431—432.

④ S. Wells Williams, *Chinese Immigration*, New York: Charles Scribner's Sons, 1879, pp. 20—21.

⑤ 崔国因著，刘发清、胡贯中点注：《出使美日秘日记》，黄山书社，1988年，第427—428页。

⑥ "The Treaty with China," *The Christian Recorder*, Vol. Ⅷ, Issue 28, September 26, 1868, p. 106.

然而，正是由于其形式上对中国平等以及未能实现各国期望的特权，一些外国人对《蒲安臣条约》颇有异议。英国人对《蒲安臣条约》并不看好，甚至认为它毫无意义①。《北华捷报》也刊文称：这是"一份不幸的文件，因为就外国人而言，其意义无疑是倒退的，虽然它将中国提高到仅仅是理想的平等地位，并且解除了中国人以前在加利福尼亚所处的不利地位"。美国在铁路和航运事务上，减少向中国政府施加压力，"明显地放弃这种压力显然是不明智的，此时正好可以使用压力引导中国官方将其矿产资源开放"。外国人希望作为蒲安臣继任者的美国公使，"不必顾及他的国家刚刚签订的不幸的条约，将增加他对同事们的影响，劝说中国政府撤消这些对开矿的限制"②。

基于《蒲安臣条约》中有对中国主权的尊重以及中美的互惠，有学者认为《蒲安臣条约》是"中国与西方国家间的第一个平等条约"③。不过，该约从本质上看，仍然是一个不平等条约。因为它是中美《天津条约》的续约，相关规定就是以不平等特权为基础的。如第一条虽然尊重中国的主权，但是这却是以承认美国兵舰在中国海域航行、承认外国在华设立租界为前提的。第四条重申《天津条约》的传教条款，又强调不能因为异教而"欺侮凌虐"美国人，这实际上有利于美国人在华传教。而且，有的条款在形式上讲求中美利益平等，但是事实上却是有利于美国，或是美国人所需要的。如第五条规定的中美两国人自由往来，正可满足美国招工的需要。第七条的规定在实际上是不对等的，设立学校的规定为教会在华办学提供了合法的依据。因此，《蒲安臣条约》对美国是有利的。美国总统认为它是一个"自由、成功的条约"；美国官方积极关注条约的批准，由于中国政府在批准方面有所推迟，导致美国很担心中国不同意批准该约④。

---

① James Mac Donald, *The China Question*, London: Effingham Wilson, Royal Exchange, 1870, pp. 39—40; "Notes," *Christian Statesman*, Vol. Ⅱ, No. 2, September 15, 1868, p. 10.

② *A Retrospect of Political and Commercial Affairs in China during the Five Years 1868 to 1872*, Shanghai: The North-China Herald Office, 1873, p. 9.

③ John R. Haddad, *America's First Adventure in China: Trade, Treaties, Opium, and Salvation*, Philadelphia: Temple University, 2013, p. 225.

④ Arthur H. Smith, *China and America Today: A Study of Conditions and Relations*, New York: Laymen's Missionary Movement, 1907, pp. 156—158.

而且，《蒲安臣条约》的实施对于中美关系产生了重要的影响。该约实施后，大量华工赴美。据统计，1870 年 7 月—1876 年 4 月到美国的中国人新增大约 8 万人；到 1876 年 4 月在美国的中国人大约有 15 万人①。华工赴美对于美国产生了重要影响，他们参与美国的开发建设，他们的勤劳和节俭以及生活习惯和信仰等还引起了某些美国人的排斥。19 世纪 70 年代，美国掀起排华浪潮时，有的美国人提出废止《蒲安臣条约》，指责该约各条款没有给美国带来实际的利益。这一方面固然与华工数量的增多有关，另一方面还与其形式上尊重中国主权不无关联②。关于《蒲安臣条约》第 5 款与华工赴美的关系，"很多人认为那一条款刺激了向美国移民，对它的修改或废除将会中止移民"。卫三畏对此持不同意见，他认为"《蒲安臣条约》不可能对中国向美国移民曾产生任何明显的影响"。因为该约产生于中国人向旧金山移民 20 年之后，很多中国人是受本国人赴美与回国的影响而到美国去的，他们并不知道这一条款。事实上是美国方面准备好了"鼓励和规范中国向美国移民"③。无论如何，卫三畏认为该约是保护在美华工的重要依据。1879 年，卫三畏针对有美国人提出废除《蒲安臣条约》，主张出于正义应当坚持这一条约，并给在美华工提供条约保护④。

第三节　中日《修好条规》与中日条约关系的建立

中日条约关系的建立与各国有所不同。作为东亚近邻，日本与中国虽有民间的贸易往来，但是长期没有官方的外交往来。19 世纪 60 年代起，日本逐步向中国提出通商的要求。1861 年，日本人到上海贸易，借口中国商人在日本买铜，"欲援上海无约小国章程，在沪通商，设领事官"；1864 年，日本

---

① O. Gibson, *The Chinese in America*, Cincinnati: Hitchcock & Walden, 1877, pp. 17—21.

② John H. Mitchell, *Abrogation of Treaties with China and Absolute Prohibition of Chinese Immigration* (Speech of Hon. John H. Mitchell of Oregon, in The Senate of the United States, Friday, February 26, 1886), Washington: 1886, pp. 22—24.

③ S. Wells Williams, *Our Relations with the Chinese Empire*, San Francisco, 1877, pp. 10—11.

④ S. Wells Williams, *Chinese Immigration*, pp. 18, 23.

商人通过英国领事巴夏礼的介绍到上海贸易；1868 年，英国领事温思达向中国官方函送日本委托代交的文书，意在请求通商①。这些行为可以说是日本与中国建立关系的尝试。

日本在明治维新后，积极谋求与周边国家建立起外交关系。1869 年，日本派人到朝鲜，试图建立关系，遭到坚持中朝之间朝贡关系的朝鲜的拒绝。在这种情况之下，日本决定先与中国建立平等的条约关系，从而可以"位居朝鲜之上"，然后提出与朝鲜建立邦交；如果朝鲜不同意，再讨论对其和战的问题②。

1870 年，日本着手与中国订约事宜，派出柳原前光一行到中国。柳原前光一行经上海到达天津，并告知署理三口通商大臣成林，他们是奉本国外务卿之命到北京向总理衙门递交信件。成林问其是何事，柳原前光等答称："商议通信事宜，以为他日定条约之地"。于是，成林按照中国办理条约的惯例劝阻柳原前光一行。最终，经成林等的开导，柳原前光等不再坚持赴京，同意照例由三口通商大臣转递总理衙门，并在天津等候回信③。

于是，总理衙门收到了以日本外务卿清原宣嘉等人名义所写的信函。清原宣嘉等在信函中称，日本在"政治一新之始，即欲遣钦差公使修盟约"，但是因故拖延；现在派员到中国商议通商事宜，"以为他日我公使与中国定和亲条约之地"④。总理衙门认为日本来函"大意专在通商，但文内有他日定条约之地一语"。对于日本此举的目的，总理衙门早已窥破，即日本"亦欲与泰西各国一律办理"。如何对待日本提出的通商以及日后订约的要求，奕䜣等人商议后认为，可以允许日本通商，因为"泰西各国既准通商，该国与中国，尤为邻近之邦，自难歧视"。正在总理衙门大臣商议之际，直隶总督李鸿章致函总理衙门，就中日关系表达了自己的意见。他认为日本是中国近

① 《奕䜣等又奏议复成林奏日本来函折》，同治九年九月二十四日，中华书局编辑部、李书源整理：《筹办夷务始末·同治朝》八，第 3130 页。

② 李育民：《晚清中外条约关系研究》，第 140—141 页。

③ 成林奏日本差官柳原前光来津递函折》，同治九年九月十八日，中华书局编辑部、李书源整理：《筹办夷务始末·同治朝》八，第 3120—3121 页。

④ 《日本国清原宣嘉藤原定则函》，同治九年九月二十四日，中华书局编辑部、李书源整理：《筹办夷务始末·同治朝》八，第 3132 页。

邻，遭到英、法、美诸国的侵凌；中国可以与日本"联为外援，勿使西人倚为外府"；所以，中国可以同意与日本通商，但是"彼此相信，不必立约"。总理衙门赞同李鸿章的意见，对日主张"准其通商，以示怀柔之意；不允立约，可无要挟之强"；"将来能否阻其立约，原难豫必，目前且以此为词，以杜其要求之渐"。1870 年 10 月 13 日，总理衙门给日本的照会由成林转交给日本来华差官，希望日本差官及早回国。然而，日本此次派员来华是有备而来的，即为订约铺路。所以，柳原前光等将日本所拟的条约底稿向成林呈出。10 月 14 日，总理衙门收到成林送来的照录缮写的条约底稿。对于日本的立约要求，李鸿章认为日本"蓄志甚坚，所欲甚大"，并于 10 月 15 日致函总理衙门表达了这一看法[①]。由于总理衙门已经照会日方表达了对待中日通商与订约的态度[②]，而柳原前光等呈出条约底稿则表明其坚持要求订约；所以，总理衙门只能采取如下应对措施，即："自应仍执前议，由成林、李鸿章等，向该委员等婉为开导，倘势难阻止，应告以底本暂存中国，俟有大臣来华，公同商办；一面将条约底本，自行详细妥酌，以便日本国派有大员前来，再行相度机宜，妥酌办理。"[③] 总理衙门的这一主张为清廷所允。

随后，总理衙门将此意见告知成林、李鸿章。成林等人照此与柳原前光等人进行了交涉，以促其早日回国。然而，柳原前光等人坚持要与中国订约，"意坚词婉"。他们声称：如果中国不答应立约，难以回国销差。而且，中国有很多商人在日本贸易，日本与西方各国通商，"无不立约"；"中国因未立约，故诸事每形掣肘，常为泰西各国所欺陵"。他们还声称：西方各国说，"西邦各小国，向系邀我等大国同往，方得允准，如径前往，中国必不即允"。所以，他们认为"今果不允，必将为所耻笑"[④]。由于日本差官的坚持，成林只好告诉日方，所呈底稿，"必须俟有大员前来，再行议定，此系

---

　　① 《奕䜣等又奏议复成林奏日本来函折》，同治九年九月二十四日，中华书局编辑部、李书源整理：《筹办夷务始末·同治朝》八，第 3131 页。

　　② 即同意与日本通商，但是"不必更立条约"。（《给日本国外务卿照会》，同治九年九月二十四日，中华书局编辑部、李书源整理：《筹办夷务始末·同治朝》八，第 3133 页。）

　　③ 《奕䜣等又奏议复成林奏日本来函折》，同治九年九月二十四日，中华书局编辑部、李书源整理：《筹办夷务始末·同治朝》八，第 3131 页。

　　④ 《奕䜣等奏已允日本定约折》，同治九年十月十八日，中华书局编辑部、李书源整理：《筹办夷务始末·同治朝》八，第 3158—3159 页。

历来泰西各国办法，刻下断难遽准定约，致与向章不符"①。在成林的坚持之下，柳原前光等人只好接受中方的意见。

总理衙门在得到成林的上述报告后，认为日本坚持订约，难以拒绝，同意与日本订约。总理衙门的这种转变，与此前预定方案有关，即确实不能阻止，可以答应日本的订约要求。另外，这也与总理衙门对外交的考虑有关。总理衙门认为欧洲各小国来华订约，都以英、法为"护符"。日本来华订约，如果中国拒绝，"似非一视同仁之意"；而且，现在如果中国不同意日本订约，以后日本通过英、法提出订约，"彼时不允则饶舌不休，允之则反为示弱，在彼转声势相联，在我反牢笼失策"。因此，总理衙门认为与其以后必然要答应日本订约，还不如现在就答应。不仅如此，李鸿章此前也曾致函总理衙门，表达了同样的意见②。

于是，总理衙门决定答应日本的订约请求，由成林将奕䜣致日本外务卿的照会转交给柳原前光等人。奕䜣在照会中声称：日方来员，坚持立约，"自应如其所请，以通交好之情"。议立条约，事关重大，"应特派使臣与中国大臣会同定议"③。这样，柳原前光等人一行实际上完成了自己的使命，中日订约于是被纳入议程。

对于日本提出的通商订约要求，安徽巡抚英翰表示反对，认为会有后患。清政府认为既然答应派员议约，"自无再事拒绝之理"，并谕令两江总督曾国藩、直隶总督李鸿章就预筹日本修约一事发表意见④。曾、李二人从中日关系、日本的地位以及联络外交等方面考虑，表达了大致相同的意见，即主张与日本订约，并在订约后向日本派驻使节和领事⑤。值得注意的是，曾

---

① 《成林奏给日本照会允与立约柳原等已回国折》，同治九年十月二十五日，中华书局编辑部、李书源整理：《筹办夷务始末·同治朝》八，第 3169 页。

② 《奕䜣等奏已允日本定约折》，同治九年十月十八日，中华书局编辑部、李书源整理：《筹办夷务始末·同治朝》八，第 3159 页。

③ 《给日本国外务卿照会》，同治九年十月十八日，中华书局编辑部、李书源整理：《筹办夷务始末·同治朝》八，第 3160 页。

④ 《预筹日本修约片》，同治十年正月十二日，《曾国藩全集》（修订版）第 12 册，第 183 页。

⑤ 《李鸿章又奏议复英翰日本通商后患片》，同治九年十二月初二日，《曾国藩奏遵筹日本通商事宜片》，同治十年正月十四日，中华书局编辑部、李书源整理：《筹办夷务始末·同治朝》八，第 3213—3214、3234—3235 页；《预筹日本修约片》，同治十年正月十二日，《曾国藩全集》（修订版）第 12 册，第 183 页。

国藩提出：日本订约"悉仿泰西之例，亦无不可，但条约中不可载明比照泰西各国总例办理等语，尤不可载后有恩渥利益施于各国者一体均沾等语"①。

与此同时，中国针对日本留下的约稿，进行了中日订约的筹划。李鸿章受总理衙门的函嘱，派津海关道陈钦对约稿"逐条签驳，另拟条规，豫防流弊"。而且，李鸿章将相关文件抄录，咨送两江总督，请其派员酌核，以求集思广益，"免贻后悔"。署苏州藩司江苏枲司应宝时、江海关道涂宗瀛，按照日本所提的原约稿、陈钦所拟的备案，参考上海以往办理的案据和最近与各国的通商条款，斟酌损益，形成新的"日本通商规条"，函呈李鸿章。应宝时和涂宗瀛还提出必须另订通商税则，"其条规未尽事宜，亦须另立章程，庶免日后辩论"。李鸿章将相关文件录送总理衙门查核，奏请调派熟悉洋务的应宝时到天津筹商议约事宜②。可见，李鸿章为应对即将到来的中日议约做了多方面的准备。

1871 年，在日本使节即将到达天津之际，清政府任命李鸿章为全权大臣，负责办理与日本订约事宜，应宝时和陈钦随同帮办。7 月 24 日，日本使臣伊达宗城一行到达天津；与李鸿章会晤后，伊达宗城通过李鸿章，向总理衙门递交了日本外务卿致总理衙门书。信中提出"意在互换条约，亦冀与西洋各国一律优待"。总理衙门致函李鸿章，主张审慎地对待与日本订约，接待"礼数自宜从优"，"惟章程条款，必须逐句逐字，详加核夺，总期上无碍于国体，下无碍于商民，不致行之久远，稍启弊端，是为至要"③。

7 月 31 日，伊达宗城在中日订约之初，就把新拟约稿呈送给李鸿章，将1870 年柳原前光所呈的议约底稿作废。日方提出的新约稿部分抄袭普鲁士与中国所订条约，税则章程抄袭美国与中国所订章程。当然中国对日本的议约早有准备。8 月 2 日，李鸿章将中方拟定的约稿发交日本使臣阅看。中方所

① 《曾国藩奏遵筹日本通商事宜片》，同治十年正月十四日，中华书局编辑部、李书源整理：《筹办夷务始末·同治朝》八，第 3235 页；《预筹日本修约片》，同治十年正月十二日，《曾国藩全集》（修订版）第 12 册，第 184 页。

② 《李鸿章奏预筹日本通商请调大员来津商办折》，同治十年二月二十七日，中华书局编辑部、李书源整理：《筹办夷务始末·同治朝》八，第 3245—3246 页。

③ 《奕䜣等奏李鸿章函告日本使臣抵津折》，同治十年六月十四日，中华书局编辑部、李书源整理：《筹办夷务始末·同治朝》九，第 3277—3278 页。

拟约稿是由应宝时、陈钦"细查日本与泰西各国所换条约，及中国与泰西各国交涉、年来已形之弊，另立两国修好条规、通商章程，将和约字样暨显有窒碍之处，并行改去，逐句逐字，讲求斟酌，厘为两册"。与此同时，李鸿章对日本新拟的约稿"逐条签驳"①。

8 月 4 日，日本副使柳原前光等在致应宝时、陈钦的公函中，指出中方提出的约稿"专欲特异于西例"，而日本的目的是"须照贵国准予西人成例，一体定约"②。

李鸿章认为日方显然有要挟之意，密嘱应、陈二人致函日方，"词意略加峻厉，使知我有定见，不为浮议所摇"③。于是，应、陈二人于 8 月 7 日复函柳原前光等人，对其说辞一一作了反驳，声明议约的缘起，指出日本呈送的新约稿"荟萃西约取益各款而择其尤，竟与去岁拟稿自相矛盾，翻欲将前稿作为废纸"，未定交而失信。如果日本不同意在中方提出的约稿上进行商议，那么二人只好转请李鸿章将日本"遽改前议，不欲守信之处，据情具奏"；或者按照总理衙门原来提出的中日可通商但不订约之法办理④。

日本使臣收到中方的复函后，"徘徊旬日"，才同意将李鸿章提出的条规、章程签注商议的地方，与应宝时等面商。8 月 19 日，双方大致达成一致。然而，日本使臣提出在章程内请增加"凡两国准予别国优恩，及有裁革事件，无不酌照施准"一条。李鸿章等人认为这正是曾国藩在 1870 年上奏时所反对的。因此，中方就此与日方进行了辩论，日方则以各国均有此条为由，"坚求一视同仁以全体面"⑤。显然日本是想获得与西方列强在华同样的利权，这恰恰是清政府所不同意的。李鸿章将前述谈判情形奏报后，清廷发布上谕，"着李鸿章饬令应宝时等，力持定见，悉心开导，总期妥为酌定，

<hr>

① 《李鸿章奏日本议约渐有端倪往返信函钞呈折》，同治十年七月初九日，中华书局编辑部、李书源整理：《筹办夷务始末·同治朝》九，第 3283—3284 页。

② 《日本副使柳原前光等给应宝时陈钦函》，同治十年七月初九日，中华书局编辑部、李书源整理：《筹办夷务始末·同治朝》九，第 3285 页。

③ 《李鸿章奏日本议约渐有端倪往返信函钞呈折》，同治十年七月初九日，中华书局编辑部、李书源整理：《筹办夷务始末·同治朝》九，第 3284 页。

④ 《应宝时陈钦给柳原前光等函》，同治十年七月初九日，中华书局编辑部、李书源整理：《筹办夷务始末·同治朝》九，第 3287 页。

⑤ 《日本议约情形折》，同治十年七月初六日，顾廷龙、戴逸主编：《李鸿章全集》第 4 册，第 365—366 页。

以示区别而杜弊端"①。

8 月 23 日,李鸿章督率应宝时、陈钦与日本的正副使进行面议。双方对约稿逐条进行商议,然而争执最多的有两点。一是日本要求条规开头中国皇帝与日本天皇并称,条约内两国的国号必须大清国与日本并称;二是"仿照西约一体均沾"。李鸿章等人坚决表示反对。最终,所有条规开头浑含其词,章程内用"中国"及"日本"字样分别称呼两国。至于"一体均沾",由于李鸿章等人的反对,日本使臣"婉求改用各口取益防损、随时商办"等语。李鸿章于是执笔改为"如彼此海关章程嗣后有变通之处,随时商办"等语,并将之列为第三十一款。就在双方基本谈妥之际,柳原前光又不同意已经达成一致的内地不准通商的两条。李鸿章等极力辨析,但是柳原前光却说土货和洋货进出内地,"通商已久",日本不能与西方国家不同。这种情况下,李鸿章从中西条约的内容出发,指出中国人到西方各国通商,并未限定通商口岸;然而,日本只允许八个口岸与中国通商,中国人不能到日本内地贸易,"日本人亦岂应入中国内地贸易"。经此辩论,柳原前光不再坚持。李鸿章又在章程的第十四、十五款中加入进出口货物不能入内地的内容②。于是,中日双方就《修好条规》十八条、《通商章程》三十三款的内容达成一致。

中日《修好条规》和《通商章程》是双方在和平谈判的基础上签订的。中日两国首次订约不仅在形式上,而且在内容上均不同于西方各国与中国的订约。李鸿章鉴于中日关系的特殊性和中国历年办理交涉的成案,在《修好条规》《通商章程》内容的拟订上多有预杜流弊的考虑。条约签订后,他在上奏时对相关条款的内容和目的作了说明。关于中日《修好条规》,他指出:第一条载明"两国所属邦土不可稍有侵越",其目的就在于"隐为朝鲜等国预留地步"。第十三条载明"此国民人在彼国有犯凶盗及诸重大案情,或聚众十人以上,由地方官分别会办或径行严办",其目的就在于"隐为前明倭寇故事预设防范"。第十条载明"戒雇主徇庇工人",第十一条规定"彼此

---

① 《廷寄》,同治十年七月初九日,中华书局编辑部、李书源整理:《筹办夷务始末·同治朝》九,第3284—3285页。

② 《日本约章缮呈底稿折》,同治十年七月十五日,顾廷龙、戴逸主编:《李鸿章全集》第4册,第368—369页。

往来，不得携带刀械"，第十六条规定"戒领事官办事不合查明撤回"，"悉取鉴于历年交涉成案，求免临时棘手"。而且，通商章程中也有预防流弊之处，如第一款称中国通商各处为"某口字样"，"免似旧约有琼州等府城口含混之弊"；第五、六等款规定"罚款则分别两国数目重轻"，目的就是要"免至各生校量"；第十三款规定游历执照"必发给安分之人"；第二十一款"预商官栈办法以便两国商民"；第三十二款提出"重修章程必须彼此两愿"，"悉参酌于本案交涉情形，求免将来掣肘"。此外，由于李鸿章等人的坚持反对，日本人没有通过条约获得片面最惠国待遇，也没有获得进入中国内地贸易的权利。诚如李鸿章所说，外国人进入中国内地贸易，"论从前通商之弊，此为最重"。因此，他认为绝不能给日本在中国内地的通商之权，"此次议约，以杜绝内地通商为最要"。总体而论，李鸿章认为解决了曾国藩的中日议约不外乎体制与税务两端的说法，实现了总理衙门"上无碍于国体、下有益于商民"的订约意图①。

此外，中日《修好条规》中也有出于中日特殊关系的考虑而采取的措施。李鸿章督同应宝时、陈钦在拟约稿时，考虑到日本距离中国太近，西方国家来华通商，大多取道旧金山、太平洋、日本横滨到上海；日本"尤为中国门户"，以后如果发生事变，日本"虽未必遽为我用，而有此约章牵制，不至增一劲敌，且不失兵家用间之意"；所以，他们在条约中设置了"两国遇事调处"的内容②。这也就是中日《修好条规》的第二条内容："两国既经通好，自必互相关切，若他国偶有不公及轻藐之事、一经知照，必须彼此相助，或从中善为调处，以敦友谊。"③

因此，如果从中方订约的立场与目的来看，中日《修好条规》《通商章程》的签订达到了中方的预期目的。与此前中外签订的条约相比，中日《修好条规》《通商章程》在内容和形式上均有不同，体现了双方的平等。因此，

---

① 《日本约章缮呈底稿折》，同治十年七月十五日，顾廷龙、戴逸主编：《李鸿章全集》第 4 册，第 369 页。以上中日《修好条规》《通商章程》各款条的内容，系李鸿章在奏折中概略提及，二者的具体内容参见王铁崖编：《中外旧约章汇编》第 1 册，第 317—319、320—324 页。

② 《辨驳日使改约折》，同治十一年五月二十八日，顾廷龙、戴逸主编：《李鸿章全集》第 5 册，第 127 页。

③ 中日《修好条规》，同治十年七月二十九日，王铁崖编：《中外旧约章汇编》第 1 册，第 317 页。

中日《修好条规》可以说是近代中国"第一个完整的平等条约","是清政府试图打破与西方国家的订约模式,冀望建立平等条约关系所作的一种尝试"①。然而,中日《修好条规》并非没有问题。如该约的第八条规定"两国指定各口,彼此均可设立理事官,约束己国商民,凡交涉、财产词讼案件皆归审理,各按己国律例核办"②。也就是说中日两国在彼此之间享有领事裁判权。虽然这在形式上对双方是平等的,但是"在这个平等条约中,纳入了与国际法原则相背离的条款"③。

更为重要的是,日本提出与中国订约有两个目的:一是实现与中国订约,二是企图获得与西方列强一样的在华条约特权。日本成功地实现了前一个目的,取得了与中国对等的地位,进而可以在对朝鲜的外交上占据一种优势地位。然而,日本的后一个目的却因为清政府的反对而未能实现。这种目的也是明治维新以后日本外交的努力方向,即融入"欧洲的国际社会"④。所以,从整体上看,日本对中日首次订约的结果是不满意的,并试图着手改变这种状况。

因此,中日《修好条规》刚刚议定,尚未换约生效,日本就因为1873年要与欧西诸国修约,而提出了请缓换约、修改条约内容的要求。1872年,日本派柳原前光到天津,向中方提出更改中日《修好条规》内容。日本改约的要求,遭到李鸿章以及负责办理此事的津海关道陈钦、江苏记名海关道孙士达的拒绝。当时,日本提出修改的内容涉及五个方面:一是日本与西方国家修约,"恐通商章程有所更易";二是中国人在日本诉讼多,因此派出的领事"须熟察情形,未及照约讯断";三是"请将两国遇事调处,议即裁撤";四是日本人佩刀的问题;五是"日本进出口税照该国海关成规收税"⑤。对于这五条要求,陈钦、孙士达、李鸿章在斟酌情形的基础上,形成了相应的意

---

① 李育民:《晚清中外条约关系研究》,第140页。
② 中日《修好条规》,同治十年七月二十九日,王铁崖编:《中外旧约章汇编》第1册,第318页。
③ 李育民:《晚清中外条约关系研究》,第140页。
④ Shogo Suzuki, *Civilization and Empire: China and Japan's Encounter with European International Society*, London: Routledge, 2009, pp.140—141.
⑤ 《辨驳日使改约折》,同治十一年五月二十八日,顾廷龙、戴逸主编:《李鸿章全集》第5册,第127页。

见①。随后，李鸿章在上奏时提出：第一、二、四、五这四条无关轻重，应在换约后核准照办；第三条是日本最重视的，日本之所以要删除"遇事调处"的内容，是"恐失欢于西人"，不过日方公文中既说"有权可行，是系诸国通例"，那么此条也就无须裁撤，毋庸商议。最终，李鸿章将日本的要求"逐条明晰批示"，转交给柳原前光，另缮致日本外务省公文一件，以便柳原前光回国交差②。因此，日本改约的要求未能实现，中国只答应在换约后再商酌处理若干内容。

1873 年，日本派副岛种臣来华。4 月 30 日，李鸿章在天津与副岛种臣将中日《修好条规》《通商章程》互换。换约后，副岛种臣提出约章实行后，"如与彼国通行章程有所窒碍，再求通融酌办"；对于 1872 年日本提出的改约要求，他"自悔多此一举，今日更不必另生他议"③。

中日《修好条规》《通商章程》的生效标志着中日条约关系的正式建立，也标志着"中国和日本之间建立了平等的条约关系，但是这一关系仅仅是纸面上的东西而已，缺乏坚实的基础，其注定是短暂的"④。日本在对外扩张政策之下，根本无视该约第一条的规定，先后发动了对中国的台湾以及藩属国琉球、朝鲜的侵略。

而且，日本还想利用机会修改中日《修好条规》，取得与西方一样的在华特权。1880 年，日本曾提出修改条约，结果会谈未能实现⑤。1883 年，中日《修好条规》《通商章程》互换生效已满十年。根据中日《通商章程》第三十二款的规定，"两国现定章程，嗣后若彼此皆愿重修，应自互换之年起至十年为限，可先行知照，会商酌改"⑥。所以，日本外务卿曾先期照会中国驻日公使黎庶昌，"请议修改"；日本驻华公使榎本武扬也向总理衙门提出修约事宜。对于日方的提议，总理衙门以琉球案未结为词，拒绝不允。随后，

① 《津海关道陈钦等呈李鸿章详文》《李鸿章批津海关道陈钦等详文》，同治十一年五月三十日，中华书局编辑部、李书源整理：《筹办夷务始末·同治朝》九，第 3492—3496 页。
② 《辨驳日使改约折》，同治十一年五月二十八日，顾廷龙、戴逸主编：《李鸿章全集》第 5 册，第 127 页。
③ 《日本换约毕事折》，同治十二年四月初七日，顾廷龙、戴逸主编：《李鸿章全集》第 5 册，第 346 页。
④ 李育民：《晚清中外条约关系研究》，第 162 页。
⑤ 李育民：《近代中外条约关系刍论》，湖南人民出版社，2011 年，第 114—116、120 页。
⑥ 中日《通商章程：海关税则》，同治十年七月二十九日，王铁崖编：《中外旧约章汇编》第 1 册，第 324 页。

中法战争爆发，朝鲜又发生甲申政变，中日就朝鲜问题虽然有交涉，但是并没有提及修约一事。1886 年，日本又向中国提出修约一事，时任驻华公使盐田三郎多次到总理衙门"重申前请"，并声称奉有全权，"主议约事"。此时，总理衙门表示同意修约事宜。其原因有二：一是中日《通商章程》中本来就有十年重修的规定；二是中国驻日公使徐承祖函告总理衙门：日本正在与西方国家商议修改旧约，"中国亦未便始终拒之"。不过，总理衙门对日本驻华公使提出的派全权大臣与他商议的办法，持有异议，认为应当照中国与美国、德国修约的旧例办理，即由总理衙门先与外国使节商定，再请旨派全权大臣画押盖印。至于如何应对日本的修约，总理衙门认为日本提出修改条约的目的，"无非图占便宜"，议约时必要详细推敲，权衡利弊，"如有与中国不便之处，坚持不允，断不稍涉迁就"；遇到与商情税务有关而不熟悉的事务，总理衙门"随时函商南、北洋大臣，以期周妥"。因此，总理衙门奏请"一俟议有规模，再行请旨定夺"[①]。为应对日本的修约要求，总理衙门也曾致电徐承祖，告知对日本修约意图的判断，指示他查明函示"彼国所予西国利益为中国所无者"[②]。显然，日本与欧美国家的条约也是中国与日本修约的重要参考。

　　然而，1886 年开始的中日修约进展颇不顺利，除上述原因外，还与多种因素有关。一是因为日方提出的要求，中方根本不能答应。总理衙门收到盐田三郎送来的约稿后，认为"万难照准"；徐承祖在收到总理衙门寄来的约稿后，也赞同总理衙门发来的意见，他说"细核约稿，是西人给倭权力，我皆遵行；倭给西人利益，我则概无所要。利益均沾，语多含混，流弊甚多"。他在致电总理衙门时表明自己对修约的态度，即"请明却盐田，云条约必彼此利便，兹来稿非特无益我商，且多窒碍，未便商改"[③]。二是因为 1886 年长崎水兵事件的发生引发了中日交涉，修约一事"暂置勿论"。但是，这并

---

　　① 《总署奏日本请修约章拟与酌议折》，光绪十二年七月十四日，王彦威、王亮辑编，李育民等点校整理：《清季外交史料》第 4 册，湖南师范大学出版社，2015 年，第 1404 页。
　　② 《总理衙门致徐承祖盐田修约希查示电》，光绪十二年六月初四日，骆远荣编著：《徐承祖与晚清外交》，江苏大学出版社，2016 年，第 91 页。
　　③ 《徐使致总理衙门电》，光绪十二年九月二十四日，骆远荣编著：《徐承祖与晚清外交》，第 113 页。

不是主导性因素。因为，1887 年初，盐田三郎在该事件解决后，又向总理衙门提出修约一事①。三是因为清政府采取了拖延的办法。如李鸿章为修约一事函复总理衙门时，就表明了自己的如下意见："与别国修约或有损益参半之处，至修改日约，无论允改几条，终恐损多益少。我既不能拒绝，惟有多方辨难，借词延宕，或将无甚关系利害之事酌改一二"；如果总理衙门与盐田没有商出头绪，"似宜缓请钦派全权"②。四是因为国际因素的影响。一方面，日本与欧美各国的修约谈判并不顺利③，中国不便与其商改条约。另一方面，琉球问题尚未解决，清政府可以此进行抵制和拖延，正如有学者所说，此次修约因清政府"试图同时解决琉球问题而被拖延下去"。1888 年，中日修约谈判在北京重启，然而日本提出的修约要求"几乎全部遭到拒绝"；9 月 14 日，盐田三郎根据本国外务大臣的指令向中方提出中止交涉④。

可见，日本在 19 世纪 80 年代一直试图修改中日《修好条规》。然而，在清政府"拖延"或"硬挺"之下，日本未能如愿⑤。甲午战争的爆发最终导致中日条约关系发生质的变化。

第四节　中秘、中巴条约关系的建立

继日本之后，中国与多个国家签订条约，建立条约关系。值得注意的是，清政府出于利权的考虑，在与秘鲁、巴西建立条约关系时，注重相关利权，谋求限制外国在华特权、收回国家利权。1900 年，伍廷芳代表清政府与墨西哥签订条约时就指出："中国与各国所订通商约章，以同治十三年秘鲁

---

① 《复总署　论日本修约》，光绪十三年二月初五日，顾廷龙、戴逸主编：《李鸿章全集》第 34 册，第 183 页。

② 《复总署　论日本修约》，光绪十三年二月初五日，顾廷龙、戴逸主编：《李鸿章全集》第 34 册，第 184 页。

③ 《徐使致总理衙门电》，光绪十二年九月二十四日，骆远荣编著：《徐承祖与晚清外交》，第 113 页。

④ ［日］西里喜行著、胡连成等译：《清末中琉日关系史研究》下册，社会科学文献出版社，2010 年，第 551 页。

⑤ 李育民：《近代中外条约关系刍论》，第 121 页。

约、光绪七年巴西约为最持平。"① 那么中秘、中巴条约关系是如何建立的，中国与两国初次订约究竟持平到何种程度？下文分别阐述。

一、　中秘条约关系的建立

1873 年，秘鲁派出使节前往东亚的日本与中国，目的是为了与两国签订条约。秘鲁使节先到日本办理谈判订约事宜。在秘鲁使节来华之前，中国已经探闻到其即将来华的信息。随后，英、美驻华公使均向总理衙门提出，秘鲁使节来华订约，向其请求帮助。然而，总理衙门得知秘鲁有虐待华工之事②，提出秘鲁要将华工全部送回，并声明不准招募华工，才能商议立约之事。总理衙门将此意见照会各国，并告诉李鸿章照此与秘鲁使节交涉③。

1873 年 10 月 22 日，秘鲁使臣葛尔西耶在与日本签订条约后来到天津。李鸿章与之会晤，得知华人被招至秘鲁的有十余万人，而且葛尔西耶说秘鲁没有虐待华工之事，"该国统领闻外人谣言甚多，特派大臣来华议立和约，以期共相保护"。随后，葛尔西耶送来秘鲁新制定的雇用华工章程。李鸿章认为这并不能保证华工不受虐待，所以他仍按前述总理衙门的意见与葛尔西耶交涉。然而，葛尔西耶却仍狡辩称秘鲁没有虐待华工之事，秘鲁派使臣来中国议约，"如条约立定以后，必当照约保护"。而且，葛尔西耶态度恶劣，声称自己"此来专为和约美意，若不准立约，即行回国"。11 月 15 日，英国公使威妥玛从天津路过，乘机"代为极力调停"，声称"葛使来意甚好，原欲商议立约，保护华工，若中国置之不理，必为各国所轻视，切不可任令回国，致难转圜"。此时，李鸿章与总理衙门往返函商，鉴于秘鲁有大量华工，而秘鲁又不承认有虐待华工之举，都认为应当派人去调查，再设法妥办；"欲先与会议查办章程，不即作为条约，以冀层递折落，或可就我范围"。随后，李鸿章向秘鲁使臣提出派人赴秘鲁调查，并提出查办章程四条④。然

---

① 《使美伍廷芳奏遵旨与墨西哥妥订约款定期画押折》，光绪二十六年正月二十日，王彦威、王亮辑编，李育民等点校整理：《清季外交史料》第 6 册，第 2727 页。

② 关于秘鲁华工受虐之事，华工曾有公禀诉说，各国报纸也有报道。

③ 《秘鲁使臣议约折》，同治十二年十月十八日，顾廷龙、戴逸主编：《李鸿章全集》第 5 册，第 463 页。

④ 《秘鲁使臣议约折》，同治十二年十月十八日，顾廷龙、戴逸主编：《李鸿章全集》第 5 册，第 463—464 页。

而，葛尔西耶并不接受中方提出的提议，"必欲允立和约"。而且，威妥玛向总理衙门表示葛尔西耶暂到北京居住，作为英、法两国的朋友，"不与商办公事"，次年春天再到天津商议相关事宜。于是，中秘议约之事暂时停办①。值得注意的是，秘鲁专使葛尔西耶在津谈判期间，适逢容闳因购买军火之事由美返津。李鸿章派容闳拜会秘鲁专使，容闳根据华工受虐之情，当面驳斥了该使劝中国订约、鼓励华工赴秘鲁的说辞。随后，为证实华工在秘鲁受虐之情，李鸿章派容闳赴秘鲁进行调查，调查结果为中国的谈判提供了有力的证据②。

葛尔西耶住京期间，通过威妥玛等人的介绍，曾到总理衙门进行拜会，但因总理衙门的要求，未能谈论公事。随后，威妥玛又到总理衙门为葛尔西耶游说，提出："秘使专为议约而来，拟请就近商办。"总理衙门告之中秘订约之事已由李鸿章奏明办理，所以葛尔西耶只能等到次年春天在天津与李鸿章商议③。1874 年春，葛尔西耶前往到天津，威妥玛派出英国驻华使馆的汉文正使梅辉立随行，同李鸿章继续交涉。李鸿章依旧坚持既有立场，葛尔西耶见争辩毫无效果，只好声称：李鸿章作为通商大臣，只有办理通商事务之权，而无议订条约的权力，"必须专奉上谕，有全权大臣会商事务字样"。于是，总理衙门奏准，派李鸿章为全权大臣，"与秘鲁国使臣会商事务"④。同时，清廷没有改变与秘鲁订约的立场，谕令李鸿章务必与秘鲁国使臣将其虐待华工之事"辩论明晰，先立专条，再议通商条约事务"⑤。

据此，李鸿章坚持先查办华工受虐情形，将 1873 年拟定的章程稍加变通，拟就"委员查办专条"，然后派人与梅辉立"再三驳改而后定"。葛尔西耶对于拟定的专条表示接受，这为中秘下一步议定条约打开了大门。梅辉立返回北京英国使馆后，葛尔西耶随即提出请立通商条款，并根据西方各国对

① 《回省日期片》，同治十二年十月二十七日，顾廷龙、戴逸主编：《李鸿章全集》第 5 册，第 473 页。

② 容闳著，徐凤石、恽铁樵译：《西学东渐记》，岳麓书社，1981 年，第 96—99 页。

③ 《奕䜣等又奏秘鲁使臣来津请派大臣办理折》，同治十三年三月二十九日，中华书局编辑部、李书源整理：《筹办夷务始末·同治朝》十，第 3739 页。

④ 《奕䜣等又奏秘鲁使臣来津请派大臣办理折》，同治十三年三月二十九日，中华书局编辑部、李书源整理：《筹办夷务始末·同治朝》十，第 3739—3740 页。

⑤ 《廷寄》，同治十三年三月二十九日，中华书局编辑部、李书源整理：《筹办夷务始末·同治朝》十，第 3740 页。

华条约，汇成了一个五十一款的约稿交给李鸿章。李鸿章没有接受，而是另外酌拟了一个只有二十款的简明约稿。葛尔西耶对此并不满意，将原拟的五十一款约稿删减后再次送给李鸿章。双方就这一约稿逐条逐句地进行审核交涉。李鸿章"择其无关紧要者允订数条"，但双方的要求相距甚远，彼此相持不下。在这种情况下，李鸿章派津海关道陈钦、候补道孙士达与秘鲁副使爱勒谟尔进行商议。正当双方争议不下之际，葛尔西耶又致函李鸿章，约期面议，于是在 1874 年 6 月 10、12 等日，二人进行了交涉。然而，葛尔西耶一定要"援照各国和约通例，不肯一语放松"，声称不能达成条约，只能回国，并要把会谈情形告知各国，请其"公评曲直"。正当葛尔西耶向天津各国领事告辞之际，李鸿章下属的洋务委员向各国驻天津领事"剖陈原委，谓讹不在我，一听客之所为"。在中方表明立场后，美国领事施博和法国领事林椿表示愿意调停。6 月 14 日，施博与李鸿章会晤，称经其开导，葛尔西耶同意"必照美国续约第五款不准招工，杜绝后患，则其余各条应可仿照各国和约办理"。法国领事林椿约道员孙士达至其寓所，与秘鲁副使当面商议，约定 6 月 16 日葛尔西耶再与李鸿章会晤。在美国和法国领事的调停之下，中秘双方的议约谈判继续进行。6 月 16 日，李鸿章与葛尔西耶经过互相争辩讨论，最终将通商条约十九款和查办专条逐步改定。6 月 26 日，双方就中秘《通商条约》和《会议专条》签字①。显然，中秘条约的签订并不顺利。英、法、美三国先后参与其中，既有对秘鲁的支持，又有对中秘争执的调停，最终中秘双方才达成一致。

就中秘《通商条约》的内容来看，中方基本实现了订约之初所持的立场。中国在招工、传教问题上拒绝答应秘鲁，并在多个条款中又有限制之处。诚如李鸿章所言，"在葛使之意，与各国公论，彼既允定查办资遣华工专条，是秘鲁已予中国以便宜，我亦当照西国各约，允以一律"。所以，中秘条约中除李鸿章删去传教、招工两条外，十九项条款"多与西约词意略同"。不过，中秘条约中也有斟酌添改之处。如第四款"领事必须真正官员，不得委商人代理"；第五款"游历执照，如运货物，应照报单章程办理"；

---

① 《秘鲁商约定议折》，同治十三年五月十三日，顾廷龙、戴逸主编：《李鸿章全集》第 6 册，第 58 页。

"至遣使、通商、纳税、兵船、词讼各节，均先将中国一面叙列，皆以防流弊而维体制也"。李鸿章认为中秘条约中最重要的是对招工的限制，条约的第六款上半部分"照美国续约，载明除两国人民自愿往来居住外，别有招致之法，均非所准"；"下复添叙不准在澳门及各口岸勉强诱骗中国人运载出洋，违者其人从严惩治，船只按例罚办等语"。这一条经李鸿章反复争辩，葛尔西耶才勉强接受①。

的确，中秘《通商条约》在上述诸多方面体现了对中国利权的维护。而且，该约规定了双边互惠的最惠国待遇。如其第八款规定中国商民准在秘鲁通商各处往来运货贸易，"一体与别国商民同获利益"；秘鲁商船准在中国通商各口往来运货贸易，"别国凡有利益之处，秘国亦无不均沾"。第九款规定中秘两国商人在对方国家贸易，交纳税项不能比"最优之国"有增加。第十六款规定"今后中国如有恩施利益之处，举凡通商事务，别国一经获其美善，秘国官民亦无不一体均沾实惠。中国官民在秘国，亦应与秘国最为优待之国官民一律"②。中秘通商条约也是少数几个包括有互惠条款的近代中外条约。不过，需要注意的是，秘鲁从中国获得最惠国待遇远远大于中国从秘鲁所获得的最惠国待遇③。

就秘鲁而言，它虽然未能完全达到自己的目的，但是获得了西方列强在华取得的诸多权益。如中秘通商条约的第十四条规定"秘国属民在中国有相涉案件，不论人、产，皆归秘国官查办。设与别国有事涉讼，在中国应遵某国前与秘国定约办理"。第十五款规定"中国商民在秘国有控告事件，准其原、被告任便呈禀地方官，照例审断，与秘国商民及待各国商民之例，一律办理"④。显然，秘鲁通过上述条款获得了领事裁判权，中国却没有对等的权利，这明显是对中国的不平等之处。因此，整体而言，中秘通商条约虽然有持平之处，但是仍然是不平等条约。

---

① 《李鸿章奏与秘鲁使臣议定商约并专条折》，同治十三年五月十五日，中华书局编辑部、李书源整理：《筹办夷务始末·同治朝》十，第 3769—3770 页。

② 中秘《通商条约》，同治十三年五月十三日，王铁崖编：《中外旧约章汇编》第 1 册，第 340—341 页。

③ 李育民：《近代中国的条约制度》，第 222、225 页。

④ 中秘《通商条约》，同治十三年五月十三日，王铁崖编：《中外旧约章汇编》第 1 册，第 341 页。

中秘《会议专条》则就华工问题作出了以下规定：一是中国派员到秘鲁调查华工处境。秘鲁要"全力相助，以礼接待"，秘鲁各地官员要对到达的中国委员"实力襄助，尽职办理"。二是受虐华工的处理问题。"如查得实有受苦华工，合同年限未满，不拘人数多寡，均议定由委员开单知照地方官。"如果雇主不承认，"即由地方官就近传案讯断"；如果"华工仍抱不平，立许上告秘国各大员，再为复查"。三是华工在秘鲁的待遇问题。"凡侨居秘国，无论何国人民，呈禀式样最优者，华工应一体均沾其益。"四是合同期满华工回国的问题。合同期满华工如愿回国，如果合同内"有雇主应出回国船脚之议"，"即当严令雇主出资送回"；如果合同内"无送回字样"，有愿回国却无力自出船资者，"秘国应将该工人等附搭往华船上送回，船资一切无须工人自备，秘国自行料理"①。该专条对于保护华工起到了应有的作用。而且，该约的相关规定对后续有关华工条约的签订产生了一定的影响。

1875 年，秘鲁派使臣爱勒谟尔到天津办理中秘条约的互换事宜。李鸿章在接待爱勒谟尔时，提出中国已经派员往秘鲁调查华工处境，发现华工仍然有受虐情形，所以要与他商量保护华工办法，再互换条约。然而，爱勒谟尔坚决不同意，声称自己所奉使命是换约，不能商议其他事宜；如果必要另议，须等换约后妥商②。随后，清政府派丁日昌在天津，负责办理中秘换约事宜，根据李鸿章的意见，在换约时"由换约大臣给与照会，令将以前虐待华人各情弊严为禁革，庶委员前往查办较有依据"③。

丁日昌与爱勒谟尔会晤时，将换约前互致照会一事告诉爱勒谟尔，然而爱勒谟尔却坚决反对。各国领事也帮助爱勒谟尔，声称其换约后必会有照复。在李鸿章等人的坚持下，英国汉文正使梅辉立为爱勒谟尔代拟了照复稿，并经李鸿章改定。这样，中秘双方才正式进行换约事宜。1875 年 8 月 4日，中秘换约之时，英国驻华公使威妥玛、汉文正使梅辉立等均在座，但爱

---

① 中秘《会议专条》，同治十三年五月十三日，王铁崖编：《中外旧约章汇编》第 1 册，第 338 页。
② 《直督李鸿章奏秘鲁国公使抵津请将议定通商和约并查办华工专条及时互换折》，光绪元年六月十三日，王彦威、王亮辑编，李育民等点校整理：《清季外交史料》第 1 册，第 17 页。
③ 《直督李鸿章奏请派丁日昌互换秘鲁条约片　附上谕》，光绪元年六月十三日，王彦威、王亮辑编，李育民等点校整理：《清季外交史料》第 1 册，第 18 页。

勒谟尔带来的条约、专条只有英文本和西班牙文本，没有中文本。丁日昌提出中国总是以汉文条约为凭据，若漏带此件，即彼此不能互换条约。爱勒谟尔提出先外文本换约，再通知本国将汉文条约和专条送到补换。威妥玛与梅辉立又从旁帮助爱勒谟尔，威妥玛声称"去年所立之约，内有专条保护华工，中国本占便宜；今爱使又许另立为华工除去一切苛待弊端文件，若肯通融先行换约，十数万华工不知占光多少"。丁日昌仍表示不能同意。当天会晤后，李鸿章与丁日昌进行了商议，认为：威妥玛因为马嘉理事件气焰甚盛，"趁其有求于我稍存转圜，未尝不可稍事羁縻"；而且，正如威妥玛所说，换约对华工有益；此前意大利换约时也出现过中文本未带来的情况，可以援照办理。次日，丁日昌等与爱勒谟尔会晤时，表示可以通融办理，先换洋文条约、专条，中文本在送来后补换①。8 月 7 日，中秘条约、专条互换，双方互致革除苛待华工弊端和保护华工的照会②。

中秘条约关系的建立，对于保护中国在南美的华工以及派出驻外使节和领事均有积极的影响。中秘条约互换后，李鸿章等人就奏请派遣使节前往秘鲁，按照条约保护华工③；另外，李鸿章还奏请饬广东、福建督抚督同官绅"按照条约妥拟杜弊章程，奏明实力照办，务使内足以防诱拐之奸，而外足以杜远人之口"④。随后，总理衙门奏准派陈兰彬、容闳为出使美、西、秘三国大臣。

二、　中巴条约关系的建立

巴西与中国条约关系的建立也有其特点。一般情况下，各国均是派出使节到中国来请求订约。巴西则先是通过其驻英国公使向中国出使英、法公使曾纪泽提出，巴西愿与中国签订条约。总理衙门得到曾纪泽的函报后，致电

---

① 《直督李鸿章等奏秘鲁国换约事竣折》，光绪元年七月初十日，王彦威、王亮辑编，李育民等点校整理：《清季外交史料》第 1 册，第 28—29 页；另参见《秘鲁国换约事宜疏》，光绪元年，赵春晨编：《丁日昌集》上，上海古籍出版社，2010 年，第 199—200 页。

② 《秘鲁国换约事宜疏》，光绪元年，赵春晨编：《丁日昌集》上，第 200—202 页。

③ 《请遣使赴秘鲁片》，光绪元年七月初八日，顾廷龙、戴逸主编：《李鸿章全集》第 6 册，第 342—343 页；《请派正副使赴秘鲁保护华工片》，光绪元年，赵春晨编：《丁日昌集》上，第 202 页。

④ 《严防诱拐华民片》，光绪元年七月初八日，顾廷龙、戴逸主编：《李鸿章全集》第 6 册，第 343 页。

曾纪泽，指示他设法阻止。随后，总理衙门接到曾纪泽回函，称"巴西国决意遣使来华立约，并注意招工一事"。针对此种情况，总理衙门的态度是：如果巴西是为修好通商立约，"自有成案可援"；"至招工一节，实为中国之害，断难应允"。总理衙门将此函致曾纪泽以及南、北洋大臣和闽浙总督、两广总督。1880 年 3 月 9 日，总理衙门接到曾纪泽的函件，巴西已派出使节来华。面对即将到来的巴西使节，总理衙门主张按照以往无约各国与中国订约的办法，"由各省大吏与之就近商办，未便听其贸然至京，转费周折"。所以，总理衙门奏请饬南、北洋大臣探明巴西使节行至何处，"一面截留，一面察看情形，能不立约最好，如必须议约，即由该大臣奏明请旨办理，以符向章"。①

1880 年 6 月，巴西使节喀拉多等到达上海，上海道台刘瑞芬按照总理衙门的要求试图将其劝留在上海，不必赴天津。然而，喀拉多一行坚持要北上。他们到达天津后，李鸿章试图劝阻其立约请求，声称"两国相隔太远，欲联邦交，自可共敦和好，不必遽立条约"，待两国贸易兴旺时再议约章。然而，喀拉多却坚称："奉命前来通好立约，两国和好总以条约为凭，若议约不成，有失该国体面。"并且，巴西此前已经通过曾纪泽商明，"专为议约而来，务求转奏大皇帝俯准照办"。由于巴西使节坚持请求立约，加之未提及招工一事，与总理衙门此前提出的应对办法相符，所以李鸿章上奏称：巴西使节"欲循西国通例，议立通商条约，并未提及招工，揆度理势，不能不允。惟在相机辩论，查照各国约章酌议变通"②。清廷对此表示同意，并派李鸿章为全权大臣办理与巴西订约之事。

李鸿章奉旨后，督同熟悉洋务的津海关道郑藻如和曾出洋留学的候选道马建忠，与巴西使节喀拉多进行了交涉。出于防止利权丧失的考虑，李鸿章等人在与巴西订约时极力争取，数易其稿，最终以中秘条约为底本，将其中招工各条删去，"并参用别国条约"，议定条约十六款。此后，巴西使节就第七款提出"有文义重复，请酌删字句"，中方表示同意。就整个条约而言，

① 《总署奏巴西遣使来华议约请饬南北洋大臣会商折》，王彦威、王亮辑编，李育民等点校整理：《清季外交史料》第 2 册，第 367—368 页。

② 《巴西遣使议约折》，光绪六年六月初六日，顾廷龙、戴逸主编：《李鸿章全集》第 9 册，第 112 页。

李鸿章等人在商议条约过程中，对关系中国权利的部分，"皆力与辩论，变通酌订"，具体如下：

第一款在"两国人彼此皆可前往侨居"之下，增添"须由本人自愿"，其目的就是"寓禁阻设法招致之弊"。

第三款对设立领事有如下规定："必须奉到驻扎之国批准文凭，方得视事。如办事不合，可将批准文凭追回。"李鸿章认为这是西方各国的通例。一方面，这一通例有两个好处：一是如果所派领事"或非平素公正，或与我国向不浃洽"，中国可以不准派驻；二是如果新开通商口岸，"人情未安，不欲领事骤至"，中国也可以不答应外国派驻领事。另一方面，条约的这一规定可以纠正以前中外订约的不足。以前中国与外国订约时，"因不知西例，皆未议及此层"，各国向中国派驻领事，中国不能过问；而中国向外国派驻领事，必须经派驻国准许和认可才能充当，"殊于体制有碍"。所以，李鸿章认为：此次在中巴条约中加入相应的内容，条约批准后发交关道转给各国领事；"以后他国换约修约，咸知办理近情而又逼于公法，或可冀其仿行，不至相率坚拒"。

第四款对外国人游历执照（即护照）的签发作了新的规定，此前执照多由各国领事自填再送交关道用印，外国人内地往来几乎全凭各国领事作主。中巴条约将执照的签发改为"领事照会关道请领印照"，这样可以"稍助地方官之权"。

第五款对最惠国待遇作了相应的限制。该款声明"嗣后如有优待他国利益，彼此须将互相酬报之专条或互订之专章一体遵守，方准同沾优待他国之利益"。而且，该款中的遵守专章就是参照中德《续修条约》第一款的规定。值得注意的是，该款的产生还在一定程度上受到了日本对外修约的影响。

第六款规定中、巴两国的商人、商船"凡在此国通商口岸，即应遵从此国与各国原议、续议通行商务章程办理"。李鸿章指出该款本来拟按照中德《续修条约》的规定，对商人漏报、捏报税收等作出规定。但是，中巴条约是仿照中秘条约，没有详细的通商章程，"仅添漏报、捏报一层"，难免会挂一漏万；而"应遵从此国与各国原议、续议通行商务章程办理"则包含更广。这一规定虽然包括了各项限制和规范性条款，但是同时也将各国获得的通商权益轻易地给了巴西商人。

第九、十、十一、十二等款，针对涉外法律诉讼。针对领事裁判权的存在，李鸿章等人在商议条约时，"拟参酌西国公法，问案专归地方官，而科罪则各照其国律"。巴西使臣"不肯首先改章"，担心这会"致招各国之怨"。正好德国驻华公使巴兰德从天津经过，与之商议后，中巴条约定为"被告所属之官员专司讯断，各照本国律例定罪"。这一内容就中国而言，一方面有利于华民，因为"被告多系华民，前因会审掣肘吃亏不少。兹由被告所属之官讯断，当可持平办理"。另一方面，它便于中国官员传讯为外国人服务的中国人，以免外国人"庇纵"。可见，这些条款从起初的设计到最终的确定，并不能从根本上改变领事裁判权。因此，巴西首次订约即获得了西方国家享有的领事裁判权，相关条款只是对保护中国被告和防范外国人包庇其雇用的中国人有所规定。不过，中巴条约第十一款规定"将来另议中西交涉及公律，巴国亦应照办"。李鸿章认为"公律骤难定议，究为洋务紧要关键，特倡其说，以作权舆"。

李鸿章认为以上这些都是"按照各国约章酌议变通，期归妥善"。因此，巴西使臣喀拉多等并不愿意轻易接受，"径欲照英、法旧约办理"。最终在李鸿章等人的反复交涉下，巴西使节才勉强同意。1880 年 9 月 5 日，中巴条约签订①。

至于禁止鸦片贸易一事，中巴双方没有在条约中加以规定，而是议定由巴西使臣知会本国外部审查斟酌，禁止巴西商人贩卖后，由巴西使臣另备照会送李鸿章存案，李鸿章再予以照复②。

然而，巴西在中巴条约议定之后，尚未换约生效之前，又提出新的要求。值得注意的是，巴西先是向中国示好，同意将禁止贩卖鸦片列入条约，进而将之作为条件提出修改其他条款。1881 年 4 月 17 日，喀拉多从上海到天津，告知李鸿章：巴西同意禁止贩卖洋药，"请即添入条款"；并提出对第

---

① 《巴西议约竣事折》，光绪六年八月初一日，顾廷龙、戴逸主编：《李鸿章全集》第 9 册，第 144—145 页。
② 《巴西议约竣事折》，光绪六年八月初一日，顾廷龙、戴逸主编：《李鸿章全集》第 9 册，第 145 页。

一、十一款文字作增删。对此，李鸿章的答复是：条约议定后，"向不能于未换以前另议删改"；不过，巴西就禁止贩卖洋药增添条款，这对中国有益。因此，喀拉多又向李鸿章提出，将第三款规定的商人不能充当领事改为商人可以充当领事；将第 4 款规定的领执照的办法改为"按照各国条约仍由领事发给，地方官盖印"。李鸿章于是表示第一、十一款可以增删，但是第三、四两款"原为防弊起见，断难允改"。喀拉多因第三、四两款的修改无望后，随即回到上海。随后，喀拉多又派翻译官微席叶到天津拜谒李鸿章，提出巴西议院查出原约第十款规定的"华人有本身犯案或牵涉被控，凡在巴人会馆、寓所、行栈、商船，皆均听中国官派差径往拘传"，"与中国条约照会领事官交出者，显有区别"；而且，美国在 1880 年与中国所订条约晚于中国与巴西所订条约，前者没有同样的内容，所以"巴西碍难独遵，力恳改照布约第三十二款，以全巴国体面"。对于第十款，李鸿章在与巴西议约时做如是规定是有原因的，因为中国人犯罪后往往以受雇的洋人为护符，不听传唤，中国官方行文领事饬交，"往往庇纵成习，由于前此立约未妥"，所以难以改变，导致产生很多流弊。因此，李鸿章"欲藉巴西议约，渐收中国自主之权，于约内声明，派差径往拘传，具有深意"。正因为如此，李鸿章对巴西提出更改第十款的要求"坚不允行"。继微席叶之后，喀拉多又请天津海关税务司德璀琳恳商，遭到李鸿章的严词拒绝。8 月 14 日，喀拉多到天津就第十款的修改与李鸿章进行交涉。喀拉多态度坚决，声称如果不能更改，巴西将另派使节来华议定新约；李鸿章拒绝之后，喀拉多又提出此条不改，全约作废，巴西绝不肯互换条约；而且，喀拉多做出了向李鸿章辞行的举动。在这种情况下，李鸿章认为"巴西已成之约，照西国各约挽回不少"，现在又加入对中国有利的禁贩洋药，中国也应当有所让步。而且，第十款的规定在租界实施也有不便，并且会引起其他有约国领事的反对。加之条约第三款对领事有所限制，所以李鸿章同意对第 10 款做如下修改："由地方官，一面知照领事官，一面立即派差，协同设法拘拿，不得庇纵稍留"。这一意见为喀拉多所接受。于是，李鸿章与喀拉多对此前议定的中巴条约的第一、十、十一款作了修改；另采用中美《续约附款》中禁贩洋药的条款，补入中巴条约，作为第十四款。1881 年 10 月 3 日，喀拉多在报请本国同意后，与李鸿章将新改定的条约签字画押①。

因此，中巴《和好通商条约》的诸多条款体现了清政府维护国权和限制侵权的尝试和努力。李鸿章在议定条约时，有意在最惠国待遇、涉外司法、派设领事等方面做出限制，其目的就是为了打开缺口，为以后与其他国家修约和订约时收回利权打下基础。如该约规定了双边互惠的最惠国待遇。另如第三款对派驻领事作了限制，如规定领事官"必须真正官员"，商人不能兼充领事；领事官员"必须奉到驻扎之国批准文凭，方得视事"；"至商民交涉事件有与本地官民龃龉者，领事官均不得任意争执。如领事官办事不合，彼此均可按照公例，即将批准文凭追回"。此外，第十一款虽然规定了巴西在华拥有领事裁判权，但是该款又有如下文字："若将来中国与各国另行议立中西交涉公律，巴国亦应照办。"② 这显然是出于以后收回领事裁判权的考虑。

中巴《和好通商条约》的若干条款受到时人的好评。1882 年，《申报》所刊《书中巴和约后》一文指出中巴条约"大概亦与泰西诸国和约大同小异，惟就中有两条则尤为可喜"。该约第四款云："中国人民在巴国，如安本分但能不违巴国律例章程，无论何处任便游历。"第十四款称："两国彼此商定不准贩运洋药，中人不得以洋药运往巴国，巴人亦不得以洋药运至中国。"就第四款而言，该文认为"此可见巴人大公无我之心，初无一毫猜嫌顾忌之念矣"。就第十四款而言，该文认为"此可见其除恶务尽之意，不分畛域。其视中巴两国不啻如一国。然天下之害天下人皆恶之，又何容稍有偏见"。该文认为中巴条约中的这两条都是此前中国与西方各国通商条约中未尝载列的，"其洋药一条惟去年中美两国新更条约中亦有此说。至第四款所载，则不特各国条约所无，而且与美国条约相反"③。该文之所以强调第四款，明显是基于美国排华政策而得出的看法。

1883 年，总理衙门在准备给即将来华的巴西总领事请旨颁发文凭时，就

---

① 《直督李鸿章奏巴西修约情形折　附条约及节略》，光绪七年闰七月初十日，王彦威、王亮辑编，李育民等点校整理：《清季外交史料》第 2 册，第 501—502 页。
② 中巴《和好通商条约》，光绪七年八月十一日，王铁崖编：《中外旧约章汇编》第 1 册，第 395—396 页。
③ 《书中巴和约后》，《申报》1882 年 6 月 9 日。

指出"有约各国领事等官所驻通商各口，向不由中国给与文凭"，中巴《和好通商条约》签订时才有中国给与文凭的规定，"此系按照各国公例办理，为中国收回利权之始"①。1900 年，中国驻美公使伍廷芳论及该约时指出："泰西通例，领事初到，须领事驻扎之国认准文凭，方可视事，大小各国无不皆然。中国除巴西约外，各国约内均无此条，以至各领事干预词讼，袒护教民，钳束无权，时局日坏。"②

但是，中巴《和好通商条约》仍然是在中国与西方列强所订条约的框架下形成的。清政府未能将领事裁判权等特权完全取消，巴西通过该约获得了西方列强在华的某些特权。因此，中巴《和好通商条约》仍然是不平等条约。

而且，在复杂的中外关系背景下，清政府在与巴西这样的国家议约时，试图收回利权也颇为不易。1880 年，中巴双方在议定条约后，巴西又在换约前提出修改条约，尤其针对中国官员直接进入巴西人的房屋、行栈、商船拘传中国犯人的规定。巴方认为中德、中美修约均无此规定，"中国所准他国得沾之利益，不准巴国一体均沾"，明显是不公平对待巴西。显然巴西是希望获得与西方列强一样的片面最惠国待遇，并以此抵制中国试图收回司法主权。对此李鸿章的答复是，美国同意在条约中首先载入禁止贩卖鸦片，并没有将之作为"中国所准他国得沾之利益，必欲一体均沾"。相比之下，"洋商行栈径行传人，为有关中国政令之事"，巴方却不肯照行，对中国而言也不能称公平③。不过，清政府最终出于对现实的考虑，不得不在传讯中国人犯上作了相应的修改。这反映了在不平等条约关系之下，中国难以打破其既有的制度与秩序。

虽然如此，我们还是应当看到清政府对待巴西订约的态度明显有别于其他国家。一方面，清政府在若干方面对巴西在华利权作了限制。另一方面，

① 《总署奏颁给巴西总领事等官文凭折》，光绪九年九月初一日，王彦威、王亮辑编，李育民等点校整理：《清季外交史料》第 2 册，第 678 页。

② 《使美伍廷芳奏遵旨与墨西哥妥订约款定期画押折》，光绪二十六年正月二十日，王彦威、王亮辑编，李育民等点校整理：《清季外交史料》第 6 册，第 2727 页。

③ 《直督李鸿章奏巴西修约情形折 附条约及节略》，光绪七年闰七月初十日，王彦威、王亮辑编，李育民等点校整理：《清季外交史料》第 2 册，第 505 页。

清政府没有答应巴西提出的招收华工的要求。这两者对后续的中巴关系均有所影响。就巴西而言，其来华订约的目的就是要解决招收华工的问题。1889年，傅云龙游历至巴西时，曾经来华订约的喀拉多以及其他官员与他谈论招工之事。傅云龙声称并非为招募华工事而来，巴西的官员则说："无权不妨达其意"。于是，傅云龙在与他们畅谈中得知巴西1881年遣使赴华"名沿互市，实主招工，招工之议未定，是以通商之使未来"①。1892年，巴西通过其驻法公使比萨，向中国出使英、法、意、比公使薛福成提出，将向中国派驻公使。双方就此进行了交涉②。而且，薛福成了解后得知，巴西向中国派驻公使的用意"实系专注招工"；为妥善应对华工问题，他主张中国应与巴西订约，"尤宜以重领事之权，杜驱禁之萌为归宿，然后稽查有法，而规模可久"③。1893年初，巴方告知中方，决定派其驻奥公使华兰德为驻华公使，辣达略为出使中国全权大臣商议华工条约。然而，华兰德不久即因病去世，巴西不得不考虑另选派一人为驻华公使。如何应对与巴西签订华工条约，中方是有所准备的。1893年6月27日，中国驻法代理使务、参赞庆常在与辣达略会晤时，即清楚地表明了中方的立场。当辣达略提出华工问题时，庆常回答说："本参赞无商议之权，中国允许招工与否，亦不敢臆度。"但是，中国驻英、法、意、比公使薛福成就招工一事发来的四条意见"应先声明"。薛福成的前三条意见是招工必须有"保全实据"，招工应归中国官员主持，不准洋商人等私自招雇，必须先派员查清巴西地方没有流弊；第四条是中国如允巴西招工，巴西应以其他利益酬报中国，"不得再向中国争索好处，亦不可援他国之例，别争利权"。辣达略对中方的意见表示接受。如关于"酬报中国勿争利权"，他声称巴西除招工通商以外，别无所求，"如中国有所请之事，亦愿相商"④。随后，辣达略由法国前往中国。可见，巴西为了实现招

---

① 孙学雷、刘家平主编：《国家图书馆藏清代孤本外交档案》第24册，全国图书馆文献缩微复制中心，2003年，第10049、10051页。

② 参见茅海建：《戊戌变法史事考二集》，生活·读书·新知三联书店，2011年，第350—352页。

③ 《论巴西招工事宜书》，光绪十八年十一月初四日，丁凤麟、王欣之编：《薛福成选集》，上海人民出版社，1987年，第472页；孙学雷、刘家平主编：《国家图书馆藏清代孤本外交档案》第24册，第10098页。

④ 《使英薛福成咨呈总署驻法参赞庆常与巴西公使为招工等事问答节略》，光绪十九年七月十一日，陈翰笙主编：《华工出国史料汇编》第1辑《中国官文书选辑》第3册，第1210页；孙学雷、刘家平主编：《国家图书馆藏清代孤本外交档案》第24册，第10104—10107页。

工的目的，答应不向中国多索利权。中国同意就招工一事与巴西订约，同时延续了此前与巴西订约的策略，即限制巴西获得与列强一样的权益。然而，中国与巴西就招工问题的谈判订约还是存在分歧，诚如拱北海关报告所称："尤其是其中一项涉及移民权限的条款，颇有争议，竟规定将移民及其合约转至第三方；所有这一切都令人自然怀疑谈判的结果是否当真。"① 辣达略到上海后，因上海天气寒冷、发生流行病而转赴香港。巴西所派的驻华公使阿喜巴吉也因上海发生流行病而在欧洲停留，随后他因当选参议员而放弃使事回国。甲午战争爆发后，辣达略"对输入华工的兴趣下降，更有兴趣输入日本劳工"，于是到日本考察一番后回国②。这样，中国与巴西未能就招工一事达成任何协议。1909 年，巴西才有首任驻华公使贝雷拉来华③。

19 世纪六七十年代，清政府出于对中外订约失权以及对中西交往惯例的认识，在中外订约时注意到了中外之间的平等和中国的国家利权。所以，清政府在与英国修改旧约时，开始注意收回利权；随后在与日本、秘鲁、巴西三国订约时，有针对性地采取了不同的措施。清政府与日本签订了平等条约，与秘鲁、巴西签订的条约在多个方面均有限制性规定。这些都是清政府谋求改变中外不平等条约关系的尝试，有的限制性规定就是要减少日后修约的障碍④。中秘、中巴条约还对以后的中外订约有所影响。1900 年，伍廷芳代表清政府与墨西哥签订条约，即以这两个条约为底本，并参考墨西哥与列强所订的条约⑤。但是，中英新订条约签订后，英国却不予以批准；中日《修好条规》并不能真正地限制日本；中秘、中巴条约仍存在诸多不足。这一切都表明清政府的上述尝试不能从根本上改变中外不平等条约关系，建立中外平等条约关系存在诸多的困难。

---

① 《1892 至 1901 年拱北关十年贸易报告》，莫世祥、虞和平、陈奕平编译：《近代拱北海关报告汇编（一八八七——九四六）》，澳门基金会，1998 年，第 42 页。

② 茅海建：《戊戌变法史事考二集》，第 356、364—365 页。

③ 中国第一历史档案馆、福建师范大学历史系合编：《清季中外使领年表》，中华书局，1985 年，第 66 页。

④ 王建朗：《中国废除不平等条约的历程》，江西人民出版社，2000 年，第 12 页。

⑤ 《使美伍廷芳奏遵旨与墨西哥妥订约款定期画押折》，光绪二十六年正月二十日，王彦威、王亮辑编，李育民等点校整理：《清季外交史料》第 6 册，第 2727 页。

第三章 "合作政策"破产后的各国对华条约关系

19世纪60年代,列强在对华外交上实行了所谓的"合作政策"。进入19世纪70年代,西方资本主义国家向垄断的帝国主义过渡,积极向海外扩张。各国发展的不平衡性以及对外政策的差异性,导致它们在对华问题上不可能协调一致,这种国际背景使得"合作政策"难以为继①。而且,"合作政策"也不为主张武力侵华的人所接受。《蒲安臣条约》签订后,有人因其第8款表示不干涉中国内政、尊重中国自主②,担心该款的执行有终止"合作政策"的危险③。1875年,马嘉理事件发生后,英国单独对华进行交涉,中英《烟台条约》的签订标志着"合作政策"的破产。19世纪七八十年代,中外条约关系在此前基础上,围绕着相关问题的产生和解决得到进一步发展。在各国单独对华政策下,中英在《烟台条约》的基础上陆续订了数个条约;法

---

① 刘培华:《近代中外关系史》上册,北京大学出版社,1986年,第250页。
② 中美《续增条约》,同治七年六月初九日,王铁崖编:《中外旧约章汇编》第1册,第263页。
③ 《国务卿菲什给美国驻德大使班克罗夫特的指示》,1869年8月31日,阎广耀、方生选译:《美国对华政策文件选编:从鸦片战争到第一次世界大战(1842—1918)》,第89页。

国、德国、美国就修约问题与中国进行了交涉；葡萄牙与中国正式建立条约关系；此外，通商约章得到进一步扩展。至于这一时期的条约关系与朝贡关系、边疆条约等问题，后续章节有专门的论述。

第一节 中英《烟台条约》及其后续条约的签订

19 世纪 60 年代，英国并不满足在华获得的利益，一直伺机扩大对中国的侵略，并积极探索打通滇缅的陆上交通。1874 年，英国派出以柏郎为首的武装探路队。同时，英国驻华使馆派出使馆翻译马嘉理（Augustus Raymond Margary）前去迎接。事前，英国驻华公使威妥玛还专门找总理衙门为马嘉理申请了游历的执照。1875 年 1 月 17 日，马嘉理穿越大半个中国后，与柏郎在八莫会合。随后，这支武装探路队无视中国主权，不经中国政府同意，擅自进入中国国境。这一行动在当地引起了民众的猜疑。2 月 21 日，马嘉理和他的中国随员在蛮允附近被当地居民杀死。柏郎的队伍因为遭到中国人的阻拦，只好退回缅甸。这就是马嘉理事件，又称"滇案"。滇案发生后，英国驻华公使威妥玛乘机向中国提出了案件之外的诸多要求，最终中英双方代表签订了《烟台条约》。以此为起点，中英两国间又产生《烟台条约续增专条》《香港鸦片贸易协定》《新订烟台条约续增专条》三个条约。下文拟结合《烟台条约》及其后续条约的产生，阐述 1875 年以后中英条约关系的内在冲突与发展。

一、 滇案交涉与《烟台条约》的签订

滇案的发生引起英国政府的关注。1875 年 3 月 4 日，德比伯爵自伦敦致电威妥玛，告诉他滇案的发生，要求中国政府调查。3 月 11 日，威妥玛接到这份电报，并于次日致函恭亲王奕訢，通报马嘉理事件[①]。3 月 19 日，威妥

---

① *Correspondence Respecting the Attack on the Indian Expedition to Western China, and the Murder of Mr. Margary* (*Presented to both Houses of Parliament by Command of Her Majesty*)，Lodon：Harrison and Sons，1876，pp. 1, 2.

玛为此事向总理衙门提出了六项要求：1. 中国政府派专人到云南调查事件的经过，英国要派人参与调查；2. 印度政府如果认为有必要，可以再派一支探路队到云南；3. 先交白银 15 万两给威妥玛，作为赔偿之用；4. 关于 1858 年《天津条约》第四款中"优待"外国公使的规定，恭亲王应与威妥玛立即商定办法以便执行；5. 恭亲王要与威妥玛商定办法，按条约规定免除英商正税和半税外的所有负担；6. 恭亲王立即使上述要求"能够满意地解决"①。显而易见，这六项要求中的后三条与滇案毫无关系，威妥玛的目的就是要利用此次事件扩大英国在华权益。

3 月 22 日，总理衙门答复威妥玛，表示事件的严重，已要求云贵总督和云南巡抚对事件进行调查。但是，清政府没有答应威妥玛的其他要求②。这显然不能使威妥玛满意。3 月 24 日，威妥玛在给总理衙门的节略中提出了处理滇案的三项要求，如派员至滇协同审讯、赔款等。而且，3 月 24—31 日，威妥玛在一周之内就向总理衙门发出了十余次照会，内容除滇案之外，还涉及觐见、税务、各通商口岸未结之案等。在这种情况下，总理衙门同意英国派员到云南观审。随后，威妥玛当面向总理衙门大臣提出了一个冠冕堂皇的理由——到上海以便派人去云南调查，之后便离开北京③。实际上，威妥玛是另有所图，一是为了利用上海的电报尽快同国内取得联系，二是邀柏郎来谈滇案的情况。

对于威妥玛的所作所为和英国的目的，清政府自然是洞若观火。清政府认为："英国蓄志在云南通商，已非一日"，马嘉理事件办理稍有不善，"难保不堕其术中"。己方果能实事求是，英国便无隙可乘。马嘉理无论被何人所害，"均应澈底确查，秉公办理，方足以服其心而钳其口"④。然而，中国地方官员办事历来拖沓。直到 4 月 14 日，岑毓英才派署理提督杨玉科会同

---

① Correspondence Respecting the Attack on the Indian Expedition to Western China, and the Murder of Mr. Margary (Presented to both Houses of Parliament by Command of Her Majesty), p. 6.

② Correspondence Respecting the Attack on the Indian Expedition to Western China, and the Murder of Mr. Margary (Presented to both Houses of Parliament by Command of Her Majesty), p. 7.

③ 《总署奏英员马嘉理在云南被戕一案与该国使臣续行辩论折 附上谕》，光绪元年三月二十七日，王彦威、王亮辑编，李育民等点校整理：《清季外交史料》第 1 册，第 8 页。

④ 《总署奏英员马嘉理在云南被戕一案与该国使臣续行辩论折 附上谕》，光绪元年三月二十七日，王彦威、王亮辑编，李育民等点校整理：《清季外交史料》第 1 册，第 9 页。

迤西道陈席珍以及徐承勋等查办此案。杨玉科因挑选练军、置备军装两个月后才动身。先期而行的陈、徐二人花了近一个月的时间从大理赶到腾越。经过调查，他们认为马嘉理系死于"野人"之手。6 月 20 日，清政府又发布上谕，派湖广总督李瀚章到云南调查滇案。

威妥玛南下，除短期曾到汉口和福州外，1875 年 4—7 月都在上海关注着事态的发展。当中国政府决定派湖广总督李瀚章去云南调查时，他派格维纳到湖北面见李瀚章，又派汉文正使梅辉立到北京质问李瀚章的使命。

1875 年 8 月，威妥玛来到天津面见直隶总督、北洋通商大臣李鸿章。在 8 月 3 日的会谈中，威妥玛提出：到北京后将与总理衙门商议，不但云南一事，其他各处中外官、商、民交涉的各样规矩情形，"俱要认真整顿，改变好法"。并威胁，如果办不好，他将再次离京，"把云南事交与印度节度大臣办理，各口通商事交与水师提督办理，英商税饷概不准完纳"。这一威胁可以说是外交、武力、商务三管齐下。而且，威妥玛在会谈中表露出了他对总理衙门的不满，甚至说"非先换总署几个人不可"①。此后，威妥玛、梅辉立等多次与李鸿章会晤，并提出了六条要求，声称要求"均须办到，滇事易结，和局可保"。这六条要求与威妥玛致李鸿章的节略中提出的七条要求主要意思相同，涉及派钦差大员到英国、处罚岑毓英、滇缅边界通行与贸易、驻华公使与各部院大臣交往等。对于这些要求，李鸿章建议酌允一二事，以便交涉有转圜余地②。随后，总理衙门与来京的梅辉立进行了会谈，答应了英方的部分要求，并将节略交梅辉立寄给当时正在天津的威妥玛。在节略中，总理衙门答应了威妥玛提出的赔礼、调查滇案、派人到滇的要求，而对公使与部院大臣交往、通商贸易之类的要求没有立即答复，而是同意等威妥玛回到北京之后再作商议③。其实，在总理衙门答复之前，李鸿章于 8 月 23 日同威妥玛进行了会晤。威妥玛态度恶劣，有决裂之势。李鸿章感叹"此案

---

① 《附　与英国威使晤谈节略》，光绪元年七月初三日，顾廷龙、戴逸主编：《李鸿章全集》第 31 册，第 280 页。

② 《总署奏英使在津向李鸿章提出滇案藉端要挟片　附节略二件》，光绪元年七月二十八日，王彦威、王亮辑编，李育民等点校整理：《清季外交史料》第 1 册，第 42 页。

③ 《总署奏英使在津向李鸿章提出滇案藉端要挟片　附节略二件》，光绪元年七月二十八日，王彦威、王亮辑编，李育民等点校整理：《清季外交史料》第 1 册，第 45 页。

其曲在我，百喙何辞"。他认为滇案的关键所在是，总理衙门"难于措手，自恐有大吏失体之处"。为防中英决裂，他主张处罚官员，重罪边将，轻咎疆吏①。然而，清政府并没有同意李鸿章的建议。

威妥玛在收到总理衙门的答复后，有所收获。9月初，他又到烟台与英国驻华海军司令赖德商量，准备利用海军，武力威胁中国。然后，两人联袂经天津前往北京。而且，威妥玛"以最为好战的意图"回到北京②。中英双方就滇案进行了新一轮的交涉。谈判过程中，威妥玛言辞激烈，充满了挑衅和威胁。9月的这一次交涉是接着天津交涉的话题进行的，集中在优待公使、扩大各口通商特权及云南边界贸易三个方面。威妥玛在上述三个方面提出了一些具体的要求，清政府并没有完全答应。关于优待公使，总理衙门同意各部院大臣与外国使节往来；在扩大通商特权方面，总理衙门表示要在海关总税务司赫德提出报告后，方可商议；云南边界贸易方面，总理衙门同意中英双方派人会勘边界的贸易情况③。可见，威妥玛这次所提出的要求一时难以完全达到目的，所以他再一次中断交涉，于10月11日离开北京前往上海。

然而，威妥玛以滇案为借口，向中国提出各种要求时，并没有与各国驻华公使协商。所以，威妥玛"在他的同事们的心目中留下了一种强烈的不满情绪，他们觉得，他在重新调整英中关系时，完全没有考虑到其他各国的利益"④。

1875年11月底，威妥玛又北返，在天津与李鸿章晤谈后，随即返回北京。不过，他在滇案交涉上并不积极。因此，总理衙门一方面令赫德详细核议通商各节，另一方面等待李瀚章滇案调查的续报，以便再与威妥玛交涉⑤。

1876年1月，赫德提出了由商务、讼件、政务三部分组成的《整顿通商各口征抽事宜遵议节略》，请清政府向英国做出让步。赫德的主张与其特殊

---

① 《论滇案不宜决裂》，光绪元年七月二十四日，顾廷龙、戴逸主编：《李鸿章全集》第31册，第294页。
② ［美］马士著、张汇文等合译：《中华帝国对外关系史》第2卷，第327页。
③ 《总署奏马嘉理案与英使往来辩论情形折》，光绪元年十月初七日，王彦威、王亮辑编，李育民等点校整理：《清季外交史料》第1册，第59页。
④ ［美］马士、宓亨利著，姚曾廙等译：《远东国际关系史》，商务印书馆，1975年，第322—323页。
⑤ 《总署奏英使回京并驳辩滇案情形折》，光绪元年十二月初十日，王彦威、王亮辑编，李育民等点校整理：《清季外交史料》第1册，第70页。

的身份和地位密切相关。作为清政府的外聘洋员，赫德好像是尽心尽力地在为中国办事；但是作为外国人，赫德又无时无刻不在为外国人服务；作为大英帝国的臣民，他在很多场合自然会为英国服务。他与郭嵩焘的一段对话是再好不过的证明了。郭嵩焘问："君自问帮中国，抑帮英国？"赫德回答说："我于此都不敢偏袒，譬如骑马，偏东偏西便坐不住，我只是两边调停。"郭嵩焘接着问："无事时可以中立，有事不能中立，将奈何？"赫德笑着说："我固是英国人。"显然，他在内心还是向着英国的。正如郭嵩焘所说，赫德的内心是"不能不帮护英国"[1]。

1876 年春，李瀚章、薛焕等人在云南积极调查滇案；3 月 6 日，格维纳到达云南观审。4 月，中国政府对滇案的调查已有结果。随后，李瀚章、薛焕将马嘉理被杀的具体情况向朝廷作了奏报。但是，威妥玛不同意中方办理滇案的结果，又搬弄是非。他根据格维纳的观审报告，硬将滇案的责任推到中国政府身上，说：马嘉理被杀、柏郎被阻都是因为中国政府的"攘外之心"，李珍国是受了云南巡抚岑毓英的指令，而岑毓英则是奉旨行事。威妥玛提出要将岑毓英等地方官员提京审讯，李瀚章和薛焕"查办不实"也应该一并处分。他甚至危言耸听地说："中国如不照办，是国家愿自任其咎，自取大祸。"对于威妥玛的这一要求，总理衙门直截了当地予以驳斥，并告诉他万不能办[2]。事实上，总理衙门对于威妥玛交涉滇案的目的非常清楚，即借解决滇案以达到解决商务方面的要求，而要求处罚岑毓英就是最好的借口。在清政府看来，将一个封疆大吏在外人的要求下提京审讯是史无前例的，更与天朝体制不符。

威妥玛见总理衙门态度坚决，提出寻找妥当的办法作为补救。1876 年 5 月 23、26、28 日，威妥玛连续多次发出照会，否认中方对滇案的查办结果，并提出将优待公使、整顿税厘两件事情并入滇案解决。事实上，这两者是英国等列强一直以来都想解决的问题。威妥玛在提出这些要求的同时，又采取威胁的办法，致函总理衙门说要即日南下。总理衙门答复：大臣往来已经

---

[1] 《日记三》，光绪二年七月十九日，梁小进主编：《郭嵩焘全集》第 10 册，岳麓书社，2018 年，第 45 页。

[2] 《总署奏英使对于办理马嘉理案均不同意折 附旨寄》，光绪二年五月二十七日，王彦威、王亮辑编，李育民等点校整理：《清季外交史料》第 1 册，第 101 页。

实行，"商务只能照上年所议商办"。由于威妥玛在照会中涉及赫德的整顿货税节略，该节略"内有碍难办理之端，恐一经牵涉，更多费手"。所以，总理衙门"只就与该使臣原议四事言之"，并告诉威妥玛这需要与南、北洋大臣商定；在南、北洋通商大臣未商定之前，他如果愿意商议，也可以先讨论此事。但是，威妥玛看到自己的意愿未能实现，又坚持要求将岑毓英提京审讯①。

6月2日，威妥玛抓住问题的关键，提出六条办法，其中第一、二两条是关于滇案的处理和保护外人；第三条是关于英国派员观审中国人伤害英国人的案件；第四条是关于会商滇边商务；第五条是关于英国派员在大理、重庆居住；第六条是关于开放口岸和纳税。威妥玛声明，办完以上六条后，清政府要派使臣到英国，用国书表示"惋惜"。至于给马嘉理家属以及损失行李的赔偿款、印度派兵护送费、英国调派兵船费用的数量由英国政府决定。第二天，威妥玛又送来清单，对第一条中不惩办案犯"详言其意，以示见好"②。威妥玛这六条的提出，与其说是给清政府找了"省去提京审讯"的台阶下，还不如说给清政府提出了更多的难题，特别是通商方面的要求是清政府所不能答应的。

针对威妥玛的六条办法，总理衙门认为：第一、二条尚可行。第三条观审一事，滇案已经照办，如果关涉命案，可通融办理。第四条会商滇缅边界和商务，等将抚恤家属、赔补遗失行李款项一并与滇案议结后再开办；可以答应给予石雨田等家属抚恤款，但是"此外所称各款不能与闻"。第五条，大理、重庆不是通商口岸，不能派驻领事。第六条，允许开放宜昌，其他各口不能开放；至于洋货只纳正税，不再重征其他税收，则完全不能接受。6月4日，总理衙门根据以上意见，以节略形式答复了威妥玛。显然，威妥玛并没有得到什么额外的好处，所以他看完节略后，"忿激异常"，声称此事已

---

① 《总署奏英使对于办理马嘉理案均不同意折 附旨寄》，光绪二年五月二十七日，王彦威、王亮辑编，李育民等点校整理：《清季外交史料》第1册，第102页。

② 《总署奏英使对于办理马嘉理案均不同意折 附旨寄》，光绪二年五月二十七日，王彦威、王亮辑编，李育民等点校整理：《清季外交史料》第1册，第102页。

无可商办①。

6 月 6 日，梅辉立到总理衙门再次递交节略，除既有六条外，又将遣使和赔款分列为两条，于是形成了八条要求。随后，威妥玛又同梅辉立到总理衙门，提出要多开口岸、划定通商口岸界线、正税和子税并交。总理衙门反对多开口岸和划定通商口岸界线。划定口界一说始自赫德，中国方面之所以反对，原因就在于外国人早将租界视若已有，若再多开口岸，"其弊不可胜言"。至于正、子税并交，总理衙门认为"虽于厘有损，而其义尚正"。6 月 7 日，总理衙门在节略中，对英方的要求作了答复，基本采取此前对待六条的立场。因此，威妥玛仍没有得到实质性的利益。当天，威妥玛派梅辉立到总理衙门，请划定通商口岸的界线，遭到总理衙门的坚决反对。这次，威妥玛又起用了他惯用的两种手段，向总理衙门递交了两个照会。一是催促清政府将岑毓英提京审讯；二是叙述议论大略，并声称不能再拖延了，将立刻启程赴上海②。

此时，滇案交涉陷入僵局。清政府担心威妥玛中断中英谈判，于是请出"客卿"——赫德从中调停。当总理衙门将威妥玛所提要求告诉赫德时，赫德提出请中国开放北海、温州、芜湖。总理衙门没有同意这一提议。次日，总理衙门与赫德商议后，同意开放温州。但是，这不能满足威妥玛的要求，赫德告诉总理衙门，威妥玛认为中方答应英方要求的利益太少。此时，总理衙门认为如果添开一两个口岸，但是不讨论租界免征厘金，还是可以的，于是让赫德转告威妥玛中国愿意再开放北海作为通商口岸，并与之商议。然而，威妥玛当天在照会中要求总理衙门对"催促提京"作出答复；6 月 12 日，又照会说要到上海。同时，威妥玛还送来两封信，一封是辞行的，一封信声明：以后"如有迅办之件交参赞傅磊斯办理"。乘威妥玛尚未离京，总理衙门向赫德征求意见。赫德建议：总理衙门明白函复威妥玛上次所提出的八条要求；至于事关商务的部分，威妥玛的意见是总理衙门可以照会各国公

---

① 《总署奏英使对于办理马嘉理案均不同意折 附旨寄》，光绪二年五月二十七日，王彦威、王亮辑编，李育民等点校整理：《清季外交史料》第 1 册，第 102 页。

② 《总署奏英使对于办理马嘉理案均不同意折 附旨寄》，光绪二年五月二十七日，王彦威、王亮辑编，李育民等点校整理：《清季外交史料》第 1 册，第 102—103 页。

使，商定统一办法后，将开放宜昌等处口岸一并办理，再由总理衙门"将第一条所请代为表白，及将来保护之折底即日商定，令其前往商议"。随后，总理衙门令赫德前往同威妥玛商议，据赫德的回复，威妥玛答复说，"允就此请本国完案，惟不能作该使臣担承完案，如中国另有好法，该使臣便可担承，作为案已完结"。可见，威妥玛是话中有话。的确，他在这次答复中又提出了解决滇案的两个非分要求，即：得到皇帝的召见，并当面或发谕旨向他表示对马嘉理的"惋惜"；总理衙门及各部院大臣前往英使馆宣示此意。如果中方如此办理，威妥玛就可以报告英国政府，将滇案完结①。总理衙门认为这两个要求难以实现，至于对马嘉理遇害表示"惋惜"之意，在国书中会有这一内容；并决定致函威妥玛，邀请梅辉立来总理衙门面商。

梅辉立来谈时多方挑剔。在谈及八条中的最后一款时，梅辉立说：赔款应由英国决定，所以英国要求赔数千或者数千万两，中国都要答应，没有商量余地。总理衙门大臣当即反驳，表示这与威妥玛原来所提的 20 万两的说法有很大的差距，中国不能照办。对于中国方面的答复，梅辉立说，如果不能照办，其他商定的条款均作罢，然后怫然而去。为此，总理衙门致函威妥玛，言明他曾述及赔款 20 万两，以作为凭据。6 月 15 日，威妥玛致函总理衙门，"将从前所议全为罢论"②。当天，他再次离京前往上海。中英双方谈判中断。

清政府担心事态进一步恶化，并不愿中断谈判，于是让李鸿章在天津留住威妥玛。李鸿章接到使命后，极力挽留威妥玛，并就滇案同他进行了3 次会谈。

6 月 17 日，威妥玛到达天津。次日，许钤身受李鸿章之命去见威妥玛。威妥玛怒形于色，告许："滇案除提京外，别无可商"，并认为以往与李鸿章所谈事项都没能实现，"其权力不足可知。事至此时，更无可商办"。许钤身只好以威、李二人的交情来打动威妥玛，威妥玛终于同意 19 日前去会晤李

---

① 《总署奏英使对于办理马嘉理案均不同意折　附旨寄》，光绪二年五月二十七日，王彦威、王亮辑编，李育民等点校整理：《清季外交史料》第 1 册，第 103 页。

② 《总署奏英使对于办理马嘉理案均不同意折　附旨寄》，光绪二年五月二十七日，王彦威、王亮辑编，李育民等点校整理：《清季外交史料》第 1 册，第 103 页。

鸿章①。19 日上午，李鸿章与威妥玛进行了会谈。李鸿章请威妥玛与他商议八条节略，但威妥玛表示，已致函总理衙门，将八条节略取回作罢，现在不愿再办。他对总理衙门的办案表示不满，指责李鸿章有商办之责，却无答应之权。随后，他不留情面地告诉李鸿章，自己当晚就要登船，第二天早晨乘船赴沪。这时李鸿章再三开导，反复劝慰，请威妥玛再留几天，以便商议。威妥玛无动于衷，说道："滇案除提犯到京外，别无办法。"并提出以后必须有全权大臣到上海同他商议等无理要求。李鸿章还想稳住威妥玛，请他暂缓开船，提出 20 日上午 7 点前往答拜，威妥玛甩出句"我实不能等候了"，就离开了②。

6 月 19 日下午，李鸿章再次前往英国驻天津领事馆拜会威妥玛。威妥玛因次日无轮船开出，要推迟一天离津，李鸿章乘机请威妥玛"将滇事公同商办"。威妥玛坚持滇案无可商量。李鸿章为此进行辩驳，威妥玛却抓住提京一事不放，并就八条要求，指责总理衙门大臣办外交"如同哄骗小孩子一般，说来说去，无非空谈"。李鸿章为此进行了解释，威妥玛不为所动，略做回复后便一言不发。见此情景，李鸿章只得告辞③。6 月 20 日，李鸿章请西班牙驻华公使出面斡旋，向威妥玛传达自己的意思，又亲自前去拜访，请威妥玛"总要想一妥善办法，彼此互商，免致有伤和好"，威妥玛当即否决。随后双方的谈论虽涉及滇案的处理，但是并不投机④。李鸿章只好告辞，这次努力又告失败。至此为止，清政府希望将威妥玛留在天津谈判的愿望最终付之东流。

6 月 22 日，英国使馆汉文正使梅辉立南下路过天津，顺便拜会李鸿章，提出："若准召见英使面谕马嘉理可惜，或派部院大臣往该使公馆宣述惋惜谕旨"，做到二者中任意一条都可以扭转中英外交的局面。李鸿章认为召见

---

① 《致总署 报威使过津》，光绪二年五月二十八日，顾廷龙、戴逸主编：《李鸿章全集》第 31 册，第 414 页。

② 《附 与威使问答节略》，光绪二年五月二十八日，顾廷龙、戴逸主编：《李鸿章全集》第 31 册，第 416—417 页。

③ 《附 与威使问答节略》，光绪二年五月二十八日，顾廷龙、戴逸主编：《李鸿章全集》第 31 册，第 418 页。

④ 《附 与威使问答节略》，光绪二年五月二十九日，顾廷龙、戴逸主编：《李鸿章全集》第 31 册，第 419—420 页。

无法做到，但是后一要求可以答应。这一意见经函致梅辉立，并转达给了威妥玛。同时，为打破外交僵局，清政府派赫德到上海与威妥玛进行商议。就在中英谈判再次陷入僵局时，英国正密切地关注着近东局势的发展，英国外交部致电威妥玛，希望他尽快解决云南问题。威妥玛接到来自国内的电报时，赫德也到了上海。7月15日下午，赫德同威妥玛进行了商议。7月17日，赫德寄信将所谈内容告诉李鸿章，要求派全权大臣到烟台同威妥玛商议滇案的处理，并且特别指明要派李鸿章。此外，赫德在信中对威妥玛要求中国向英国派遣使臣、开放口岸等做了说明。当然，赫德在信中颇有几分威胁意味，他说："西国情形现为土尔其事日有变动，英国朝廷愿趁此机会，叫别国看明白该国力量，既能在西洋作主，又可在东方用兵，随意办事。"甚至说，派李鸿章到烟台谈判，这是"尽头一着，若不照此议，实无别项和睦办法"①。

7月28日，清廷发布上谕，任命李鸿章为全权大臣与威妥玛谈判，要求他"就总理衙门前议，参以赫德此次来信，斟酌情形，妥为筹定，奏明办理，以免另生枝节。此外如有非理要求，仍当力拒，不可稍涉迁就"②。李鸿章认为中国人才、财政均无把握，不宜因滇事与英国失和。他就滇案的谈判提出三个需要考虑的问题，即：一、优待驻京大臣，二、滇案赔款，三、将岑毓英等提京审讯，并认为需要对这些问题预筹方案。经总理衙门讨论后，清政府最终形成了谈判的预筹方针："优待驻京使臣一节，但使无碍体制，尚可酌量允准。赔款一节，或于原议二十万外酌加若干，亦尚可行。至滇案提京一节，事多窒碍。且该使特借此为案外要挟之计，非必注意此。该使诡谲性成，非常情所能逆料，李鸿章惟当临机审断，权衡缓急轻重情形，妥筹办理以维大局。"③

8月18日，李鸿章到达烟台。各国驻华使节以避暑为名也纷纷云集烟

① 《直督李鸿章奏英使因滇案要索不遂出京接据赫德由沪来函奏明请旨折 附函及上谕各二件》，光绪二年六月初八日，王彦威、王亮辑编，李育民等点校整理：《清季外交史料》第1册，第108—109页。

② 《直督李鸿章奏英使因滇案要索不遂出京接据赫德由沪来函奏明请旨折 附函及上谕各二件》，光绪二年六月初八日，王彦威、王亮辑编，李育民等点校整理：《清季外交史料》第1册，第109—110页。

③ 《总署奏遵议李鸿章赴烟台会商滇案预筹办法折 附上谕》，光绪二年六月二十五日，王彦威、王亮辑编，李育民等点校整理：《清季外交史料》第1册，第114、116页。

台。他们是俄国的布策、德国的巴兰德、美国的西华、西班牙的伊巴里、法国的白罗尼、奥地利的史福礼等。然而，这些人并没有直接参与中英之间的谈判。

8 月 21 日，中英双方在烟台东海关公署开始第一次会谈。李鸿章说："我此次奉旨来烟会商，威大人看应如何办法可以早日议结。"威妥玛说"我亦甚愿早结"，然后话锋一转，说他所提出的三项要求"查办滇案、优待公使、通商税务照约整顿"一直未能得到解决，并对总理衙门办案表示不满，接着他将谈论的重心放在了滇案的责任问题上。李鸿章对此进行了解释，但是威妥玛却强词夺理地说：滇案"我不但疑是岑抚台指使，且疑是军机处与总理衙门的意思"。对此，李鸿章颇为不满，他说："威大人说的是笑话了。我奉旨来烟与你相商是为了事。威大人既愿意早了，须想一善法彼此妥商，不可执意多疑，致误两国大事。"威妥玛回答说："我并非说笑话，亦并不生气，此时优待、商务各节暂可搁置不提，中堂若谓滇案即照钦差复奏便可议结，我断不答应。若允滇案提京复讯，还可相商……中堂今日若亦说不能提京，就不用商办了。"随后，威妥玛取出格维纳的英文记载，一面令人翻译，一面与李鸿章辩论。李鸿章虽然对威妥玛证据的可靠性提出质疑，但是为了及早解决滇案，他对威妥玛说："你既执意必请提京，何妨将此记载关系紧要者翻译节略交我阅看，如另有指使真凭确证，或有岑抚台指使文件，我看毫无疑伪，提京一层，或亦可据情请旨办理。"① 否则，不能照办。威妥玛表示答应。双方于是商定，节略译出后再进行商议。

8 月 29 日，李鸿章到威妥玛寓所进行了第二次会谈。会谈一开始焦点依然是滇案的提京审讯问题。威妥玛问李鸿章："前次我说滇案提京能否办到？"李鸿章回答道："候威大人将节略译交再行酌办，节略何日可以交来？"威妥玛只好说："此案头绪过多，译写不易，三两日内或可办就，然不敢说定。中堂如有办法，今日不妨面商。"李鸿章坚持要求有证据才能商谈此事。然而，威妥玛执意将杀死马嘉理的责任推到中国政府一边，并对总理衙门的

---

① 《附 与威使问答节略》，光绪二年七月初三日，顾廷龙、戴逸主编：《李鸿章全集》第 31 册，第 456—457 页。

办案表示不满，除武力威胁之外，他还说："此案若问真正罪人，不是野番，不是李珍国，也不是岑抚台，只是中国军机处。"随后，他又就自己在第一次会谈时提出的三事征询李鸿章的意见。关于滇案提京一事，他要求李鸿章一定要等到节略译出后再进行商办，此外没有别的办法。关于优待驻京公使一事，他问李鸿章有没有主见。李鸿章说：已由总理衙门奏准，没有什么可以商量的。威妥玛这时颇知趣地说：现在皇帝年幼，皇太后垂帘听政，"既难商办，亦可暂置不提"。他进一步问李鸿章能不能商办"派王公接见、禁地游历、庆贺大典一律行礼"，李鸿章果断地表示："此等有关体制，难以商办。"关于通商事务，李鸿章的回答是：总税务司赫德给总理衙门的节略中已有回答，威妥玛已经看过，所以无须另议。威妥玛狡辩说：赫德的节略初看时，他感到还可以办理，但是细想起来英国商人并没有得到好处，所以他不愿意就此商办。对此，李鸿章责备威妥玛出尔反尔。威妥玛却说：李鸿章奉旨前来谈判，但是对他提出的三事未能提出"实在办法"，所以他认为不能达成协议，只有中止谈判，"节略亦不必译，即译出亦必不见允"，他只能立即回上海，向英国报告谈判情况，听凭英国政府决策。李鸿章见此情形，只得好言相劝，请威妥玛暂缓向英国汇报，8月31日再来与他"细细商订"。威妥玛于是冠冕堂皇地对李鸿章说："我在烟台暂时休息，本无别事，既中堂订期另商，我无不愿商办之理。"[1] 因此，李鸿章与威妥玛的第二次谈判也是无果而终。

两次会谈后，李鸿章感到"各件均无头绪，焦虑莫名"[2]。为改变谈判困境，李鸿章于8月30日邀请在烟台的各国使节，举行宴会。"各国使臣公论亦谓无确实凭据，擅请提京为非。"[3] 受此影响，威妥玛主动就解决滇案与李鸿章进行商议，双方约定次日会晤。

8月31日，威妥玛与李鸿章进行了第三次会谈。李鸿章与威妥玛就岑毓

---

[1] 《附 与威使问答节略》，光绪二年七月十一日，顾廷龙、戴逸主编：《李鸿章全集》第31册，第458—460页。

[2] 《致总署 述烟台二次三次会议》，光绪二年七月十三日，顾廷龙、戴逸主编：《李鸿章全集》第31册，第463页。

[3] 《直督李鸿章奏与英使在烟台议结滇案折 附改定条款原议条款并照会函稿》，光绪二年七月三十日，王彦威、王亮辑编，李育民等点校整理：《清季外交史料》第1册，第118页。

英提京审讯进行了辩论。威妥玛的目的就是以此威胁中方做出更多的让步，并向李鸿章提出"若另商办法，必较八条所要更多更重，方可服英人之心。所议条款须全答应，即转请本国结案，不必再说提京"①。对于威妥玛的要求，李鸿章指出："论理八条已觉过分，你今要添我亦不能禁止，但必须中国所能答应及我力量所能办到之事，始可商酌。"李鸿章进而提出："彼此总不要勉强，条款何日可以交来。"威妥玛说：三四天就可以译好送去，但是这次的要求包括了以往所提的滇案处理、优待公使、通商事务三事，"中堂必须全然答应，此案即可算为完结，不必再说提京一层"。此外，威妥玛还提出了如下要求：如果对条款有意见，只能逐条说明，不必再进行商议；如果全部答应，还要总理衙门各位大臣看过画押。李鸿章回应道："俟条款交到时再为商酌，但凡中国能办及我所能为之事，酌量答应，奏知朝廷似可允行。如不能办到，亦实无办法。"威妥玛于是对李鸿章说：明天就可以把所拟商办事情的主要内容送来，至于具体的内容以后再译送。至此，中英双方终于在滇案的问题上达成妥协，以免去岑毓英提京为交换，李鸿章同意了威妥玛所提出的建议。然而，惯于外交诡诈的威妥玛在会谈结束前还不忘给李鸿章施加压力，说什么格维纳已经回到英国，本国如要求岑毓英等人提京或另有其他办法，那么新议条款俱作罢论②。

其实，经过这次会谈，威妥玛的目的已经基本达到。9 月 2 日，威妥玛致函李鸿章，说：条款应该通盘合并考虑，如果不答应就停止谈判，如果同意就彼此画押。李鸿章回复说：如果所议条款"于彼此有益无损，各省地方均办得动，自可酌允。倘有中国体制所未协，力量办不到者，亦未便勉强允行"③。9 月 4 日，威妥玛到李鸿章的寓所，将自己所拟的英文条款口译给李鸿章，内容主要涉及滇案处理、优待公使、通商三方面。对于各项内容，李鸿章在听其译述时，只对关系税源较重的通商口岸划界、租界免征厘金两

① 《直督李鸿章奏与英使在烟台议结滇案折　附改定条款原议条款并照会函稿》，光绪二年七月三十日，王彦威、王亮辑编，李育民等点校整理：《清季外交史料》第 1 册，第 118 页。

② 《附　与威使问答节略》，光绪二年七月十三日，顾廷龙、戴逸主编：《李鸿章全集》第 31 册，第 464—465 页。

③ 《直督李鸿章奏与英使在烟台议结滇案折　附改定条款原议条款并照会函稿》，光绪二年七月三十日，王彦威、王亮辑编，李育民等点校整理：《清季外交史料》第 1 册，第 118 页。

层，略作辩驳。威妥玛"虽允不定口界，而租界洋货必要免厘，似有不得不允之势"。李鸿章认为其他事还未争较，如果再在洋药加厘上计较，对方又会有借口罢议，于是同意双方在条款译成中文后，再进行商议①。

9月5日，威妥玛将翻译成中文的条款交给了李鸿章，内容包括昭雪滇案、优待公使、通商税务以及另议事件（即派员到西藏探路）。李鸿章逐条进行查核，认为昭雪滇案的六条都是总理衙门已经答应的；优待往来三条可以答应，而且其中观审一节也是总理衙门在八条中答应的。但是，通商税务方面的要求有七项，涉及租界免厘、开放口岸、纳税等，有的可以答应，有的不能答应。然而，威妥玛已先约定"各条须通盘合并酌议"，但有不允，就终止谈判，李鸿章担心再次谈判破裂，只得就稍可通融的地方，适当改添字句，而全力专注免定子口界、添设口岸两事②。

从9月6日开始，李鸿章针对定子口界、添设口岸同威妥玛反复进行辩论，威妥玛"忽允忽翻"。到9月11日，威妥玛才答应不要求划定子口界，但是要求租界内的洋货免征厘金。李鸿章对此表示同意。至于开放口岸，李鸿章认为可以答应开放宜昌、温州、芜湖、北海，允许外国船只在沿江的大通、安庆、湖口、武穴、陆溪口、沙市停靠，上下货物。至于赔款一事，威妥玛与李鸿章经过商议，按原议20万两办理③。9月13日，李鸿章和威妥玛签订了《烟台条约》；四天后，清政府批准《烟台条约》。

《烟台条约》是中外不平等条约锁链中的重要一环。通过《烟台条约》，英国取得了中外办案观审的权利，进一步扩大了领事裁判权。《烟台条约》第二端"优待往来"的第二、三条在中英《天津条约》第十六款的基础上，对此作了规定。《烟台条约》进一步明确了会审制度的相关规定。《烟台条约》第二端第二节指出：中英《天津条约》第十六款规定"英国民人有犯事者，皆由英国惩办。中国人欺凌扰害英民，皆由中国地方官自行惩办。两国

---

① 《致总署　述会议略定三端》，光绪二年七月十八日，顾廷龙、戴逸主编：《李鸿章全集》第31册，第470页。

② 《直督李鸿章奏与英使在烟台议结滇案折　附改定条款原议条款并照会函稿》，光绪二年七月三十日，王彦威、王亮辑编，李育民等点校整理：《清季外交史料》第1册，第119页。

③ 《直督李鸿章奏与英使在烟台议结滇案折　附改定条款原议条款并照会函稿》，光绪二年七月三十日，王彦威、王亮辑编，李育民等点校整理：《清季外交史料》第1册，第119—120页。

交涉事件彼此均须会同公平审断，以昭允当"。该节指出，中英《天津条约》英文原约是"英国民人有犯事者，由英国领事官或他项奉派干员惩办"，与中文"皆由英国惩办"不一致；该节还指出：英国在上海设有承审公堂，按照条约相关条款办理，"目下英国适将前定章程酌量修正，以归尽善"；中国在上海设有会审衙门，办理中外交涉案件，"往往未能认真审追"，应由总理衙门照会各国驻京公使，"应将通商口岸应如何会同总署议定承审章程妥为商办"①。不过，英国在纠正中英《天津条约》的中英文本差异时，有意忽略了条约第十六款的英文本实际并没有与中文本"会同"相对应的单词②。英国对这种中英文表述差异的有意回避，显然是出于对自身利益的考虑。民国时期，中国学者就明确指出了这一点。如金兆梓指出中英《天津条约》的中文本中有"会同"字样，是译者误译；各国条约规定领事裁判权时虽然有"会同审断"一语，但仍没有明确的规定。英国派员观审马嘉理案就成为其解释《天津条约》中会同审判的例证③。吴昆吾则指出：中英《天津条约》订约以后，英人知中文翻译错误，遂认为既得权利，坚持不让④。而且，英国利用马嘉理事件，在《烟台条约》中进一步明确规定了观审制度。《烟台条约》第二端第三节规定："凡遇内地各省地方或通商口岸有关系英人命盗案件，议由英国大臣派员前往该处观审。""至中国各口审断交涉案件，两国法律既有不同，只能视被告者为何国之人，即赴何国官员处控告；原告为何国之人，其本国官员只可赴承审官员处观审。倘观审之员以为办理未妥，可以逐细辨论，庶保各无向隅，各按本国法律审断。"⑤

而且，英国通过《烟台条约》获得更多通商利益，如云南通商、洋货租界免厘、开放四个通商口岸，以及另在长江沿岸的六个地方可以停泊和上下

① 中英《烟台条约》，光绪二年七月二十六日，王铁崖编：《中外旧约章汇编》第 1 册，第 348 页。

② 中英《天津条约》第十六款的英文是："Chinese subjects who may be guilty of any criminal act towards British subjects shall be arrested and punished by the Chinese authorities, according to the laws of China. British subjects, who may commit any crime in China, shall be tried and punished by the Consul, or other public functionary authorized thereto, according to the laws of Great Britain. Justice shall be equitably and impartially administered on both sides." William Frederick Mayers, *Treaties between the Empire of China and Foreign Powers*, Fourth and Further Enlarged Edition, The North-Herald Office, 1902, p. 14.

③ 金兆梓：《现代中国外交史》，商务印书馆，1930 年，第 33—34 页。

④ 吴昆吾：《不平等条约概论》，商务印书馆，1933 年，第 14—15 页。

⑤ 中英《烟台条约》，光绪二年七月二十六日，王铁崖编：《中外旧约章汇编》第 1 册，第 348 页。

客商货物。此外，英国还获得了到甘肃、青海、西藏探路的权利。因此，《烟台条约》使中国丧失了更多的利权，便利英国进一步深入中国内地和侵入中国西南地区。

与此截然不同的是，在《烟台条约》签订之前，英国尚有人对中英条约关系抱有美好的期待。1876 年 6 月 27 日，亨利·理查德在英国下议院发表演说，指出《天津条约》逢十年修改之期即将到来①，主张"在公平、友好、人道的基础上"与中国人交往；中英两国之间的条约"应当被修改，以便促进合法的贸易利益，并且保障中国政府和人民的正当权益"②。然而，新签订的中英《烟台条约》却与这种主张背道而驰，进一步加深了中英条约关系的不平等性。

而且，《烟台条约》的签订对于列强对华外交也产生了重要的影响。英国在处理滇案与《烟台条约》的谈判过程中，并没有与各国协商合作。这完全有别于此前列强在对华问题上的"团结一致"；此后，它们在对华政策上的"这种团结早已烟消云散，变为尔虞我诈了"③。以此为标志，列强对华的"合作政策"破产。

二、《烟台条约》与后续诸条约的签订

《烟台条约》签订后，威妥玛于 10 月 13 日照会总理衙门要求京外将应办之事切实遵行。事实上，中国政府在条约签订后就开始履行条约义务。总理衙门在事后即奏请按照条约规定次第办理。至于《烟台条约》中有关各国的内容，如中外会审案件、往来礼节、洋货租界免厘、洋药税厘并征等，总理衙门也分别照会各国公使，请各国公使共同商议，再照会总理衙门，以便

---

① 《天津条约》规定的修约期限是 10 年。作为 1868 年修约的结果，中英《新定条约》并未被英国政府批准，因此 1878 年又将是一个十年届满之期。

② Henry Richard，*Our Relations with China：Speech Delivered in the House of Commons*，June 27th 1876，pp. 39—40.

③ ［英］季南著、许步曾译：《英国对华外交：1880—1885》，商务印书馆，1984 年，第 11 页。

确定实行①。1877 年，总理衙门奏请将《烟台条约》规定的通商口岸开放。郭嵩焘出使英国时，也将国书呈递英王，表示中国政府对滇案的"惋惜"之意。而且，《烟台条约》签订后，就有外国人提出由川入藏。1878 年，总理衙门上奏称："将来英国及各国游历之人如照《烟台会议条款》由藏行走，诚恐肇衅生端，请饬驻藏大臣严谕该番众毋得拦阻。"清廷发布上谕也称："中国与各国既有会议条款，即应遵照办理，中外人等由藏行走，领有执照，何得擅行拦阻?"②

与此截然不同的是，英国政府在条约签订后却迟迟不予以批准。一个重要原因就是"这项条约有三分之二需要所有其他国家的承认，才能执行"。然而，俄、德、法等国驻华公使不满意《烟台条约》，对相关条款的规定不愿接受③。另一个重要原因就是英印政府和英国商人的反对。他们认为鸦片税厘并征会影响自己的利益。其实，英国政府在鸦片贸易中获利很多，也不愿意因为《烟台条约》的签订而影响对华鸦片贸易。因此，英国政府出于国际和国内因素的考虑，拒绝批准《烟台条约》。

虽然英国政府没有批准《烟台条约》，但是清政府除了鸦片税厘并征这一重要问题没有解决外，其他重要的条款基本上都切实执行了。因此，清政府无论从执行条约，还是从对鸦片征税上讲，都有必要解决这一问题。《烟台条约》签订后，清政府就此问题又继续同英国进行了谈判。

与此同时，郭嵩焘作为中国首任驻外公使出使英国。在伦敦，郭嵩焘就《烟台条约》的批准和执行问题向英国政府进行了多次交涉。然而，当郭嵩焘询问《烟台条约》批准一事时，英国政府一再找理由搪塞、拖延。例如1877 年 11 月 14 日，郭嵩焘向德尔比询问呈递国书的问题时，探询英国不批准《烟台条约》的缘故。德尔比推托说："中有须商之印度总督者，至今未

① 《总署致各国公使中外会审案件请各国会商划一章程照会》，光绪二年八月初九日；《总署致各国公使往来礼节条款请会商见复照会》光绪二年八月初九日；《总署致各国公使租界免收洋货厘金洋药税厘两款俟各国会商妥协后见复照会》，光绪二年八月十一日，王彦威、王亮辑编，李育民等点校整理：《清季外交史料》第 1 册，第136—138 页。

② 《谕总署中外人等领照由藏行走着驻藏大臣依约保护》，光绪四年十二月二十四日，王彦威、王亮辑编，李育民等点校整理：《清季外交史料》第 2 册，第 283 页。

③ ［美］马士著、张汇文等合译：《中华帝国对外关系史》第 2 卷，第 334—335 页。

准复文。"郭嵩焘进一步追问印度延搁的原因，德尔比的回答却是："印度灾荒捐赈，想是不暇及此。窃计此数日内亦必有信。"① 然而，英国迟迟没有批准条约的消息。

不仅英国政府如此，就连暂时回国的威妥玛在对待自己议定的《烟台条约》批准上也表现得非常蛮横。1878 年 7 月 29 日，郭嵩焘去拜会沙里斯伯里、毕根士、威妥玛等人，结果只见到了威妥玛一人。双方谈到《烟台条约》时，就租界免厘、鸦片税厘并征问题发生了争执。威妥玛声称："此次《烟台条约》先免通商口岸厘金，原与旧约不符，应候各国议准。各国现尚无一允准者，其势不能听各国通行免厘，英国但守通商口岸之理。"郭嵩焘批驳了威妥玛的谬论，指出："条约明言口岸免厘及洋药税、厘并征两项，应候各国会议。今条约各项久已照行，即口岸免厘，应候各国会议者，亦已开办。独洋药一节，全由英国主持，至今不一议准。中国竟无从开办，实不足昭平允。"威妥玛闻此大怒，威胁说："且候中国再杀一马加里再说……吾旦夕回中国，议论方长。"郭嵩焘则反驳道：《烟台条约》签订已过两年，"其取受中国之利，早已开办，独洋药厘捐中国稍有利益，延搁至今。此公事过不去。吾以滇案来此两年，迄今滇案未经画押议结，吾更何颜自处？此于私义亦过不去。"威妥玛竟然说："君自奉命出使，并无饬议催《烟台条约》之文。"对此，郭嵩焘也无可奈何，只是表示自己"见此件未了，即使事有缺，无面目自立耳"。威妥玛竟然毫无道理地说："吾自有办法。当径取旧约行之。此件条约一并扭毁。"郭嵩焘反驳说：条约是威妥玛议定的，他"自毁之"，"于我何与"；"即欲毁此约，亦须明白开陈。一味压搁，吾所不解。"② 结果，这次会谈不欢而散。

很明显，要使英国批准《烟台条约》并不是件容易的事情。事实上，郭嵩焘在英国办理外交十分艰难。正如他自己所说，在伦敦的两年里，"与外部议论事件，均不过十余语，以外部一切不肯驳论，无从申述"③。不过，郭嵩焘并不气馁。为了《烟台条约》的批准问题，他一直在寻找同英国外交部

---

① 《日记三》，光绪三年十月初十日，梁小进主编：《郭嵩焘全集》第 10 册，第 324 页。
② 《日记三》，光绪四年六月三十日，梁小进主编：《郭嵩焘全集》第 10 册，第 558—559 页。
③ 《日记三》，光绪四年七月初四日，梁小进主编：《郭嵩焘全集》第 10 册，第 564 页。

辩论的机会。

1878 年 8 月 3 日，郭嵩焘为《烟台条约》到英国外交部，同沙里斯伯里进行了辩论，前后达两小时之久。会谈大慨情况如下：

郭嵩焘问："君主应作何批定，耽延如此之久，想此时必有定议？"沙里斯伯里回答说："条约除厘金、洋药二项外，原可作为全结。以此二条应会商各国，是以不能定议。"郭嵩焘于是说："居此两年，所以未及催问，正因德国方引厘金为言。谓俟德国定议，此件条约必无他说。"德国公使提出催办租界免厘，已经有一年多了，"足为各国准允条约之明证"。沙氏却说，自己还不知道此事，如果真是这样，"便应行文德国询问"。这实际上只是托词。所以，郭嵩焘说："行文德国必不可少，然似未宜延至两年之久始行询问"，现在不应该再耽搁拖延。沙氏说："各国原始皆不答应，本国直亦不能独定。"郭嵩焘于是指出：租界免厘现在"各国均无异言"，只是鸦片税厘并征一事应由英国主持，与其他国家没有关系。一谈到问题的关键，沙氏就开始狡辩，声称："中国近年遍种罂粟，国家若有意引导之，未尝示禁。本国于此只看作一种贸易，并不以为害人之物，以中国原已广种罂粟，岁岁加多，无已时也。必欲加增厘税，禁使不能贸易，是以国家不能议准。"郭嵩焘根据中国的实情反驳道：加税"不过禁止偷漏而已，何足以断绝来源，使不得贸易？"面对郭嵩焘的回答，沙氏又诡辩说："所以不能议准，知中国地方官视此为利薮，诚虑肆意征收，漫无限制。"郭嵩焘解释说："中国地方官于国家未经定立章程之件，可以任意征收。国家明示章程，地方官势亦无从任意征收。"沙氏故作姿态地问，如果真是这样，怎么不明定数目？郭嵩焘回答道，李鸿章开始要议定数目，但是威妥玛却不同意，所以没有确定。沙氏问李鸿章定下的数目是多少？郭嵩焘说是一百两。沙氏说："如此实是太多，所以人人言中国谋禁绝此种贸易。"郭嵩焘反驳说：中国鸦片征税增加10 倍也抵不上印度的征收数量，就是英国驻华公使阿礼国、威妥玛都说中国的鸦片税很低。这时，沙氏一面说英国驻华公使的个人私见并不代表国家，一面又说要等驻华公使查明后再定。针对沙氏的说法，郭嵩焘说："此件条约原由驻京公使定议，何待更查。耽延日久，徒使中国应办事件不能开办，公使在此，亦觉无颜。"郭嵩焘的据理辩论，使沙氏不得不做出退让，他说："除此两条，先将各条议准，以便回复总理衙门。"其实这跟没有回答是一样的，正如郭嵩焘所说：其他各条中国都已经实行，批准与否，毫无意义。租界免厘已经开办，但是鸦片税厘并征中国至今不能开办。对于各国所得的利益，中国一一照行；而中国应得的利益却积压两年之久，"恐亦非持平之道"。正是由于郭嵩焘的据理力争，沙氏只好答应写一份文件给郭嵩焘，等他回复后，再作答复。郭嵩焘说："外部文件，必应照款回复。惟恐所闻未必周详，我当详悉具一文，以凭贵衙门核办。"沙氏对郭嵩焘的建议表示赞成①。二人的以上对话表明了两国对待《烟台条约》和鸦片税厘并征的不同立场。事后，郭嵩焘继续关注着事态的发展。8 月 11 日晚，他将催问有关《烟台条约》的文件送交英国外交部。

郭嵩焘在英国期间，对英国人如何看待《烟台条约》有更为清楚的了解。他在阅读报纸时发现：英国商人以《天津条约》中没有厘金的规定，据此认为征收厘金是《烟台条约》中新增加的；而且，他们对条约规定的鸦片征收厘金也有所怀疑。对英国商人这种贪得无厌的欲求，郭嵩焘十分愤慨。他专门致函英国外交部进行了解释，指出《烟台条约》所规定的征税是正当的，并义正词严地驳斥英国商会，他说："商会于此既多怀疑虑，则威大臣所定《烟台条约》第二端、第三端，原在昭雪滇案之外；或一切照旧办理，于通商事宜概无庸更改，则所议添开四口及起卸货物六口，均应一并停免，中国亦无不乐从。否则，据此为疑，未免有失威公使会议条约之本旨。"② 然而，英国在充分享受《烟台条约》所得利益的同时，却一直不批准该约生效。

10 月 8 日，郭嵩焘拜会沙里斯伯里，就鸦片征税问题进行了商谈。沙氏依然说：中国意在禁止印度鸦片进口，以便通行内地烟土。在郭嵩焘的反复辩驳之下，沙氏说：据各通商口岸的领事报告，内地的烟土并不征税。对此，郭嵩焘说："中国例禁鸦片烟，是以不能定立税则，各关卡抽厘并同。"

---

① 《日记三》，光绪四年七月初四日，梁小进主编：《郭嵩焘全集》第 10 册，第 562—564 页。

② 《总署代奏郭嵩焘出使英国呈递国书情形折 附函及照会》，光绪四年二月十四日，王彦威、王亮辑编，李育民等点校整理：《清季外交史料》第 2 册，第 243—244 页。

而且，郭嵩焘说自己也曾建议国内，"严示例禁而重科税则"。沙氏对此回答说：应该这样办理，现在威妥玛先到印度，与印度总督会商，至于应如何定议，到时再向中国商办。结果，这次商谈也没有得到明确的回答，郭嵩焘认为"大率免厘及此二款必稍有变通矣"①。

1878 年 11 月 14 日，威妥玛在动身赴印度前，与郭嵩焘在伦敦进行会谈。郭嵩焘问《烟台条约》"究应如何归结"，威妥玛提出了两个办法：一是"议定缴纳子口税地界，免洋货之厘"；二是"中国若以为不能得好处，则所开四口及六处起货之地一概退还，按照旧约办理，一概免厘"。郭嵩焘说：这都是按照条约与总理衙门"妥筹办理，无不可行者"；只是有两件事应该通筹妥善办法，一是进口鸦片厘捐应该按照《烟台条约》办理，不应该违反；二是缴纳子口税必须由海关核收，不应当另定界限。郭嵩焘从中国的具体情况出发，告诉威妥玛这两件事一定要从长计议。威妥玛不以为然，仍坚持自己的意见，并大肆诋毁，说："此事办理尽易，所难者总理衙门一意枝梧，略无归宿之处，实令人无从处办耳。"②至于税厘并征征收厘金的数量，郭嵩焘也同沙里斯伯里面商过，他提出每箱征收 60 两，合正税一并征收 90 两，结果遭到沙氏的拒绝。

因此，中国想在短时间使英国全面批准《烟台条约》是不可能的。对此，一些正直的英国人也表示不满。如英人韩博理在报刊上发表文章称赞郭嵩焘忠心为国，但是英国至今没有批准《烟台条约》，"甚非公平之道"③。1879 年，清政府任命曾纪泽为驻英公使。郭嵩焘返回中国，他所期待的英国批准《烟台条约》在其任期内终究未能实现。

除驻外公使进行交涉外，总理衙门曾多次就鸦片征收厘金问题同威妥玛进行商谈。威妥玛的答复是："各省本口抽收洋药厘金多寡不同，拟并征以归画一"。结果，双方往来谈判多次，未能达成一致意见。随后，总理衙门同南、北洋通商大臣进行协商，提出一个征收的办法，然后照会威妥玛。威妥玛回答说："已咨本国，厘税均照旧章，先在上海试办。如办

---

① 《日记三》，光绪四年九月十三日，梁小进主编：《郭嵩焘全集》第 10 册，第 617 页。
② 《日记三》，光绪四年十月二十日，梁小进主编：《郭嵩焘全集》第 10 册，第 651—652 页。
③ 《日记三》，光绪四年十一月十一日，梁小进主编：《郭嵩焘全集》第 10 册，第 669—670 页。

不到,即将新开口岸退还中国。"这一回答其实是反戈一击。总理衙门只好回复说:中国并没有收回新开口岸的意思,"惟此事应照条款定明开办"。随后,总理衙门多次催威妥玛答复,威妥玛都不予回答。继此之后,李鸿章又就此问题当面同威妥玛进行了商议,提出在正税之外加征80两,合计征收厘税110两,但是威妥玛只同意加征至100两。而且,他并没有给出完全肯定的回答,只是在照会中说:"仍咨本国酌议,俟准回音,即行备文知照。"① 因此,这一问题到1881年仍然悬而未解。其原因除中英双方在征税数量上未能达成一致外,还与"各国使臣又复从旁阻挠"有关②。此时,中国驻英公使曾纪泽认为:征税是"各国自主之权"。"洋药为害之烈,我华以重税困之,本属名正言顺",威妥玛"自知理绌,故日肆延宕,然我能示以一定数目,百折不回,彼亦无如我何"。他告诉总理衙门说:"此事系印度部尚书专政,而其枢纽又全在印度总督,外部既无权以主持之,即断不肯与纪泽诚心商议";而且,商议此事,不应该撇开原议大臣。不过,他在与英方晤谈时,"自当细察情形,相机立论,将吾华加税所以禁烟之意痛快说出也"③。

在中英交涉难以进行之际,中国先后出现两个鸦片征税的解决办法。1881年,左宗棠上奏提出将进口鸦片税厘并征加至150两。他的出发点并不是完全从税收的角度来考虑的,而是在加重税收的情况下,增加吸食者的负担,从而使吸食者减少。这未尝不是禁烟的一项补救办法。但是,中国对进口鸦片加征税收必须同英国驻华公使商议。总理衙门于是就此问题同威妥玛进行商议。在中英商议的过程中,李鸿章提出正税之外加80两,税厘并征110两。威妥玛表示可以加征至100两,但是自己对这一办法并无决定权,必须等待本国的批准④。1881年,英商沙苗向李鸿章提出包揽

---

① 《总署奏洋药厘税并征载在会议条款请饬驻英使臣与英外部商办折 附上谕》,光绪九年正月十二日,王彦威、王亮辑编,李育民等点校整理:《清季外交史料》第2册,第599页。

② 《直督张树声奏英商包揽洋药章程请饬总署核议折 附章程》,光绪八年四月二十二日,王彦威、王亮辑编,李育民等点校整理:《清季外交史料》第2册,第538页。

③ 《伦敦致总署总办论事三条》,喻岳衡校点:《曾纪泽集》,岳麓书社,2008年,第179—180页。

④ 《总署奏议复英商揽办洋药事宜折》,光绪八年四月二十六日,王彦威、王亮辑编,李育民等点校整理:《清季外交史料》第2册,第541页。

中英鸦片贸易的办法。次年，署理直隶总督张树声就此问题同英商沙苗进行了协商，提出由沙苗承揽鸦片贸易，正税和厘金共收 100 两①。然而，英国政府不仅反对英商承揽中英鸦片贸易，而且反对鸦片税厘并征 100 两。这一办法因此只好作罢。

1882 年 8 月 16 日，总理衙门致函曾纪泽，将前后谈判的情况告诉他；并提出如果英国外交部问及，可与之进行商议，按李鸿章提出的 110 两来办理；如果英国坚持不允许，就示以大方，以威妥玛所说的 100 两办理，"此事即可定局"②。1882 年秋，威妥玛回国。这种情况下，总理衙门决定让曾纪泽在英国办理此事。

曾纪泽与回英的威妥玛进行了接触。威妥玛告诉曾纪泽说，总理衙门已答应将鸦片税厘并征加至 100 两。这理所当然地遭到曾纪泽的驳斥③。与此同时，曾纪泽向国内报告了英国对此问题有不同看法；而且，英国的禁烟会正在大力宣传禁烟。这对中国是有利的。1883 年初，总理衙门奏请派曾纪泽商办鸦片税厘并征事务。2 月 19 日，清廷发布上谕，派曾纪泽办理洋药税厘并征事务，"如照李鸿章前议一百一十两之数，并在进口时输纳，即可就此定议"。而且，曾纪泽要按总理衙门历次电函办理，联络英国的禁烟会，与英国商议鸦片进口分年递减，最终逐渐设法禁止④。1883 年 5 月 11 日，总理衙门又致函曾纪泽，指出：如果英国不愿在威妥玛所提出的 100 两的基础上再作增加，那么中国政府只好答应，但是国内的土烟与洋烟不能征收一样的税厘⑤。

曾纪泽受命后，同英国外交部的官员进行了谈判。他或是分条出具节略，或是逐条面谈。但是，英国外交部都援引以前的说法，在税厘并征的数

---

① 《总署奏议复英商揽办洋药事宜折》，光绪八年四月二十六日，王彦威、王亮辑编，李育民等点校整理：《清季外交史料》第 2 册，第 540 页。

② 《使英曾纪泽奏遵旨与英外部议定洋药税厘并征续增专条画押盖印日期及办理情形折》，光绪十一年九月十一日，王彦威、王亮辑编，李育民等点校整理：《清季外交史料》第 3 册，第 1241 页。

③ 《总署奏洋药厘税并征载在会议条款请饬驻英使臣与英外部商办折 附上谕》，光绪九年正月十二日，王彦威、王亮辑编，李育民等点校整理：《清季外交史料》第 2 册，第 599 页。

④ 《总署奏洋药厘税并征载在会议条款请饬驻英使臣与英外部商办折 附上谕》，光绪九年正月十二日，王彦威、王亮辑编，李育民等点校整理：《清季外交史料》第 2 册，第 600 页。

⑤ 《使英曾纪泽奏遵旨与英外部议定洋药税厘并征续增专条画押盖印日期及办理情形折》，光绪十一年九月十一日，王彦威、王亮辑编，李育民等点校整理：《清季外交史料》第 3 册，第 1241 页。

量上力争，以致曾纪泽很久都没有能够与之商定确数。在此过程中，英国禁烟会的正义之士又大力抨击鸦片贸易。在他们的影响下，英国外交部才答应将税厘并征的数量增加到 105 两。然而，曾纪泽并不松口，一定要坚持征收110 两。在曾纪泽的坚持下，英国外交部最终于光绪十一年（1885）二月同意将税厘并征的数量确定为 110 两。这样双方达成专条。然而，此时英国外交部还在给曾纪泽的照会中称："专条既定，如中国不能令有约各国一体遵照，英国即有立废专条之权。"而且，英国外交部还提出将此意写入专条之中。由于曾纪泽的坚持，英国外交部才同意以照会的方式表达此层意思。考虑到在专条首段加入"限制约束"之类的话对中国有利，曾纪泽多次力争，方才在条约首段加上了"于行销洋药之事须有限制约束之意"，这样做就是要声明这次谈判加税的目的，并为以后修约埋下伏笔①。于是，经过曾纪泽两年的交涉，中国终于在 1885 年 7 月 18 日与英国签订了《烟台条约续增专条》。

《烟台条约续增专条》共有十条，是在《烟台条约》第三端，特别是其第三节的基础上制定的。因为该节"于认真整顿洋药贸易之法，尚欠详细"。《烟台条约续增专条》的第一条规定"烟台条约第三端第一、第二两节所拟办法，现在议定应由两国国家日后再行商酌"。第二至五条对进口鸦片税厘并征作了较为具体的规定。第二条规定将《烟台条约》第三端第三节所规定的洋药办法更改为"洋药运入中国者，应由海关验明，封存海关准设具有保结之栈房，或封存具有保结之趸船内，必俟按照每百斤箱向海关完纳正税三十两并纳厘金不过八十两之后，方许搬出"。第三条对完纳税厘之后的洋药拆改包装、请领运货凭单、运货入内地以及载运洋药凭单式样等作了详细的规定。第六至八条规定了《烟台条约续增专条》的效力、实施。第六条规定其与《烟台条约》"视同一律，其实力郑重之处，亦与逐字载入《烟台条约》无异"。第七条规定"专条所载洋药章程，议定照行四年"。四年后，如果两国想废弃此专条，可以废弃；不过，"倘查所发运货凭单，于海口运送洋药前往内地行销处所之时，仍不免其输纳一切税捐等项，则无论何时英国即有

_____

① 《使英曾纪泽奏遵旨与英外部议定洋药税厘并征续增专条画押盖印日期及办理情形折》，光绪十一年九月十一日，王彦威、王亮辑编，李育民等点校整理：《清季外交史料》第 3 册，第 1241 页。

废弃专条之权"。该约废弃后洋药征税办法按照《天津条约》所附章程办理。第 8 条规定专条实施后，如果两国发现其有需要变通之处，可以"会同商议酌改"。第九条则规定"烟台条约第三端第七节所载派员查禁香港至中国偷漏之事，应即作速派员"①。

1886 年 5 月 6 日，中英双方代表在伦敦正式互换条约，《烟台条约续增专条》生效。《烟台条约》也在当日换约生效，这时距《烟台条约》签订已有十年之久。不过，《烟台条约续增专条》的签订并不是《烟台条约》相关问题的彻底完结。它所规定的鸦片征税问题以及重庆开埠的问题，均需要中英双方进一步解决。这进而影响了两个与之相关条约的产生。那就是《香港鸦片贸易协定》《新订烟台条约续增专条》。

鸦片问题是中外贸易中的重要问题之一。通过 1858 年《通商章程善后条约》，鸦片贸易实现合法化，香港成为鸦片走私的重要据点。为防止偷漏税收，广东地方当局在香港周边设立厘卡，照章收取厘金，并派船巡缉。中国的这些举措具有防范鸦片走私和保证税收的双重目的。然而，这种行为却被香港的既得利益集团视为"封锁香港"②。1876 年签订的《烟台条约》第三端第七节、1886 年签订的《烟台条约续增专条》的第九条，都有关于鸦片征税的规定。在赫德的积极活动下，中英派员根据以上两个条约的规定，就香港鸦片贸易进行交涉。1886 年 9 月 11 日，中英签订《香港鸦片贸易协定》。该约仅用六条对鸦片在香港的进口、出口、存放等作了规定；同时，提出了六个条件，第一个条件就是"中国与澳门商议，采取同样措施"，此外尚有税务司在中国九龙地方设官一名、税务司官员管理九龙局等③。该约的相关规定是为防止香港鸦片贸易的偷漏问题，但是作为条件的规定则产生了多种影响。它解决了所谓的"封锁香港"问题，实际上便利了印度鸦片的销售；海关税务司设官九龙，将原属粤海关监督的职能归入海关税务司，扩

① 中英《烟台条约续增专条》，光绪十一年六月初七日，王铁崖编：《中外旧约章汇编》第 1 册，第 471—473 页。

② 陈新文：《"封锁香港"问题研究（1868—1886）》，《近代史研究》2003 年第 1 期。

③ 中英《香港鸦片贸易协定》，光绪十二年八月十四日，王铁崖编：《中外旧约章汇编》第 1 册，第 487—488 页。

大了海关的权力①；条约规定澳门必须采取同样措施，这对后续中国与葡萄牙谈判订约产生了重要的影响。

重庆开埠问题是《烟台条约》第三端第一节的规定。该款规定，英国可以向重庆派驻领事，轮船不能上驶重庆以前，英国商民不能居住，也不能设立行栈；在轮船能够上驶重庆后，中英再商议办理。《烟台条约续增专条》也强调这部分应由中英双方再作商议。然而，这一问题不可能立即解决。

1887 年 7 月 23 日，英国驻华公使华尔身照会总理衙门，声称：英国商人立德自置小轮船，拟于当月从宜昌试航重庆，"请照《烟台条约》给发准单"，并请转饬地方官员保护。对于英方的这种要求，总理衙门认为条约有明文规定，"本无辞可以阻止"，于是在照复时提出"川江路曲而窄，石多水急，若轮船驶行，民船必遭碰损，该处船户众多，易致生事"，必须察看情形，妥议章程，方可试行。随后，四川总督与英国领事会商防碰章程。四川总督提出"轮船赴川，每月只准行走二次；如有碰损，船货全赔"，英国领事对此"坚执不允"。1889 年，立德提出"拟以十二万两买其船栈，十年限满，再议上驶"。然而，立德只是英国商人，"无废置条款之权"；总理衙门认为"须由领事禀商公使，订立合同，方有把握"。所以，总理衙门就此与英国驻华公使商议，英国公使说："买船立限之议，专对立德言之，而与他商无干。"因此，这一办法无法实行。为解决该款的实施问题，总理衙门又致电驻英公使刘瑞芬"与英廷商缓"，也没有结果。随后，英国驻华公使向总理衙门提出，外省所议办法"万难就绪"，请在北京商议，"较为妥速"。于是，在赫德的调解下，中英双方将该款"酌量变通，改议专条"；外商从宜昌到重庆，"准其用川江常行船只运货通商，而罢行驶轮船之议"；开放重庆为通商口岸。对于这一变通处理的办法，总理衙门认为：外国人在重庆早有贸易，现在将之开放为通商口岸，"在彼不过得开设行栈之益，在我亦无所损，而轮船不行，可免意外多少枝节，实为两全之计"。1889 年冬，中国驻英公使与英国外交部就此变通办法进行商议，英方表示"事可相商"，只

---

① 汪敬虞：《赫德与近代中西关系》，人民出版社，1987 年，第 165 页；陈新文：《"封锁香港"问题研究（1868—1886）》，《近代史研究》2003 年第 1 期。

要处理好立德所置轮船，"乃可另议"①。于是，中国官方出资购买了立德所置轮船，英国驻华公使向总理衙门提出重庆通商节略。中英双方就此进行了商议，最终达成《新订烟台条约续增专条》。1890 年 3 月 31 日，奕劻、孙毓汶在北京与英国驻华公使华尔身签订《新订烟台条约续增专条》。次年 1 月 18 日，该约在北京互换生效。

《新订烟台条约续增专条》共有六条。作为《烟台条约》的续增专条，该约首先声明因为《烟台条约》第三端第一节的规定"因彼此意见不同，未克定议"，现中英双方经商议拟定续增专条。第六条规定续增专条与《烟台条约》"视同一律，其实力奉行之处，亦与逐字载入《烟台条约》无异"。第1 条规定重庆为通商口岸，"英商自宜昌至重庆往来运货，或雇用华船，或自备华式之船，均听其便"。第二、三、四条则规定了船只从宜昌到重庆往来运货的管理，要求往来船只要遵守"条约税则及《长江统共章程》"，以及由宜昌关监督、川东道、税务司、英国领事制定的章程。第五条规定"一俟有中国轮船贩运货物往来重庆时，亦准英国轮船一体驶往该口"。② 该约的签订虽然阻止了英国轮船上驶重庆，但是开放重庆以及允许英国使用华式船只上驶重庆进行贸易，使得各国对华贸易深入长江上游。

到此，英国以马嘉理事件为契机，在 15 年的时间里先后与中国签订了多个不平等条约，即《烟台条约》（1876 年）、《烟台条约续增专条》（1885年）、《香港鸦片贸易协定》（1886 年）、《新订烟台条约续增专条》（1890年）。这些条约使中国丧失了诸多利权，各国通过利益均沾也可以享受其通商利益，进而对近代中外条约关系产生了重要的影响。其间中英之间的外交较量、对待条约和利权的态度都表现得淋漓尽致。

---

① 《总署奏重庆开办通商停止轮船上驶续议条款请派员画押折　附朱批》，光绪十六年二月二十四日，王彦威、王亮辑编，李育民等点校整理：《清季外交史料》第 4 册，第 1695—1696 页。

② 中英《新订烟台条约续增专条》，光绪十六年闰二月十一日，王铁崖编：《中外旧约章汇编》第 1 册，第 553—554 页。

第二节 中法、中德、中美条约关系的发展

19 世纪七八十年代，中法、中德、中美条约关系又有所发展。值得注意的是，法、德、美三国与中国条约关系的发展在很大程度上与修约有关。不过，三国与中国的修约在内容和形式上均有所不同，其影响也有所不同。

一、 中法修约

根据中法《天津条约》第四十款的规定，条约年满十二年，可与中国重修[①]，1870 年即是中法重修条约之年。自与英国修约以来，总理衙门就对与法国修约予以关注。除去条约规定的期限将至这一原因外，总理衙门关注这一问题主要有两个方面的原因：一方面是外交上的原因。因为中英修约时，英国曾提及与法国、德国联合修约的问题，而且中英新约未能实施，因此中法修约如何解决列强所要求的特权问题自然不能忽视。另一方面是传教上的原因。由于天主教引发的民教冲突不断发生，总理衙门试图借修约稍图补救[②]。

1870 年，因为天津教案的发生，法国没有如期提出修约。直到当年九月，法国驻华公使罗淑亚才照会中方，提出"天津所立和约，现应重修，俟本国议定何日办修，何款因革，再行知照"[③]。次年，法国发生巴黎公社起义，因此修约一事迟迟未能付诸实行。1872 年初，法国外部衙门大臣和密萨照会总理衙门，派热福理到中国谈判修约事宜。对于法国提出的修约，总理衙门认为这比中英修约更为棘手，因为法国重视的是传教问题。天津教案发生后，总理衙门曾提出《传教章程》八条以解决传教问题，未能如愿；另

① 其原文是"日后大法国皇上若有应行更易章程条款之处，当就互换章程年月，核计满十二年之数，方可与中国再行筹议"。（中法《天津条约》，咸丰八年五月十七日，王铁崖编：《中外旧约章汇编》第 1 册，第 112 页。）

② 《奕䜣等奏筹议重修法国条约折》，同治十一年四月十一日，中华书局编辑部、李书源整理：《筹办夷务始末·同治朝》九，第 3462 页。

③ 《奕䜣等奏筹议重修法国条约折》，同治十一年四月十一日，中华书局编辑部、李书源整理：《筹办夷务始末·同治朝》九，第 3462 页。

外，英国驻华公使可能会为本国利益的考虑，怂恿法国，从而达到自己的目的。所以，总理衙门为中法修约积极进行准备，除派员研究删改中法条约外，还提出请南、北洋大臣派员到京襄办预备修约事宜①。然而，法国最终未能进一步采取修约的实际行动。

中法战争爆发后，中法签订了多个条约，中法条约关系得到新的调整。由于这些内容涉及朝贡关系与边界问题，此处不作阐述，拟在后续章节中详论。此后，法国出于在华商业利益的考虑，并未对中法《天津条约》提出修改。1891年，中国驻法参赞庆常致函薛福成称"修约一事，法约有十年之期，而无半载之限。虽已逾期五月之久，如彼此愿修，仍可声明"。然而，法国议院在商议税务时，有照旧和加重两种意见，未能一致。而法国外交部总办葛拉物里则说："旧章行之已久，商务亦好，似可无须修改；如彼此有小不便处，不妨声明量为变通，现未查出不便之处。"因此，薛福成认为，法国在修约一事上，"所得利益，无以复加，所以愿仍旧贯也"②。与法国不同的是，德国与美国相继与中国进行了修约。下文分别进行论述。

二、 中德修约

1872年，德国驻华署理使臣安讷克因十年修约期满，照会总理衙门，提出修改1862年中普条约中的第六、二十二、二十三、二十四等四款，其他各款"俟详加查核，再行计议"。显然，德国提出的修改条款将不会少于四款。总理衙门在照复中"将中国亦有应将各款公商酌量之处揭明，以为将来互相抵制地步"。鉴于中英新约未能生效而英国驻华公使屡次提出要求的现状，总理衙门在上奏时提出："现在德国拟改各款，无论如何蓄意，总不可任其与英国续修之新约，有大相悖谬之处。"同时，总理衙门着手研究现行中德条约应增、应删的内容，以为修约的准备③。

---

① 《奕䜣等奏筹议重修法国条约折》，同治十一年四月十一日，中华书局编辑部、李书源整理：《筹办夷务始末·同治朝》九，第3463页。

② 蔡少卿整理：《薛福成日记》下，光绪十七年四月廿二日，吉林文史出版社，2004年，第636页。

③ 《奕䜣等又奏德国欲修改条约宜预为布置折》，同治十一年六月二十八日，中华书局编辑部、李书源整理：《筹办夷务始末·同治朝》九，第3516—3517页。

1876 年，德国驻华公使巴兰德照会总理衙门，重提中德修约之事。总理衙门答复称："修约之事，须于两国有益，并不相妨碍者，方可商定。"① 当年，李鸿章与威妥玛在烟台谈判解决滇案时，各国驻华公使云集烟台，巴兰德也在其中。巴兰德乘李鸿章请其向威妥玛调解之机，向李鸿章表达了德国修约的要求。1876 年 9 月 1 日，李鸿章因为巴兰德关切中英谈判，又与威妥玛"素好"，所以请他向威妥玛转达自己的意见，希望能照在京原议八条大意商谈。次日，巴兰德告诉李鸿章说，"通商添口各事须加计议，将来如能议定，德国修约亦即照行，不必另起炉灶"。李鸿章答复巴兰德说，总理衙门已同意开放宜昌、温州、北海，"本为德国修约一举两得起见"。然而，巴兰德的答复却是"英国滇案未结，彼既通融办理，必须添口，只要与英定议或续与德约定议，同是添口，我无争较"②。显然，德国也想通过中英烟台谈判获益。

中德开始修约后，德国驻华公使巴兰德提出了一个包含十八款的约稿，后来又在交涉中先后将之改为十七款、十二款。其重要的内容涉及增加沿江、沿海通商口岸，长江增设码头，德船入内河、德商入内地贸易；而德国最注意的是在大孤山开口岸。针对巴兰德的要求，总理衙门也提出了十条商谈内容，其中前两条就是洋货和土货加税，以抵制巴兰德的要求。对于中方提出的加税要求，巴兰德以"加税之事各国难以会商"为由不予接受，仍然坚持自己的各种要求。于是，中德修约谈判形成僵持，正如总理衙门所说："中国所开，德国既未能照办；德国所请，中国亦难以允行。"双方随后的交涉虽然继续进行，但是难以有实质性的进展③。

1876 年 12 月 1 日，巴兰德照会奕䜣，指责中方就其要求的请办、请止各节作出的答复，并不令他满意。他提出两个方面要求：一是中国保证德国旧约利益的实现；二是通商方面的三项要求，即德商在上海租界出售

---

① 《总署奏与德国议修约请旨派全权大臣折》，光绪六年二月十四日，王彦威、王亮辑编，李育民等点校整理：《清季外交史料》第 2 册，第 368 页。

② 《致总署 述会议略定三端》，光绪二年七月十八日，顾廷龙、戴逸主编：《李鸿章全集》第 31 册，第 469 页。

③ 《总署奏德国修约已成谨将前后办理情形专折具陈折 附条约善后章程及照会凭单》，光绪六年三月初四日，王彦威、王亮辑编，李育民等点校整理：《清季外交史料》第 2 册，第 386 页。

进口商品免收厘金、发给存票不应以 36 个月为限、德商可携带现钱进入内地采买土货①。

巴兰德在通商方面的三项要求与中英《烟台条约》有关。因为《烟台条约》的第三端规定：通商口岸租界免收洋货厘金，英国商人已完税的洋货再运往外国，由海关发给存票，以三年为期；然而，该约并没有规定何时开办。由于这些规定涉及德国在华利益，所以巴兰德顺势提出了相关的通商要求。总理衙门认为《烟台条约》中本来就有洋商可以持所领存票到本关将存银换现的规定，中方可以同意巴兰德这方面的要求；但是，总理衙门经过多次辩论，不同意发给存票不立期限这一要求②。12 月 3 日，巴兰德就上述要求与总理衙门进行了交涉。12 月 5 日，巴兰德又派其翻译官阿恩德到总理衙门商议。12 月 6 日，总理衙门照会巴兰德，声明坚持旧约保证德国在华利益；对于其三项要求，总理衙门同意上海租界洋货免厘，坚持存票定限以 36 个月为限，坚持按约禁运现钱③。

在交涉中，奕䜣等人同意巴兰德提出的洋商在租界内售卖洋货免厘的要求，是因为《烟台条约》本身就有这样的规定；巴兰德提出的上海在当年年内就举办租界免厘，总理衙门认为时间太仓促，不予同意。至于发给存票期限的问题，总理衙门与巴兰德进行了多次辩论，巴兰德才同意三年期限，但是提出迟至次年二月间可以办理。总理衙门认为这两件事既经同意，就要同时举办。最终，中德双方议定：从光绪三年（1877）正月初一日起，洋商在上海租界内售卖洋货，不再征收厘金。进口洋货已经交纳正税，如果在 36 个月内再运往外国，准其请领存票，并以存票换取现银。光绪三年正月初一日前发放的存票，不扣期限，准许抵扣税银，但不准换取现银。1876 年 12 月 12 日，总理衙门就租界免厘、存票立限两事照会各国驻华公使④。

---

① 《德使致总署提出免除厘金复出口税禁运现钱三事请饬遵行照会》，光绪二年十月十六日，王彦威、王亮辑编，李育民等点校整理：《清季外交史料》第 1 册，第 148 页。
② 《总署奏租界免厘存票立限议定开办日期折》，光绪二年十月二十八日，王彦威、王亮辑编，李育民等点校整理：《清季外交史料》第 1 册，第 154 页。
③ 《总署复德使所提三事俟酌定后即行知照各国照会》，光绪二年十月二十一日，王彦威、王亮辑编，李育民等点校整理：《清季外交史料》第 1 册，第 148—149 页。
④ 《总署奏租界免厘存票立限议定开办日期折》，光绪二年十月二十八日，王彦威、王亮辑编，李育民等点校整理：《清季外交史料》第 1 册，第 154—155 页。

总体上看，中德修约进展并不顺利。巴兰德开列的条款，"牵引旧约"，而且"多方要求"，总理衙门与巴兰德往来交涉，"迄无成议"。由于总理衙门的坚持，巴兰德删去了大孤山开口及洞庭湖、北运河添置拖带轮船各节。其他中国未允的条款以及总理衙门开送的条款，巴兰德坚持必须要按他的意见办理。而且，德国外交部在修约一事上与巴兰德的态度一致。因此，中德双方在修约上坚持各自的立场，修约难以达成一致[①]。1877年五月，巴兰德"负气出都"，这一举动显然有威胁的意味。不过，巴兰德在天津经李鸿章劝告后，又回到北京。巴兰德回京后，发现修约难以速成，所以就旧约未尽事宜与总理衙门进行交涉，总理衙门则申明旧约加以抵制。次年夏，巴兰德又向总理衙门提出了一个包括十八条内容的约稿，将从前所讲各款删除大半，但是依然包括大孤山增开口岸、鄱阳湖拖带轮船、吴淞口上下客货、洋商入内地贸易等要求。总理衙门如同以往一样，对此加以拒绝。巴兰德在这种情况下，只好"托病回国"。于是，总理衙门将相关信息告知出使德国大臣刘锡鸿，让其向德国外交部进行交涉[②]。事实上，巴兰德回国后，中德修约谈判已经中断。

1879年夏[③]，巴兰德又从德国来到北京，提出续商修约的要求。由于数年来中德修约谈判都未能办妥，总理衙门不得不权衡利益的取舍，在坚持既有主张的同时，做出相应的让步。所谓德国"所请窒碍犹多，若不设法钳制，未必就我范围。若不略予转圜，亦恐终无结局"。于是总理衙门从德方所提要求中选择"不甚关出入者"，形成了条约十款、章程十二款，与巴兰德进行商议。经过数月的交涉，中德修约谈判才有眉目，巴兰德不再坚持此前提出的通商方面的要求。而且，总理衙门在订约时，试图对德国在华获取的利益有所限制，"仿照英国新约办法，彼有一款，我即有一款相抵"，最终

---

① 《总署奏议复刘锡鸿奏德国修约可成及时制治保邦折》，光绪四年七月十八日，王彦威、王亮辑编，李育民等点校整理：《清季外交史料》第2册，第259—260页。

② 《总署奏德国修约已成谨将前后办理情形专折具陈折 附条约善后章程及照会凭单》，光绪六年三月初四日，王彦威、王亮辑编，李育民等点校整理：《清季外交史料》第2册，第386页。

③ 关于巴兰德1877年离开北京、1879年回到北京的具体时间，相关文献略有差异。参见《总署奏与德国议修条约请旨派全权大臣折》，光绪六年二月十四日，王彦威、王亮辑编，李育民等点校整理：《清季外交史料》第2册，第368页。

双方达成条约十款、通商章程九款①。在中德修约谈判略有头绪之际，总理衙门又按中外订约惯例，奏请派全权大臣办理中德续修条约的签订事宜。1880 年 3 月 24 日，清廷谕令沈桂芬作为全权大臣办理此事②。3 月 29 日，中德双方将条约各款商定；3 月 31 日，沈桂芬、景廉与德国驻华公使巴兰德签订了中德《续修条约》《续修条约善后章程》，历时多年的中德修约谈判终告结束。

中德《续修条约》在形式上采取了 1869 年的中英《新定条约》，即每一款都分两部分，一部分是"中国允"，另一部分是"德国允"。虽然各款中的"中国允"与"德国允"并不是完全对应的，但是在若干方面规定了中德交往以及相关问题的处理。而且，清政府采用了中英《新定条约》对片面最惠国待遇的限制。中德《续修条约》第一款规定"德国允，中国如有与他国之益，彼此立有如何施行专章，德国既欲援他国之益，使其人民同沾，亦允于所议专章一体遵守"。该款重申旧约第四十款"仍遵其旧"的同时，申明此后德国人要援该款一体均沾，享受中国给予其他国家和人民的利益时，"亦应于彼此订明专章，一律遵守"。该约第二款规定：凡是德国允许各国派驻领事的地方，中国同样可以派驻领事，并"按照待各国官员最优之礼相待"。该约的第三、四、五、六款对于中外交往过程中常见违法行为的处理也有明确规定。如无照冒充各国船只引水者应予以处罚；中德会订约束水手章程；中国商船不能挂德国旗号，德国商船不能挂中国旗号；德国船只进入中国通商口岸后，货物有漏报、捏报者，货物充公，船主受罚，但是罚金不能超过 500 两；德国人未领执照进入中国内地游历，除由中国地方官解交附近领事外，仍应处罚，但是罚金不超过 300 两③。值得注意的是，外国人未领执照进入中国内地而处以罚金的，只有该约与 1896 年的中日《通商行船条约》有同类条款④。

① 《总署奏德国修约已成谨将前后办理情形专折具陈折 附条约善后章程及照会凭单》，光绪六年三月初四日，王彦威、王亮辑编，李育民等点校整理：《清季外交史料》第 2 册，第 386—387 页。
② 《总署奏与德国议修条约请派全权大臣折》，光绪六年二月十四日，王彦威、王亮辑编，李育民等点校整理：《清季外交史料》第 2 册，第 368 页。
③ 中德《续修条约》，光绪六年二月二十一日，王铁崖编：《中外旧约章汇编》第 1 册，第 373—374 页。
④ 顾维钧：《外人在华之地位》，第 220 页。

中德《续修条约》除第八、九、十款①外，实际上的新修条款只有七条。这七条内容既有对 1861 年中德旧约的修改，也有对外国在华已有利权的重申，更有新利权的获取。如条约第一款除申明《烟台条约》所规定的开放通商口岸和长江沿岸上下客货的地方外，又增加了吴淞口"德国船只暂准停泊，上下客商货物"②。而且，这七条进一步扩大了外国在华经济权益，除吴淞口准德商上下客货外，还有如下几个方面值得注意：

关于进口船只交纳船钞，第二款规定德国船只在中国交纳船钞后，"如往中国通商各口，或往各国口岸，在四个月限内，均不重征"③。这一规定取消了交纳船钞后转赴外国的限制，笼统称"各国口岸"，实际上便利了各国商船的贸易活动，减少了船钞征收。诚如海关总税司所称，这一条款对海关颁布的船钞章程有重要的影响，因为"该条约采用'最惠国条款'，据凡已在中国缴纳船钞之船舶不仅可驶往中国所有通商口岸，而且可驶往世界上所有港口，在四个月限期内无须再缴纳船钞"。所以，1882 年，海关颁发的修订船钞章程"使海关之船钞征收更加适应时代需要，为与中德续修条约给予之特惠相一致，未提及订该约前对沿海航运船舶所定之限制"④。

第三款规定中国各通商口岸"由该监督等酌量情形，如系众洋商情愿，无碍地方者，该监督等妥议章程，自行设立关栈"⑤。中德《续修条约善后章程》又进一步规定，中国通商口岸设立关栈，先由上海试办。"由该监督会同总税务司酌量情形，妥议章程，由该监督等自行设立"⑥。这是外国商人首次获得在中国设立关栈权。

第四款规定中国土煤出口税为每吨 3 钱，有的地方原定出口税低于 3

---

① 第八款规定"中外官员审办交涉案件"，商人运洋货入内地、洋商入内地买土货的征税，中外官员如何往来，"应归另议"；第九款规定了 1861 年中德条约未改部分的效力；第十款规定了条约的批准。

② 中德《续修条约》，光绪六年二月二十一日，王铁崖编：《中外旧约章汇编》第 1 册，第 372—373 页。

③ 《总署奏德国修约已成谨将前后办理情形专折具陈折　附条约善后章程及照会凭单》，光绪六年三月初四日王彦威、王亮辑编，李育民等点校整理：《清季外交史料》第 2 册，第 387 页。

④ 《海关总税务司署通令》第 4584 号（第二辑），1933 年 3 月 14 日，海关总署《旧中国海关总税务司署通令选编》编译委员会译编：《旧中国海关总税务司署通令选编》第 3 卷（1931—1942 年），中国海关出版社，2003 年，第 219 页。

⑤ 中德《续修条约》，光绪六年二月二十一日，王铁崖编：《中外旧约章汇编》第 1 册，第 373 页。

⑥ 中德《续修条约善后章程》，光绪六年二月二十一日，王铁崖编：《中外旧约章汇编》第 1 册，第 375 页。

钱，仍照原税额征收①。这一规定降低了中国土煤出口税，即"从每担四分银子（即每吨六钱七分二厘）减到每吨三钱银子"②。

此外，第七款规定"凡德国商船厂应用杂物，准其免税"③。中德《续修条约善后章程》的第八款进一步规定修理船只所用杂物可以免税，但是"如系制造新船"，则应按相关规定交纳税收④。有学者认为，善后章程的这一条规定，使德商早在《马关条约》签订前的 1880 年取得在中国领土上建立船舶修造厂的权益，而 1880 年以前洋商在通商口岸设立的工厂是没有条约依据而违法设立的⑤。

可见，清政府在与德国修约谈判中，对德国的额外要求有所抵制，并试图对某些特权和违法问题作出限制。这些在条约中相关条款都有所体现。然而，由于德国的强硬态度，加之时局的影响，清政府不得不在若干方面做出让步。德国通过中德《续修条约》《续修条约善后章程》获得了诸多方面的权益，使设立行栈等列强长期要求的特权得以实现。而且，各国又可以通过片面最惠国待遇享有这些权益。因此，19 世纪 70 年代持续进行的中德修约，是中德条约关系的表现，在很大程度上体现了中外条约关系在经济领域的发展，对此后中外条约关系的发展产生了重要的影响。

中德《续修条约》《续修条约善后章程》定于一年后换约生效。1880 年8 月 5 日，巴兰德照会总理衙门，声称德国议立条约需要国会批准，提出将原定的换约期限由光绪七年三月初二日，推后到光绪七年十月初十日。对于德国推延换约时间，总理衙门存有担心，认为巴兰德此举或另有他意；不过，"就事论事，似难遽行议驳，当即允其所请"⑥。该约签订后，有的条款的实施并不顺利。这在通商口岸设立关栈表现得最为突出。1882 年，总务司赫德到上海筹办设立关栈。1887 年，上海设立关栈的章程才得以确立，1888

---

① 中德《续修条约》，光绪六年二月二十一日，王铁崖编：《中外旧约章汇编》第 1 册，第 373 页。
② ［英］莱特著、姚曾廙译：《中国关税沿革史》，第 292 页。
③ 中德《续修条约》，光绪六年二月二十一日，王铁崖编：《中外旧约章汇编》第 1 册，第 374 页。
④ 中德《续修条约善后章程》，光绪六年二月二十一日，王铁崖编：《中外旧约章汇编》第 1 册，第 376 页。
⑤ 严中平主编：《中国近代经济史（1840—1894）》下，经济管理出版社，2007 年，第 808 页。
⑥ 《总署奏德国续修条约展期互换折》，光绪六年七月十九日，王彦威、王亮辑编，李育民等点校整理：《清季外交史料》第 2 册，第 425 页。

年起实施。不过,关栈制度起初因关税不高、经营由轮船招商局一家独揽而未见成效①。

三、 中美修约

继中德修约之后,中美两国在 1880 年也进行了修约。与中德修约相比,中美修约的进展较为顺利,当年即告解决,签订了中美《续修条约》《续约附款》。此后,中美又因华工问题而进行了多年的交涉,先后签订了《保护限制条款》《限禁来美华工保护寓美华人条约》。

1880 年的中美修约主要涉及两个方面,一是华工问题,二是中美贸易。

就华工问题而言,修约与 1868 年中美《续增条约》的执行以及美国的排华问题等有密切的关系。根据中美《续增条约》第五条的规定,中、美两国人民可以任便往来。大批华工前往美国务工。然而,在美华工并没有得到中美《续增条约》第五、七条所规定的相应优待待遇。在加利福尼亚,华工在日常生活、教育方面未能享受平等的待遇,并被强征人头税;他们还遭遇到了立方空气法案、剪辫令的影响②。而且,华工与当地人发生了就业上的竞争,如旧金山的美国人就认为中国人夺去了其就业机会。加之宗教信仰、种族问题、习惯等原因,美国掀起了排华运动,甚至有攻击、杀害华工之举。对于这些举动,卫三畏指出,中、美两国在执行条约上存在差别,美国并没有按照条约给中国人应有的保护和条约权利,中国人受到的侵害也没有得到公正的处理;然而,美国人在中国却得到了条约的保护,享有条约权利,受到的损失均得到中国政府的赔偿③。

1879 年,美国曾有限制华人之议,美国总统"据约批驳"。而且,中国出使美、西、秘副使容闳也因美国有苛待华人之议,而照会美国国务院,指出其与条约不符。因此,华工问题成为中美关系中一项值得注意的问题。

---

① 《海关总税务司署通令》第 4093 号(第二辑),1930 年 6 月 26 日,海关总署《旧中国海关总税务司署通令选编》编译委员会编译:《旧中国海关总税务司署通令选编》第 2 卷(1911—1930 年),第 509 页。

② "How the Treaty with China is Observed in California," *Christian Statesman*, November 1, 1877, pp. 76—77.

③ S. Wells Williams, *Our Relations with the Chinese Empire*, pp. 13—14, 16.

1879 年，美国驻华公使西华与总理衙门就华工入境进行谈判，"议禁拐诱、逃亡、娼妓、有疾四项人等不准前往彼国"，结果未能议定。原因是美国议员认为"西华所议为未足"。于是，美国总统于 1880 年又派安吉立等来华商议修约事宜。对于安吉立的到来，总理衙门深恐其有意删改《续增条约》，所以奏请派员与安吉立商议此事。清廷为此发布上谕，派宝鋆、李鸿藻为全权大臣，与安吉立商议条约①。

安吉立就华工赴美向中方提出了修约节略，针对华工问题提出了"整理、限制、禁止三层办法"。其中"整理系属空言，至限制、禁止两层系专为华工而设"。总理衙门认为"禁止一层，与旧约不符，万难迁就；惟限制一层，尚可酌拟章程，以期有利无弊"。安吉立则提出限制章程由美国议院酌定，中国可以同意美方"自行定限"。针对华工在美国人数增多的实情，总理衙门认为"此时若坚持旧约，不与变通，将来华人日往日多，万一激成变故，不但以后去之华工累及在彼之华工，且恐以华工之故，累及贸易别项等人，转失保护华民之本意"。因此，总理衙门同意就中国续往美国的华工"立定条款，约定限制，与旧约相辅而行"。最终，中美在华工问题上达成了条约四款②。

1880 年 11 月 17 日，中美《续修条约》签订。该约声明 1858 年中美《天津条约》、1868 年中美《续增条约》，两国"允宜永远信守"。由于到美国的华工不断增多，"难于整理，尚欲彼此商酌变通，仍与和约条款不致相背"，所以中美签订《续修条约》。中美《续修条约》第一款规定：清政府同意美国因华工影响其利益或"美国国内及美国一处地方之平安"，"可以或为整理，或定人数、年数之限，并非禁止前往"。人数和年数之限是针对续往美国的华工而言，其他赴美人员不在限制之列；而且，这一限制仅限于对续往美国华工入境的限制，对其"不得稍有凌虐"。第二款规定：中国商民（如传教、学习、贸易、游历等）及其随带和雇用之人，已在美国之华工，

---

① 《总署奏美国修约使臣来华请派大员与之商议片》，光绪六年七月三十日，王彦威、王亮辑编，李育民等点校整理：《清季外交史料》第 2 册，第 428 页。

② 《总署奏美国修约提出限制华工条款折》，光绪六年十月十四日，王彦威、王亮辑编，李育民等点校整理：《清季外交史料》第 2 册，第 464 页。

"均听其往来自便,俾得受优待各国最厚之利益"。第三款规定:已在美国常居或暂住的华工和其他中国人,"如有偶受他人欺侮之事",美国要尽力设法保护,"与待各国人最优者一体相待,俾得各受按约应得之利益"。第四款规定:"美国如有时按照所定各款妥立章程,照知中国。"如果所定章程有损中国商民利益,可以由中国驻美公使与美国国务院妥议,总理衙门也可以与美国驻华公使"公同妥为定议,总期彼此有益无损"①。值得注意的是,该约第一款中的"大清国准大美国可以或为整理,或定人数、年数之限,并非禁止前往"与其英文本并不完全对应。其英文是:"the Government of China agrees that the Government of the United States may regulate, limit, or suspend such coming or residence, but may not absolutely prohibit it."② 很明显,英文本中"suspend"(暂停)一词在中文本中没有对应的词语。这很有可能是美国有意为之,而且此约生效后不久,美国就于1882年批准了排华法案。因此,朱士嘉先生认为这种中英文本的差异表明"美国就是用这样卑鄙无耻的手法来达到其迫害华工的罪恶目的的"③。

正当美国派员就华工问题与中国谈判之际,中国驻美公使陈兰彬函报轮船招商局的"和众"号轮船由檀香山到美国旧金山,美国对其船钞和货税均额外加征。值得注意的是,中英、中法条约中均载有"彼此商船两无加增",而中美条约只载美船到华利益,未载明中国船只到美如何纳税。因此,陈兰彬提出乘美国派人来华议约之际,可就此与美国进行商议。美国驻华公使安吉立在照会中则向总理衙门提出:中国向美国船只所征的税钞,与向中国船只以及其他外国船只征收的是否相同? 中国常关与新关所征税钞是否相同? 总理衙门虽然在照会中进行了解释,但是认为中美条约无明文,今昔情形不同,如果中国不与美国另立条款,以后中国船只到美国,美方必任意加税,全无限制。与此同时,总理衙门考虑到鸦片进口的危害,希望能够禁止。但英国因利益所在不肯迅速停止贩运鸦片,各国纷纷仿效。总理衙门认为"美国系属公举之国,尚讲体面,彼若先停贩运,各国或可逐渐观感,以为将来

---

① 中美《续修条约》,光绪六年十月十五日,王铁崖编:《中外旧约章汇编》第1册,第378—379页。
② William Frederick Mayers, *Treaties between the Empire of China and Foreign Powers*, p. 265.
③ 朱士嘉编:《美国迫害华工史料》,"序例"第5页。

地步"。对于总理衙门对以上二事的看法,李鸿章在致函总理衙门时也表示赞同,认为应当与美国驻华公使及时议定。当总理衙门向美国谈判代表就此二事提出商议时,安吉立等人"尚无过拒之意"①。

事实上,安吉立等人考虑后,认为接受中方提出的中、美船只征税的要求,可以带来两个方面的好处。一是"它使得帝国政府直接就中国海关的管理不善对我们负责,而我们可以就此提出控诉。我们现在事实上不需要作出任何补偿"。二是条约中的这一条款"会减少省级官员的权力,并且会增加帝国海关官员的权力。这一方面的任何行动都会使外国人受益"。因此,安吉立决定接受中方的这一要求,并利用这个"好机会",提出在条约中增加另外两条要求。这两条均与列强利益相关,而且是其外交代表充分讨论过的。安吉立等人提出的两条要求如下:一是涉外诉讼观审的要求,二是中外官员交往的要求。对于第一项要求,中方代表只略加修改后予以接受,这显然与《烟台条约》有类似规定有关。实际上,中方同意美国的要求,"出让了更为重要的以及从未让与的权利",即"原告的律师可以出庭、询问和反复询问证人,这样就使得他在任何一个案件的第一场审讯中,就可以在获得公正上提供有效的服务"。不过,第二项要求由于事涉多国,中国政府不愿意将之与有约各国的谈判分离开来,中方可能会以"发布敕令的方式规范官员交往的礼仪",所以美方代表认为没有必要强迫中方接受这一点②。

在中美双方就此两条达成一致后,安吉立等人又向中方提出了第三项要求,即美国可以提出商议商民贸易有益之事,以此作为条约的第一条。对此,中方代表予以反对,认为美方提出的要求不明确,担心这一要求"会被用作提出难以预料的扩充商业关系之要求的基础"。的确,美方提出的可以商议之事是关于"扩展贸易往来区域"(extension of the area of the trade intercourse)。然而,美方代表认为中方迫切希望在条约中增加关于鸦片贸易的

---

① 《总署奏华商船往美额外征税应与美使及时议定片　附条约二件》,光绪六年十月十四日,王彦威、王亮辑编,李育民等点校整理:《清季外交史料》第2册,第465—466页。

② "The Commission to Mr. Evarts," November 17,1880,*Papers Relating to the Foreign Relations of the United States Transmitted to Congress with the Annual Message of the President*,*December 5*,*1881*,Washington:Government Printing Office,1882,pp. 199—200.

条款,所以向中方代表提出:如果中方能够重新考虑不接受第一款的看法,那么美方可以接受条约中加入禁止鸦片贸易的规定。在这种情况下,中方代表提出不明白"贸易区域"所指,如果美方能够使这一款是中美互利平等的,并且用"扩展贸易关系"(extension of commercial relation)取代"扩展贸易区域"(extension of trade area),中方即可接受①。

于是,中美双方彼此接受了对方提出的两条要求,并作了修正。对于修正后的美方的两项要求,总理衙门表示同意。对于"两国商民贸易有益之事,将来可以彼此商议",总理衙门认为可以接受,因为中方增加了"两国均属有益""彼此公同商议"字样,"庶将来议办不至偏枯";对于"两国商民争讼申明观审办法",即观审一事,总理衙门认为《烟台条约》已经载有,美方提出的要求与之没有出入,也可以接受。这样,中美双方就以上各事达成条约四款,即中美《续约附款》②。

1880年11月17日,中美《续约附款》签订;1881年7月19日,该约互换生效。通过该约,清政府虽然实现了提出的要求,但是美国也获得通商上的实际利益。而且,美国利用答应中方要求之机,进而获得了新的利益。尤其值得注意的是,《续约附款》不仅将《烟台条约》所规定的外国在华观审权加以确定,而且进一步扩大了这种观审权。《续约附款》第四款规定:"原告之官员于审定时,可以前往观审,承审官应以观审之礼相待。该原告之官员,如欲添传证见,或查讯、驳讯案中作证之人,可以再行传讯。倘观审之员以为办理不公,亦可逐细辩论,并详报上宪。所有案件,各审定之员均系各按本国律法办理。"③ 同中英《烟台条约》比较,《续约附款》在以下三个方面扩大了观审权:"一是观审员享有相当之礼遇,二是可以添传证见,再行传讯,三是认为审判不公,除当场辩论外,还可详报上宪。"④《续约附款》所确立的观审制度大大超过了原来的领事裁判权,一名美国官员承认,

① "The Commission to Mr. Evarts," November 17, 1880, *Papers Relating to the Foreign Relations of the United States Transmitted to Congress with the Annual Message of the President*, December 5, 1881, p. 200.

② 《总署奏华商船往美额外征税应与美使及时议定片 附条约二件》,光绪六年十月十四日,王彦威、王亮辑编,李育民等点校整理:《清季外交史料》第2册,第465—466页。

③ 中美《续约附款》,光绪六年十月十五日,王铁崖编:《中外旧约章汇编》第1册,第381页。

④ 李育民:《近代中国的条约制度》,第36页。

它"超越了原来条约意图至如此程度，使陪审员成为中国法官的会审人员"，"在某种程度内把法权扩大到直接管辖中国人民"①。中美《续约附款》将这一制度进一步完善化，签订该约的安吉立等人在向国内报告时就指出："这一条款是一项重要而且非常有用的权利让与，因为就我们看来，其条文甚至比《烟台条约》在形式上更好，更为有效。"②

19 世纪 80 年代，华工问题依然是中美关系中的重要问题之一。1882 年，美国为执行中美《续修条约》的相关规定，发布排华法案。该法案所指的华工是"熟练和非熟练的劳工以及受雇于矿业的中国人"，法案规定十年内暂停新的华工赴美，并且中国人不能入籍美国③。1884 年，美国对该法案进行了修改。而且，美国多地以华工影响当地就业等为由，掀起了排华风潮。比较典型的事件有洛士丙冷案等。美国的这种行为违背了《蒲安臣条约》以及中美《续修条约》的规定。正如有人所指出的，"美国政府通过 1868 年的《蒲安臣条约》实际上邀请中国人到这个国家；这种邀请可以说在 1880 年的条约中提及；而后所有的立法部分地废除了中国人的条约权利，许多都是故意的违背"④。因此，美国人的违约之举遭到清政府与海外华人的强烈反对。清政府为此与美国进行了交涉，并要求赔偿洛士丙冷案等事件对中国人造成的损失。

为解决华工受迫害问题，出使美、日、秘公使郑藻如首先提出自禁华工赴美的办法，并于 1886 年 1 月 20 日将《自禁华工来美节略》函呈总理衙门。郑藻如的意见为总理衙门所接受。1886 年 8 月 3 日，奕劻照会美国驻华公使田贝，指出华工被虐事件频发，美国"空有保护之名，华工未沾保护之益。中国之待美民，皆奉条约为依归；美国之待华民，竟视条约为虚设也"。所以，中国欲议自禁华工赴美办法，"凡未曾赴美之华工，严禁不能前往；

---

① 卿汝楫：《美国侵华史》第 2 卷，第 531 页。

② "The Commission to Mr. Evarts," November 17, 1880, *Papers Relating to the Foreign Relations of the United States Transmitted to Congress with the Annual Message of the President*, December 5, 1881, p. 199.

③ *Laws, Treaty, and Regulations Relating to the Exclusion of Chinese*, Washington: Government Printing Office, 1899, pp. 8—12.

④ Stephen Westcott Nickerson, "Our Chinese Treaties; and Legislation; and their Enforcement," *The North American Review*, Vol. 181, No. 586, September, 1905, pp. 369—378.

业经回籍之华工，如无眷属财产在美者，禁其勿再赴美，以免复履危机。现仍留美之华工，以及条约所载应听往来自便人等，务请永远照约办理"。详细章程，由出使美国大臣斟酌决定后再告知①。随后，中国政府又因美国修正排华法案影响华工利益，违背中美条约的规定，向美国提出了交涉②。

1887 年，因中国的要求，美国决定对多起排华事件造成的损失予以赔偿。随后，由于自禁华工政策的提出，出使美、日、秘公使张荫桓就处理华工问题与美国进行了交涉。1888 年 3 月 13 日，张荫桓与美国国务院的柏夏议订了有关华工问题的《保护限制条款》③。3 月 15 日，张荫桓拜发美约定议的奏折，并将约本寄呈总理衙门④。《保护限制条款》共有六款。第一款规定除其他各条规定的情况外，以条约批准互换之日起，禁止华工前往美国，以二十年为限。第二款规定寓居美国的华工，如果有父母、正妻、儿女，或者是有值银 1000 元的产业，或者有经手账目 1000 元未还清，想从美国回中国、由中国回美国者，不在第一款的限止之列。而且，该款还对相关手续、年限作了限定。第三款规定了该约的限制对象和范围，"专为华工而设，不与传教、学习、贸易、游历诸华人等现时享受来寓美国利益有所妨碍"。而且，"华人假道，照章准行"。第四款重申 1880 年中美续约第三款的内容，并声明美国政府仍允准按第三款，保护在美华人的生命财产。第五款规定"中国属民前在美国荒僻之境被恶党不法之徒戕害身命，损失财物，事出意外，在美廷例不应赔，在中国亦不愿有如此等案件，索此赔款"。但是，美国出于"惋惜"以及中美邦交的考虑，同意为已发生的华人遇害案赔偿276619 元 7 角 5 仙。第六款规定条约以二十年为期，期满前六个月内，如果双方"不将停止限禁之意行文知照"，那么限禁将再展期二十年。而且，美国议院对于第一、二款有补充意见。如美国议院对于第一款拟增加"现已自

---

① 《多罗庆郡王致田贝欲自禁华工赴美请转知外部照会》，光绪十二年七月初四日，朱士嘉编：《美国迫害华工史料》，第 121 页。

② 《多罗庆郡王致田贝照会》，光绪十二年八月初一日，朱士嘉编：《美国迫害华工史料》，第 122 页。

③ 《使美日秘张荫桓奏与美外部议订华侨善后事宜折》，光绪十四年四月初八日，王彦威、王亮辑编，李育民等点校整理：《清季外交史料》第 4 册，第 1572—1573 页（《中外旧约章汇编》依据《清季外交史料》，将"草约未成约稿"命名为《限禁华工条约》。

④ 《三洲日记》，光绪十四年二月初三日，任青、马忠文整理：《张荫桓日记》，上海书店出版社，2004 年，第 265 页。

美回籍华工，无论曾否领过仍准回美执照，新约施行，亦在限禁之列"；第二款拟增加"此项华工，或由陆路，或由水程回美，如无此款所订回美执照呈关查验，不准入境"①。张荫桓认为该约在限制华工来美、保护在美华人可以起到相应的作用。所谓"华工逐渐不来，未必别无谋生之路。其现寓美岛华人，得所保护，或不致复遭凌侮。且欧洲工人，美近亦限禁，固非专限华工"②。就美国而言，该约在一定程度上限制了华工前往美国。这种对华工的限制对正在排华的澳大利亚也有所影响，有人就提出澳大利亚需要得到"类似的保护"，希望英国政府采取措施与中国进行谈判，以使澳大利亚不受中国移民的影响③。澳大利亚的态度对在澳中国人颇有影响，他们致电李鸿章称："应电请会商总署作主，如英使援美约之例来请，乞严词峻拒，不使海外子民受其苛虐。"④

事实上，《保护限制条款》与美国排华者所期待的尚有差距。条款后续之事，取决于美国议院的态度。而且，中国各界也有不同意见。因此，条款签订后，中美双方的态度对该约的命运都产生了重要的影响。

该条款禁止华工赴美，且以二十年为期，因此各口华人对之多有反对之声。李鸿章为此致电总理衙门，建议可否设法批驳，暂缓互换⑤。受此影响，总理衙门致电张之洞表明了对待此约的态度，即"续订新约禁华工入美，限二十年，较庚辰约（即 1880 年中美《续修条约》——引者注）称并非禁止前往者迥异。闻各口众怨沸腾，本署暂不能奏请批准"⑥。虽然清政府并没有

<hr>

① 《使美张荫桓奏美约中辍请设法补救并述前使草约及美国新约折　附前使郑藻如议略草议未成约稿及美国现行新例》，光绪十五年二月二十九日，王彦威、王亮辑编，李育民等点校整理：《清季外交史料》第 4 册，第 1648—1649 页。

② 《使美日秘张荫桓奏与美外部议订华侨善后事宜折》，光绪十四年四月初八日，王彦威、王亮辑编，李育民等点校整理：《清季外交史料》第 4 册，第 1573 页。

③ "Lord Carrington（New South Wales）to Lord Knutsford（Received April 2, 1888），" March 31, 1888, *Correspondence Relating to Chinese Immigration into the Australasian Colonies, with a Return of Acts Passed by the Legislatures of Those Colonies, and of Canada and British Columbia on the Subject*, London：Eyre and Spottis-woode, 1888, p. 3.

④ 《寄译署》，光绪十四年五月十一日，顾廷龙、戴逸主编：《李鸿章全集》第 22 册，第 343 页。

⑤ 《直督李鸿章致总署美新约禁华工往请缓订电》，光绪十四年六月十五日，王彦威、王亮辑编，李育民等点校整理：《清季外交史料》第 4 册，第 1581 页。

⑥ 《总署致张之洞美约因众怨不能奏请批准电》，光绪十四年六月十七日，王彦威、王亮辑编，李育民等点校整理：《清季外交史料》第 4 册，第 1582 页。

公开表示对此条约的态度，但是英国的新闻则披露消息称"中国不准美新约"，美国议员"大哗"，议会准备对回华的工人采取禁止再来美国的办法。此时，张荫桓致电总理衙门，请求将暂不能奏准的原因告知田贝，转达美国政府①。1888 年 9 月 6 日，田贝向总理衙门询问批准新约之事。总理衙门答道："新约与六年续约不符，尚须斟酌，一时未能定夺。"此时，总理衙门的态度是"新约不过暂缓批准"，美国"遽另立新例，殊属违约背好，无此办法"，要求张荫桓与美国"力辩"②。与此同时，美国政府即将决定是否批准议会提出的对待华工的新例。张荫桓为此致电总理衙门，建议"新约准驳，均宜早决，以占先着。并乞请旨后，摘庚约不符处，明告田贝达美"③。所以，当田贝询问中国是否批准新签订的条约时，总理衙门作出了如下三点答复：一是"此约虽两国意见略同，而百姓不服。如能酌减年限，稍慰其心，办法更顺手。限满，两国以为不必更动，尽可展期"。二是"第二条大致妥协，惟订约以前回华之工，如有眷产，亦可禀报中国领事，补给凭批回美"。三是"回华工人，在美财产不及千元者，作何办法，亦应商及"。中方的意见也由田贝报告美国国务院④。

不过，美国的国内政治并不利于新约的批准，遑论再作修改了。当时，美国西部各州反对新约；美国议会决意实行禁止华工来美；美国总统在大选来临之际为"俯合众情"⑤，于 1888 年 9 月 13 日，批准了排华法案的修正案。因此，美国根本不会接受中国的意见，单方面宣布新约作废。在这种情况下，张荫桓致电总理衙门，提出：总理衙门可以照会田贝，告以"约款不厌详慎，兹美不允再商废约立例，且不照庚约条款，然则中国自禁，犹难全

① 《使美日秘张荫桓致总署闻美廷拟禁止华工再来电》，光绪十四年七月二十八日，王彦威、王亮辑编，李育民等点校整理：《清季外交史料》第 4 册，第 1588 页。

② 《总署致张荫桓美定华工新例请力辩电》，光绪十四年八月初七日，王彦威、王亮辑编，李育民等点校整理：《清季外交史料》第 4 册，第 1590 页。

③ 《使美日秘张荫桓致总署美议院议禁华工新约请定准驳电》，光绪十四年八月十五日，王彦威、王亮辑编，李育民等点校整理：《清季外交史料》第 4 册，1590 页。

④ 《总署致张荫桓商华工新约美使已电美外部电》，光绪十四年八月十九日，王彦威、王亮辑编，李育民等点校整理：《清季外交史料》第 4 册，第 1591 页。

⑤ 《使美张荫桓奏美约中辍请设法补救并述前使草约及美国新约折 附前使郑藻如议略草议未成约稿及美国现行新例》，光绪十五年二月二十九日，王彦威、王亮辑编，李育民等点校整理：《清季外交史料》第 4 册，第 1646 页。

夙好，恤商民"；1886 年在照会中提出的自禁办法，中国也可以撤销；"俟议院前遵庚约所定十年禁限满日，或另订约，或别立善章"①。然而，中国的外交努力归于失败。美国不仅不批准新约，而且不愿就此再进行商议。不但如此，美国新的排华政策也有悖于 1880 年的中美《续修条约》。

1888 年中美华工交涉失败后，中美之间就华工问题的交涉持续不断，但是未能得到解决。1892 年 5 月 5 日，美国公布新修正的排华法案，将其期限再延长十年；并令华人领照注册，否则拘禁驱逐②。美国对待华工的政策显然是违背中美条约的。美国议员魏礼森在 1888 年"议院议禁华工时曾斥其非"；1892 年又指出美国"下院所议比前犹酷，尤非理也"，这不仅不遵守美国政纲，而且违背中美条约。在沪行医的美国医生玛高温在听说美国发布新例后，致信中国驻美公使崔国因，"极诋新例之不公"③。1892 年 5 月 8 日，英国驻美国公使在拜会崔国因时指出："美国当蒲安臣立约之时，求华工之至若渴，以后乃因工党之妒，再三立例禁工，全不守约。此次领照、注册，又进一层。所以如此者，以频年屡次尝试，贵国不为抵制、报复，故放胆为之也。报复二字，中国一向谨慎，诚不轻举；然抵制未始不可也。"当他问崔国因的态度时，崔国因只能答道："新例甫定，已电达本国政府，以俟后命"，自己"未能轻动"④。的确，针对美国的违约行为，中国没有对在华美国人采取对等的政策。诚如崔国因就玛高温来函指出"此时为诋新例之言，亦虑中国政府仿美例以矛陷盾耳。然而中国不为也"⑤。虽然如此，清政府还是在外交上采取了相应的举措。

面对美国政府苛待华工的新政策，旧金山华商联名具禀总理衙门和南、北洋大臣，请求救助。1892 年，正逢杨儒奉命出使美、西、秘三国，于是总理衙门指示他："相机筹画，力图转圜，冀能援旧约以废新例，必不得已，亦应照十四年已定未成之约，权宜损益，藉此收束，以顾侨民而

---

① 《使美张荫桓致总署奏美废新约宜乘机结束请照会美使电》，光绪十四年九月十八日，王彦威、王亮辑编，李育民等点校整理：《清季外交史料》第 4 册，第 1596 页。

② *Laws, Treaty, and Regulations Relating to the Exclusion of Chinese*, pp. 25—27.

③ 崔国因著，刘发清、胡贯中点注：《出使美日秘日记》，第 428 页。

④ 崔国因著，刘发清、胡贯中点注：《出使美日秘日记》，第 426 页。

⑤ 崔国因著，刘发清、胡贯中点注：《出使美日秘日记》，第 428 页。

清积案。"杨儒到美国后，向总理衙门报告了美国的态度，即"美拟修约保护，仍请中国自禁，美前定注册例限，虽展限半年，拟先允修约，稍删苛例，较得便宜，修约拟以光绪十四年草约为底本，酌量增减"。对此，总理衙门认为：美国既然同意修约，那么就应该在约款定后，中国重申禁令，"请美国明定注册日期，庶昭平允"。如果先注册，"恐约款无成，华佣未沾新约利益，先受注册苛虐"。至于如何修约，总理衙门电告杨儒以1888年的原约作底本，其中赔偿的内容可以删去，因为美国已经赔偿完毕；条约中"仍声明假道一层"，以便中国与墨西哥订约后，中国人可以假道美国赴墨西哥；原约末款规定条约实行20年，应从1888年算起；如果美国必须要先注册再议修约，那么中国也要向寓华美国人注册。杨儒于1894年1月7日电告总理衙门：修约按照1888年的原稿，"换约日期二十年改为十年，假道一层已载第三款内，赔偿一层改为互交罪犯，另添注册保护一款，寓华美人亦照办"。其余条款基本与原约大致相同。总理衙门对杨儒的意见表示满意①。

然而，杨儒将约稿送给美国国务院半个月后，仍没有收到回复。杨儒多次催讯，美国才回复"约稿尚须会商改定"。1894年2月9日，杨儒与美方会晤，美方就约稿表达了如下意见："交犯一款，与限禁华工、保护华民，均不相涉，应另订专约，不列款内"；美国同意条约以十年为期；美国议会认为美国只是令华工注册，中国不能使所有在华的美国人注册，所以坚持反对寓华美国人注册。经过多日的磋磨，美国才同意寓华的美国工人可以由中国注册。杨儒认为寓华的美国工人少，这一办法对中国不公平，所以他向美方提出在华的美国传教士必须注册。美国国务院一开始的答复是，工人与传教士不同，不能相提并论。随后，美国国务院又提出另拟办法，"除工人外，寓华别项美民，自换约日起，美国政府允每年造册一次，报知中国政府"。杨儒对美国的这一答复颇感意外，"足见公平"，于是请美国拟定约稿。2月16日，美国国务院送来约稿，"大致与晤商之语无甚出入"；随后，双方就字

---

① 《总署奏重订中美约款保护寓美华工折》，光绪十九年十二月十七日，王彦威、王亮辑编，李育民等点校整理：《清季外交史料》第4册，第1806—1807页。

句作了斟酌，杨儒在第五款中的"寓华别项美民"之下，注明"包括教士在内"①。这样双方议定约稿，并得到中、美两国政府的同意。3月17日，杨儒与美国国务卿葛礼山签订《限禁来美华工保护寓美华人条约》；12月7日，该约由杨儒与葛礼山在华盛顿互换生效。

《限禁来美华工保护寓美华人条约》签订后，美国对于另议交犯专约，却有意推托。杨儒在条约互换后，向美国国务院询问交犯专约定议日期。美国国务院的答复是"因议院初开，公事甚繁，请稍缓即议"。然而，在条约互换两旬后，杨儒仍未得到美国的答复。因此，杨儒在上奏时不无担心地说："中西立约虽久，交犯一事系属创始，恐日内彼国尚须反复推求，未必即允定稿签押。"②此外，就华工而言，"执行排外法案"体现在《限禁来美华工保护寓美华人条约》中，"对中国人造成了巨大的困难"③。

值得注意的是，《限禁来美华工保护寓美华人条约》对中国与墨西哥订约产生了一定的影响。1884、1885年，墨西哥就多次向中国提出订约，通商招工，结果两国未能订约。1888年，美国实行排华法案后，华工多赴墨西哥谋生。然而，中墨之间是无约国关系，因此中国不便保护在墨华工。《限禁来美华工保护寓美华人条约》中声明"华工假道"，"隐为华人赴墨地步"。该约签订后，墨西哥驻美公使卢美路又向中国提出订约。杨儒就此致电总理衙门商议。总理衙门认为"美国新约既定，墨国之约亦可连类及之，更与妥立招工章程，实足为海外华工贸迁之地"，于是令杨儒与墨西哥驻美国公使商议。杨儒以中外条约为依据，斟酌修改，与墨西哥公使议定约稿④。不过，由于各种原因，杨儒与墨西哥驻美公使所议条约一时未能定稿⑤，迟至1900

---

① 《使美杨儒奏与美外部重订限禁华工保护华民约款折》，光绪二十年三月三十日，王彦威、王亮辑编，李育民等点校整理：《清季外交史料》第4册，第1828页。

② 《使美杨儒奏与美国换约日期折 附条约》，光绪二十一年二月二十七日，王彦威、王亮辑编，李育民等点校整理：《清季外交史料》第5册，第2145页。

③ Ira M. Condit, *The Chinaman as We See Him and Fifty Years of Work for Him*, Chicago: Fleming H. Revell Company, 1900, pp. 86—87.

④ 《总署奏请饬杨儒妥议中墨约章请旨遵行片》，光绪二十年七月二十九日，王彦威、王亮辑编，李育民等点校整理：《清季外交史料》第4册，第1917页。

⑤ 《使美杨儒奏派员查明墨国情形并墨约暂难定稿折》，光绪二十一年七月二十日，王彦威、王亮辑编，李育民等点校整理：《清季外交史料》第5册，第2325—2326页。

年中国与墨西哥才签订双边条约。

第三节 中葡条约关系的建立

中葡关系开始较早，但是条约关系的正式建立却落后于欧美各国。19 世纪 60 年代，中葡条约因双方在澳门设领问题上的争执而未能生效。此后，清政府试图解决中葡澳门问题和订约问题，但是因各种原因而未能实现。1886 年，清政府与英国就香港鸦片贸易达成协定之前，赫德提出"澳门不一体办理，必不行"。他主张中国与葡萄牙"订立澳门条约，须照香港一律办理"①。以此为契机，赫德积极参与中国与葡萄牙的交涉，从而影响了中葡条约的签订。

当时，拟定的香港洋药征税办法第八条是"中国与澳门商定一样章程，与香港一律"。赫德告知李鸿章，如果澳门不肯照办，香港也不肯照办。在处理澳门问题上，赫德指出：中国想要回澳门，"或须用巨款商换，办法艰难；或将强取，恐葡萄牙将澳门交与法、德、俄及他国，则其难更甚"。葡萄牙愿意与中国签订条约"以整顿贸易，并明定澳门权利"。而且，赫德提出，如果葡萄牙肯接受海关章程和香港鸦片征税办法，那么中国要答应以下两点：一是"与葡国定立条约，与别国条约无异"；二是"将澳门永远租与葡萄牙，而不收租银"。如果总理衙门同意，赫德就到澳门进行暗访，办理相关事宜②。

赫德与澳门当局联络后，将澳门总督罗沙的意见转达给李鸿章和总理衙门。如赫德初见澳门总督罗沙时，该总督就提出与中国办理洋药税之事，要注意三个方面：一是"所拟办之事，若有万国公法及葡国律例特不准者，不能允从"；二是"所拟办之事，虽与香港无碍，若与澳门有碍，亦不允从"；

---

① 《直督李鸿章致总署据邵友濂电洋药事请与澳门立约电》，光绪十二年六月初八日，王彦威、王亮辑编，李育民等点校整理：《清季外交史料》第 3 册，第 1381 页。

② 《直督李鸿章致总署据赫德报拟订洋药税办法电》，光绪十二年六月初八日，王彦威、王亮辑编，李育民等点校整理：《清季外交史料》第 3 册，第 1381—1382 页。

三是"所应办条约内，若特拟专条，有碍澳门一切事宜，有何用处"①。随后，澳门总督罗沙又提出葡萄牙此前答应中国，中国能否答应以下三点条件：一是"给与澳门位置一条，准葡国人永远驻扎管理"；二是"将卡子撤回"；三是"葡国按照合同办法办理时，将其对面山借其驻扎等事"。中国要对以上各点表示允否。澳门总督与赫德"或将拟议办法画押，作为以后应订条约之根源，或罢议"②。1886 年 8 月 10 日，罗沙与赫德商定拟议条约，续订洋药专条。罗沙因任满即将回国，所以提出"不若派税务司金登干前来葡萄牙"；罗沙可以问明本国的态度，而已回到北京的赫德可以问明中国方面的意见，金登干可以"从中作介绍，不难定局矣"③。

清政府也希望通过办理澳门洋药税一事，解决中葡澳门问题。所以，总理衙门密饬赫德派税务司金登干到葡萄牙进行商议。1886 年 9 月 12 日，赫德致函金登干，告诉他"只要澳门在洋药征税问题上同中国合作，总理衙门大致可以应允订立条约，内附承认葡萄牙占据和治理澳门的条款，大概也可以答应停闭澳门四周的关卡。"但是，中国"大概不肯"将拱北"割让、出租或借赁给葡萄牙"④。

随后，金登干前往葡萄牙首都里斯本，代表中国与葡萄牙进行谈判。葡萄牙接着提出了 4 条要求：1. 派使来华，拟议通商条约；2. 葡萄牙永租澳门，管理一切；3. 承诺不转让澳门给他国；4. 香港所允办法，澳门亦类推。总理衙门出于对澳门特殊地位和中外条约关系的考虑，认为以上 4 条"似宜照准，以示羁縻而防后患"，遂请旨令两广总督等遵办，并由该衙门札饬总税务司，令金登干先行画押，"俾得香、澳一律开办"。至于中葡订约之事，总理衙门认为同治年间未换的条约因情况变化，应当有所增删，等葡萄牙使

---

① 《直督李鸿章致总署据赫德称洋药事澳督提出三节待商电》，光绪十二年七月初六日，王彦威、王亮辑编，李育民等点校整理：《清季外交史料》第 4 册，第 1399 页。

② 《税司赫德致总署澳督所拟洋药税办法请示复电　二件》，光绪十二年七月二十四日，王彦威、王亮辑编，李育民等点校整理：《清季外交史料》第 4 册，第 1407 页。

③ 《1886 年 10 月 27 日赫德申呈总理衙门京字第一七九四号》，中国近代经济史资料丛刊编辑委员会主编：《中国海关与中葡里斯本草约》，中华书局，1983 年，第 6 页。

④ 《1886 年 9 月 12 日赫德去函 Z 字第二七三号（自香港发）》，中国近代经济史资料丛刊编辑委员会主编：《中国海关与中葡里斯本草约》，第 2—3 页。

臣来华后，再由总理衙门详细核议①。清政府对此表示接受。

1887 年 3 月 26 日，金登干代表中国与葡萄牙外交大臣罗果美签订了中葡《会议草约》。该约共有四条，第一条规定中葡在北京"即议互换修好通商条约，此约内亦有一体均沾之一条"；第二条规定"中国坚准，葡国永驻、管理澳门以及属澳之地，与葡国治理他处无异"；第三条规定"葡国坚允，若未经中国首肯，则葡国永不得将澳地让与他国"；第四条规定"葡国坚允，洋药税征事宜应如何会同各节，凡英国在香港施办之件，则葡国在澳类推办理"②。中葡《会议草约》为 1887 年中葡议约奠定了重要基础。然而，该约对于澳门地位的规定，无异使葡萄牙获得了澳门的管治权。

1887 年，葡萄牙使节罗沙来华后，与总理衙门进行会晤，呈示节略、澳门地图。葡方在节略中提出的通商要求，"与同治元年议而未换之约大致无甚悬殊"。但是，葡方所呈示的澳门地图与葡萄牙人居住地界址不清。为防葡方蒙混多占，总理衙门反复辩驳，并派员到澳门调查。因此，中葡双方商议条约，澳门界址也是交涉的重要问题。总理衙门在这一问题的立场是："澳门地方我既不能收回，即乘此机会与之约定，不得让与他国，方可永杜后患，此为约中第一要义。惟界址一层，从前久经含混，刻下若欲与之划清，势必彼此争执，终归罢议，更恐激之生变，阴结强国为助，一旦竟由他国办理，转致棘手。"总理衙门与罗沙就澳门问题迭次磋商，在总理衙门的坚持下，罗沙最终同意在条约中写明"澳门界址，俟勘明再定"，并声明"未经定界以前，不得有增减改变之事"，"将不得让与他国一层专立一条"③。

除澳门问题外，总理衙门在商议葡方提出的具体条款时，对于与同治元年（1862）条约"无甚悬殊者，当即议定"；"此外有应拒绝者、有应添改者数条，与之口舌文函，逐一辩驳，始行商订妥协"。总理衙门还在"紧要关键"的两件事情上与葡方多有争执。一是澳门交还中国逃犯之事。谈判时，

---

① 《总署奏澳门屡经议约未成拟办洋药税以一事权折》，光绪十三年二月二十三日，王彦威、王亮辑编，李育民等点校整理：《清季外交史料》第 4 册，第 1460—1461 页。

② 中葡《会议草约》，光绪十三年三月初二日，王铁崖编：《中外旧约章汇编》第 1 册，第 505—506 页。

③ 《总署奏葡约现有成议谨陈办理情形折　附续议详约两款》，光绪十三年九月二十七日，王彦威、王亮辑编，李育民等点校整理：《清季外交史料》第 4 册，第 1528 页。

罗沙提出照中英条约的规定办理，即中国人犯罪逃至澳门后，查明实系犯罪后再交出。总理衙门坚决反对，要求条约必须载明"一经两广总督照会，澳门官员即行查获交出"。罗沙反对中方的提议，认为中方的措辞"有似勒令交出"，而且"与西例悬殊，且亦有妨体面"。在这种情况下，总理衙门根据张之洞任两广总督时照会葡萄牙官员交出中国逃澳要犯的做法，与罗沙反复商议，"于约内添改华民犯案逃往澳门地方潜匿者，由两广总督照会澳门官员，即由澳门官员仍照向来办法查获交出，以杜其援照西例祖庇逃匪之弊"。二是澳门稽查洋药偷漏之事。总理衙门认为只有澳门能够严查出口，才能免去洋药偷漏。因此，总理衙门提出在专约中增加如下内容："所有澳门前往中国各海口之洋药，必须由督理洋药之洋员给发准照公函，由该洋员将转运出口之准照转致拱北关税务司办理。"以上二事，经总理衙门力争才确定下来[①]。1887 年 12 月 1 日，中葡双方签订了《和好通商条约》《会议专条》《会订洋药如何征收税厘之善后条款》。1888 年 4 月 28 日，中葡《和好通商条约》换约生效。

中葡《和好通商条约》共有五十四款，在中葡《会议草约》以及 1862 年中葡《议定条约》的基础上，根据时代变化，对中葡关系作了全方位的规定。由于中葡《和好通商条约》是因洋药税厘征收而起，并且涉及澳门地位的处理，因此该约的第二、三、四款重申了中葡《会议草约》的规定。该约的第二款规定中葡《会议草约》第二款关于葡萄牙"永居、管理澳门"的规定，中国"仍允无异"，至于澳门界址由两国派员会订，再立专约。第三款重申中葡《会议草约》第三款的内容，葡萄牙"仍允无异"。第四款则在中葡《会议草约》第四款的基础上声明葡萄牙在澳门协助中国征收由澳门出口运往中国各口洋药税厘，协助办法与期限与香港相同。至于具体办法，另定专约。中葡《会议草约》提出的中葡订约要包含一体均沾的条款，中葡《和好通商条约》的第十款规定："所有中国恩施、防损，或关涉通商行船之利益，无论减少船钞、出口入口税项、内地税项与及各种取益之处，业经准给

---

① 《总署奏葡约现已议成请派员画押折 附通商条款会议草约及洋药缉私专约》，光绪十三年十月十五日，王彦威、王亮辑编，李育民等点校整理：《清季外交史料》第 4 册，第 1530—1531 页。

别国人民或将来准给者，亦当立准大西洋国人民。惟中国如有与他国之益，彼此立有如何施行专章，大西洋国既欲援他国之益，使其人民同沾，亦允于所议专章，一体遵守。"① 这并不是毫无限制的片面最惠国待遇。而且，清政府在议约过程中对交还中国逃犯等要求也在条约中有所体现。1887 年中葡《和好通商条约》的签订标志着中国与葡萄牙条约关系的正式建立。该约的签订确定了"澳门的政治地位"，对澳门贸易发展产生了重要的影响。1889 年，澳门当局的调查报告即清楚地表明了这一点②。

第四节 各国通商约章的扩展

《烟台条约》签订后，各国在华通商利益不断扩展。伴随着各种条约利权的实施，一些新的问题相继产生，如内河航行、通商口岸税收等问题。为此，中国与各国制定了事关各国利益的通商约章，如《内港江河行船免碰及救护赔偿审断专章》（1880 年）、《议定天津码头捐节略》（1882 年）、《各项船钞分别征免章程》（1882 年）等。而且，中国还参与制定《各国会订航海防碰章程》，加入了《国际海关税则出版联盟公约》（1894 年）。此外，有的国家除签订综合性的条约外，还就具体问题与中国签订有条约，或制定有章程。如华工问题上，中国与西班牙签订有《古巴华工条款》（1877 年 11 月 17 日）；在船只遇险救助上，中国与日本制定有《船只遇险拯救章程》（1890 年 9 月 1 日）等。下文拟就船碰、华工相关约章，对各国在华通商约章的扩展进行说明。

随着外人在华航行权的扩大，中外船碰事件多有发生。为解决这一问题，有的通商口岸官员、海关制定了关于内河防碰的章程。总理衙门也就内河船碰问题与各国进行了交涉。1880 年 1 月 8 日，总理衙门奏定《内港江河行船免碰及救护赔偿审断专章》。该章程包括五个部分，即第一项行船章程，

---

① 中葡《和好通商条约》，光绪十三年十月十七日，王铁崖编：《中外旧约章汇编》第 1 册，第 523—524 页。
② 《1887 至 1891 年拱北关贸易报告》，莫世祥、虞和平、陈奕平编译：《近代拱北海关报告汇编（一八八七——九四六）》，第 8 页。

第二项停船章程，第三项救护章程，第四项赔偿章程，第五项审断章程。各章程对内河行船、停船避免船碰、发生船碰时的救护以及赔偿、船碰事件的审断作了较为详细的规定，规范了相关问题的处理。这些规定既有对欧美航海通行办法的借用，也有对中国具体情况的关照。如第一项行船章程第一条就规定："华洋行海轮船、夹板船均照美、英、德国通行免碰新章，置备各色玻璃灯、响器，按时动用为号；其驶入内港江河，仍须照章一律举行，无庸另议。"中国蓬船在内港江河行驶，"夜间必点白色玻璃灯一盏，以为号灯；其穷苦小船无力购备者，准以常用白纸灯笼及别项有亮光、有响声之物为号，务使别船有所见闻，防避免碰"。第三项救护章程第四条规定："轮船行驶，浪涌浪翻，如有华船未被碰撞为余波泼沉者，轮船亦当停轮救援。"第五项审断章程第一条规定："碰损之船，无论即时沉没或逾时沉没，总以沉由被碰为定。碰船之时，情形变幻不一，必须详细查讯，因何碰撞，按照中外通行免碰章程辨何人之错，酌量断赔。"①

　　值得注意的是，由于外国在华领事裁判权的存在，该章程在涉及中外船碰问题时，对于案件的审断考虑到了这一特权的实施与限制的问题。第五项审断章程最后两条针对不同情况对此作了相应的规定。章程规定：两船相碰，如果是中国人自置的船只，那么由中国官员讯断；如果是由外国人自置，那么由外国官员讯断；如果二者分别是中国人与外国人自置，由中外官员会审；如果外国人没有官员在中国，中国官员可以邀请有约国一二名领事，"帮同会讯商断"。"若该洋人之船，不服所断，听其自赴外国控告，由各该管之国办理。"不过，这里的规定依然有不严密或者有宽纵外国人的地方。即对于没有官员在中国的外国人，这里没有明确说明其是否是无约国；如果是无约国人，那么允许"自赴外国控告"，显然是偏向于外国人的，中国未能行使自己的司法主权。最后，审断章程对外国人雇用中国船只发生碰撞事件的审断作了规定。外国人在中国内地传教和游历，雇用内地中国船只，与中国人的船只发生碰撞。这种情况是中国船只之间的事件，因此事件

──────────

① 《内港江河行船免碰及救护赔偿审断专章》，光绪五年十一月二十七日，王铁崖编：《中外旧约章汇编》第1册，第368、370、371页。

的审理归中国官员审断，外国人"不得插身帮讼"；"若有碰失洋人货物应赔者，由华官会商洋官酌议妥办"①。

该章程对于规范内河航运以及船碰问题的处理有一定的作用。但是，受领事裁判权的影响，该章程在涉外案件的处理上，实行华洋区别对待，这使得外国人往往可以逃避相应的责任和处罚。1890 年 9 月 1 日，清政府与日本签订了《船只遇险拯救章程》。

除签订多边、双边约章外，清政府还积极参加国际航海会议，参与制定相关国际公约。1889 年，美国总统向与美国有外交关系的国家发出邀请，请各国派代表到华盛顿参加国际航海会议，"讨论、修改和订正与在海上、航行中的船只相关的规则、章程和实践"；当年 10—12 月，包括中国在内的 27 个国家的代表参加了此次会议②。清政府所派代表是毕士壁（海关工巡司理船厅美籍职员）、陈恩寿、贾凝禧，他们会同与会各国会议人员议定《航海避碰章程》三十一条③。此稿经各国酌为增删后，即定于光绪二十三年（1897）六月初二日一同实施。1897 年，清政府将《各国会订航海防碰章程》"刊印颁发，俾中国行江、行海之洋式兵、商各船周知遍喻，届期一律举行"④。当年，总税务司赫德在总理衙门札文告知新定免碰章程已刊印，要求照章施行后，致函总理衙门，提出需要《各国会订航海防碰章程》四十本，以便转发给各海关使用⑤。

此外，清政府还在 1894 年有保留地加入了《国际海关税则出版联盟公约》，这是中国加入的第一个国际公约，对于中国融入世界，增强关税主权意识以及强化修改不平等条约的意识具有重要的意义⑥。

华工问题由来已久，涉及多个国家。清政府除在华工出洋方面采取防范

---

① 《内港江河行船免碰及救护赔偿审断专章》，光绪五年十一月二十七日，王铁崖编：《中外旧约章汇编》第 1 册，第 371—372 页。

② "Final Act of the International Marine Conference, held at Washington from October to December, 1889-Washington, December 31, 1889," Edward Hertslet, Edward Cecil Hertslet Compile and Edit, *British and Foreign State Papers*，1888—1889，Vol. LXXXI, London: Harrison and Sons, St. Martin's Lane, pp. 705—706.

③ 薛典曾、郭子雄编：《中国参加之国际公约汇编》，商务印书馆，1937 年，第 665 页。

④ 《各国会订航海防碰章程》，光绪二十三年，北洋洋务局纂辑：《约章成案汇览》乙篇，卷 23 上，第 65 页。

⑤ 《总署收总税务司赫德函》，光绪二十三年三月初八日，台北"中研院"近代史研究所编印：《清季中日韩关系史料》第 7 卷，1972 年，第 4995 页。

⑥ 李育民：《晚清中外条约关系研究》，第 226—229 页。

措施外，还就华工的出洋及其在海外的保护与相关国家进行了交涉。继 1874 年中秘《会议专条》签订之后，中国又于 1877 年与西班牙签订了《会订古巴华工条款》。值得注意的是，《会订古巴华工条款》的签订虽然晚于中秘《会议专条》，但是其缘起却要早于中秘《会议专条》。

1872 年，总理衙门因为西班牙所属的古巴夏湾拿地方有虐待华工之事，所以照会西班牙公使，要求其停止在广东招工。同年，两广总督也不准许西班牙商人提出的夏湾拿招工之事。对此，西班牙驻华公使认为中方不按条约办理，要求中方提出虐待华工的证据。几经交涉后，总理衙门决定派员前往古巴调查。1873 年，总理衙门奏定派陈兰彬调查古巴华工处境[①]。1874 年冬，陈兰彬查明古巴华工受虐情形。总理衙门在得到陈兰彬的报告后，与西班牙以及各国驻华公使商议保护在古巴的华工办法。总理衙门曾拟出《保护华工条款》，与各国驻华公使多次商议；各国驻华公使也提出了相应的条款，于是"将彼此条款参酌合而为一"。然而，马嘉理事件发生后，英国首先退出，会议中断[②]。当然，此次会议条款未能成功，还与西班牙和各国的态度有关。诚如总理衙门所言，当时西班牙和各国驻华公使所拟条款，"意多偏徇，毫无成议"[③]。《烟台条约》签订后，总理衙门就古巴华工一事，与西班牙驻华公使进行商议。时任西班牙驻华公使伊巴里重新拟定了一份《古巴华工条款》，交给总理衙门。总理衙门与伊巴里就此进行了商议，并邀请各国驻华公使会议。最终，总理衙门与伊巴里基本达成一致意见。然而，中国与西班牙没有立即就此签订条约。总理衙门多次催询伊巴里，他都以咨报本国没有得到答复为由，拖延将近一年时间。其间，西班牙又向中国提出解决"索威拉纳"号商船事件，即同治二年十二月西班牙"索威拉纳"号商船在台湾遭风被匪拆抢的事件。1877 年，总理衙门大臣在伊巴里从烟台避暑回北京后，前往会晤。伊巴里才告知近日接到本国政府的复文，与原议条

① 《奕䜣等奏请派员往查日国有无陵虐华工情事折》，同治十二年八月初一日，中华书局编辑部、李书源整理：《筹办夷务始末·同治朝》十，第 3679—3680 页。

② 《总署奏与西班牙公使订立古巴华工条款折　附条款》，光绪三年十月十六日，王彦威、王亮辑编，李育民等点校整理：《清季外交史料》第 2 册，第 220 页。

③ 《总署奏西班牙商船被抢与古巴换约案同时办结片　附照会二件》，光绪三年十月十六日，王彦威、王亮辑编，李育民等点校整理：《清季外交史料》第 2 册，第 224 页。

款大致"不甚悬殊",并提出解决"索威拉纳"商船案,就可以与中方商议华工条款。总理衙门考虑到中国在古巴的"华工数万待拯孔亟,此项条款争论有年,变幻多端,终未就绪,权其轻重,自以早日定议为是",因此,在"索威拉纳"商船案上,做出让步,答应西班牙公使的要求①。随后,双方将之前所议各条目酌核增损,于 1877 年 11 月 17 日签订了《会订古巴华工条款》②。

《会订古巴华工条款》共有十六款,在 1864 年中国和西班牙所订条约的基础上,对华工出洋以及在古巴华工的权益和管理作了相应的规定。该约第三款规定不能诱拐华工出洋,"彼此庶民出口前往,无论单身或携带家属,皆以出于情甘自愿为要;总不准或在中国各口,或在他处,妄用勉强之法及施诡谲之计,诱令华民人等不出情愿而往"。至于自愿出洋到古巴的中国人,条约第四款声明中国听其自便,并无禁阻之意。而且,条约对中国人到古巴办理相关手续、载运华工的外国船只载客要求、中国在古巴派驻领事和管理华工、华工在古巴的权益、华工回国等,做了相应的规定。关于在古巴华工的权益,条约规定西班牙同意"所有待各大国同类之人最优之处,中国人民或已在古巴者,或嗣后前往者,亦应一体均沾"。西班牙地方官发给中国人随便往来的准单"与各国人所执之单式样相符";古巴华工到当地漱局诉讼时,漱局要"秉公断结,与优待各国人所能得者一样";工期未满的华工,按合同之期将工作满;新到华工与期满华工在领执照和准单等方面,"一律同沾";"现今在古巴所有拘于各处公所之华人",在条约互换后"一体放出","并将应立之章内所定各项执照,亦皆发给,总将其人与在彼处各项华人一例相待"。不过,该约第十五款规定以后中国在华民出洋一事上,如果"将此次条约未载之利益施及他国",那么西班牙也应当一体均沾③。

---

① 《总署奏西班牙商船被抢与古巴换约案同时办结片 附照会二件》,光绪三年十月十六日,王彦威、王亮辑编,李育民等点校整理:《清季外交史料》第 2 册,第 224—225 页。

② 《总署奏与西班牙公使订定古巴华工条款折 附条款》,光绪三年十月十六日,王彦威、王亮辑编,李育民等点校整理:《清季外交史料》第 2 册,第 220 页。

③ 中西《会订古巴华工条款》,光绪三年十月十三日,王铁崖编:《中外旧约章汇编》第 1 册,第 353—356 页。

《会订古巴华工条款》是清政府为解决诱拐华工问题、保护在古巴华工利益的重要举措。中国和西班牙的交涉并不顺利，其间除各国参与会议、利益争辩外，还夹杂其他事件的影响。西班牙公使在谈判过程中的要求以及有意拖延，使得总理衙门对谈判能否取得结果充满了担忧。不惟如此，该约的互换也是清政府出于担忧而不得不以变通的方式进行的。1878年，西班牙公使伊巴里照会总理衙门，声称西班牙批准了华工条款，只是华人向西班牙人借垫船资一事，"应由中国领事官明立合同"。总理衙门认为伊巴里此时提出这一问题，"或恐暗伏招工机械"。所以，总理衙门在照会该使时，提出华人欠西班牙人钱，"只可由中国领事官迅追，不便明立合同"；如果愿意就近办理，可以寄信出使西班牙大臣会同商办。1878年8月30日，伊巴里提出换约，声称原本寄回本国，商量以本国君主盖印的条约互换。总理衙门认为这与向来互换原本不符，表示反对。伊巴里因此威胁总理衙门称："约事如不能办，起程回国，此后换约无期。"在这种情况下，总理衙门认为若不通融办理，势必前功尽弃①。于是，双方在校对互换条约的中文、西班牙文和法文本一致的前提下，另立换约文凭，《会订古巴华工条款》方才换约生效。

《会订古巴华工条款》的签订与生效在一定程度上反映了西班牙与中国条约关系的微妙与不对等性。作为专门的华工条约，它与中秘《会议专条》一道对于解决"苦力贸易"问题产生了一定的影响。诚如薛福成所说，自中国与西班牙、秘鲁订立条约，"稍革此弊"。当然，他也指出"当时因欲顾全先到之华工"，不免受牵制，所立约章，难以尽如人意②。虽然如此，该约对后来中外订约也有所影响。1894年，杨儒与墨西哥议定条约时，约稿中有关招工的规定即以《会订古巴华工条款》为底本所拟③。1900年，伍廷芳在上奏与墨西哥签订《通商条约》时，也指出该约的第五款不准

---

① 《总署奏与西使通融互换古巴条款片 附条款正文》，光绪四年十一月十一日，王彦威、王亮辑编，李育民等点校整理：《清季外交史料》第 2 册，第 275—276 页。

② 《论巴西招工事宜书》，光绪十八年十一月初四日，丁凤麟、王欣之编：《薛福成选集》，第 472 页。

③ 《总署请饬杨儒妥议中墨约章请旨遵行片》，光绪二十年七月二十九日，王彦威、王亮辑编，李育民等点校整理：《清季外交史料》第 4 册，第 1917 页。

诱拐华工出洋一节，是查照与西班牙条约办理①，即《会订古巴华工条款》
的第三款。

19 世纪七八十年代，中外条约关系在此前基础上又有所发展。由于"合
作政策"的破产，欧美各国从自身利益出发与清政府订立条约，这在中英条
约关系上表现得较为特殊。中葡条约关系也因香港鸦片征税一事，在赫德积
极活动下建立起来。除去后章将论及的边界条约、与朝贡国相关条约外，各
国与中国签订的综合性以及与具体事务相关的双边条约和多边条约，进一步
扩大了中外条约的内容和范围。而且，各国在华共同的通商利益在这一时期
的条约关系中也有所体现。总体而论，中外条约关系的复杂性以及各国之间
的区别与联系有较为充分的体现。

---

① 《使美伍廷芳奏遵旨与墨西哥妥订约款定期画押折》，光绪二十六年正月二十日，王彦威、王亮辑编，李
育民等点校整理：《清季外交史料》第 6 册，第 2727 页。

第四章　条约关系影响下的朝贡关系危机

　　朝贡关系是在亚洲形成的一种以中国为中心的传统国际秩序。第二次鸦片战争后，清政府继续维持朝贡关系，与琉球、朝鲜、越南、缅甸、泰国、廓尔喀（即尼泊尔）等国保持着这种关系。这些国家与清政府的关系完全有别于西方国家与其属国的关系，清政府并不干涉藩属国的内政与外交①。然而，西方列强以及日本对中国周边国家发动的侵略，却影响和改变了这种朝贡关系。它们迫使中国的藩属国与之发生关系，与有的藩属国签订不平等条约，侵夺其领土主权。这使得朝贡关系面临前所未有的危机。清政府对于藩属国遭到列强的侵略也有所了解。1875 年，总理衙门就指出"法人已窃据越

---

　　① 不过，有的藩属国为抵制西方列强，则声称其对外要听从中国。如：1866 年，朝鲜国王致清朝礼部的咨文称："藩臣无外交，关市讥异言，尤系守邦之彝典。小邦粗知义分，恪守侯度。"（《朝鲜国王李㷗给礼部咨文》，同治五年八月二十一日，中华书局编辑部、李书源整理：《筹办夷务始末·同治朝》五，第 1846 页。）同年，朝鲜江华府的官员在答复英国商人的通商要求时，称"我国之法，上国无许施之公文，则不敢擅便"。平壤官员在答复英商提出的通商要求时，称"交易一款，本是皇朝法禁，有非藩邦所敢擅许者也"。（《朝鲜国王李㷗给礼部咨文》，同治五年十月初二日，中华书局编辑部、李书源整理：《筹办夷务始末·同治朝》五，第 1886、1887 页。）

南各省十之六七"，英人"与缅甸立约通商"①。面对这种情况，清政府在与西方列强和日本维系条约关系的同时，仍然坚持与藩属国的传统朝贡关系。诚如丁日昌在条陈中所言，"沿海附近各国，宜豫为联络"，"至于高丽、暹罗、安南、缅甸诸国，亦宜遣员抚辑，坚目前向化之心，未雨绸缪，为他日首尾之应"②。事实上，清政府采取了若干举措维系传统的朝贡关系，如与西方列强、日本进行外交交涉，以维持藩属国；强化中朝朝贡关系，实行中朝朝贡关系的条约化。在此过程中，一些与藩属国相关的条约也相继产生。然而，在以西方为主导的国际秩序冲击之下，琉球、朝鲜、缅甸、越南等国与中国的朝贡关系先后发生变化，朝贡关系由此面临危机，并逐渐趋于崩溃。

第一节　中日条约关系与中琉朝贡关系

19 世纪五六十年代，日本与中国面临一样的危机，被迫与西方列强签订了不平等条约。此后，在中国依然维系朝贡关系之际，日本采取了与中国截然不同的策略——融入欧洲国际社会③。日本在对外政策上，从其狭隘的民族利益出发，对周边的亚洲国家采取了侵略手段，以改变其国际地位④。中国及其藩属国琉球和朝鲜成为日本的侵略对象。

日本是中国的近邻，其外交倾向必然会对中国产生影响。对于 1868 年以后日本内政与外交的各项革新举措，清政府并非毫无察觉。不少官员虽然有联络日本以对抗欧美各国的主张，但是对日本也有所警惕。1871 年，中日议约之初，曾国藩和李鸿章就提出中国应当在两国订约后，派使臣驻扎日本，保护中

---

① 《总署奏英员马嘉理被戕一案英使词意叵测请加意边防海防折　附上谕》，光绪元年二月十四日，王彦威、王亮辑编，李育民等点校整理：《清季外交史料》第 1 册，第 7 页。

② 《附呈藩司丁日昌条说》，同治六年十二月初六日，中华书局编辑部、李书源整理：《筹办夷务始末·同治朝》六，第 2269 页。

③ Shogo Suzuki, *Civilization and Empire：China and Japan's Encounter with European International Society*，pp. 140—141.

④ 李育民：《近代中外条约关系刍论》，第 112 页。

国商民，"探彼族动静，冀可联络牵制，消弭后患"①。1873 年，中日《修好条规》在北京换约生效后，中国对日本的外交企图仍然是有所担忧的。因此，奕䜣等人在送副岛种臣回国时，告诉他说："嗣后须按照《修好条规》所称，两国所属邦土，不可稍有侵越。"副岛种臣答称："固所甚愿。"②

然而，一年后，日本即借 1871 年琉球船民因风漂至台湾被误杀多人的事件，违背中日条约的规定，进兵中国台湾。当然，日本的借口，与琉球一国两属（即同为中国和日本的藩属国）有密切的关系。对于日本的侵台行为，清政府虽然认为这是违约兴兵之举，但是并没有采取强硬的政策，而是采取了军事防范与交涉并举的方针。闽浙总督兼福建巡抚李鹤年认为日本这一行动违背了中日《修好条规》的第一条和第三条，他在事发后"遵照条约，援公法切实照复日本国将官，令其早日回兵"；另外，他又"严饬台湾镇道，按约理论，相机设筹，不可自我启衅，亦不可苟安示弱"③。清廷的意见是"衅端固不可开，体制更不可失"，谕令闽浙总督李鹤年"惟当按约理谕，阻令回兵，以敦和好，不得以番地异于腹地，遂听其肆意妄为"④。不过，率兵抵台的日本中将西乡中道接到李鹤年的照会后，既不予以答复，也不退兵，而是以日本公使将到北京，要等待其来信为由，含糊作答⑤。1874年 5 月 28 日，日本使臣柳原前光到达上海，与潘霨相见，表达了此行的目的。5 月 29 日，清政府派船政大臣沈葆桢为钦差办理台湾等处海防兼理各国事务大臣，办理相关的交涉与防务。

柳原前光到达北京后，与总理衙门几经交涉。总理衙门驳斥了日本在台湾归属、处理琉球船民事件等问题上的无理说辞，指责日本违约出兵中国台

① 《李鸿章又奏购买铁甲船情形及应派使臣领事驻日本折》，同治十三年十一月初四日，中华书局编辑部、李书源整理：《筹办夷务始末·同治朝》十，第 4001 页。

② 《给日本国外务省照会》，同治十三年三月二十九日，中华书局编辑部、李书源整理：《筹办夷务始末·同治朝》十，第 3738 页。

③ 《李鹤年奏日本兵船欲攻台湾番境相机妥筹折》，同治十三年四月十六日，中华书局编辑部、李书源整理：《筹办夷务始末·同治朝》十，第 3748 页。

④ 《廷寄》，同治十三年四月二十一日，中华书局编辑部、李书源整理：《筹办夷务始末·同治朝》十，第3752 页。

⑤ 《李鹤年奏日本师船已与生番接仗现筹防范折》，同治十三年四月二十五日，中华书局编辑部、李书源整理：《筹办夷务始末·同治朝》十，第 3753 页。

湾，侵害中国自主之权。双方在事件的处理上未能达成一致①。此后，日本在台相继采取了军事行动。中方的交涉因此并不见效。不过，中国积极采取措施，调派台防兵力，加强海防，这对于遏制日本的侵略势头产生了一定影响。然而，出于对海防力量不足的考虑，清政府以及沈葆桢、李鸿章等封疆大吏均不主张对日作战。

随后，日本又派大久保利通来华商议，总理衙门与之进行交涉，驳斥了日本在台湾归属等问题上的无理言论。由于中方据理坚守以及台防力量加强，大久保利通只好提出可以商议"两便办法"，并在面议时提出给日本赔偿兵费，日军即可从台湾退兵。不过，总理衙门认为赔偿兵费，有违体制，也与"两便"之说毫不相符，万不可行，只能同意给予抚恤费。至于日本所称的 200 万两，总理衙门也予以反对，只答应给予抚恤银 10 万两，给日本在番社的修道、造房等费 40 万两（房屋等留下归中国使用），共计 50 万两。此事经英国驻华公使威妥玛从中说合，最终中日双方在撤兵一事上达成一致②。

1874 年 10 月 31 日，中日双方就琉球船民事件的处理，签订《北京专条》。专条共有三条，在三条内容之前有如下文字："各国人民有应保护不致受害之处，应由各国自行设法保全，如在何国有事，应由何国自行查办。兹以台湾生番曾将日本国属民等妄为加害，日本国本意惟该番是问，遂遣兵往彼，向该生番等诘责。今与中国议明退兵并善后办法。"这段文字的首句肯定了国家保护国民之权以及自主之权。然而，第二句对于日本称兵犯境的侵略行为却毫无指责，实际上与前述内容颇有矛盾之处。专条的具体三条是：第一条"日本国此次所办，原为保民义举起见，中国不指以为不是"。第二条"前次所有遇害难民之家，中国定给抚恤银两，日本所有在该处修道、建房等件，中国愿留自用，先行议定筹补银两，别有议办之据"。第三条"所有此事两国一切来往公文，彼此撤回注销，永为罢论。至于该处生番，中国

---

① 《奕䜣等又奏日本使臣到京历与辩论情形折》，同治十三年七月二十五日，中华书局编辑部、李书源整理：《筹办夷务始末·同治朝》十，第 3859—3861 页。

② 《奕䜣等奏与日使议定退兵恤银折》，同治十三年九月二十二日，中华书局编辑部、李书源整理：《筹办夷务始末·同治朝》十，第 3944—3948 页。

自宜设法妥为约束，以期永保航客不能再受凶害"。上述三条内容中的第二条涉及抚恤费和日本遗留物的补偿费，另有互换凭单①。第一、三两条颇值得注意。第一条的内容与前面所说的"日本国属民"无疑证实了琉球是日本的保护国，清政府实际承认了这一事实。而且，清政府对日本出兵台湾的违约之举，也不能加以指责，这无疑会助长日本进一步的侵略之心。

在日本的侵略政策下，中琉朝贡关系受到较大的影响，琉球向中国的朝贡也受到日本的梗阻。1877 年，琉球派出官员到福州，向中国陈明国情，恳求"赴部沥陈"；琉球担心"日本闻知构衅，因饰为遭风漂泊到闽，冀得剖露真诚，用心良苦"。对于琉球的处境，清廷发布上谕，着总理衙门传知出使日本大臣何如璋等，到日本后，相机妥筹办理②。1878 年，中国驻日公使何如璋就日本梗阻琉球入贡，同日本进行了交涉，但是未能阻止日本对琉球采取的行动。

1879 年初，日本欲废球置县。总理衙门决定对日进行交涉，以保琉球③。何如璋奉命就此事照会日本外务省。然而，何如璋的交涉并未取得效果，日本外务省"来文妆聋做哑，亦不论理之曲直，但言此事贵公使不必与闻之意"。中国驻日使馆参赞黄遵宪、随员沈文荧拜会宫岛诚一郎，在笔谈中均表明了中方对日本政策和态度的不满，声明中方保护琉球的立场。如沈文荧指出：琉球朝贡已久，中国政府必不能漠视。黄遵宪则指出：日本政府"若有事于球，非蔑球也，是轻我也。我两国《修好条规》第一条即言：'两国所属邦土，务各以礼相待，不可互有侵越。'条规可废，何必修好？故必绝聘问，罢互市。吾辈不得不归也"。显然中日《修好条规》是中国反对日本、保护琉球的重要依据。而且，沈、黄二人均表露出中国使团为此将离日回国的态度④。然而，宫岛诚一郎并不负责外交事务，因此沈、黄二人的言论不可能起到作用。

---

① 中日《北京专条》，同治十三年九月二十二日，王铁崖编：《中外旧约章汇编》第 1 册，第 342—343 页。
② 《闽督何璟等奏琉球遣使人贡日本梗阻请旨办理折 附上谕》，光绪三年五月十四日，王彦威、王亮辑编，李育民等点校整理：《清季外交史料》第 1 册，第 189—190 页。
③ 《总署奏议复何如璋函述日本阻梗琉球人贡一案相机酌办折》，光绪五年三月十九日，王彦威、王亮辑编，李育民等点校整理：《清季外交史料》第 2 册，第 290—291 页。
④ 刘雨珍编校：《清代首届驻日公使馆员笔谈资料汇编》下册，天津人民出版社，2010 年，第 473—475 页。

1879 年 4 月，日本公然宣布废球置县后，总理衙门鉴于日本派使来华，决定在其使到中国后，"据理与条约向其辩论，相机办理"，这里的条约应当是指中日《修好条规》；同时，总理衙门要求何如璋不要回国，在日本继续为保护琉球而进行外交活动①。不过，何如璋在日本的交涉、总理衙门与日本驻华公使的交涉均未能奏效。日本方面"一味强词夺理，并谓琉球为彼旧属，始终无一毫悔悟之机，其贪狡为心固有非情理所能动者"②。日本之所以如此态度，一方面是因为琉球曾对中日两国同时朝贡有关；另一方面，日本有意忽略中国与琉球的关系，中日《北京专条》中的相关规定即是明证。

正在此时，美国前总统格兰特来华游历，随后将有日本之行。总理衙门乘机请他调停中日关于琉球问题的争端。格兰特到日本后，提出了三分琉球的方案，即北部归日本，中部归琉球，南部归中国。然而，这一方案的实行并非易事，而且日本也没有明确表示接受这一方案。此外，格兰特致函总理衙门，指出日本对何如璋外交文书措辞太重表示不满，要求撤回该文书，然后中日两国再派大员商议办结琉球之事③。值得注意的是，据时任中国驻日使馆顾问的美国人麦嘉缔（Divie Bethune McCartee）所说，分岛方案是他向格兰特建议的，格兰特在接受后又向中日两国提出④。根据格兰特信函的建议，中日两国进行了交涉，但未能达成一致。

1880 年，日本又乘中国西北边疆危机的机会，提出解决琉球问题的方案，并将之与修改中日《修好条规》掺杂在一起，以达到获取在华特权的目的⑤。1880 年 4 月初，日本外务省派竹添进一到天津拜会李鸿章，"述其执政之意，愿将南岛归于中国，而欲更改约章，增内地通商各款"。不过，竹添进一告诉李鸿章，他"此来只是私相探问，不算公事，如中国可以俯允，

---

① 《总署奏日阻琉球入贡请饬使臣何如璋暂勿归国折》，光绪五年闰三月初五日，王彦威、王亮辑编，李育民等点校整理：《清季外交史料》第 2 册，第 295 页。

② 《总署奏美国前总统在日本调处琉球事拟有办法折》，光绪五年七月二十一日，王彦威、王亮辑编，李育民等点校整理：《清季外交史料》第 2 册，第 318 页。

③ 《总署奏准美国前总统函称在日本商办球事折　附来函》，光绪五年八月初五日，王彦威、王亮辑编，李育民等点校整理：《清季外交史料》第 2 册，第 319 页。

④ Robert E. Speer ed.，*A Missionary Pioneer in the Far East*：*A Memorial of Divie Bethune McCartee*，New York：1922，pp. 165—167.

⑤ 李育民：《近代中外条约关系刍论》，第 114—115 页。

再遣使来议"①。显然竹添进一的天津之行是试探中国的态度。4 月 4、5 日，竹添进一在与李鸿章笔谈中表达了日本对琉球问题以及修改中日条约的意见。而且，4 月 5 日，竹添进一还向李鸿章面呈说帖。竹添在说帖中称：如果中国允许日本商民入中国内地贸易，日本愿将琉球南部宫古岛、八重山岛划归中国；划此二岛对于日本来说是"至难之事"，日本"勉强为此至难之事，以表好意"，而中日两国可"奉特旨增加条约，中国举其所许西人者以及于我商民，我国亦举所许西人者以及之中国商民，而两国征税建法一任本国自主。嗣后遇与各通商国修改现行缔约内管理商民、查办犯案条款，或通商章程，或税则，互相俯就，但均不得较他国有彼免此输、彼予此夺之别"②。对于竹添所说"增加条约之事"，李鸿章认为"显系借端要求"，"反复驳辨，不稍假借"。至于竹添所说的以后改约之事，李鸿章认为"各节如有成议，利害参半，而立言颇近公平，不敢谓该国将来必办不到，但未便因球事而牵连及此"③。

李鸿章即时把与竹添进一会晤的情形函告总理衙门。总理衙门认为"南岛归我，是格兰忒原议，而抹去中岛复球一层，与中国欲延球祀之命意不符，且无端议改从前屡请未许之条款，均属不可行"。总理衙门与李鸿章往来函商，均不同意日本的这种提议。所以，李鸿章严词拒绝了竹添进一。此后，中日之间就撤行文、派大员商议进行了交涉。迟至 7 月 26 日，日本外务省照会总理衙门，派驻华公使宍户玑负责琉球事宜的交涉。于是，总理衙门奏请派员与日本商议琉球事宜④。

随后，宍户玑向总理衙门递交节略，就琉球问题的处理，提出"欲照各国一体均沾之例，酌加条约，而割琉球南部宫古、八重山二岛以属中国"。日本的这一提议根本不提及此前三分琉球的方案，只议及琉球南部交给中国，而且将此事与中日条约的修改牵涉起来。此时正值中俄交涉紧张之际，

---

① 《总署奏日本废灭琉球一案美国前总统拟加调停事已中变请派大员商办折》，光绪六年六月二十日，王彦威、王亮辑编，李育民等点校整理：《清季外交史料》第 2 册，第 414—415 页。

② 《附 日本竹添进一说帖》，光绪六年二月十六日，顾廷龙、戴逸主编：《李鸿章全集》第 32 册，第 524 页。

③ 《致总署 议球案结法》，光绪六年二月十七日，顾廷龙、戴逸主编：《李鸿章全集》第 32 册，第 525 页。

④ 《总署奏日本废灭琉球一案美国前总统拟加调停事已中变请派大员商办折》，光绪六年六月二十日，王彦威、王亮辑编，李育民等点校整理：《清季外交史料》第 2 册，第 414—415 页。

清政府担心俄、日联络，不得不在琉球一事上做出让步。南洋大臣刘坤一、北洋大臣李鸿章均主张中国可以将琉球南部交给琉球以复国。总理衙门认为这样做既可以存琉球，又可以避免"拒日本太甚"而使得日本"结俄益深"，从而达到防俄的目的。于是，总理衙门与宍户玑议定专条和加约，就琉球问题的处理、中日条约的变通和增加内容做了规定。"球案条约"声明中日两国公同商议，除冲绳岛以北属日本管理外，琉球的"宫古、八重山二岛属大清国管辖，以清两国疆界，各听自治，彼此永远不相干预"；两国在光绪七年（1881）正月交割两岛①。总理衙门认为有了这一规定，"庶以后中国如何设法存球，日本无从置喙"②。值得注意的是，总理衙门做出这种决定与琉球的处境也有密切的关系。当时日本不仅控制了琉球的北部，而且在其中部、南部收税，"琉球之隶中国其名，而属日本其实，此时若不与定议，亦无策以善其后"③。

同时，为了办结琉球一案，避免日本与俄国联为一气，总理衙门不得不同意就中日《修好条规》进行修改。由于立约之初，李鸿章未同意给日本一体均沾的特权；因此，日本多次向中国提出照各国之例，在条约中加入一体均沾条款。日本在中国面临特殊外交形势之际提出这一要求，使得清政府不得不改变态度；而且，中日修约期限将至，此时中国如果不答应，届时日本仍然还要提出这一要求。

因此，总理衙门答应了日本提出的抽换中日《修好条规》第十四、十五两条的要求。总理衙门与宍户玑往返交涉，达成了"加约"两款。第一款规定了双边最惠国待遇。该款规定："两国所有与各通商国已定条约内载予通商人民便益各事，两国人民亦莫不同获其益。嗣后，两国与各国如有别项利益之处，两国人民亦均沾其惠，不得较各国有彼厚此薄之偏。"不过，这种

---

① 《总署奏琉球南岛名属华实属日不定议无以善后片　附球案条约凭单拟底》，光绪六年九月二十五日，王彦威、王亮辑编，李育民等点校整理：《清季外交史料》第2册，第449页。

② 《总署奏日本废琉球一案已商议办结折》，光绪六年九月二十五日，王彦威、王亮辑编，李育民等点校整理：《清季外交史料》第2册，第448页。

③ 《总署奏日本废琉球一案已商议办结折》《总署奏琉球南岛名属华实属日不定议无以善后片　附球案条约凭单拟底》，光绪六年九月二十五日，王彦威、王亮辑编，李育民等点校整理：《清季外交史料》第2册，第449页。

双边的最惠国待遇是有条件的，该款同时还规定"此国与他国立有如何施行专章，彼国若欲援他国之益，使其人民同沾，亦应于所议专章一体遵守。其后另有相酬条款施与特优者，两国如欲均沾，当遵守其相酬约条"。第二款规定中日《修好条规》与通商章程中，"与此次增加条项有相碍者，当照此次增加条项施行"。而且，根据同时达成的球案条约，"光绪七年正月交割两岛后之次月，开办加约事宜"①。交涉过程中，宍户玑提出日本"现与西洋各国商议增加关税、管辖商民两事，美国已经应允，请一并加入条约"。对此，总理衙门与宍户玑商议后，另立凭单，"声明俟日本与各国订定后，再行彼此酌议，无庸并入加约"②。

总理衙门与宍户玑所达成的上述专条、加约、凭单，是在特殊外交形势下做出的外交让步。正如总理衙门所说，这些"皆为顾全大局，联络日本起见"③。在日本事实上已经废灭琉球并控制其全境之际，清政府的这种妥协还有企图使琉球复国的打算。不过，总理衙门对日本的迁就与妥协能否起到应有的外交效果，有的官员持不同意见。如陈宝琛就上奏表示反对意见④。张之洞从保护中国各藩属，防止其他国家"接踵效尤"侵略中国藩属出发，主张中国此时对日"宜酌允商务，以饵贪求，姑悬球案，以观事变，并与立不得助俄之约"，待俄事定后再"与之理论，感之以推广商务之仁，折之以兴灭继绝之义，断不敢轻与我绝"，日本若坚持不肯恢复琉球国，中国可与之绝交⑤。李鸿章也持不同意见，他认为条约三月内互换限满之时，"准不准之权仍在朝廷"。"此时似宜用支展之法，专听俄事消息以分缓急。俟三月限满，倘俄议未成，而和局可以豫定，彼来催问换约，或与商展限，或再交廷

---

① 《总署奏琉球南岛名属华实属日不定议无以善后片 附球案条约凭单拟底》，光绪六年九月二十五日，王彦威、王亮辑编，李育民等点校整理：《清季外交史料》第 2 册，第 449—450 页。
② 《总署奏日本废琉球一案已商议办结折》，光绪六年九月二十五日，王彦威、王亮辑编，李育民等点校整理：《清季外交史料》第 2 册，第 448—449 页。
③ 《总署奏日本废琉球一案已商议办结折》，光绪六年九月二十五日，王彦威、王亮辑编，李育民等点校整理：《清季外交史料》第 2 册，第 449 页。
④ 《右庶子陈宝琛奏琉案日约不宜遽订折》，光绪六年九月二十五日，王彦威、王亮辑编，李育民等点校整理：《清季外交史料》第 2 册，第 450—452 页。
⑤ 《日本商务可允球案宜缓折》，光绪六年十月初一日，苑书义等主编：《张之洞全集》第 1 册，河北人民出版社，1998 年，第 71 页。

议；若俄事于三个月内即已议结，拟请旨明指其不能批准之由，宣示该使"①。而且，李鸿章认为"球案误于议者联日拒俄之说，总署意在了事，成议太速，似稍失之轻率"②。除以上陈、张、李三人③外，两江总督刘坤一、浙江巡抚谭钟麟、两广总督张树声等均从不同角度，表达了对于琉球问题和对日改约的看法。

就在中国官员议论纷纷之际，宍户玑因意图难以达到，以中国"自弃前议"为词而回国。此时，曾纪泽从俄国发回与俄交涉可成的电报。1881年3月5日，清廷发布上谕，就琉球案与日本改约之事明确了立场，声称："商务一体均沾，为日本约章所无。今欲援照西国约章办理，尚非必不可行。惟此议因球案而起，中国以存球为重，若如所议划分两岛，于中国存球之意未臻妥善。"所以，上谕要求总理衙门"再与日本使臣悉心妥商，琉案妥结，商务自可议行"④。显然，清政府没有直接同意总理衙门与宍户玑达成的协定。而且，中国认可的琉球问题解决方案，成为中国同意在商业上给日本相关待遇的前提。所以，此次的分岛改约方案未能签字生效，琉球问题暂时搁置⑤。

此后，中日在19世纪80年代就琉球问题虽然进行过交涉，但是双方未能达成妥协⑥。而且，中国在与日本进行《修好条规》的修约谈判时，也坚持要求恢复琉球国。然而，日本吞并琉球却是不争的事实。诚如张树声在1883年所说，"琉球坐弃"⑦。业已亡国的琉球官员向中国请求为其复国，已属无可奈何之举。清政府在自顾不暇、日本不断发起挑战的背景下，难以改变琉球的处境。琉球问题于是长期搁置下去，不了了之。

---

① 《妥筹球案折》，光绪六年十月初九日，顾廷龙、戴逸主编：《李鸿章全集》第9册，第200页。

② 《复醇亲王　论枪弹》，光绪七年正月初四日，顾廷龙、戴逸主编：《李鸿章全集》第33册，第3页。

③ 关于三人意见的具体分析，参见李育民：《近代中外条约关系刍论》，第116—118页。

④ 《军机大臣左宗棠奏办理琉球案说帖　附上谕二件》，光绪七年二月初四日，王彦威、王亮辑编，李育民等点校整理：《清季外交史料》第2册，第480—481页。

⑤ 张海鹏、李国强：《论〈马关条约〉与钓鱼岛问题》，《人民日报》2013年5月8日；李育民：《近代中外条约关系刍论》，第120页。

⑥ 参见［日］西里喜行著、胡连成等译：《清末中琉日关系史研究》下册，第524—538页；［日］安冈昭男著、胡连成译：《明治前期日中关系史研究》，福建人民出版社，2007年，第48—50页。

⑦ 《粤督张树声奏法越议和北圻人心涣散谨陈愚忠折》，光绪九年十月初七日，王彦威、王亮辑编，李育民等点校整理：《清季外交史料》第2册，第696页。

第二节 中法战争与中越朝贡关系的结束

越南自 18 世纪以来即遭到法国的侵略。19 世纪，法国不断扩大对越南的侵略。1858—1862 年，法国发动了侵越战争。1862 年，法国迫使越南签订了第一次《西贡条约》，除获得通商贸易等特权外，还迫使越南将南部的边和、嘉定、定祥三省及昆仑岛全部主权割让给法国。该约的第四条甚至还规定"如果某一外国使用挑衅或通过条约强迫割让一部分安南领土，则安南国王将遣使通知法国皇帝，将此事件交其处理，任凭法皇对安南王国给予或不给予帮助；但与外国签订的有关条约如有割让领土问题，则此项割让非得法国皇帝同意才可批准"①。这显然凌驾于越南国家主权之上。

19 世纪 70 年代，法国进一步向越南的北部扩张。对于法国在越南的行动，清政府并没有采取积极的政策。清政府曾接受越南政府的邀请②，派兵出关帮助越南镇压叛匪。1873 年，广西巡抚刘长佑就办理防剿上奏时指出，法国人攻下河内，"无非办理通商，我军似可无须过问"；但是，刘长佑认为"越南之患，法人为最"，"法人之欲图越南，本非一日，法人之不忘粤西，亦非一日"。刘长佑主张加强中国边防，但是在剿匪一事上，避免与法国人发生冲突，并通过两广总督瑞麟告知法国领事和将领，"如遇粤军于边关内外堵剿越南各匪，与法兵绝不相干"③。刘永福击败法军后，法国驻广州领事达伯理拜会两广总督瑞麟。瑞麟当面告知达伯理，"中国与法国，久订和约，粤军断不与法兵生事"；并向法方提出处理中国关外驻军与法国在越军队关

---

① 《法国、西班牙和安南和平友好条约》，1862 年 6 月 5 日，世界知识出版社编辑：《国际条约集（1648—1871）》，世界知识出版社，1984 年，第 433 页。

② 1874 年，刘长佑在上奏中称，"粤军出驻关外，已四五年"，原因有二：一是边防问题，二是"外藩乞援，情难膜视"。（《广西巡抚刘长佑奏现筹剿抚越南匪徒及越南近日情形折》，同治十三年七月初九日，中华书局编辑部、李书源整理：《筹办夷务始末·同治朝》十，第 3837 页。）

③ 《刘长佑奏越南各匪肆扰现饬粤军防剿并筹卫边境折》，同治十二年十一月十六日，中华书局编辑部、李书源整理：《筹办夷务始末·同治朝》十，第 3703—3704 页。

系的意见①。显然，中国并没有对法国在越南的军事行动采取积极的应对之策。不过，法国在越南的军事行动直接威胁到越南的存亡。瑞麟等在上奏时指出："法国自换约以来，历守和谊；越南久列藩服，奉职输诚。此次法国与越南构衅，曲直之故，虽未深悉，然法人若果遂灭越南之祀，中国自有正论可持。"② 1874 年，法国迫使越南签订第二次《西贡条约》，占据整个越南南部，在越南获得更多的特权。

越南在法国步步进逼的侵略之下，依旧与中国维持着朝贡关系。1875年，光绪帝登极，越南国王阮福时"赍表庆贺，恭进方物"，清廷发布上谕"毋庸呈进"。1876 年，越南国王咨文广西巡抚，提出次年是四年一届的贡期，请派陪臣进贡，得到清廷的谕允③。而且，越南还请求中国派兵帮助剿灭乱匪。

不过，清政府在自顾不暇之际，对于法国在越南的行动以及法越关系并没有给予太多的关注，也没有对法国侵略越南提出反对意见。1874 年，法越第二次《西贡条约》签订后，法国控制越南的南部，设立西贡总督管理南部六省。此时的中越朝贡关系其实已经发生变化。因为根据 1874 年的第二次《西贡条约》第二款的规定，"法兰西共和国总统阁下承认安南国王是有主权的，是完全独立于任何外国的，不论是何国"④。这实际上是法国承认越南拥有自主之权。所以，李鸿章认为越南"自此阳为自主，实已受封于法，名无统属，实系离间吾华"⑤。而且，法国在 1874 年以后不断向越南北部进逼，影响到了中国云南和广西的安全。茹费理任法国总理后，积极在越南北部推行扩张政策；其目的有三：一是"保持法国在东方的声望"，二是更进一步

---

① 《瑞麟等奏越南股匪与法兵交战事势未定与法国领事商议互不生事折》，同治十三年正月十三日，中华书局编辑部、李书源整理：《筹办夷务始末·同治朝》十，第 3714—3715 页。

② 《瑞麟等又奏越南事未定请固守边围相机筹办片》，同治十三年正月十三日，中华书局编辑部、李书源整理：《筹办夷务始末·同治朝》十，第 3717 页。

③ 《桂抚严树森奏越南国王正贡届期请示何时进关折　附上谕》，光绪二年三月十五日，王彦威、王亮辑编，李育民等点校整理：《清季外交史料》第 1 册，第 84 页。

④ 《法国和安南王国和平同盟条约》，1874 年 3 月 15 日，世界知识出版社编辑：《国际条约集（1872—1916）》，世界知识出版社，1986 年，第 1 页。

⑤ 《北洋大臣李鸿章奏法越交涉统筹全局折》，光绪九年五月十七日，王彦威、王亮辑编，李育民等点校整理：《清季外交史料》第 2 册，第 636 页。

强化法国对越南的控制，三是通过这个新的保护国，为法国在越南北部和中国边境内寻求新的贸易市场和投资途径①。

在这种情况下，中国政府在外交上采取了相应的举措。1880 年，曾纪泽针对法国在越南的行动，多次向法国外交部交涉，声明："云南通商非中国所愿，从前法越立约，中国不认。法如仅整顿商务，中国犹有宽容越私立约之失，全法颜面。若另谋进步，则负中国保全友谊之心。"②

1881 年，总理衙门针对法国在越南的行动，上奏称："越南积弱已甚，为中国藩篱计，实不能以度外置之。"当年 12 月 6 日，清廷发布上谕："越南向隶藩服，为滇、粤两省屏蔽"，如果任法国不断侵略越南，"则滇、粤藩篱尽为他族逼处，后患不可胜言"，令李鸿章、左宗棠等封疆大吏商议对策，"庶可弭衅端而安边境"③。随后，清政府根据南、北洋大臣以及两广、云贵各督抚上奏的意见，"将滇、粤防军逐渐进驻越境"。当法国驻华公使宝海向总理衙门询问中国驻越官员的情况时，总理衙门则答道：中国是为助越剿匪而进驻越南④。

于是，宝海向中方提出：中法可以派员就越南之事进行商议。1882 年 11 月 29 日，李鸿章与宝海经过谈判，就越事达成三条办法，又称"李宝协定"。

"李宝协定"虽然只有三条，但是涉及了驻越南北部中国军队的撤留、越南的地位、中越通商、中法划界的问题。协定第一条提出：如果中国云南、广西军队从驻扎地退出，或回国内，或在境外若干里驻扎，那么宝海就即行照会总理衙门，申明法国"毫无侵占土地之意""毫无贬削越南国王治权之谋"。第二条提出法国到云南边境通商，以及在保胜设立口岸的问题。第三条提出中法两国在云南、广西界外红江中间地区，划定界限，北归中国巡查保护，南归法国巡查保护。且"中国与法国互约申明永保此局，并互相

① Robert Lee, *France and the Exploitation of China*, 1885—1901: *A Study in Economic Imperialism*, New York: Oxford University Press, 1989, pp. 14—15.

② 《总署奏接曾纪泽电法人谋越通滇拟预筹办法折》，光绪七年十月十五日，王彦威、王亮辑编，李育民等点校整理：《清季外交史料》第 2 册，第 506 页。

③ 《总署奏越南积弱已甚中国为藩篱计不能置之度外片 附上谕》，光绪七年十月十五日，王彦威、王亮辑编，李育民等点校整理：《清季外交史料》第 2 册，第 507 页。

④ 《总署奏法人欲与中国会商越事折 附上谕及条文》，光绪八年十二月初十日，王彦威、王亮辑编，李育民等点校整理：《清季外交史料》第 2 册，第 597 页。

立约，将越南之北圻现有全境永远保全，以拒日后外来侵犯之事"①。

1883 年 4 月 9 日，宝海告知总理衙门，派员会商越南之事，法国外交部不以为然，并拟将宝海撤回。与此同时，法国在越南采取了进一步的军事行动。面对法国的举动，总理衙门表示"越南系中国属国，且与滇、粤接壤，越南有事，中国不能不保护"②。因此，中法两国对待越南的立场是根本对立的。在外交上，中法对越南的关系也截然不同。诚如李鸿章所说，"我以越为属国始终执辩，彼则坚称，越南自主，并无统属"，1874 年的越法条约载有此条；不仅如此，"西人公法谓，彼于所属藩邦皆有大臣监守，中国于越南政事、外交一切不问，但受朝贡而已，与泰西属邦不同"③。

在越南局势发生变化的情况下，清政府一面加强战备，一面不放弃中法交涉和谈的机会。因此，中法战争爆发前以及战争期间，中法之间的谈判均围绕着中、法、越三国关系的处理进行。

1883 年 6 月 30 日、7 月 1 日，李鸿章与法国驻华公使脱理古（又译作脱利古、德理固）在上海进行会晤。脱理古在节略中提出处理越南问题的办法：中国约明不阻挠法国在北圻的行动，"且不稍侵甲戌条约后已有之情节事宜"，中国同意在云南开放通商口岸；法国约明"不犯中国边界，并愿备照会，切实声明，法国毫无侵占越南土地之意"。李鸿章认为脱理古的上述办法将越南的属国名分概行抹煞，并对之进行辩驳，指出 1874 年法越条约（即甲戌条约）承认越南为"自主之国，并无统属"，"最为悖谬，中国未便显认此约"。脱理古不得不对他提出的办法进行了修改，如删去"并不显然或暗中干预越事"，删除"甲戌条约后"中的"条约"二字。不过，李、脱二人并没有达成协议④。

与此同时，法国进一步加强在越军事行动，进逼越南首都。1883 年 8 月

———————————

① 《总署奏法人欲与中国会商越事折　附上谕及条文》，光绪八年十二月初十日，王彦威、王亮辑编，李育民等点校整理：《清季外交史料》第 2 册，第 598 页。

② 《总署奏法使请会商越南事宜现有变局亟应筹防折　附上谕》，光绪九年三月初八日，王彦威、王亮辑编，李育民等点校整理：《清季外交史料》第 2 册，第 622 页。

③ 《北洋大臣李鸿章奏越事方亟滇粤防务宜责成疆臣备御法廷如有转机速派专使与议片　附上谕》，光绪九年五月十七日，王彦威、王亮辑编，李育民等点校整理：《清季外交史料》第 2 册，第 638 页。

④ 《北洋大臣李鸿章奏定期赴津筹备与法使交涉折　附上谕》，光绪九年六月初十日，王彦威、王亮辑编，李育民等点校整理：《清季外交史料》第 2 册，第 642 页。

25 日，越南被迫与法国签订了第一次《顺化条约》。该约第一款规定：越南认法国"保护"，"由此相与交际往还宜从西方诸国之公法"，越南与何国交往，必定要由法国掌管，"不论何国，即如大清国，亦均不得预及南国之政，惟恃大法国方可"。因此，清政府认为"法越所订和约，政权、利权统归于法，越事已不可问"①。法越签订条约后，清政府出于屏蔽西南边疆的考虑，反对法国侵占北圻。总理衙门照会法国驻华公使称："越南久列藩封，屡经中国用兵剿匪，力为保护，为天下各国所共知。今乃侵凌无已，岂能受此蔑视？现竟侵及我军驻扎之地，惟有开仗，不能坐视。"②

1883 年 9 月，李鸿章在天津与法国公使脱理古进行谈判，对脱理古的要求据理驳斥③。二人会晤时，脱理古说：法越"现已议立新约，以后越南各事皆应由法人主持，不能擅与各国往来，即与中国亦不能自行来往"。李鸿章对此回答："越南系中华属国，何能不相往来。"脱理古说这是越南自愿的，李鸿章辩驳："越南数千年为中华属国，无论法国如何逼胁立约，中国断不能认。"④

在法国控制越南已成定局的情况下，清政府的被动外交政策，难以起到作用。正如张树声在 1883 年 11 月 6 日上奏时所说："中国不明行保护藩属之权，法人岂肯自弃已成之局？即欲中画红江分界保护，亦虑非口舌所能办到。若再每况愈下，委曲求全，惟有听其吞越，存而不论。"⑤

中法战争爆发后，总理衙门指出对法用兵，为不得已之举，"非徒保护属邦，实以遏绝外侮"⑥。然而，清军在越南北部作战的失利使清政府在外交上处于不利地位。1884 年 4 月 16 日，法国水师总兵福禄诺通过海关税务司

---

① 《桂抚倪文蔚奏法越和约已订谨陈详细情形折　附廷寄及和约》，光绪九年九月初九日，王彦威、王亮辑编，李育民等点校整理：《清季外交史料》第 2 册，第 681—682 页。

② 《谕李鸿章左宗棠等法人侵我藩属着力筹防御》，光绪九年九月三十日，王彦威、王亮辑编，李育民等点校整理：《清季外交史料》第 2 册，第 693 页。

③ 《遵旨妥筹法越事宜折》，光绪九年八月二十八日，顾廷龙、戴逸主编：《李鸿章全集》第 10 册，第 247 页。

④ 《附　与法使德理固问答节略》，光绪九年八月十八日，顾廷龙、戴逸主编：《李鸿章全集》第 33 册，第 263—264 页。

⑤ 《粤督张树声奏法越议和北圻人心涣散谨陈愚虑折》，光绪九年十月初七日，王彦威、王亮辑编，李育民等点校整理：《清季外交史料》第 2 册，第 696 页。

⑥ 《总署奏法人吞越显背公法请筹饷备械以遏外侮折》，光绪九年十二月二十四日，王彦威、王亮辑编，李育民等点校整理：《清季外交史料》第 2 册，第 746 页。

德璀琳转递密函给李鸿章，就中法外交提出四条意见。其中论及中法订约通商、法国保护越南已成定局、法国在订约时担保"约中措词必有以全中国体面，不至于中国朝贡之邦少失天朝应有威权"。对于福禄诺的提议，李鸿章主张与法国所派人员进行商议①。4月20日，清政府发布上谕，"着李鸿章通盘筹画，酌定办理之法，即行具奏"；要求李鸿章"竭诚筹办，总期中法邦交从此益固，法越之事由此而定，既不别贻后患，仍不稍失国体，是为至要"②。5月4日，清廷发布上谕，明确和战方针，即"一面留以可和之机，一面仍示以必战之局，使彼有所顾忌，庶可就我范围"。同时，清政府就越南藩属地位、边界通商、索偿兵费等重要问题表明了态度。就前两者而言，其要求是："越南世修职贡，为我藩属，断不能因与法人立约致更成宪，此节必严与之切实辨明。"至于通商，"若在越南互市，尚无不可，如欲深入云南内地，处处通行，将来流弊必多，亟应预为杜绝"③。

1884年5月6日，李鸿章与福禄诺在天津进行会谈，达成中法《简明条款》五款。5月11日，中法《简明条款》签订，"以为日后再立详细条约张本"。该条款对中、法、越的相关事宜作了简要的规定。第一款规定"中国南界毗连北圻，法国约明，无论遇何机会并或有他人侵犯情事，均应保全助护"。第二款规定"中国南界既经法国与以实在凭据，不虞有侵占滋扰之事。中国约明，将所驻北圻各防营即行调回边界，并于法越所有已定与未定各条约，均置不理"。第三款规定法国不向中国"索偿赔费"，中国同意"毗连越南北圻之边界，所有法、越与内地货物听凭运销"，以后议定详细商约税则，"务须格外和衷，期于法国商务极为有益"。第四款规定"法国约明，现与越南议改条约之内，决不插入伤碍中国威望体面字样，并将以前与越南所立各条约关涉东京者，尽行销废"。第五款规定两国在三个月以

---

① 《直督李鸿章致总署中法交涉事宜据德璀琳述法总兵福禄诺意见密函　附福禄诺致李鸿章函及曾纪泽致德国报馆函》，光绪十年三月二十五日，王彦威、王亮辑编，李育民等点校整理：《清季外交史料》第2册，第767、769页。

② 《直督李鸿章奏中法交涉请预为审定折》，光绪十年四月初六日，王彦威、王亮辑编，李育民等点校整理：《清季外交史料》第2册，第775—776页。

③ 《谕李鸿章办理中法和议电》，光绪十年四月初十日，王彦威、王亮辑编，李育民等点校整理：《清季外交史料》第2册，第779—780页。

后根据前述规定会议详细条款①。中法《简明条款》虽然没有明确承认越南是中国的藩属国，但是照李鸿章的说法，清政府所要求的"越南职贡照旧一节，已隐括于第四款"②。然而，中法《简明条款》实际上表明清政府承认了法国对越南的保护权。

对于中法《简明条款》，清政府认为各条款尚不违背 5 月 4 日的上谕，但是不满意第四款未能明确说明"越南系我藩属"。所以，清廷在 5 月 13 日的上谕中令李鸿章将来与法国谈判详细条约时，"越南册贡照旧办理，务须注明越南既系属邦，一切政令与中国交涉者，朝廷均可酌办"，越南两次与法国签订条约而未事先奏闻，"中国皆可以大义责之"；至于商务、界务问题，也要"确切分明，不准稍容含混"③。

然而，中法尚未就详细条约进行谈判，法军却在越南北部攻击中国驻军，制造了北黎事件。事件发生后，中法进行了交涉。中方驳斥了法方所谓的中国违背中法《简明条款》，以及 6 月 5 日退出谅山的约定，并否定了法方所说的另有三条续约④。而且，法方还通过赫德向中方提出《简明条款》的中法文本不同，要以法文为准，故中国违背了《简明条款》⑤。至于福禄诺所说的李鸿章同意了他提出的调回中国军队的说法，李鸿章予以否定，并指出所谓的《简明条款》中法文本不同"似系旁观挑衅之论"⑥。不过，法国以谅山事件为借口，要求中方撤兵、赔款。中国拒绝法国索要赔款的无理要求，另派曾国荃到上海与法国驻华公使议办条约。其间法国派兵攻占基隆，中国仍然不同意法国的要求。随后，法国驻华公使谢满禄降旗离京，清政府仍对和谈抱有幻想。马尾海战后，清政府对法宣战；并照会各国驻华公使，

---

① 中法《简明条款》，光绪十年四月十七日，王铁崖编：《中外旧约章汇编》第 1 册，第 455 页。

② 《直督李鸿章致总署法国提出简明条款函 附钞册及简明条款》，光绪十年四月十三日，王彦威、王亮辑编，李育民等点校整理：《清季外交史料》第 2 册，第 782 页。

③ 《谕李鸿章中法议和细目务须详明》，光绪十年四月十九日，王彦威、王亮辑编，李育民等点校整理：《清季外交史料》第 2 册，第 787 页。

④ 《军机处奏总署奕劻与法使问答情形折》，光绪十年闰五月初八日，王彦威、王亮辑编，李育民等点校整理：《清季外交史料》第 3 册，第 798 页。

⑤ 《总署吴廷芬张荫桓与赫德谈论谅山交涉语录》，光绪十年闰五月初九日，王彦威、王亮辑编，李育民等点校整理：《清季外交史料》第 3 册，第 800 页。

⑥ 《直督李鸿章奏福禄诺以限期退兵为要挟曾正言辩驳片》，光绪十年闰五月十六日，王彦威、王亮辑编，李育民等点校整理：《清季外交史料》第 3 册，第 805 页。

指明法国违背中法《简明条款》的规定，而且事涉中越朝贡关系①。清政府在积极应对战争的同时，在对法外交上提出了言和的三条办法。一是中国必须向法国索赔。二是撤销并废除法国对越南的保护权及其与越南新约，"使其体制与各国无殊"。三是为保全公法，"中国必当乘此与有约各国计定一极公极当、永无流弊之法"②。法国则坚持中法《简明条款》，并就停战、撤兵、议定商约税则、中国向法国借款、中国修筑铁路聘用法国人等提出了要求③。在英国提出调停的八条办法后，奕譞仍然坚持中越的朝贡关系④；而且，坚持越南"照旧贡华"是中国对法交涉的重要内容⑤。

镇南关大捷后，清政府决定乘胜即收。法国在国际、国内也面临困难，不得不妥协。1885年4月4日，中国海关税务司金登干和法国外交部政务司司长毕洛分别代表中法，在巴黎签订《停战条件》。1885年6月9日，李鸿章与法国公使巴德诺在天津签订了中法《越南条款》（又称《中法新约》）。中法《越南条款》第一、二、三款的相关规定实际承认了法国对越南的保护权。第一款规定"越南诸省与中国边界毗连者，其境内，法国约明自行弭乱安抚"。"无论遇有何事，法兵永不得过北圻与中国边界，法国并约明必不自侵此界，且保他人必不犯之"。"法国既担保边界无事，中国约明亦不派兵前赴北圻"。第二款规定"中国既订明于法国所办弭乱安抚各事无所掣肘，凡有法国与越南自立之条约、章程，或已定者，或续立者，现时并日后均听办理。至中越往来，言明必不致有碍中国威望体面，亦不致有违此次之约"。第四款则规定了边界勘定后往来护照的发放，"法国人民及法国所保护人民，与别国居住北圻人等"，要过界进入中国，"须俟法国官员请中国边界官员发

① 《总署致各国公使请将法人违约之处转报各本国照会》，光绪十年六月二十二日，王彦威、王亮辑编，李育民等点校整理：《清季外交史料》第3册，第868页。
② 《军机处奏美使来议法事公拟办法呈览折》，光绪十年八月初五日，王彦威、王亮辑编，李育民等点校整理：《清季外交史料》第3册，第937—938页。
③ 《津海道盛宣怀致总署送呈法廷议约条款电》，光绪十年九月初七日，王彦威、王亮辑编，李育民等点校整理：《清季外交史料》第3册，第965页。
④ 《军机处奏英国调停和议拟改三条折》，光绪十年九月二十八日，王彦威、王亮辑编，李育民等点校整理：《清季外交史料》第3册，第981页。
⑤ 《使英曾纪泽致总署与法廷磋商和约电》，光绪十年十月初十日，王彦威、王亮辑编，李育民等点校整理：《清季外交史料》第3册，第989—990页。

给护照，方得执持前往"。中国人由北圻回中国，"只由中国边界官员自发凭单可也"。中国人从陆路进入北圻，就要由中国官员请法国官员发给护照，才能进入①。以上关于北圻的管辖、边界的规定、边界的往来，均表明了法国对其实际的控制。至于"不致有碍中国威望体面"，这只是形式上的说辞。因此，中法《越南条款》的签订使中国又丧失了重要的藩属国越南。

中越之间朝贡关系的结束是法国武装侵略越南的结果，也是中法关系影响下的产物。当然，这与中越关系的疏远也有一定的关系。因此，清政府在特殊的背景下不得不放弃越南这个藩属国。越南被法国吞并后，抗法力量仍然存在。1885 年，越南国王嗣子阮福明派使向中国云南边境官员呈递国书，"请封颁印"。对此，清政府的立场是"越南与法从前私自立约并未奏闻，此次和议定后又来求庇，是其首鼠两端已可概见。该国与法人战斗情形中国无从过问，若欲以口舌争北圻数省，殊非易事。惟通商、勘界二者均关紧要"②。清政府的这种态度也表明了其放弃越南确属无奈之举。

第三节　条约关系对中朝朝贡关系的影响

朝鲜是中国最为重要的藩属国之一。19 世纪 60 年代起，与中国有条约关系的欧美国家，陆续与朝鲜发生关系，甚至发生冲突。在这种情况下，清政府依然坚持中朝之间的传统朝贡关系，并未采取积极的措施。与此同时，日本对朝鲜也有所企图。1876 年，日本迫使朝鲜签订《江华条约》。此后，清政府改变政策，支持朝鲜与欧美国家签订条约。这种情况下，中国与朝鲜的朝贡关系发生了相应的变化。

一、　各国对朝外交与中朝朝贡关系

19 世纪 60 年代，奉行闭关政策的朝鲜遭到英、法、美等国的侵扰。

---

① 中法《越南条款》，光绪十一年四月二十七日，王铁崖编：《中外旧约章汇编》第 1 册，第 467 页。

② 《滇督岑毓英奏请饬商法使退还北圻以存越祀片　附上谕》，光绪十一年十月初一日，王彦威、王亮辑编，李育民等点校整理：《清季外交史料》第 3 册，第 1253 页。

1865 年，法国驻华公使柏德美因本国传教士到朝鲜传教，请总理衙门先行文通知。总理衙门"告以朝鲜向只遵奉正朔，岁时朝贡，该国愿否奉教，非中国所能勉强，碍难行文，并劝其毋庸前往"。随后，英国驻华公使阿礼国因本国轮船到朝鲜一事，请总理衙门先行文朝鲜，总理衙门以同样的话语回复阿礼国①。清政府的这种态度实际上表明了朝鲜的藩属国地位与西方国家的属国是不同的。

1866 年，法国署理公使伯洛内多次向总理衙门提出发路照给传教士到朝鲜传教，总理衙门的答复是"虽高丽于中国纳贡，一切国事皆其自主，故《天津和约》亦未载入"。总理衙门的答复显然有推脱之意。法国传教士在朝鲜被杀害后，伯洛内又照会总理衙门，声称既然总理衙门有以上的答复，那么法国出兵朝鲜，"自然中国亦不能过问，因与彼国原不相干涉也"②。在这种情况下，奕䜣等人商议后，为保护朝鲜考虑，不愿法国兴兵，所以照会伯洛内称中国"既知此事，自不能不从中排解"，可以先查清传教士被杀原因，"不必遽启兵端"③。清政府的这种保护政策，与西方保护属国的政策完全不同。因此，朝鲜在不断遭受外来侵略之下，其与中国的朝贡关系也面临危机。

1866 年，英、美、法三国因通商、传教，而与朝鲜发生武装冲突。这时，总理衙门不能提出切实有效的应对办法④。当年 10 月 24 日，法国驻华公使伯洛内照会奕䜣，声称法国兵船封锁朝鲜海口，"暂止别国船只前往"。对此，奕䜣在照复中称"检查条约第三十一款内，开载甚明，无庸深辨"。不过，奕䜣还是敦劝法国公使，对于朝鲜杀害教民一事，"贵国是否曾经查询，可否先行详究情由，无庸遽行攻战"⑤。值得注意的是，总理衙门在处理

① 《奕䜣等又奏英照会朝鲜不卖火食法照会朝鲜杀害教士拟用兵该国已复文排解折》，同治五年六月初七日，中华书局编辑部、李书源整理：《筹办夷务始末·同治朝》五，第 1775 页。
② 《法署使伯洛内照会》，同治五年六月初七日，中华书局编辑部、李书源整理：《筹办夷务始末·同治朝》五，第 1778 页。
③ 《给法署使伯洛内照会》，同治五年六月初七日，中华书局编辑部、李书源整理：《筹办夷务始末·同治朝》五，第 1779 页。
④ 《奕䜣等奏议复礼部朝鲜咨陈洋舶情形折》，同治五年十月初六日，中华书局编辑部、李书源整理：《筹办夷务始末·同治朝》五，第 1894 页。
⑤ 《法署使伯洛内照会》《给法署使伯洛内照会》，同治五年十月初六日，中华书局编辑部、李书源整理：《筹办夷务始末·同治朝》五，第 1895—1896 页。

法国对朝鲜用兵一事，是从中法关系的角度来处理的。奕䜣在照会中所说的条约第三十一款，就是中法《天津条约》第三十一款，即"将来中国遇有与别国用兵，除敌国布告堵口不能前进外，中国不为禁阻大法国贸易及与用兵之国交易。凡大法国船从中国口驶往敌国口，所有进口、出口各例货物并无妨碍，如常贸易无异"①。后来，朝鲜在问及该款属何条约及其内容时，总理衙门指出该条款与朝鲜毫无关系，中方引用此条款，目的是"以明不应禁止中国商船之意"，并请礼部抄录该条内容告知朝鲜②。可见，总理衙门虽然从中调解法朝关系，但是并未能够按西方国家所称属国的这一立场制止法国对朝鲜的军事行动。而且，总理衙门指出"中国从中排解，法使迄未应允，而法国欲定章程，亦遽难代议，是相持之势，要在朝鲜之自为熟计"③。

随后，英、美驻华公使就本国人在朝鲜被关押，请中方救出。奕䜣在照会两国公使时，表示愿意设法妥办，同时又指出了中朝两国间的实际关系。如奕䜣在 1868 年照会美国驻华公使时称："朝鲜虽臣服中国，其本处一切政教禁令，概由该国自行专主，中国向不与闻"④；在照会英国驻华公使时称"朝鲜虽系中国之属国，其一切政教禁令，由该国自行专主，中国向不与闻"⑤。1871 年，总理衙门在致信美国驻华公使镂斐迪时，表达了同样的意思⑥。而且，总理衙门在处理朝美关系时，虽然承认朝鲜是中国属国，但是对于朝、美构衅一事，表示"中国只有从中排解，劝美国不必前往，此外别无可为代筹之策"⑦。

---

① 中法《天津条约》，咸丰八年五月十七日，王铁崖编：《中外旧约章汇编》第 1 册，第 110 页。

② 《奕䜣等奏议复礼部朝鲜国陈五年洋舶情形折》，同治六年正月二十三日，中华书局编辑部、李书源整理：《筹办夷务始末·同治朝》五，第 1995 页。

③ 《奕䜣等又奏议复礼部朝鲜来咨折》，同治五年十一月十四日，中华书局编辑部、李书源整理：《筹办夷务始末·同治朝》五，第 1955 页。

④ 《给美使卫廉士照会》，同治七年二月十八日，中华书局编辑部、李书源整理：《筹办夷务始末·同治朝》六，第 2330 页。

⑤ 《给英使阿礼国照会》，同治七年二月十八日，中华书局编辑部、李书源整理：《筹办夷务始末·同治朝》六，第 2331 页。

⑥ "Mr. Low to Mr. Fish," April 3, 1871, *Papers Relating to the Foreign Relations of the United States Transmitted to Congress with the Annual Message of the President, December 4, 1871*, Washington: Goverment Printing Office, 1871, p. 112.

⑦ 《奕䜣等又奏分析美国朝鲜争执案及借中国为词片》，同治十年十一月十三日，中华书局编辑部、李书源整理：《筹办夷务始末·同治朝》九，第 3396 页。

不仅欧美国家试图打开朝鲜的大门，就是日本对朝鲜也有所企图。1873年，日本使臣副岛种臣来华时，曾派随员柳原前光和翻译郑永宁向总理衙门询问，"朝鲜诸凡政令，是否由该国自主，中国向不过问"①。当总理衙门探询原委时，郑永宁的答复是"朝鲜之事，冀望中国调停其间，可藉中国之力劝解"②。

1874年，沈葆桢听说日本在从台湾退兵后，将要用兵朝鲜。于是，他致函总理衙门，指出：法、美与朝鲜"前隙未解"，日本用兵朝鲜，二国必然会相助。朝鲜难以抵抗三国；"若中国能令高丽与法、美立约通商，则日本势孤不敢动兵，高丽之民，得以保全"。对于法、美与朝鲜立约之事，总理衙门并不赞成，其意见是"从前各国屡有此意，历经臣衙门婉转阻止"。不过，对于日本将用兵朝鲜一事，总理衙门还是奏请饬礼部告知朝鲜，以作防备③。

1875年，江华岛事件发生后，日本驻华使臣郑永宁于10月13日将之函告总理衙门。随后，日本告知中国，将与朝鲜修好。对于日本的这一举动，总理衙门采取了对待欧美国家一样的态度，表示朝鲜虽是中国藩属，但一切政教禁令，向由自主，中国从不与闻，"日本国欲与朝鲜修好，亦当由朝鲜自行主持"④。对于中方的答复，日本驻华公使认为"由是观之，朝鲜是一独立之国"，中国"谓之属国者，徒空名耳"；并且声称：朝日之间发生的事情，对于中国与日本所订条约"无所关系"⑤。1876年1月，总理衙门就江华岛事件与日本使臣森有礼会晤。总理衙门根据中日《修好条规》第一款规定的"两国所属邦土亦各以礼相待，不可稍有侵越"，指出朝鲜是中国的属

①　《奕䜣等奏日本兵船现泊厦门请派员查看折》，同治十三年三月二十九日，中华书局编辑部、李书源整理：《筹办夷务始末·同治朝》十，第3735页。

②　《给日本国外务省照会》，同治十三年三月二十九日，中华书局编辑部、李书源整理：《筹办夷务始末·同治朝》十，第3738页。

③　《奕䜣等又奏日本觊觎朝鲜请密咨朝鲜国王预筹办理片》，同治十三年五月三十日，中华书局编辑部、李书源整理：《筹办夷务始末·同治朝》十，第3789页。

④　《总署奏日本使臣来称欲与朝鲜修好折　附节略》，光绪元年十二月二十一日，王彦威、王亮辑编，李育民等点校整理：《清季外交史料》第1册，第73页。

⑤　《日使复总署朝鲜虽中国属邦其地不隶中国照会》，光绪元年十二月十九日，王彦威、王亮辑编，李育民等点校整理：《清季外交史料》第1册，第71页。

国，日本应恪守条规，不得占其邦土①。1876 年 1 月 18 日，总理衙门照会日本使臣进一步强调朝鲜是中国属国的事实，指出"朝鲜为中国属国，隶即属也，既云属国，自不得云不隶中国"，"《修好条规》内载所属邦土，朝鲜实中国所属之邦之一，无人不知"。所以，总理衙门声明："合照《修好条规》所属邦土不相侵越之意，彼此同守，不敢断以己意，谓于条约上无所关系。"② 显然，总理衙门在明确中朝关系时，更将朝鲜的保护纳入中日《修好条规》的框架下。不过，日本使臣森有礼并不接受总理衙门的说法。他照会总理衙门称："实未能明解其意所在"；如果日朝两国交涉，中国能够"自任其责"，那么才能够符合"邦土不相侵越之意"，否则"虽云属国，徒空名耳"③。清政府拘于传统，不同意派官员与日本官员一同到朝鲜，也不愿由礼部代转日本致朝鲜信函。因此，1876 年 2 月 1 日，森有礼照会总理衙门，仍然不认同总理衙门的解释，坚持认为"朝鲜是一独立之国，贵国谓之属国亦徒空名，而凡事起于朝鲜、日本间者，断谓于清国与日本国条约上无所关系等语为准耳"。2 月 12 日，总理衙门在照复中进一步声明：朝鲜是中国属邦，与中国属土不同，符合"《修好条规》两国所属邦土不可稍有侵越之言"。李鸿章与森有礼在天津会晤时，也指出朝鲜是中国的属国④。

不过，日本对于中国坚持朝鲜是中国属国的主张并不在意。1876 年，日本借江华岛事件，迫使朝鲜与之签订《江华条约》。《江华条约》第一条规定，"朝鲜作为一个独立国家，享有同日本相同的主权权利"⑤。这一条款表明朝日两国的对等关系，但是宣称朝鲜是独立国家，将其与中国的关系抛在一边，同时表明了两国在对待与中国关系的微妙立场。诚如 1876 年 3 月英

① 《总署奏与日本交涉朝鲜事情片》，光绪元年十二月二十一日，王彦威、王亮辑编，李育民等点校整理：《清季外交史料》第 1 册，第 74 页。

② 《总署复日使声明朝鲜为我属国照会》，光绪元年十二月二十二日，王彦威、王亮辑编，李育民等点校整理：《清季外交史料》第 1 册，第 75 页。

③ 《日使复总署朝鲜虽中国属邦徒空名照会》，光绪元年十二月二十三日，王彦威、王亮辑编，李育民等点校整理：《清季外交史料》第 1 册，第 75 页。

④ 《总署奏日使因朝鲜事辩论拟请照会咨送礼部续行该国折　附照会及节略》，光绪二年正月三十日，王彦威、王亮辑编，李育民等点校整理：《清季外交史料》第 1 册，第 77、80 页。

⑤ 《朝鲜和日本友好条约》，1876 年 2 月 26 日，世界知识出版社编辑：《国际条约集（1872—1916）》，第 15 页。

国驻日本公使巴夏礼所说，"朝鲜人自然可以接受的这一条款，也为日本人所重视（它是正由日本人所提出的），它表明朝鲜是独立于中国之外的"①。

清政府在得知日朝签订条约后，并没有做出任何积极的反应。所以，柔克义在评论中朝关系时说：《江华条约》签订以前，"朝鲜与中国关系的本质对西方国家是一个谜。它们被同时告知，朝鲜'虽然是中国的属国和朝贡国，但是就其政府、宗教、与外国交往而言，它又是完全独立的'，这种状况与我们观念中的绝对附属或完全独立是不一致的"。不过，他却认为《江华条约》签订后，朝鲜"进入国际大家庭"②。

中日、朝日双边条约关系的形成，使得三国关系不可避免地出现新的情况。朝日订约后，日本驻朝理事官向朝鲜提出，从朝鲜陆路到中国。朝鲜对此不敢答应，向清政府报告说不敢擅许，"此例一开，后弊无穷，实为中朝外藩之断不可许者"。1877年4月25日，日本使臣森有礼等向总理衙门提出了中、朝、日三国交往的具体问题。森有礼等提出："日本与朝鲜已经立约，将来如由朝鲜往来中国，应如何领给凭照？"总理衙门答复称：总理衙门所给的游历护照，只能用于中国境内，不能用于朝鲜。朝鲜所给游历执照，也不能用于中国。森有礼询及朝鲜人来往中国的办法，总理衙门将传统办法告之。然而，森有礼又提出了一个棘手的新问题，即"嗣后驻朝鲜之日本使臣倘欲前来中国，用朝鲜凭照行至交界处所，由何处衙门领中国执照？"对此，总理衙门的答复是："再商。"而且，总理衙门对于此后能否阻止日本的这一要求，并没有把握③。这同时反映了中、朝、日三国关系处理上的问题已经出现。

而且，日本还通过《江华条约》的相关内容否定朝鲜是中国藩属国。1879年，日本驻朝鲜代理公使花房义质向朝鲜官员指出，朝鲜官员致日本外务卿的函中将中国抬头书写，这种做法违背了朝日之间的条约。因为《江华

---

① "Sir H. Parkes to the Earl of Derby," March 27, 1876, *Correspondence Respecting the Treaty between Japan and Corea*, London: Harrison and Sons, 1876, p. 17.

② William Woodville Rockhill, *China's Intercourse with Korea from the XVth Century to 1895*, London: Luzac & Co., 1905, p. 1.

③ 《总署奏日本欲由朝鲜来往中国与日使面论情形请饬转行朝鲜折》，光绪二年九月十二日，王彦威、王亮辑编，李育民等点校整理：《清季外交史料》第1册，第145—146页。

条约》第一款就有朝鲜是"自主之邦"的规定，奉别国为上国，就没有自主的地位。朝鲜国王认为本国是中国属国，将此种情形以及日本要求朝鲜开放口岸，咨文清朝礼部转奏。对于朝鲜的这种处境，总理衙门的态度是："朝鲜久隶中国，而政令均归自理，其为中国所属，固天下所共知；其为自主之国，亦天下所共知。所有朝鲜答复日本文书，应由朝鲜自行斟酌复之。"至于朝鲜增开口岸，"所指地方是否必不可允，能否始终坚拒，非中国所能悬揣，亦应由该国揆度情形自为主持"。所以，总理衙门上奏"请旨饬下礼部转行朝鲜遵照，以奠属邦而杜窥伺"[1]。显然，总理衙门虽然坚持中朝间的传统朝贡关系[2]，但是对于朝鲜的新处境并没有立即采取积极主动的政策。

二、　朝鲜对外订约与中朝朝贡关系

日本与朝鲜条约关系建立后，日朝两国的外交冲突多有发生。日本的步步紧逼使清政府对朝鲜的处境颇为担忧。总理衙门认为：日本"恃其诈力，雄视东隅"，在与朝鲜订约后，又废灭琉球；日本"将来必有逞志朝鲜之一日，即西洋各国亦必有群起而谋朝鲜之一日"，这不仅关系到朝鲜的命运，而且影响到中国[3]。因此，中朝之间的朝贡关系也不得不做出相应的调整。

而且，中朝关系开始发生相应变化。在传统宗藩体制下，礼部负责处理中朝关系的相关事务。然而，由于与中国有条约关系的国家不断与朝鲜发生关系，中朝之间的传统外交格局也开始发生变化。如英、美、法等国为与朝鲜建交以及处理冲突事件、传教问题，多次与总理衙门进行交涉。总理衙门只能咨文礼部处理。但是，礼部却以没有转咨外国公文的前例为由，不愿处理朝鲜与外国的关系。总理衙门虽然在办理外交的过程中，声明不干预朝鲜

---

① 《总署奏据朝鲜王咨日本不认朝鲜为中国属国请由朝鲜自行酌复折》，光绪五年正月十八日，王彦威、王亮辑编，李育民等点校整理：《清季外交史料》第2册，第284—285页。

② 不过，总理衙门并非不干预朝鲜的涉外事件。1878年，法国驻华公使白罗尼"以朝鲜系中国属国，不欲遽启衅端"，所以函请总理衙门奏请"饬下该国王查明释放"被拘的法国传教士。次年，法国署理公使又提出同样的要求。总理衙门认为"若不俯允所请，转恐伊国藉端径与朝鲜生衅，实于大局非宜"，所以奏请饬礼部"查照前案"，让朝鲜释放被拘的传教士。（《总署奏朝鲜拿禁法国教士请饬查明释放折》，光绪五年七月初四日，王彦威、王亮辑编，李育民等点校整理：《清季外交史料》第2册，第308页。）

③ 《总理各国事务衙门奏拟劝朝鲜交聘各国片》，《清光绪朝中日交涉史料》第1卷，北平故宫博物院，1932年，第31—32页。

的内政与外交，但是不得不处理与朝鲜相关的外交事务。

19 世纪 70 年代末，中国传统的藩属国日益受到外来威胁，进而对中国边疆安全产生影响。所以，清政府更为重视朝鲜、越南等重要的藩属国，采取了强藩固圉的政策，即支持藩属自强以达到屏蔽边疆的目的。因此，朝鲜向中国派员弁学习军事和制造，这对中朝往来产生了一定的影响。所谓"外藩派人来华习武本属创举，自应因时变通"。于是，中朝制定了员弁来学章程，规定来华学习员弁在往来道路上，"准其暂从海道"。但是，朝贡及通常公事，"仍须恪遵成宪"①。

不仅如此，清政府出于防范俄、日对朝鲜的威胁起见，在 19 世纪 70 年代末提出朝鲜与欧美国家立约，以达到牵制日、俄的目的。1879 年，丁日昌在《条陈海防事宜折》中提出："朝鲜不得已而与日本立约，不如统与泰西各国立约；日本有吞噬朝鲜之心，泰西无灭绝人国之例，将来两国启衅，有约之国皆得起而议其非，日本不致无所忌惮。"所以，他提出如果西方国家再提出与朝鲜立约，中国"似可密劝勉从所请"，并劝朝鲜派官员出使有约之国。总理衙门认为丁日昌的主张"自是按时立论办法"；朝鲜为中国藩属，政教禁令自主，未便强迫服从，"惟大局所系，亦未可知而不言"。由于李鸿章曾与朝鲜原任太师李裕元有书信往来，并曾议及外交；所以，总理衙门奏请饬李鸿章致函李裕元，劝说朝鲜与西方各国签订条约②。

李鸿章与总理衙门、丁日昌有相同的看法。他在上奏中指出：日本"倘一旦伺隙思逞，俄人亦将隐启雄图，英、德、法、美诸国，复群起而议其后，非惟朝鲜之大患，抑亦中国之隐忧"③。李鸿章致函朝鲜原任太师李裕元，劝朝鲜与西方各国签订条约，声称："为今之计，似宜用以毒攻毒，以敌制敌之策，乘机次第亦与泰西各国立约，借以牵制日本。"而且，日本畏服西方列强，朝鲜难敌日本，然而"以统与泰西通商制日本则绰乎有余"。

---

① 《直督李鸿章奏朝鲜学员令其自备资斧暂从海道不得多派从人片　附章程笔谈清折》，光绪六年九月二十九日，王彦威、王亮辑编，李育民等点校整理：《清季外交史料》第 2 册，第 454 页。
② 《总理各国事务衙门奏拟劝朝鲜交聘各国片》，《清光绪朝中日交涉史料》第 1 卷，第 31—32 页。
③ 《密劝朝鲜通商西国折》，光绪五年七月十四日，顾廷龙、戴逸主编：《李鸿章全集》第 8 册，第 434 页。

他还指出"泰西通例,向不得无故夺灭人国,盖各国互相通商而公法行乎其间"①。由于朝鲜不熟悉对外立约,所以李鸿章在上奏时提出中国可以为其提供帮助。所谓"将来朝鲜若果定议,事务正多,该国于约章利病素未深究,立约之时,或不能不代为参酌。朝鲜臣民未谙洋情,骤与西人杂处,欲其措置悉协,永无瑕衅,亦尚难保。仍应由中国随时随事妥为调处,庶几柔远绥边,较有实际"②。显然,劝告和帮助朝鲜同欧美列强签订条约完全有别于此前清政府对日本要求朝鲜立约的不干预态度,表明清政府对朝鲜的重视与态度的变化。

这种态度的变化也导致了总理衙门、直隶总督兼北洋通商大臣日益参与到对朝外交事务当中。1880 年底,何如璋曾致函总理衙门、李鸿章,直接干涉朝鲜外交,提出"请遣员前往,代为主持;或奏请谕旨,饬令朝鲜与他国结约,并于条约内声明奉中国政府命,愿与某国结约"③。对此,总理衙门并不认同,认为"此事我若密为维持、保护,尚觉进退裕如。倘显然代谋,在朝鲜未必尽听吾言,而各国将惟我是问,他日势成骑虎,深恐弹丸未易脱手"④。而且,总理衙门与李鸿章就此进行了函商,李鸿章与总理衙门的看法相同:"若遽由我奏明,饬与他国结约,朝鲜转生疑虑,未必尽听吾言。各国若渐闻知,必皆惟我是问。"李鸿章还指出:"朝鲜于无事时结约,亟应设法救弊",一旦有中国官员参议,"西人必援华约以相绳,则亦不利于朝鲜"。李鸿章指出,何如璋在来函中"虑及听朝鲜自行结约,他国皆认其自主,而中国之属邦忽去其名,固不为无见"。即便如此,李鸿章仍认为"但使朝鲜能联络外交,以自固藩篱,则奉、吉、东、直皆得屏蔽之益,其恭顺我朝礼节似不至因与西国结约遂即变更"。出于以上考虑,李鸿章赞同总理衙门的意见,他在复总理衙门的函中称:"再四筹度,似只可如尊谕,密为维持保

① 《附抄函(二件)·(二)光绪五年七月初九日复函》,光绪五年七月初九日,顾廷龙、戴逸主编:《李鸿章全集》第 8 册,第 436 页。

② 《密劝朝鲜通商西国折》,光绪五年七月十四日,顾廷龙、戴逸主编:《李鸿章全集》第 8 册,第 435 页。

③ 《复总署 论维持朝鲜》,光绪六年十一月二十一日,顾廷龙、戴逸主编:《李鸿章全集》第 32 册,第 639 页。

④ 《北洋大臣李鸿章奏议复朝鲜事宜折》,光绪八年十月初七日,王彦威、王亮辑编,李育民等点校整理:《清季外交史料》第 2 册,第 581 页。

护而已。"①

1880 年底—1881 年初，清政府积极主张劝谕朝鲜与西方国家订约通商。为此，总理衙门奏请变通与朝鲜公牍交往的旧制，即："嗣后遇有关系洋务紧要之件，可否由北洋大臣及出使日本大臣，与该国通递文函，相机开导，仍将随时商办情形"，知照总理衙门，"以省周折，庶蕞尔之壤，得借外交为联络"②。北洋大臣李鸿章还令马建忠和郑藻如，参酌时势与东西通例，代拟了朝鲜与各国通商章程的底稿，交给朝鲜来华官员李容肃带回本国③。

1882 年 1 月 23 日，清廷发布上谕，派李鸿章办理朝鲜与美国订约事宜，并指出"朝鲜久隶藩属，自应随事维持调护，即以固我边陲。该国如与美国订约，则他国不至肆意要求，于大局实有关系"。朝鲜也派金允植来华，请求李鸿章代为办理与美国订约事宜。1882 年初，李鸿章在天津与美国负责朝鲜议约的全权大臣薛斐尔进行了商议。薛斐尔提出以日本与朝鲜签订的条约为蓝本，结果李鸿章对比发现薛斐尔所提出的约稿与日本对朝条约有很大的差异，而且没有提及朝鲜是中国属邦，"将来各国效尤，久之将不知朝鲜为我属土"。然而，根据国际法，"凡附庸小国不得自主者，又未便与各大邦立约"。所以，李鸿章让周馥告知薛斐尔，"约内须提明中国属邦，政治仍得自主字样"。随后，李鸿章主持草拟了朝美条约。然而，薛斐尔坚决不答应第一款声明朝鲜为中国属邦；总理衙门与美国署理驻华公使何天爵进行了商议，也未能改变薛斐尔的态度。在这种情况下，李鸿章提出这一条可以由何、薛二人"先电请本国核示"。最终，经过反复商议，朝美约稿各款商定，而以第一款暂时空缺，等待美国政府的意见以决定去留。随后，清政府派马建忠到朝鲜，协助朝鲜与美国签订条约④。马建忠一行到朝鲜后，与薛斐尔就朝美约的第一款进行了商议，薛斐尔"坚执有碍平行体制，且本国电复未到，断难擅允"。后经商议，薛斐尔同意在未立约之前先行声明朝鲜

---

① 《复总署　论维持朝鲜》，光绪六年十一月二十一日，顾廷龙、戴逸主编：《李鸿章全集》第 32 册，第639 页。

② 《总署奏朝鲜宜联络外交变通旧制折》，光绪七年正月二十五日，王彦威、王亮辑编，李育民等点校整理：《清季外交史料》第 2 册，第 478 页。

③ 《答复朝鲜所问事宜折》，光绪七年二月初二日，顾廷龙、戴逸主编：《李鸿章全集》第 9 册，第 303 页。

④ 《筹办朝美议约折》，光绪八年三月初六日，顾廷龙、戴逸主编：《李鸿章全集》第 10 册，第 55—58 页。

是中国属国。1882 年 5 月 22 日，朝美条约在仁川签订①。条约签订前，朝鲜国王于 5 月 17 日致函美国总统，就朝鲜与中国的关系作了说明，声称："朝鲜是中国的属国，但是拥有处理内政和外交事务的自主权。""就朝鲜是中国的属国而言，中朝两国因这种属国关系而产生的任何问题，美国决不能干涉。"②

继美国之后，英国、德国与朝鲜签订了条约，均由马建忠协助订立。英、德与朝鲜所订条约均以朝美条约为蓝本，条约中也没有朝鲜是中国属国的条款，采用了朝美立约之前声明的办法③。值得注意的是，中方拟定的朝鲜条约底稿，吸取了中国办理对外条约的经验和教训，对派驻领事、片面最惠国待遇、领事裁判权等均作了相应的限制④。后来，法国、俄国与朝鲜签订条约时，也采用了这种模式。对于清政府允许朝鲜对外订约，陈虬后来有不同的看法。1892 年，他在评论朝鲜与各国立约时，指出：光绪初年枢臣对国际法疏忽，准许朝鲜与各国通商，自订和约，而按照国际法，"与人立约惟自主之国得行之，藩属无自主之权，不能擅立"。朝鲜与其他国家签订条约后，"按之国书，则本为朝贡之邦，例以公法，则几失保护之权"⑤。

的确，朝鲜与美、英、德先后签订条约后，中朝关系发生相应的变化。清政府为此也采取了相应的措施。1882 年，朝鲜国王在与欧美列强订约之初，咨文礼部，"请于已开口岸互相交易，并派使进驻京师"。朝鲜提出上述要求显然有自认为自主之国的考虑。对此，清政府的态度是："朝鲜久列藩封，典礼所关，一切均有定制。惟商民货物不准在各处私相交易，现在各国既已通商，自应量予变通，准其一体互相贸易"，具体由时任护理直隶总督

---

① 《直督张树声奏朝鲜与美国立约事竣折》，光绪八年四月二十六日，王彦威、王亮辑编，李育民等点校整理：《清季外交史料》第 2 册，第 543 页。

② "Mr. Bayard to Mr. Denby," February 9, 1888, *Papers Relating to the Foreign Relations of the United States Transmitted to Congress with the Annual Message of the President*, *December 3, 1888*, Washington: Government Printing Office, 1888, pp. 255—256.

③ 《直督张树声奏朝鲜与英德议约事竣折》，光绪八年五月初十日，王彦威、王亮辑编，李育民等点校整理：《清季外交史料》第 2 册，第 550—551 页。

④ 《直督张树声奏朝鲜与美国立约事竣折》，光绪八年四月二十六日，王彦威、王亮辑编，李育民等点校整理：《清季外交史料》第 2 册，第 543—544 页。

⑤ 《经世博议·拟援公法许高丽为局外之国议》，胡珠生辑：《陈虬集》，浙江人民出版社，1992 年，第 64 页。

的张树声与李鸿章商议确定章程。至于朝鲜提出的派使驻京一事，清政府认为事多窒碍，未予同意。不过，清政府同意中朝贸易后，对中朝交往的体制作了相应的变通，即中朝贸易事宜由总理衙门核办；至于传统的朝贡、陈奏等事宜，仍照旧制由礼部办理①。

可见，清政府在允许朝鲜与欧美列强签订条约后，仍然坚持中朝之间朝贡关系，并将其限制在朝贡制度的范围之内。同时，清政府又根据时代变化，在中朝通商关系上予以变通。

第四节 中朝朝贡关系的条约化

19世纪80年代，清政府出于传统关系与自身利益的考虑，加强了中朝朝贡关系。清政府在劝导朝鲜与各国建立条约关系的同时，与朝鲜签订了相关约章，试图采用条约关系的形式确认和进一步规范两国之间的朝贡关系。1882年可以说是中朝朝贡关系的重要转折点。

1882年，朝鲜发生壬午兵变。清政府即时派兵赴朝，协助朝鲜平定内乱。事后，日本因兵变而受到损失，与朝鲜续订条约。不过，朝日签订条约时，朝鲜自行派员到仁川与日本商议条约。赴朝参与戡乱的马建忠因为朝日"为多年有约之国，其交涉之案未便由中国显与主持，但将其可许、不可许各条预为指示"。而且，清政府的即时出兵与外交指示，使得日本对朝鲜订约时未能大肆要求②。

壬午兵变后，中朝派员就变通两国通商关系进行了商议。这种变通除朝鲜开海禁的国际背景外，还与中朝互通有无、朝鲜谋求富强、解决中朝传统经济关系中的问题等有一定的关系。因此，在李鸿章的督饬下，周馥、马建忠与朝鲜所派官员赵宁夏、鱼允中等拟定了中朝《商民水陆贸易

---

① 《谕朝鲜请派使驻京着不准行》，光绪八年四月二十九日，王彦威、王亮辑编，李育民等点校整理：《清季外交史料》第2册，第544页。

② 《北洋大臣李鸿章奏官军捕治朝鲜乱党及该国派员抵津妥商善后折》，光绪八年七月二十八日，王彦威、王亮辑编，李育民等点校整理：《清季外交史料》第2册，第560页。

章程》。该章程涉及中朝关系，但是在签订形式、内容上不同于国与国之间签订的约章。

该章程开篇即对中朝国家关系与通商贸易作了说明。就国家关系而言，章程明确指出"朝鲜久列藩封，典礼所关，一切均有定制，毋庸更议"。这显然是要求朝鲜恪守朝贡制度。就通商关系而言，章程指出由于各国与朝鲜贸易，中朝"自宜亟开海禁，令两国商民一体互相贸易，共沾利益，其边界互市之例，亦因时量为变通"。而且，章程声明此次所订章程，"系中国优待属邦之意，不在各与国一体均沾之列"①。李鸿章指出章程之首之所以有上述的规定，就在于"借此正名定分，明与两国互订之约章不同，俾他国不得援以为例"②。该章程共有八条，对中朝之间互派官员、商民诉讼、水陆贸易等作了相应的规定。

由于该章程的特殊性，因此中朝在派驻管理贸易的官员上，不同于有约国之间派驻领事的惯常做法，而且也与寻常敕使、贡使有别③。该章程的第一条规定，中国由北洋大臣札派商务委员驻扎朝鲜各通商口岸，商务委员与"朝鲜官员往来均属平行"，如果遇到重大事件，"未便与朝鲜官员擅自定议，则详请北洋大臣，咨照朝鲜国王，转札其政府筹办"。朝鲜则派大员驻扎天津，并向中国通商口岸分派商务委员，商务委员与道、府、县等地方官员平行往来；朝鲜商务委员如果遇到疑难事件，由驻津大员上报请示北、南洋大臣定夺。两国的商务委员如果"执意任性，办事不合，则由北洋大臣与朝鲜国王彼此知会，立即撤回"。第二条规定，"中国商民在朝鲜口岸如自行控告，应归中国商务委员审断。此外财产、罪犯等案，如朝鲜人民为原告，中国人民为被告，则应由中国商务委员追拿审断。如中国人民为原告，朝鲜人民为被告，则应由朝鲜官员将被告罪犯交出，会同中国商务委员按律审断。至朝鲜商民在中国已开口岸所有一切财产罪犯等案，无论被告、原告为何国人民，悉由中国地方官按律审断，并知照朝鲜委员备案"。双方商民诉讼案

---

① 中朝《商民水陆贸易章程》，光绪八年八月二十日，王铁崖编：《中外旧约章汇编》第 1 册，第 404—405 页。

② 《妥议朝鲜通商章程折》，光绪八年八月二十九日，顾廷龙、戴逸主编：《李鸿章全集》第 10 册，第 95 页。

③ 《妥议朝鲜通商章程折》，光绪八年八月二十九日，顾廷龙、戴逸主编：《李鸿章全集》第 10 册，第 95 页。

件的处理，体现了朝贡国与宗主国间的差异。诚如李鸿章所说，"朝鲜商民在中国各口财产罪犯等案，悉由地方官审断，仍遵《会典》旧制，与各国约章办法稍异"①。因此，中国商民在朝鲜相关案件的处理，则体现了宗主国的特殊之处。第三、四条规定了通商口岸贸易与滨海地方往来捕鱼，第五条规定了中朝边界贸易，第六条规定违禁品和特殊商品红参贸易的处理。第七条规定了因为海禁已开而变更的朝鲜贡道，即由原来的陆路往来，改为"就便听由海道来往"；此外，还规定了中国兵船游弋朝鲜沿海、驻泊各处港口，"以资捍卫"。第八条规定了章程以后增删，"随时由北洋大臣与朝鲜国王咨商妥善，请旨定夺施行"②。

中朝《商民水陆贸易章程》在朝鲜对外关系发生变化的情况下，改变中朝传统的互市贸易，对中朝水陆贸易作了相应的规定。同时，它以章程的形式明确了中朝朝贡制度，并对贡道的变更作了相应的规定。而且，中朝相关通商事件的处理是由北洋大臣与朝鲜国王咨商，这也体现了中朝之间的特殊关系。1883年，朝鲜与英国、德国签订条约，准许英、德商民可将运货进朝鲜内地出售及购买一切土货。李鸿章认为，若中国商民反而不能运货往朝鲜内地售卖，"既与体制未符，亦于商情未协"，并且中国优待属邦，若朝鲜商民前来中国内地卖货，也应视同华民，均沾利益。所以，李鸿章督饬周馥对该章程的第四条作了修改："嗣后中国商民准其持照将中国货、洋货运入朝鲜内地售卖，不得有逊于英、德诸商；其朝鲜商民亦准持照将朝鲜货、洋货运入中国内地售卖，照华商逢关纳税，遇卡抽厘。""倘朝鲜商民愿领洋货入内地税单，冀免内地厘税者，亦听其便，以示优待一体之意。"不过，限制性规定仍然保留不改，即：两国商人进入内地要领执照，且不能在内地设行栈、开店售卖，内地采买土货沿途照章交税厘③。

值得注意的是，《商民水陆贸易章程》仅是简明条款，至于具体的贸易

---

① 《妥议朝鲜通商章程折》，光绪八年八月二十九日，顾廷龙、戴逸主编：《李鸿章全集》第10册，第95页。
② 中朝《商民水陆贸易章程》，光绪八年八月二十日，王铁崖编：《中外旧约章汇编》第1册，第405—407页。
③ 《变通朝鲜贸易章程折》，光绪十年二月十六日，顾廷龙、戴逸主编：《李鸿章全集》第10册，第387—388页。

条款需要进一步商议。1883 年 3 月，中朝签订《奉天与朝鲜边民交易章程》二十四条，对奉天与朝鲜的边界贸易做了具体的规定。同年 9 月，中朝签订《吉林朝鲜商民贸易地方章程》十六条，对吉林与朝鲜的边界贸易等做了规定。而且，两个地方章程均明确中朝之间的朝贡关系。《奉天与朝鲜边民交易章程》首条即声明中朝陆路贸易的特殊性，即"边界陆路交易原系天朝优待属国，专为便民而设，与各海口岸通商情事不同。所准随时往来，仅指奉省之与朝鲜边界商民而言，其他各国不在此例"。第八条规定"当年朝鲜入京朝贡，典礼攸关，一切恪遵定例，贡物例不征税。其使臣及差官、从人携带行李、零星物件，自应遵照部议宽予限制"。该条还对贡使及相关人员携带货物的免税数量做了相应的规定①。《吉林朝鲜商民贸易地方章程》在章程之首声明"朝鲜久列藩封，勤修职贡，今于两国边界改互市旧例为随时交易，系中国优待属邦之意"；"与各国通商章程两不相涉"。该章程的第十五条对中朝交涉往来也做了规定，即"交涉事件来往文书照奉天所议，应遵照体制，朝鲜必须尊称'天朝'或称'上国'字样，即属寻常文移，亦不得率书'中东''中朝'等字，当照《会典》，用'中外'字样，以期简易。至吉省边界官员，则称'朝鲜国'或称'贵国'字样，以示优待。公牍往来，应用'照会'格式，悉照天津议定章程。两国闲散职员，复自为商，因钱财细故向两国地方官衙门投词结讼者，与民人一体用'禀'、用'呈'"②。1885年，朝鲜国王咨文礼部提出："贡使来往只为恭行典礼，原非有关贸易，即其随同员役所带货物本自零星，不可与私商来往视同一例。"而且，《奉天与朝鲜边民交易章程》规定红参值百抽十五，"已有偏重之患，回货之税分毫厘亦多吃亏之处"。所以，朝鲜国王提出：以后"贡使及赍咨官来回所带行李货包，并照旧章特准蠲征"。礼部对此未予同意，答复是按照 1883 年新定章程办理③。随后，清政府的相关方面就此事表达了意见。直隶总督、北洋

---

① 中朝《奉天与朝鲜边民交易章程》，光绪九年二月，王铁崖编：《中外旧约章汇编》第 1 册，第 418、419 页。

② 中朝《吉林朝鲜商民贸易地方章程》，光绪九年八月，王铁崖编：《中外旧约章汇编》第 1 册，第 444、447 页。

③ 《礼部奏据朝鲜国王咨称朝使臣所带货物请免税一节应照章办理片》，光绪十一年七月初六日，王彦威、王亮辑编，李育民等点校整理：《清季外交史料》第 3 册，第 1220—1221 页。

大臣李鸿章认为可以做出调整和修改，"以惠藩民而昭大信"。总理衙门认为"朝鲜恪修职贡，使臣往来自宜量加体恤"①。当年，李鸿章在与奉天地方官员商议的基础上，对中朝贸易章程中的相关规定作了变通，即"嗣后朝鲜贡使由陆路至京所带行李、零星货物概行免税，毋庸核计斤数。其差官、从人所带红参、行李、零星货物均照原订章程加增一倍"。从陆路来京、津的赍奏咨官，"声请代奏事件，其情事与贡使相同"，所以赍奏咨官也可以与贡使一样免税，随从人员按现定数量办理免税事项。贡使和赍奏咨官从陆路回国，"所带货物，如系在京购买，并非在奉省包揽，有礼部公文可据者"，可以免税。红参抽税也由值百抽十五改为值百抽十②。因此，清政府的上述修改完全是出于体恤藩属、维系传统朝贡关系。

根据《商民水陆贸易章程》的规定，中国向朝鲜派驻商务委员。李鸿章提出派总办商务委员驻汉城，并令周馥、马建忠等拟定了《朝鲜商务委员章程》。李鸿章认为："朝鲜为中国藩服，委员前往驻扎，与出使外洋各国体制稍别，而情事略同，自应参酌出使成案量为变通，经费一切从省核计。"③ 总理衙门在议复该章程时，认为驻朝商务委员离国内较近，不能比照驻美总领事确定薪水，所以将总办委员和分办委员的薪水作了调整，其他予以认可④。根据该章程，总办朝鲜各口商务委员驻汉城，兼管仁川商务；元山和釜山各设一名商务委员；总办商务委员和分办商务委员均由北洋大臣札派，负责办理中朝贸易事宜以及商民控告案件；总办和分办委员与朝鲜的官员公文往来，"自其政府统理衙门以下，均用平行照会。与各国公使、领事照会，均用华文，或附以洋文"。"遇朝鲜公会各国公使，向以头、二、三等职分及到任先后为坐次。朝鲜为中国属邦，中国总办委员为宾中之主，应坐于朝鲜官

---

① 《总署奏请将朝鲜贡使物品免税章程量加变通片》，光绪十一年七月初七日，王彦威、王亮辑编，李育民等点校整理：《清季外交史料》第3册，第1222页。

② 《朝使蠲征红参减税折》，光绪十一年十二月初一日，顾廷龙、戴逸主编：《李鸿章全集》第11册，安徽教育出版社，2008年，第292页。

③ 《办理朝鲜商务章程折》，光绪九年六月二十一日，顾廷龙、戴逸主编：《李鸿章全集》第10册，第206页。

④ 《总署奏议复朝鲜商务委员章程折》，光绪九年七月二十日，王彦威、王亮辑编，李育民等点校整理：《清季外交史料》第2册，第654页。

主位之上。"① 从以上情况来看，总办委员的地位远远高于一般的总领事。这也是清政府加强中朝朝贡关系的重要表现。

中朝之间还签订有其他相关章程，对中朝交往的具体事宜做了规定。1884 年，中朝签订有《仁川口华商地界章程》《会拟釜山华商地界章程》，对仁川、釜山设立租界做了相应的规定②。1886 年的中朝《兵船往来上下章程》也值得注意，该章程虽然只有六条，但是涉及内容除规定兵船往来、水师上下船、中国驻朝官员上下船等之外，还对通商相关事宜做了规定。如第四条规定"有无票奸商混行，准由海关报理事官讯明办理"。第六条规定"商人如乘商船，走漏私货关税，已到华界，准由海关扣留物件，报理事官严查办理，不能在华界内擅搜华人"③。此外，中朝之间还在具体的经济往来方面签订有条约，那就是中朝之间的电信条约，即《中国代办朝鲜陆路电线合同》(1885 年)、《釜山电线条约》(1886 年)。

因此，通过以上条约和相关章程，中朝之间的朝贡关系更加密切。清政府加强了与朝鲜的经贸往来，同时也加强了对朝鲜的控制。然而，中朝间的朝贡关系还是受到外国对朝关系的影响。一方面，朝鲜与各国签订条约时，各国不愿在条约中明文承认朝鲜是中国的属国，即便是签约后朝鲜"虽另具照会声明为我属邦，而各国皆置不答"。另一方面，日本积极推行其"大陆政策"，以朝鲜为重要侵略对象。诚如李鸿章所说，"日本自改用西法后，日浸强大，久有轻视中国、并吞高丽之志"④。1884 年，朝鲜甲申政变发生后，清政府果断解决了朝鲜的内乱。由于解决政变过程中有日本兵民伤亡，所以日本派伊藤博文到天津就相关事宜进行谈判。伊藤博文提出撤回中国军队、议处统将、偿恤难民三项要求。李鸿章只同意就撤兵一事进行商议⑤。1885

① 《附　章程》，顾廷龙、戴逸主编：《李鸿章全集》第 10 册，第 207 页。
② 中朝《仁川口华商地界章程》、中朝《会拟釜山华商地界章程》，光绪十年三月初七日，郭卫东编：《中外旧约章补编（清朝）》上册，中华书局，2018 年，第 102—107 页。
③ 中朝《兵船往来上下章程》，光绪十二年二月二十九日，郭卫东编：《中外旧约章补编（清朝）》上册，第 153 页。
④ 《全权大臣李鸿章致总署与伊藤商订朝鲜撤兵条款函　附旨及条款》，光绪十一年二月二十八日，王彦威、王亮辑编，李育民等点校整理：《清季外交史料》第 3 册，第 1145 页。
⑤ 《全权大臣李鸿章奏与日使商议朝鲜撤兵画押互换折　附上谕》，光绪十一年三月初七日，王彦威、王亮辑编，李育民等点校整理：《清季外交史料》第 3 册，第 1154—1155 页。

年 4 月 18 日，李鸿章与伊藤博文在几经交涉后，签订了《天津会议专条》（即《中日朝鲜撤兵条约》）。该约共有三条，第一条规定中日两国从朝鲜撤兵；第二条规定中日两国劝朝鲜国王聘请外国人训练军队，中日两国均不派员。第三条规定"将来朝鲜国若有变乱重大事件，中日两国或一国要派兵，应先互行文知照，及其事定，仍即撤回，不再留防"①。其内容虽有限制和防范日本干涉和侵略朝鲜的目的，但是第三条使日本取得了与清政府一样向朝鲜派兵的权力。这种做法与中朝之间的朝贡关系显然是不对称的。这也预示着中朝之间的朝贡关系面临危机。

第五节　中英《缅甸条款》与中缅关系的变化

缅甸是中国的藩属国之一。与中越关系相比，中缅关系显得疏远些。该国每届十年，照例进贡。然而，云南爆发回民起义，道路梗阻，职贡不通②。云南回民起义平定后，缅甸又曾于 1875 年入贡。照例 1885 年应当是缅甸的入贡之期。

然而，英国对缅甸的侵略使得中缅的朝贡关系不得不发生变化。1824—1826 年，英国发动第一次缅甸战争，逼迫缅甸签订条约。1852 年，英国发动第二次缅甸战争，占据了缅甸的南部。缅甸并没有向中国报告。19 世纪80 年代，英缅关系进一步恶化。在这种情况下，清政府出于中缅朝贡关系的考虑，采取了相应的措施。

1885 年，英国向缅甸采取了进一步的军事行动，发动了第三次缅甸战争，驻英公使曾纪泽将之即时报告清政府。鉴于越南的前车之鉴，曾纪泽就向英国交涉时是否明确缅甸的属国地位，致电总理衙门征求意见。清政府此时主张继续维持中缅之间的朝贡关系，谕令曾纪泽告知英国外交部：缅甸是

---

① 中日《天津会议专条》，光绪十一年三月初四日，王铁崖编：《中外旧约章汇编》第 1 册，第 465 页。
② 《请敕部咨发缅甸进贡表式片》，同治十三年八月十五日，黄盛陆等标点：《岑毓英奏稿》上，广西人民出版社，1989 年，第 346 页。

中国的朝贡之国①。不过，面对英国进兵缅北并声称"印度可管缅政"，缅甸在答复英国时称："此夺缅自主权，须德、法、俄、美允准"，却未言及中国②。这从一个侧面反映出缅甸与中国朝贡关系的疏远。如果往前追溯缅甸的所为，清政府完全可以不顾及缅甸的存亡。诚如总理衙门后来所言："缅甸既已臣服我朝，而此数十年间，与英人私让地方，与法人私立条约，从未入告疆臣，奏达天听，是其罔知大体，自外生成，致遭祸变，咎由自取，本可不必过问。"③ 1885 年 12 月 29 日，总理衙门致电曾纪泽指出：缅甸确是中国属国，但是该国"以西南地让英，未告中国。近复文不提中国，实自外骈缳。目前阻英责缅，两难措手"④。然而，清政府认为缅甸毕竟是"我属服之邦，一旦被英人剪灭，国体攸关"，仍然企图通过外交途径，保存缅甸国祀。总理衙门除与英国署理驻华公使欧格纳进行交涉外，还令中国驻英公使曾纪泽据理力争⑤。

在中英交涉的过程中，赫德对双方的利益所在相当清楚，并提出了自己的方案。1885 年 11 月 23 日，赫德在致电金登干时，就中英之间的缅甸问题指出，"一般的吞并，自然将排除进贡，但何不创行一种新的有限度的吞并，由中国——原来的宗主国——容许英国照自己从前统治的样子来治理它的朝贡属邦呢"？他还提出了所谓的"有限度的吞并"，即不用"吞并""进贡"等字样，"至进贡之事，可用其他足使中国满意而无碍于英国的词句"。他声称："我所提协定草案，已包罗一切，英国取得实利，让出虚名，并保持中国的友谊。虚名无损于实利，而实利能左右虚名。"⑥ 赫德的这一建议可以

① 《使英曾纪泽致总署辩阻英人图缅应否提明属国电　附旨》，光绪十一年九月二十三日，王彦威、王亮辑编，李育民等点校整理：《清季外交史料》第 3 册，第 1249 页。

② 《使英曾纪泽致总署报缅不允英夺自主权电》，光绪十一年十月初五日，王彦威、王亮辑编，李育民等点校整理：《清季外交史料》第 3 册，第 1256 页。

③ 《总署奏与英使订立缅甸条约折　附条款》，光绪十二年六月十七日，王彦威、王亮辑编，李育民等点校整理：《清季外交史料》第 3 册，第 1384 页。

④ 《总署致曾纪泽奉旨缅以地让英未告中国宜预筹电》，光绪十一年十一月二十四日，王彦威、王亮辑编，李育民等点校整理：《清季外交史料》第 3 册，第 1280 页。

⑤ 《总署奏与英使订立缅甸条约折　附条款》，光绪十二年六月十七日，王彦威、王亮辑编，李育民等点校整理：《清季外交史料》第 3 册，第 1384 页。

⑥ 《1885 年 11 月 23 日下午 10 时 30 分北京去电第三一〇号》，中国近代经济史资料丛刊编辑委员会主编：《中国海关与缅藏问题》，中华书局，1983 年，第 35—36 页。

说，切中了中英双方的利益所在。而且，他还可以利用自己的特殊身份影响中英双方。

由于曾纪泽在英国的力争，英国外交大臣沙里斯伯里同意缅甸"另立王，管教不管政，照旧贡献中国，英摄缅政，以防外患"。而且，沙里斯伯里还提出"英徇华情而立王，华于商务宜宽待英"①。清政府对这一办法表示同意，但是"缅另立何人为王，宜先告中国，允后再定，尤为得体"②。不过，这一办法最终因英国新任外交大臣不予同意而未能实现。英国将对待缅中关系的办法改为"每十年，由缅督备前缅王应贡之物，派缅员呈进"③。对于英国因外交大臣更换导致的态度变化，清政府感到意外，认为"中华所重，在乎不灭人国。贡与不贡，无足重轻"；并令曾纪泽与英国继续交涉④。然而，英国依据缅甸史书，不承认缅甸是中国属国。中方的交涉未能取得成效，谈判只能暂时停止。

随后，英国因为派员到西藏游历而与清政府发生交涉。总理衙门认为虽然《烟台条约》有允许英人入藏的规定，但是藏人强烈反对外国人入藏。所以，总理衙门照会英国驻华公使，请其阻止英员马科蕾入藏。正好英国驻华公使到总理衙门商议缅甸一事的处理办法，提出："缅甸前与法国立有条约，今若另立缅王，则法约不能废弃，诸多牵制，是以难从中国之命"。因此，英国对缅甸与中国的关系，只能作如下处理："照缅甸旧例，每届十年，由缅甸总督派员赴华，并请勘定滇缅边界，设关通商。"⑤ 面对入藏与缅甸问题交涉，总理衙门主张"因就其来议缅事，先杜其入藏之请，两相抵制"。经过交涉，英国驻华公使同意"停止入藏，只求在藏印边界通商，仍由中国体察情形，再行商议"。就缅甸问题而言，总理衙门在英国驻华公使提出办法

---

①《使英曾纪泽致总署英允缅另立国王管教不管政电》，光绪十一年十二月初九日，王彦威、王亮辑编，李育民等点校整理：《清季外交史料》第3册，第1289页。

②《总署复纪泽缅甸存祀入贡拓界各事得旨照办电》，光绪十一年十二月初十日，王彦威、王亮辑编，李育民等点校整理：《清季外交史料》第3册，第1289页。

③《使英曾纪泽致总署英议每十年由缅督派员呈贡电》，光绪十二年三月十五日，王彦威、王亮辑编，李育民等点校整理：《清季外交史料》第3册，第1336页。

④《旨着曾纪泽与英议存缅祀电》，光绪十二年五月十三日，王彦威、王亮辑编，李育民等点校整理：《清季外交史料》第3册，第1370页。

⑤《总署奏与英使订立缅甸条约折　附条款》，光绪十二年六月十七日，王彦威、王亮辑编，李育民等点校整理：《清季外交史料》第3册，第1384—1385页。

的基础上，希望进一步明确办法，即"缅甸总督派员赴华，并未明言贡献，语涉含糊"。英国驻华公使未能接受中方这一要求，因为"若言贡献，有失彼国之体"。总理衙门坚持这一要求，英国驻华公使只好同意"添入呈进方物，循例举行"①。这样英国在入藏问题上做出让步，清政府在缅甸问题上同意英方的提议。而且，缅甸问题的解决也是英国进一步按照《烟台条约》开办滇缅通商的重要前提。1886 年 7 月 24 日，总理衙门与英国署理公使欧格纳签订了中英《缅甸条款》。次年 8 月 25 日，该约在伦敦互换生效。

中英《缅甸条款》共有五条，除第五条是关于签订画押以及互换的规定外，其他四条对缅甸问题和西藏问题作了规定。第一条规定"因缅甸每届十年，向有派员呈进方物成例，英国允由缅甸最大之大臣，每届十年派员循例举行，其所派之人应选缅甸国人"。第二条规定"中国允英国在缅甸现时所秉一切政权，均听其便"。第三条规定中缅边界由中英两国派员会同勘定，边界通商事宜亦应另立专章。第四条则对英人入藏和藏印通商作了规定②。从中英《缅甸条款》的前两条可见，清政府只是在形式上保留了缅甸传统的对华进贡，事实上承认了英国对缅甸的统治。因此，中英《缅甸条款》签订后，中国失去了对缅甸的宗主权，传统意义上的中缅朝贡关系已不复存在。中英《缅甸条款》所达成的结果，最终在很大程度上体现了赫德的设计。所以，该约一经公布，金登干就从伦敦致函赫德，说该约的前三款与赫德原来所提的相同，"正所谓'天从人愿'了"③。

中英《缅甸条款》签订后，清政府即据之处理与缅甸相关的事务。1886 年，云贵总督岑毓英就是否允许缅甸木邦土司请求内附一事上奏，清廷发布上谕称："既已饬总理衙门与英使订立新约，断无为一二土司另生枝节之理。"④

① 《总署奏与英使订立缅甸条约折 附条款》，光绪十二年六月十七日，王彦威、王亮辑编，李育民等点校整理：《清季外交史料》第 3 册，第 1385 页。

② 中英《缅甸条款》，光绪十二年六月二十三日，王铁崖编：《中外旧约章汇编》第 1 册，第 485 页。

③ 《1886 年 10 月 8 日伦敦来函 Z 字第四四六号》，中国近代经济史资料丛刊编辑委员会主编：《中国海关与缅藏问题》，第 81 页。

④ 《滇督岑毓英奏英人屡被缅兵攻挫关外土司请内附折 附上谕》，光绪十二年七月初三日，王彦威、王亮辑编，李育民等点校整理：《清季外交史料》第 4 册，第 1397—1398 页。

然而，中英《缅甸条款》对于缅甸向中国呈进方物只规定十年为期，并未规定何时开始。1891 年，薛福成在上奏时，提及条约中规定的缅甸向中国呈进方物之事。总理衙门在议复时认为，如果按照缅甸上次进贡的时间，缅甸在 1885 年应当朝贡，然而到 1891 年已过六年之久。如果按照 1886 年中英《缅甸条款》，缅甸向中国呈进方物为时尚早。同时，鉴于中英还没有商议条约内所规定的界务和商务问题，总理衙门主张在中英就界务、商务问题开始商议时，再声明贡期①。

就英国而言，它是在中国的一再坚持之下，才同意缅甸每届 10 年循例向中国呈进方物。然而，英国的目的是要侵占缅甸，并不愿意保留中缅之间的传统关系。不过，出于利益的权衡，英国才有所让步。据薛福成所说，"闻英廷谋议，始得缅甸，颇出意外，虑中国之隐掣其肘，爰不惮以此虚礼款我"。英国在占据缅甸八九年之后，已牢牢控制了缅甸。然而，驻缅甸大员"尚无照约举行之意"。不仅如此，德、法等国的"好议者，亦且从而讥之，谓英以堂堂大邦，修贡中国，未免徇实利而不恤虚名"。所以，英国外交部"颇存顾虑，隐悔前事"②。

可见，英国颇不愿实施中英《缅甸条款》第一条。总理衙门的态度也不积极，准备在议定滇缅界务、商务问题时再议及此事。薛福成对此事较为关注，他除在 1891 年上奏时提及此事外，还积极从外交途径试图加以解决。1891 年，薛福成派员向英国的印度部探问缅甸入贡之期，印度部人员"一味支吾，颇多遁辞"。薛福成担心长期不催问，此约最后会成为虚设。所以，他向英国外交部再三交涉。英国外交部起初设辞推托，接着称至光绪二十年（1894）照约举行，最后在给薛福成的答复中称"英廷已预备光绪二十年第一次派员赴中国"。薛福成认为英国的这种态度"用意甚深，实为滇缅分界不能稍让之地步"。因此，薛福成在竭力争界之际，"深恐彼于贡事难免变计"，对于英国这种答复也"未敢信为定论"。1893 年，中英关于滇缅界务已

① 《总署奏缅甸贡期拟俟议界务商务时再与声明片》，光绪十七年六月十四日，王彦威、王亮辑编，李育民等点校整理：《清季外交史料》第 4 册，第 1744 页。

② 《使英薛福成奏缅甸每届十年派员呈贡英外部允实行片》，光绪十九年九月二十六日，王彦威、王亮辑编，李育民等点校整理：《清季外交史料》第 4 册，第 1800 页。

大致安排妥当，英国对于"贡务亦无异言"，所以薛福成奏称1894年缅甸"定可照约派员"①。然而，1894年，英国又提出再展缓一年。当时，正值中英新修界务、商务条约签订之际，薛福成担心会影响条约画押，因此他向总理衙门建议同意英方再展一年，并告诉英方"丙申年办贡，断难再缓"②。然而，清政府的这一意愿并未能实现。

19世纪七八十年代，伴随着中外条约关系的发展，清政府不得不在新的国际秩序下处理西方国家与中国传统朝贡国的正常交往；而且，清政府也要面对西方列强和日本对传统朝贡国的侵略。在列强的侵略之下，有的朝贡国被迫中断了与清政府的关系。清政府试图维系传统的朝贡关系。然而，在亚洲复杂的国际关系背景下，中国与琉球、越南、缅甸、朝鲜等国传统关系的维系，体现出不同的形式。清政府想通过谈判订约等方式保存琉球国祀，但琉球仍在日本侵略政策之下被吞并。在法、英的侵略之下，清政府被迫以订约的方式，实际承认了法、英分别对越南、缅甸的占据，结束了与越、缅两国的朝贡关系。中朝之间的朝贡关系则以条约的方式得以强化，但是面对列强的侵略，这种关系并不稳固。因此，在条约关系不断发展的背景下，传统的朝贡关系日趋瓦解。

---

① 《使英薛福成奏缅甸每届十年派员呈贡英外部允实行片》，光绪十九年九月二十六日，王彦威、王亮辑编、李育民等点校整理：《清季外交史料》第4册，第1800页。

② 《使英薛福成致总署划界事英外部请照常办理又缅贡事请允再展一年电 二件》，光绪二十年三月十四日，王彦威、王亮辑编，李育民等点校整理：《清季外交史料》第4册，第1817—1818页。

第五章　边界条约与边界关系的变化

19 世纪 60—90 年代，西方列强不断加强对中国周边国家侵略的同时，也加强了对中国边疆的侵略，一批边界条约相继出现。第二次鸦片战争后，俄国利用新签订的条约，扩大对中国边疆的侵略，还与中国签订了多个边界条约。19 世纪 70 年代，中国开始出现边疆危机。俄国、英国、法国相继发起了对中国西北、西南地区的侵略，先后与中国签订了多个边界条约。边界条约是近代中外政治类条约中的一个重要类别，可以分为划界、勘界、立界三种，"立界属技术性的树立界碑等，而划界和勘界，则涉及领土疆界的划分"。此外，还有因边界划分产生的边民归属问题而签订的边界条约[①]。同时，边界条约的内容还与边界通商往来有密切的关系。这一时期，中国与俄国之间产生的边界条约最多，英国、法国与中国签订的边界条约则是因其殖民地与中国相邻而产生的。这些边界条约内容涉及勘分边界、边界通商往来、边民归属等。它们对边界关系产生了较大的影响，体现了特定范围内的中外条约关系。

[①]　李育民：《晚清中外条约关系的基本形态论析》，《史林》2016 年第 4 期。

第一节 第二次鸦片战争后的中俄边界条约

第二次鸦片战争期间，俄国通过签订《爱珲条约》（又称《瑷珲条约》《爱珲城和约》）、《北京条约》，割占了中国东北大片领土。而且，《北京条约》还对中俄东、西边界划分问题作了规定。这成为第二次鸦片战争后中俄会勘边界的缘起，双方在此基础上先后签订了多个界约。

在中俄《北京条约》中，多个条款规定了日后双方划界的问题。如第一条规定了中俄东界的划分。第二条规定"西疆尚在未定之交界"的划分方向。第三条规定"嗣后交界遇有含混相疑之处，以上两条所定之界作为解证。至东边自兴凯湖至图们江中间之地，西边自沙宾达巴哈至浩罕中间之地，设立界牌之事，应如何定立交界，由两国派出信任大员，秉公查勘"。条约还规定：查勘东界在乌苏里会齐，于咸丰十一年（1861）三月内办理；查勘西界在塔尔巴哈台会齐商办，不必限定日期①。因此，1861 年起，中俄双方根据上述规定，着手东、西边界的划分。

一、 会勘东界与《勘分东界约记》的签订

1861 年，清政府派仓场侍郎成琦、吉林将军景淳负责与俄方代表办理东界会勘事宜。二人认为：此次查勘地界关键有二：一是第一条规定的"遇有中国人住之处，及中国人所占渔猎之地，俄国均不得占，仍准中国人照常渔猎"。二是第三条规定的"东边自兴凯湖至图们江中间之地，将所指交界作记绘图，仍会同画押用印"。成琦在到吉林前，曾告知景淳事先准备，景淳也派员将以上相关情况作了调查，以便中俄会勘时有所凭据②。1861 年 5—6 月，两国代表在兴凯湖，就相关勘界事宜进行了交涉。交涉之初，双方对《北京条约》中的白棱河所指存在不同看法。成琦、景淳指出中国地图和俄

---

① 中俄《北京续增条约》，咸丰十年十月初二日，王铁崖编：《中外旧约章汇编》第 1 册，第 149—150 页。
② 《成琦景淳奏行抵吉林会同起程守候俄使会勘折》，咸丰十一年四月初十日，贾桢等纂修：《筹办夷务始末·咸丰朝》八，第 2857—2858 页。

国驻华公使所提供的地图中均无白棱河名目，分别有白珍河与白志河；并且，根据划界走向所谓的白棱河应当在兴凯湖西南，与白珍河和白志河方位符合。然而，俄方代表却指兴凯湖西北的一条小河为白棱河①。双方再次会晤时，俄方又提出非分要求，在珲春东岸设卡盖房，将珲春作为"公共之地"。成琦等坚决反对，俄方才同意：松阿察西岸仍按照《北京条约》的规定办理，"穆棱河、珲春迤东盖房，约定在所画红色之内，兴凯湖北岸亦不侵占"。俄方对于白棱河依然坚持己见，并指出俄文条约中的土尔必拉河就是白棱河。成琦同意让步。其理由是：俄方以俄文条约为据，声称白棱河所指，"似属确凿，若俟行查后再行定议，不惟往返需时，即该使之意，亦不能久待"。这时成琦等得知俄国人在奎屯必拉西北一带丈量设牌，担心又生枝节。所以，双方议定按照条约和地图，"由松阿察逾兴凯湖，顺山岭至瑚布图河，其湖之北岸，仍属中国"。然而，俄方代表却声称：从会议地兴凯湖行营，取道至瑚布图河，顺珲春河，山林丛杂，河水涨阻，荒僻危险，实难行走，勘察不便，提出在兴凯湖行营，依照和约，"将地图内未分之界，用红色画断，作记绘图钤印。应立界牌，各差小官竖立"。由于此前景淳曾派员查勘兴凯湖至图们江的道路，结果是无路可通，所以，成琦等相信俄方代表所言的往勘不便之词，并认为"若强约该使前往，设道途阻滞，粮运不济，转致迁延时日，于事无益"。于是，成琦等同意在兴凯湖行营划定此处界址②。不管实情如何，俄方代表的提议是完全违背勘界原则的，成琦认同俄方的提议，不能不说是"轻率"和畏难之举③。

双方在议定界址后，并没有实地往勘。在最后作记绘图时，成琦、景淳又表现得较为软弱。当时俄方代表声称："全地图只有一张，现赶画不及，按所分界址，另绘简明小图二张，外备用二张，缮写如式，并用上年进呈地图，共成六张之数。"二人表示接受，所以界图均由俄方一手绘定。至于条

---

① 《成琦景淳奏俄使已到连日与之接晤情形折》，咸丰十一年五月二十六日，贾桢等纂修：《筹办夷务始末·咸丰朝》八，第2907—2908页。

② 《成琦景淳奏已与俄使在兴凯湖行营照约办理折》，咸丰十一年五月二十八日，贾桢等纂修：《筹办夷务始末·咸丰朝》八，第2912—2913页。

③ 吕一燃主编：《中国近代边界史》上，四川人民出版社，2007年，第177—178页。

约内载作记,成琦等拟出底稿与俄方代表当面商议,俄方坚决不肯使用,要求必须由俄方撰写拟定。因此,文本也是由俄方先出底稿。不过,成琦等担心"其预留日后狡执地步",派员与俄方往返辩驳诘问,经过删改,才最终将文本确定①。1861 年 6 月 28 日,中俄签订《勘分东界约记》,议定中俄东界界址,确定乌苏里河口至图们江口八处设界牌及其牌文。

然而,由于成琦、景淳在谈判过程中的草率和软弱,中俄东界并没有完全确定下来。这正是日后吴大澂所说"珲春与俄国交界地方,有界限不清之处"的原因之一,而且 1886 年的《珲春东界约》在条约首段也声明 1861 年两国"所换地图红线有简略不甚详细之处"②。因此,《勘分东界约记》遗留的问题,迟至 1886 年《珲春东界约》签订时才得以解决。

二、 勘分西界交涉与相关条约的签订

关于中俄西界的勘划界务问题,中俄《北京条约》第二条规定:"西疆尚在未定之交界,此后应顺山岭、大河之流,及现在中国常驻卡伦等处,及一千七百二十八年,即雍正六年,所立沙宾达巴哈之界牌末处起,往西直至斋桑淖尔湖,自此往西南,顺天山之特穆图淖尔,南至浩罕边界为界。"与中俄东界勘划不同的是,中俄《北京条约》对中俄西界的勘划没有时间的限定。该约第三条规定:"西界查勘,在塔尔巴哈台会齐商办,不必限定日期。"③加之西界问题较为复杂,因此中俄西界勘划拖延多年,先后签订了多个界约。

中俄两国本定于 1861 年开始西界勘界事宜,俄方因故提出推延至次年开始。在得到俄方推迟勘界的消息后,乌里雅苏台将军明谊、塔尔巴哈台参赞大臣明绪及时上奏,表达了对划界一事的意见。明谊、明绪认为七月间与他们会晤的俄方柯米杂尔的言词,多有欺蒙谲诈之处,"始则不待查界核图,

---

① 《成琦景淳奏会办俄国分界完竣将记文牌文呈览折》,咸丰十一年六月初四日,贾桢等纂修:《筹办夷务始末·咸丰朝》八,第 2951—2952 页。
② 《中俄勘界大臣吴大澂等奏中俄划界经过情形折 附珲春界约及道路记界牌记九件》,光绪十二年六月二十三日,王彦威、王亮辑编,李育民等点校整理:《清季外交史料》第 3 册,第 1386、1388 页。
③ 中俄《北京续增条约》,咸丰十年十月初二日,王铁崖编:《中外旧约章汇编》第 1 册,第 150 页。

即欲议定"；随后又请他们"先行文我境守卡官兵，听其在境内运料鸠工"。
"外托和好，内肆侵贪，觊觎多端，窥伺已久，意在急遽商定，易行其诈，
若不遍查确勘，猝难与之会议"。同时，他们指出"该国原定条约，有指明
我国境内，并有指明中华卡内者，关系过重，不能遽与分界"①。

　　1862 年，中俄双方根据《北京条约》的规定，派定官员在新疆会晤，解
决分界问题。由于条约规定的内容对于北疆边界比较明确，所以双方没有异
议。然而，问题就出在西疆分界上。双方在如何解释条约内容上存在分歧。
俄方代表因为前述条约第二条坚持西疆分界，"应顺山岭大河之流，及现在
中国常住卡伦为界"，要求所有卡伦以外之地尽归俄国所有。乌里雅苏台将
军明谊、塔尔巴哈台参赞大臣明绪、领队大臣博勒果素持反对意见，认为
"条约内载自沙宾达巴哈界牌末处起，至浩罕边界为界，袤延万里，其中仅
有三处地名，系指大数而言，再未详细指定逐段立界之处；况条约内载现在
中国常住卡伦等处，并无为界之语"，所以应当细查条约，遵照地图，在从
前已定旧界之外，专门讨论从前未定的分界，并由两国派出信任大员查勘
后，秉公商办②。俄方代表在会晤时强词夺理，中方依据条约进行了反驳。
不仅如此，俄方代表还有意曲解条约的条款，声称：根据条约第三条的规
定，"查勘地界，应由两国特派信权大臣"，以此责难中国代表。然而，中方
代表查看条约，相关内容只有"信任大臣"，根本没有所谓的"信权大臣"
字样。而且，明谊等奉有谕旨，即是"信任大臣"无疑③。因此，双方的会
晤难有实质性的进展。明谊等上奏，提出由总理衙门与俄国驻京公使详议，
"或由早年中国乌里雅苏台、科布多、塔尔巴哈台、伊犁四处旧有之边境议
分，抑或由边界至常住卡伦中间之地议分"④。随后，中俄双方代表进行了多
次会晤。然而，俄方坚持以常住卡伦分界，反对中方的主张。最后，俄方全

　　① 《明绪明绪奏请与俄议界日期展缓谨拟五条请总理衙门议遵折》，咸丰十一年十一月初三日，中华书局编
辑部、李书源整理：《筹办夷务始末·同治朝》一，第 74 页。
　　② 《明谊明绪博勒果素奏会议分界未能定局折》，同治元年闰八月二十七日，中华书局编辑部、李书源整理：
《筹办夷务始末·同治朝》一，第 407 页。
　　③ 《明谊明绪博勒果素奏会议分界未能定局折》，同治元年闰八月二十七日，中华书局编辑部、李书源整理：
《筹办夷务始末·同治朝》一，第 409 页。
　　④ 《明谊明绪博勒果素奏会议分界未能定局折》，同治元年闰八月二十七日，中华书局编辑部、李书源整理：
《筹办夷务始末·同治朝》一，第 411 页。

权大臣杂哈劳告知中方："条约内载两国现定边界，并无议分外夷人等之语。且哈萨克、布鲁特人等内，虽有受中国之爵，亦有受我国之爵者，今照条约分界，该哈萨克、布鲁特等原住游牧之地方，分在何国界内，即作为何国所属之人。至唐努、阿勒坦淖尔乌梁海蒙古人等，住牧两国未分界内，原是公共游牧之地，不能竟据为中国所管之人。现在两国在京议定条约，应顺山岭大河常住卡伦为界，已经指定，其各乌梁海蒙古地方，照约应归我国所管"。而且，他认为中方提出的等待俄国驻华公使与总理衙门商议的意见是有意拖延①。于是，俄方代表回国，商议分界一事停顿下来。

总理衙门得到明谊等人报告后，着手与俄国驻华公使进行交涉。奕䜣等人主张"中国与洋人办事，全靠和约为凭，若不执定条约与之辩论分明，该洋人即得藉口于背约寻衅"。所以，奕䜣等人对中俄《北京条约》第二条关于西疆分界的 89 字作了分析，指出这些文字"当初订条约之时，系由俄文译汉，字句较为纠结"②。这可能是中俄双方在解释上产生分歧的重要原因之一。

对于俄代表杂哈劳等人借"和约内有中国常住卡伦之句"，坚持以中国常住卡伦为界的说法，总理衙门大臣认为并非完全凭空杜撰。然而，总理衙门大臣认为，俄方对整句是有"误解"的，仔细斟酌条约原文，就会发现"约内只有及现在中国常住卡伦之文，并无统以现在中国常住卡伦为界之文"。而且，条约中"沙宾达巴哈界牌末处起句下，系往西而非西南，系直至而非斜行"③。基于这种理解，总理衙门与俄国驻华公使巴留捷克等反复辩论。1862 年 12 月 10 日，奕䜣照会巴留捷克，就中俄分界事宜进行辩驳。一是指出俄国会勘边界人员不合惯例、行为不当。因为两国互派大臣会勘边界，需要预告知照，而俄国驻伊犁的领事杂哈劳是在双方会议多次后才加派的，并且杂哈劳在加入会议后出言不逊，甚至有"带兵占踞"之语。这显然

① 《明谊明绪博勒果素奏俄使会议不遂径行回国折》，同治元年十月二十四日，中华书局编辑部、李书源整理：《筹办夷务始末·同治朝》一，第 473 页。

② 《奕䜣等奏遵旨与俄使巴留捷克辩论照会折》，同治元年十一月初四日，中华书局编辑部、李书源整理：《筹办夷务始末·同治朝》二，第 479—480 页。

③ 《奕䜣等奏遵旨与俄使巴留捷克辩论照会折》，同治元年十一月初四日，中华书局编辑部、李书源整理：《筹办夷务始末·同治朝》二，第 480 页。

有悖常理。二是驳斥俄国对条约的"误解"。奕䜣在照会中指出，条约第二条"曰及中国常住卡伦等处者，盖谓分界时亦有可以及常住卡伦之处，如将至斋桑淖尔湖，必经辉迈拉胡卡伦之类，非谓统以常住卡伦为界也"。所以，条约中仅载有及卡伦等处字样，并无以卡伦为界之语；如果"以卡伦为界，则当时条约应云，西疆概以中国常住卡伦为界。一语已定，何必云西疆尚在未定之交界耶？又何必派大臣会勘商办耶"？并且，奕䜣就俄国领事将本应向西划界改作向西南提出质疑，认为这是违背条约原文。三是驳斥俄方代表关于边界划分物证与图证的不当言论。奕䜣在照会中指出勒布什界牌是乾隆年间所立，有旧图为证，反被俄方代表说是中国私立鄂博，"独不思现在贵国竟有于中国界内私行堆垒鄂博者乎"？最后，奕䜣从遵守条约的角度反驳说，俄国代表不听从中国代表意见，说明谊"废约"，自己"欲带兵占踞"，"试问如此恃强背理，为守条约乎？抑废条约乎"？并且，奕䜣明确指出"即令照上办理，一一遵守条约，则所分之地，已与贵国大有裨益，而于中国亏损甚多，况欲强占于条约之外"。所以，他希望俄国公使将照会行知分界大臣，"令其照约办理，勿再另生枝节"①。在俄国公使未回复之前，奕䜣又致函明谊等，指明"此件系属遵照和约办理，自应细译条约，逐字推敲，方可免将背约之名坐在中国"；函中就如何对待条约中的"及常住卡伦之处""往西直至"，及如何解释做了说明，以备明谊等人与俄国人分界时应对之用②。

经总理衙门的辩驳，俄国驻华公使等在京商议者"始而色变，继而语塞，始允将原照会转行"③。随后，总理衙门又根据明谊等人的奏折，再次照会俄国驻华公使④，指出前次照会"已将条约内西字直字逐一讲解，毫无疑义"；并且，"斋桑淖尔湖西南，既有勒布什界牌，其界牌以外之哈萨克、布鲁特臣服中国有年，自应仍前安居乐业"。在总理衙门的催促下，俄国驻华

① 《给俄使巴留捷克照会》，同治元年十一月初四日，中华书局编辑部、李书源整理：《筹办夷务始末·同治朝》二，第482—483页。
② 《给明谊等函》，同治元年十一月初四日，中华书局编辑部、李书源整理：《筹办夷务始末·同治朝》二，第485—486页。
③ 《奕䜣等奏遵旨与俄使巴留捷克辩论照会折》，同治元年十一月初四日，中华书局编辑部、李书源整理：《筹办夷务始末·同治朝》二，第480页。
④ 《给俄使巴留捷克照会》，同治元年十一月初四日，中华书局编辑部、李书源整理：《筹办夷务始末·同治朝》二，第484—485页。

公使照复总理衙门，称已将前次照会翻译成俄文，送回本国，"并备文行知西悉毕尔总督，以为帮助公平办理分界重事"①。

至于如何解决上述问题，总理衙门综合对条约文本的理解以及中俄边界的实况、明谊等人的意见，提出了如下方案：一是"条约内中国常住卡伦一语全无着落，断难折服该国之心而杜其口，明谊等因辉迈拉胡勒布什从前已有俄国建造房屋，势难再与力争，因将紫限点至此处，以符条约中常住卡伦之语"。二是以后分界时，如果能按照奕䜣等人在照会中所提出的"自沙宾达巴哈界牌往西，然后直至斋桑淖尔湖，以后即照明谊等所点紫色之限与之定议"，中俄西疆分界之事似可结案。三是要加强防范，因为俄国驻华公使提出此事非其承办，杂哈劳又因办理无果而回，下一年中俄在塔城再议时，俄国"难保不带兵豫占地方，以为强词夺理地步，不可不豫为之防"②。事后，明谊等人采取积极防范措施，针对俄国人在科布多的鄂木鲁克之北的吹河盖有房屋，除了解情况外，还传谕总管齐察罕等及该爱曼王公等，齐心御侮，自守藩篱，"万不可为俄人狡赖条约之言所愚"③。此外，明谊为预备下一步的勘界交涉，决定派员前往 1862 年"未能勘毕之外边内卡，及蒙古、哈萨克、布鲁特赏准游牧之地切实详查"，并逐一查明俄国人在科布多卡外建木房、塔尔巴哈台和伊犁建俄卡，以核定图说，作为与俄方交涉的依据④。至于明谊提出的由总理衙门与俄国驻华公使交涉一事，总理衙门认为这不现实，指示明谊与俄国官员交涉，约定日期，分路会勘，较为简捷⑤。

1863 年 1 月 1 日，俄国代办贸易圈事务色克德尔官给明绪送来该国西悉毕尔总督的照复，答复中方提出何时派员到中国何地商议勘界一事，称：俄国全权大臣"拟开勘界单内所指之处，均与议定条约相符，惟贵大臣等违悖

---

① 《奕䜣等奏遵旨与俄使巴留捷克辩论照会折》，同治元年十一月初四日，中华书局编辑部、李书源整理：《筹办夷务始末·同治朝》二，第 480—481 页。

② 《奕䜣等奏遵旨与俄使巴留捷克辩论照会折》，同治元年十一月初四日，中华书局编辑部、李书源整理：《筹办夷务始末·同治朝》二，第 481 页。

③ 《明谊奏查询俄人盖房并预筹防范折》，同治元年十二月十二日，中华书局编辑部、李书源整理：《筹办夷务始末·同治朝》二，第 525 页。

④ 《明谊奏俄人在各边侵占之诡谋请仍分路勘议折》，同治二年正月初一日，中华书局编辑部、李书源整理：《筹办夷务始末·同治朝》二，第 576 页。

⑤ 《奕䜣等奏议复明谊分界事宜折》，同治二年正月初九日，中华书局编辑部、李书源整理：《筹办夷务始末·同治朝》二，第 581 页。

条约，倘再会议，亦系徒费工夫"。如果中方答应俄方提出的勘界意见，那么他就可以请派全权大臣前来会议。明绪等认为具文咨复难以使俄国派员前来，又担心俄国以为中方答应其要求，所以"宜先妥筹招来之策，俾俄人将来无所藉端狡赖"①。明绪将此照复转致明谊，明谊在了解俄方的意见后，照会俄国西悉毕尔总督，指出俄方代表在商议勘界过程中的不当言行，并对条约中的分界条款进行了详细的说明，申明中方的立场②。同时，明谊反驳了俄国西悉毕尔总督在照会中所持观点，指出其在照会中按照俄国分界大臣等的意见，"以中国常住卡伦为界，一无更改，方令再议，系贵衙门误听一面之词所致，请再细译原约，秉公商酌"。而且，明谊声称自己"只知照约办理，不能听约外之言"。最后，明谊建议按照俄国驻华公使与总理衙门在北京商定的分西、北两路勘界，并约定地点，请俄方派员会勘③。在外交方面积极应对的同时，负责边界事务的官员还积极筹划。塔尔巴哈台参赞大臣明绪采取了相应的勘界和防范措施，主张俄国使节再来商议勘界时，即以总理衙门的指示应对④。

与此同时，俄国采取应对措施，为勘分界务造势。1863 年 4 月 17 日，俄国派兵携带武器，驻扎在中国的巴克图卡伦之外迤西的头道河。中国边界官员前往诘问，俄国人却回答说："奉我们上司之谕，你们常驻卡伦之外，就是我们地方，令我们到此防守，若无我们上司吩咐，不敢退回。"中方据情理反驳，俄国人并不撤兵。对此，明绪、博勒果素在得到巴克图卡伦的报告后，派员劝阻，同时上奏朝廷加强边界防范，并请饬总理衙门就俄国派兵侵占中国边界向其驻华公使交涉⑤。同时，明绪、博勒果素咨文俄国西悉毕尔总督，指明俄国人在边界未定的情况下，私入中国边界，有违条约，请俄

① 《明绪博勒果素奏俄使复文狡赖已与明谊咨商折》，同治二年正月十四日，中华书局编辑部、李书源整理：《筹办夷务始末·同治朝》二，第 583 页。

② 《明谊给俄国西悉毕尔总督照会》，同治二年二月二十九日，中华书局编辑部、李书源整理：《筹办夷务始末·同治朝》二，第 638—640 页。

③ 《明谊给俄国西悉毕尔总督照会》，同治二年二月二十九日，中华书局编辑部、李书源整理：《筹办夷务始末·同治朝》二，第 640—641 页。

④ 《明绪博勒果素奏遵旨预筹勘界办法折》《明绪等又奏俄使再来惟有遵照总理衙门指示折》，同治二年四月初二日，中华书局编辑部、李书源整理：《筹办夷务始末·同治朝》二，第 665—666、667—668 页。

⑤ 《明绪博勒果素奏俄兵在卡伦外居住防范晓谕情形折》，同治二年四月二十九日，中华书局编辑部、李书源整理：《筹办夷务始末·同治朝》二，第 691—692 页。

国撤兵，并派代表来塔尔巴哈台商议勘界事宜①。

俄国在商议勘界之事上并不积极，倒是多次派兵到中国边界。塔尔巴哈台参赞大臣明谊、伊犁将军常清一面劝阻和防范，一面向朝廷报告。对于俄国的这种行为，奕䜣等总理衙门大臣认为"向来外国办事，每多性急，惟俄国勘分西界一事，条约内载有不必限定日期一语。揣其用意，并非不欲速成，但因向附中国之哈萨克、布鲁特未能一律胁服，则蚕食尚待经营，是以故缓其期，以为利诱威胁之地"②。所以，总理衙门先后多次照会俄国署理驻华公使格凌喀，并致函俄国政要，就边界诸事表明中方的立场。

然而，俄国外交部的意见是坚持勘界大臣的立场。格凌喀也以俄文条约反驳中方，声称：俄文条约是原文，中文条约是译文，俄国"断不能不遵和约原文"；条约翻译成中文时，"此条内本应写西南字样，误写作西直字样，明系翻译官之错，而两处东北与西南彼此相对，不能改也"。而且，他在致总理衙门的照会中声称：中方的意见是仍在边界会议，"若复会齐之时，贵国分界大臣仍照去年辩论条约，本国分界大臣前来，徒劳无益"。如果中国不先将两国西北界之事，按照去年俄方要求办理，那么俄国分界大臣就不会前往边界会议。此外，格氏还声称中方勘界大臣已同意俄国勘界大臣的意见，中国的卡伦有常住与不常住之分，指责中国边界官员先行派队前往俄国境内，以图有利于本国分界③。

针对格凌喀的说法，奕䜣进行了反驳。关于格氏所称的中文条约的错误，奕䜣指出"原定和约系贵国所译，并非中国所译，当时因已载明往西直至字样，故尔允从；若早谓系西南字样，中国必不定约"。由于格氏声称"两国定约大臣，彼此均不知他国之文"，所以"中国自然应遵汉文"。而且，条约是俄国人所译，"其一字一句必与俄文相符，彼此方肯画押。且条约互换已经三年有余，前项汉文不闻贵国有翻译错误之语"。"今贵大臣忽云错

① 《明绪博勒果素给西悉毕尔总督咨文》，同治二年四月二十九日，中华书局编辑部、李书源整理：《筹办夷务始末·同治朝》二，第 695 页。
② 《奕䜣等又奏议复常清明绪各折片》，同治二年六月二十四日，中华书局编辑部、李书源整理：《筹办夷务始末·同治朝》二，第 771—772 页。
③ 《俄署使格凌喀照会》，同治二年六月二十四日，中华书局编辑部、李书源整理：《筹办夷务始末·同治朝》二，第 781—782 页。

误，恐他国闻之，必指为有心背约"。针对格氏的其他说辞，奕䜣均予以驳斥。奕䜣声明：中方大臣的主张不同于俄方的主张；中国卡伦只有常住卡伦一种，并无常住与不常住之分；"边疆未分之先，中国人前往旧界，不为背理；俄国兵突来占踞，实为背理"。而且，"现在条约尚未讲明，更何由知该处应归贵国界内耶"①？

中方的外交努力未能奏效。俄国丝毫不肯让步，并且不断派出军队进驻中国边境，制造事端。边疆大吏在加强防范之际，也认识到兵力单薄、不能启衅。此种局势之下，总理衙门采取了妥协政策，即按照俄国使臣博补考在1862年会议分界时提出的议单，办理西部分界。就外交而言，奕䜣等认为多次与俄国驻华公使交涉，俄方坚持"俄文本系往西南，并非往西直至"；而且，俄国驻华公使十分狡猾，在词穷之际，"辄以分界自有主持之人，藉词推诿"。奕䜣等人"窥其隐衷，亦明知中国现在多事，不能与之力争"，中国"若遂其所欲，尚可托名和好，假条约以为词；否则逞兵挟制，归我以废约之名，更可惟所欲为，无从收拾"。就军事而言，俄国早在道光年间即已蓄谋侵占土地，收服哈萨克、布鲁特等部落；勘划分界中断后，俄国不断派兵到边境制造事端。然而，据伊犁将军常清的报告，中国边疆的情形却是"兵单饷缺"，"议战议守，两无可恃"。就边疆形势而言，"西北一带边疆，道路绵远，防不胜防"。而且，"新疆等处回情易于煽惑，顷曾滋事"。综合以上情形，奕䜣等人认为"倘再不准其照约议分，迁延日久，势必愈形决裂"；只有两害相权取其轻，按照俄国勘界使臣的议单办理②。

因此，总理衙门为求局势转圜，"以安边境而全大局"，只能"权宜办理"。总理衙门与俄国驻华公使进行交涉，提出"上年分界议单，如与条约相符，即照此行亦无不可"③。1863年9月9日，总理衙门照会俄国署理驻华公使格凌喀。格凌喀在面谈与照会中，均表示接受中方的意见，并在9月

---

① 《给俄署使格凌喀照会》，同治二年六月二十四日，中华书局编辑部、李书源整理：《筹办夷务始末·同治朝》二，第783—785页。

② 《奕䜣等奏西疆兵单饷缺战守难恃拟准照博补考议单办理折》，同治二年七月二十五日，中华书局编辑部、李书源整理：《筹办夷务始末·同治朝》二，第833页。

③ 《奕䜣等奏西界无可再议现在筹办情形折》，同治二年七月二十九日，中华书局编辑部、李书源整理：《筹办夷务始末·同治朝》二，第837页。

10 日的照会中声称已向本国报告，派出分界大臣，按照博补考所提出的议单勘定边界，妥速办理①。然而，俄国收到格凌喀的报告却早于中国边疆大吏得到来自北京的消息。迟到 11 月 3 日，明谊才接到来自北京的上谕，正式知晓划界上的重大变化。这对当年中俄官员商议划界事宜颇有影响。

1863 年 10 月 4 日，俄国派来的负责分界的全权大臣杂哈劳，向中国的边界官员发来在塔尔巴哈台商谈分界的照会。10 月 10 日，杂哈劳、博补考到达塔尔巴哈台。10 月 16 日，中俄双方的代表开始就划界问题进行商议。俄方依然坚持己见，"呈出绘就应由常住卡伦议分地图"，声称如果不照图定议，就于 10 月 22 日回国。明谊、明绪等虽然据约力争，毫无效果，只好提出缓几日再商议。随后，明谊、明绪又照会俄方代表，就如何划界提出妥协方案，即不坚持"往西直至"，但是"不妨少偏西南"。10 月 22 日，俄方代表照复称：据本国驻华公使来文，中国的总理衙门已于 9 月 9 日同意照 1862 年俄国使臣议单办理分界事宜；并指责明谊等不至于一个月尚不知此事，不遵国家命令，"阻止完结疆界事宜"。10 月 25 日，杂哈劳一行返回俄国，会谈分界由此中断②。随后，明谊等又照会俄方，指出议单内所指地方与原约不符之处，不能不按照总理衙门 1863 年给俄国驻华公使的照会会商；并指出"照旧游牧，让地安插两层，为应妥商会议之处"③。

总理衙门和边疆大员还就即将划出界外的民众的安置作了筹划④。清政府采取了区别对待的政策。对于东界的乌里雅苏台和科布多一带，清政府要求明谊等在与俄国会商时，"力行辩驳，令其让出一带"，确实不得已再考虑其他办法。伊犁情况要稍复杂，如果划界不影响索伦等爱曼的生计，明谊等可以相机办理；"倘万难令其占踞"，明谊等要反复辩诘，力争使俄国立字据

① 《俄署使格凌喀照会》，同治二年七月二十九日，中华书局编辑部、李书源整理：《筹办夷务始末·同治朝》二，第 841 页。

② 《明谊明绪锡霖勒果素奏与俄使会议未结现已回国并预拟分界办法折》，同治三年三月二十八日，中华书局编辑部、李书源整理：《筹办夷务始末·同治朝》三，第 1058—1060 页。

③ 《奕诉等奏议复明谊等陈奏分界事宜折》，同治三年四月初九日，中华书局编辑部、李书源整理：《筹办夷务始末·同治朝》三，第 1069 页。

④ 《奕诉等奏议复麟兴等查勘安置唐努乌梁海人户地面折》，同治三年正月二十五日；《明谊等奏分界事宜及常清奏稿室碍情形折》，同治三年二月初五日；《奕诉等奏议复明谊等分界事宜折》，同治三年二月初九日，中华书局编辑部、李书源整理：《筹办夷务始末·同治朝》三，第 1016—1019、1024—1027、1028—1030 页。

"让出数百里，安置此项人众，抑或援照东界办法，仍准此项人众照常游牧"。其目的就是能够"于让地安插及照旧游牧二者或居其一"。如果俄方坚持两者都不答应，那么明谊等只能"或即将乌、科等城边界先行勘分，其伊犁境内暂从缓办，以期徐图补救"。其总体要求是"分界事宜，固不可于原约之外听其稍有侵占，亦不可使其稍有藉口，藉端决裂"①。

与此同时，针对 1863 年 9 月中俄会商以及明谊事后照会的情况，总理衙门指出俄方有意曲解中方的立场，即所谓总理衙门完全同意照俄方 1862 年议单划界、明谊擅添"妥为商办之语"。总理衙门提出：如果俄方在接到明谊照会后，前来会商，明谊应当照总理衙门的历次意见办理；如果俄国不来会商，明谊也应当照会俄国西悉毕尔总督，声明总理衙门照会俄国公使时"明明有妥商字样"，即"照议单与条约相符之处办理，其议单与条约不符之处，仍应会同妥商"。总理衙门还提出"中国无论在内在外大臣，总以条约为主，毫无歧异"。如果俄国不派员会商，"明谊等亦不必相强，且条约原有西界商办，不必限定日期等语，只好暂缓不办，俟条约讲明再行会议"②。

在外交应对方针确定后，总理衙门并不愿干预实际的操作，这是明谊、明绪、常清等边疆大吏的事。1864 年 5 月 10 日，明谊等接到俄国西悉毕尔总督的复文，仍然坚持按俄方议单划界，要么中方答应，要么停止商办勘界。明谊等则以总理衙门的意见照会西悉毕尔总督，申明中方的立场③。

1864 年 6 月，明谊、明绪等在上奏中指出，按照俄方提出的议单划界，对边界一带的民众生计颇有影响。如果俄国勘界使臣来会议时，"竭力婉商，令其将近卡有碍之处让出；或肯仿照东界条约，向有中国人游牧，仍准中国人照常耕牧，方可目下相安"。然而，俄方不一定会答应，所以对于被划出去的蒙古、哈萨克、布鲁特等部族的人，如果他们愿意归属中国，就应当妥为安插。乌里雅苏台、科布多、塔尔巴哈台均有地方，可以解决这些部落的

---

① 《廷寄》，同治三年二月初九日，中华书局编辑部、李书源整理：《筹办夷务始末·同治朝》三，第 1030—1031 页。

② 《奕䜣等奏议复明谊等陈奏分界事宜折》，同治三年四月初九日，中华书局编辑部、李书源整理：《筹办夷务始末·同治朝》三，第 1069—1070 页。

③ 《明谊等奏筹办勘界仍约该使前来商议折》，同治三年七月二十九日，中华书局编辑部、李书源整理：《筹办夷务始末·同治朝》三，第 1191 页。

安置问题。但是，伊犁一带的问题较为复杂，无地安插内附的哈萨克、布鲁特部族；而且，索伦四爱曼人的利益受损，他们与俄人有仇，若俄方不让出卡外地方数百里，必会酿成巨衅。所以，明谊等提出，如果伊犁将军常清不将上述两个问题速筹妥善，他"万不敢率行换约，致贻后患"①。对于明谊等所提出的措施，清廷强调安插、抚绥部众，但是对于伊犁一带并不是完全按俄方的议单处理，因为"俄国议单所指湾入内向，将常住卡伦包去多处，实与条约相背"；明谊等人要遵照 5 月 14 日的谕旨与俄人进行交涉，"或令于卡伦外让出若干"②。

1864 年 6 月 26 日，俄国西悉毕尔总督又咨文明谊等，坚持己方意见，甚至声称划界包括将居民划入俄国、总理衙门已答应照议单划界等。7 月 22 日，明谊等照复俄国西悉毕尔总督，根据历次上谕所指，对俄方的要求进行辩驳。因此，勘界会商难以进行。明谊等人也指出各地安插部众存在困难③。随后伊犁内外形势变化使得清政府再与俄国争辩变得已不可能。一方面，俄国持定中国答应照议单划界，派出军队逼近卡伦驻扎，并声言要进占土尔根。俄国的军事压力使伊犁将军常清颇为担心。他担心再与俄争论，双方就此决裂，俄国又会说是中国启衅。另一方面，边疆一带的内乱严重，库车、喀喇沙尔相续失守，昌古各县遭到乱匪滋扰，乌鲁木齐汉城失陷、满城被围。伊犁的东、南、北三面都有内乱，不得不拨兵防范。常清认为内忧外患之下，"保全为难，若不通权办理，实属不堪设想"，所以提出照俄国提出的议单划界，以解决伊犁的分界事宜。常清的意见为明谊和明绪所同意。8 月 11 日，明谊、明绪告知俄国西悉毕尔总督同意照议单办理④。明谊等将上述情形上奏清廷。对于边界官员采取这一举措的原因，清廷相当明白，在 9 月 3 日的上谕中指出，形势所迫，"不得不从权筹办，且既已行文，即属无可挽

---

① 《明谊明绪等奏遵旨筹办勘界事宜折》，同治三年五月十二日，中华书局编辑部、李书源整理：《筹办夷务始末·同治朝》三，第 1108—1109 页。

② 《廷寄》，同治三年五月十二日，中华书局编辑部、李书源整理：《筹办夷务始末·同治朝》三，第 1110—1111 页。

③ 《明谊等奏筹办勘界仍约该使前来商议折》，同治三年七月二十九日，中华书局编辑部、李书源整理：《筹办夷务始末·同治朝》三，第 1191—1193 页。

④ 《明绪等奏行文俄国准照议单分界片》，同治三年八月初三日，中华书局编辑部、李书源整理：《筹办夷务始末·同治朝》三，第 1203—1204 页。

回"；无奈之下，清廷只能同意照议单分界，但是具体办理时，要求"不得于议单之外再生枝节"①。随后，总理衙门照会俄国驻华公使倭良戞里，告知中国分界大臣同意照议单划界，并声明分界照议单办理；分界之前，请俄国边界官员撤回军队②。

在中方同意照俄方提出的议单分界后，俄国采取了派兵到近卡驻扎等行动。这给中国边疆官员造成了很大的压力。1864 年 9 月 13 日，俄国分界大臣杂哈劳、博补考等一行来到巴克图卡。随后，明谊等与之就分界事宜进行会晤。杂哈劳提出，按议单定界换约，"若照此画定限道定界，将分入俄国地面旧住人丁，均为俄国所属"；如果认为可行，就派人"在另有绘就图内添写清字地名，以便互换；若不照此办理，稍有更改，我们立即起程回国，止好派兵强占"。明谊等核对杂哈劳所提出的"图内画定分界限道"，与 1863 年在塔尔巴哈台会议地所给的图志大略相同。不过，明谊认为这一分界"包去我国卡伦及内附蒙古人众，不能不再竭力剖晰，稍图补救"。明谊等向俄方提出了修改意见，但遭到杂哈劳反对。在随后的会谈中，杂哈劳依然坚持己见，明谊等争辩毫无效果。杂哈劳还威胁，如果中方不答应，他们就立即回国，"派兵看守分准地界"。明谊等人认为俄国是要强制办理分界，中国内忧外患并存，"若不允其所求，必至立成决裂，且恐于议单外更添枝节"，影响大局。9 月 23 日，明谊等人不得不先同意在杂哈劳所绘地图上以满文注明地名，并商讨下一步事宜。随后，明谊等就边界民众的安置问题又与杂哈劳进行了争辩，以图挽回部分利益。9 月 29 日，明谊等人接到清廷 9 月 3 日所寄发的上谕，对于分界事宜有了遵循的依据。所以，在争辩无果的情况下，明谊等在 10 月 7 日，与杂哈劳互换记约图志③，签订中俄《勘分西北界约记》。此后，中方只能按照此约划界，解决相关的内迁事宜。

中俄《勘分西北界约记》签订后，中俄西北部划界一事的进展并不顺

---

① 《廷寄》，同治三年八月初三日，中华书局编辑部、李书源整理：《筹办夷务始末·同治朝》三，第1204 页。

② 《给俄使倭良戞里照会》，同治三年九月初四日，中华书局编辑部、李书源整理：《筹办夷务始末·同治朝》三，第 1221 页。

③ 《明谊锡霖博勒果素奏分界已照俄使议单换约以完巨案而顾大局折》，同治三年十月十八日，中华书局编辑部、李书源整理：《筹办夷务始末·同治朝》三，第 1267—1269 页。

利。1865 年，中方分界大臣等候俄国分界大臣，俄国分界大臣未能前来。此后，中国新疆发生内乱，伊犁一带的勘分界务难以进行。1868 年，俄国驻华公使又向总理衙门照会，提出"俄国附近新疆有贼处所，不能悉照《塔城条约》，处处立牌，于安静地方，先行建设"①。

不过，清政府为解决界务问题，先后派员就科布多、乌里雅苏台、塔尔巴哈台边界与俄国进行了交涉，签订了《科布多界约》（1869 年 8 月 13 日）、《乌里雅苏台界约》（1869 年 9 月 4 日）、《塔尔巴哈台界约》（1870 年 8 月 12 日）等条约。

第二节　边疆危机与中俄、中英边界条约

19 世纪七八十年代，列强在侵略中国周边国家的同时，加强了对中国边疆的侵略，中国出现了边疆危机。危机之下，俄国先后强迫清政府就西北、东北边疆问题签订了多个不平等条约。英国则因其殖民地与中国接壤的问题，而强迫清政府签订了与西南边疆有关的条约。本节主要讨论中俄、中英之间的此类条约，中法之间的此类条约在下一节专门论述。

一、 中俄边界条约

俄国入侵新疆与其既定的政策有关，也与中国新疆的内乱有关。19 世纪60 年代，中国新疆发生内乱，浩罕国派出军官阿古柏入侵新疆，建立所谓的哲德沙尔国。英、俄两国出于自身的利益，相继与阿古柏政权建立了外交关系。1871 年，俄国以代收、代守为名，占据中国伊犁。中国新疆面临严重的危机。1876 年，左宗棠率军出关，击败阿古柏势力，相继收复各地，到1878 年仅有伊犁因俄国占据而未能收复。

围绕着归还伊犁的问题，中俄从 1871 年起即进行交涉。1871 年，俄国

---

① 《麟兴荣全奏预备建立界牌鄂博一切事宜折》，同治七年七月二十六日，中华书局编辑部、李书源整理：《筹办夷务始末·同治朝》六，第 2437 页。

占据伊犁后，总理衙门与俄国驻华公使倭良嗄里进行过交涉。署伊犁将军荣全前往伊犁与俄方代表进行谈判，结果未能收回伊犁。当时，倭良嗄里提出中国收复乌鲁木齐后，可以收回伊犁。但当中国军队收复乌鲁木齐，总理衙门就伊犁收回一事照会俄国驻华公使布策时，布策却说："中国须将通商交涉各案先行办结，方可会议交还。"因此，中国多次要求收回伊犁的交涉未能取得成效①。

1878 年，清政府在新疆内乱平定之际，派崇厚为出使俄国全权大臣，办理交涉收回伊犁事宜。1879 年初，崇厚到达俄国后，经过交涉，俄方除商议交还伊犁外，还提出了通商、分界、偿款三个方面的要求。此后，崇厚在俄国与格尔斯、布策就边界旧案、通商、分界等进行会商。总理衙门在接到崇厚关于俄方提出通商要求的报告后，认为办理通商不能漫无限制，所以"斟酌情形，分别核复崇厚妥为办理"。1879 年 7 月 8 日，总理衙门接到崇厚关于俄方提出的分界要求的函报后，认为"按图中所指，将同治三年经明谊议定之界，欲于西境、南境各画去地数百里，并伊犁通南八城之路隔断，致伊犁一隅三面皆为俄境，弹丸孤注，势难居守。此万不可许之事"，于是缮写节略，飞速发给崇厚。7 月 12 日，总理衙门又接到崇厚的来函，报告分界、通商事务的交涉。总理衙门认为"诚恐过予通融，俄人或得寸思尺，此次收还伊犁，或致与不收还同，或且不如不收之为愈"②。

针对崇厚数月以来在俄国交涉的情形，总理衙门认为"俄人久据伊犁以为要挟，无非为贪占便宜起见，我不予以便宜，伊城必不肯交还"。但是，"以便宜与交还较，果能相值固计之得也。即或不值，而尚不至于不值之外仍有可虞之事，则计虽未为得而尚不得为失也"。然而，崇厚与俄国所商议的分界与通商事宜，使俄国获利较多，"即因此交还伊犁，未必即属相值"。总理衙门为此上奏，提出崇厚可将通商、分界、偿款与俄国人一面议妥，一面将伊犁交收。当然，总理衙门也认识到其中的困难，因此奏请

---

① 《使俄崇厚奏与俄外部商办收还伊犁事宜折》，光绪五年四月二十九日，王彦威、王亮辑编，李育民等点校整理：《清季外交史料》第 2 册，第 301 页。

② 《总署奏与俄外部商议交收伊犁事宜折　附复函界说及节略》，光绪五年七月初十日，王彦威、王亮辑编，李育民等点校整理：《清季外交史料》第 2 册，第 309 页。

令崇厚、左宗棠等，通盘核算通商、分界、偿款各节，"倘照此收还伊犁，或与未收同，或还不如不收还之为愈，自应再行详细妥商"。清廷为此发布上谕，指出俄国虽然答应交还伊犁，但借此要挟，图占便宜，"然利害所关，必当权其轻重，未可因急于索还伊犁，转贻后患。即如通商一节，所辖地方甚广，流弊滋多。分界一节，欲于原定界址再图侵占"。而且，偿款多少尚未议定。在三端尚未议定之际，中国要防备俄国得步进步，另有新的要求。所以，上谕中要求崇厚"当力持定见，总宜将通商、分界、偿款三端议定后，与交还伊犁同时并举，方为妥善；设或所议各节利害相权，得不偿失，自应另筹办法"①。

总理衙门于 8 月 7 日收到了崇厚寄来的《新议通商章程》17 款。针对崇厚函称各节，总理衙门认为这些"均关西路交涉边陲要计，其中得失利弊，有非悬揣臆度所可尽者"。而且，左宗棠在分界、通商二事上，致函总理衙门，表达了与之相同的意见。因此，总理衙门致函崇厚，并将左宗棠致总理衙门的信函录寄崇厚，"冀补偏救弊，或于界务稍有限制"②。

9 月 22 日起，总理衙门连续收到崇厚自俄国发回的电报，得知崇厚已经与俄国将约章"定议缮齐"，9 月 23 日动身到黑海画押；出使大臣一职交参赞邵友濂署理，崇厚在签约后将回国复命；而且，崇厚将条约款目摘要通过电报发回。崇厚所签订条约即《交收伊犁条约》，又称《里瓦几亚条约》（因签订地是俄国的里瓦几亚）、"崇约"（因崇厚所签）。总理衙门发现崇厚发回的条约摘要仍然包括偿费、分界、通商三个方面。关于偿费，总理衙门认为500 万卢布虽然为数不少，但是分年偿还，可以接受。然而，通商、分界丧失利益较多，"商务一节若允照办，缪辖甚多，并与华商生计亦有妨碍"。关于分界，俄国在 1864 年分界的基础上，"又于西境、南境各划去地段不少，似此则伊犁已成弹丸孤注，控守弥难"。而且，"山南划去之地内，有通南八城要路两条，关系回疆全局，兼之俄人在伊犁置有财产照旧管业，亦彼此人

---

① 《总署奏请饬崇厚妥商俄国交还伊犁片　附上谕》，光绪五年六月初五日，王彦威、王亮辑编，李育民等点校整理：《清季外交史料》第 2 册，第 304 页。

② 《总署奏与俄外部商议交收伊犁事宜折　附复函界说及节略》，光绪五年七月初十日，王彦威、王亮辑编，李育民等点校整理：《清季外交史料》第 2 册，第 309 页。

民混杂，种种弊端难以枚举"。所以，总理衙门致电崇厚，告知分界断不可行。然而，崇厚却回复说，"约章定明，势难再议"。总体而论，总理衙门认为"现定条约其为俄人肆意要求，不言而喻"。就崇厚而言，总理衙门认为他虽然注重收回伊犁，然而"界务、商务害之所在，亦宜熟思审处，乃竟轻率定议，殊不可解"。对于该约是否批准，总理衙门也颇感为难。一方面，该约丧失利益太多，不能批准。而且，崇厚也有"各事均候批准再行举办"的说法。此外，1869 年，中英《新定条约》也因英国不批准而未能实行。因此，总理衙门认为中国有理由不批准该约。另一方面，该约毕竟是中国全权大臣商议的结果，"先允后翻，曲既在我，再以敌情测之，无论从此不还伊犁俄人有所借口，且恐彼仍以分界、修约为词，肆意要挟，靡所底止"。所以，总理衙门奏请饬李鸿章、左宗棠、沈葆桢、金顺、锡纶等，对崇厚所签条约提出意见[①]。

　　李鸿章、左宗棠、沈葆桢等均认为崇厚所签条约丧失利权过多，不主张批准。1880 年 1 月 2 日，清廷发布上谕：崇厚着交部严加议处开缺，"其所议条约、章程及总理衙门历次所奏各折件，着大学士、六部、九卿、翰詹科道妥议具奏"[②]。清政府的这一举措纯属办理重大事件的"向来办法，且系中国内政"，崇厚在谈判时也曾告知俄国外交部和布策，"商办定约之权在崇厚，定办之权则在朝廷允准，即条约亦载有恭候批准，一年为期"，然而，俄国署理驻华公使凯阳德却因清政府要议处崇厚而向总理衙门提出抗议。总理衙门以上述理由进行解释，但是凯阳德依然指出俄国会因此而认为中国有藐视俄国之心[③]。由于崇厚订约失权之重，清政府对他相当不满，吏部对之照违制例，议处革职。1880 年 1 月 17 日，清廷发布上谕，将崇厚"先行革职拿问，交刑部治罪"[④]。亲郡王、军机大臣、大学士、六部等朝中官员会议

　　① 《总署奏准使俄崇厚电称已与俄立约签押折》，光绪五年八月二十三日，王彦威、王亮辑编，李育民等点校整理：《清季外交史料》第 2 册，第 322 页。
　　② 《谕出使俄国大臣崇厚先行交部议处所议条约等件着各臣工妥议具奏》，光绪五年十一月二十一日，王彦威、王亮辑编，李育民等点校整理：《清季外交史料》第 2 册，第 345 页。
　　③ 《总署奏俄署使凯阳德因议处崇厚谕旨提出抗议折　附节略》，光绪五年十一月二十七日，王彦威、王亮辑编，李育民等点校整理：《清季外交史料》第 2 册，第 345—346 页。
　　④ 《谕出使俄国大臣崇厚着革职拿问交刑部治罪》，光绪五年十二月初六日，王彦威、王亮辑编，李育民等点校整理：《清季外交史料》第 2 册，第 352 页。

后，认为崇厚所订约章不能同意，并奏请派熟悉洋务的使节出使俄国。1880年2月19日，清廷发布懿旨、上谕，派曾纪泽充出使俄国钦差大臣①；同日，致俄国国书，称崇厚"违训越权"，所订约章事多窒碍难行，另派曾纪泽出使俄国②。3月3日，清廷发布上谕，将崇厚定为斩监候。3月11日，清廷谕令曾纪泽此次赴俄交涉，必须力持定见，慎重办理，在接到总理衙门关于崇厚所订约章"可行及必不可行之款"后，与俄国人商办，"纵或一时未能就绪，不妨从容时日，妥慎筹商，总期不激不随，以全大局"③。

为使曾纪泽在俄国交涉时有所依据，总理衙门对崇厚所议约章逐条签注，提出了针对性的意见。如：在界务方面，对于伊犁西边及帖克斯川一带地方划归俄国，总理衙门认为不能答应，伊犁边界应以1864年明谊与俄国勘界划定的界线为准；塔尔巴哈台分界，总理衙门主张应该根据1869年分定的界线，"今自毋庸纷更"。在商务方面，"崇约"规定除依据旧约俄国可在伊犁、塔尔巴哈台、喀什噶尔、库伦设立领事外，还准许俄国在嘉峪关、科布多、乌里雅苏台、哈密、吐鲁番、乌鲁木齐、古城设立领事。总理衙门认为只有通商口岸才可以设立领事，所以除嘉峪关可以设立领事外，其他地方不准设领事。"崇约"规定"俄商自俄国由陆路贩货入中国内地，准许经过张家口、嘉峪关，前赴天津、汉口，并准在张家口、嘉峪关、通州、西安府、汉中府等各处销售，或由各处运往内地销售，俱可。俄商在以上各城、各口及内地贩买货物，亦准由此路经过张家口、嘉峪关运往俄国"。总理衙门指出："查准赴嘉峪关销售，照天津办理"。准路过之哈密、巴里坤、古城等城"指定一处留货，照张家口办理，并运俄货入内地、贩土货回国，均删去西安、汉中字样，俱于章程内议明。"④ 对于崇厚所签中俄《陆路通商章程》，总理衙门也逐条签注了同意与不同意的意见。崇厚所签中俄《爱珲专

　　① 《礼亲王世铎等奏军机处等会议崇厚与俄所订约章专条窒碍难行请遣使前往转圜折　附懿旨》，光绪六年正月初十日，王彦威、王亮辑编，李育民等点校整理：《清季外交史料》第2册，第360页。
　　② 《大清国大皇帝致俄国声明崇厚所议约章违训越权窒碍难行国书》，光绪六年正月初十日，王彦威、王亮辑编，李育民等点校整理：《清季外交史料》第2册，第360页。
　　③ 《谕曾纪泽到俄后必须力持定见妥慎办理以全大局》，光绪六年二月初一日，王彦威、王亮辑编，李育民等点校整理：《清季外交史料》第2册，第365页。
　　④ 《总署奏俄国分界通商各事经审订签注拟议办法折　附签注条约陆路通商章程专条附议专条及约章总论》，光绪六年二月二十二日，王彦威、王亮辑编，李育民等点校整理：《清季外交史料》第2册，第372—378页。

条》，允许俄国人在松花江行船到伯都讷，并与沿江一带居民进行贸易。总理衙门对之意见是不能同意。而且，总理衙门还拟有《中俄约章总论七条》，就谈判中的商务、界务问题提出总的意见，其最后一条就谈判提出如下总体要求："曾纪泽此次办法自以全收伊犁为是。否则，仅议条约，酌予通融。倘能就绪，尚是中策 。"如果俄国不还伊犁，并在已议约章的基础上争辩，或有新的要求，"惟有随时随事请旨遵行，宽其时日，缓以图之"。所以，总理衙门认为曾纪泽此次出使交涉比崇厚要难十倍，"约章等件如何与议，固不可使之无所依据，亦不敢谓执此一成不变之说，能于数万里外操纵咸宜，使俄国国君若臣遽尔心折也"①。

清政府在决定废约、派曾纪泽使俄重议条约后，英、法、美、德等国驻华公使致函总理衙门，对于中国政府严办崇厚"均不以为然"，请宽免崇厚。为了不得罪英、法，总理衙门奏请答应英、法的要求，以便在外交上赢得支持②。随后，清廷寄谕曾纪泽，由他告知俄国，中国暂免崇厚斩监候罪名，仍然监禁③。曾纪泽在受命后，就赴俄办理伊犁交涉一事，上奏提出了自己的意见。他认为交涉中会涉及分界、通商、偿款三个方面，"偿款固其小焉者也。即就分界、通商言之，通商一端亦似较分界为稍轻"。所以，他主张"力争分界，酌允通商"。但是，他表示事关重大，愿意听从廷臣就原定约章提出的准驳意见④。曾纪泽还就缓索伊犁提出了自己的意见。显然曾纪泽此时尚未收到总理衙门所拟办法。所以，清廷谕令曾纪泽在收到总理衙门所寄各件后，应就原议各节，妥慎办理，"如有应行量为变通之处，仍当随时察看情形，奏明请旨"⑤。

随后，曾纪泽为与俄国进行商议改约，致电总理衙门，代奏施恩于崇

---

① 《总署奏俄国分界通商各事经审订签注拟议办法折 附签注条约陆路通商章程专条附议专条及约章总论》，光绪六年二月二十二日，王彦威、王亮辑编，李育民等点校整理：《清季外交史料》第 2 册，第 384—385 页。

② 《总署奏崇厚获罪英法德等国使臣来函请加宽免折》《总署奏变通废约即不足抑俄实足结英法之好片》，光绪六年五月初八日，王彦威、王亮辑编，李育民等点校整理：《清季外交史料》第 2 册，第 401—403 页。

③ 《旨寄曾纪泽着将崇厚暂免斩罪知照俄国并应修条约妥慎办理》，光绪六年五月十九日，王彦威、王亮辑编，李育民等点校整理：《清季外交史料》第 2 册，第 409 页。

④ 《使俄曾纪泽奏谨就收回伊犁事宜敬陈管见折》，光绪六年六月十五日，王彦威、王亮辑编，李育民等点校整理：《清季外交史料》第 2 册，第 412—413 页。

⑤ 《使俄曾纪泽奏缓索伊犁并非退让请照西例交晋噜太司特公议片 附上谕》，光绪六年六月十五日，王彦威、王亮辑编，李育民等点校整理：《清季外交史料》第 2 册，第 414 页。

厚。1880 年 8 月 12 日，清廷谕令崇厚加恩开释①。清政府之所以做出改变，除曾纪泽出于办理外交所请外，与俄国在远东调添兵舰也有一定的关系，因为将崇厚开释有利于缓和中俄紧张关系和进行伊犁交涉。

曾纪泽到达俄国后，向俄方提出中国的改约要求，即："所有前定约内有于中国不甚相宜，碍难应允者一也。约内有声叙不详之处，恐日后不易照办，故有须加详者二也。旧约所准之利益，不必复叙于新约之内三也。"② 不过，曾纪泽在交涉之初没有将中国要求的修改之处全盘托出，如松花江以及西安和汉中通商二事就没有提及。总理衙门对此有不同看法，认为二者为约章中最要关键。总理衙门上奏后，清廷发布上谕，要求曾纪泽查看情形，如果收回伊犁全境不能短时间急切定议，可以暂行从缓商议；如果收回伊犁从缓，"则通商各条中之必不可允者，亟应据理相持"，如松花江行船至伯都讷及西安、汉中通商两条，"尤为约章最要关键，勿得稍涉迁就"③。

1880 年 9 月 21 日是崇厚所订条约的换约之期。由于电报中断，总理衙门未能接通到曾纪泽的电报。当日，总理衙门在上奏时对中俄交涉表示担忧。一方面，总理衙门担心布策挟兵船来华，必定会于原订条约十八条之外无理要求，"应之则贻患尤甚，拒之则兵衅立开，深恐大局不可收拾"。另一方面，总理衙门对于曾纪泽在俄国交涉降低了要求，希望曾纪泽奉到电旨，应当按照既定要求进行交涉，"万一十八条竟不能挽回，无论如何定议，较之布策来华多方挟制，势仍处于不得不允，其利害轻重又复大相悬殊"。奕䜣等在上奏中提出：如果曾纪泽"妥议尚在十八条之内，将来奏到时应请尤予批准"。如果俄国在 18 条之外"别有要挟，仍不得擅许，总须请旨遵行"④。9 月 22 日，总理衙门收到曾纪泽 9 月 14 日的电报，知道俄国已派布策来华商办改约，曾纪泽无法再议。这种变化使清政府不得不调整应对，一

① 《谕崇厚加恩开释着曾纪泽妥议条约》，光绪六年七月初七日，王彦威、王亮辑编，李育民等点校整理：《清季外交史料》第 2 册，第 421 页。

② 曾纪泽、庆常等撰，李峻杰整理：《金轺筹笔》，上海古籍出版社，2020 年，第 12 页。

③ 《总署奏曾纪泽电俄以兵船挟华遵照前约请谕曾纪泽与俄交涉要旨折 附电及上谕》，光绪六年七月三十日，王彦威、王亮辑编，李育民等点校整理：《清季外交史料》第 2 册，第 426—427 页。

④ 《总署奏中俄换约日期已届请饬曾纪泽和衷商办片》，光绪六年八月十七日，王彦威、王亮辑编，李育民等点校整理：《清季外交史料》第 2 册，第 433 页。

面加强军事防备，一面命朝中大臣商议对策①。

形势的变化使清政府对俄改约的要求大为降低。不过，曾纪泽仍继续在俄国积极努力。9月18日，曾纪泽接到总理衙门电报寄达的谕旨："俄事日迫，能照前旨争重让轻固妙，否则就彼不强中国概允一语，力争几条，即为转圜地步，总以在俄定议为要。"所以，曾纪泽于当日向俄国外交部交涉，请追回布策，在俄国商议改约②。此时的俄国也面临国际、国内的问题，不得不做出让步，以便从改约中获得利益。加之英方从中斡旋，因此俄国召回布策，中俄改约谈判又在俄国进行③。

曾纪泽根据总理衙门的意见，坚持重界轻商的原则，就界务、商务、偿款继续同俄国进行交涉。界务交涉涉及以下三个方面：一是伊犁界务。"崇约"将伊犁的西、南两境划给俄国，尤其是南境的帖克斯川极为重要，失去此地，则收回伊犁"无得地之实"。曾纪泽认为"非将各事略为放松不可"，对于伊犁界务，"遂舍西界不提，专争南境"。由于曾纪泽的坚持，俄方最终同意将伊犁南境全部归还，西南隅照明谊所定之界划分。二是喀什噶尔界务。双方议定不按崇厚所定之界划分，两国派员重新勘定。三是塔尔巴哈台界务。双方议定在崇厚与明谊所定两界之间，酌中勘定。

商务交涉涉及以下四个方面：一是"嘉峪关通商，允许俄商由西安、汉中行走直达汉口"。这是中方认为商务当中危害最大、坚决要求删除的。由于曾纪泽态度坚决，俄方不得不同意"嘉峪关通商，仿照天津办理，西安、汉中两路及汉口字样，均允删去不提"。二是松花江行船至伯都讷。因为这涉及《爱珲条约》本身的问题，曾纪泽坚持废除这一内容，最终双方同意将其废除，"声明爱珲旧约如何办法，再行商定"。三是添设领事。双方同意在吐鲁番设立领事，"余俟商务兴旺时，再议添设"。四是天山南北路贸易的纳税。曾纪泽提出将"崇约"所规定的"均不纳税"，改为"暂不纳税，俟商

---

① 《总署奏接曾纪泽电称俄已派布策来华应俟其到日再议片　附懿旨》，光绪六年八月十九日，王彦威、王亮辑编，李育民等点校整理：《清季外交史料》第2册，第434页。

② 《使俄曾纪泽奏中俄改订条约盖印画押折　附上谕》，光绪七年二月十五日，王彦威、王亮辑编，李育民等点校整理：《清季外交史料》第2册，第482页。

③ 刘培华：《近代中外关系史》上册，第288—289页。

务兴旺再订税章"。

偿款交涉方面，俄国方面提出要增加兵费偿款，总理衙门也曾电告曾纪泽可以增加偿款（最多不超过 200 万两）。最终曾纪泽同意俄方提出的增加卢布 400 万元（即迟一年收回伊犁以及归还帖克斯川的代守费），加上崇厚原来同意的偿款卢布 500 万元，共计卢布 900 万元①。

以上几个方面的交涉结果，据曾纪泽所言"与总理衙门来电嘱办之意大略相同"。他将之电告国内，并告诉俄方待接到电旨后，再行画押。1881 年 1 月 16 日，曾纪泽接总理衙门电报，奉旨允准定约画押。而且，曾纪泽在随后商议条约、章程的法文本底稿时，还就"崇约"中的字句做了相应的增减。如第三条"删去伊犁已入俄籍之民，入华贸易、游历，许照俄民利益一段"；第十条吐鲁番作为非通商口岸而设立领事、第十三条张家口无领事而允许设立行栈，均声明"他处不得援以为例，以杜效尤"；等等。这些都是经曾纪泽反复力争后才得到的。1881 年 2 月 7 日，条约、章程的法文本议定，随后又商订汉文和俄文本。总体而论，曾纪泽认为：与 1880 年 4 月 20 日总理衙门所寄"廷臣奏定准驳之议"相比，最后商定的中俄约章虽不能全部相符，但综合条约、章程计算，"则挽回之端，似已十得七八"②。的确，曾纪泽能够争回诸多权益实属不易，诚如与他一同赴俄谈判的外聘洋员马格里所说，这些都是经过"长时间的、顽强的斗争"才获得的③。

1881 年 2 月 24 日，曾纪泽与俄方代表吉尔斯、布策签订中俄《改订条约》《改订陆路通商章程》。1881 年 8 月 19 日，条约和章程互换生效。曾纪泽签订的中俄《改订条约》与崇厚所签《交收伊犁条约》相比，损失利益要少，收回了部分利权。因此，曾纪泽的外交成功也受到海内外的好评。但是，中俄《改订条约》毕竟是在特殊情况下修改"崇约"而签订的，不得不在相关方面作出让步。除增加偿款外，该约放弃了部分领土主权，同意了俄

① 《使俄曾纪泽奏中俄改订条约盖印画押折 附上谕》，王彦威、王亮辑编，李育民等点校整理：《清季外交史料》第 2 册，第 482—484 页。

② 《使俄曾纪泽奏中俄改订条约盖印画押折 附上谕》，王彦威、王亮辑编，李育民等点校整理：《清季外交史料》第 2 册，第 484—485 页。

③ Demetrius C. Boulger, *The Life of Sir Halliday Macartney*, London: John Lane The Bodley Head, 1908, p. 350.

国在相关方面商业利益的要求。所以，中俄《改订条约》仍然是一个不平等条约。中国为收回伊犁，不得不在界务和商务上做出让步。俄国以所谓的"代收代守"伊犁为筹码，从中国获得了长久以来期望获得的领土和商业利益。此外，中俄《改订条约》还规定西部相关地方边界的重勘以及松花江行船问题另外再议①。这些一时未能解决而搁置下来的问题，也是此后中俄关系中不得不解决的问题。

中俄《改订条约》签订后，中俄两国就西北边疆进行了勘界和分界，并就相关贸易、人口归属等事宜进行了商议。19 世纪 80 年代，中俄两国在中俄《改订条约》的基础上又签订了多个边界条约，涉及领土与分界、通商、人口归属三个方面。涉及领土与分界的条约有：《伊犁界约》（1882 年 10 月 29 日）、《喀什噶尔界约》（1882 年 12 月 7 日）、《科塔界约》（1883 年 8 月 12 日）、《科布多新界牌博记》（1883 年 9 月 4 日）、《塔尔巴哈台北段牌博记》（1883 年 9 月 13 日）、《塔尔巴哈台西南界约》（1883 年 10 月 3 日）、《续勘喀什噶尔界约》（1884 年 6 月 3 日）等。涉及边界贸易的有：《议定俄属商人贸易地址条约》（1883 年 4 月 4 日）、《议定两属缠头商民事宜条约》（1883 年 4 月 4 日）。涉及人口归属的有《塔城哈萨克归附条约》（1884 年 12 月）。

除以上直接与划界、边界通商有关的条约外，中国还因俄国借用巴尔鲁克山土地而产生有相关的条约。1881 年，伊犁参赞大臣升泰与前任伊犁将军金顺、前任塔尔巴哈台参赞大臣锡纶等，一同商议后，将塔尔巴哈台所属的巴尔鲁克山，借给俄属哈萨克人居住、游牧；定期十年，期满后俄属哈萨克回俄国，巴尔鲁克山交还中国管理②。1883 年，《塔尔巴哈台西南界约》的第四条对此作了相应的规定，照其规定，1893 年是十年期满之年③。1891 年，塔尔巴哈台参赞额尔庆额在十年期限将至之际，上奏请饬总理衙门知照

---

① 关于松花江行船问题，迟到 1910 年，中俄两国根据中俄《改订条约》第十八条的规定，签订了《松花江行船章程》。

② 《塔尔巴哈台参赞额尔庆额奏俄人借巴尔鲁克山年限将满请知照俄使迁移俄属哈萨折》，光绪十七年四月初三日，王彦威、王亮辑编，李育民等点校整理：《清季外交史料》第 4 册，第 1739 页。

③ 中俄《塔尔巴哈台西南界约》，光绪九年九月初三日，王铁崖编：《中外旧约章汇编》第 1 册，第 449—450 页。

俄国驻华公使，转饬俄国驻塔城领事，将俄国所属哈萨克在期限到来前迁回俄国①。于是，总理衙门函告驻俄公使许景澄，照会俄国外交部。在许景澄的多次催询之下，俄国外交部答复电令驻华公使商议。1892 年，俄国驻华公使喀希尼照会总理衙门，请再借十年；作为交换，俄国准许伊犁、塔尔巴哈台的中国人，可以在七河、斜米两省自行取盐，并准该处华人，由察罕鄂博自由出入。总理衙门认为这是俄国有意延缓，"以遂其久假不归之计"；所以，总理衙门根据条约驳斥，"迭次催令如限归地"。随后，俄国外交部向中方提出，请饬塔城官员与俄国领事商议。总理衙门表示同意。于是，伊犁将军、塔尔巴哈台参赞大臣派员与俄国领事进行了商议，经过再三争辩，俄方才"允照约迁让"。然而，俄国在迁人后，领事柏勒满又将已迁哈萨克放回山内；而且，俄方又因还有一千多户哈萨克无地安插，再次提出借地。办理交涉事务的道员英林与俄国领事商定借用山外无关险要之地，三年后还给中国；期满不迁，照"人随地归之约"办理。至于放回山中的哈萨克，随地归中国管辖。随后，俄方又提出借用十年，遭到中方的反对；俄方于是提出，仅借三年，可不必借。这样借地三年之事就此终止。于是，中国将全山收回②。

1893 年 10 月 12 日，中俄签订《收回巴尔鲁克山文约》，就收还借地、查明边界鄂博、补修损坏的三处鄂博作了简要的规定。1894 年 1 月 1 日，中俄签订《收山未尽事宜续立文约》，规定迁走后复回山中的哈萨克人根据"人随地归"原则，归属中国；并对其与俄属哈萨克之间的互欠账债、偷窃牲畜等的处理作了规定③。

以上均是因中俄《改订条约》的实施而陆续产生的有关西北的边界条约。就东北边界而言，中俄之间也多有边界问题发生。如中国的珲春与俄国交界地方就存在"界限不清"的问题。这一问题的产生与中俄《勘分东界约

---

① 《塔尔巴哈台参赞额尔庆额奏俄人借巴尔鲁克山年限将满请知照俄使迁移俄属哈萨折》，光绪十七年四月初三日，王彦威、王亮辑编，李育民等点校整理：《清季外交史料》第 4 册，第 1739 页。

② 《总署奏俄人归还巴尔鲁克山借地办理情形折 附收回巴尔鲁克山文约及管辖哈萨克条款》，光绪十九年十二月十一日，王彦威、王亮辑编，李育民等点校整理：《清季外交史料》第 4 册，第 1803—1804 页。

③ 中俄《收山未尽事宜续立文约》，光绪十九年十一月二十五日，王铁崖编：《中外旧约章汇编》第 1 册，第 573—574 页。

记》及其执行有关，所谓 1861 年两国"所换地图红线有简略不甚详细之处"。而且，这还与后来边界木界牌的毁失有关。伊克唐阿就任珲春副都统后，查阅边界时发现"自珲春河源至图们江口，五百余里，竟无界牌一个。黑顶子、濑江一带，久被俄人侵占"。于是，伊克唐阿与吴大澂多次照会俄国边界官员，要求归还所占中国土地；"并迭次面商，据约切论"。然而，俄国官员却"一味支吾延宕"，甚至在黑顶子添设卡兵，"接通电线，有久假不归之意"。随后吉林将军希元专门派员约俄方会勘边界，因受俄人阻挠而未能成功①。

　　1886 年，清政府派吴大澂、伊克唐阿与俄国所派勘界大员巴拉诺伏等勘分珲春界务。在商议界务的过程中，吴大澂、伊克唐阿"首重补立土字牌交界处，次则归还黑顶子要隘之地"。此外，吴大澂等还就补立界牌、改立木界牌为石牌等与俄方进行了商议。不过，在补立土字界牌问题上，中俄双方持不同意见。5 月 25 日，双方会谈时，俄方认为 1861 年"成琦所换之地图上界线尽处，即咸丰十一年原立土字界牌之所"。中方对此有不同看法，认为"咸丰十一年所立土字界牌之地，并非照"准条约"、记文二十里之说"。对于中方提出照约更正沙草峰原立的土字界牌，俄方则不以为然。5 月 29 日，在复议界务时，双方又在土字界牌问题上发生争论，最终双方同意"于沙草峰南，越岭而下，至平冈尽处，竖立土字牌。以江道计之，照旧图展拓十八里，径直里数不过十四里"。"陆路直量，为中国里二十七里，俄国里十三里半。"② 在交涉过程中，中方还提出了以图们江口作为中俄两国的"公共海口"，但是巴拉诺伏不敢决定③。6 月 7 日，中俄双方在会议界务时，就补立土字界牌，增设啦字、萨字、玛字界牌，中方收回黑顶子地方达成一致。然而，双方在那字界牌问题上产生了争论。巴拉诺伏认为"那字界牌非当时所立，系廓米萨尔马秋宁与宁古塔副都统双福补立之牌，其时并无地图、条

---

　　① 《中俄勘界大臣吴大澂等奏中俄划界经过情形折　附珲春界约及道路记界牌记九件》，光绪十二年六月二十三日，王彦威、王亮辑编，李育民等点校整理：《清季外交史料》第 3 册，第 1386—1387 页。

　　② 《中俄勘界大臣吴大澂等奏中俄划界经过情形折　附珲春界约及道路记界牌记九件》，光绪十二年六月二十三日，王彦威、王亮辑编，李育民等点校整理：《清季外交史料》第 3 册，第 1387 页；另见李军整理：《吴大澂日记》，中华书局，2020 年，第 328—330 页。

　　③ 李军整理：《吴大澂日记》，第 330、331 页。

约可查，约略设立，致有错误，与旧图不符"。所以，他提出"应照原图，将那字界牌移立于横山会处，由那字牌画一直线，与倭字牌南北相对，方是照约办理"。对此，吴大澂反驳道："此次奉命会勘边界，已设之牌自应补立，未立之牌亦可添设，旧有之牌不可稍移。"并且，他指出那字界牌是"两国派员监立之牌，并非中国官员私立之牌"，因此不能答应巴拉诺伏提出的西挪那字界牌的提议①。随后，吴大澂、伊克唐阿与巴拉诺伏签订《珲春东界约》。该约规定重立土字石牌，补立拉字、萨字、玛字石牌，更换木牌为石牌，中国收回黑顶子。第四条还规定"由土字界牌至图们江口三十里，与朝鲜连界之江面海口，中国有船只出入，应与俄国商议，不得拦阻"②。但是，这一条要经过俄国外交部同意才能生效，此条后为俄国所同意，从而保证了中国的图们江出海口权。而且，吴大澂在勘界的过程中，形成了相应的查勘两国交界的道路记、界牌记，修补了界牌，维护了领土主权。

除边界条约外，中俄之间因为电报电线的问题，还签订了两个关于边界陆路电线连接的条约，即 1889 年 10 月 2 日签订的《电报接线草约》、1892 年 8 月 25 日签订的《边界陆路电线相接条约》。如《电报接线草约》规定："中、俄两国电报局应各自造线至边界为止，各自修理经管，彼此不得逾越"③。

二、　中英边界条约

19 世纪 80 年代，英国进一步加大了对中国西南边疆的侵略。一方面，英国以印度为基地向北发展，相继侵略并控制了廓尔喀、哲孟雄（即锡金）、布鲁克巴（即不丹），进而向西藏渗透。另一方面，英国在完全占据缅甸后，缅甸与云南之间由此发生边界和商务上的关系。因此，19 世纪八九十年代，中国与英国产生了多个与西南边疆地区相关的边界条约，主要包括以下两个方面。

一是藏印边界条约。包括《藏印条约》和《藏印条款》。

① 李军整理：《吴大澂日记》，第 331—332 页。
② 中俄《珲春东界约》，光绪十二年九月十五日，王铁崖编：《中外旧约章汇编》第 1 册，第 489—490 页。
③ 中俄《电报接线草约》，光绪十五年九月初八日，王铁崖编：《中外旧约章汇编》第 1 册，第 546 页。

《烟台条约》签订后，英国即提出进藏游历的要求，由于西藏民众的反对，难以成行。1885 年，英国印度部在致总理衙门的节略中，提出了西藏通商的要求①。

1887 年，西藏为阻止英人入藏，派兵进驻隆吐山。然而，英国驻华公使却认为西藏的这一举动是越界驻兵。总理衙门为此致电驻藏大臣文硕迅速撤兵②。文硕以及西藏地方则认为隆吐山在边界热纳宗以内，并非越界驻兵。然而，清廷却认为隆吐山在哲孟雄境内，"况英国正议边界通商，而藏众反设卡禁绝通商之路，是显与定约背驰"③。1888 年 1 月 5 日，总理衙门致电文硕，明确指出："英国边界通商，乃允停止入藏。中国因该处向有私出交易，正可藉此开导通商，始与定约。今反在边隘设卡，并向来贸易亦行禁止，是显然违旨背约，不关界内界外尺寸之地也。"总理衙门要求文硕遵照前发谕旨，劝谕西藏民众撤卡④。四川总督刘秉璋也在给文硕的咨文中称："现在事机紧迫，隆吐山之卡，无论在藏界之外，抑在藏界之内，既为哲孟雄属境，即可藉此撤回。"⑤ 然而，文硕与西藏地方却坚持在界内设卡，不愿撤兵。清政府为避免中英冲突，决定将文硕撤回，先后派升泰、长庚入藏办理相关事务。然而，英军因藏兵不撤隆吐山之卡，发起了对隆吐山的进攻。西藏僧民奋起抵抗，遭到失败。清政府一味妥协，查明隆吐山属哲孟雄界内，在藏、哲边界之外，劝谕藏兵撤离⑥。

升泰入藏后，除办理撤兵事宜外，还受清政府派遣前往纳东，与英国代表保尔进行交涉。清政府还派税务司赫政帮办英藏交涉。中英双方在交涉开始后，升泰拟出条款，与保尔进行了会商。随后"因哲孟雄部长每年呈送达

---

① 《英国印度部致总署陈说西藏通商节略》，光绪十一年九月十一日，王彦威、王亮辑编，李育民等点校整理：《清季外交史料》第 3 册，第 1242—1243 页。

② 《总署致李鸿章请转咨驻藏大臣速撤越界驻兵电》，光绪十三年十月十一日，王彦威、王亮辑编，李育民等点校整理：《清季外交史料》第 4 册，第 1530 页。

③ 《川督刘秉璋致总署隆吐在日纳之内并非印界电　附旨》，光绪十三年十一月初八日，王彦威、王亮辑编，李育民等点校整理：《清季外交史料》第 4 册，第 1539 页。

④ 《总署致文硕边隘设卡违旨背约应谕番民撤卡电》，光绪十三年十一月二十二日，王彦威、王亮辑编，李育民等点校整理：《清季外交史料》第 4 册，第 1541 页。

⑤ 《驻藏大臣文硕奏藏番驻兵情形并陈商上申复各情折　附上谕》，光绪十四年正月三十日，王彦威、王亮辑编，李育民等点校整理：《清季外交史料》第 4 册，第 1554 页。

⑥ 关于隆吐山的归属以及清政府内部的不同看法，可参见吕昭义、陶亮：《1890 年〈中英会议藏印条约〉谈判中的中锡边界交涉》，《中国边疆史地研究》2020 年第 2 期。

赖喇嘛礼物，及游牧通商各节，彼此意见参差，争持不决，遂将停议"①。这种分歧在 1889 年赫政与英方商议五款内容时表现得十分明显。1889 年 7 月 2 日，赫政向升泰提出了近来商议的五款。升泰将之电致总理衙门，具体内容是：1. 西藏与哲孟雄以咱利山顶分界，西藏不干预哲孟雄，"哲界即印界"。2. 锡金应照旧送西藏禀礼，但锡金归英保护。"如能照议，其禀礼并非表贡款式"。3. 锡金归英国保护，西藏停止每年给锡金大麦、饭盐，并撤回春丕等地的庄房。4. 英国保证印兵不越过西藏、锡金紧连的边界。5. 通商口岸设在亚东②。总理衙门同意上述五款意见，电告升泰"即与妥筹商定，从速了结"③。然而，赫政在 7 月 26 日带着五条办法与英国代表进行商议时，英国代表并不满意，甚至要停止交涉，就此了结④。

因此，如何处理哲孟雄成为中英交涉的重要问题。总理衙门认为哲孟雄虽然是西藏藩属，但是 1861 年以后即"附于英，藏中从未过问"。此时，"若不就此明定界限，恐彼此无所遵守，洋人或有窥伺藏地之心，转成不了之局"。所以，总理衙门除将升泰原拟办法进行修改，形成四条意见，告知赫政、升泰与英方继续商议外，又会晤英国驻华公使华尔身，请其电报英国外交部，以图早结。随后，华尔身收到英国外交部和印度的电报，认为总理衙门所拟四条办法较之前妥当，可以商办⑤。其四条办法是：1. 以分水流之咱利山顶为界，界外仍照旧游牧；2. 哲孟雄由英国保护，西藏地方不过问。3. 中英两国之兵各不犯界。4. 通商一事随后另议。而且，总理衙门的意见是中英必须就藏印问题明定条约，并告知升泰要以此四条定约。总理衙门指示升泰，四条办法均有依据，可以办理，至于送礼停粮各小节，英印如不

　　① 《总署奏印藏撤兵定界酌议条约请派员画押折　附条约》，光绪十六年正月初九日，王彦威、王亮辑编，李育民等点校整理：《清季外交史料》第 4 册，第 1692 页。
　　② 《1889 年 7 月 9 日仁进岗来电第二十七号》，中国近代经济史资料丛刊编辑委员会主编：《中国海关与缅藏问题》，第 106 页。
　　③ 《总署致升泰哲藏分界五款妥协从速了结电》，光绪十五年六月十八日，王彦威、王亮辑编，李育民等点校整理：《清季外交史料》第 4 册，第 1683 页。
　　④ 《1889 年 9 月 13 日北京去电第五十二号》，中国近代经济史资料丛刊编辑委员会主编：《中国海关与缅藏问题》，第 116 页。
　　⑤ 《总署奏印藏撤兵定界酌议条约请派员画押折　附条约》，光绪十六年正月初九日，王彦威、王亮辑编，李育民等点校整理：《清季外交史料》第 4 册，第 1692 页。

允，也无关轻重，此事应乘机择要迅速了结，切勿因小失大。"希即饬赫政与印官照商，如有成议"，应约印官画押①。

1889 年 12 月 12 日，印度方面提出了四条要求，以之作为印度政府同意保尔与中国驻藏大臣、赫政重开谈判的条件②。总理衙门对此表示可以接受③。在此基础上，赫政于 1890 年 12 月 30 日，将条约引言和六款草稿提交印度政府，印方对之基本接受，但略有修改④。随后，印度政府在六条基础上，又提出增加两条（即第七、八条）意见⑤。

1890 年 3 月 17 日，升泰与印度总督兰士丹签订《藏印条约》。该约第一款对西藏和哲孟雄的边界作了划分。第二款规定哲孟雄"由英国一国保护督理"，其内政、外交"均应专由英国一国径办"，哲孟雄的部长和官员等"除由英国经理准行之事外，概不得与无论何国交涉来往"。第三款规定中英两国遵守第一款确定的边界，"并使两边各无犯越之事"。第四款规定藏哲通商以后再议订。第五款规定哲孟雄界内游牧在查明情形后再商议订。第六款规定印藏官员因公交涉文移往来办法，以后再商另订。第七、八款规定了随后议订三款的会商、条约的互换⑥。因此，《藏印条约》解决了西藏与哲孟雄的关系问题，明确了英国对哲孟雄的控制。至于藏印之间的通商、交涉、游牧三款，中英双方还要做进一步的商议。

根据《藏印条约》第七款的规定，条约互换后，要在六个月内，中国驻藏大臣和英国印度总督派员，将条约第四至六条所规定的通商、交涉、游牧事宜进行商议。1891 年初，升泰派黄绍箕、张舫、赫政，兰士丹派保尔，在大吉岭就印藏通商等问题进行交涉。从 1891 年初到 1893 年底，中英双方所

① 《1889 年 9 月 13 日北京去电第五十二号》，中国近代经济史资料丛刊编辑委员会主编：《中国海关与缅藏问题》，第 116 页。

② 《1889 年 12 月 13 日大吉岭来电第五十三号》，中国近代经济史资料丛刊编辑委员会主编：《中国海关与缅藏问题》，第 125—126 页。

③ 《1889 年 12 月 21 日北京去电第七十号》，中国近代经济史资料丛刊编辑委员会主编：《中国海关与缅藏问题》，第 127—128 页。

④ 《1890 年 1 月 17 日大吉岭来电第六十四号》，中国近代经济史资料丛刊编辑委员会主编：《中国海关与缅藏问题》，第 131—132 页。

⑤ 《1890 年 1 月 20 日大吉岭来电第六十六号》，中国近代经济史资料丛刊编辑委员会主编：《中国海关与缅藏问题》，第 132 页。

⑥ 《总署奏印藏撤兵定界酌议条约请派员画押折　附条约》，光绪十六年正月初九日，王彦威、王亮辑编，李育民等点校整理：《清季外交史料》第 4 册，第 1693 页。

派人员进行了长达近三年的交涉。其中赫政发挥了重要作用。1892 年 9 月 24 日，升泰病逝后，清政府又派驻藏帮办大臣奎焕前往办理交涉。清政府在同英国谈判的过程中，不仅要考虑整体国家利益，而且要考虑西藏地方当局的态度。1891 年 7 月 23 日，总理衙门大臣在与赫德长谈时，表达了对待谈判的立场，即"凡西藏能够答应的，中国无不答应。中国方面已经劝令西藏息兵停战，如此刻再以须牵涉内政的条件，强使藏方接受，或将激起藏人的仇洋心理，甚非得策。因此如藏方反对自由贸易及自由旅行，中国自不便强其接受"①。可见，西藏地方的态度也是中国反对英国要求的重要理由。不过，一味坚持以此为理由会引起英方的反对。因此，清政府在考虑西藏地方的态度时，也会对之作出劝导。1892 年，西藏地方当局对赫政商定的条款表达意见后，升泰进行开导，促使其接受某些条款②。此外，在涉及国家利益的重要问题上，清政府采取了较为坚决的抵制态度。

交涉之初，中英提出了各自拟定的办法。在交涉过程中，双方围绕藏印通商、文移往来、游牧三个问题展开交涉。总体而论，双方交涉人员在文移往来、游牧的争执相对较少；在藏印通商问题上多有争执，涉及开放口岸、置地建房、印茶入藏等方面。

在开放口岸问题上，中方答应开放亚东为通商口岸；英方提出要开放帕里，甚至提出开放江孜。英方的要求遭到中国的坚决反对。而且，对于英国提出的英商在通商口岸购地建屋，西藏地方也表示反对。在商品免税问题上，英方声称是参考 1881 年中俄《改订条约》和中俄《改订陆路通商章程》的规定而提出的③。由于中外条约中既有先例，清政府不便对此加以反对。

到 1892 年初，据赫政向北京的报告，中英在开放亚东问题上达成一致，五年内货物免税，文移往来、游牧等问题已可以解决。但是，中方对于英国

---

① 《1891 年 7 月 23 日北京去电第一三八号》，中国近代经济史资料丛刊编辑委员会主编：《中国海关与缅藏问题》，第 149 页。

② 《驻藏大臣升泰奏印度拟约开导藏番只续款末条尚未遵依折》，光绪十八年六月十三日，王彦威、王亮辑编，李育民等点校整理：《清季外交史料》第 4 册，第 1757—1758 页。

③ 《1891 年 7 月 7 日大吉岭来电第一一七号》，中国近代经济史资料丛刊编辑委员会主编：《中国海关与缅藏问题》，第 148 页。

人置地建屋仍持反对意见①。1892 年 6 月，由于中方的坚持，英方只好同意放弃英商购地建屋的要求②。于是，中英双方议定办法九款、续议二条。然而，商上对中英已达成的办法尚有异议，即对茶、盐入藏和英商入藏的要求表示反对。

商上提出西藏盐、茶进入哲孟雄，而禁止印度茶、盐进入西藏③。对于这一要求，英国关注的是印茶入藏，这也是英国迫切想实现的目标。至于外国盐运入中国，这是清政府历来反对的，较易解决。

因此，在中英各项争端解决之际，印茶入藏成为双方争执的重要问题之一。1892 年 7 月 8 日，总理衙门致电升泰，指出赫政来电称，"所议亚东各节，意渐相合，惟茶、盐未定。印度以禁茶入藏碍难载入条约，拟约内不提，但由商上自禁藏民购买"，询问升泰："此议是否可从，有无妨碍，商上能否自禁？"④ 7 月 16 日，升泰复电总理衙门，"印茶入藏一节，已经赫政将窒碍情形转达，印度现拟于第三款盐下酒上添一茶字，列在禁物之内，如能照此即可定议"⑤。

然而，英国方面并不接受将印茶列入禁止进口物品的提议。不过，印茶入藏必然会严重影响川茶在西藏的销售，进而会对税源、民众生计等产生影响。因此，中国反对印茶入藏，"宁可将谈判永久拖下去，而不肯允许印茶入藏竞争"⑥。当然，清政府的这种态度与国际市场上印茶对华茶的冲击也有一定的关联。到 1893 年初，中英双方仍未能就此达成一致⑦。

在交涉印茶入藏的同时，清政府还就西藏地方反对英商入关内的要求进

---

① 《1892 年 3 月 5 日北京去电第一五三号》，中国近代经济史资料丛刊编辑委员会主编：《中国海关与缅藏问题》，第 155 页。

② 《1892 年 6 月 25 日大吉岭来电第一三九号》，中国近代经济史资料丛刊编辑委员会主编：《中国海关与缅藏问题》，第 158 页。

③ 《1892 年 6 月 25 日大吉岭来电第一三九号》，中国近代经济史资料丛刊编辑委员会主编：《中国海关与缅藏问题》，第 158 页。

④ 《1892 年 7 月 8 日北京去电第一六〇号》，中国近代经济史资料丛刊编辑委员会主编：《中国海关与缅藏问题》，第 161 页。

⑤ 《1892 年 7 月 16 日大吉岭来电第一四一号》，中国近代经济史资料丛刊编辑委员会主编：《中国海关与缅藏问题》，第 161 页。

⑥ 《1892 年 9 月 1 日北京去电第一六七号》，中国近代经济史资料丛刊编辑委员会主编：《中国海关与缅藏问题》，第 164 页。

⑦ 中国近代经济史资料丛刊编辑委员会主编：《中国海关与缅藏问题》，中华书局，1983 年，第 171 页。

行了交涉。当时，商上曾提出在条约内加入"英商抵关贸易，不得擅入关内"的要求①。1892 年 11 月，总理衙门为安抚西藏地方，提出在议定的第一款"任听英国诸色商民前往贸易"之下增加"至关而止"四字，或者是在议定的第二款"英商在亚东贸易自交界至亚东"之后增加"而止"二字②。1892 年 11 月 6 日，赫德致电赫政，建议在第二款的"亚东"二字之后加"而止"二字。当时，赫政复电赫德称：章程草案的中文本尚未交给英方，所以他照赫德的建议，直接在"亚东"之后增加了"而止"两字。而且，他认为没有必要为此事与英方进行交涉。总理衙门当时无意改动商妥的章程底稿，"但以为加进几个字无损约文原义而可以消除藏人的反对"，所以要求在英文本上相应地增加"as terminus"③。然而，赫政认为在印茶问题尚未解决之际，更动已经商妥的条款会影响印茶问题的解决。1892 年 11 月 27 日，赫德致电赫政，"如茶叶事能顺利解决，修改第二款英文约文事即可不必再提，但可将'而止'两字加于中文约文内"④。显然清政府企图在限制以后的通商与禁止印茶入藏上实现交换。最终英国只是同意在中文本第二条上增加"而止"二字，但是英文本却没有相应变更⑤。

然而，英国在茶叶一事上不愿意让步。总理衙门提议在第四款内加"至于印茶一项，现议俟五年限满酌定税则以后方可入藏销售"⑥。英方对此并不满意。1893 年 3 月 29 日，赫德电告赫政，将第四款中增加茶叶的一句改为"至印茶一项，现议开办时不即运藏贸易，俟百货免税五年限满方可入藏销售，应纳之税可由两国政府事先商定"。印方对此仍然表示反对，希望将茶

① 《1892 年 9 月 25 日大吉岭来电第一四五号》，中国近代经济史资料丛刊编辑委员会主编：《中国海关与缅藏问题》，第 165 页。

② 《1892 年 11 月 6 日北京去电第一七七号》，中国近代经济史资料丛刊编辑委员会主编：《中国海关与缅藏问题》，第 168—169 页。

③ 《1892 年 11 月 12 日北京去电第一八〇号》，中国近代经济史资料丛刊编辑委员会主编：《中国海关与缅藏问题》，第 169 页。

④ 《1892 年 11 月 27 日北京去电第一八二号》，中国近代经济史资料丛刊编辑委员会主编：《中国海关与缅藏问题》，第 170 页。

⑤ Edward Hertslet, *Treaties, & C., between Great Britain and China*, London: Harrison and Sons, 1896, p. 95.

⑥ 《1893 年 3 月 14 日北京去电第一九〇号》，中国近代经济史资料丛刊编辑委员会主编：《中国海关与缅藏问题》，第 173 页。

叶纳入一般免税进口货物中①。总理衙门反对印方的要求，于是将加入文字改为"至印茶一项，现议开办时不即运藏贸易，俟百货免税五年限满，方可入藏销售，应纳之税与华商输英应纳之税即每担税银十两相等"。总理衙门担心印度对此仍不满意，电告赫政：如果印度不同意前述办法，总理衙门同意在每担茶叶的进口税增至每担 20 两的前提下允许印茶入藏；如果再不同意，那么中方只有立即退出谈判②。不过，印度对于总理衙门的前次意见表示可以接受，只是将加入文字作了修改，即"至印茶一项，现议开办时不即运藏贸易，俟百货免税五年限满，方可入藏销售，应纳之税，不得过华茶入英纳税之数"③。这样，中英双方在争执之余，不得不从自身的处境和利益考虑而做出让步④。1893 年底，双方在相关问题上达成妥协；12 月 5 日，中英《藏印条款》签订。

二是滇缅边界条约。除藏印边界条约外，中国还与英国就滇缅界务和商务问题，签订有《续议滇缅界、商务条款》。

1886 年，英国侵占缅甸后，中英就缅甸问题进行交涉，最终达成《缅甸条款》。对于中缅边界的勘定和边界通商，该约第三款只是规定中英派员勘定，边界通商另立专章。然而，《缅甸条款》签订后，英国并没有即时与中国就以上二事进行商议。这固然与缅甸反抗英国、英国起初对缅甸的控制不稳有一定的关联。然而，五年过去，英国对此二事不加催问。中国"亦暂置不理"。1891 年，出使英、法、意、比公使薛福成出于对英国近期行动的关注，以及对中国边疆利益的考虑，认为中国应当即时筹备滇缅边界分界和通商事宜。他奏请饬下云贵总督派员调查边界情形，以备勘界所用；"并请皇上敕下，严行催问英国外部，以勘界定期与分界办法，一面

---

① 《1893 年 3 月 29 日北京去电第一九三号》《1893 年 4 月 1 日加尔各答来电第一六二号》，中国近代经济史资料丛刊编辑委员会主编：《中国海关与缅藏问题》，第 174 页。

② 《1893 年 4 月 8 日北京去电第一九四号》《1893 年 4 月 12 日北京去电第一九五号》，中国近代经济史资料丛刊编辑委员会主编：《中国海关与缅藏问题》，第 174—175 页。

③ 《1893 年 5 月 27 日大吉岭来电第一六四号》，中国近代经济史资料丛刊编辑委员会主编：《中国海关与缅藏问题》，第 175 页。

④ 《编者附录》，中国近代经济史资料丛刊编辑委员会主编：《中国海关与缅藏问题》，第 177 页。

即可相机辩论"①。1892 年初，驻德随员姚文栋销差回国，薛福成札委他查看印度、缅甸各埠华商情形，并密探云南边外与缅甸交界地势②。姚文栋对滇缅边界进行了调查，并将相关情况向云贵总督王文韶、薛福成以及总理衙门做了报告。

1892 年，清政府开始着手办理滇缅边界交涉。除总理衙门与英国驻华公使进行交涉外，薛福成也奉命在英国进行交涉。薛福成在交涉之初，注意到曾纪泽 1885 年与英国交涉，英国虽然没有同意缅甸"立君存祀"，但是在拓展边界和商务方面"有允曾纪泽三端之说"。然而，当时曾纪泽并没有将此确定下来，仅是与英国外交部"互书节略存卷"。随后，曾纪泽卸任回国，1886 年《缅甸条款》签订时，英国署理驻华公使欧格纳"又以三端尚非定局，遂未列入约中"。薛福成多次派曾参与界务、商务交涉的参赞马格里，向英国外交部重申前说。英国外交部对此坚决不予承认，声称"西洋公法，议在立约之后，不可不遵，议在立约以前，不能共守"。而且，英国在起初占据缅甸时答应曾纪泽，是担心缅甸反抗，又担心中国"隐为掣肘"，所以采取了一种策略性的办法。英国完全掌握缅甸后，又有中英条约为依据，当然不会承认此前答应曾纪泽的三端之说③。

在这种情况下，薛福成与英国外交部交涉，劝止英兵"窥逼近界"。与此同时，他从不在缅甸辖境的野人山入手，认为野人山"若照万国公法，应由中英两国均分其地"。薛福成照会英国外交部，提出以大金沙江为界，江东之地归属中国云南。他明知英国绝对不会放弃，但是"必须借此一着，方可力争上游，振起全局"。在英国外交部"坚拒不应"的情况下，薛福成坚持不懈，结果英国外交部"所稍依允者"，印度部又出面阻挠；印度部"所稍松劲者"，印度总督又"出而梗之"。随后，总理衙门又向英国驻华公使欧格纳就此进行交涉。中国内外一致，坚持划江为界。然而，英国外交部坚持

---

① 《使英薛福成奏滇缅分界通商应预为筹备折》，光绪十七年四月十五日，王彦威、王亮辑编，李育民等点校整理：《清季外交史料》第 4 册，第 1740—1741 页。

② 蔡少卿整理：《薛福成日记》下，光绪十八年十一月初五日，第 768 页；另参见马玉华主编：《中国边疆研究文库·初编·西南边疆卷四》，黑龙江教育出版社，2013 年，第 55 页。

③ 《使英薛福成奏遵旨与英外部商办滇缅界线滇境西南两面均有展拓折》，光绪十九年九月二十六日，王彦威、王亮辑编，李育民等点校整理：《清季外交史料》第 4 册，第 1797—1798 页。

不肯让步，"甫稍就我范围，然犹迭次翻腾，屡易其说"。中英在野人山划界问题上争执不下。英国重视野人山，不愿让出，"于是有就滇境东南让我稍展边界之说"。英国外交部同意将孟卯土司旧地的科干让给中国；"猛卯土司边外，包括汉龙关在内，作一直线，东抵潞江麻栗坝之对岸止"，均划给中国；车里、孟连两土司让给中国；"滇西老界与野人山地毗连之处，亦允我酌量展出"；穆雷江北英军所驻的昔马让给中国；穆雷江以南、阮阳江以东一地（属野人山地），也可稍让给中国。其他边界均照云南原界划分。1893年5月8日，英国外交部以照会的形式将此告知薛福成。薛福成认为可以接受①。他随即向总理衙门做了报告，认为"似此收场，虽变换曾侯前议，尚足与三端相絜。明知荒地无益，必稍有所展，一杜各国轻视，二窒印度狡谋，三护滇边土司，四免彼勘界时侵入滇境"②。对于议定的边界，总理衙门、云贵总督均认为其对于旧界有益无损。于是，滇缅边界划分基本确定。随后，薛福成又就腾越八关界址进行了交涉，将汉龙关、天马关争回。薛福成在奏陈滇缅分界交涉办理情形时，除言及以上四个好处外，还指出了第五个好处，即"援用公法，稍获明效"③。

界务划分完成后，薛福成着手同英方就滇缅通商进行交涉，以曾纪泽原议两条为纲领，即大金沙江行船和八幕立埠设关④。在薛福成看来，商务交涉较界务交涉容易，原因是"前论分界，索彼已得之地，故难。今议通商，歆以可获之利，故易"⑤。而且，"商务本不似界务繁重，且已先将大意议明，无甚争论"。他乐观预计商务交涉可克期办理完成⑥。不过，中英滇缅商务交涉仍然不顺利。英国外交部认为曾纪泽原议两条，"停议既久，坚不承认"。薛福成考虑到大金沙江行船可使云南有通海便捷通道，所以他设法与英国外

---

① 《使英薛福成奏遵旨与英外部商办滇缅界线滇境西南两面均有展拓折》，光绪十九年九月二十六日，王彦威、王亮辑编，李育民等点校整理：《清季外交史料》第4册，第1798—1799页。

② 蔡少卿整理：《薛福成日记》下，光绪十九年三月廿六日，第801页。

③ 《使英薛福成奏遵旨与英外部商办滇缅界线滇境西南两面均有展拓折》，光绪十九年九月二十六日，王彦威、王亮辑编，李育民等点校整理：《清季外交史料》第4册，第1799页。

④ 《使英薛福成奏与英议定滇缅界务商务条约折　附条款》，光绪二十年三月二十一日，王彦威、王亮辑编，李育民等点校整理：《清季外交史料》第4册，第1820页。

⑤ 蔡少卿整理：《薛福成日记》下，光绪十九年三月廿六日，第801页。

⑥ 《使英薛福成奏遵旨与英外部商办滇缅界线滇境西南两面均有展拓折》，光绪十九年九月二十六日，王彦威、王亮辑编，李育民等点校整理：《清季外交史料》第4册，第1799页。

交部磋磨。英国外交部担心别的国家"援照为辞",所以"始终支宕"。于是,薛福成提出在条约中另立一条,"声明此系滇缅交涉之事,他国不得援例"。这样,英国外交部勉强答应了大金沙江行船的要求。至于八幕设关,英国外交部也表示反对。薛福成再三交涉,"告以立约试办",英国外交部勉强接受了这一要求①。至此,双方在"磋磨八幕设关及大金沙江行船二事,稽延半年,均已就范"②。然而,就在条约刚刚订定之际,印度总督忽然表示反对,"仍坚持初议",不允许在八幕设关,"意在乘机要挟,责报过奢"③。而且,印度总督"跋扈",英国外交部对之没有控制之权④。同时,考虑到八幕设关前途的不可预见,薛福成同意"删去八幕设关,以杜狡谋"⑤;相应地,薛福成指责英国外交部因为没有自主之权而删去八幕设关。而且,他又将条约中的英国人所得权利作了删减,如不准许缅盐进入云南,"英关暂不征收货税,领事仅设一员,并限制其驻扎之地,商货仅由二路,并化去其开埠之名"⑥。由于英方是在议定后翻悔,因此薛福成的修改也没有引发争论。于是,中英之间在滇缅商务谈判上达成妥协。

1894年2月13日,薛福成将滇缅界务与商务条约二十条的内容摘取要点电呈总理衙门。他认为该约在界务上"西、南两面均有展拓,收回车里、孟边两土司全权,铁壁、天马等关,昔马、汉董等要地";在商务上,"惟大金沙江行船,系我所得格外权利,其余多仍约章通例,而我获益稍多。惟八幕设关,为印督所阻,亦已将给彼权利稍稍撤去"。由于印度总督对英国外交部让地较多,"至今耿耿,又恨未能在滇多设领事,力图宕缓此约,则界址未定,门户洞开,彼可相机占进,再改条约",所以,为了避免发生变端,

---

① 《使英薛福成奏与英议定滇缅界务商务条约折 附条款》,光绪二十年三月二十一日,王彦威、王亮辑编,李育民等点校整理:《清季外交史料》第4册,第1820页。

② 《直督李鸿章致总署薛使电称滇缅条约请速画押电》,光绪二十年正月初八日,王彦威、王亮辑编,李育民等点校整理:《清季外交史料》第4册,第1808页。

③ 《使英薛福成奏与英议定滇缅界务商务条约折 附条款》,光绪二十年三月二十一日,王彦威、王亮辑编,李育民等点校整理:《清季外交史料》第4册,第1820页。

④ 《直督李鸿章致总署薛使电称滇缅条约请速画押电》,光绪二十年正月初八日,王彦威、王亮辑编,李育民等点校整理:《清季外交史料》第4册,第1808页。

⑤ 《直督李鸿章致总署薛使电称滇缅条约请速画押电》,光绪二十年正月初八日,王彦威、王亮辑编,李育民等点校整理:《清季外交史料》第4册,第1808页。

⑥ 《使英薛福成奏与英议定滇缅界务商务条约折 附条款》,光绪二十年三月二十一日,王彦威、王亮辑编,李育民等点校整理:《清季外交史料》第4册,第1820页。

薛福成请总理衙门请旨，准许他与英国外交部尽快画押[①]。经清政府同意，薛福成于 1894 年 3 月 1 日，在伦敦签订了《续议滇缅界、商务条款》。至此历时一年多的中英关于滇缅界务和商务谈判终告结束。薛福成在日记中对其交涉过程回顾道：他于 1892 年接总理衙门的电报，与英国外交部"商办滇缅分界通商条约，发轫之初，势甚凿枘。又有印度部掣外部之肘，印度总督又掣外部、印度部之肘。凡关系紧要之件，往往既允复翻，无从得其要领"。他与参赞马格里，"相机理论，刚柔互用，稍稍使就范围"[②]。其交涉之难从中可窥一斑。

《续议滇缅界、商务条款》共有二十条，前七条是关于滇缅划界之事，第八至十九条是关于滇缅边界通商之事。条约之后附载"现订条约既系专办约内首段所言之事而立，约内各款仅可用于条约所指两国所属之地，不能用于别处"[③]。这正是英国为防止他国援例获取利益而专门做出的声明。该约的签订解决了 1886 年《缅甸条款》签订以来悬而未解的滇缅界务和商务问题。中国通过该约虽然获得了某些方面的利益，但是该约却便利了英国对中国西南地区进一步侵略。

一方面，《续议滇缅界、商务条款》并没有将具体的界务问题彻底解决。该约第三条规定第三段边界，即由瑞丽江至萨尔温江的边界，"应照第六条所开，由勘界官划定"，并规定了日后划分边界的方法。第四条规定"今议定北纬二十五度三十五分之北一段边界，俟将来查明该处情形稍详，两国再定界线"[④]。这些都是此后中英需要解决的边界问题，为后续边界问题的产生埋下了伏笔。而且，英国在条约签订后，并不严格遵守，还有违约之举[⑤]。

另一方面，该约中的条款影响了后续相关条约的产生。根据《续议滇缅界、商务条款》第十六条的规定，中英于 1894 年 9 月 6 日签订了《云南缅

---

① 《直督李鸿章致总署薛使电称滇缅条约请速画押电》，光绪二十年正月初八日，王彦威、王亮辑编，李育民等点校整理：《清季外交史料》第 4 册，第 1808—1809 页。

② 蔡少卿整理：《薛福成日记》下，光绪二十年正月廿四日，第 861 页。

③ 中英《续议滇缅界、商务条款》，光绪二十年正月二十四日，王铁崖编：《中外旧约章汇编》第 1 册，第 581 页。

④ 中英《续议滇缅界、商务条款》，光绪二十年正月二十四日，王铁崖编：《中外旧约章汇编》第 1 册，第 576—577 页。

⑤ 马玉华主编：《中国边疆研究文库·初编·西南边疆卷四》，第 85—86、92—93 页。

甸边界陆路电线相接约款》。此外,《续议滇缅界、商务条款》第五条规定将孟连、江洪划归中国,同时规定如果没有经中国皇帝、英国女王预先议定,"中国必不将孟连与江洪之全地或片土让与别国"①。这一规定也成为后来英国对中国外交提出异议的借口。

1895 年,中法《续议界务专条附章》《续议商务专条附章》签订之际,英国驻华公使欧格纳到总理衙门表示极力反对,认为中法《续议界务专条附章》将猛乌、乌得让给法国,违背了中英《续议滇缅界、商务条款》第五款的规定。据法国驻华公使施阿兰的回忆,中法准备签约的当天,英国驻华公使欧格纳比他"先一步赶到总理衙门,用恫吓胁迫的手段极力阻止或拖延条约的画押"。庆亲王奕劻和徐用仪面对英方的要求"显得懦弱无力",先后向欧格纳"表示顺从"②。然而,随后到来的施阿兰却坚持要求订约。总理衙门迫于压力,只好同意与法国订约,对于声称此举违背中英条约的欧格纳,总理衙门只能"告以姑先画押,尚待批准。但猛乌、乌得之地远在思茅之东,久已专属中国,后来兼属缅甸,与中缅条约无干"。欧格纳未能如愿,"一怒而去"。事后,总理衙门电告驻英公使龚照瑗,请英国外交部谅解中国的"不得已之举","如有违言,希与商两全之法"③。而且,总理衙门在此问题上坚持立场,对于英国驻华公使欧格纳,"自当再与辩论"④;同时,总理衙门通过龚照瑗,向英国说明猛乌、乌得实属中国,在中英条约中所说的江洪(即车里)界之外⑤。龚照瑗就此与英国进行了交涉,然未能解决实际问题。随后,英国提出将中国"新得幕北野人山地酌让若干归英"的主张⑥。在这种情况下,清政府不得不让步,同意"八幕左近之红奔河以南尚可酌让数

---

① 中英《续议滇缅界、商务条款》,光绪二十年正月二十四日,王铁崖编:《中外旧约章汇编》第 1 册,第 577—578 页。

② [法] A. 施阿兰著,袁传璋、郑永慧译:《使华记(1893—1897)》,商务印书馆,1989 年,第 67 页。

③ 《总署致李鸿章转龚使告英外部法约画押与中缅条约无干电》,光绪二十一年五月二十八日,王彦威、王亮辑编,李育民等点校整理:《清季外交史料》第 5 册,第 2270 页。

④ 黄加安、萧德浩、杨立冰编:《近代中越关系史资料选编》中册,广西人民出版社,1988 年,第 562 页。

⑤ 《总署致龚照瑗英使馆存缅界图恐不足据电》,光绪二十一年闰五月初七日,王彦威、王亮辑编,李育民等点校整理:《清季外交史料》第 5 册,第 2275 页。

⑥ 《使英龚照瑗致总署英告驻英法使猛乌与法无涉电》,光绪二十一年六月二十一日,王彦威、王亮辑编,李育民等点校整理:《清季外交史料》第 5 册,第 2309 页。

里"①。1897年2月4日，中英签订《续议滇缅条约附款》，昔马、木邦、科干划归英属缅甸，英国永租南坎地区②。

第三节　越南问题与中法边界条约

中法战争前后，法国对越南以及中国边境的侵略是中国边疆危机的重要表现之一。19世纪80年代初，由于法国不断加强对越南北部的侵略，对中国造成了极大的威胁。出于保卫藩属和屏蔽边界的考虑，清政府以"剿匪"为名派出军队驻扎越南北部。1882年起，清政府与法国就越南问题进行谈判时，一直相当重视分界和中越传统关系的维系。中法战争结束后，《中法新约》的签订使中国失去了传统的藩属国越南。

《中法新约》第三款规定：条约画押后六个月内，由中法两国各派官员，亲赴中国与北圻交界处所，会同勘定界限。"倘或于界限难于辨认之处，即于其地设立标记，以明界限之所在。若因立标处所，或因北圻现在之界，稍有改正，以期两国公同有益，如彼此意见不合，应各请示于本国。"第六款规定：条约画押后三个月内，两国派员会议北圻与中国云南、广西、广东各省陆路通商章程，并另定条款，附在条约之后。而且，第六款还就陆路进出口商品的纳税和洋药的进出口作了规定③。因此，《中法新约》签订后，中法围绕着边界和边界贸易进行了谈判，签订了多个界务和边界贸易条约。

一　中越边界通商交涉

就中越边界贸易而言，这是法国发动中法战争的重要目的之一，是"新

---

① 《使英龚照瑗致总署野人山易地事宜早议并已与山侍郎接洽电　二件　附旨》，光绪二十一年七月十七日，王彦威、王亮辑编，李育民等点校整理：《清季外交史料》第5册，第2318页。

② 《总署奏筹议粤省西江通商并重定滇缅边界折　附条约暨专条》，光绪二十三年正月初三日，王彦威、王亮辑编，李育民等点校整理：《清季外交史料》第5册，第2451—2452页。

③ 中法《越南条款》，光绪十一年四月二十七日，王铁崖编：《中外旧约章汇编》第1册，第467、468页。

重商主义精神"的产物①。《中法新约》签订后,法国派戈可当来华商议通商章程,头等领事官卜法德随同襄办。于是,清政府派定李鸿章作为全权大臣,与戈可当在天津商议通商章程事宜。戈可当一开始即提出了一份二十四条的章程。1885 年 12 月 6 日,总理衙门致函李鸿章,就法国公使送来的中法越南通商章程各条提出意见。总理衙门认为该章程"多与原约不符。其所指贸易处所,漫无限制。税则数目,所减过多。运货界限,语多含混。他若开矿、运盐、开厂、造物各条,皆为原约所无,节外生枝,万难允许"。除章程第九、十三、二十一至二十四条外,总理衙门对其他十八条指出了问题所在,提出了修改意见。总理衙门指示李鸿章"商约断不可松","似宜将俄国《陆路通商章程》及各国通行章程一切防弊之法,详细考订,参酌而定"②。

对于中法首次议定陆路通商章程,李鸿章的态度是:既不能稍违《中法新约》,更不能与中法《天津条约》相背,应于"彼此防损取益之处,各有援引"。根据总理衙门的意见,李鸿章督饬津海关道周馥拟出了一份章程,计 18 条,经总理衙门核夺后作为谈判的底本。随后李鸿章与戈可当进行了数次会谈,然而双方意见悬殊,"万难就绪"。于是,李鸿章派周馥、伍廷芳、朱干臣与戈可当所派的卜法德、微席叶,"先行会议大略,其关紧要及所执各异之处,再行面商"。1886 年 1 月 16 日至 2 月 20 日,双方代表进行了多次会谈,将彼此提出的稿本逐条辩论,达成了一个十九条的章程。在此过程中,法国最为关注并且力争实现的是以下几个方面:通商处所不能仅有两处;法国必须向云南、广西省城派驻领事;进出口货物的税收在其他口岸的基础上减半征收;法国可以在滇、粤开矿、制造土货,向中国运销越南食盐③。

在通商处所、派驻领事、开矿、制造、运盐数事上,李鸿章据理力争,

---

① Robert Lee, *France and the Exploitation of China*, *1885—1901*: *A Study in Economic Imperialism*, p. 29.

② 《总署致李鸿章论中法约款函　附草案及约约》,光绪十一年十一月初一日,王彦威、王亮辑编,李育民等点校整理:《清季外交史料》第 3 册,第 1261 页。

③ 《滇粤边界通商议约折》,光绪十二年三月二十二日,顾廷龙、戴逸主编:《李鸿章全集》第 11 册,第370 页。

最终使法国未能达到目的。在陆路进口货物征税问题上，李鸿章提出可以按现行税则减 1/5。戈可当则以俄国《陆路通商章程》为减 1/3 加以反驳，认为减 1/5 对法国来说是厚彼薄此，法国应当同俄国一样减税 1/3。李鸿章又以"北圻与俄国，道途远近悬殊，不能比例"为由反驳。双方辩论数日未能达成协议。后经交涉，李、戈二人达成一致，定出口货征税照税则减 1/3，进口货征税照税则减 1/5，税则中所未载的货物，无论进出口，仍按值百抽五征收①。

与此同时，中方在交涉过程中，就以下几个方面进行了力争，并达到了目的。一是"水陆税关分清界限"，即明确陆路通商减税是专门针对云南、广西而言，不能与其他海关征税相混。所以，章程的第八、九条规定已在边关纳税的货物"复转运通商各海关者，均照海关税则另收正税"。二是鸦片贸易。第十四条载明"洋、土各药，均不准贩运买卖"。三是互交逃犯，第十七条有相关规定。四是优待侨居在越南的中国人，第四、十六条做了规定。五是外国人游历。考虑到土司苗蛮之地，外国人游历会滋生事端，所以"准于请领护照时载明，不能保护。其通商处所，洋人游历在百里以内，向不请照，今改以五十里为限"。六是外国人自用物品的免税。外国人自用物品，"数目无多，方准免税。如入内地，仍照旧章征税"②。1886 年 4 月 25 日，李鸿章与戈可当、卜法德签订《越南边界通商章程》。不过，通商章程议定后，法国议院认为李、戈二人议定的章程"尚须商改数端"，因此不批准互换。当年秋，法国公使恭思当向总理衙门提出修改通商章程的请求，遭到了总理衙门的反对③。

二、　中越边界勘界交涉

《越南边界通商章程》的签订并不顺利。而且，其第一款所规定的两处

---

①《滇粤边界通商议约折》，光绪十二年三月二十二日，顾廷龙、戴逸主编：《李鸿章全集》第 11 册，第 370—371 页。

②《滇粤边界通商议约折》，光绪十二年三月二十二日，顾廷龙、戴逸主编：《李鸿章全集》第 11 册，第 371—372 页。

③《总署奏中法界务商务续经议定折　附界务商务专条及附章各一件　照会上谕各二件》，光绪十三年五月初三日，王彦威、王亮辑编，李育民等点校整理：《清季外交史料》第 4 册，第 1477—1478 页。

边界通商处所也要在勘界完成以后确定。然而，与修订通商章程相比，勘分界务显得更加不顺利。《中法新约》签订后不久，法国驻华公使巴德诺即照会总理衙门，声称法国已派出总理勘定边界事务大臣浦理燮（又译作开理燮）以及勘定边界官六人。总理衙门于是上奏请旨简派大员负责勘界事务，做好准备。同时，总理衙门表明了勘界上的立场，即与法国约明勘定中越边界，"凡我旧疆，固应剖析分明，即约内所云亦应明定"[①]。至于法国在勘分界务上的立场和交涉办法，法来西讷在致函浦理燮时有清楚的表达。法来西讷告诉浦理燮，在不放弃"遵命采取的和解姿态的前提下，不论中国勘界委员会提出什么异议"，均应强调和坚持法国"必需的全部权利"；如果他"认为合理的要求遭到中国委员们的反对"，只要向中方"援引 6 月 9 日条约的条款，让各自的政府直接协商解决双方代表所无法达成一致协议的争执点"，就可以避免争端；他在坚持"合理要求"时，"应该字斟句酌地仔细考虑提出这些要求的措辞，以使政府在最后决定时不受任何牵制和约束，而且为其在进行它所认为合适的让步时留下种种行动的自由"[②]。

清廷谕令周德润、邓承修会同地方督抚勘定边界。在分界问题上，清廷认为"或有谓谅山地势在分水岭之东，本宜划归粤界。此说与新约不甚相符，须费辩论。若于两界之间留出隙地若干里作为瓯脱以免争端，最属相宜"[③]。这种企图划出瓯脱的想法，是基于听说法国因越南人的反抗"议弃北圻"。然而，邓承修等与法国勘界代表接触后，一提此议，即遭到法国的反对，法国外交部还电称"兵力所得，断不轻弃"，"从此瓯脱之说无从再议"[④]。

中法勘界涉及云南、广西、广东，分省进行，但是办理不易。除当地自然条件的影响外，中法勘界代表在相关问题上态度不一和争执也是重要原

① 《总署奏请派员勘定滇越边界折》，光绪十一年七月二十日，王彦威、王亮辑编，李育民等点校整理：《清季外交史料》第 3 册，第 1229 页。

② 《法来西讷致浦理燮函》，1885 年 8 月 15 日，张宁、孙小迎、李燕宁编：《法国档案中的清末中法（中越边界）划界史料选编》下册，社会科学文献出版社，2016 年，第 6—7 页。

③ 《谕周德润邓承修着会同各督抚妥慎分勘越界电》，光绪十一年十月初二日，王彦威、王亮辑编，李育民等点校整理：《清季外交史料》第 3 册，第 1253 页。

④ 《粤督张之洞致总署江平白龙尾确系华地法虽威胁不能放弃请代奏示遵电 三件 附旨二件》，光绪十三年正月十五日，王彦威、王亮辑编，李育民等点校整理：《清季外交史料》第 4 册，第 1451 页。

因。因此，清政府谕令邓承修，"属越界之地，其多寡远近，不必过于争执，总以按约速了"①。1886 年 2 月 7 日，清廷又发电旨给邓承修等人，要求"三省界务，一律按约办理，先勘原界，再商改正"②。至于原界、旧界，清政府指的是中越现界，"并非举历代越地曾入中国版图者一概阑入其内"。所以，邓承修和张之洞在云南、广东勘界上的主张并不足取。1887 年 2 月 7 日，清廷发布上谕称："嗣后分界大要，除中国现界不得丝毫假借外，其向在越界、华离交错处所，或归于我，或归于彼，均当和平商酌，即时定议，不必归入请示。凡越界无益于我者，与间有前代证据而今已久沦越地者，均不必强争。"③

由于勘界的困难以及彼此之间的分歧，中法派员在云南、广西、广东的勘界进展并不理想。滇越边界划分为五段，尚有两段各请示本国另议。广西仅从镇南关起，勘至平而关，"春深瘴盛，难再履勘"，所以将已勘边界逐段绘图立约。勘界的法方代表浦理燮因病回法国后，广西勘界因此暂停。随后，法国改派狄隆到钦州的东兴与邓承修勘东界。然而，广东钦州一带的勘界，狄隆"不惟于中国人民流寓聚居向隶越南之江平、黄竹等处尺寸不肯划让，即粤兵按年巡哨向不隶属越南之白龙尾一处，亦靳不肯归我"。因此，中法双方在广东界务上长时间争执而不能确定④。在勘界的过程中，中法也签署有相关文件，如 1886 年 3 月 25 日的《桂越边界勘界节录》、1886 年 8 月 1 日的《勘界办法节录》、1886 年 10 月 19 日的《滇越边界勘界节略》、1887 年 3 月 29 日的《粤越边界勘界节录》。

值得注意的是，正当中法在勘分边界艰难进展之际，法国驻华公使恭思当则在北京积极活动。1887 年正月以后，恭思当多次向总理衙门提出修改商约之事，提出"商务苟可通融，界务亦可稍让"；并声称"已奉本国议院准

① 《邓承修李秉衡等致总署报中法界务开议情形并随员关朝宗病故请恤电　二件　附旨》，光绪十一年十二月十二日，王彦威、王亮辑编，李育民等点校整理：《清季外交史料》第 3 册，第 1292 页。
② 《旨寄邓承修等粤桂滇三省界务着按约办理电》，光绪十二年正月初四日，王彦威、王亮辑编，李育民等点校整理：《清季外交史料》第 3 册，第 1302 页。
③ 《粤督张之洞致总署江平白龙尾确系华地法虽威胁不能放弃请代奏示遵电　三件　附旨二件》，光绪十三年正月十五日，王彦威、王亮辑编，李育民等点校整理：《清季外交史料》第 4 册，第 1451 页。
④ 《总署奏中法界务商务续经议定折　附界务商务专条及附章各一件　照会上谕各二件》，光绪十三年五月初三日，王彦威、王亮辑编，李育民等点校整理：《清季外交史料》第 4 册，第 1477—1478 页。

令"在北京与总理衙门商办。总理衙门认为狄隆与邓承修在勘界问题上的争执难以解决，然而恭思当意在转圜，所以同意与之交涉。这使得双方将界务、商务问题关联起来，从而妥协地解决争端。经过几个月的交涉，恭思当同意"中国广东边界，除现在勘界大臣划定之外，所有白龙尾及江平、黄竹一带地方，并云南边界前归另议之南丹山以北，西至狗头寨、东至清水河一带地方，均归中国管辖"。这样，中法双方通过在北京交涉，解决了勘分界务的问题。由于法国在界务上肯作让步，所以中国在商务上"少为通融"。总理衙门同意开放蒙自、龙州为通商口岸；双方议定边界陆路通商进口税减 3/10，出口税减 4/10；高平、谅山往来的船只，只纳船钞，免征税收。此外，双方还就中国土药的出口及其纳税达成一致。不过，对于恭思当起初节略中所要求的贩运私盐、接办铁路以及越南与云南、广东通商进出口税减半、运中国土货到中国各海口税收减 1/3，总理衙门均严厉拒绝①。

1887 年 6 月 26 日，中法双方签订《续议界务专条》《续议商务专条》。《续议界务专条》对此前中法勘界人员未能解决的广东、云南与越南界务划分的问题，作了明确的规定；关于广东界务，该章程还对界内海中各岛的划分作了相应的规定。

《续议商务专条》是对此前通商章程的修改，其第一、九条规定：1886 年签订的商约除续约更改条款以外，其他各款在换约后实行。《续议商务专条》规定了龙州、蒙自开埠，蛮耗通商；还对进出口商品的税率、中国土药出口、谅山与高平水陆往来的征税等作了规定。第七条则规定了中国在南境、西南境给其他国家最优待遇时，法国可以一体享有②。此外，中法双方还在 1887 年 6 月 23 日，以来往照会的形式确定了双方派驻领事、陆路口岸不能仿照上海等通商口岸设立租界③。

1887 年，《续议界务专条》和《续议商务专条》签订后，中法两国围绕

① 《总署奏中法界务商务续经议定折　附界务商务专条及附章各一件　照会上谕各二件》，光绪十三年五月初三日，王彦威、王亮辑编，李育民等点校整理：《清季外交史料》第 4 册，第 1478 页。
② 中法《续议商务专条》，光绪十三年五月初六日，王铁崖编：《中外旧约章汇编》第 1 册，第 515—516 页。
③ 《总署奏中法界务商务续经议定折　附界务商务专条及附章各一件　照会上谕各二件》，光绪十三年五月初三日，王彦威、王亮辑编，李育民等点校整理：《清季外交史料》第 4 册，第 1482—1483 页。

着界务、商务等问题，先后签订了多个条约。1888 年 12 月 1 日，中法签订《滇越边界联接电线章程》。该章程第 3 款规定："中、法两电报总局所应办之边界相连接线及保护、修理电线，并设局管理电线，以上各项，两国彼此在本界限内各自出资办理，约明均不侵越边界尺寸地步。"[①] 1890—1894 年，中法还在《续议界务章程》的基础上，签订了多个界约，即《广东越南第一图界约》（1890 年 4 月 14 日）、《广东越南第二图界约》（1893 年 12 月 29 日）、《桂越界约》（1894 年 6 月 19 日）。

　　然而，中越边界问题并没有得到彻底解决，法国的利益诉求与新情况的出现，导致了新的边界商务和界务条约的产生。就利益诉求而言，法国与中国"1886 年 4 月 25 日和 1887 年 6 月 26 日签订的两个条约，在处理安南和中国的贸易关系的同时，特别注意到两国公共边界以东的部分"。1893 年，法国为拓展利益，采取了新的步骤。诚如法国的外交文件所称，"由于 1893 年 10 月 3 日与暹罗签订的条约给我们带来的或承认我们在湄公河流域享有的巨大利益，以及近些年来其他国家为了给他们的商品开辟通往大清帝国腹地的新通路所尝试的努力，都使共和国政府下决心要完成 1886 年和 1887 年的谈判任务"，确定与中国南部的"整个边界关系"[②]。因此，1893—1894 年，中越边界的勘界和划界仍然存在问题。1893 年，法国驻华公使李梅在中越会立界石时谓，"原线多有不符，请复为更正"；法国获得湄公河东岸暹罗的土地后，又向中国提出在滇界第五段后接连的湄江与车里土司交界处也须划清界线[③]。更为重要的是，法国在中越界务和商务利益上，采取了新的行动。中日甲午战争爆发前，法国政府训令新任驻华公使施阿兰同清政府"谈判和缔结一八八五、一八八六及一八八七年所订条约的补充条款，以及订立旨在完成印度支那边界的划定和保证印度支那与中国间的更自由和更昌盛的商务

---

　　① 中法《滇越边界联接电线章程》，光绪十四年十月二十八日，王铁崖编：《中外旧约章汇编》第 1 册，第 542 页。

　　② 《法国外交部长贝特洛先生和殖民地部长吉也斯先生代表法兰西共和国总统费利克斯·富尔先生提出的法律草案附有对 1895 年 6 月 20 日法中两国在北京签订的划界和通商条约的批准书》，1895 年，张宁、孙小迎、李燕宁编：《法国档案中的清末中法（中越边界）划界史料选编》下册，第 1286 页；另参见萧德浩、黄铮主编：《中越边界历史资料选编》下册，社会科学文献出版社，1993 年，第 931—932 页。

　　③ 《总署奏中法续议界务商约专条请旨派员画押折　附商务条款界务条款及照会　三件》，光绪二十一年五月二十七日，王彦威、王亮辑编，李育民等点校整理：《清季外交史料》第 5 册，第 2259 页。

关系协定"①。

1894 年 7 月，中法就中越界务和商务问题开始进行谈判，谈判一直持续到次年 6 月。总理衙门收到施阿兰送来的中越界务和商务专条后，认为法使明求利益，"其万难依行者自应驳阻，其可以迁就者自不得不稍示变通，庶足固邦交而维大局"。对于法国所划界线，总理衙门坚持猛乌、乌得向来是云南土司土地，不能划入越界。然而，在往来交涉的过程中，施阿兰"以两地毗连越境，坚求让与法国"。奕䜣等认为，法国借参与三国干涉还辽而要求利益，中国不得不勉从其请作为酬答，"因于界务、商务二者权衡利益，于界务予以通融，于商务严其限制"，同意将猛乌、乌得让给法国。因此，总理衙门议定界务后，与施阿兰交涉商务事宜，坚持反对越盐入云南、两广销售；经过力争，将法国要求的云南等处开矿"向法国矿师商办"，改为"中国将来开矿，可先向法国矿师商办"。此外，双方商定了土货的出口与复进口的收税问题。于是，中法达成了新的中越界务和商务条约。1895 年 6 月 19 日，清廷发布上谕，确定次日为条约的签订之期。值得注意的是，法国为实现签约的目标，还充分利用三国干涉还辽有功于中国这一机会。施阿兰就面告总理衙门：法国与俄国、德国出面调停，干涉还辽，"大有益于中国"，法国希望获得中国的优待补偿。对于法方的这种要求，总理衙门认为"虽迹近居功求报，究非无因"②。

如前文所述，中法对中越边界问题的处理引起了英国的强烈不满，英国驻华公使欧格纳不仅发出照会予以反对，甚至到总理衙门，以违背《续议滇缅界、商务条款》第五条为由阻挠签约。但在法国驻华公使施阿兰的强硬态度下③，奕劻、徐用仪最终还是签订了《续议界务专条附章》《续议商务专条附章》。

中法《续议商务专条附章》对 1886 年以后中法条约中有关通商事务的

① ［法］A. 施阿兰著，袁传璋、郑永慧译：《使华记（1893—1897）》，第 61 页。
② 《总署奏中法续议界约商约专条请旨派员画押折 附商务条款界务条款及照会 三件》，光绪二十一年五月二十七日，王彦威、王亮辑编，李育民等点校整理：《清季外交史料》第 5 册，第 2259—2260 页。
③ 黄国安、萧德浩、杨立冰编：《近代中越关系史资料选编》中册，第 561—562 页；［法］A. 施阿兰著，袁传璋、郑永慧译：《使华记（1893—1897）》，第 67 页。

条款作了修改。第一、二、三条规定开放龙州、蒙自、河口、思茅为通商处所，法国可以派驻领事，中国可驻海关官员。第四条对 1886 年议定商约第九款土货出口的征税作了修改。第五条规定云南、广西、广东将来开矿时，"可先向法国厂商及矿师人员商办"，开矿事宜仍遵中国本土矿政章程办理；越南已经建成或日后将修筑的铁路，中法议定"可由两国酌商妥订办法，接至中国界内"。第六条对 1888 年《滇越边界联接电线章程》第二款增补了相应的内容①。《续议界务专条附章》则对 1887 年《续议界务章程》"更正修全"②。1896 年 5 月 7 日，根据《续议商务专条附章》第一条的规定，中法议定了《中越边界会巡章程》，对相关事宜作了较为详细的规定。

《续议界务专条附章》《续议商务专条附章》进一步明确了中法关于越南的边界和通商事务，法国由此获得了更多土地和商业利益，便利了其对中国西南的渗透。诚如法国的外交文件所言，"这些协议准确而最终地确定了我们印度支那领地的北部界线，承认了安南在必须保留给它的地区的权利，确保我们的商人得到一些新的便利和保证，完善了我们与清朝的陆路、水路和电报联系的体系"③。此外，需要注意的是，中国将猛乌、乌得划给法国，还引起了英国反对，对中英条约关系也产生了影响。

19 世纪 60—90 年代，中国先后与俄国、英国、法国签订了相当数量的边界条约。其中俄国系因边界毗连而签订此类条约，英、法系因所占殖民地与中国边界接壤而签订此类条约。这些边界条约不仅涉及勘界、划界、立界，而且涉及边境通商、跨境接线、边民归属、边民管束等内容。就边界勘分而言，有的条约解决了中外之间的边界划分，划定了相应的边界；有的条约并没有很好地解决边界划分，还遗留诸多问题和外交纠纷。就边界往来而言，有的条约对边界人员往来和通商贸易等作了规定。清政府在条约签署过

---

① 中法《续议商务专条附章》，光绪二十一年五月二十八日，王铁崖编：《中外旧约章汇编》第 1 册，第 622—623 页。

② 《总署奏中法续议界约商约专条请旨派员画押折 附商务条款界务条款及照会 三件》，光绪二十一年五月二十七日，王彦威、王亮辑编，李育民等点校整理：《清季外交史料》第 5 册，第 2262 页。

③ 《法国外交部长特洛先生和殖民地部长吉也斯先生代表法兰西共和国总统费利克斯·富尔先生提出的法律草案附有对 1895 年 6 月 20 日法中两国在北京签订的划界和通商条约的批准书》，1895 年，张宁、孙小迎、李燕宁编：《法国档案中的清末中法（中越边界）划界史料选编》下册，第 1289 页；另参见萧德浩、黄铮主编：《中越边界历史资料选编》下册，第 936 页。

程中也试图维护领土主权和通商权益；然而，在列强的压迫之下，清政府不得不放弃一些领土主权和通商权益。列强还利用边界条约进一步扩大对中国的侵略，加剧了中国的边疆危机。

第六章 "准条约"的产生[①]

"准条约"是中外条约关系中的一个重要概念和现象。它包括"国家同外国的私法人订立的契约和政府间订立的'没有产生国际法上相互权利义务'的协定等"[②]。近代中国的"准条约"主要是"国家同外国的私法人订立的契约",一般附着于条约关系之中,包括中国国家与国外的公司或银行订立的各种合同或章程。从 19 世纪 70 年代起,由于洋务运动的发展以及中外经济交往的影响,中国产生了最早一批"准条约"。这批准条约均为电信类,主要产生于中丹、中英之间。它们的签订对中外经济关系产生了一定的影响。

第一节 洋务运动与"准条约"的产生

近代中国第一批"准条约"并非偶然出现,而是洋务运动深入发展的

[①] 本章由侯中军撰写。
[②] 李育民:《晚清中外条约关系研究》,第 12—13 页。

产物。可以认为，洋务运动的开展是"准条约"形成的重要社会经济条件。在晚清中国特殊的社会历史条件下，可以从两个方面认识"准条约"出现的时代背景：一方面，"准条约"是洋务运动发展到一定程度的产物；另一方面，"准条约"在某种程度上预示了洋务运动自身不可克服的缺点和弊端，是中体西用外衣下的体制性矛盾之一。中国在向西方学习先进技术的同时，由于国内条件的限制，为了取得近代先进的工业技术，不得不引进机器及人才，并通过与国外公司合作的方式开展自身的近代化步伐。为了寻求合作的途径和方式，近代中国的实践证明，最终的结果往往是由中国国家出面与国外公司订立章程和合同。

一、 中国电报总局成立前的电信事业

1861 年，安庆内军械所的创办，拉开了洋务运动的序幕，以求强为主要目的的近代军事工业逐步建立起来。其中代表性的有江南制造总局、福建船政局、天津机器局等。19 世纪 70 年代，洋务派又创办一批官办、官督商办、官商合办的近代民用企业，如轮船招商局、开平矿务局、基隆煤矿、电报总局等。这些企业不仅促进了中国工业的近代化，而且促进了中外经济交往。由于早期的"准条约"均产生于电信领域，故我们有必要对洋务运动时期电信业的发展及其与外国的联系作一说明。

工业近代化是一个系统工程，无论是单独的军用工业还是民用工业，都不足以担当工业近代化的重任。在洋务运动逐步深入的过程中，洋务派认识到，其所要达到的自强和求富并非仅凭制造一二近代工业产品所能完成的。电报电信事业就是在这种大环境下产生的。

在初期，铁路、电信等近代科技的传入，中国往往处于被动地位：不是中国主动创办这些近代工业，而是由西方列强介绍而来。总理衙门设立的第二年，即 1862 年，俄国驻华公使巴留捷克就曾向清政府建议建造电报线路，"欲由都城至天津造用发铜线法"。但是，清政府显然并没有做好引入电信业的准备，随便找出一个理由拒绝了俄国的提议，其意大概为"中华未能保其永固，且不免常有损坏，以致缘此生隙"。甚至为了应付俄国，答应如以后

设立此类电信,"必须先准俄国以为始"①。俄国建议清政府设立电线的消息很快为其他西方国家所知悉,他们相继向清政府提出类似的要求。1863年,英国照会清政府,请允许英国电报企业设立恰克图经北京城至海口的电线②。1864年,美国向清政府发出设立电线的照会,而且福建税务司请自福州口南台河边至罗星塔一带架设电线③。

对于上述俄、英、美等国请求设立电线的建议,清政府一概加以拒绝,其理由在于"中国地势与外洋情形不同,倘任其安置飞线,是地隔数百千里之遥,一切事件,中国公文尚未递到,彼已先得消息,办事倍形掣肘,且该线偶值损坏,必归咎于官民不为保护,又必丛生枝节"④。国内学者对于清政府为何拒绝这样一个有利于中国近代化的举措,已有成熟的研究成果。总体而言,"出于政治上也即军事和外交上的考虑,认为两者都有损于天朝的政治权利",具体而言是"出于抵御和害怕两者兼而有之的心理"⑤。就具体的政策层面的考虑而言,可以进一步深入分析深层的原因。如果从中国近代化和洋务运动发展而言,根本的原因在于电线尚未成为洋务运动发展的必须之物。对此学界亦已有人论及,即"在19世纪60年代上半期,中国的近代工业刚刚开始出现,而且主要还只是军事工业,电线尚未成为经济发展之必需;而对内镇压人民,此在军事上也不是必不可少之物"⑥。正是基于国内这种经济发展状况,清政府不但不允许外人在中国设立电线,自己也没有设立电线的打算。由于得不到建设电信的批准,有外国人就建议由中国出资自建电信,中外共同使用。法国翻译李梅指出,"中国与泰西各国,既笃友谊,而信函常相往来,则发铜线之事,后来所必须也"。正是基于这种认识,李梅提出了三种办法,其中包括:一、"中国人若招外洋人承揽此工,一切应用器具等项,该承办之商先将买价之银垫出,迨工程告竣之日,中国或一次将此项银两交清,或分年限清,皆可";二、"若中国愿将此工准许外洋商人

---

① 台北"中研院"近代史研究所编印:《海防档·电线》,1957年,第1页。
② 台北"中研院"近代史研究所编印:《海防档·电线》,第3页。
③ 台北"中研院"近代史研究所编印:《海防档·电线》,第5页。
④ 台北"中研院"近代史研究所编印:《海防档·电线》,第5页。
⑤ 夏东元:《洋务运动史》,华东师范大学出版社,1992年,第217页。
⑥ 夏东元:《洋务运动史》,第217页。

备银修造，迨限满之年，将此工程收回取利"；三、"中国自备银两，雇外洋工人治具修造……此项工程系中国自办，而沿路之地方官，必能用心照料及保护一切"①。李梅倾向于中国采取第三种办法。后来中国的电报线建造，亦是采取此种方法。甚至当巴夏礼试图在上海铺设电线时，上海道台竟以"将来被百姓拆毁，地方官亦不能代为保护"为由而拒绝，话语中暗含威胁和推脱责任的语气。此后，陆续又有西人建议清政府修建电信，甚至日本也来提建议②。清政府不为所动，坚决拒绝；因为，如果答应一方，各国"皆得藉口要求，肆行添设。是只图网占中国之利，而不顾滋扰地方之害，实在万难迁就"③。值得回味的是，备受不平等条约侵权的清政府，此次举起条约的大旗，认为电线"为条约所未及，已难违约准行"④。历经两次鸦片战争的惨痛经历，清政府担心中国在电信这个新事物上再次被洋人所利用，应是最真实的表述。但西人日甚一日的要求，已经从外部给清政府施加了不可逆转的压力，形势逐渐起了变化。

电信毕竟是新兴事物，其对国防及经济发展的重要性显而易见。虽然在清廷内部大多数人持反对态度，但仍有少数洋务派精英，意识到中国建设电信的必然性。沈葆桢的这段话曾被广为引用："闻电线之设，洋人持议甚坚，如能禁使勿为，则多一事不如省一事，倘其势难中止，不如我自为之，予以辛工，责以教造，彼分其利，而我握其权，庶于海疆公事无所窒碍。若听其自作，则遇有机密事务，彼一二日可达者，我十余日尚复茫然，将一切机宜为之束手矣。"⑤此时的清政府尚未做好准备。西方各国虽然未能说服清政府，但是并未放弃在中国建造电信线路的努力。

就在清政府尚未同意安设电报线之际，外国人已经开始在中国着手这一事业。中国第一条电报线路建于1868年的上海租界，但只是美商旗昌洋行的内部通讯线路，且仅有8里距离⑥。1869年10月11日，丹麦的大北电报

① 台北"中研院"近代史研究所编印：《海防档·电线》，第41页。
② 夏东元：《洋务运动史》，第217—218页。
③ 台北"中研院"近代史研究所编印：《海防档·电线》，第48页。
④ 台北"中研院"近代史研究所编印：《海防档·电线》，第48页。
⑤ 台北"中研院"近代史研究所编印：《海防档·电线》，第95页。
⑥ 邮电史编辑室编：《中国近代邮电史》，人民邮电出版社，1984年，第47页。

公司（The Great Northern Telegraph Company）与俄国签订了一份电报建设合同。大北公司负责铺设一条连接海参崴、长崎、上海和香港的海底电缆，并与俄国西伯利亚陆线相连。大北公司于 1870 年开始铺设海参崴经长崎、上海到香港的水线，上海经厦门鼓浪屿至香港的海底电报线，1871 年完工①。允许铺设海线之举，并非完全由于中国领海主权观念的缺乏，而以前的研究似乎过于看重此点。现在可以清楚的是，丁韪良翻译的《万国公法》已经于 1864 年出版，虽然只印行了 300 部，在社会上或许流传不广，但其意义在于，统治阶层已经认识到国际法的重要性，一些封疆大吏及相关涉外人员已经不再是完全不知道国际法及国际惯例②。就在这部翻译的《万国公法》中，领海权及其范围的表述是："各国所管海面及海口、澳湾、长矶所抱之海，此外更有沿海各处，离岸十里之遥，依常例亦归其管辖也。盖炮弹所及之处，国权亦及焉，凡此全属其管辖而他国不与也。"③ 因此，总理衙门及负责外交的人员是知道一些海权概念的。即使已经粗通海权的概念，这些初步的国际法知识并未促使清朝官员去主动维护海权。究其原因，更可能的情形是迫于各国的压力而不得已放弃。能为此点做出的解释是，从铺设海线的过程来看，各国公司依托其背后国家的力量，先行铺设，形成事实，然后再以各种借口迫使清政府承认，并以海线不上岸为幌子，骗取了建设海线权。英国驻华公使威妥玛在致总署的呈中说，"此次所商，系由沿海水底暗设，不过仅有线端一头在通商口岸洋行屋内安放，与从前所论迥不相同，谅贵亲王自必洞彻此理"④。

清政府清楚威妥玛说辞的背后含义，指出"其海底之说，皆其变计也"，其最终目的还是要登岸设立电报，但以中国当时的实在情形，仍然无从查禁，"濒海洋面，各洋商安设通线，本非中国所能禁止，此次来信，又有若不牵引上岸，原可无庸执照中国之语，是该使于海底设立通线，已示有自主

---

① 李雪：《大北公司与福建通商局在电报建设初期的合作》，《哈尔滨工业大学学报》，2009 年第 6 期。
② ［美］惠顿著、丁韪良译：《万国公法》，上海书店出版社，2002 年，"点校说明"。
③ ［美］惠顿著、丁韪良译：《万国公法》，第 67—68 页。
④ 台北"中研院"近代史研究所编印：《海防档·电线》，第 79 页。

之权"①。总署最终同意"遇有洋人安设通线之处，只准在沿海洋面水底，其线端只准在船只内安设，即在沿海埠口向来停泊各洋船码头之外近海处所停泊"②。总理衙门曾解释之所以同意安设海线一是因为"通线一事，洋人注意兴办，屡请而屡拒者，已非一次"，表明来自洋人的压力；二是因为"允其自设而不允其保护，用意尤深，是诚于变通转圜之中，仍寓检制防维之意"③。事实上大北公司海线铺设之后，其迅速便捷的信息传递给洋务派官员留下深刻印象。洋务派在这个过程中改变了对电报的态度，有两个例子可以说明这种改变。一是1870年崇厚出使法国期间，总理各国事务衙门就曾多次利用西伯利亚线与其联系；二是1871年曾国藩第一次代表清政府参观大北公司在上海的报房④。暂不论是否通过电线与崇厚的联系，以及曾国藩的参观报房代表了清政府态度的转变，日本侵台事件的发生令清政府感觉到电报在军事上的价值。具体处理台湾海防事务的沈葆桢要求清政府设立由福州陆路至厦门、厦门水路至台湾之电报线，清廷同意了沈葆桢的请求，并要求迅即办理，但必须中国自办⑤。由于电线不通而延误抵御日本侵台，事后李鸿章在《筹议海防折》中强调，"设有紧急，诚恐缓不及事。故臣尝谓办洋务制洋兵，若不变法而徒骛空文，绝无实济，臣不敢明知而不言也"⑥。在内外的压力之下，建设电线一事已经箭在弦上，不得不发了。

在中国电报总局与大北公司订立合同之前，福建通商局已经与大北公司订立有电报合同。1874年6月21日，为了修建福建到马尾的电报线，福建通商局曾与大北公司订立有一个合同，该合同执行顺利。与福建通商局有过第一次成功的合作之后，大北公司计划进行第二次合作，计划修建福州至厦门电报线。经过初步的接触，1874年8月15日，大北公司代表恒宁臣（Jacob Henningsen）拟定了一份协议，并转交福建通商局。

由于对电报所有权产生争议，此协议文本并未得到清政府内部的同意。

① 台北"中研院"近代史研究所编印：《海防档·电线》，第84页。
② 台北"中研院"近代史研究所编印：《海防档·电线》，第89页。
③ 台北"中研院"近代史研究所编印：《海防档·电线》，第95—96页。
④ 李雪：《大北公司与福建通商局在电报建设初期的合作》，《哈尔滨工业大学学报》，2009年第6期。
⑤ 李雪：《大北公司与福建通商局在电报建设初期的合作》，《哈尔滨工业大学学报》，2009年第6期。
⑥ 《附　议复条陈》，顾廷龙、戴逸主编：《李鸿章全集》第6册，第165—166页。

尤其是沈葆桢，他认为电线应由官办。虽然合同的第二款有允许中国收回的规定，但显然与自己创办有明显区别。中间又经过多次谈判，清政府最终更改协议，收回了福厦电报建造权。一方面，由于国外电信公司不断私设电线，而且从未停止对清政府的游说；另一方面，清政府日益认识到电信对国防建设的重要性，清廷对电信事业的认识已经有了改变。在洋务运动深入发展的19世纪七八十年代，近代中国的电信业终于诞生了。

在电报总局设立以前，已经有丹麦和英国的公司在中国经营电报收发业务，即大北公司和大东公司分别经营的海线业务。马士的记载是，最早在1871年6月3日，海底电报线已经通至上海①。实际情形在不同的文献记载中稍有不同，但基本史实应该说是清楚的。

二、 中国电报总局的成立与"准条约"的产生

1880年9月16日，李鸿章上奏清廷，力陈架设电报线对国防的极端重要性，请设电线。李鸿章强调电报已为各国普遍采用的通信手段，"故由各国以至上海，莫不设立电报，瞬息之间可以互相问答。独中国文书尚恃驿递，虽日行六百里加紧，亦已迟速悬殊"，指出电报实为"防务必需之物"。"现自北洋以至南洋，调兵馈饷，在在俱关紧要，亟宜设立电报以通气脉"，并建议"由天津陆路循运河以至江北，越长江由镇江达上海安置旱线，即与外国通中国之电线相接，需费不过十数万两，一半年可以告成"，"臣为防务紧要，反复筹思，所请南北洋设立电报，实属有利无弊"②。光绪皇帝赞同李鸿章的提议，认为筹办防务，南北洋之间消息必须灵通，谕令架设南北洋电线，并令地方官一体照料保护。1880年10月，津沪电报总局在天津成立。

清政府批准成立电报总局后，盛宣怀起草了《电报招股简明章程十条》和比较详细的附件《详定大略章程二十条》，并请李鸿章批准。招股章程系为筹措资金而设立，"此次开办电报，自天津以至上海，约估需银十数万两，先招商本六万两，其余均由官本垫用，俟办成后，再行续招归垫"。此章程

① ［美］马士著、张汇文等合译：《中华帝国对外关系史》第2卷，"年表"第5页。
② 《请设南北洋电报片》，光绪六年八月十二日，顾廷龙、戴逸主编：《李鸿章全集》第9册，第158—159页。

表明，吸引民间资本的参与是电报局既定经营方针，不能说明电报总局的政府机构身份①。比较而言，《详定大略章程二十条》更能体现电报总局的经营策略及其政府机构的身份。章程第一条载明，"中国兴造电线以通军报为第一要务，便商民次之"，显然电报总局首要服务对象是军政事务，民用只是第二位的。章程还详细规定了军政电报发送原则，"电报原为洋务军务而设，军机处、总理衙门、各省督抚衙门、各国出使大臣，所寄洋务军务电信，自应区别，以存体制。应请由以上各衙门于寄报信纸上面盖用关防，局中验明，随到随发，除代转洋商电报公司照给信资外，所有本局应取信资另册存记，年终汇报"②。为了电报总局的业务能顺利开展，章程要求地方官尽力保护，"本局总办应驻天津，其各分局均归调度，此举专为军务、洋务而设，凡有关于关道及机器制造局、军械所，应帮同料理之事，各该道均应力代维持，以顾大局"③。

通过电报总局成立过程可以发现，该局是清朝最高统治当局为筹划国防而设立，虽然不是传统意义上的行政事务的衙门，但所负责事务绝非一般企业经营行为，而是国家行为。这当然就决定了该局的国家背景。该局初由郑藻如、盛宣怀、刘含芳为总办，归北洋大臣节制。

1882 年，郑藻如、刘含芳相继离开电报总局，电报经营事业由盛宣怀一人操办。津沪电报总局地点初设于天津，1882 年迁设上海，改称中国电报总局。至于最初为什么将总局位置选在天津，有研究认为，李鸿章选择天津设局，是因为天津具有特殊的政治地位，是直隶总督兼北洋大臣李鸿章的根据地，电报总局设于天津，有利于李鸿章率先知晓各路消息，更多地顾及了李鸿章的个人考虑④。李鸿章本人曾透露过个中原因，"创办电报之初，颇虑士大夫见闻未熟，或滋口舌，是以暂从天津设起，渐开风气，其于军国要务裨益实多"⑤。

---

① 夏东元编著：《盛宣怀年谱长编》上册，上海交通大学出版社，2004 年，第 115 页。
② 夏东元编著：《盛宣怀年谱长编》上册，第 115—116 页。
③ 夏东元编著：《盛宣怀年谱长编》上册，第 116 页。
④ 见韩晶：《晚清中国电报局研究》，上海师范大学博士学位论文，2010 年，第 45 页。
⑤ 台北"中研院"近代史研究所编印：《海防档·电线》，第 729 页。

不论李鸿章出于何种目的和考虑，天津电报总局不属于李氏个人的企业，而是政府性质的机构。有研究明确指出："官办的天津电报总局是中国第一所专门负责电报架设的政府机构。"[①] 这样的一个专门机构是新生的产物，不同于晚清时代的署衙机构。该局的业务有比较强的专业性，在很大程度上，它不但负责政策的制定而且负责具体的业务运行。这一点与今天的邮电管理和运营系统是有差别的。亦有研究指出，中国电报总局成立之前的电信交涉属于总理衙门，但总理衙门并未切实维护电信主权，中国电报总局成立后，"意味着中国之电信业务有了专门的管理机构，能够以独立主体之地位与在华之外国电报公司谈判，以保护中国电信权益"[②]。

该局成立后基本上负责清政府的对外电信交涉业务，与大东、大北公司进行的海线上岸交涉及旱线、海线交涉，与陆路边界接壤国进行的陆路电线衔接交涉，投资朝鲜的电报业务建设等等，无一不是代表清政府外交行为。这些行为所体现的企业性质说明，该局不仅仅是一个企业，还是一个国家机构。此时关于陆上电线的建造形式亦有不同的选择，曾纪泽建议采用德国方式，"或论中国电线宜仿德国埋之土中，既省木柱，又省监守之役，且免风折雪阻"[③]。此时津沪电线即将落成，对于曾纪泽的建议，李鸿章表示"津沪电线将成，未便更改，以后续添，自应访求德法"[④]。

在以往的研究中，一般认为，电报总局属于官督商办企业，落脚点基本上将其视为企业，"按公司企业规则办事，排除官方的干扰"，"对于电局内部的管理，一概按经商原则，'官'不得干扰，以保证企业的自主权"[⑤]。如果考虑到研究的主旨在于洋务运动，作出这样的定位就不难理解了。在前文中已经提及，有研究已经指出中国电报总局是一个政府机构，负责电线建设和报务经营；然而就在同一篇论文中又专门设立章节探讨了中国电报总局收归国有的情形，这中间似乎存在着相互矛盾之处，既然电报总局是政府机

---

① 韩晶：《晚清中国电报局研究》，第45页。
② 韩晶：《晚清中国电报局研究》，第56页。
③ 《附 曾侯由彼得堡来电》，光绪七年闰七月初十日，顾廷龙、戴逸主编：《李鸿章全集》第21册，第20页。
④ 《复曾侯》，光绪七年闰七月初十日，顾廷龙、戴逸主编：《李鸿章全集》第21册，第20页。
⑤ 夏东元：《洋务运动史》，第229页。

构，又何来政府收回之说？作者并未对此现象做出解释。对于研究电报总局本身的发展状况，研究电报企业在晚清中国的发展而言，即使未能将电报总局究竟属于政府机构还是企业组织划分清楚，似乎并不影响研究的核心问题。然而，如果研究近代中国的"准条约"及国家合同，电报总局究竟是政府机构还是企业组织就是个必要问题。只有在代表国家的情形下，中国电报总局才有资格缔结"准条约"。中国电报总局先后经历了官办、官督商办、商股合办和官办四个阶段，其中官督商办的时间最长，从 1882 年一直持续至 1902 年。因此，官督商办是电报总局的主要组织形式[①]。

官督商办是电报总局的组织形式，"电报设局，亦如轮船招商之例，商力举办而官董其成，谓官督商办也"[②]。对于这一洋务运动中出现的新的企业形态，学界早有相当多的研究，不再赘述[③]。对于电报总局为何选择官督商办形式，盛宣怀曾论及个中原因："非官为扶持，无以创始，非商为经营，无以持久"，并具体解释为"中国风气，重官轻商，初创电线，绵延三省，民知官事，不敢妄动；官知国事，不敢不认真巡守。若尽委之于商，虽商出数倍看守之资，而无益于事。此非官为保护不可"[④]。如果注意到"上李鸿章禀"的五个人的身份，或许对我们直观认识电政局组织性质有所帮助。这五人分别是会办上海电报分局四品顶戴候选主事经元善、总办上海电报分局三品衔候选道郑观应、总办天津电报局布政使衔候补道盛宣怀、总办清江电报分局二品衔候补道李培根、总办苏州电报分局国子监学正衔谢家富，这五人的头衔显然不是一般的商人，而是清政府的候选或候补等官员。这些拥有正式品级的总办在经营电报业务时固然是商人，但在处理对外电信交涉时就是清朝官员，其商人的身份被其官员的身份所掩盖。

甲午战争后，清政府内部有人主张将电报总局收为官办，如何评价此种行为将影响到对中国电报总局企业性质的认识。以常理而言，既然清政府要求将中国电报总局收归官办，显然其并非政府机构，而是一企业法人，如若

---

① 韩晶：《晚清中国电报局研究》，第 155 页。

② 赵尔巽等撰：《清史稿》第 16 册，中华书局，1977 年，第 4466 页。

③ 电报总局最初的组织形式系官办，1882 年 4 月改为官督商办。

④ 王尔敏、吴伦霓霞编：《盛宣怀实业函电稿》上，台北"中研院"近代史研究所，1993 年，第 206 页。

不然，很难解释政府的行为。徐桐在 1899 年宣称"电报局获利不赀，并无裨益公家之实"，其他朝廷官员也宣称轮船局和电报总局有假公济私行为。中间虽经刚毅调查具体情形，但要求接管电报总局的呼声一直未断，"宣怀时综司轮、电两局，叠被指摘"。在朝廷内外的压力下，盛宣怀于 1902 年向袁世凯称"电报宜归官有。轮船纯系商业，可易督办，不可归官"，于是清政府任命袁世凯督办电报总局①。1907 年 4 月，邮传部派杨文骏到上海接收电报总局，改为电政局，成为一个正式的政府部门。

在邮传部正式接收之前，电报总局在形式上是政企合一的，即政府职能部门的身份与企业经营的身份合二为一。此时的电报总局虽未有政府职能之名，却有行使政府职能之实，最简单的明证就是电报总局竟然可以与陆地接壤国家订立电线边界相接的条约。从另一个角度而言，此时电报总局的政府行为与经济行为并不具有同一性，尤其是在企业经营方针方面，简单说来就是"政经分离"。作为实际投资的商人，他们希望电报总局只经营有盈利的项目，而非电报的公益性质。虽然在很多时候二者可以协调，如对官报的优先和优惠发报，但二者之间的分离倾向一直存在。正是由于这种分离倾向的存在，才最终导致清政府决定将电报总局收归国有。这里的收归国有，其实只是将商人手中所持有的股份加以收购，并非重新确立其政府机构的职能。

轮船招商局与电报总局同属洋务运动中兴起的近代工商企业，二者也往往被并列举例，相互之间存在着密切的人事和业务关系。如果从二者的经营方式而言，双方却有很多相同之处，如：在企业组织形式上均属官督商办，管理人员都有正式的清廷官员身份，背后都有清政府的支持。对本研究而言，电报总局在很多的时候在执行清政府电政职能部门的功能，而招商局鲜有作为政府职能部门的表现，这种差别主要地体现在对外业务交涉方面。轮船招商局自成立后，虽然也存在与外国轮船公司之间的竞争关系，并曾订立有合同，但这些合同均无法构成国家层面的义务。1877 年 12 月 26 日，在英

---

① 赵尔巽等撰：《清史稿》第 16 册，第 4468 页。

国担文律师主持下，招商局与太古公司签订了一个为期 3 年的起价摊分合同①。该合同与 1887 年 8 月 10 日电报总局与大东、大北公司签订的《会订电报齐价摊分详细合同》一样，均属于商业行为谈判的结果，然而二者区别就在于合同背后订立者的身份及国家背景。

结合上面的分析，可以认为，中国电报总局自成立之日起就不属于普通的企业法人，它具有清政府主管电信业务的政府职能，不但负责政策的制定，而且进行实际的企业经营。作为主管电信的政府部门，电报总局与国外公司订立的合同当然属于清政府的国家契约，因而具有"准条约"的性质。由于电报总局的双重身份，其作为企业与国外公司订立的合同则不属国家契约的范围，也因而不具有"准条约"的性质。如何具体区分某一个合同是其作为行使政府的职能还是企业的职能，不同的案例还须进行个别对待。由于电信事业属于新兴事物，中国在当时不可能抛开国外公司独立自主发展。事实证明，晚清中国发展电信事业离不开已经在中国架设海线的大东、大北公司，因此中国电报总局与这两个公司订立了相当数量的合同。

第二节　中外首批电信类"准条约"

近代中外首批"准条约"均为电信类"准条约"。这与外国电报公司在华业务的拓展，以及清政府发展电信事业有密切的关系。1875—1881 年间，清政府官方就与大北公司签订多份与电信有关的合同。如《买回福建省厦电线合同》（1875 年 5 月 21 日）、《买回马尾电线合同》（1875 年 8 月 26 日）、《委托丹麦北路电报公司代管马尾电线合同》（1875 年 8 月 26 日）、《省厦电线续立条款》（1876 年 3 月 20 日）、《电报交涉事宜条款》（1881 年 6 月 11 日）。此后，中国电报总局与大北、大东公司签订了多个"准条约"。

---

① 张后铨主编：《招商局史（近代部分）》，人民交通出版社，1988 年，第 111 页。

一、 电报总局与大北、大东公司签订的"准条约"

大北电报公司是一个跨国性的国际联合企业,由丹挪英、丹俄、挪英电报公司在1869年10月合并组成,总公司设于丹麦首都哥本哈根。其实际控制人为俄国,但英国亦占有1/3以上的股份①。对大北公司的背景进行简单的介绍,目的在于说明,该公司是完全近代意义上的公司法人,充其量在业务上可以获得各有关国家的照顾,在对外行为上并不代表国家。虽然大北公司并非政府机构,但其在华推行电信事业背后一直得到国家层面的支持。大北公司在中国沿海铺设的海线属于私自铺设,一直未得到中国政府允许,所以安全没有得到保障。为了海线能顺利经营,丹麦政府出面向清政府寻求对大北公司海线的保障许诺。丹麦政府并未单独向清政府提出交涉,而是联合了另外几个国家的公使一起出面。1874年11月,丹麦驻华公使拉斯勒福联合英、法、俄、德等国驻华公使照会清政府,要求保护大北公司在华铺设的海岸水线。美国驻华公使在致总理衙门的照会中称,"查本国暨各和约之国,于通商事宜,一切均有关涉于电线,本大臣深知其益,故肯居间布达,惟望贵国悦从慨允","此电线本系铜丝,置诸海底,倘被无知破坏,或奸人乱挪,以致电线有伤,不但丹国之电报公司暨各国之买卖有亏,即中国之税项亦必缺少"②。面对各国要求保护海线的照会压力,清政府向各国公使表明自身的立场:"议于海底设线之时,本衙门复函中曾有线端不得上岸,俾与通商口岸陆路不相干涉,庶界限分明,及沿海水底安设以后,中国碍难代为照料,倘有毁坏,与地方官无涉,不得追赔修费等语"③。有研究认为,清政府此举意味着坚持维护电信主权的立场。从原则上讲,清政府确有拒绝各国要求的意向,但显然还未上升到维护主权的立场。如果进一步考虑,其实清政府只不过是推托各国要求保护海线的要求,实质上是在明确保护陆路主权的同时,放弃了海线主权。

清政府一方面表明海线的安全与否与自身无关,另一方面迫于压力不得

---

① 邮电史编辑室编:《中国近代邮电史》,第44—45页。
② 台北"中研院"近代史研究所编印:《海防档·电线》,第127页。
③ 台北"中研院"近代史研究所编印:《海防档·电线》,第141页。

不将相关函件抄录沿海各省大臣，为避免各国公使曲意解释，又进一步表示这一举动"系念和好之谊，非于保护铜线之事实有把握也"①。

在此背景下，中国电报总局同大北公司以及与之性质相同的英国大东公司签订了多个"准条约"。下文拟对中国电报总局与大北、大东公司签订的几个代表性的"准条约"进行分析。

1881 年 12 月，中国电报总局与大北公司签订《中国与外洋彼此收递电报办法合同》，此时距中国电报总局成立已经一年有余。该合同具体规定了中国电报总局与大北公司之间关于报务收发的具体事宜。该合同相比 6 月份的合同而言，在具体的事项上规定得更为细致，就中外电信传递的价格、线路及权益详文加以说明。双方应互相通报电报价格，"即中国电报局由上海至内地各处之价，大北公司由上海至厦门、香港以及外洋各处之价"；关于价格的制定，"中国总局、大北公司可各定其自己之价，但寄外国电报之价，均须按照伦敦西历一千八百七十九年新定万国电报章程"；"凡由中国寄外国或由外国寄中国内地之报，中国电报局及大北公司均应在上海各立专册，登记其交易之数"②。

该合同第一条再次强调了大北公司所获得的传递中国电报的优先特许，"所有经中国电线往来外国之电报，若寄报者不指明从何线寄往，当由日本及海参崴一路传寄"；相比上一个合同，这里多了一个限制，即寄报者是否指明从何线寄出电报③。

一般认为，通过与李鸿章和中国电报总局的合同，大北公司获得了垄断经营中国海线的特权，"此海线自批准日起，以二十年为限，不准他国及他处公司于中国地界内另立海线，亦不准在中国租界及台湾等处设立海线。大北再添设海线，必请中国政府允准"④。大北确有意垄断中国海线，但事实上由于大东公司的存在，大北公司难以做到一家独大。而李鸿章当时也并不觉

---

① 台北"中研院"近代史研究所编印：《海防档·电线》，第 141 页。
② 中丹《中国与外洋彼此收递电报办法合同》，光绪七年十月初十日，王铁崖编：《中外旧约章汇编》第 1 册，第 391—392 页。
③ 中丹《中国与外洋彼此收递电报办法合同》，光绪七年十月初十日，王铁崖编：《中外旧约章汇编》第 1 册，第 391 页。
④ 韩晶：《晚清中国电报局研究》，第 75 页。

得与大北公司所定合同损害中国的利益,认为大北公司与其他国家已有海线通报的先例,"日本久与各国通商,乃独与丹国电报公司订约三十年,独无损于各国体面耶,岂中国自主大邦不如蕞尔日本耶"。"查各国有电报公会,随时定价,以归画一。丹国岂敢独违,任意加索"①。现有研究认为,李鸿章对国际电线通例的无知,以及政府大员电信法规观念的缺乏,是清政府在电信交涉中屡屡吃亏的主要原因,而且"对大北海线特许权的轻许,引来列国对中国电信权的进一步侵略"②。这些评价都有中肯之处,但如果以李鸿章完全无知国际电信通例加以解释,或许只是表面现象。

以往研究关注到大北公司对中国海线经营的垄断,很少注意到李鸿章对经营电报的垄断及其对大北公司的要求,而这一点是在《中国与外洋彼此收递电报办法合同》中明文载明的。合同中的规定是:"中国自行创设电报,乃自主之权系北洋大臣,开办以后,无论何省官宪托大北公司代为经手雇人、购料者,应由大北公司先行禀明北洋大臣核夺,候示允准,方可代办,如不禀明则不准办。"③电信初创时期,李鸿章以其一己之力对近代电报的发展是起过促进作用的。

如何准确评价第一批电信类"准条约"的是与非,并不是一件容易的事情。从中国近代化的角度而言,近代电信事业的引进无疑是一件值得肯定的事情;从事关国家主权的电信权而言,第一批电信类"准条约"的签订无疑具有许多值得吸取的教训。事实证明,李鸿章并未严格遵守与大北公司的合同约定。1884年,李鸿章函告总理衙门,将大北公司的特权作废,令盛宣怀"转饬大北公司,前禀应即作为废纸,盖彼所独得利益,既未能准行,则我所已得利益亦未便强索矣"④。

大北公司曾与大东公司达成协议,两家平分中国沿海电报通信权,而通过与中国电报总局的合同,大北公司获得了二十年的海线专营权,这对大东

---

① 《复总署 论津沪电线与大北公司联络》,光绪七年五月二十九日,顾廷龙、戴逸主编:《李鸿章全集》第33册,第42页。
② 韩晶:《晚清中国电报局研究》,第75页。
③ 中丹《中国与外洋彼此收递电报办法合同》,光绪七年十月初十日,王铁崖编:《中外旧约章汇编》第1册,第392页。
④ 台北"中研院"近代史研究所编印:《海防档·电线》,第1058页。

公司而言无疑是一种打击。1870 年，总理衙门曾允许英国大东公司架设香港至各通商口岸的海线。英国驻华公使威妥玛以此为理由，要求允许大东公司建设该线，甚至以大北公司已经引线上岸为借口，要求允许引线上岸。

李鸿章认为"同治九年已允英商由香港至各口在水底设线，势难自翻前案"，而且由于大北公司成例在先，"至海线引端上岸，丹国既未遵驳，似不能不准英商通融兴办"，倾向于同意英国的要求。作为限制，李鸿章认为应该做出一个声明，"声明此系因香港至粤省丹国未设水线，尚可酌允，若丹国已设电线之处，即未便援照办理"①。李鸿章意识到，英国设线的要求缘于大北公司已与中国电报总局订立建设水线合同，威妥玛曾屡次索要该合同文本，均遭李鸿章以与英国无关为由而拒绝②。威妥玛索要合同文本的目的在于为英商取得电线建设权，表示英商虽然在同治九年（1870）已经取得了铺设许可，之所以迟迟没有铺设，原因在于总理衙门"但允在水底安放，线端不得上岸"，令英商迟疑未办，此次大北公司竟然先行取得，此举令"英国官商咸怀怨悔"③。1882 年 12 月 8 日，总理衙门在回复威妥玛的函件中正式同意了威妥玛设线到广东的请求；同时也提出了限制，"惟不得由澳门绕至广东"；至于其引线上岸一层，总理衙门表示虽然同治九年未经议准，但此次威妥玛和衷商请，可以通融办理④。威妥玛为大东公司争取的是香港到上海的海线建设权，并不满足于仅建立港粤水线。所以，他收到总理衙门函后第二日即复函总理衙门，表示英商"似此办理，设立水线仅到黄浦而止"，根据同治九年的原议，英商要求设立是"由广州、汕头、厦门、宁波、福州各口水底设立通线通至上海"，并举出同治九年四月初七日函件为证⑤。大东公司目的并非仅在广东一线，围绕广东展开的交涉只是沪港海线的前奏。

1883 年 3 月 31 日，中国电报总局总办盛宣怀与大东公司订立《上海至香港电报办法合同》，允许英国大东公司"安设上海海口至香港海线一条，

①　台北"中研院"近代史研究所编印：《海防档·电线》，第 299 页。
②　台北"中研院"近代史研究所编印：《海防档·电线》，第 299 页。
③　台北"中研院"近代史研究所编印：《海防档·电线》，第 299 页。
④　台北"中研院"近代史研究所编印：《海防档·电线》，第 300 页。
⑤　台北"中研院"近代史研究所编印：《海防档·电线》，第 300 页。

沉于海底,其线端不得牵引上岸,以分华、洋海旱电线界限";为了使海线与中国旱线相连,"准大东公司海线做至洋子角为止,由水线头与中国旱线头相接"①。该规定在同意英国铺设海线的同时,亦拒绝了架设旱线的要求。为了使英国海线发挥作用,中国电报总局禀请设立一条由上海至洋子角的旱线,与大东公司海线相接,出于对英国沪港海线的限制,合同要求英国大东公司允许海线只能由洋子角一处直达香港,放弃其原先要求的多条海线建设计划,即"大东公司总办经禀明英国朝廷,酌更前议,不得设水线至宁波、温州、厦门、福州、汕头、广州以及各海口"②。

同年 5 月 7 日,中英双方再次就沪港电报线订立章程,即《续订上海香港电报章程》,就上一个合同中的未尽事宜详加规定。相较以前的合同,该章程体现了条款对等的要求,清政府获得了向海外铺设海线的特许。由于原合同中英国声明不再铺设水线到宁波、厦门、福州、汕头、广州以及上海以南各海口,而大东公司希望变更前议,要求能择定福州或汕头一处安置线头,因此在章程中明确为"应听中国总理衙门暨英国驻华大臣会议定夺";或许是作为对中国变更前议的补偿,同意当中国电报总局"欲引水线至新加坡、槟榔屿两处之中择定一处"安置线头,前提是"亦必由中国执政大臣与英国执政大臣会议定夺"③。

透过与大东公司连续订立的两个合同,可以很清楚地发现清政府力保旱线主权的意图,而且得到了贯彻;而为了做到这一点并说服大东公司,收回大北公司已经存在的淞沪旱线势在必行,"今因阻止英商海线进口上岸,不得不议拔丹国旱线,以保中国自主之权,并以服各国商人之心"④。在与大东公司谈判收回吴淞旱线时,盛宣怀曾不无得意地表示:"大北拟照大东'海

---

① 中英《上海至香港电报办法合同》,光绪九年二月二十三日,王铁崖编:《中外旧约章汇编》第 1 册,第 416 页。

② 中英《上海至香港电报办法合同》,光绪九年二月二十三日,王铁崖编:《中外旧约章汇编》第 1 册,第 416—417 页。

③ 中英《续订上海香港电报章程》,光绪九年四月初一日,王铁崖编:《中外旧约章汇编》第 1 册,第 425 页。

④ 《盛宣怀上何璟禀》,1883 年 4 月 28 日,上海图书馆藏:《盛宣怀档案》,档案号:107365,转引自韩晶《晚清中国电报局研究》,第 87 页。

线不上岸'订约，已允将沪淞旱线归我，做到旱线收回权利。英、丹一律就范。"① 1883 年 5 月 19 日，中国电报总局与大北公司订立《收售上海吴淞旱线合同》，规定"合同签名之后，将原价银三千两交付大北公司收取，大北公司即于是日将此条旱线交付中国电报局执管"②。

1887 年 7 月 7 日，中国电报总局与大东、大北两公司订立的《会订电报根本合同》是第一批电信类"准条约"中的一个代表性文件，集中体现了中外电信交涉的诸多特点。收回大北公司淞沪旱线和准许大东公司将海线设至各海口后，清政府不准各国在此基础上进一步侵占中国电报权利。正如上文所讨论的那样，所有这些交涉均是在中国电报总局的名义下与外方进行的，以电报总局出面维护清政府的电信主权。直接出面的往往是电报总局总办盛宣怀，实际决定谈判的是北洋大臣李鸿章。7 月 6 日，李鸿章致函总理衙门，将盛宣怀订立《会订电报根本合同》的原委加以说明。

到 1887 年，电报总局的东北边界旱线已经接到了珲春，与俄国电线只有二十余里距离，如果能将中俄旱线接通，则从中国往来欧洲的电报将比海线传递所需费用大为减少。为了能接通中俄旱线，盛宣怀曾于 1886 年请李鸿章与俄国驻华公使接洽，但一直未果。在李鸿章看来，中俄之间之所以未能相接，在于"丹国大北公司与英国大东公司闻知此信，恐夺其海线之利，即向俄廷设法阻挠"，除此之外，"俄与丹素来亲密，丹使即为俄使所兼"。正是上述原因才导致东北边界旱线连接事宜屡议不成③。1887 年 2 月，李鸿章到北京与俄国驻华公使再行接洽，仍未得同意。由于中国坚持中俄旱线相接，为维持海线已有发报特权，大北公司恒宁生亲赴天津，希望能得到李鸿章的允准，让海线垄断欧洲往来电报，结果被驳回。在此种情况下，盛宣怀再派洋参赞赴京与俄使协商接线办法，劝告俄使"通洋报为中俄两国之利，不应为丹人牵制"④。经过此番沟通，两公司意识到中国必定会接通旱线，在

---

① 夏东元主编著：《盛宣怀年谱长编》上册，第 174 页。
② 中丹《收售上海吴淞旱线合同》，光绪九年四月十三日，王铁崖编：《中外旧约章汇编》第 1 册，第 428 页。
③ 台北"中研院"近代史研究所编印：《海防档·电线》，第 1403 页。
④ 台北"中研院"近代史研究所编印：《海防档·电线》，第 1403 页。

不能阻止的情形下，同意与中国电报总局谈判电报线路及发报价目问题。

电报分价条款通过李鸿章报至总理衙门，总理衙门对原条款中单独列出上海、福州、厦门三处归海线传递表示异议。总理衙门认为，"十九口中抽出沪、福、厦三口利权归两公司，余十六口万不抵此三口之利"。对于电报总局仅能取得 10% 的相关电报分红，总理衙门亦为不满，认为"所有合同内，第二、第三两款所称港、沪、福、厦之水陆线费，均归两公司得，仅分与电报局百分之十，此条款殊欠公允"。对于合同中的限价条款，总理衙门亦有不同的解释："限定价目甚有流弊，如限价，则公司亦应限价，否则公司减价而我不能减，其弊岂可胜言？"①

由于对条款的不甚满意，总理衙门于 8 月 2 日照会俄国驻华公使库满，表示电报合同"尚有应行斟酌之处，当再咨复北洋大臣核办"，从而将所附合同交还俄国②。8 月 8 日，俄国驻华公使再函总理衙门，表示对总理衙门拒绝批准合同的不解，认为现有合同对中国较为有利，"若烟台所签订之合同不为允准，将来中俄旱线相接未成，则中国每年仅得旱线报费二万元而已，如果合同允准，以上所言接线办成，则中国除目下来项外，每年尚多得十五万元"③。英国驻华公使华尔身亦于同日照会总理衙门，要求核准电报合同。总理衙门并不认同俄、英公使所提及的合同有益于中国的说法，并于 8 月 13 日行文李鸿章，口气强硬，"在烟台所立合同，其中有应行斟酌之处，业已咨行贵大臣查照在案，现在英、俄两公使照送贵处盖印合同，仍请核准"，文中用了"仍"字，显然表达了对北洋大臣李鸿章的不满意；要求李鸿章派盛宣怀赴天津与大北、大东公司重开谈判，指示谈判"详议妥善方可定局，未可以既立合同难以更改，稍涉迁就"④。

9 月 10 日，英国驻华公使华尔身照会总理衙门，敦促总理衙门核准报价合同。另一方面，大北、大东两公司派专人在北京等候总理衙门的批复，已经滞留多日，要求早有结果，以便离京。总理衙门在回复华尔身的照会中要

---

① 台北"中研院"近代史研究所编印：《海防档·电线》，第 1426 页。
② 台北"中研院"近代史研究所编印：《海防档·电线》，第 1427 页。
③ 台北"中研院"近代史研究所编印：《海防档·电线》，第 1432 页。
④ 台北"中研院"近代史研究所编印：《海防档·电线》，第 1434 页。

求两公司的执事"前往烟台再行妥商",婉拒英使①。13 日,俄国公使亦发来内容类似的照会。10 月 5 日,俄国驻华公使复照,表示该电报合同如果说有欠公允,那么应该是对公司而言,而非中国方面,并将对合同的评价上升到对李鸿章、盛宣怀二人的精明、练达等个人品德的评价,认为合同实已无须再行商讨。英国公使华尔身则强调,该合同系中国方面拟成,"如原有费解之处,应由贵国会议之人禀复贵署",反对再去烟台商谈合同②。在这种困难局势下,盛宣怀写了长篇汇报给李鸿章,不厌其详地回答了总理衙门先前对合同条款的存疑各点;表明自己"不敢因既定合同稍涉迁就,亦不敢因已奉指驳嘿无一言",惟望"中国电务可以自立于不败之地"。10 月 9 日,李鸿章将其对电报合同的汇报和分析致函总理衙门③。

简要列出该合同的订立过程,关键不在于这些条款是否真的如总理衙门所说有失公允。而是为了表明,电报局的每一个合同细节,总理衙门是亲自参与核定的,并未仅是形式上的同意而已。这一点对于说明合同的"准条约"性质及国家参与程度是有帮助的。

《会订电报根本合同》共有九条,其中第一、二条对外洋电报的收寄以及报费所得做了相应的规定。如第一条规定:"外洋电报,香港、上海、福州、厦门与欧洲及欧洲过去诸国来往者,不论由海旱线传递(俄国不在其内),均归两水线公司所得。两水线公司将上海、福州、厦门寄至欧洲,并欧洲过去诸国寄至该三口之报费,分与华公司一百分之十分。"如果海线中断,"一年内不出六十日之外,华公司代寄前项电报,仍归还水线公司应得之全报费;如出六十日之外,则于六十一日为始,全报费归华公司得"。第二条则规定:"外洋电报,除沪、福、厦三口外,不论中国何处与欧洲及欧洲过去诸国来往者,无论由海旱线传递(俄国不在其内),均归华公司。"如果中国的旱线中断,"一年内不出六十日之外,水线公司代寄前项电报,仍归还华公司应得之全报费;如出六十日之外,则于第六十一日为始,水线公

① 台北"中研院"近代史研究所编印:《海防档·电线》,第 1439—1440 页。
② 台北"中研院"近代史研究所编印:《海防档·电线》,第 1447 页。
③ 台北"中研院"近代史研究所编印:《海防档·电线》,第 1455 页。

司每字归还现在旱线报费"。第三、四、五条对电报费的价格做了规定。第6条规定一概免去"沪、福、港过线费"。第七条对中国官方使用电报的费用做了规定,即"所有中国官报,不论由中国何处寄发(沪、福、厦在内),如走旱线,全归华公司;如海线传递,仍出全价,无须分与华公司一百分之十"。第八条则规定该合同与1883年签订的"吴淞合同同时期满"①。1883年的中外电信合同以二十年为期,所以该合同也将在1903年期满。在该合同的基础上,中国电报总局与大东公司、大北公司于1887年8月10日签订了《会订电报齐价摊分详细合同》,对相关具体事宜做了规定②。

据《中外旧约章汇编》所载,自1881年中国电报总局与大北公司订立《中国与外洋彼此收递电报办法合同》起,至1889年11月中国电报总局与大北、大东公司订立《续订电报齐价摊分合同》止,有关电信事务的"准条约"有9个。除上述已提及的各合同外,其他两个电信类"准条约"是《九龙香港陆路接线合同》(1883年5月7日)、《福州电线合同》(1884年10月17日)。

二、 中外电信类"准条约"与条约的区别

中国电报总局与大东、大北公司签订的合同和章程,之所以称之为"准条约",与中国电报总局的两重身份有关。它一方面是管理电信业务的政府机构,另一方面也是负责具体经营的近代企业。政府行为与企业行为往往是混在一起,很难通过某一具体的合同将其分离开来。中国电报总局成立后,先后与大北公司、大东公司签订了相关的电信合同。鉴于中国电报总局所具有的管理电信业务的政府职能,因此其所签订的涉外合同代表政府行为,签订的合同也具有了"准条约"的性质。

如果将中国电报总局所签订的电信条约与"准条约"进行比较,将能更好地体现中国电报总局所具有的政府机构职能。因为,在国际法的概念里,条约

---

① 中英丹《会订电报根本合同》,光绪十三年五月十七日,王铁崖编:《中外旧约章汇编》第1册,第517—518页。

② 中英丹《会订电报齐价摊分详细合同》,光绪十三年六月二十一日,王铁崖编:《中外旧约章汇编》第1册,第518—522页。

与"准条约"的区别在于缔结双方身份的不同。既然中国电报总局具有管理电信业务的政府职能，那么它在中外电信交涉中也就具有相应的协定签署权。自电报总局成立后，总理衙门有关电信交涉的事宜一般均委诸该局。

中国电报总局在经营国内电报业务的同时，也开展了在国外的业务，主要是在朝鲜的业务，此种海外业务是服务于清政府整体外交大局的。中国国内开始设立电报线时，日本正努力经营朝鲜电报业务，并先于中国电报总局在朝鲜釜山设立了海线，其目的当然并非仅在于经济利益，主要是为了控制朝鲜，确立其在朝鲜的影响。1883 年 3 月 3 日，日本与朝鲜订立《日朝海底电信线设置议定书》（也称《釜山口设海底电线条约》），其主要内容是：日本委托丹麦大北电信公司，铺建一条自日本九州西北岸起，经对马海峡至朝鲜釜山海岸的海底电信线；电信线到达釜山海岸后，由日本政府修建一个电信局，在海岸至日本人居留地之间架设一条陆地电信线；以后朝鲜政府即使在此地建设官用电信线，海外电报也必须用釜山的日本电信局；并规定 25 年内朝鲜政府不得允许其他任何国家和公司在此地架线①。

中国驻日公使黎庶昌得知日本将修造朝鲜电信的信息后致函李鸿章，建议及早设立天津至仁川电信线，以防日本野心。吴大澂在《筹办朝鲜善后事宜折》中，强调办理朝鲜电信的必要性，并以处理甲申政变为例进行说明。李鸿章已经知晓日本委托大北公司安置日本九州至朝鲜釜山的海线，并与朝鲜订立了电信条约五款，其中有"二十五年朝鲜政府不架设与该海陆线路对抗争利之电线，并不准他国政府及会社布设海底线"语句，显然在于垄断朝鲜电报权②。李鸿章为了防止日本进一步控制朝鲜陆线及其他海线，建议趁朝鲜国王商请设立中朝陆线之机，为朝鲜保持住陆线电报权。由于朝鲜缺乏建造陆线的资金，而中国电报总局一时亦无法拿出足够的资金，李鸿章奏请光绪帝批准"敕下总理衙门于出使经费项下暂行借拨银十四万两"，并要求盛宣怀"遴派熟悉电务妥干之员，驰赴朝鲜，先与妥议办法，订立合同"③。

---

① 此条约的内容请参考郭海燕：《从朝鲜电信线问题看甲午战争前的中日关系》，《近代史研究》2008 年第 1 期。
② 台北"中研院"近代史研究所编印：《海防档·电线》，第 1180 页。
③ 台北"中研院"近代史研究所编印：《海防档·电线》，第 1181 页。

正是在李鸿章的通盘布置下，1885 年 7 月 17 日，中国电报总局与朝鲜国政府订立《中国代办朝鲜陆路电线合同》。该合同系中国电报总局奉皇帝谕旨与朝鲜政府订立，因此中国电报总局是代行国家职能，合同第一条载明"中国督办电局商局，现奉北洋大臣李中堂奏明，以朝鲜国王咨商，自仁川港起，由汉城至义州，达于凤凰城，请设陆路电线，共一千三百里，并请筹借经费，赶速设置，所有经费应由朝鲜限年归款，特此饬由华电局代筹借款，派员办理"①。通过此条约，中国电报总局获得了在朝鲜 25 年的电报特权，"朝鲜政府因中国电局垫款创设电线，有裨朝鲜政务不浅，订准水、陆电线工竣后，自通报之日起二十五年之内，不准他国政府及各国公司在朝鲜地面、海滨代设电线，致侵本国之事权及损华电局之利益。如朝鲜政府有欲扩充、添设之处，必须仍由华电局承办，以免纷歧"②。

中国所要求的二十五年期的在朝电信特权，对朝鲜构成了一项条约义务。当朝鲜欲添设釜山电线时，依据该项规定，须向清政府要求中国电报总局承办釜山电线。1886 年，朝鲜政府代表与清政府代表订立《釜山电线条约》，其中第一条的规定就是"朝鲜政府现拟添设釜山电线，因无熟谙电务人员，查照上年原订合同第三条，二十五年之内朝鲜政府有欲扩充添设之处，必须仍由华局承办，以免分歧，为此咨请北洋大臣，仍饬由华电局代办"③。在晚清政府的对外电信交涉中，中国电报总局与朝鲜所订立的电信条约是一个特殊的类别。那么，清政府所获得的在朝鲜的电信垄断权能不能视为对朝鲜电信主权的侵犯？事实上是不能得出如此简单的结论。首先，朝鲜政府已经在中国电报总局之前给与日本二十五年的釜山海线垄断权，中国此举隐然有对抗日本海线之意。其次，朝鲜电线创办所需资金悉由清政府提供，条件优厚，根本不考虑经济利益，"朝鲜创办陆路电线系朝鲜国王商请中国借款设造，特由华电局代借公款关平银十万两，五年之后由朝鲜政府分

①　中朝《中国代办朝鲜陆路电线合同》，光绪十一年六月初六日，王铁崖编：《中外旧约章汇编》第 1 册，第 469 页。

②　中朝《中国代办朝鲜陆路电线合同》，光绪十一年六月初六日，王铁崖编：《中外旧约章汇编》第 1 册，第 469—470 页。

③　中朝《釜山电线条约》，光绪十二年，王铁崖编：《中外旧约章汇编》第 1 册，第 504 页。

作二十年，每年归还五千两，不取利息"①。这样的规定清政府从未在列强那里获得过。有研究认为"中国虽然控制了朝鲜的电信权，但付出了相当大的经济代价。日本虽然暂时采取了退让的政策，但却借中国和朝鲜之手，不仅获取了在朝鲜的通信手段，还从中获取了经济利益"②。从性质上讲，清政府所要求的在朝鲜境内二十五年的电报专有铺设权，或许更可作为一种投资优惠政策。比较而言，大北公司在与中国电报总局所达成的协议中，亦曾要求二十年的海线特权。二者相比较，虽然均有较长时期的垄断限制，但双方出现的背景并不相同。

除去中朝之间签订有电信条约外，中法、中俄、中英之间也签订有陆线相接的电信条约。这些电信条约与前述"准条约"并不相同。如 1888 年 12 月 1 日签订的《滇越边界联接电线章程》就是近代中外电信条约中的另类，属于两国电信部门间签订的协议，是边界接线类条约。该章程第三款规定："中、法两电报总局所应办之边界相连接线及保护、修理电线，并设局管理电线，以上各项，两国彼此在本界限内各自出资办理，约明均不侵越边界尺寸地步。"③ 晚清电信条约的缔结者只能是清政府。事实上，当时代表清政府签订电信条约的并非只有中国电报总局，还有北洋大臣。在 19 世纪 80 年代的第一批电信类条约中，李鸿章曾亲自出面与俄国订立了中俄陆路电线连接协议。1889 年 10 月 2 日，中俄订立《电报接线草约》，草约开头即载明"中国钦差大臣李、俄国钦差大臣库会议订立"，这里的李鸿章钦差身份显然是代表政府。就条约的内容而言，中俄接线草约与中法接线合同同属一类，中俄草约规定"中、俄两国电报局应各自造线至边界为止，各自修理经管，彼此不得逾越"④。该条款与中法边界电信合同中的条款基本一致，表明了清政府关于中外边界接线的基本原则。继中法、中俄签订边界接线条约后，中英于 1894 年 9 月 6 日签订《云南缅甸边界陆路电线相接约款》。

---

① 中朝《中国代办朝鲜陆路电线合同》，光绪十一年六月初六日，王铁崖编：《中外旧约章汇编》第 1 册，第 469 页。

② 郭海燕：《从朝鲜电信线问题看甲午战争前的中日关系》，《近代史研究》2008 年第 1 期。

③ 《滇越边界联接电线章程》，光绪十四年十月二十八日，王铁崖编：《中外旧约章汇编》第 1 册，第 542 页。

④ 中俄《电报接线草约》，光绪十五年九月初八日，王铁崖编：《中外旧约章汇编》第 1 册，第 545—546 页。

三、 对电信类"准条约"的评价

自第一个"准条约"订立至中日甲午战争之前,可以将其视为近代中国"准条约"的第一个发展阶段。在这个发展阶段,中外之间的"准条约"主要集中于电信类。这些"准条约"主要是中国电报总局与两个国外电报公司订立,即丹麦大北公司、英国大东公司。在此期间,源于电报业务自身发展的需要,中国还陆续与边界邻国订立了相应的电信条约。从中国自身而言,这些条约和"准条约"都是中国以国家名义订立的,反映了此一时期中国电报业务发展的自身特色。在涉及电信交涉问题上,总理衙门或李鸿章等坚持陆线、海线分开办理,陆线权归中国电报总局。如果以此原则而言,中国电报总局对外电信交涉是成功的。1883 年,署北洋大臣张树声在评价中国电报总局与大东公司的合同时称:"此次与大东往复辩论,该道(盛宣怀——引者注)等遵照钧署指示,始终抱定离口设法原议,内外坚持,卒使就范,永杜海线进口上岸,并令其线头退出吴淞,应争权利,一一办到。"[①] 这些电信类"准条约"与条约在中外电信业务往来以及发展电信事业上起到了应有的作用。

当然,中国电报总局与大东、大北公司签订多个"准条约",与二者的在华地位有密切的关系。毕竟二者是最早通过非常的方式在中国开展业务的外国公司。诚如时任驻英、法、意、比公使的薛福成所说,架设电线是一个国家的"自主之权""内治之法","中国二十年前,于此等利害,尚未深谙。大北乘隙先来,擅自设线,当时亦以彼族饶舌为疑虑,并未从严禁阻,以致大东相继效尤"[②]。而且,相关"准条约"的签订也使大北、大东公司取得了诸多经营上的特权。

如何应对中国电信所处的境地,也是值得考虑的问题。薛福成认为:"大北、大东来华设线本无核准明文,惟事阅廿年,骤难驱撤。""该商擅来设线,夺我自主之权。若德、法、美、倭各商援例效尤,中国门户洞开,何

---

① 台北"中研院"近代史研究所编印:《海防档·电线》,第 562 页。
② 《论大东大北电报两公司订立合同书》,光绪十六年十二月二十六日,丁凤麟、王欣之编:《薛福成选集》,第 348 页。

所底止。"① 针对这种情况，薛福成提出"今之办法，借北、东两公司之报效，而予以保护两公司为名，而杜他线之来"②。也就是说"借保护先在华效力之两公司为名，即杜外洋他线之来，俾报效官电以全体统，节巨费。凡遇要务，可多发电以通中外消息；且有事时不为我敌国通电，关系尤巨"。因此，1890 年，薛福成派马格里与大东、大北公司进行商议，达成了一个包含九条内容的合同，以图收回国家权利③。不过，这一办法并非没有问题。如总理衙门就认为"中国虽有自主之权，究竟能否执此以拒绝他国，殊难预定"。而且，李鸿章基于美、德对中国电信的觊觎，尤其是俄国要求陆线利益考虑，认为到时"俄线断难阻其不接，即两公司亦难许其独享。彼既不能独享，则所许我便宜皆成画饼，且自生葛藤"④。所以，薛福成的这一努力最终未能实现。1892 年，时人在议及中国的电报时还说："中国初未设线也，于是大东、大北两公司相继而开；由中至外，电报之利尽为所有。既而中国亦渐仿行，自设电报局，以迄于兹十有余年，已将遍及乎各省，所未设者仅湖南一省耳。蒸蒸日上，利源渐开，其效固为甚捷已，然所获者仍是国中之利。其利之流出外洋者，则仍不能遏其源而壅之防也。"针对中国电信面临的境地，"中国必通盘筹算，可以由自己握其要领，乃可以行。否则不特俄议万不可允，即他国向之所侵越于我者亦必从长设法收回，事权概归中国电局办理而后可。"⑤ 因此，在特定的中外关系格局之下，中国要想改变中国电信所处的局面是相当困难的。

甲午战争前，"准条约"的出现是洋务运动深入发展的表现之一。这一时期的"准条约"均为电信类"准条约"。它们虽然对洋务事业的发展、中外交往有所影响，但是也造成了中国电信的特殊境地。清政府在洋务运动中所打出的"自强"与"求富"口号，因甲午战争战败，最终成了一个幻想，可以认为

① 《电报：光绪十六年十一月二十八日递北京天津》，丁凤麟、王欣之编：《薛福成选集》，第 343 页。
② 《论大东大北电报两公司订立合同书》，光绪十六年十二月二十六日，丁凤麟、王欣之编：《薛福成选集》，第 348 页。
③ 《电报：光绪十六年十一月二十八日递北京天津》，丁凤麟、王欣之编：《薛福成选集》，第 343—344 页。
④ 《复总署 复议大北大东公司合同》，光绪十七年二月二十一日，顾廷龙、戴逸主编：《李鸿章全集》第 35 册，第 185—186 页。
⑤ 《宜仿西法以裨时事论五》，《申报》1892 年 10 月 6 日。

甲午战争宣告了洋务运动的最终破产。甲午战争虽然终结了洋务运动的发展进程，但是中国近代化的步伐并未因而却步，近代中国的"准条约"因而进入一个新的发展阶段，由单一的电信类"准条约"发展至贷款、修路及开矿等关系国计民生的其他事项和部门。

第七章 条约的执行与冲突

条约的执行是中外条约关系运行的主要体现。如何执行条约，涉及中外双方的权利和义务。为执行条约、规范相关问题，相应的章程相继产生，并形成了相应的制度。不过，条约执行并非简单地遵守约章办事。出于特殊的背景，中外之间还在有的条约执行上实行了变通。然而，中外条约涉及范围广泛，不同的利益主体在执行相关条款时，出于利益考量、对条款的不同理解等原因，还出现了违约问题。因此，围绕着条约执行中的守约与违约，中外之间多有冲突发生，引发交涉。

第一节 执行条约与各项章程的产生

中外条约具有法律约束力。中国与外国政府必须履行条约义务，而且为执行条约的相关规定，还制定了相应的国内法。如 1887 年 2 月 23 日，美国国会通过了一项法案，其内容就是关于如何执行 1880 年中美《续约附款》

第二款禁止商民贩运鸦片的规定①。此外，美国等国为执行有关华工的条约也颁布有相关的法规。不过，与外国相比，中外条约的执行对中国影响更大，使中国产生了各项章程。故本节所论执行条约与各项章程的产生主要是针对中国而言。

一、 条约的执行

1860 年以后，清政府迫于形势，不得不采取信守条约的政策，履行条约义务；各国为了自身在华条约利益的实现，积极要求中国执行条约。而且，在执行条约具体条款的过程中，相应的章程相继产生。它们或由中国政府制定，或由中国与外国合作制定。因此，中外条约的执行也使得第二次鸦片战争后基本形成的条约制度得到完善和发展。

外交在中外条约关系中占有重要地位。第二次鸦片战争后，各国公使根据条约规定相继进驻北京，各国在通商口岸派驻了领事，商人领事退出舞台。各国外交官和领事根据条约的规定行使权利。中国与外国在条约关系的框架下建立起了新的中外交往制度。由于中外条约的不平等性，这种制度并非完全是国际惯例和通行制度。如外国在华领事拥有领事裁判权以及其他权利，远非一般情况下管理本国侨务和商务的官员可比。

外人在华权益是中外条约的重要内容。根据中外条约，外国人取得了在中国通商、传教、居住、游历等权利。清政府不得不履行条约义务，对来华外人提供保护；并就外人在华传教、游历发布上谕，要求地方照约保护。对无约国，清政府实行了区别对待的政策。如 1861 年，总理衙门咨文南洋大臣，指出"未换约之国，虽有该国领事官执照，亦不准前往内地"②。同年，总理衙门针对荷兰当时尚未与中国签订条约而该国传教士到北京传教的情

---

① "Mr. Bayard to Mr. Chang Yen Hoon," March 4，1887，*Papers Relating to the Foreign Relations of the U-nited States*，*for the Year 1887*，*Transmitted to Congress*，*with a Message of the President*，*June 26*，*1888*，Washington：Government Printing Office，1888，pp. 237—238.

② 《总署咨议定申明游历传教查验印照并无约各国不准给照文》，咸丰十一年，北洋洋务局纂辑：《约章成案汇览》乙篇，卷 33 下，第 6 页。

况，咨文各省，重申无约国之人不准在中国内地游历①。1869 年，总理衙门咨文各省，无约国之人不能在中国设局招工，并声明已照会各国公使"凡系无约各国，一概不准其商人设局招工，其船只亦不准搭载工人出洋，华民亦不准承工前往"②。

执行条约和规范相关涉外事务，往往通过清政府发布上谕、颁行章程以及总理衙门向地方发布咨文、地方发布告示或制定法规等方式实现。1876年，两广总督刘坤一发布的《变通通省洋务简要事宜条款》颇具代表性。《变通通省洋务简要事宜条款》共有七条，涉及地方办理中外交往事宜的诸多方面。

第 1 条是关于地方外交体制的问题。其文称："地方官办理中外交涉事件，必须具禀本部堂察核，札行各国领事官。如事关紧急，不及禀请转札，该州县自行照会驻汕、省、琼领事官，亦应将照会事由禀报本部堂察核，该州县不得径与香港等处各国洋官公文来往，致与条约不符。"第二条是关于外国人在华租地置产的问题。其内容主要涉及传教士在内地置产问题，要求"外国传教士不得在内地置买私产；其有买地建作教堂公产者，务令卖业之中国民人先赴该州县报明"。州县官员查明所卖之地"契据确凿，界址分明，本人自愿卖给，与地方并无妨碍，方可交易"。并且，卖契内只能写"立文契人某某卖为天主堂公产字样，不得专列教士及奉教人姓名"；如果内有卖业人不向官府报明，私自卖给教会，即将卖业人，严行惩处。此外，该条在最后指出：通商口岸以外都是内地，外国商人不得在内地租屋，设立行栈，也不得在内地置买私产。第三条是关于司法诉讼和传教问题。该条首先对外国人向中国官员呈控做了要求，即"外国商人及无爵者，赴地方官控诉事件，应用禀呈，其禀函由领事官转递"。其内容主要涉及传教士、教民的管理。关于传教士，该条指出传教士并非官员，到内地传教"不得干预一切别项公私事件"。"如有执持总理衙门谕单，用禀呈赴诉地方官，确系理直之

---

① 《总署咨无约之国洋人不准入内地游行文》，咸丰十一年，北洋洋务局纂辑：《约章成案汇览》乙篇，卷 33下，第 8 页。

② 《总署咨无约各国不准设局招工文 附照会》，同治八年，北洋洋务局纂辑：《约章成案汇览》乙篇，卷 30下，第 7 页。

事，立即秉公核办。若呈递照会文件，干预地方一切别项公私事件，无论是否真正外国教士，其文件即行退还。"关于教民，该条主要涉及司法管理、赋税和公私摊派，规定内地教民"别有不法情事，仍应照所犯之案办理；并将所犯情由，声明与习教两无干涉之处，禀报本部堂咨报总理各国事务衙门"。"凡民间差徭一切公费，仍令内地教民一律应差摊派；其余如迎神演戏、赛会烧香等事，不必强其摊派。"如果内地教民"犯案被控，地方官照例拘传"，教民若逃入教堂，传教士应该将其交出接受审办；教民到案时，应当"跪堂听审"。第四条是关于外人在华游历的管理。该条指出：外国人前往各处游历，"应将执照交地方官验明无讹放行"。如果发现外国人未领执照，"及有不法情事，就近送交领事官惩办；沿途止可拘禁，不可陵虐"。地方官员要按条约的要求对待游历的外国人，光绪元年（1875）十月总理衙门曾摘录条约中有关游历的条款，"并将条约中字义及未尽事宜，详晰注明"，咨行广东。两广总督署已经刊印颁发。各州县的官吏"务宜随时阅看，悉心体会，以免办理失宜"。对于游历的外国人，不论是传教士、商民，各州县"只应保护，不得无故与之会晤往还"。除传教士外，日本人、各国洋人都"不得藉词久住内地"，各州县应当随时查察，如果发现这种情况，"即飞报本部堂，以凭核办"。第五条主要涉及外国船只遇险、遇难的处理。外国船只在内地港口遭风搁浅，地方官员"应即妥为救护弹压，乡民不得抢掠货物，拆毁船只"。如果有借端抢毁之案，或者外国船只在中国洋面遭遇海盗抢劫，附近文武员弁，"一经闻知，立即上紧严拿贼匪"，并将追回赃物交领事转交给事主，"但不得赔银两，致与条约不符"。第六条主要涉及招工事宜。该条指出"无约之国，不得招工"。有约国如果在各州县招工出洋，各州县要查明各项事宜与1866年总理衙门发来的《招工章程》、1873年两广总督核定的《招工公所事宜四款》是否相符，"飞速禀报本部堂，听候核明饬遵；各州县不得于未奉批饬之先，遽行开办"；"秘鲁国虽已换约，仍不准招工"。第七条主要涉及如何对待有约国与无约国。该条指出与中国有正式条约关系的国家有十四个，遇有交涉事件，均应按照条约办理；"此外各国间有已立条约尚未互换者，即与无约之国同，其所立条约，不得援引"。秘鲁与中国已经换约，但是条约"尚未刊刻通行，其国人请照游历，应照换约各国一律办理"。对于有条约关系，但是条约中没有传教条款的奥地利、秘鲁两国，其国人到中国内地传教，"该州县即妥为阻止，一面飞禀本部堂核办"①。

《变通通省洋务简要事宜条款》体现了广东地方执行条约相关条款的具体实态。虽然中国各地情形不一，但是广东的这一地方文件为我们认识各地的条约执行提供了样本。不过，该条款是地方政府根据条约制定的，主要涉及在华外国人及相关事务的管理，对于中外通商相关的具体事宜关注较少。

事实上，中外条约各方面的具体规定在 19 世纪的 60—90 年代得到了执行。而且，为执行这些条款，与通商、传教有关的章程陆续出台，进一步丰富和完善了各种条约特权制度。

二、 各种通商章程

通商是中外条约关系的重要内容，涉及通商口岸、租地、贸易征税、货物运输和存放、引水、航行等内容。

清政府在 1860 年以后陆续开放了一批约开口岸，通商口岸相关的制度得到进一步发展。租地则是外人在通商口岸的重要特权。在此基础上形成的租界制度在 1860 年以后得到进一步发展，成为脱离中国行政、司法管辖的特殊区域。

中外贸易在中外条约关系的框架下得到发展，从沿海向中国内地渗透。为执行贸易相关的内容，一些由中国政府或外国官方提出或中外协商产生的章程出台。由于个别章程在前述章节阐述条约关系扩展时已有论及，故下文不再提及。

关于洋商在华活动，相关章程有中外《洋商请照入内地摘要章程》（1866 年 1 月 27 日，令各关实施的时间）、中英《英商在台湾采办樟脑条款》（1868 年 12 月 1 日）等。

---

① 《变通通省洋务简要事宜条款》，光绪二年，中国科学院历史研究所第三所工具书组校点：《刘坤一遗集》第 6 册，中华书局，1959 年，第 2798—2800 页。

关于外国轮船在各口停泊，相关章程有中外《福州港停泊轮船章程》（1872 年 10 月 1 日）、中外《厦门口停泊轮船章程》（1872 年 10 月 1 日）、中外《汕头口停泊轮船章程》（1872 年 10 月 1 日）、中外《上海口停泊轮船章程》（1873 年）。

关于外商缴税，相关章程有中外《议定租界洋货免厘及存票改限章程》（1877 年 2 月 13 日，上海实施的时间）等。

关于外国船只在内河航行和停泊，相关章程有中外《海河行船泊船章程》（1865 年）等。该章程是中外为应对天津开埠后的船碰问题而出台的。1864 年 11 月 7 日，英国驻华公使照会总理衙门，提出"大沽海口内地船只近被轮船碰坏两案，合请转饬各该官与署副领事商定，务示船户详细知悉，收宿应在何停泊，往来应作如何分行，妥设章程，嗣后庶免此弊"。总理衙门就此咨文三口通商大臣崇厚。事实上，1861 年天津开埠后，崇厚因大沽海口到天津河道狭窄、外国轮船往来较多，担心内地的商船与外国轮船发生碰撞，采取了相应的措施，但效果并不明显。所以，崇厚在收到总理衙门的前述咨文后，认为：为避免中外商船发生碰撞，"必须妥议章程，饬令内外商船一体遵照，方可行之久远"。于是，崇厚派天津税务司、天津县大沽局委员与驻大沽的英国副领事妥议章程①。三方议定章程后，崇厚又与英国驻天津领事详细商酌删改，议定章程十条，即《海河行船泊船章程》。崇厚在将该章程咨呈总理衙门札行地方官执行的同时，又于 1865 年 4 月 23 日札告天津税务司，收到章程后立即将章程翻译英文一份，以便刊版刷印散给外国船只遵照办理②。

关于各通商口岸引水，1868 年《各海口引水总章》正式实施后，上海、宁波、福州、厦门、牛庄、天津等口岸海关相继制订引水分章。如 1868 年的《上海港引水分章》、1870 年的《厦门口引水章程》等③。据《约章成案

---

① 《崇厚为大沽海口内地商船与外轮时有碰伤应妥议章程事札》，同治三年十一月初二日，天津市档案馆编：《三口通商大臣致津海关税务司札文选编》，第 172—173 页。
② 《崇厚为议定海河行船泊船章程请晓谕外国商船周知事札》，同治四年三月二十八日，天津市档案馆编：《三口通商大臣致津海关税务司札文选编》，第 173—174 页。
③ 《中国海关通志》编纂委员会编：《中国海关通志》第二分册，方志出版社，2012 年，第 1097 页。

汇览》乙篇第三十一卷所载，天津、牛庄、宁波、福州、厦门、汕头、广州、上海等八个口岸都制订了引水分章。

关于海关聘用洋员，相关章程有《海关募用外人帮办税务章程》（1864年）。根据相关约章的规定，中国海关实行的外籍税务司制度进一步发展。1865 年，总税务司署由上海迁至北京。总税务司赫德在外籍税务司制度的运作以及征收海关税收方面发挥了重要作用。

关于起卸货物、设栈存货，相关章程有《洋船于沿江六处起卸货物章程》《上海关栈试办章程》《火油池设限防险章程》等。

根据《烟台条约》的规定，沿江安庆、大通、芜湖、武穴、陆溪口、沙市等六处可以起卸货物。由于按照旧章，这六处地方本来是不准许起卸货物，现有了新条约的规定，所以总理衙门认为应当妥议章程，避免流弊；总税务司请与南洋大臣商定《洋船于沿江六处起卸货物章程》，经总理衙门奏准颁行①。

1881 年中德《续修条约》签订后，通商口岸设关栈得以实现。1887 年，赫德拟定《上海关栈试办章程》，由总税务司署通令各关遵行。通令指出：《上海关栈试办章程》专为德国船舶制定，"然当其他有约各国之船舶与商人欲分享保税特惠时亦应遵守"；"关栈章程采用与引水章程相同办法，即总章程适用于所有口岸，而地方规定适用于有关特定口岸。地方规定不须与领事或商会商谈，然在章程颁布或实施前应呈报总税务司批准"②。

不过，煤油作为一种特殊的商品，与其他商品显然的不同就是，它带有安全隐患。因此，煤油设栈长期未能实现。1888 年，总税务司赫德曾提出在通商口岸设立火油关栈，总理衙门未予同意。1893 年，外国商人拟在上海租界外的浦东陆家渡建立火油池。此事涉及俄、德、英三国。因为火油是俄国所产，英商出资贩运，德国商人经手。具体建设火油池则事涉英、德两国。当时，英国商人不与上海道台商量，擅自筑池，引起上海地方绅董的反对，

---

① 《总署奏宜昌等关新开口岸开办日期片》，光绪三年正月二十七日，王彦威、王亮辑编，李育民等点校整理：《清季外交史料》第 1 册，第 170 页。

② 《海关总税务司署通令》第 395 号（第二辑），1887 年 10 月 20 日，海关总署《旧中国海关总税务司署通令选编》编译委员会编译：《旧中国海关总税务司署通令选编》第 1 卷（1861—1910 年），第 299 页。

然而领事不允许就此进行商议。英国驻华公使欧格纳向总理衙门指出："筑池处系沪道指准存放油箱之地，如油船运到，不令进口，不能答应。"总理衙门虽然与之交涉，但是"其势恐难理谕"。总理衙门致电李鸿章，就"应如何防险设限之处，及商局能否同办"问题，饬聂缉椝、盛宣怀熟筹妥办①。随后，聂缉椝、盛宣怀就火油池章程进行了商议。与此同时，德国驻华公使和领事也积极参与此事。德国驻天津领事司艮德面见李鸿章，声称：奉德国驻华公使电，"求饬准油船开舱起岸"。李鸿章乘机向其提出两条要求：一是"油池以后如有失慎，伤害附近商民人命、产业，须优给赔恤"；二是"通商各口洋商，倘再欲仿办油池，必须先禀关道查明，于地方民居有无妨碍，转请南、北洋大臣核示准否"。李鸿章提出，如果这两条能够载入双方商议的章程之中，他可以电饬上海地方官员准外商开舱卸油，否则不准办理。司艮德同意将此电告德国公使，转饬英国和德国领事照办②。随后，上海道与英国领事议订油池防患章程，然而英国公使欧格纳不同意其中第二条规定。李鸿章当时正在威海、烟台巡阅海军，与英国参赞多次会晤，让他转告欧格纳，第二条必须照准。1894 年 5 月 24 日，欧格纳致函李鸿章，对第二条的内容作了如下修改："现上海浦东一处暂行通融办理，以后他处均不得援此办法为例"；如果仿办，必须经中外官方同意，并且要查明对地方居民有无危害。李鸿章认为欧格纳的修改"较领事所提，较为周妥"；并且认为欧格纳已松口，应乘机与他定议，以免迟疑生枝节③。李鸿章认为该章程第二条的修改以后即可杜绝私设。于是，上海道聂缉椝与各国领事议定《火油池设限防险章程》。李鸿章认为该章程所规定的各种防险和限制办法，尤其严密，"皆为日本章程所未及"。该章程议定后通行各口，全部遵从执行④。

---

① 《总署致李鸿章英德商人在沪筑贮油池希饬妥办电》，光绪二十年三月十四日，王彦威、王亮辑编，李育民等点校整理：《清季外交史料》第 4 册，第 1818 页。
② 《直督李鸿章致总署聂盛道电火油池章程大致已定并与德领事约定两条请示电　二件》，光绪二十年三月十七日，王彦威、王亮辑编，李育民等点校整理：《清季外交史料》第 4 册，2015 年，第 1818—1819 页。
③ 《直督李鸿章致总署与英领议沪火油池防患章程电》，光绪二十年四月二十二日，王彦威、王亮辑编，李育民等点校整理：《清季外交史料》第 4 册，第 1846 页。
④ 《李鸿章刘坤一奏上海浦东地方洋商试办火油池议定防险章程折》，光绪二十年六月十七日，王彦威、王亮辑编，李育民等点校整理：《清季外交史料》第 4 册，第 1887—1888 页。

关于土货复进口，相关章程有《土货复进口章程》。《天津条约》第二十八款、《通商善后条约》第七款，对于洋商领税单将洋货运入内地，以及领报单进入内地购买土货，均有明确的规定。1861 年，中外之间订有《土货复进口章程》。总理衙门认为这已是为有利洋商而格外通融，不过，后来"因商人影射，遂致难以分晰"。1872 年六月，威妥玛也致函总理衙门，指出"此二事原系外商之益，情弊百出，反成税课之累"。总理衙门认为"前项章程，原按条约本意酌核，期于商情税课两无阻碍，惟迄今尚未能准行，深为可惜"。所以，1875 年，总理衙门对威妥玛提出的汉口、镇江关道"以运货税单多方阻挠"，答复是"刻下惟有饬令各关道，按照条约办理，在各商固不可任令滋有情弊，在各关道亦不能任令违约阻挠"①。

关于遇险船只的救护，相关章程有《酬赏失事洋船章程》《救护船只遇险章程》《救护中外船只遇险章程》。随着中外贸易的发展，中国沿海航运往来频繁，但是遇风遇险事件多发，并有乘机抢劫财物之事发生。1869 年，英国驻福州领事拟定《酬赏失事洋船章程》，对中国人参与救助失事洋船的酬赏作了相应的规定。该章程经闽浙总督抄送总理衙门决定引用②。丁日昌任上海道台时，曾制定《救护船只遇险章程》。1876 年，丁日昌在处理安纳船事件时，出于防患与救护的考虑，认为福建省可以仿行《救护船只遇险章程》。于是，他与闽浙总督议定《救护中外船只遇险章程》五条，即"定地段以专责成""明赏罚以免推诿""定章程以免混乱""定酬劳以资鼓励""广晓谕以资劝戒"。该章程对救护中外遇险船只的方法、责任、奖励、宣传等做了相应的规范③。总理衙门对此表示赞同，认为"不独福建一省当即照行，即沿海各省亦应一律查照办理，庶中外船只往来洋面可免抢夺之虞，而海滨人民皆知劝戒"④。

可见，中外之间围绕着通商事宜，在条约相关条款的基础上出台了诸多

---

① 《总署复英使各口滋事案件办理情形逐条详复照会》，光绪元年七月二十二日，王彦威、王亮辑编，李育民等点校整理：《清季外交史料》第 1 册，第 35 页。
② 王铁崖编：《中外旧约章汇编》第 1 册，第 314 页"附注"。
③ 《救护洋险船只章程疏》，光绪二年，赵春晨编：《丁日昌集》上，第 115—116 页。
④ 《总署奏德国船主在闽洋被戕案业已办结请饬各省照章保护中外船只折》，光绪二年五月初四日，王彦威、王亮辑编，李育民等点校整理：《清季外交史料》第 1 册，第 99 页。

的章程。这些章程对于执行条约和规范通商往来起到了相应的作用。

三、 传教章程

条约中传教条款的执行也相当复杂。中外各方在传教条款的基础上，提出了办理传教事务的若干办法和章程，如《保护教民章程》《传教章程》等。

第二次鸦片战争后，中法为执行传教条款，就管理传教士提出了相应的办法。1861 年 4 月 2 日，总理衙门接到法国送来的传教谕单。法方请总理衙门盖印，以便交付各处传教士收存。谕单中载明"该教士赴内地，只以传教劝善为务，并无他意，亦丝毫不得干预地方公私事件"等内容。于是，总理衙门 1861 年 4 月 11 日在致各省的咨文中，要求地方官"嗣后遇安分传教之人，自应按照条约设法保护外，倘该传教士有干预公私事件者，亦应照谕单驳斥不准，一面仍飞咨本衙门核办，以便移法国驻京公使惩治"。至于内地习教之人，根据中法《天津条约》准许习教，然而习教者另有不法之事，"地方官仍应照所犯之案办理，并将案内所犯情由，声明与习教两无干涉，咨报本衙门"。法国传教士不干预公私事情，但是"如有在地方官呈诉事件者，该地方官亦即公平剖断，一面速报本衙门，毋得视为具文"[①]。

1861 年 12 月 3 日，清廷发布上谕，要求各地官员凡遇到交涉习教事件，"务须查明根由，持平办理"；对于安分守己的习教者，应当"与不习教者一体抚字"[②]。

1861 年 12 月 21 日，法国驻华公使布尔布隆为山西教案照会总理衙门，声称传教士和教民"以迎神、赛会各事为异端，不愿随众出钱，其应出各项公费，亦不愿比常民多摊，尤不愿因此至于责罚"。所以，他根据中法《天津条约》第十三款关于传教的内容，指出"若地方官以不摊迎神、造庙各钱，故于别项公费勒令多摊，置该教民所费造天主堂及诵经礼拜钱于不问，是与和约章程显有违碍，亦更背弃习教与不习教者同为一体之意"。于是，他在

---

① 《总署致各省督抚咨文：传教士不得干预地方公私事件》，咸丰十一年三月二日，廉立之、王守中编：《山东教案史料》，齐鲁书社，1980 年，第 405 页。
② 《总署致各省督抚咨文：发给谕单式样通行照办》，同治元年正月九日，廉立之、王守中编：《山东教案史料》，第 406 页。

照会中提出了教民在地方公共事务中摊派的四条办法。其中对于无益之事，"永免习教人等摊钱"；有益之善事，"不可勒派习教人较常民格外多摊"。所谓无益之事，即是指"建造修理庙宇暨一切祈雨、谢神、演戏、赛会干涉仙佛"；有益之善事，是指修桥、补路、填坑、挑河①。这就在条约的基础上，明确提出了免除教民在日常公共事务中的部分摊派。总理衙门接受了布尔布隆提出的办法，咨文各省以后凡习教之人，"除正项差徭外，其余祈神、演戏、赛会等费，该教民既不愿与不习教者一律同出，即可免其摊派"②。随后，法国驻华公使又提出向传教士发放谕单，即《通行传教谕单》。其内容除申明《天津条约》《北京条约》中的传教条款外，还包含了前述已经实行的各项办法，如 1861 年 12 月 3 日的上谕，教民摊派公费与免摊公费办法，传教士并非官员、不能干预公私事件等。1862 年 2 月 7 日，总理衙门在致各省督抚的咨文中，申明相关办法，并附送《通行传教谕单》，以便各地遵照执行③。

　　1862 年，奕䜣因湖南湘潭等处教案，照会法国驻华公使哥士耆，声明拟定《保护教民章程》，"以冀收潜移默化之效"④；并附送章程给哥士耆。该章程共有三条，第一条提出"主教、神父分赴各省，宜慎择良善"。第二条提出"地方官宜准情酌理，分别待外国传教及中国教民"。第三条提出"讼案牵涉教民，宜持平核办"⑤。各条的具体内容在条约的基础上，对传教士选择教徒、地方官员对待传教士和教民、民教诉讼的处理等作了说明。

　　1867 年出台的《陕西保护教士条约》在申明中法《天津条约》传教的基础上，提出省城查还教产是"按照条约办理之事"，"除通商条款内所载保护

---

　　① 《照会（法字第 45 号）》，乔志强编：《义和团在山西地区史料》，山西人民出版社，1980 年，第 78—79 页。

　　② 《奕䜣等奏法使布尔布隆照会各省教案未能遵旨办理请再饬遵折》，同治元年三月初六日，中华书局编辑部、李书源整理：《筹办夷务始末·同治朝》一，第 179 页。

　　③ 《总署致各省督抚咨文：发给谕单式样通行照办》，同治元年正月九日，廉立之、王守中编：《山东教案史料》，第 406—408 页。

　　④ 《给法使哥士耆照会》，同治元年闰八月二十四日，中华书局编辑部、李书源整理：《筹办夷务始末·同治朝》一，第 400 页。

　　⑤ 《保护教民章程三条》，同治元年闰八月二十四日，中华书局编辑部、李书源整理：《筹办夷务始末·同治朝》一，第 401—402 页。据郭卫东《中外旧约章补编（清朝）》（上册，第 27 页），该章程发布日期为 1862 年 9 月 3 日。

传教，及他省原定条约，仍照遵行外，应就陕省情形议定条款，永远遵行"。《陕西保护教士条约》共有四条：第一条涉及教务处理，并规定主教不干预公事；第二条规定传教士不得招收回民入教；第三条规定因地方不靖，传教士与教民出入城门，"应听委员一律盘查，不得违抗"；第四条申明条约依据的同时，规定主教在陕西传教，"设于所交张姓房地之外，或添造医院、学房、坟地，置买租赁民间房屋。系民间情愿交易者，建造自便。其房屋、坟地如有应交地粮税契银两，仍应照章过割，按年完交"①。

以上各项办法与章程使传教条款的执行具体化，明确了具体事务的处理方法。然而，传教条款的执行还是在中国引发了诸多问题，长期难以解决。诚如奕䜣等人所说，"传教一事，载在条约，条约未能更改，而其中又未立有详细章程，兼之各省办理教案，于缓急轻重间，亦有未尽合宜之处，以致屡次滋事"②。为解决传教引发中外交涉问题，总理衙门曾试图通过外交的途径，实现对传教的限制，达到解决相关问题的目的。1871 年，总理衙门向各国提出了《传教章程》八条。其具体内容如下：

第一条是关于育婴堂的管理，提出："不如将外国育婴堂一律撤回，以免招人之疑"；如果不能撤回，"或准他人具保抱养为嗣，以昭核实；至教外人幼孩，应由中国督抚通饬地方官，选择绅董自行办理，各行各善，以杜疑端"。

第二条是关于传教与妇女的问题，提出：各教堂一概不准中国妇女进入，也不准外国女修士在中国传教。

第三条是关于传教士与教民的管理，提出：传教士在中国应当归地方官约束，遵从中国的法律和风俗，"不准自立门户，及违背国法、官令，僭权越权，损人名节，欺压人民，令人怀疑，招众怨怒，并毁谤中国圣教，致滋公愤"。至于教民，"一切事件，与平民一律，除演戏、赛会准其照章免摊外，其余一切差徭，及地方公事，均应一体承应"。传教士不能包庇教民抗违交纳正供钱粮和承种业主租项，不能干预与教民相关的司法诉讼，否则由

---

① 中法《陕西保护教士条约》，同治六年三月初二日，郭卫东编：《中外旧约章补编（清朝）》上册，第 38 页。

② 《奕䜣等又奏拟定传教节略及章程通行各国使臣片》，同治十年七月十七日，中华书局编辑部、李书源整理：《筹办夷务始末·同治朝》九，第 3293 页。

地方官禀明督抚，咨报总理衙门，将传教士撤回本国。

第四条是关于司法案件处理的问题，提出："中外人同居一处，用法须得其平，倘有人命重案，律应抵偿者，中国人照中国例办理，外国人照外国例办理，以服人心。"中外案件都应当"就案定罪，不得于罪犯已办之外，再议赔偿；更不得于本犯之外，任其硬指绅商，令无辜者赔累"。地方官在处理民教案件时，要持平对待教民和非教民；传教士不能包庇藏匿犯法的教民，否则除照例惩办教民外，传教士"照犯人应得之罪办理，否则将教士撤回本国"。

第五条是关于法国传教士领有执照进入内地的管理问题，提出："法国传教士，前赴某省传教，所领执照内，应将该教士前往某省某府详细注明。照内指名某省传教，不得影射潜往他省，并注明某人收执，不得任意转给他人。"到达目的地后，传教士应当将执照交地方官府查验，如有人地不符或将执照转给中国教民，那么执照要注销，而且要处罚冒充外国人的中国教民，传教士则应驱逐回国。传教士因回国，或去世，或者改业，不再从事传教，其执照要缴销。各省发生叛乱的地方，不准领有执照的传教士前往；有军务的省份，一概停发执照。

第六条是关于教民的招收和向官方注册报告的问题，提出：传教士"必先于收人入教时，察其人曾否犯罪为恶，可收则收，不可收则不收。应照中国一切庙宇报明地方保甲册内查核之例，凡收一人，应分别立限，报明地方官，于何年月日，收何处人，向来作何生理，其人并无犯罪改名，以便查核，或其人身故出外，均即报明"。教民在入教后如果有不法情事而被逐出教外，也要呈报，"每月每季，汇总册报地方官备查。地方官即照中国稽查庵观道院之例，按月按季，一体前往查核，则教名无损，而相处自安"。

第七条是关于传教士与中国官员交接礼仪的问题，提出："传教士应遵中国体制，不可稍有僭越，不得擅用关防、印信，及递大、小衙门照会。"传教士有申诉之事，可以照中国士人之例，"用禀呈明地方官核办"。传教士谒见封疆大吏和地方官，可以按照中国士人谒见封疆大吏的办法办理，"不得径入公堂，扰乱公事"。

第八条是关于教会还堂和租地建堂的问题，提出："嗣后教士，不得任意指请查还教堂。以期相安。"教会买地建堂和租赁房屋,"应同真正之原业主,报明该管地方官查核,有无风水窒碍。如经地方官核准,仍须本地人民不相嫌恶,均无异词,方准照同治四年定章,于契上写明系中国教民公共产业,不得驾名他人,买产成交。并不得任凭奸民欺蒙,私相授受"①。

《传教章程》的上述内容可以归纳为三个方面:一是对条约既有内容的强调,如教民纳税、传教士谒见官员、租地建堂等方面的规定;二是对条约未曾提及的内容的限制和规范,如育婴堂、教民注册登记、传教与妇女问题;三是对条约已有内容的细化和补充,如传教士的执照管理、司法诉讼问题等。而且,总理衙门结合实际情况和相关事例,对各条内容作了解释,有理有据。不过,有的内容显然是传教士以及各国官方所不能接受的,如不准女修士在中国传教、教会不开办育婴堂等。最终,《传教章程》未能为各国所接受。它的提出与各国的态度体现了中外各方的立场以及传教条款执行中存在的问题。

《传教章程》虽然未能为各国所接受,但是有的教案议结后议定的章程和合同等,在申明传教条款的基础上,对地方传教事务的规范和管理提出了不同程度的要求。这些章程和合同有中法《四川江北厅涪州教案善后章程》(1878年),中法《新议云南民教交涉条款》(1883年),中法《重庆教案赔款合同》(1887年)等。

总体而言,中外条约的执行过程中,在通商、传教方面产生了各种章程。这些章程作为条约相关条款的补充与完善,促进了条约制度的发展与完善。

第二节 条约执行中的变通问题

遵守条约是执行条约的重要表现,也是中外条约关系运行的基础。不过,中外条约在执行的过程中也会有适当的变通。这种变通的出现有多方面

---

① 《给各国议办传教章程八条》,同治十年七月十七日,中华书局编辑部、李书源整理:《筹办夷务始末·同治朝》九,第3298—3303页。

原因。有的是因为相关条款的执行出现问题，有的是因为中国内乱的影响，有的是中国迫于形势不得不做出让步。这些变通涉及外交礼仪、经济、文化等方面。1866 年，李鸿章就南京还堂一案上奏朝廷时指出："至寻常通商传教，于恪守条约之中，每有相机通融之处，似不至以微嫌细故，遽成决裂；亦不得因其恐吓逼迫，遂无限制。"[①] 1869 年，奕䜣等在应对酉阳教案的处理时，也指出："数年以来，所办交涉之件，无不棘手，其中稍有迁就之处，要皆权其利害轻重，以为变通，惟传教一事，实无良法钳制。"[②] 事实上，清政府在条约执行中根据实情采取了一些变通办法。这些变通主要体现在通商方面，传教事务上也稍有变通之处，边界事务则少有变通。下文围绕相关问题，阐述条约执行中的不同内容和形式的变通问题。

一、 例禁商品开放的变通

鉴于食盐、米谷、大豆等物品在国计民生中的作用，清政府在议定中外条约时，将之列为禁止进口或出口的商品。因此，外国人要求开放这些物品的进出口时，清政府往往坚持以条约为依据，不会轻易做出变通。

就洋盐进口而言，清政府依据长期以来的政策和条约的规定，一直采取坚决反对的政策，不答应列强的变通要求。1866 年 7 月 13 日，英国驻华公使阿礼国照会总理衙门，声称接到本国来文，指示他向中国提出：可否将食盐进口"酌量解禁，以为变通之计"。总理衙门在照复中予以明确拒绝，指出："食盐一项，中国向例均有一定口岸，不得彼此浸灌，例禁綦严。若任令商人等视为寻常货物，纷纷贩运，是外国之盐即可运至内地，则内地之盐势必全行开禁，漫无限制，与中国之政教禁令未免纷更。"1861 年以来发生的外商贩盐之举均"经彼此公商严行禁办"，"《善后条约》第三款以食盐一项指为违禁货物，不准贩运，自应遵照禁止。若欲酌量解禁，则一款既可变通，各款均为虚设，与从前商立章程本意似不相符。此件关系中国各省盐法

---

① 《李鸿章又奏查还教堂前后拟办情形片》，同治五年十月二十日，中华书局编辑部、李书源整理：《筹办夷务始末·同治朝》五，第 1923 页。

② 《奕䜣等奏酉阳民教仇杀现筹办理情形折》，同治八年二月初八日，中华书局编辑部、李书源整理：《筹办夷务始末·同治朝》七，第 2610 页。

全局，相应照复贵大臣体察，仍饬商人恪守条约可也"。随后，阿礼国又以苏、浙变通盐务章程为由，提出开放盐禁。总理衙门仍然据理加以反对①。而且，清政府这种反对外商贩盐、反对洋盐进口的政策一直持续到清朝灭亡都没有改变。

在米谷出口问题上，清政府一直坚持严禁的政策。不过，广东省则因澳门华人或海外华侨所需而采取了变通政策。其起因与澳门的华人有关。大约在 19 世纪七八十年代，居住澳门的富裕华人曾将附近府县的可观地产租给他人耕种，让租户将收获谷物运至澳门，以缴纳租金。然而，这种租谷却被缉税者以违反米谷出口禁令为由进行"敲诈勒索"。这些居澳华人于是请求两广总督刘坤一批准由当地名人组成一个特别行会，给运到澳门的租谷发放通行执照，每船运米不超过 200 石。刘坤一对此表示同意。这一政策的实施带来了新的问题。因为，海外华侨数量众多，他们因广东南部所产之米来自故乡或质量好而有偏好，所以"特许租谷运澳竟导致大批米谷乘机运销海外，供不应求"。据地方官员统计，每年有 50 万石米谷非法出口。这种情况下，两广总督急于制止此种违禁贸易，有人却向他建议允许米谷合法出口，因为一石本地米谷的出口价格，可以买到两石外国出产的米谷，所以米谷合法出口不会危及当地粮食供应。有鉴于此，两广总督在 1889 年 8 月决定米谷合法地限量出口，规定从九龙、拱北两关出口的米谷总量为每年 50 万石，若为稻谷，总量则增至 2 倍②。显然这种变通是为满足澳门华人或海外华侨需要而采取的政策，并有抵制因此出现的非法出口的考虑，并非改变禁止米谷出口的政策。后来，中方在解释相关问题时即指明了这一点。1904 年，中葡商约谈判时，葡萄牙公使白朗谷在米谷出口一事上"争之甚力"，声称："粤米准五十万石出口，有成案可循。"中方代表反驳说：中国一直禁止米谷出口，"前准出口之五十万石系运南洋各埠，不止澳门一隅。据粤督查明，澳门侨居华民每年需米约只二十三万石，类皆仰给于香港运来之法米，并非

<hr>

① 《同治五年总理各国事务衙门照复英使不准洋商运盐进口》，《清盐法志·通例》卷九，盐务署印行，1920年，第 4—5 页。

② 《1887 至 1891 年拱北关贸易报告》，莫世祥、虞和平、陈奕平编译：《近代拱北海关报告汇编（一八八七——九四六）》，第 13—14 页。

由内地运往"。于是，白朗谷提出：出于为驻澳华民生存考虑，葡萄牙要求的只是"澳门附近香山之米"。这种情况下，中方代表只同意"年岁丰稔，米谷有余，原可就近通融，但不能入约，致予他国口实"①。这种态度恰恰表明了清政府对待米谷出口的一贯立场，同时表明广东的前述变通办法是有针对性的。

然而，在特定的形势下，由于中外的要求，豆禁政策却发生了相应的变化，即：由条约禁止到可雇中国船只口际贩运，再到洋商可贩运但不准出口。

根据中英《通商章程善后条约》第五款的规定，登州、牛庄的大豆和豆饼，英国商船不能装运出口②。1861 年，英国驻华公使卜鲁士照会总理衙门，提出开放豆禁。奕䜣等人坚持豆禁不可开，并与三口通商大臣崇厚就此事进行商议，认为"若万不得已，亦止可准其用内地沙船装载，由此口运至彼口，照章收税，仍不准出洋"。不过，奕䜣等人并没有立即同意英国驻华公使的要求，而是尽力阻止。最终，卜鲁士同意豆石、豆饼照《善后条约》第五款专条办理③。然而，英国并没有放弃开放中国豆禁的要求，还将此事与中国的时局联系起来，迫使清政府做出让步。如威妥玛屡次提出"如欲北洋海口完固，莫如将豆货开禁，则商贾辐凑，外国不能不保守该口"。1862 年初，卜鲁士也在照会中指出："洋商贩豆一事，禁之无益，开禁无损"；"如各口商船云集，该国无不协力保卫"④。同时，江浙绅士迫于太平军的打击，于 1862 年向清政府请求借师助剿。随后，清政府内部在借师助剿政策上达成一致。奕䜣等人主张利用外国人以镇压太平天国，豆禁政策因此而发生变化。1862 年 2 月，奕䜣等人在奏折中提出：《天津条约》"禁止贩运豆石出口，原因恐分中国商船之利，并有妨民食"。然而，"现值南方不靖，贼势方张，沿海口岸兵力尚单，外国如能协防，亦可稍张声势。且外国人情叵

---

① 《吕海寰盛宣怀致外部米谷出口葡使争之甚力电》，光绪三十年六月初八日，王彦威、王亮辑编，李育民等点校整理：《清季外交史料》第 7 册，第 3363 页。

② 中英《通商章程善后条约：海关税则》，咸丰八年十月初三日，王铁崖编：《中外旧约章汇编》第 1 册，第 117 页。

③ 《奕䜣等又奏议复李鸿章沙船请杂粮与豆饼同运折》，同治四年五月初一日，中华书局编辑部、李书源整理：《筹办夷务始末·同治朝》四，第 1370—1371 页。

④ 《奕䜣等又奏英使卜鲁士请求开豆禁请旨遵行折》，同治元年正月二十一日，中华书局编辑部、李书源整理：《筹办夷务始末·同治朝》一，第 130 页。

测，倘必力为拒绝，彼因不为我用，势必转而与贼暗通，时势多艰，似亦不宜因小以误大"。而且，洋商只是运豆到南方，不是出口外国，于内地民食无大损。因此，"现欲资其协卫，似不得不略从宽大以示羁縻"。奕䜣等人的意见得到了清廷的允准①。于是，开放豆禁在多重因素的影响下成为现实。

不过，这一变通办法严重影响了沿海华商的利益以及江南军费的筹措。1862 年 7 月，李鸿章奏称：弛豆禁"原为北洋海防紧要，资其协卫，不得不略从宽大，以示羁縻"。上海海关道吴煦根据商人的禀请，提出在已弛豆禁情况下的变通办法，即准许外国商船在各口装运销售豆石，但"专将上海一口仍守前约，俾归内地商人转运，庶于华商生计稍留余地，实于饷捐两有裨益"。李鸿章赞同吴煦的意见，奏请总理衙门核议②。总理衙门于是照会英国驻华公使，"令其于上海一口仍守旧约"；然而，英国公使迟迟不予回复，在总理衙门的催促之下，才在 1862 年 12 月 21 日回复时，以"助剿发逆、防堵海疆"为由加以拒绝。随后，总理衙门又与威妥玛面谈，威妥玛说："现在英国拨兵在上海剿贼，饷无所出，商人将恃此款以济军需，俟将来贼匪稍平，再行议办。"于是，总理衙门从平定太平军与外交的需要出发，认为若现在据约力争江南军务"恐决裂之余，又复多生枝节"，所以，"仍应俟苏、松各属肃清，内地可以自强，再与英国公使商量，践守旧约，似于安内驭外均能妥协"③。

1864 年，江苏各地太平军相继被平定后，中国商人又提出了恢复条约原有规定的要求。船商郁森盛等联名上禀江海关道丁日昌，指出对洋商开放豆禁后严重影响了上海船商、水手的生计；现在江苏已经平定太平军，英国公使既有言在先，那么就应该"仍守旧约以全大局"，并请总理衙门与英国驻华公使交涉。丁日昌与捐厘总局也有同样的意见，主张重新恢复条约的规定，"似此量为变通，于华商生计稍留余地，而洋商互市亦可永远相安"。李

① 《奕䜣等又奏英使卜鲁士请求开豆禁请旨遵行折》，同治元年正月二十一日，中华书局编辑部、李书源整理：《筹办夷务始末·同治朝》一，第 130 页。

② 《李鸿章又奏豆石开禁于海运军需有关船商请留上海归华商运销片》，同治元年六月二十六日，中华书局编辑部、李书源整理：《筹办夷务始末·同治朝》一，第 313—314 页。

③ 《奕䜣等又奏议复李鸿章上海洋商运豆暂维现状折》，同治元年十一月十五日，中华书局编辑部、李书源整理：《筹办夷务始末·同治朝》二，第 496 页。

鸿章在得到上述禀报后，认为从中外贸易、中国商船和水手生计考虑，应当恢复条约既有的规定，奏请令总理衙门与英国交涉①。而且，他又据丁日昌的意见，认为沙船运输关系海运，上奏称："非将上海一口运销北洋豆货之利设法收回，则商船生意断无转机，即海运关税一切毫无把握。"②

对于李鸿章提出的建议，总理衙门认为金陵虽收复，但沿海还未肃清，英国"尚以洋兵防守口岸，所需兵费不赀为词"，目前还未到开议的时机。奕䜣等告诉李鸿章"俟议有定章，再行办理"。然而，在太平军余部攻入福建、广东后，总理衙门出于对形势的担忧以及需要外国人的帮助，"实难再与筹议"，李鸿章的建议也就被搁置了下来③。当然，此时清政府想重新实行豆禁也是较为困难。除时势的影响外，中丹条约的换约生效也使得外国人有了新的条约依据，因为中丹条约中略去了豆禁的规定④。

1865 年，船号商王永盛等出于沙船利益的考虑，提出允许沙船贩运杂粮米谷、油豆饼。其理由是："奉天等处杂粮米谷，向不准华商贩运，而洋商转得装运往来，独占其利。伏查通商税则，米谷杂粮，不拘内外土产，不分何处进口，皆不准运出外国；惟欲运往中华通商别口，则照铜钱一律办理。"所以，他们提出，既然允许外国商船装运，中国商船"似可援照准办"，并禀请李鸿章上奏开禁。李鸿章对此表述赞同，上奏称："米谷杂粮，既准洋商仿照铜钱之例，出具保结，请领执照，转运通商别口，而内地商船，转不准其出口，未免向隅。"他建议"若早将登州、牛庄两处豆货定议，按约专归内地商船转运，并准将奉天等处粮食与油豆饼一律贩运"，不仅对沙船生计有利，对于筹饷运漕也有裨益⑤。

总理衙门在议复李鸿章的奏折时指出："李鸿章稔知牛庄等处豆货，业

① 《李鸿章奏上海一口豆石归华商运销请与英使酌议折》，同治三年九月十八日，中华书局编辑部、李书源整理：《筹办夷务始末·同治朝》三，第 1236—1238 页。

② 《李鸿章又奏沙船关系海运故必须将北洋豆利收回片》，同治三年九月十八日，中华书局编辑部、李书源整理：《筹办夷务始末·同治朝》三，第 1238—1239 页。

③ 《奕䜣等又奏议复李鸿章沙船请杂粮与豆饼同运折》，同治四年五月初一日，中华书局编辑部、李书源整理：《筹办夷务始末·同治朝》四，第 1371 页。

④ ［美］马士著、张汇文等合译：《中华帝国对外关系史》第 2 卷，第 128 页。

⑤ 《李鸿章奏沙船生计竭蹶请以奉天杂米谷与油豆饼并行贩运折》，同治四年四月二十二日，中华书局编辑部、李书源整理：《筹办夷务始末·同治朝》四，第 1366—1367 页。

准洋商贩运，以后能否挽回，殊无把握。"他提出的奉天等地的杂粮米石、豆油豆饼允许内地商船一同贩运，是一种补救之策，既体恤商情，又兼顾漕运。所以，总理衙门对此表示赞同，并得到清政府的同意①。

清政府在开放豆禁是在特殊时局下做出的变通，这既有列强为追求利益而刻意提出的影响，也有清政府利用外国人镇压太平天国的考虑。然而，这种变通一旦实施即难以挽回，最终因中丹条约的签订而成为外商的特权，进而对华商利益产生了重要的影响。至于食盐的进口和米谷的出口，清政府一直根据条约坚持严禁政策，广东在米谷出口上的局部变通只是为了满足海外华人的需求而做出的。

二、 修改与变通条约条款的规定

在条约执行过程中，因中外双方的利益和具体情形，而对条约相关条款的规定作出相应的修改和变通，主要有以下几种情形：

1. 改定船钞条款。关于外国船只进中国通商口岸纳船钞的问题，中英《天津条约》第二十九款的规定是英国商船入口交纳船钞后，"凡船只出口，欲往通商他口并香港地方，该船主禀明海关监督，发给专照，自是日起以四个月为期，如系前赴通商各口，俱无庸另纳船钞，以免重输"②。然而，中法《天津条约》第二十二款的规定却是：法国船只进入中国，"止须纳钞一次"③。因此，总理衙门于1862年照会法国驻华公使，提出分别洋货土货，除洋货照条约办理外，土货则照各国章程，按四个月纳钞一次。对于中方的提议，法国驻华公使没有明确答复，只表示"将来如有本国贩卖土货者，始能临时酌定限期"。1864年，法国驻华公使照会总理衙门，有意将条约第22款船钞事宜，改照中英条约办理，但条件是"中国另许法船往来安南、日本，均照来往香港一律办理"。对于法方提议的目的，总理衙门非常清楚，认为"其用意在安南、日本一层"，"明似见好于中国，其实于税务未见裨

---

① 《奕䜣等又奏议复李鸿章请沙船运杂粮与豆饼同运折》，同治四年五月初一日，中华书局编辑部、李书源整理：《筹办夷务始末·同治朝》四，第1371—1372页。
② 中英《天津条约》，咸丰八年五月十六日，王铁崖编：《中外旧约章汇编》第1册，第100页。
③ 中法《天津条约》，咸丰八年五月十七日，王铁崖编：《中外旧约章汇编》第1册，第108—109页。

益"。因此，总理衙门在答复时，"将法国小船及雇赁中国船艇免钞一节，加以删定，姑允其安南、日本之请"①。而且，奕䜣等起初并不完全同意将安南、日本一同对待，认为二者是有区别的。在法方的再三请求下，中方才予以同意。1864 年 12 月 8 日，总理衙门提出更改《天津条约》第二十二款的意见，具体包括以下几个方面：一是"凡船按照第二十款进口出二日之外，与未开舱卸货之先，即将船钞全完。按照例式，凡船在一百五十顿以上者，每顿纳钞银四钱，不及一百五十顿者，每顿纳钞银一钱"。二是"凡船只出口欲往中国议定通商他口，并往来安南国内法国所辖埠头，与附近之日本码头，该船主禀明海关监督发给专照，自是日起，以四个月为期，如系前赴议定通商各口，俱毋庸另纳船钞，以免重输"；如果在四个月之外，另纳船钞一次。三是所有法国的三板等小船，"无论有篷无篷，均照一百五十顿以下之例，每顿输钞银一钱，每四个月纳钞一次"。法国商人雇赁中国船艇，亦按四个月纳钞一次。此外，《天津条约》第二十二款中的"不输船钞等字样，作为废纸"；"至于洋商雇用内地船只往来长江运货，应纳船料，照《长江统共章程》办理"②。由于中方的坚持，到 1865 年 8 月 26 日，法国驻华公使伯洛内照会总理衙门，表示同意中方的方案。

中法改定船钞条款后，俄国也提出了类似的要求。1865 年 11 月 17 日，俄国驻华公使倭良戞里照会总理衙门，声称：俄国各海口距离中国各通商口岸，"视法国所辖之安南埠头及日本之码头，皆道里相差不远"，中国既然与法国改定船钞章程，他"亦欲将俄国船只前往本国海口，亦按法国一律办理"。倭良戞里认为，他的这一要求，符合中俄《天津条约》第十二条的规定，中国应当允准③。对于俄方的要求，奕䜣等人认为倭良戞里"既有道里相差不远之说，自未便过于拒绝"④。不过，俄国的要求虽然符合中俄《天津

---

① 《奕䜣等又奏与法使删定第二十二款船钞输纳办法片》，同治四年八月二十三日，中华书局编辑部、李书源整理：《筹办夷务始末·同治朝》四，第 1482 页。

② 《奕䜣给法署使伯洛内照会》，同治四年八月二十三日，中华书局编辑部、李书源整理：《筹办夷务始末·同治朝》四，第 1483—1484 页。

③ 《给俄使倭良戞里照会》，同治四年十二月初五日，中华书局编辑部、李书源整理：《筹办夷务始末·同治朝》四，第 1600 页。

④ 《奕䜣等又奏俄使照会商船请照法国船钞章程片》，同治四年十二月初五日，中华书局编辑部、李书源整理：《筹办夷务始末·同治朝》四，第 1598—1599 页。

条约》的规定，但是与法国的情况还是有区别的。因此，奕䜣照复倭良嘎里时，对其提出的"按法国一律办理"，予以纠正，指出"来文之意，不欲于安南、日本照办，而另议贵国海口，此则但可谓之比照，不可谓之一律"①。对于中方的这一纠正，倭良嘎里表示接受。最终，中俄双方同意，所有俄国尼廓来业福斯克海口至图们江海口的商船，到中国通商口岸，"每四个月纳钞一次"；"如在四个月之外，再行纳钞一次"②。

继法、俄之后，西班牙援例提出了同样的要求。1868年，西班牙驻华公使玛斯提出该国所属的小吕宋海岛"距潮州、厦门，均不过九百余里，每四个月商船往返，可行十五次，其船尽载米石，于中国不无裨益。惟照纳十五次船钞，较欧罗巴甚为吃亏，亦请照法国新章，四个月纳钞一次"。对此，总理衙门认为西班牙的这一要求与法国的情形大致相当，因此予以同意③。

改定船钞是清政府因法、英两国相关条款规定的差异，为统一征收船钞而提出的。结果，法国在同意变通相关条款的基础上，为自身利益考虑而提出了新的变通办法。法国提出的变通办法又为俄国、西班牙利用，先后就本国商船交纳船钞提出了变更办法。这种变通实际上是有利于三国的，清政府在其要求之下不得不接受。

2. 开放口岸的变通。根据《天津条约》，台湾府（即台南）、淡水为通商口岸，然而两口在实际开放的过程中因为通航的问题不得不作出变通。1862年，福州关税务司美里登向署理通商大臣李鸿章提出将鸡笼作为淡水的子口、打狗作为台湾府的子口。对于美里登的意见，李鸿章认为与通商条款和《善后条约》所载的"凡有严防偷漏，应由中国设法办理"以及各关征收子口税的办法，"尚相符合，与另请添设口岸有间"。总理衙门对于李鸿章的意见表示同意，并咨会福州将军、闽浙总督、福建巡抚④。随后，闽浙总督左

---

① 《给俄使倭良嘎里照会》，同治四年十二月初五日，中华书局编辑部、李书源整理：《筹办夷务始末·同治朝》四，第1600页。

② 《俄使倭良嘎里照会》，同治四年十二月初五日，中华书局编辑部、李书源整理：《筹办夷务始末·同治朝》四，第1601页。

③ 《奕䜣等又奏日使玛斯请照法国纳船钞折》，同治七年八月十四日，中华书局编辑部、李书源整理：《筹办夷务始末·同治朝》七，第2454—2455页。

④ 《耆龄左宗棠徐宗干奏台湾添设子口已饬筹办折》，同治二年八月二十五日，中华书局编辑部、李书源整理：《筹办夷务始末·同治朝》二，第885—886页。

宗棠、福建巡抚徐宗干在上奏时指出，台湾府"既经查明淤浅，应请毋庸设口"；淡水所属的鸡笼"已据具报于同治二年八月十九日开关启征，作为沪尾的外口"；凤山所属的打狗港"应遵照总理各国事务衙门原咨，一并作为外口"；鸡笼、打狗作为子口均归已经开办的淡水正口管辖①。对于左、徐二人的意见，奕䜣等人在议复时称："台湾准其通商，系载在条约，能否变通办理，必须与各国住京使臣会商，方能定见"；并且，奕䜣拟在总税务司赫德来京后商议②。事实上，这一变通是中外条约执行过程中根据实际情形做出的合理变通，因此得到了中外双方的认可与执行。

3. 茶叶、茶末征税的变通。茶作为中国出口的大宗商品，涉及问题较多。同治年间，清政府根据中外贸易的情况和中外利益所在，对茶叶和茶末的征税作了多次变通。

1864 年，出口茶叶"准暂时不纳复进口半税，只取半税保单"，这一半税保单即是指复进口半税而言。1865 年正月间，鉴于茶叶是出洋运往外国之货，所以总税务司特别对茶叶征税予以变通办理，"除按章完出口正税外，只需取具复进口半税之保单"。这种变通主要是出于两个方面的考虑，一是"免洋商日久空存现银"，二是"免发给存票之累"③。

但是，茶叶与茶末价值不一，如果征收同一税率，未免有失公平。1868 年 1 月，江海关税务司费士来向总理衙门呈称，"茶末一项成本较微，若照茶叶收税未免太重，请变通办理"。于是总理衙门与三口通商大臣酌中定税，茶末"每百斤值银如不出十五两之外，酌定征税银一两二钱五分；如值银在十五两之外，仍照旧例征银二两五钱，以示区别"。总理衙门照会各国公使，并札行总税务司遵照执行。这一变通办法意思十分明确。然而，在这一办法的实施过程中，外国商人混淆茶叶与茶末的区别，"误以茶叶不出十五两外者均可照新章纳税"。总税务司赫德非常担心外商此举有碍税课，所以向总

---

① 《左宗棠徐宗干奏台湾添设正口子口三处情形折》，同治三年正月十七日，中华书局编辑部、李书源整理：《筹办夷务始末·同治朝》三，第 1014—1015 页。

② 《奕䜣等又奏议复左宗棠等台湾设立正子各口俟赫德来京商办折》，同治三年正月二十五日，中华书局编辑部、李书源整理：《筹办夷务始末·同治朝》三，第 1022 页。

③ 《崇厚为总税务司拟定茶末减税章程已照会各国遵办事札·附：照录赫德申呈》，同治七年十月初三日，天津市档案馆编：《三口通商大臣致津海关税务司札文选编》，第 33 页。

理衙门提出"拟请往来通商各口之茶末每百斤值银不出十两外者以一两二钱五分征税，其不出十两外而运往外国者，以及往来各处之茶末每百斤值银在十两外者仍以二两五钱征税"。总理衙门则认为，既定办法是出于茶叶与茶末成本悬殊，对茶末减半征税，这与茶叶税则显有区别，"乃各洋商误会以茶叶一项，谓可援每百斤一两二钱五分之例纳税。自应改定章程以绝弊混，即茶末之运赴外洋者亦应酌予限制以重税课"，因此，同意赫德更改茶末征税办法的建议，并照会各国公使①。1868 年 11 月 16 日，赫德将拟定茶末减税章程四条申送总理衙门。11 月 27 日，总理衙门照会普、俄、英、法、美、西六国，告知新拟章程；除西班牙未照复外，其他五国在照复中均表示同意②。而且，俄国和普鲁士驻华公使还对中国变通办法提出了相应的意见。俄国驻华公使在照会中提出："贵国每逢拟改税则或变通章程等事，皆应预定开办日期方妥。其增税一事，定期宜从宽展，以免商人照旧则谋算经营，致亏资本。其更改他章或限期少促亦无甚妨，似此办理，则商人预知改则，庶不至因突然更变纷纷置办矣。"③ 普鲁士驻华公使在照复中称：茶末征税"一载之间屡有更改，按此情形，则商人实难有纷歧之患，以致常有为此亏本而禀请赔补者，此中是非殊为难定，由此以观实属不妥"。虽然如此，他认为"新定茶末章程一事，经此次再改之后，此事即可不必再行更张"；而且，普鲁士公使还就章程限定实施日期提出了意见④。

茶叶、茶末征税的变通本是中国针对特定出口商品作出的合理变通。然而，茶末征税办法在实施过程中却被外洋误用，中国不得不作出新的调整，进而对中外交涉也产生了一定的影响。

---

① 《崇厚为更正茶末征税新章事札》，同治七年闰四月初六日，天津市档案馆编：《三口通商大臣致津海关税务司札文选编》，第 24—25 页。

② 《崇厚为总税务司拟定茶末减税章程已照会各国遵办事札》，同治七年十二月初十日，天津市档案馆编：《三口通商大臣致津海关税务司札文选编》，第 29—30 页。

③ 《崇厚为总税务司拟定茶末减税章程已照会各国遵办事札·附：照录俄国照会》，同治七年十月二十三日，天津市档案馆编：《三口通商大臣致津海关税务司札文选编》，第 30 页。

④ 《崇厚为总税务司拟定茶末减税章程已照会各国遵办事札·附：照录布国照会》，同治七年十一月初九日，天津市档案馆编：《三口通商大臣致津海关税务司札文选编》，第 31—32 页。

三、 地方特殊情形与条约实施的变通

条约具体条款在实施的过程中，因为受地方特殊情形的影响，也有相应的变通。这在通商贸易等方面多有体现，涉及相关条款的推迟执行、执行方式的变化等方面。

1. 条款推迟执行的变通。中外条约签订后，由于特殊的情况，有的条款未能立即执行，而是采取了推迟执行的办法。如太平天国起义就使长江流域的口岸开放不得不推迟。琼州因地方情形到 1876 年才开埠通商。西藏因地方情形未能允许传教士立即入藏传教。除以上外，1881 年签订的中俄《改订陆路通商章程》相关条款的执行也是值得注意的。

中俄《改订陆路通商章程》第三条规定，"俄商由恰克图、呢布楚运货前往天津者，应由张家口、东坝、通州行走。其由俄国边界运货过科布多、归化城前往天津，亦由此路行走"。第十条规定，俄国商人从天津买土货运回本国，应根据第三条规定的张家口等处路线行走①。所以，俄国商人可以从尼布楚、科布多运货回国。然而，该约生效后，中方并没有执行这一规定。总理衙门"以此两路道远地僻，稽察难周，开办不易"，屡次拖延。不过，中方的这种态度并不能阻止俄国商人。俄国商人因为中方不允给照，"辄在张家口贩运茶叶，径走科布多一路"；科布多参赞大臣将货扣留，查验后发现没有漏税，只好放行。而且，俄国驻华公使也"屡请给照，准俄商由尼布楚、科布多两路运货回国"。在这种情况下，总理衙门认为条约所许，终难阻止俄商；于是与北洋大臣李鸿章商议，拟制定章程，先在科布多一路试办。李鸿章考虑到，过去俄商领照，在天津、通州、张家口等处贩运土货，由恰克图回国，是由库伦办事大臣督饬部员缴执照；所以，认为俄商从科布多运货回国，应由科布多参赞大臣派员查验。据此李鸿章拟定办法，与恰克图旧章相符。1890 年初，总理衙门照会俄国驻华公使，告知俄商从科布多运货回国的办法。至于尼布楚一路，总理衙门以其在呼伦贝尔之西，决

①　中俄《改订陆路通商章程》，光绪七年正月二十六日，王铁崖编：《中外旧约章汇编》第 1 册，第 386、388 页。

定"将来如果开办，应由呼伦贝尔查缴执照"；不过，总理衙门与俄国公使商定"暂从缓议"①。

2. 特殊时局下长江通商的变通。第二次鸦片战争后，长江流域的南京、镇江、九江、汉口根据《天津条约》被辟为通商口岸。然而，太平天国起义仍在继续，因此相关条款的实施不得不有所变通。1861年11月21日，英国驻华公使卜鲁斯照会奕䜣，提出按条约规定，实行长江各口的开放通商问题；"拟仅于汉口、九江两处先行开商。惟视江面尚未安靖，所有两口通商之处，莫若统照后开章程暂行办理为善"。他提出：（1）英国船只在长江往来，装载货物，无论进出口，或在上海或在镇江各关按照新章纳税。（2）"英船欲上大江，当向海关先行报明所存保护船只之兵器、火药、铅弹等物若干，请给照单。该关口查明所报军器数目，如在情理之中，即应注明给发。倘出单之后，查有额外军器，或并无照单，私行售卖军器、药弹等物者，即将该船所载货物全行入官，并驱逐该船出口，不准在江面贸易"②。

奕䜣对此的答复是："查南省军务尚未肃清，长江道路是否疏通，本爵无从悬揣。如贵大臣必欲分派领事官前往驻扎，一切按照条约，本爵理合悉心照办，应由贵大臣斟酌办理。至九江、镇江、汉口各口，进出应纳税饷章程，究应如何妥为设法之处，希贵大臣就近与上海关将新章纳税事宜公同商定，即由上海关迅速知照九江、镇江、汉口，妥为办理。"新章开办后，"如税课较前有损或亏短等事，自应随时由该监督先行报明本国钦差，两国公同酌情准理，设法商定，去其所损，更正有益，皆秉公办理，以期于税务有益"③。不过，长江流域的通商问题在太平天国起义失败后即恢复正常。

3. 出于地方利益考虑而提出的变通。条约相关条款的执行往往会涉及地方利益，地方情形也会影响相关条款的实施。所以，内外因素的影响都会导致出于地方利益考虑而提出相关变通办法。以下两种情况即体现了这一点。

---

① 《总奏俄商由科布多运货回国拟照约开办折》，王彦威、王亮辑编，李育民等点校整理：《清季外交史料》第4册，第1707页。

② 《英使卜鲁斯为长江通商及在新开各口设领事致奕䜣照会（抄件）》，1860年11月21日，太平天国历史博物馆编：《吴煦档案选编》第4辑，第363—364页。

③ 《奕䜣允长江通商照约办理复卜鲁斯照会（抄件）》，1860年11月25日，太平天国历史博物馆编：《吴煦档案选编》第4辑，第364页。

　　根据条约规定，洋商进口的洋货在交纳正税后，如果改运别口，可以发给免单。不过，这种免单大多是由南洋各口所发，三口通商大臣崇厚多次向总理衙门指出"北洋尽收免单，津关几同虚设"。而且，崇厚认为免单流弊甚多，应当商议终止发放免单。总理衙门为此向各国照会商办此事，但是各国"以此事须访问商情有无窒碍为词"予以拖延，所以此事未能迅速办理。1863 年 1 月 16 日，崇厚又上奏称："免单一项，若不变通办理，京饷、扣款两无所出"，所以请旨饬总理衙门将免单一事迅速办理。随后，总理衙门与各国商办此次，反复交涉数十次，方才议定从 1863 年 6 月 11 日起将各口洋货免单一律停止。不过，由于各国在华通商利益的不同，这一决定并不能统一执行。事情刚刚议定，法国驻华公使柏德美照会总理衙门，提出"法国贸易较少，存票一节，于法国商情诸多窒碍，请仍照约办理"。时任总税务司李泰国则认为"洋商改运完过正税之洋货，或领免单，或领存票，应听商人之便"。这种情况下，奕訢等人在商议后认为英美两国在华通商贸易最大，两国同意议停免单，"即有法国商人以及各国小本商人，愿领免单，应亦有限，不妨酌量办理"。这样停发免单一事除英美商人照办外，其他国家商人未作统一处理①。

　　就另一种情况而言，新疆贸易路线的变化即是例证。1864 年，新疆乌鲁木齐发生动乱，对外贸易中断，多年未能恢复。中国商人因时局变化，出于自身利益计，向官方提出变通办法。1867 年，归化商民程化鹏等向绥远将军裕瑞、归化城都统桂成呈请奏明，"由恰克图口假俄国之边通商"②。总理衙门议复此事时，考虑到西路商情已困极，必须为之别开生路，酌量变通。决定"姑准将西路之茶，改由北路出恰克图一带销售，仍俟西疆收复，改照旧章"。但也指出，茶货必须领票出口，不准中途零售，也不准在归化城附近私自与俄人交易，违者给予处罚③。当然，总理衙门这一主张除恤商之外，

　　① 《奕訢等又奏停止免单英美遵办其余各国酌听商便片》，同治二年六月十八日，中华书局编辑部、李书源整理：《筹办夷务始末·同治朝》二，第 763—764 页。

　　② 《裕瑞桂成奏归化商民程化鹏等因回乱失业拟请由恰克图俄边与西洋通商折》，同治六年十月二十七日，中华书局编辑部、李书源整理：《筹办夷务始末·同治朝》六，第 2162 页。

　　③ 《奕訢等奏议复归化商民假道俄边与西洋通商折》，同治六年十一月二十五日，中华书局编辑部、李书源整理：《筹办夷务始末·同治朝》六，第 2229 页。

还与抵制俄国扩充在华贸易利益有关。因为"自与俄国议立《陆路通商章程》以来，俄人自行由津贩运土货，赴恰克图贸易，华商利为所夺，大半歇业"。不仅如此，俄国又于 1865 年提出在张家口"任意通商"，遭到中方的拒绝。此后，俄方多次提出这一要求。所以，总理衙门商议后，认为"惟有将恰克图商务设法经理，鼓励西、北两路商民同往贸易，以分俄商之利。将来恰克图百货云集，日见兴盛，则张家口通商之议，或可不即来争，似亦釜底抽薪之一策"①。

四、 违约经营问题处理的变通

在条约执行过程中，外人违约经营的问题多有发生。清政府对此往往根据条约的规定应对和处理。然而，在处理有的问题时却发生了相应的变通。以下两例即是例证。

1. 违约转运贸易行为的变通处理。根据中美《望厦条约》第 20 条的规定，外商运货进口缴纳税收后，再转运他口出售，"检查货税底簿相符，委员验明实系原包、原货，并无拆动抽换情弊，即将某货若干担已完税若干之处填入牌照，发该商收执，一面行文别口海关查照"②。这种办法就是要避免货物重纳税饷，对于通商各国都是一律照办，随后列入中英、中法《天津条约》。然而，1860 年以后，"洋商因有准给免单之条，近复贩运内地土货，在海关完纳出口税银后，亦或声明船须复进别口，请发免单"。对于外商的这种要求，中方据理驳斥，然而各国领事以货无两税为词，并声称"通商条约洋货改运别口，有准给免单之文，洋商转运土货，复进别口，并无不准发给免单之文"。由于各国领事"藉口巧辩争执"，中方不得不从权照办。不过，上海道台吴煦认为这并不是"代收别关税钞，粤关、宁波各口，皆系通融发给，不独上海为然"。所以，他从"杜嚣争而重权权"角度考虑，建议"必须议定进口纳税章程，各关一律停给免单"。随后，清廷发布上谕"应即照会各

---

① 《奕䜣等又奏西北商贩茶情形拟将恰克图商务设法经理片》，同治七年正月二十日，中华书局编辑部、李书源整理：《筹办夷务始末·同治朝》六，第 2308—2309 页。
② 中美《五口贸易章程：海关税则》，道光二十四年五月十八日，王铁崖编：《中外旧约章汇编》第 1 册，第 54 页。

国领事，停给土货免单"。总理衙门认为条约并没有明文规定洋商置买内地土货完税后转运别口的办法，于是同英法两国公使议定"凡洋商运土货出口，不准再发免税单复进他口"。1861 年 7 月 17 日，江海关已经停止发放这种免单①。显然，外商转运土货发放免单，是清政府在外国人曲解条约规定下做出的变通。最终这种变通因为清政府坚持条约规定，经交涉而被取消。因此，这种变通处理只是短期行为。

2. 对约外要求的变通。各国为自身利益考虑，往往会在条约规定的权益之外提出要求。清政府对于各国的约外要求，多以条约为据加以反对。然而，面对有些违约行为已成事实，清政府不得不作出相应的变通。

第二次鸦片战争后，各国出于交通通讯的需要，提出在中国架设电线、修铁路等要求。清政府出于自身利益的考虑，往往加以拒绝，如在 1868 年中英修约中就拒绝了英国在这些方面的要求。1870 年，英国通过驻华公使威妥玛又向中国提出，在通商口岸广州、汕头、厦门、福州、宁波海底暗设电线，通往上海。奕䜣等对此的答复是"条约所无，与中国有损无益"。随后，威妥玛致函总理衙门称："数年以来，所议通线之法，俱系陆路明设，此次系在水底暗设，其线端在船只内安放，即在湾船埠口海面停泊，与从前所论，迥不相同，似与中国毫无亏损，请即照办"。奕䜣等人商议后认为，这一办法与陆路架设电线不同，"只须线端不牵引上岸，与通商口岸陆路不相干涉，界限分明，尚可通融准办"。当然，奕䜣等人做出这种让步也属无奈之举，因为外国不通知中国，自行通线暗设海底，"亦属无从设法饬禁"。为防止英国以此为契机进一步扩大范围深入内地，奕䜣等奏请饬南、北洋通商大臣以及沿海各省督抚，"通饬各关道、地方官，遇有洋人暗设通线之处，只准在沿海洋面水底，其线端只准在船只内安设，即在沿海埠口向来停泊各洋船码头之外近海处所停泊。倘有将线端牵引上岸，不遵定章办理者，即照会领事官立时查禁，不得稍有疏纵"②。上述变通办法实际上是清政府在无力

---

① 《薛焕奏议复王有龄停发免单折》，咸丰十一年九月二十七日，中华书局编辑部、李书源整理：《筹办夷务始末·同治朝》一，第 42—43 页。

② 《奕䜣等奏英使威妥玛请于沿海水底暗设铜线折》，同治九年五月初八日，中华书局编辑部、李书源整理：《筹办夷务始末·同治朝》八，第 2908—2909 页。

阻止列强约外侵权情况下，不得不做出的一种有限的限制办法。

五、 传教条款执行中的变通

　　传教方面的变通涉及多个方面，如还堂、内地传教等。下文结合具体事例，对相关变通加以说明。

　　1861年，总理衙门曾行文各省，教会指还的堂址"年久转相售卖，势难给还"，则按照原基亩数另外抵给。1866年，总理衙门又解释说：这种通融办理"必须地方相当，而伊亦情愿，方可抵给"①。当年，陕西巡抚刘蓉就在处理西安还堂一事时，上奏称："凡属教堂旧址，查有案卷可凭者，自应分别交还。如因年久转相售卖，势难给还原基，亦须按照原基亩数，另行查地抵给。此其委曲通融之故，原以曲全和好，加惠友邦，业经山东、浙江办有成案。"② 显然，这种抵还之法已非按照条约办理，而是一种变通处理的办法③。

　　在执行传教条款时，中外双方不得不因地方特殊情形而做出变通。1861年，法国传教士罗勒拿、萧法日领有总理衙门盖印的传教谕单，准备前往西藏传教。西藏地方得知消息后，对此表示反对。"三大寺及商上札什伦布所属大小办事头目并各世家各寺院僧俗人众公同禀称，西藏原系佛教地方，除廓尔喀常通来往外，从无别国之人入境游行。"而且，"西藏地方素称瘠苦，且来游之人及所传之教，皆与地土不宜，佛教不合，是以僧俗大众闻之不胜震惊"。西藏"只知遵守佛教，由来已久，更兼地面褊小，又与内地不同"；所以，他们提出请转奏皇帝"饬令英国、法国、美国并天主教，不必来藏游历传教"。"小的大众非敢不遵条约，实因地苦民贫，俗少僧多，势难仿照内地。"驻藏大臣满庆、帮办大臣恩庆将条约向慧能呼征阿齐图呼图克图及噶布伦等西藏政教领袖明白宣讲，再三开导，令其转谕僧俗大众毋生猜疑。然

---

　　① 《奕䜣等奏议复刘蓉西安城固教堂拨地抵还情形折》，同治五年七月初六日，中华书局编辑部、李书源整理：《筹办夷务始末·同治朝》五，第1796页。

　　② 《刘蓉奏西安城固教堂拨地抵给不允情形折》，同治五年六月二十三日，中华书局编辑部、李书源整理：《筹办夷务始末·同治朝》五，第1791页。

　　③ 《奕䜣等又奏议复刘蓉天主教回民勾结为祸片》，同治五年七月初六日，中华书局编辑部、李书源整理：《筹办夷务始末·同治朝》五，第1799页。

而，西藏地方民众仍坚持佛教信仰，反对传教士入藏。面对地方情形与涉外事务，满庆、恩庆不得不考虑两个方面的因素。一是西藏僧俗"不愿别国官民入境，已属牢不可破"；二是"既立和约在先，未便失信于后"。他们认为，照约应当允许持有印照的外国人入藏，然而执行起来却有问题。因为外国人入藏后，汉官可以按内地办法给其人予以照料，但是"番民必难从命"。一旦藏民违抗，汉官督率保护不力，"其时番生觖望，官获咎谴，其失犹小"，而英、法借端启衅，"番心变于外，和约不能全，其失更大"。所以，驻藏大臣满庆、帮办大臣恩庆上奏请敕总理衙门转商各国领事，"凡所派官民并传教之人，不拘曾否领有印照，先行善言劝阻，均毋庸来藏游历传教"①。据 1863 年满庆、恩庆在奏折中所言，"法国来藏传教一事，业经驻藏大臣奏奉谕旨，不准来藏。川督亦通行各台，遇有法国进藏之人，务要善言劝阻，令其自退"②。可见，清政府对入藏传教采取了限制政策。1863 年，满庆、恩庆又为防范法国传教士罗勒拿入藏而上奏，指出：若法国人入藏传教，英国人就要入藏通商，进而深入中国内地，危害极大；"阖藏官民，誓死不令其来藏之本心，非敢故违和约，实为国家保全地面"③。清廷发布上谕，"着崇实、骆秉章严饬沿边各属，认真查察，如有内地传教之人潜赴藏地者，概行截回，毋令乘间偷越"。而且，清廷对四川将军和总督的要求是"遵照条约设法拦阻"④。

此外，对于有些在条约中并没有规定而事实存在的传教活动，我们也可以将之视为执行传教条款过程中变通的结果。1888 年，张之洞在处理广西桂平县美国传教士富利惇医馆被毁一案时，就指出"美约只准在口岸开设医馆，各国条约亦无在内地准设医馆明文"。传教士富利惇到桂平"所领系游历执照，不应设馆"。所以，他向美国领事提出如下的处理办法，

① 《驻藏大臣满庆等奏请劝阻外国官民入藏游历传教折》，咸丰十一年七月二十七日，中国第一历史档案馆等合编：《清末教案》第 1 册，第 201—203 页。

② 《满庆恩庆奏法罗勒拿等欲入藏传教英人亦欲通商请饬四川防范折》，同治二年十月十一日，中华书局编辑部、李书源整理：《筹办夷务始末·同治朝》三，第 940 页。

③ 《满庆恩庆奏法罗勒拿等欲入藏传教英人亦欲通商请饬四川防范折》，同治二年十月十一日，中华书局编辑部、李书源整理：《筹办夷务始末·同治朝》三，第 940 页。

④ 《廷寄》，同治二年十月十一日，中华书局编辑部、李书源整理：《筹办夷务始末·同治朝》三，第 940—941 页。

"令饬教士以后勿往内地设馆，愿从，则富案或可量为抚恤办结，不从，则彼自冒险，固无赔偿，且难保护"。美国领事先是答复与传教士商议；一个多月后，再次答复张之洞时，又援引利益均沾条款，认为"内地购地为教堂公产，应行保护"，但是对于美国传教士在内地设医馆"莫能自解，以为领事未经奉权，应由国内大宪善为核办，已禀美使"。对于此案，张之洞主张"按约力拒"①。不过，1860 年以后，各国教会在内地设立相当数量的医院、诊所、学校、育婴堂。这些机构虽然是为传教而设，但是在条约中均没有明确的规定。中国各地将之视为传教机构而未加反对，这实际上是一种权利让与的结果，也可以视作是对条约相关条款的变通处理。久而久之，外国传教士在内地设立各种传教机构也就成为一种特权。所以，张之洞提出的"按约力拒"也难以实行。

六、 边界相关问题的变与不变

在涉及边界问题上，清政府虽然有时会有所变通，但是往往不会轻易做出变通。1869 年，奕䜣等在上奏中提出"俄患不在商务而在边界，商务所在，尚可通融，边界所关，尤应杜绝"②。这是清政府对待边界问题上的一般准则。

因此，在边界相关问题上，清政府出于边界安全、执行条约的考虑，往往不会因为外国提出请求就做出变通，而且不会轻易做出变通。以下事例即体现了这一点。1862 年 1 月 10 日，俄国驻伊犁匡苏勒官向伊犁将军提出，喀什噶尔地方动乱，"请暂在阿克苏彼此通商"。对于俄方的要求，伊犁将军常清坚决反对。因为喀什噶尔是刚刚依约开放通商的，地方平静；阿克苏地理位置重要，各部杂处，易生事端；而且，俄国"在阿克苏开设铺面常川贸易者甚属寥寥"。所以，他认为俄国此举居心叵测，于是上奏朝廷，请饬总

---

① 《粤督张之洞致总署美教士医馆被毁索赔请据约力拒电》，光绪十四年八月初六日，王彦威、王亮辑编，李育民等点校整理：《清季外交史料》第 4 册，第 1590 页。
② 《奕䜣等奏与俄使倭良戛里改定陆路通商章程折》，同治八年七月二十九日，中华书局编辑部、李书源整理：《筹办夷务始末·同治朝》七，第 2713 页。

理衙门，按照定章咨行俄国，拒绝其在阿克苏指地盖房通商的要求①。1862年，奕䜣照会俄国驻华公使巴留捷克，指出阿克苏"既无可通之商，又非条约内应行通商之区，应由贵大臣饬知伊犁匡苏勒官，毋庸令商人前往阿克苏以符原约"②。巴留捷克的答复则故意措辞含混。一方面，他说根据中俄条约，俄国人可以到中国各处贸易，到阿克苏新开贸易并不算违约；中俄条约有喀什噶尔贸易等规定，但是"此语并无不准另赴他处贸易之意"。另一方面，他又说新开贸易之事，驻伊犁的俄国领事不能"擅行办理"③。奕䜣随后"密行知照阿克苏大臣，严饬所属一体访查防范，如有俄商到阿克苏地方，意欲违约通商，即告以条约内并无阿克苏通商明文，新开贸易之事，匡苏勒亦不能擅行办理"。奕䜣等认为如果边疆的官员能够婉劝俄国商人不到阿克苏贸易，俄国公使也不会为此事再来饶舌；"如果边疆办理得宜，此事当可作为罢论"④。当然，清政府在遵守条约的同时，也要求外国能够自觉遵守条约。1862年，奕䜣就俄国领事提出在条约未规定贸易的阿克苏贸易一事，照会俄国公使。奕䜣在照会中还就双方官员遵守条约，向俄方指明"贵大臣时常言及，中国各省大吏，不肯按照条约办事。节经本衙门严饬各省遵照条约，不得违背。今贵国居住伊犁之匡苏勒官请在阿克苏通商，实与条约不符，似此违约而行，以后实难责各省大吏违约之咎。是以本衙门深愿谨守条约，不愿贵国商人违约到阿克苏通商，尚望贵大臣一同守约，则两国和好之美意愈昭矣"⑤。

不过，这里并不是说边界问题没有变通之举。1869年，荣全在办理勘分中俄边界时，坚持按条约划线，国土"尺寸未可相让"；但是，他也会根据

① 《常清奏俄匡苏勒请暂在阿克苏通商应饬咨驳折》，同治元年三月初二日，中华书局编辑部、李书源整理：《筹办夷务始末·同治朝》一，第170—172页。

② 《给俄使巴留捷克照会》，同治元年四月十九日，中华书局编辑部、李书源整理：《筹办夷务始末·同治朝》一，第213页。

③ 《俄使巴留捷克照会》，同治元年四月十九日，中华书局编辑部、李书源整理：《筹办夷务始末·同治朝》一，第213—214页。

④ 《奕䜣等奏议复常清阿克苏通商事已照会俄使巴留捷克折》，同治元年四月十九日，中华书局编辑部、李书源整理：《筹办夷务始末·同治朝》一，第212页。

⑤ 《给俄使巴留捷克照会》，同治元年四月十九日，中华书局编辑部、李书源整理：《筹办夷务始末·同治朝》一，第213页。

实际情况，灵活地作略微变通。他针对俄国勘界官员态度强横，反复开导，"倘红线所定曲折之处，实不能行，向内绕道，止于蒙古等生计尚无妨碍，亦可稍让隙地，令彼得益而止，或可迅为蒇事"。但是，他决不会答应俄方的大肆要求，如此则只能停办①。清政府指示荣全，面对俄国官员的要求，"惟当按照条约，与之辩论，固不可过于决裂，致生事端，亦不得藉口从权，迁就了事，任令得步进步，贻误事机"②。

可见，中外条约执行过程中的变通主要涉及通商、传教，边界较少涉及。这些变通既有客观原因影响下的合理变通，也有因各方利益诉求而提出的变通；既有暂时性的变通，也有对相关规定的明确更改；既有清政府出于特殊情形考虑而提出的变通办法，也有列强为自身利益考虑提出的变通办法。各种变通体现了条约执行过程中的复杂性，也体现了中外之间在相关问题上的妥协让步或调适。

第三节 经济领域的违约、纠纷与中外交涉

中外条约的执行和变通为中外经济关系构建了相应的制度和规范，对中外经济关系的发展产生了重要的影响。然而，守约只是条约执行中的一个方面，条约执行中还有违约问题和因执行条款而发生的纠纷问题。这些问题的产生或因中、外各方对相关条款的认识和理解不同而起，或因无视条约而起，或因利益冲突所致。除去中国官方和民间的因素外，外国官方和商人对待条约的态度尤其值得注意。诚如 1866 年英国的 J. H. 布里奇斯 (J. H. Bridges) 所说，"在保持与中国的和平关系上，最大的实际困难是西方商人的无法无天的性格"。英国在华外交官阿礼国、雅妥玛、卜鲁斯等均指

---

① 《荣全奏会立牌博情形折》，同治八年六月二十六日，中华书局编辑部、李书源整理：《筹办夷务始末·同治朝》七，第 2667 页。

② 《廷寄》，同治八年六月二十六日，中华书局编辑部、李书源整理：《筹办夷务始末·同治朝》七，第 2669 页。

出了这一点，并且都认为"这一罪恶正在增长"①。因此，中外之间在经济领域发生了多种违约和纠纷问题，由此引发了中外交涉。下文拟结合相关案例对不同的违约、纠纷问题进行阐述。

一、 口岸开放与中外交涉

19 世纪 60—90 年代，围绕着口岸开放以及开埠后的租地、贸易，中外之间发生了一系列的冲突和交涉。如 1861 年法国人在上海的租地交涉等即是例证。1861 年，法国轮船公司在上海租地建栈，因为法国议定租界的范围有限，所以法国驻上海领事提出要加以扩大，"以自县城出小东门隔壁直通黄浦之小河沿，为可租地南至之界"。此事为上海道所不允，所以法国驻上海领事请法国驻华公使布尔布隆提出交涉。布尔布隆照会总理衙门时提出：扩展上海法租界并非细务，"办与不办，本皆甚有关系"。他将此事与条约的履行直接联系起来，指出：中法《天津条约》第十款"言明凡法国人房屋间数，地段宽广，不必议立限制等语。可见无地可租，即宜就已定之界量为推广，至于原地主肯与不肯出租，均得由地方官劝谕办理，否则第十条所载止是无用空言"。布尔布隆声称，法国要租之地"与其将此一块地留为闽、广匪人巢穴，不如租与本国商人安居贸易"。要求恭王"饬令上海地方官设法，立即在本国未定可租之地与已经定议可租之界外接连附近之处，指明一块沿河之地，至多约三四十亩一块，无得耽延"。他指出最重要的是，"应由上海道速行出示晓谕百姓，言明将来法国可租之地，以自县城出小东门隔壁直通黄浦之小河沿为南至之界，俾本地民人均得知悉"。对此，总理衙门的答复较为简略，除重申中法《天津条约》第十款的规定外，仅告诉布尔布隆对其要求"业经行文江苏巡抚迅速酌量"②。奕䜣等人在上奏中认为应当按照中法《天津条约》第十款的情形办理，必须要了解情形，因此"行知江苏巡抚，饬上海道审度情形，应租与否，由该处与领事官公同定议，迅速妥为办理，

---

① J. H. Bridges, "England and China," *International Policy: Essays on the Foreign Relations of England*, London: Chapman and Hall, 1866, p. 437.

② 《法使布尔布隆照会》《给法使布尔布隆照会》，咸丰十一年七月十八日，中华书局编辑部、李书源整理：《筹办夷务始末·同治朝》一，第 6—8 页。

庶不致该国人有所藉口"①。

诸如此类的事件与交涉较多。相比之下，潮州入城问题交涉显得尤其典型，其历时之长、影响之大，是其他事件不可比拟的。

潮州最先在1859年对美国开市，美国派驻有领事。当时，英法尚未与中国换约，故只有美国可以在潮州派驻领事。1860年五月间，英国领事坚佐治照会惠潮嘉道赵畇，"欲进府城面商事件"。潮州民风强横，人心浮动，好斗喜事，动辄聚众逞凶，对外国人素有猜忌。当听闻英国领事"欲作入城之举，遂阖城惊扰，议论纷纭，遍标揭帖，将与为难"。两广总督劳崇光得到道、府禀报后，令其迅速设法解散，妥善办理；并密饬赵畇，如果英国领事一定要求面谈，可以到汕头会面。惠潮嘉道与府县在弹压民众之外，照会坚佐治，可以到汕头会面。这种情况下，坚佐治"始缓进城之议"。英法与中国换约后，坚佐治又提出进潮州城的要求，新任惠潮嘉道邱景湘"体察舆情，仍多疑惧"，在照复时提出暂缓进潮州城，可以订期在汕头相见。1861年4月2日，邱景湘到汕头，与坚佐治以及美国领事巴力烈会面，坚佐治答应"从缓入城"②。

在地方交涉未能成功的情况下，英国驻华使馆同总理衙门进行了交涉。1861年6月1日，英国驻华公使卜鲁斯到总理衙门，会晤奕䜣等人，指出潮州通商开埠后，两广总督派一名同知驻在汕头，领事欲到潮州府城拜谒惠潮嘉道，结果道台却到汕头与领事会面。他请总理衙门奏请颁发谕旨，"敕外省大吏谨守条约"。然而，惠潮嘉道对于领事要求进入潮州城的意见是："民情不顺，劝其不必进城。"6月3日，卜鲁士又为此事照会总理衙门。6月5日，威妥玛又到总理衙门，就此事的解决提出意见。不过，总理衙门对汕头、潮州一带的情形并不熟悉，便上奏朝廷，请敕广东督抚"斟酌地方情形，妥议具奏"③。

① 《奕䜣等又奏法使布尔布隆照会在沪租地上海道不允已饬查办片》，咸丰十一年七月十八日，中华书局编辑部、李书源整理：《筹办夷务始末·同治朝》一，第5—6页。

② 《劳崇光等又奏复陈潮州阻英领事坚佐治入城实情折》，咸丰十一年八月初一日，中华书局编辑部、李书源整理：《筹办夷务始末·同治朝》一，第16页。

③ 《奕䜣桂良文祥恒祺奏英使照会潮州通商该道不令领事进城请敕督抚议奏折》，咸丰十一年五月初四日，贾桢等纂修：《筹办夷务始末·咸丰朝》八，第2886—2887页。

1861 年 6 月 11 日，总理衙门上奏请饬广东督抚解决英人入城问题。咸丰帝在上谕中要求劳崇光等"务当按照条约办理，方不至别生枝节"，并且要将相关事情调查清楚①。

6 月 19 日，坚佐治照会惠潮嘉道邱景湘②，提出要乘炮船由汕头到潮州。邱景湘预料此次入城难以阻止，所以他一面准备接待，一面约束民众。然而，这却激起了民众的反对，认为英国人是由邱景湘"句引来城"，于是"遍标揭帖"，"丑言诋毁"邱氏。邱景湘只好请坚佐治不要入潮州，可在城外相见。然而，坚佐治不同意，并回到汕头③。

对于英领事入潮州城一事，劳崇光等人认为：这"原属循照条约之事，如果民情安帖，地方官自毋庸阻拦。无如潮州人犷悍浮嚣，忿不思难，最易滋生事端。若不从容劝谕，使之尽释嫌疑，万一防护稍有疏虞，必将立启衅端，不可收拾"。所以，劳崇光等经过慎重考虑，决定严饬道、府开导地方绅耆，安定人心，到时再通知英国领事，"照约进城以归和好，庶可期猜嫌尽泯，中外相安"④。

然而，英国驻华公使卜鲁士却认为领事不能进潮州府城，是因为潮州地方官多方阻隔。据坚佐治给卜鲁士的报告，坚佐治在 6 月 17 日通知到府城拜访道台，6 月 18 日乘小火轮前往；因为迷路，6 月 19 日晚才到潮州；因离城 30 里有桥，不能上驶，所以回到大高村前停泊。这时，坚佐治照会道台或派快船或派轿前来，以便进城。6 月 21 日晚，道台照复称"当已传集府县并城局绅士，谕其约束各乡村郡城内外商民"。但是，各绅士说"愚民无知，恐或轻举妄动，绅士等不敢担保"。道台"实在不能放心"，提出在城外面商。坚佐治坚持要进潮州府城。6 月 22 日，坚佐治得到义安公局反对外国

---

① 《廷寄》，咸丰十一年五月初四日，贾桢等纂修：《筹办夷务始末·咸丰朝》八，第 2889 页。
② 对此中英双方的记述是不同的。中方说当日"邱景湘忽接该领事照会，"（《劳崇光等又奏复陈潮州阻英领事坚佐治入城实情折》，咸丰十一年八月初一日，中华书局编辑部、李书源整理：《筹办夷务始末·同治朝》一，第 18 页。）英方的说法却是，坚佐治"于五月初十日行文通知。"（《英使卜鲁士照会》，咸丰十一年八月十九日，中华书局编辑部、李书源整理：《筹办夷务始末·同治朝》一，第 26 页。）
③ 《劳崇光等又奏复陈潮州阻英领事坚佐治入城实情折》，咸丰十一年八月初一日，中华书局编辑部、李书源整理：《筹办夷务始末·同治朝》一，第 16—17 页。
④ 《劳崇光等又奏复陈潮州阻英领事坚佐治入城实情折》，咸丰十一年八月初一日，中华书局编辑部、李书源整理：《筹办夷务始末·同治朝》一，第 18 页。

领事入潮州城的信息。当天，道台照会称，已派海阳县知县前往，"讵愚民一闻此言，谤读言纷起，该县实不敢往接，并不敢豫备公馆，惟祈贵领事停止来郡之议"。坚佐治表示不能接受。6月24日，道台照会称："潮民顽悍，绅士不能约束"，筹备接待时，"愚民遍贴长红，甚至彭令不敢以船轿往接"。坚佐治只好回汕头。至于义安公局，坚佐治了解情况后，向卜鲁士作了报告，指出它原为"募勇团练之设"，为首者为绅士。道台召集局绅，要求他们约束百姓。然而，他们回去后，"立时遍郡挂贴红示，有将外夷斩首者即许赏银；并令凡内地民人妄承夷人雇工，亦宜拿获解局"。而且，该局还阻拦领事派内地差送文书；拆毁领事署聘用的通事之父的房屋、货物。对于中方官员的态度，卜鲁士认为"非邱道私令该局肆行，实因授权于该局，而该局遂乘邱道之胆歉怯，示小民于无所忌惮"。而且，邱道、彭令"均无一次剖切晓谕劝和之道，只知屡传公局绅士会议"。据坚佐治所见，当地民众风俗毫无违礼之举。因此，卜鲁士认为中国方面不许英国领事入潮州城，"大违条约者有二"：一是领事前往潮州，地方官不按照中英《天津条约》第七款，在衙署相见会晤；二是通事为英国服务，当地民众就将其父的房货拆毁，与中英《天津条约》第十三款"议准大为不宜"。他在照会中宣称："今彼此两国既定条约，本大臣无容潮州官民竟然违背之理。"①

卜鲁士进而提出"英国领事上潮见官，英民执照任便进潮，皆为条约明文准行，讵任该处推辞禁止。惟思欲使贵国民人遵守和约，何如贵国自主设法令行为善"。他建议潮州入城事件的处理办法是：由奕䜣告知两广总督、广东巡抚派大员在潮州，筹备接待事宜，然后请坚佐治前往，"以礼接待，咸使郡民共闻共见，众仰宸裁，莫非恪守和约逐款遵行，似此办理，则潮郡友睦之情亦得渐洽"。同时，卜鲁士要求赔偿被拆毁房屋的通事之父，处罚鼓动滋事者。除以上两点"切请必行"外，邱景湘"或非故意使民横行，而绝不力为弹压，亦合严行详察"②。

① 《英使卜鲁士照会》，咸丰十一年八月十九日，中华书局编辑部、李书源整理：《筹办夷务始末·同治朝》一，第26—28页。
② 《英使卜鲁士照会》，咸丰十一年八月十九日，中华书局编辑部、李书源整理：《筹办夷务始末·同治朝》一，第28—29页。

针对卜鲁士的照会，奕䜣在回复时辩解，邱景湘劝英国领事坚佐治缓进潮州城，"并非有意阻止，实为保护该领事官起见"。而且，"潮州民风强悍，喜事好斗，原系实在情形，谅贵大臣所素悉"。但他仍同意照卜鲁士的要求办理，行文两广总督和广东巡抚，解决领事入城之事，并将赔偿和处罚之事查明后办理①。

1863 年冬，广东委派候补道屠继烈到潮州，与道、府等官员商议调解英国人进城一事，结果遭到民众的围攻，最终"竟无从劝谕而回"②。

潮州入城问题到 1865 年仍未解决。总理衙门多次函知地方督抚办理，督抚的答复却是"派委道、府干员前往查办，皆以潮民蛮悍，固执偏见，未能急速办结"。因此，潮州入城一事，办理五年之久，仍然没有头绪③。

据钱诵清致吴煦函所云："洋人进潮城之事，办理五年，绝无把握，总理衙门来文，有督抚不能办理，另派邻省封疆之说。"1865 年，惠潮嘉道张铣在不告知百姓的情况下，将领事接入城，在道署住宿一天，阖郡大哄，领事受辱而回。洋人认为张道撒谎，"故不恨民而恨官"；百姓认为张道欺己，"故不訾夷而訾官"。洋人入城势在必行，潮民蛮不讲理，"此骄彼悍，断非口舌可以成功骗自己"。"屡奉严旨，饬制宪亲行，虽于事无益，然万无推诿之理，将来作何归结，非末吏所敢揣言也。"④

在地方难以办妥之际，英国驻华使馆仍在为潮州入城一事施压。1864 年 12 月 20 日，总理衙门收到威妥玛因华商欠英商银一案而发来的照会。威妥玛在照会中再次要求潮州地方官照约解决入城问题。他根据中英条约的规定，指责领事官不许潮州入城，"实系违背条约"⑤。1865 年 10 月 13 日，威妥玛又照会总理衙门，认为广东地方官员在处理商欠问题上的耽延推诿，

① 《给英使卜鲁士照会》，咸丰十一年八月十九日，中华书局编辑部、李书源整理：《筹办夷务始末·同治朝》一，第 29 页。

② 《瑞麟郭嵩焘奏开导潮郡民约英领事坚佐治入城三日折》，同治四年十月十六日，中华书局编辑部、李书源整理：《筹办夷务始末·同治朝》四，第 1550 页。

③ 《奕䜣等又奏广东潮州尚未准英人进城请派大员妥办片》，同治四年八月三十日，中华书局编辑部、李书源整理：《筹办夷务始末·同治朝》四，第 1497 页。

④ 《钱诵清致吴煦函》，1865 年 10 月 24 日，太平天国历史博物馆编：《吴煦档案选编》第 5 辑，第 249—250 页。

⑤ 《英署使威妥玛照会》，同治四年八月三十日，中华书局编辑部、李书源整理：《筹办夷务始末·同治朝》四，第 1500 页。

"与广州省城不准洋人入城之日之地方官，所行似乎相近。目下潮州似于本国颇有欺辱情事，必待领事官按约能进城中，常与潮州各官相晤，始可望其更改"①。总理衙门认为，威妥玛在照会中"措词愈逼愈紧，意在必行"，于是奏请派督抚大员一名，"亲赴潮州，督饬该地方官晓谕绅民人等，使知外国照约入城，系奉谕旨允行之事，断难阻止。务须极力开导，毋为浮言所惑，俾该领事得以按约进城，军民彼此相安，以了此事"②。随后，清廷发布上谕，派瑞麟到潮州，督饬该地方官晓谕绅民，按照条约，妥办潮州入城交涉事件③。

与此同时，广东的地方官员也在着手处理潮州反入城一事。当时，瑞麟、郭嵩焘认为潮州坚决反对外国人入城，"必有原委，须先洞悉民隐，然后办理方可措手"。他们让惠潮嘉道张铣等人悉心体察，以解决入城问题。1865年10月26日，瑞麟等人得到张铣的报告，知悉潮州人反对外国人入城的原因是：1. 担心领事入城后，必执条约通商一节，开张行店，设立关卡；2. 外国天主教堂巍然矗立，其高数丈，潮民最信风水，担心在城内建造此堂，有所伤犯地方风水。随后，张铣派人到汕头将情况告知英国领事。对于以上反对入城的理由，英国领事表示"俱可概不举行"。经过这番沟通，入城的症结得以解除。瑞麟认为可以根据张铣与英国领事的约定，解决入城问题。所以，到11月5日，瑞麟接到令其到潮州去的上谕时，他认为"进城之事已有定议，自可毋庸前往"④。的确，10月31日以前，张铣通过与潮州府的官绅沟通，解决了允许英国领事入城的问题，又与英国领事坚佐治确定此前的意见。这样，坚佐治于10月31日启程前往潮州，次日到潮州并进城，入住惠潮嘉道署三日后返回⑤。

---

① 《英署使威妥玛照会》，同治四年八月三十日，中华书局编辑部、李书源整理：《筹办夷务始末·同治朝》四，第1502页。

② 《奕䜣等又奏广东潮州尚未准英人进城请派大员妥办片》，同治四年八月三十日，中华书局编辑部、李书源整理：《筹办夷务始末·同治朝》四，第1497—1498页。

③ 《上谕》，同治四年八月三十日，中华书局编辑部、李书源整理：《筹办夷务始末·同治朝》四，第1498页。

④ 《瑞麟郭嵩焘奏开导潮郡绅民约英领事坚佐治入城三日折》，同治四年十月十六日，中华书局编辑部、李书源整理：《筹办夷务始末·同治朝》四，第1551页。

⑤ 《瑞麟郭嵩焘奏开导潮郡绅民约英领事紧佐治入城三日折》，同治四年十月十六日，中华书局编辑部、李书源整理：《筹办夷务始末·同治朝》四，第1552页。

至此，拖延六年的潮州入城案勉强得以解决。不过，坚佐治入潮州城还是遭遇到了绅民的不满情绪，街市上不仅有揭帖，而且有假托坚佐治之名的告示。坚佐治对此表示不满，认为是当地的绅士挑唆所致，并告知英国驻华公使。中英双方又起交涉。为解决这一问题，广东官员答应遵照条约办理，查清背后挑唆者。总理衙门照会英国驻华公使，就确查背后挑唆者作了说明。清廷发布上谕，称：外国人入潮州城是条约的规定，经过 6 年方才办理就绪，"且于开行、设关、建造等事，均经委员与该领事议明概不举行，是此次进城，与该处地方并无干碍"。潮州绅衿在官方多次晓谕之下，"谅不至率意妄行，不顾大局一至于此，自系地方刁劣好事之徒，造言生事"；所以，瑞麟、郭嵩焘要"设法宛转开导，谕以准英人进城，不过为遵奉条约，不准其开行设店等事，实所以保护闾阎"；并派员查处匿名揭帖之人，如果英国领事还有意见，可以再让他入潮州城一次①。

随后，瑞麟、郭嵩焘上奏称：派员查明绅士没有挑唆摆布的情况，并指出之所以出现反对领事入城之事，是因为"潮州民情，强悍素著，其倡议阻止洋人入城，事隔多年，起自何人，无凭查究。而愚民浮动之气，一发而不可遏，反复开导，持之愈坚"。他们还令潮州绅士到广州，"面加开导，熟筹经久善策，以期中外相安"②。总理衙门就瑞麟、郭嵩焘的奏折所言，上奏表达了意见。随后，清廷为潮州入城一事发布上谕称："领事按约进城，势难终阻，断不可误启猜嫌，自生波折。着瑞麟督饬在事各员，逐层明晰开导，尽释绅民之疑，俾该国领事得以按约入城。"如果潮州官员办理不善，瑞麟要遵照前次谕旨亲自前往潮州办理③。

然而，随后情况发生变化，使得领事入潮州城一事必须迅速解决。一方面，太平军余部攻嘉应州后，迅速失败，军事上的压力难以成为缓办潮州入城的理由。另一方面，英国驻华公使阿礼国照会总理衙门，声称：据坚佐治

---

① 《廷寄》，同治四年十一月十五日，中华书局编辑部、李书源整理：《筹办夷务始末·同治朝》四，第1570 页。

② 《瑞麟郭嵩焘奏委员访查潮州绅士无挑唆等事折》，同治四年十二月初五日，中华书局编辑部、李书源整理：《筹办夷务始末·同治朝》四，第 1604 页。

③ 《廷寄》，同治四年十二月十九日，中华书局编辑部、李书源整理：《筹办夷务始末·同治朝》四，第1606—1607 页。

所报，他并没有答应地方官进城不开行店、不设关卡、不建教堂；而且，英
国人按照条约获得利益，"尚望中国勿以进城一节，视为可以置而不办之
事"。这与两广总督瑞麟此前所称英国领事坚佐治答应的以上诸事不同。这
种情况下，清政府在应付英方以及安抚民众两个方面都有难处。于是，总理
衙门提出派两淮盐运使丁日昌随同署两广总督瑞麟到潮州办理此事。因为丁
氏为潮州府丰顺县人，本地人办理地方事宜较为容易；而且，他曾任上海
道，熟悉外国人的性情①。这一提议得到清廷的认可。随后，丁日昌指出了
潮州入城问题的原因所在。他认为潮州人之所以坚持反对英国人入城，除
"贤者抱义愤而不愿与共戴天，愚者负血忱而必欲寝皮食肉"外，原因有二：
一是"惜虚声"，二是"惧实祸"；英国人之所以坚持入城，原因有二：一是
"恐效尤"，二是"苦嘲笑"②。针对内外情势，丁日昌提出了解决潮州问题的
三条建议：一是"立威宜留余地"，建议两广总督驻扎嘉应，"一面摘传潮州
得力绅士赴辕开导，并择仕潮素得民心之大员，会同绅士亲往抚慰劝谕"。
二是"劝谕宜曲通民志"，建议派从前任职饶平县的李福泰、曾任职潮阳县
的冒澄前往开导潮州绅民。三是"绅士中宜德才并用"③。丁日昌的建议为清
政府所接受。随后，李福泰等人奉命前往潮州，开导绅民。他们会同潮州镇
总兵卓兴，"传集绅士，剀切开导晓谕。先集关厢之衿耆，次及商贾，次及
居民"，并设义安总局，选派"资望兼隆"的绅士"常川住局"；经过劝慰，
绅民知道和约必须遵办，不能"逞忿开衅""违旨恣行"。同时，李福泰等还
加强对潮州的控制，抓获六名"平日造言生事"之人。至此，他们"察看民
情，猜疑渐释"，于是请英国领事入潮州城，随后择定设领事馆之处。这样
英国领事顺利实现了第二次入潮，设立领事馆一事也得以解决④。

最终拖延七年之久的潮州入城问题最终得以解决。这一问题的解决体现

---

① 《奕䜣等奏接英使照会关于领事人潮案请派员随两广总督往潮州妥办折》，同治五年二月初三日，中华书局编辑部、李书源整理：《筹办夷务始末·同治朝》四，第1641—1642页。

② 《李鸿章奏丁日昌条陈潮州洋务事宜呈览折》，同治五年三月十五日，中华书局编辑部、李书源整理：《筹办夷务始末·同治朝》五，第1710—1712页。

③ 《丁日昌条陈潮州洋务事宜三条》，同治五年三月十五日，中华书局编辑部、李书源整理：《筹办夷务始末·同治朝》五，第1713—1714页。

④ 《瑞麟蒋益沣奏潮州英领事二次入城情形在事人员可否奖叙折》，同治五年七月十一日，中华书局编辑部、李书源整理：《筹办夷务始末·同治朝》五，第1810—1811页。

了条约执行过程中如何应对外交与地方民情的问题。诚如奕䜣等人在事后上奏中所言：潮州"民风犷悍，素性椎鲁，其拒洋人进城，乃系激于义愤，并非有心抗违，自不可操之太蹙，纯用迫胁"；然而，英国领事坚持要入城"亦系遵照条约，并非格外要求，更万难置之不办，酿成衅端"。所以，这就导致了"此案中止不能，过激不可，事处两难，实乏善策"①。丁日昌、李福泰等人的建议和开导则是解决入城一事的关键。这同时反映了条约执行过程中，如何疏导地方民众也是相当重要的。

二、 税收与中外交涉

税收是中外经济关系中重要环节，中外条约对中国海关的征税、外商的交税等都有明确的规定。然而，由于收税范围的界定或利益驱动，中外经济关系中出现了征税、漏税的问题，相应地也引发了中外交涉。下文结合不同时期发生的征税问题，以揭示中外之间在税收问题上的交涉。

第二次鸦片战争后，中外贸易不断扩大，税收是一个不得不注意的问题。奕䜣等人认为"税务一项，不独有关国帑，且有系于抚驭大局"；"以事当创始，又为中外交涉最要之端，是以吁恳敕下户部诸臣，会同商办"。然而，清廷谕令奕䜣等人办理，并咨会办理各口通商大臣，各就地方情形妥为筹议。总税务司由上海迁至北京后，奕䜣等人也就通商税收问题与赫德进行磋商。随后，赫德向总理衙门呈递章程七件、禀呈二件；奕䜣等人认为其中有他们"未经议及"的，也有"议及而未尽符合者"，而最重要的是洋药、内地货物征税两项②。

1. 征收复进口税交涉。就内地货物复进口纳税而言，条约并没有规定纳税的办法。加之太平天国起义的影响，中国地方官员难以限制外商复进口土货不纳税的行为，结果导致"洋商每将南北土货于通商口岸往来贩卖，不独隐夺华商生计，且于各关税饷有亏"。因此，奕䜣等人认为有必要对土货征

---

① 《奕䜣等奏议复瑞麟等英领事二次入潮折》，同治五年七月十八日，中华书局编辑部、李书源整理：《筹办夷务始末·同治朝》五，第 1816 页。

② 《奕䜣等又奏赫德递章程禀呈洋药项应敕另议内地货项已与英法照会折》，咸丰十一年五月三十日，贾桢等纂修：《筹办夷务始末·咸丰朝》八，第 2916 页。

收复进口税，并制定章程①。

如何解决这一问题，总理衙门相当重视，并且处事较为慎重。奕䜣等人认为："条约税则未经明晰，而牵混之语甚多，流弊尤难枚举。如果筹计稍疏，恐奸商避重就轻，不惟亏关税之额征，且暗夺商民之生计。"所以，奕䜣等人在赫德提出意见后，与之反复辩论，主张"仍令其照内地遇一关纳一关之税"；赫德对此表示同意，但是担心英国驻华公使不同意。所以，奕䜣等人函约英国驻华公使卜鲁士和参赞威妥玛到总理衙门会晤，当面商议税务各方面的问题。果然，对于内地货物复进口税的问题，英方一开始"颇据条约税则各处牵混之语，执意坚拒"。奕䜣等人再三辩驳，赫德也从旁帮助。在这种情况下，卜鲁士才提出请奕䜣给英国和法国照会，"以凭向洋商商办"②。

随后，奕䜣照会英国驻华公使卜鲁士、法国驻华公使布尔布隆，提出对于复进口土货纳税的办法：凡是已交纳正税和子口税的出口内地货，复进各通商口岸时，"悉令于所进之口，按照通商税则，或纳一正税，或纳一子口税，即正税一半。如纳一正税，应归二成之项，照数扣归；如完一子口税，则为数无几，不扣二成。但既系内地货复行进口，又有完纳税项，自以完一正税，照数扣归二成为是。至此项内地货，于复进通商各口，照通商税则完纳或正税，或半税之后，无论何人再行转售，均照过一关纳税之例，按内地税于旧有各关照数纳税"。奕䜣在照会中指出"此系中外商税大局，交涉最重之事"，所以照会两国公使，"统查情形，详细复知后，本爵即行飞咨沿海各口通商大臣，于现办情形，查验有无不合，再行定议"③。

对于中方的意见，英国公使同意"土货复进口应交半税，毋庸扣归二成"；但是，并没有提及交半税后应否再征。随后，奕䜣照会英国驻华公使，最终议定土货复进口交过半税后，"止准在口售卖，若运入内地销售，仍照

---

① 《奕䜣等又奏议添辑复进口税办法片》，咸丰十一年十月十二日，中华书局编辑部、李书源整理：《筹办夷务始末·同治朝》一，第48页。

② 《奕䜣等又奏赫德递呈章程禀呈洋药项应敕另议内地货项已与英法照会折》，咸丰十一年五月三十日，贾桢等纂修：《筹办夷务始末·咸丰朝》八，第2917页。

③ 《奕䜣给英使普鲁斯法使布尔布隆照会》，咸丰十一年五月三十日，贾桢等纂修：《筹办夷务始末·咸丰朝》八，第2926页。

内地例逢关纳税，遇卡抽厘"①。

2. 天津照约实行洋药征厘。天津开埠后，中国按照条约的规定征收洋药进口税。由于内地商人贩卖洋药为大宗生意，崇厚"屡欲试办抽厘，惟洋商多以中国加抽厘金，则洋商销货不畅，叠次请外国领事官阻止，以致旋议旋息"。1862 年，崇厚因筹办海防需款而向各国领事交涉，指出"现在办理防守，专为保护中外商民"，因此要抽洋药厘捐而接济兵饷所需。而且，崇厚根据《通商章程善后条约》第五款"洋药一经离口，即属中国货物，只准华商运入内地，外国商人不得护送"；《天津条约》第二十八款"内地关税之例，与洋药无涉，其如何征税，听凭中国办理"，向各国领事提出"现在商办捐厘，亦系向内地商人抽收，与洋商无涉，令其饬知各洋商遵照"。各国领事对此没有异议，并转饬洋商遵照。于是，崇厚开始在天津向华商征收贩卖洋药的厘金②。可见，条约规定的正常事项对中国来说，实施都不是那么顺利。

3. 汉口设关征税。1861 年 10 月 20 日，湖广总督官文上奏指出，《长江各口通商暂订章程》"第七条所载：凡进口出口货物，均归上海稽查纳税。实有心取巧，豫萌欺蔽偷漏之端"。半年来，洋商进出口货物均不遵守条约，甚至有内地商人"船插英旗，借此影射偷漏"。受命调查此事的委办汉口通商事务候补道张开霁、湖北按察使和布政使清楚外国的违约之处。他们指出，外国领事金执尔等人认为"现在洋商办运内地货物，因汉口并无监督税务司员官吏，一切出口内地货物正税、子口税，已均归镇江、上海完纳察验"。这种说法"与条约内所载，察验进口洋货，严防偷漏已不相符。所谓中国各口于不纳税处概不请验候查等语，并非指汉口、九江而言"。汉口如果不设关收税，"漫无稽查，则长江上下中原之利尽归外国"。而且，内地奸商假托洋商雇伙采办内地货物，不交厘金，会导致"汉口之外，山乡市镇处

---

① 《奕䜣等又奏议添复进口税办法片》，咸丰十一年十月十二日，中华书局编辑部、李书源整理：《筹办夷务始末·同治朝》一，第 48 页；另参见《给英使卜鲁士照会》《英使卜鲁士照会》，咸丰十一年十月十二日，中华书局编辑部、李书源整理：《筹办夷务始末·同治朝》一，第 56—58 页。

② 《崇厚奏天津洋药试办抽厘折》，同治元年二月初十日，中华书局编辑部、李书源整理：《筹办夷务始末·同治朝》一，第 145—146 页。

处皆可作为通商口岸"。这违背了中英《天津条约》"不逾三口之文",也不符合"不逾百里之条"。中法《天津条约》规定"任听在议定通商各口往来,惟明禁不得在沿江沿海各埠私买私卖"。中美《天津条约》规定"泊船寄居处所,商民水手人等止准在近地行走,不准远赴内地乡村市镇私行贸易"。所以,他们认为"若英国一开此端,则他国亦将效尤";而且,汉口必须设关收税,稽查盘验;"禁止华洋雇伙往各埠头采办"。这样才能够与原议条约相符合。官文认同张开霁等人的看法,提出必须在汉口设关收税,以便稽查①。总理衙门就官文的提议,与赫德进行了商议。赫德认为,长江地方辽阔,沿江尚未平靖,稽查难周全,如果不在上海征税,洋商进口洋货和出口土货都会出现避开九江、汉口关的情况,从而导致偷漏正税。总理衙门经过多次筹商,认为"不如仍在上海征收,拨归湖北、江西二省为是"。至于汉口设关,总理衙门的意见是"自应准其建立,查验进出各货"。由于正税在上海征收,汉口关最初只征收子税、盘验货物②。因此,汉口设关体现了特殊时局下的中外条约执行问题,也反映了条约执行与地方利益的问题。

4. 违约收税、漏税与中外交涉。19 世纪 60 年代,有的地方在通商之初因不了解相关征税之法,而出现过多征外商税收的情况。外国人将之视为违约之举,提出交涉。1862 年,英国驻华公使卜鲁士为英商在湖北叶家市贩茶被多征税、在浙江南津被抽税照会总理衙门。他声称:中外"彼此常有失和之由,实因贵国未经宣示直外各省,咸知各国定约,乃系贵国敦崇友邦之大典,严令内地官民,悉向远人优礼相处,克尽友情"③。奕䜣知悉后,"即行文各该省,令其按照和约及新定章程办理"④。对于湖北、浙江多征外商税收,奕䜣上奏提出"所收银两,未知归入公项,抑或官吏私行勒索",请旨饬湖广总督和浙江巡抚查明,"倘系官吏私收,当即从严惩办,俟办结后,

---

① 《官文奏汉口通商上海完税不便稽查请于汉口设关折》,咸丰十一年九月十七日,中华书局编辑部、李书源整理:《筹办夷务始末·同治朝》一,第 35—37 页。

② 《奕䜣等又奏议复官文汉口设关折》,咸丰十一年十月十二日,中华书局编辑部、李书源整理:《筹办夷务始末·同治朝》一,第 60—61 页。

③ 《英使卜鲁士照会》,咸丰十一年十二月二十五日,中华书局编辑部、李书源整理:《筹办夷务始末·同治朝》一,第 103 页。

④ 《给英使卜鲁士照会》,咸丰十一年十二月二十五日,中华书局编辑部、李书源整理:《筹办夷务始末·同治朝》一,第 104 页。

仍咨臣衙门查核"①。

中外之间发生的违约收税交涉在征收厘金上多有体现。台湾府城征厘交涉即是值得注意的一例。1886 年 4 月，台湾巡抚刘铭传在台湾府城外设厘金局，对中外商人抽收百货厘金，"洋商或完子口半税，或照内地一律抽厘"。对于刘铭传的这种收税办法，外国驻华公使向总理衙门提出了交涉。德国驻华公使巴兰德首先根据本国商人的报告，致函总理衙门要求对德商"勿得勒抽"厘金。总理衙门将此告知刘铭传后，刘铭传回复称："台地抽收百货厘金，系照内地一律办理，洋商应完子口半税，亦系仿照内地土货出口成案，并非勒抽"。总理衙门据此答复德国公使。1888 年初，各国驻华公使先后照会总理衙门，认为台湾府向洋商抽收厘金属于违约行为，声称洋商在通商口岸台湾府运货，不是进入内地，因此只应交纳出口正税，而不应当交纳其他税厘。总理衙门对各国的这种要求坚持批驳。1888 年 3 月 15 日，英、德、法三国驻华公使又向总理衙门提出了前述要求，总理衙门予以反驳，并提出各国商人不愿抽厘，可以致函台湾巡抚另筹办法。4 月 2 日，英、德、法三国公使再次与总理衙门会晤，声称"台湾抽收洋商厘金，实属违约，业经商办经年，不能再待"。总理衙门虽然力争，但是不能使对方折服。所以，总理衙门基于台湾府是通商口岸的考虑，奏准饬台湾巡抚"将抽收洋商厘金一事即行停止，以杜口实而符约章"②。总理衙门的这一举动是在争辩无效的情况下，采取的一种妥协办法。

其实，英、德、法等国的要求并没有充分的条约依据，刘铭传是按照条约规定向领三联单的外商征收子口税、向未领三联单的外商征收厘金。因此，刘铭传和李鸿章在通商口岸的范围以及免厘一事上进行了声辩。刘铭传

---

① 《奕䜣等奏英使卜鲁士照会山东各省六事折》，咸丰十一年十二月二十五日，中华书局编辑部、李书源整理：《筹办夷务始末·同治朝》一，第 97 页。值得注意的是，英商保顺、德利等行到湖北采购茶叶被多征税，与当时的长江通商税收体制、地方认识以及华人假冒洋人都有一定的关系。诚如 1862 年 3 月，湖南巡抚毛鸿宾在奏折中所说，当时英商"持苏松道照会，内称：正杂各税概归上海征收。其时内地商人，多有假冒洋商希图免税者，当经该局绅员以奏准办理茶捐之案，非苏松道所能遥制，仍令按照税则完纳，洋商允从无异"。（《毛鸿宾奏议复耆龄湖南茶税办法折》，同治元年二月二十四日，中华书局编辑部、李书源整理：《筹办夷务始末·同治朝》一，第 167 页。）

② 《总署奏台湾抽收洋商厘金与约不符请旨遵办折 附旨》，光绪十四年二月二十五日，王彦威、王亮辑编，李育民等点校整理：《清季外交史料》第 4 册，第 1562 页。

电复总理衙门时指出：台湾并未向洋商征收厘金，而是按照条约征收出口半税。而且，台湾省除了沪尾、打狗外，其他各处"不能皆作通商口岸"，外国人在台湾采购樟脑，"向章有三联单"。他建议总理衙门"坚持成约，不可游移"①。明确通商口岸的范围是判断是否违约的关键。刘铭传认为：不能将整个台湾府城看作通商口岸，因为"台湾城与准予洋商贸易之安平口，相距八里，是府城系在指明口岸之外。譬之上海，计口岸距县二里，未闻县地亦作通商口岸"②。而且，中英《天津条约》规定台湾府城口为通商口岸，当是指"洋商贸易之安平口"；"即如潮州之汕头口、登州之芝罘口，虽均隶府城，约内与台湾同款，列作府城口，未闻登州、潮州府城皆作为口岸"。广州等五处通商口岸也只是"领事等官均居城邑，而通商则指明港口"③。李鸿章也指出"查原约台湾府城口字样，本属牵混。开办时，又未将口岸划定，以致误认府城为口岸。然如登州、潮州、琼州、天津有府城字样，究各另有通商口岸也"④。而且，按照《烟台条约》，外国人在通商口岸的租界才有免厘的权利，因此外国人提出的通商口岸免厘与条约不符。刘铭传指出"现在专就华厘设法，并不拟在台湾府城向洋商抽收半税"；"至租界免厘一层，台湾无租界可免"⑤。李鸿章也根据《烟台条约》，指出"租界之外，洋货厘金、土货半税皆可分别征收"。台湾府城并没有租界，所以他就此致电总理衙门"请酌辩论"⑥。因此，李鸿章与刘铭传在致电总理衙门时，均主张坚持台湾府城不能笼统看作通商口岸，通商口岸只有租界才能免厘，请总理衙门据此向各国进行交涉。1888 年 5 月 5 日，总理衙门提出洋商在台湾运土货的纳税，可以按照天津的办法办理，德国驻华公使巴兰德"似可就范"，并告知

①　《直督李鸿章致总署刘铭传电称台湾洋商完税请补叙府城口并半税二节电　二件》，光绪十四年二月二十六日，王彦威、王亮辑编，李育民等点校整理：《清季外交史料》第 4 册，第 1562 页。
②　《直督李鸿章致总署刘铭传电台湾无租界可免厘　二件》，光绪十四年三月初四日，王彦威、王亮辑编，李育民等点校整理：《清季外交史料》第 4 册，第 1564 页。
③　《台抚刘铭传奏辩明内地土货厘金片》，光绪十四年三月二十一日，王彦威、王亮辑编，李育民等点校整理：《清季外交史料》第 4 册，第 1568 页。
④　《直督李鸿章致总署台湾府城口字样本属牵混电》，光绪十四年三月初二日，王彦威、王亮辑编，李育民等点校整理：《清季外交史料》第 4 册，第 1564 页。
⑤　《直督李鸿章致总署刘铭传电台湾无租界可免厘　二件》，光绪十四年三月初四、初五日，王彦威、王亮辑编，李育民等点校整理：《清季外交史料》第 4 册，第 1564 页。
⑥　《直督李鸿章致总署台湾府城口字样本属牵混电》，光绪十四年三月初二日，王彦威、王亮辑编，李育民等点校整理：《清季外交史料》第 4 册，第 1564 页。

李鸿章先将天津的征税办法电知刘铭传以便参酌①。最终，台湾府裁撤厘金局，"设法另征落地税，即与洋商无涉"②。

当然，中外经济往来中因征厘而引发的交涉还有多种情况。1888 年，德国驻华公使照会总理衙门，认为广州厘金局违约抽厘。德国公使在照会中称，当年 6 月 29 日，"广州厘局将德商出口货运上船者，在途中扣留，并勒令指出卖货华商姓名，又在通商地方，将所有买土货上船者，在途中抽厘一次"，这是违约之举；其原因就在于广州塞堵河口，"致货不能在广州口岸上船，必用小艇运到大船，将德人在华贸易章程种种废弃"。德国公使要求总理衙门务必电嘱两广总督，"毋令属员再有违约之举"。对于德国方面的要求，总理衙门致电两广总督，以台湾府设厘金局引发各国交涉为例，指出广州厘金局"倘非向来所有，势难我行我法，亟宜变通办法，毋令藉口违约，致为要挟"③。对此，张之洞在复电总理衙门时，指出省河补厘局开办有一年多，"抽华商，不抽洋商，恪遵条约，界在疑似，不能不加考核。确系洋商者立即放行，既未抽厘，亦未扣留"。张之洞还表示以后要饬局员详查妥办，"凡洋商所买土货，有税单可凭者，决不留滞，不至再有藉口。其确查有包庇可据者，不能不向领事诘问"④。

就漏税而言，这种情况在各地多有发生。外国商人受利益的驱动，往往无视条约，进行违法的贸易活动，引发漏税问题。尤其是在特殊时局之下，这类问题难以处理。1861 年 3 月，上海道吴煦在致人信函中说："惟九江、汉口两处，虽允照章通商，于夷务则皆茫然。夷商乘各处无备，纷纷载货上驶，藉以隐漏，抑且碍及沪关。现将镇江关赶紧开办，奈少熟手，一时均难

---

①《总署致李鸿章天津洋税办法请告知台抚参酌电》，光绪十四年三月二十五日，王彦威、王亮辑编，李育民等点校整理：《清季外交史料》第 4 册，第 1570 页。

②《总署致张之洞据德使照称广东违约抽厘电》，光绪十四年六月初七日，王彦威、王亮辑编，李育民等点校整理：《清季外交史料》第 4 册，第 1580 页。

③《总署致张之洞据德使照称广东违约抽厘电》，光绪十四年六月初七日，王彦威、王亮辑编，李育民等点校整理：《清季外交史料》第 4 册，第 1580 页。

④《粤督张之洞致总署洋商包庇华商漏税当详查妥办电》，光绪十四年六月十六日，王彦威、王亮辑编，李育民等点校整理：《清季外交史料》第 4 册，第 1581 页。

得法。"① 吴煦以上所言是针对太平天国时期的战乱和长江通商之初的状态，征税之难可想而知，至于追究漏税行为更属不易。不过，即便是在常态之下，外国人仍然有漏税之举。外国使馆人员进京过程中，相关人员私带货物漏税即是问题之一。

第二次鸦片战争后，天津开放为通商口岸，外国公使进驻北京。因此，常有外国人及车辆由天津前往北京。由于北京"不在通商之列，惟恐内地商人假端影射，以致税务有亏"，总理衙门于1861年五月初旬照会英、法两国驻京公使，"令其晓谕该国人等，由津来京，必将行李、车辆、姓名、人数详报地方官"，由地方官发给印票，作为查验凭据②。英国公使卜鲁士曾在致总理衙门的照会中称："本国禁令极严，所有职员，一概不准贸易。"然而，总理衙门担心中国内地之人，"冒充别国人将税货装载车辆进城，藉得漏税"。所以，奕䜣照会卜鲁士"嗣后贵国人进京，务将人数姓名、车辆数目、声明前往何处，由天津领事官填给执照"，报三口通商大臣崇厚查明，再由崇厚札饬天津府钤盖印信；"其车辆进京，必须有崇大臣文书前来，先期知照崇文门，以便查验放行，庶不致内地人冒充别国之人"。对于英国人由天津乘船在通州上岸，奕䜣等人还在照会中也询问英方如何处理③。卜鲁士在照会中答复道：由通州上岸转用车运者，"宜饬该领事官给单注明件数，以备上岸之时，点数对否可也"④。同时，奕䜣等人还就防止进京人员私带货物漏税之事，照会法国驻华公使布尔布隆，后者的答复与英国相似⑤。1862年初，英国人吾百四德私运货物进京，被中国官员发现，经总理衙门派员查实后，确系非使馆所用之物，系属私运货物。于是，总理衙门视之为漏税货

---

① 《吴煦致黄赢山房主人函（底稿）》，1861年3月，太平天国历史博物馆编：《吴煦档案选编》第2辑，第38页。

② 《奕䜣等又奏英管事华人来京私带货物折》，咸丰十一年七月十八日，中华书局编辑部、李书源整理：《筹办夷务始末·同治朝》一，第8页。

③ 《给英使卜鲁士照会》，咸丰十一年七月十八日，中华书局编辑部、李书源整理：《筹办夷务始末·同治朝》一，第9页。

④ 《英使卜鲁士照会》，咸丰十一年七月十八日，中华书局编辑部、李书源整理：《筹办夷务始末·同治朝》一，第10页。

⑤ 《给法使布尔布隆照会》《法使布尔布隆照会》，咸丰十一年七月十八日，中华书局编辑部、李书源整理：《筹办夷务始末·同治朝》一，第10—11页。

物，照例罚没入官①。

1888 年，广西北海也发生过德商违约漏税而被罚没货物之事。当时北海厘金局将德商货物罚没入官后，德国驻华公使根据 1868、1882 年的章程，提出"应会讯办理"，并声称"已电知领事，转请照办，限七日内声复。如不允会讯，即须赔偿"。对此，总理衙门认为根据章程可以会讯，所以电告两广总督张之洞，照章会讯，以免德国索赔有辞②。张之洞认为德商两次运货进入内地，"不照向章报厘厂查验，及被拿获，货单不符，故批饬充公"。然而，德国领事却声称"洋货无厘，以后概不报验"。张之洞鉴于此举关系到偷漏厘税，坚持争辩。在这种情况下，德国领事才同意仍照以前报验。因此，张之洞态度有所转变，电告总理衙门"此事本可无庸会讯，惟领事既肯转圜报验，姑准会讯，以免藉口"③。

三、 违约经商的处理及相关交涉

中外条约对外人在华经商有相应的规定，并且不准中国人假冒外商从事经营活动。然而，各种形式的违约经营活动多有发生，如中国人假冒洋商经商和设栈，外国人违约买卖商品、违约进入未开放区域等。为本国利益考虑，清政府不得不与各国进行了交涉。由于相关事件较多，下文拟结合具体的个案，对违约经商的处理及其引发的交涉进行阐述。

1. 假冒洋商贸易。这类情况在各地多有发生。1861 年 7 月，上海丝商发现在新条约实施后，外国商人可以"请领执照，自赴内地抄丝，认完税课"。他们"深恐内地奸商勾串无业洋人，托名隐戳，包揽丝货，在沪转售，并不自行出口，既关内商交易，并坏洋商礼体，不得不思害预防"。所以，上海丝商请求上海道照会英法领事，明定章程，互为禁约；"并饬知新关司税，凡洋商自往抄丝，何处洋行字号，请照运丝到沪，报纳新章课饷，日后

---

① 《奕䜣等又奏英人吾百四德私运货至京已由法馆起出充公折》，同治元年二月十四日，中华书局编辑部、李书源整理：《筹办夷务始末·同治朝》一，第 151—152 页。

② 《总署致张之洞北海厘局将德商货入官希照章会讯电》，光绪十四年十一月初一日，王彦威、王亮辑编，李育民等点校整理：《清季外交史料》第 4 册，第 1608 页。

③ 《粤督张之洞致总署德商运货入内地不照章报验拟饬充公并允领事会审电》，光绪十四年十一月初四日，王彦威、王亮辑编，李育民等点校整理：《清季外交史料》第 4 册，第 1609 页。

仍归原报之洋行纳税出口，不得另换字号纳税出口，以杜隐戥包揽之弊，则内地丝业生计，庶无妨害"①。

1861 年 8 月，上海道吴煦鉴于有华商贿通外商或冒附洋行名号，并雇外国水手随同下货，各码头巡丁不敢扣留查验，导致税收减少；所以，他向江苏巡抚薛焕提出严禁洋商包运华商进出口货物，"惟有奏请饬下总理衙门咨商英、法两国驻京大臣，饬知该管领事，嗣后华商进出口货件，洋商不得包运包送，倘有华商货物影射附洋商名下，一经华官察出，除将华商交华官究办外，并将该洋商指送领事，按货议罚"②。

2. 假托洋商内地设栈。有的中国内地商号声称是洋商开设，企图规避捐厘。1861 年，曾国藩在给总理衙门的咨文中指出，安徽祁门县程付碣有黟商开设的宝顺茶号，当地县令要求他捐厘助饷，然而该商却声称茶号"系洋商开设，不应捐厘"③。针对这种情况，曾国藩提出"此后洋商在内地设栈置货，必须由领事官与地方官会商，先行呈报，以杜内地商人串通冒认"。为此，奕䜣于 1862 年 1 月照会英国驻华公使卜鲁士，"通饬各处领事官晓谕各商人，嗣后如有洋商在内地设栈置货，该商必先报明领事官，由领事官转报海关监督，交地方官备案，以便稽查，中国定必按照条约办理"；如果不先期呈报，无论华商和洋商，"所有一切捐输抽厘，均照内地章程办理"。中方提出这一限制性的办法并非没有依据，因为中英《天津条约》第 46 款规定"中国各口收税官员，凡有严防偷漏之法，均准其相度机宜，随时便宜设法办理，以杜弊端"④。不过，对于这项办法，英国公使并没有直接回答，而是声称"此事曾大人所指何处而言，本大臣实难分晓。若论内地城镇，则约内本无外商进内开行之条"，"此等情弊原无英商在内"⑤。

---

① 《上海丝商请杜绝洋商包揽禀》，1861 年 7 月，太平天国历史博物馆编：《吴煦档案选编》第 5 辑，第231 页。

② 《严禁洋商包运华商进出口货物节略》，1861 年 8 月，太平天国历史博物馆编：《吴煦档案选编》第 5 辑，第 234—235 页。

③ 《奕䜣等又奏金陵太平军假扮洋人黟商假托洋商已照会英法使折》，咸丰十一年十二月二十五日，中华书局编辑部、李书源整理：《筹办夷务始末·同治朝》一，第 106—107 页。

④ 中英《天津条约》，咸丰八年五月十六日，王铁崖编：《中外旧约章汇编》第 1 册，第 102 页。

⑤ 《英使卜鲁士照会》，咸丰十一年十二月二十五日，中华书局编辑部、李书源整理：《筹办夷务始末·同治朝》一，第 109 页。

3. 违约内地采购商品。1865 年，中国人陈起、赵八携带天津洋行字据到内地私贩马匹，密云副都统请总理衙门核办如何处理。奕䜣等认为"私贩马匹，久干严禁，一经查获，例应入官充赏。条约内虽无禁止私贩骗马明文，然各国洋商入内地贩买货物，无论本商及遣用内地商民，均须照章禀明管关监督，请领三联单照"。然而，天津的利记、仁记洋行派中国人到内地采买骗马，"并不呈请三口通商大臣执照，自应照私贩之例办理"①。

4. 违约贩卖食盐。1862 年，有外国人到江西吴城镇贩卖食盐。当时，中国地方官员发现外国人私贩食盐后，查系美国人通孖所为，盐由九江德利洋行公拨。九江道根据条约规定向美国领事毕理格照会查办此案，然而毕氏的答复却是：通孖等人并不是美国人，九江也没有德利洋行，只有英国立德洋行。而且，涉事外国人在事发后驾船逃走，查无所获。沈葆桢认为外国人皮尔生、费子盖宝、通孖等贩运食盐，"私到不准通商之吴城镇及省河售卖，实属违禁"。针对上述办理情形，沈葆桢认为涉事外国人"弋获无期，自应就案完结"，对于涉事中外人犯，"再分别咨行，一体严缉务获，按约惩办，以儆效尤"②。清政府长期反对洋盐进口，与各国签订的条约均禁止洋盐进口，因此，条约的规定成为清政府与各国处理违约进口食盐事件的依据。

5. 违约贩卖土货。1888 年，俄国外交部照会总理衙门，声称"俄商在镇迪地方，人货均难保全，缘地方官不知尚有条约，任听华民扰害俄商，不但不为保护，反致任意苛待，显有拒绝俄商之意"。对于俄方的指责，总理衙门根据中俄条约的规定，指出条约准许俄国人贩运各国货物，是专指洋货而言，"其或以洋货易土货，亦应比照土货章程，只准出口回国，不准沿途销售"。然而，俄国却"欲在新疆各城贩卖土货，反谓地方官妄解条约，实属狡狯"。总理衙门提出如下应对办法：一方面，函知中国出使俄国、德国、荷兰公使洪钧向俄国交涉；另一方面，奏请饬新疆巡抚刘锦棠，迅速查明情况。至于新疆办理通商交涉，总理衙门指示：（1）中俄商民交涉未了结各

---

① 《奕䜣等又奏密云咨送天津洋行私贩马匹犯陈起等片》，同治四年六月十三日，中华书局编辑部、李书源整理：《筹办夷务始末·同治朝》四，第 1421 页。

② 《沈葆桢奏商民同洋人皮尔生等违禁贩盐查出驶去请就案完结折》，同治二年五月初七日，中华书局编辑部、李书源整理：《筹办夷务始末·同治朝》二，第 703—704 页。

案，务须按条约设法迅速办结清理；（2）俄商贸易之处，"必须妥为保护，不得稍有歧视"；（3）征收厘金一事，"务宜与洋商不相干涉，方不至以违约为口实，致生枝节"①。

6. 违约赴未开放区域贸易。1861年，有俄国人到图什业图汗盟公达什多尔济旗采买盖房木料，库伦办事大臣色克通额派员向俄国领事交涉，提出"采买木料，建盖公所，虽非贸易，不可私行，务须报明"。然而，俄国领事百巴赖沁并未会见，而是让通事转达说"和约内俄罗斯国人在你国各处俱可任意行走，七八日内，我们商人还往各旗去作买卖"。于是，色克通额又派人晓谕俄国领事："我们各旗并非通商之区，且和约未载，不可前去。"然而，俄国通事却声称："你等不必拦阻，我们俄国商人，定照和约第五条内前往各旗去作买卖。"色克通额对于俄方的态度表示反对，并向两盟官员声明俄国赴各旗贸易的非法行为。随后，俄国商人前往东库伦去贸易，并有沿路打伤中国人之事。色克通额详细查看条约，认为条约并无允许俄商前往蒙古各扎萨克旗游牧处所贸易的规定；"初次若不拦阻，日后渐渐兴起，难保不滋生事端"。所以，他请旨饬总理衙门定下章程，由俄国驻华公使转饬领事遵守②。

同年，俄国官员在赠送中国枪炮时，还向库伦办事大臣色克通额、阿尔塔什达提出，"不准该商人等在蒙古各游牧处所贸易，伊之商人等带兵各处去作买卖，且各国俱准贸易行走，何为独拦阻我国？与和约并不相符"。库伦办事大臣认为这是"设法牵扯之言"，其目的就是希望俄商能在中国各处任意行走贸易③。

针对库伦租地、领事与地方官交接、蒙古各地贸易之事，奕䜣照会俄国驻华公使巴留捷克，指出：根据中俄《北京条约》第五条，"并无准往蒙古各旗贸易之语"；而且，俄国驻库伦领事"不应与办事大臣平行"，以

---

① 《总署奏洪钧电称俄欲在新疆贩卖土货反谓苛待请饬抚臣按约迅办折 附照会》，光绪十四年六月二十三日，王彦威、王亮辑编，李育民等点校整理：《清季外交史料》第4册，第1582—1583页。

② 《色克通额阿尔塔什达奏俄商违约往蒙各旗贸易等三事请总理衙门定章令俄使巴留捷克遵行折》，咸丰十一年十一月二十六日，中华书局编辑部、李书源整理：《筹办夷务始末·同治朝》一，第76—78页。

③ 《色克通额阿尔塔什达又奏俄续送枪炮除留恰外运送京师折》，咸丰十一年十一月二十六日，中华书局编辑部、李书源整理：《筹办夷务始末·同治朝》一，第79页。

后库伦的事件"应派三、四品官员与领事官商办"。中方提出的办法为俄方所接受。然而，俄方并不遵守条约和双方商妥的官员交接办法。至于商人在哲布尊丹巴呼图克图所居之庙旁租地，奕䜣认为俄国商人已另租有土地建房，不必在庙旁租地；而且，商人不习其教，"诸多不协，恐致别生事端"。因此，奕䜣在照会中要求俄国公使"严饬商人按约办理，不可别生枝节"；同时，要将用火器打伤蒙古人的俄国商人"查明照例惩办，驱逐出口，勿再到库伦贸易"①。

四、 外国船只的航行、经营和遇劫赔偿交涉

中外条约对外国船只在中国的航行、商船的经营、遇盗后的缉捕等，都有相关的规定。然而，相关条款在执行过程中却因外国人有意违约，或因相关条款的理解不同，中外之间也发生过纠纷和交涉。

1. 违约卖船货。1863 年 8 月 11 日，普鲁士商船"阿妹底打"号由厦门到宁波贸易，遭遇大风，不得不暂停在未开放的福建万州。停泊期间，货主因无银使用，售卖了一些货物。8 月 18 日，福建海关派人到万州查到该船卖货，于是将船货入官。对于这一处罚，普鲁士驻华公使李福斯照会总理衙门，认为按中普条约第七款有商船在未开放口岸私做买卖船货入官的规定，但是第三十款又有"商船遇有破烂及别缘故，急须进口躲避者，无论何口均可进去，不用纳钞，如为修船之故，货物须上岸者，亦不纳税"。而该船是为修船而卖货的，所以不能将船货全行入官。为此，李福斯照会总理衙门，希望查清此事，赔偿船货价值及其入官以后的利息②。

2. 外国船只违约闯关。1877 年，蔡钧受两广总督委派总管汲水门税务，"常见小火轮或虾狗船高挂英国旗，满载洋药闯关"，然而税厂对于这些由香港到广州的英国船只却不阻止；蔡钧询问税厂中的书差，得到的答复是"前因盘查曾经见拒，故自后不敢闻问"。显然，外国船只的行为明显违背条约

---

① 《给俄使巴留捷克照会》，咸丰十一年十一月二十六日，中华书局编辑部、李书源整理：《筹办夷务始末·同治朝》一，第 81—82 页。

② 《布使李福斯照会》，同治三年六月十五日，中华书局编辑部、李书源整理：《筹办夷务始末·同治朝》三，第 1152 页。

规定，而中国税关人员因惧怕外国人而放弃盘查征税之权。蔡钧认为"若厂在香港，自然受制于西人。今厂乃在中国地界，想英国亦应遵我法度"。所以，他到香港拜会香港总督坚尼士，进行交涉，声明"我中国设关收税，与香港相离仅三十里，彼此皆应各遵制度"。在蔡钧的交涉之下，坚尼士同意"以后有此等事，请即截留拿解来港"。此后，外国游历之船"泊船请验放行，于是夹带闯关之船竟尔绝迹矣"①。

3. 外国船只违约进入内地。1888年，英国"加阑"号小轮船违约进入广东内地，经过开平县属水口关，直赴长沙、获海各埠，出入不服从盘问，被洋关扣留。事发后，广东派员与英国领事、税务司按会讯章程，讯明证据确凿，根据中英《天津条约》第四十七款，由官方没收该船充公。不过，船主不服。于是，粤海关监督长有致电总理衙门，询问处理意见②。随后又有英国船只"芬多密麻"号擅自驶入内地，在新会县的外海乡被拿获，并有载客经营证据。按照条约，中国官方可以将该船罚没入官。然而，英国领事"偏袒不服，藉口系游历之船，并无私做买卖确据"，请英国驻华公使与总理衙门"核断"。张之洞认为根据中英《天津条约》第四十七款的规定，英国商船除通商口岸外，"如到别处沿海地方私做买卖，即将船货一并入官"。而且，该款的英文本规定是"英商船只，除已准通商口岸之外，不得违例到中国别处口岸，亦不得在沿海地方私做买卖，违者船货一并入官"。因此，张之洞认为中国的处罚完全符合条约的规定，并致电总理衙门称"中外船路限制，此端万不可开。请坚持责令充公，勿容狡饰，以儆效尤"③。

4. 商船被劫的赔偿。根据中外条约的规定，外国商船在中国洋面被海盗打劫，中国应当缉凶追赃，但是不负赔偿之责。1875年，德国安纳船的船主在福建洋面被中国水手谋杀，货物被抢，船只被毁。1876年4月15日，德国驻厦门领事克荣与福建巡抚丁日昌进行交涉。由于事件性质恶劣，中方主

---

① 《杜截私船闯关之弊》，蔡钧撰、张晓川整理：《外交辩难》，上海古籍出版社，2020年，第15—18页。

② 《粤关监督长有致总署英国轮船违约入内地讯明充公不服请示电》，光绪十四年十月十八日，王彦威、王亮辑编，李育民等点校整理：《清季外交史料》第4册，第1604页。

③ 《粤督张之洞致总署英小轮入内地营业请令照章船货入官电》，光绪十四年十一月初三日，王彦威、王亮辑编，李育民等点校整理：《清季外交史料》第4册，第1608页。

张严惩罪犯。然而，在赔偿一事上，中德之间有争议。德国领事克荣坚持要求赔偿；丁日昌则"允以追出多少"，双方相持不下。丁日昌认为"于条约中所能行之事，为之照办；则条约外所难行之事，方可力持"①。德国驻华公使在此事上也持强硬态度，要求交还所有被毁、被抢财物。随后，此案办结，中方处罚罪犯外，追还德方损失。而且，总理衙门还要求福建省对于未追出的赃物，应当设法尽力追缴②。

五、 违约采伐、开矿、筑路与中外交涉

中外条约对外国人在华经济活动有明确的规定。然而，有的外国人无视条约规定，违约从事伐木、开矿、筑路等活动。这些违约行为在边界地区较多，对此下节将有专门论述。然而，除边界地区外，有的外国人在通商口岸以及内地非法从事活动，从而引发中外交涉。

1. 违约伐木。1868 年，有康姓英国人（又名未士康）私自到台湾大南澳一带伐木运往淡水。台湾地方官员发现后进行劝阻，康姓英国人却声称是受普鲁士领事美利士派遣前来。这一行为明显违背中外条约的规定。当台湾地方官员噶玛兰通判丁承禧向美利士交涉时，美利士有意推托，不得已同意将康姓英国人暂行撤回。然而，美利士并没有采取阻止措施，甚至向中方说英国人的行为与他无关。鉴于伐木者为英国人，台湾地方官员向沪尾英国领事交涉，英国领事却声称"大南澳地属内山生番之界，非兰厅所辖之地，与雇倩洋船在不通商口岸贸易情形不同，未便禁其勿往"③。显然，普鲁士和英国驻台领事相互推诿，并没有履行职责。而且，美利士本系商人，却冒充领事④。他与英国人未士康并没有停止其非法活动，还进一步有建屋、招工、垦荒、运送军火等违约行为。因此，总理衙门在得到闽浙总督、福建巡抚的

---

① 《闽督抚文煜丁日昌奏德国安纳船主及大伙被人谋杀获审片》，光绪二年四月十三日，王彦威、王亮辑编，李育民等点校整理：《清季外交史料》第 1 册，第 97 页。
② 《总署奏德国船主在闽洋被戕案业已办结请饬各省照章保护中外船只折》，光绪二年五月初四日，王彦威、王亮辑编，李育民等点校整理：《清季外交史料》第 1 册，第 99 页。
③ 《给英使阿礼国照会》，同治八年七月初一日，中华书局编辑部、李书源整理：《筹办夷务始末·同治朝》七，第 2676 页。
④ 《给布使李福斯照会》，同治八年七月初一日，中华书局编辑部、李书源整理：《筹办夷务始末·同治朝》七，第 2679 页。

函告后，分别照会英国和普鲁士驻华公使。普鲁士驻华公使李福斯同意备函，戒饬美利士要遵守条约，否则咎由自取；英国驻华公使阿礼国表示将札饬淡水领事查实，如有违约，立即禁止。然而，美利士等人仍没有停止非法行为。总理衙门在得到福建方面的函告后，再次照会英普两国驻华公使，警告"该洋人任性妄为，业经行文该省督抚，转饬查拿，按约送交领事官惩办，如敢恃强抗拒，伤毙无论"。英方的态度与上次一样，饬令领事将未士康撤回。普方则承认美利士违反中国律例，但是要求中国如果查拿美利士，不能有伤毙之事。随后，普鲁士公使李福斯又照会奕䜣，态度大变，声称中方所言与美利士实际的行为不符，提出停止办理与之相关的事宜①。不过，奕䜣等出于普鲁士觊觎台湾的担忧，照会普方称：中国在此事上依然坚持此前的办法，告知福建大吏"仍照前次拿交惩办，伤毙无论之咨办理"②。

2. 违约挖矿。根据条约，外国人不能在中国开挖矿藏。1868 年，英国驻华公使阿礼国派雅妥玛面告总理衙门："山东海口有产金处所，恐流氓勾结私挖，地方官不能驱逐，酿生事端，已派兵船前往弹压。"③ 总理衙门对此予以关注，一方面咨行三口通商大臣崇厚和山东巡抚丁宝桢，转饬该地方官严禁民众私挖金矿；另一方面照会各国住京使臣，"各饬领事官一律禁止"。此外，总理衙门为防止中外勾结公然挖矿，又提出从天津枪炮队中拨出一营驻扎烟台，在烟台本地练兵有成之后，再撤回天津④。因为开矿并非条约所许，加之中国例禁极严，所以英、法、俄、美、普等国驻华公使均饬本国领事禁止本国人在华的这种行为，如有本国人"不遵约束，即会同中国官兵弹压驱逐"⑤。

就地方而言，山东巡抚丁宝桢在收到总理衙门的咨文后，立即饬令地方

----

① 《奕䜣等奏洋人美利士等在台违禁滋事现筹办理情形折》，同治八年七月初一日，中华书局编辑部、李书源整理：《筹办夷务始末·同治朝》七，第 2672—2673 页。

② 《给布使李福斯照会》，同治八年七月初一日，中华书局编辑部、李书源整理：《筹办夷务始末·同治朝》七，第 2689 页。

③ 《奕䜣等奏议复山东华洋匪徒挖金各方情形折》，同治七年九月二十四日，中华书局编辑部、李书源整理：《筹办夷务始末·同治朝》七，第 2485 页。

④ 《奕䜣等又奏山东烟台有广人洋人私挖金矿已行中外禁止拟拨津队驻防折》，同治七年八月初五日，中华书局编辑部、李书源整理：《筹办夷务始末·同治朝》七，第 2448 页。

⑤ 《奕䜣等奏议复山东华洋匪徒挖金各方情形折》，同治七年九月二十四日，中华书局编辑部、李书源整理：《筹办夷务始末·同治朝》七，第 2485 页。

官员查禁，发现平度、宁海、福山等州县有外国人与广东人开挖金矿。这种情况的发生与外国人有意违约不无关系。诚如丁宝桢所说："洋人游历，原系载明条约，而开矿为中国严禁之事，即偶尔试挖，亦非游历所应为。乃各领事官则诿为外国所常有，历次照会办理，词多含混，并不认真谕禁。"针对外国人在宁海州一带的违约行为，丁宝桢札饬宁海州县以及登莱青道"设法驱禁，不任日久逗遛"①。此外，清政府也将天津的枪炮队调至烟台，以作弹压之用。

3. 上海违约修筑铁路。出于国家利权与社会影响等原因，清政府一直反对外国人提出的修筑铁路的要求。1876 年，英国人在上海蕴草滨修筑铁路，遭到上海道冯焌光的反对。围绕着是否条约所许，冯焌光与英国驻上海领事麦华陀进行了针锋相对的交涉。沈葆桢也主张竭力阻止英国人的行为，否则"不特日后通商各口援案照行"；而且，"吴淞、宝山所辖并非通商码头，其地为炮台海塘所在，均关紧要"②。在地方交涉不利的情况下，英国驻华公使威妥玛与总理衙门为此事进行交涉。他照会总理衙门，声称英商在租用的土地修筑铁路符合条约的规定，要求上海地方官吏遵照条约办理。对此，总理衙门照复威妥玛，表明了中方反对英商擅自租地的原因。一是中英《天津条约》第十一、十二款"各款内载，英商并英国人民在各口租地等语，并无修筑铁路字样"。二是英商在上海所住之地，中国并未典卖与英国，不过是准英国人在此居住。"英商在上海租住之地仍属中国之地，中国官仍收该地钱粮，所以举行抽捐之事"。可见，上海租界虽租给英商，但地归中国上海冯道统辖；上海地方英商怡和洋行欲开办铁路，"应由上海领事官照会冯道，俟冯道申详照准，方可举行"。三是英国领事致函上海道，函请英商运入建筑材料免税时，明知应当告知中方，却有意使用"似是而非之语"，声称是"筑路铁器函请免税，但谓车路之用，并未声明径筑火轮车路等语"。

总理衙门认为上海道与英国领事"极意辩论"，是尽其地方之责。而且，

① 《丁宝桢奏近日宁海各处洋人试挖金矿情事折》，同治七年九月十六日，中华书局编辑部、李书源整理：《筹办夷务始末·同治朝》七，第 2467—2468 页。

② 《总署奏上海英商就旧租马路擅筑铁路拟论辩禁阻折　附上谕》，光绪二年三月十九日，王彦威、王亮辑编，李育民等点校整理：《清季外交史料》第 1 册，第 84 页。

中国一直没有答应外国修筑铁路的要求，"无非以中国地方中国当有自主之权，条约中所不载，地方上所难行，中国未便勉强相从，外国亦未便勉强中国而有是举"。此外，修筑铁路还会惊动民众。因此，总理衙门照会英国公使"所有开筑铁路一节，仍希贵大臣揆情酌理，细核条约，俾释群疑"①。而且，英商对于上海道与英国领事达成的停办一个月的要求也不遵守，未满一个月即就生火运行。在这种情况之下，总理衙门担心"英国既倡于前，难保他国不踵其后"，所以主张坚决抵制，奏请饬下沈葆桢、吴元炳"妥为筹画，并密饬冯焌光详酌机宜，悉心办理，务期力杜后患而免衅端"②。而且，总理衙门主张抵制之外，还提出"否则亦须妥筹归宿之法，俾得操纵由我。庶不至漫无限制，贻患无穷"③。最终，由于中方的坚持，吴淞铁路被中方购买后拆除。

六、　条约执行与国内法的问题

为执行条约中的通商条款，中国与外国政府颁行有相关的国内法规。然而，这些法规却因涉外性质，也会引起彼此之间的争端或交涉。例如中国在征税、贸易等方面的相关章程，往往因事涉外国利益而引起交涉。此种事例较多，此处不拟举例说明。

同样，外国的相关立法也会因事涉中国利益，而引发中外之间的交涉。这涉及外国关于本国公民的立法以及中国人的立法等。下文拟结合美、英、法等国的相关案例加以说明。

1880 年，中美签订的《续约附款》第二款规定，"中国商民不准贩运洋药入美国通商口岸，美国商民亦不准贩运洋药入中国通商口岸，并由此口运往彼口，亦不准作一切买卖洋药之贸易。所有两国商民，无论雇用本国船、

① 《总署致英使英商在上海筑路请细核条约照会》，光绪二年二月二十七日，王彦威、王亮辑编，李育民等点校整理：《清季外交史料》第 1 册，第 82—83 页。
② 《总署奏上海英商就旧租马路擅筑铁路拟论辩禁阻折　附上谕》，光绪二年三月十九日，王彦威、王亮辑编、李育民等点校整理：《清季外交史料》第 1 册，第 85 页。
③ 《总署奏上海吴淞铁路须妥筹归宿之法片》，光绪二年三月十九日，王彦威、王亮辑编，李育民等点校整理：《清季外交史料》第 1 册，第 86 页。

别国船及本国船为别国商民雇用贩运洋药者，均由各本国自行永远禁止"①。
为执行此款，美国国会于 1887 年通过了一项包括三条内容的法案。1887 年
3 月 4 日，美国国务卿柏夏致函中国驻美公使张荫桓，将之告知中方。该法
案除禁止贩卖鸦片外，规定美国人向中国贩运的鸦片由美国罚没；而且，所
有罚没、宣布以及后续行为，均由美国在华专门行使司法权的官员作出决定
和执行②。这一规定与中外条约规定的违约进口商品由中国海关和中国官方
处理截然不同。因此，张荫桓认为其第三条规定有损中国利益，于 3 月 8 日
照会美国国务院，指出美国总统所准许的"限禁中美商人贩运洋药例内第三
款与中国税关历来办法及地方官自治之权有所妨碍"，同时还提出"仍应另
文专驳"③。3 月 11 日，张荫桓会晤柏夏，"告以限禁中美商人贩运洋药例，
美官驻华权利太重，隐欲侵夺中国税关之权，此时若不言明，后来不免争
执"；双方彼此争辩后，张荫桓告诉柏夏随后给予详细照会④。此后，张荫桓
着手准备致美国国务卿的照会。3 月 15 日，张荫桓与律师科士达会谈时，科
士达说："限禁贩运烟土事，中国应有专例，今中国不颁行，故美廷立例
耳。"张荫桓答复道："中国罚办本有定章，载在咸丰八年条约，所以续约无
须申明。美领事权利较华领事天渊"，他之所以不与美国国务卿争论，是因
为"中国政存宽大，其界领事之权各国一律，非于美国特优，美为民政之
国，权在国会，其界领事之权亦各国一律，非于中国独刻，故无须争辨"。
然而，美国驻华领事"既享受通共利益，应遵守通行关章，未可以续约所载
'由各本国自行禁止，不引利益均沾'之词讲解二语，遂谓领事可独行其智
也"。科士达于是问中国"关章向日是否如此"？张荫桓回答说："税关之权
向不旁落"，然后告诉中国驻美使馆参赞"将条约引证数款"加入到准备给

① 中美《续约附款》，光绪六年十月十五日，王铁崖编：《中外旧约章汇编》第 1 册，第 380 页。
② "Mr. Bayard to Mr. Chang Yen Hoon," March 4, 1887, *Papers Relating to the Foreign Relations of the U-nited States, for the Year 1887, Transmitted to Congress, with a Message of the President, June 26, 1888,* pp. 237—238.
③ 《三洲日记》，光绪十三年二月十四日，任青、马忠文整理：《张荫桓日记》，第 138 页。"Mr. Chang Yen Hoon to Mr. Bayard," March 8, 1887, *Papers Relating to the Foreign Relations of the United States, for the Year 1887, Transmitted to Congress, with a Message of the President, June 26, 1888,* p. 238.
④ 《三洲日记》，光绪十三年二月十七日，任青、马忠文整理：《张荫桓日记》，第 139 页。

美国国务卿的照会中①。随后，张荫桓收到中国海关税务司贺璧理的复函，其中称："中国税关拿获洋商违禁私贩货物即行充公，无须知会该国领事，若惩罚则由领事主政，税关不专之也。"这与张荫桓的看法正好一致②。所以，张荫桓于 3 月 18 日将准备好的照会送达美国国务院。张荫桓在照会中引用 1858 年中美《天津条约》《通商章程善后条约》，指出由美国领事罚没本国商人在中国贩运的鸦片违背既有条约的规定，"这事实上以一种间接的方式干涉了中国海关独立的权力"③。6 月 23 日，柏夏向中方表明：美国国会 2 月 23 日通过的法案"不能解释为是对中国政府查获和没收走私商品的权力有异议，或是想给予领事在那种事务上独有的裁判权"④。对于柏夏的解释，中方的答复是：美国领事有在华审判和处罚美国人的权力，而罚没走私商品的权力则属于中国海关⑤。中方的这一要求，最终为美方所接受。7 月，美国驻华公使田贝向驻华领事发布通令，声明以上两种权限的归属。8 月 30 日，柏夏将此告知张荫桓⑥。于是，中美之间因 1880 年《续约附款》实行所涉及的美国国内法的争议方告结束。

　　各国为管理和限制入境的外国人均颁布有相关的法律法规。然而，多个国家为限制中国人入境、居留制定了专门的法规，并且多有不公之处，清政府为此进行了交涉。除前文提及的中国因美国苛待华人进行交涉外，中英、中法、中西之间也有类似的交涉，并且均与三国的属地有关。

　　就英国而言，当时英属澳大利亚、加拿大在立法上对中国人的入境、居留多有限制，向中国人征收进口身税就是重要的形式。中国驻英公使多

①　《三洲日记》，光绪十三年二月二十二日，任青、马忠文整理：《张荫桓日记》，第 141 页。

②　《三洲日记》，光绪十三年二月二十四日，任青、马忠文整理：《张荫桓日记》，第 142 页。

③　"Mr. Chang Yen Hoon to Mr. Bayard," March 8, 1887, *Papers Relating to the Foreign Relations of the U-nited States, for the Year 1887, Transmitted to Congress, with a Message of the President, June 26, 1888,* pp. 238—241.

④　"Mr. Bayard to Mr. Shu Cheon Pon," June 23, 1887, *Papers Relating to the Foreign Relations of the United States, for the Year 1887, Transmitted to Congress, with a Message of the President, June 26, 1888,* pp. 241—242.

⑤　"Mr. Shu Cheon Pon to Mr. Bayard," July 2, 1887, *Papers Relating to the Foreign Relations of the United States, for the Year 1887, Transmitted to Congress, with a Message of the President, June 26, 1888,* p. 243.

⑥　"Mr. Bayard to Mr. Chang Yen Hoon," August 30, 1887, *Papers Relating to the Foreign Relations of the United States, for the Year 1887, Transmitted to Congress, with a Message of the President, June 26, 1888,* p. 243.

次就此问题向英国进行交涉。1891 年初，英属加拿大葛龙巴的华商英昌隆号等，向时任驻英公使薛福成禀称："本年正月葛龙巴议院，议加进口税每人一百圆，无论商人、工人，无论新客、旧客，一律征收。"然而，当地"生意淡泊，自鱼罐、金矿以外，无可托业，实不堪此种重税，求为设法"①。薛福成为此照会英国外交部，申明中国的立场，指出加拿大新制定的限禁中国人的办法与英属澳大利亚的办法一样，"中国国家所不悦于此例者，非在限制之严，丁税之重，而在专为禁止华人入境之例"。这种专门针对中国人的立法"未免轻视中朝，不以友邦相待"。对于澳大利亚、加拿大苛待中国人的恶例，中国历任驻英公使已经照会过英国外交部，"按照万国公法，与两国条约，细心合议"；薛福成也表明了自己对澳大利亚、加拿大限禁华人之事的立场，转达总理衙门意见，希望英国政府能迅速将此事革除②。但是，中方的这种交涉往往难以奏效，诚如薛福成所说，其前任各驻华英公使"曾辩驳英国属地数处，看待寓居华民及往来该处华民之无理"。然而，除刘瑞芬办理的葛龙巴一案得以废除旧例外，"其余各大臣之竭力办理者，皆不获成效"③。究其原因，薛福成认为有二：一是因为中英条约"并无援照最优相待之语，颇难据以立论"。二是因为英国与其属地的关系，"属地议院所定之例，英廷只能劝令酌改，不能饬令废除"④。即便如此，薛福成等驻外使节还是为保护海外中国人的利益进行了交涉。

就法国而言，1886 年的中法《越南边界通商章程》签订后，法国以平均负担税项为借口，向在越南的华侨征收身税，这是明显的违约之举⑤。因为，中法《越南边界通商章程》的第四款规定：中国人在越南置地建楼、开设行

---

① 《咨总理衙门并北南洋大臣李刘与英外部议驳新金山葛龙巴限制华民》，光绪十七年七月初九日，丁凤麟、王欣之编：《薛福成选集》，第 385 页。

② 《与英外部驳除新金山加那大限制华民新例》，光绪十七年六月二十五日，丁凤麟、王欣之编：《薛福成选集》，第 383—384 页。

③ 《与英外部驳除新金山加那大限制华民新例》，光绪十七年六月二十五日，丁凤麟、王欣之编：《薛福成选集》，第 383 页。

④ 《咨总理衙门并北南洋大臣李刘与英外部议驳新金山葛龙巴限制华民》，光绪十七年七月初九日，丁凤麟、王欣之编：《薛福成选集》，第 385 页。

⑤ 张维翰：《拟陈另订中法商约及改善中法关系意见书》，《星期评论》1929 年第 2 卷第 39 期。

栈，"其身家、财产俱各保护安稳，决不刻待拘束，与最优待西国人一律，不得有异"。第十六款规定：中国商民侨居越南，所有命案、赋税、词讼等案件，"均与法国相待最优之国之商民无异"①。所以，时任中国驻法公使许景澄在致函袁昶时就提出："越境华人输纳身税，显与一律优待之说歧背，不与计较，将使各国轻我。"②1886年，许景澄就中国人在越南被征收身税一事，与法国外交部长进行了交涉③。1887年6月24日，许景澄在得知中法条约将要改定时，又致电总理衙门，"请将苛征华民身税一并申明裁革"④。然而，这一问题长期未能得到解决。1892年，出使英、法、意、比公使薛福成照会法国外交部，希望法国将越南对中国人征收的身税一律革除；1893年初，薛福成又照会法国外交部催办此事⑤。1894年，李鸿章与法国新任驻华公使施阿兰会晤时，谈及在越华民身税的问题，希望法国将身税撤销。李鸿章驳斥了施阿兰所说的"身税一节各国流寓越南之人皆一律征收，并无歧视"，明确提出"我查各国流寓越南之人，除华民外并不出身税，显系歧视。故我劝法国必将华民身税一概除去"。施阿兰答复道："身税本系一年一定，此次路过西贡、河内已与该处总督说及，将来当设法减轻或一概捐除。"而且，施阿兰同意就此与越南总督商议⑥。中国在持续的交涉中明确表达了自己的立场，但是终究未能使法国撤销对在越南的中国人征收身税。而且，这种征税在民国时期更为严重⑦。

　　除英法两国的属地外，西班牙的属地小吕宋（即菲律宾）也对中国人征收身税、路税等税。1884年以前，小吕宋专门向中国人征收身税和路税。1884年以后，虽然也向西人征收二税，但是向中国人征收的数量要多于西

---

① 中法《越南边界通商章程》，光绪十二年三月二十二日，王铁崖编：《中外旧约章汇编》第1册，第478、481页。

② 《与袁昶书》，朱家英整理：《许景澄集》第5册，浙江古籍出版社，2015年，第1522页。

③ 《与法外部议裁越南等处华民身税》，光绪十八年二月二十四日，丁凤麟、王欣之编：《薛福成选集》，第412页；《光绪十一年至二十四年致总署电二百七十一通》，朱家英整理：《许景澄集》第2册，第412页。

④ 《光绪十一年至二十四年致总署电二百七十一通》，朱家英整理：《许景澄集》第2册，第413页。

⑤ 《与法外部议裁越南等处华民身税》，光绪十八年二月二十四日；《与法外部申论删除寓越华民身税有益无损》，光绪十九年正月十六日，丁凤麟、王欣之编：《薛福成选集》，第412、474页。

⑥ 《与法新使日海问答节略》，光绪二十年三月初六、初七、初九日，顾廷龙、戴逸主编：《李鸿章全集》第36册，第17页。

⑦ 张维翰：《拟陈另订中法商约及改善中法关系意见书》，《星期评论》1929年第2卷第39期。

人；就路照费而言，向中国人征收的数量也要比西人多；此外，每年还向中国人征医院费。出使美、西、秘公使张荫桓认为，医院费与 1884 年以前征收的身税、路税，"均系独征华商，甚违一律优待之约"①。之所以说西班牙违约，原因就在于中国与西班牙的《和好贸易条约》第四十七款的规定，即西班牙"必按最好之国一律相待"中国到小吕宋贸易的商船，西班牙"嗣后有何优待别国商人之处，应照最优之国以待中国商人"②。1887 年，张荫桓到西班牙交涉小吕宋设领事，起初西班牙外交部表示同意。然而，其商务总办米阿斯在与张荫桓会晤时却说"小吕宋设领事，为条约所不载，此为藩部专政，恐难照行"。张荫桓根据中国与西班牙所订条约的规定、国际法以及中外交往的实况，申明中国在小吕宋设领事的合理与合法，辩驳："岂得为日国设领事在中国为按约，中国设领事在日国口岸为违约耶？"③ 事后，张荫桓称："小吕宋设官一事，米阿斯若必挟条约为言，余亦以条约与论。"所以，他根据两国《和好贸易条约》第四十七款的规定，认为小吕宋违约向中国人征税，并统计相关数据以作交涉之用④。对于所谓的小吕宋总督担心中国设领事后"不能违约滥征华税"，张荫桓在 6 月 19 日与米阿斯会晤时指出："日国之能滥征与否，不系乎领事之有无，若藩部踌躇在此，可由外部与我明商，若有损于日而无益于中，我何必如是勉强？"此时，米阿斯又举条约为据，张荫桓反驳道："条约第四十七款专指小吕宋立论，尔曾领会否？"米阿斯无以为对⑤。7 月 8 日，张荫桓与西班牙外交部部长谟烈会晤，并准备好条约以及其他文件；然而，谟烈在设领一事上，"绝不提条约，力言国家甚愿意，我亦愿意，但藩部以土人不愿为阻，与我意见两歧"⑥。事实上，西班牙正是以这种方式推宕、阻挠中国在小吕宋派驻领事护侨。因此，中国长期未能解决在小吕宋设领事的问题，西班牙违约征税的问题也未能解决。

---

① 《三洲日记》，光绪十三年闰四月十八日，任青、马忠文整理：《张荫桓日记》，第 173 页。
② 中西《和好贸易条约》，同治三年九月初十日，王铁崖编：《中外旧约章汇编》第 1 册，第 225 页。
③ 《三洲日记》，光绪十三年闰四月十五日，任青、马忠文整理：《张荫桓日记》，第 171 页。
④ 《三洲日记》，光绪十三年闰四月十八日，任青、马忠文整理：《张荫桓日记》，第 173 页。
⑤ 《三洲日记》，光绪十三年闰四月二十八日，任青、马忠文整理：《张荫桓日记》，第 178 页。
⑥ 《三洲日记》，光绪十三年五月十八日，任青、马忠文整理：《张荫桓日记》，第 183 页。

　　除以上六个方面的问题之外，中外之间还发生了诸多因经济领域的违约、纠纷而导致的交涉事件。第二次鸦片战争后中国与英法因赔款支付问题而发生的交涉就是值得注意的案例。此事涉及《北京条约》赔款的支付问题，事件虽小，却反映了中外各方对待条约执行的态度和彼此的冲突。1861年，英法两国驻华公使、领事要求中方支付《北京条约》第三款第一节规定赔款。对此，署江海关道吴煦认为用于支付的是海关税收的二成。然而，英国领事密迪乐却有不同看法，他当面告知吴煦，他奉英国公使卜鲁士来文，"系于海关总收数内各扣二成，除洋商按货完税外，尚有外国商船所完船钞，及海关所收罚充入官等款，亦应一并核扣"。吴煦不以为然，认为："新定税则第十款载明，各口所设浮桩、号船、塔表、望楼等经费，在于船钞项下拨用"；而且，按照新章所定，"钞课已较旧章减少，完数无几，随时拨抵经费，所收尚不敷用。至罚充入官之款，有无多寡，本无一定，海关向章均系随案充赏"，由总税务司李泰国掌管，"所罚银两，均由该司税分给在关办事中外人役，及查拿偷漏出力之人，并不收库，均已无可追回，何能再扣二成？"密迪乐坚称卜鲁士来文"系指总收之数"。吴煦反驳说，恭亲王奕訢等的原咨就是依据卜鲁士的来文，"但指纳税清单，并无船钞、罚款字样"，并将咨文给对方阅看。这时，密迪乐"转以新章须以英文为正义，哓哓辩论"。经过吴煦再四开导，他才答应禀知卜鲁士定夺，"如必须照总数核扣，仍应补交"。薛焕对吴煦的做法予以认可，奏请密敕恭亲王与卜鲁士交涉，"毋庸分外争执，并令其通饬各口领事官一体遵照，以杜狡执而免藉口"[①]。1862年12月18日，英国领事照会上海道黄芳，按照《北京条约》第三款的规定，清朝皇帝"自愿照赔，着令监督关务各员经手清交。其所派之员，未能任其自便，不肯认帐，欲将应交之款诿诸他人，以卸己责"。他希望上海道"遵守条款"，"详细查察"，声称"如或不蒙允许，不得不将贵道有违和约最要之款，详明本国驻京大臣查办"[②]。

---

　　① 《薛焕奏英领事争辩赔款情形片（抄件）》，1861年1月，太平天国历史博物馆编：《吴煦档案选编》第4辑，第273—275页。
　　② 《英领事以赔款应由海关监督经手不能诿诸他人复黄芳照会（抄件）》，1862年12月18日，太平天国历史博物馆编：《吴煦档案选编》第4辑，第373页。

总体而言，中外之间因守约与违约而引发的经济领域的冲突、纠纷表现在诸多方面。有的在中外条约签订过程中经过交涉而得以解决，如鸦片税厘并征、租界免厘、通商口岸设栈等。有的通过具体的交涉而得以解决，如派设领事、通商口岸租地、商人偿欠等。有的则长期未能得到解决。这些冲突与交涉涉及中外经济往来的诸多领域，既有条约解释的问题，也有故意违约的问题；既有中方引发的，也有外国人引发的，还有事涉中外的（如假冒外国人，或中外商人勾串）。这些问题的发生体现了中外条约关系运行的复杂性。

第四节 传教与中外交涉

《天津条约》《北京条约》签订后，传教士取得在中国内地自由传教和租地建房的传教特权，获得了强权政治的庇护。诚如郭嵩焘等所言："咸丰九年始开天主教以护教为名，恃其权力以纵庇之。"① 在传教特权的庇护下，基督教在中国各地得到广泛传播。传教事业不断发展，教堂以及教会学校、医院、出版机构、慈善机构相继建立。然而，强权政治的影响，宗教信仰、文化习俗、利益冲突，使得基督教会与中国社会发生了多方面的冲突，频繁发生的教案即是重要体现。与此同时，中国各地官员如何对待传教条款也是值得注意的问题。有外国人声称：传教条款"并没有被忠实地执行，因为中国政府非常不愿意屈从于"这些条款。"各省巡抚的影响是如此之大，以至于遵守条约几乎完全依赖于他们自己的意愿。"② 因此，如何执行传教条款、如何管治教会、如何处理教案，成为中外不得不面临的问题，中外交涉因此而生。

一、 教务交涉

第二次鸦片战争后，传教士进入中国内地自由传教，中国政府按照条约

---

① 《使英郭嵩焘等奏请饬总署会商驻京公使严订神甫资格以免发生教案片》，光绪三年四月初八日，王彦威、王亮辑编，李育民等点校整理：《清季外交史料》第 1 册，第 182 页。

② "The Preaching of the Gospel in China," *The China Review*, Vol. 18, Issue 3, November-December, 1889, pp. 152—177.

规定保护传教士和教民。但是，条约规定传教士申领执照进入内地、教民应当是"安分"之人，并没有赋予传教士干预地方行政司法的权力，也没有赋予教民特别的权力。然而，传教士（尤其是天主教）却包揽词讼、干预司法，教民因为有传教士的庇护而有恃无恐。这引起了官绅与民众的普遍的不满，各地教案冲突多因此而起。1877年，英国传教士罗约翰针对基督教与中国政治的关系，指出中国反对基督教的主要原因是天主教传教士干预中国司法、要求与官员对等的待遇①。他认为传教士（主要是指天主教）干预中国司法"这种罪恶行为本身是政治罪恶，而不是宗教罪恶，而且其治理必须由政治家而不是由传教士来完成"。然而，各国驻华公使却未能很好地处理这一问题。1871年，总理衙门向各国提出的《传教章程》就遭到各国的拒绝。罗约翰认为解决基督教与中国政治问题并不需要修改条约，而是要"直接声明现行条约的真正含义"，"诚实地遵守"这些条约②。所以，保护、约束传教士与教民及其活动成为中外交涉中的内容之一。

由于不少民教冲突是各地攻击教会所致，所以清政府不得不发布上谕要求各地持平办理民教冲突事件，保护传教士与教民。1862年，总理衙门在解决湖南湘潭等地教案时，拟定《保护教民章程》。1865年，署理贵州巡抚张亮基为管理贵州传教事务，指出："自传教之禁弛，而习教之人日多，往往小民因有犯案始行入教，一经入教，拘提每难弋获，以故无赖之辈，趋之若鹜，人人恃为护符，甚至官场入教者亦不乏人。"③张亮基针对胡缚理在黔的所作所为，奏请密谕总理衙门"婉致法国公使，知会该主教胡缚理等，嗣后务须遵照和约，不得预闻地方公事及剿抚事宜。遇有入教之人，须令出具并无违犯事故切结，方准入教。或按月，或按季，汇册照会督抚衙门，转行地方官立案"。中国人"入教之后，倘有犯法争讼之事，悉听地方官与平民一体办理，一面照例拘传，一面移会该主教知照"。这样才能够民教相安④。为

---

① John Ross, *Chinese Foreign Policy*, Shanghai: The Celestial Empire Office, 1877, pp. 9—10.

② John Ross, *Chinese Foreign Policy*, pp. 48, 51.

③ 《张亮基奏法主教胡缚理偏执抚回之议贻误地方折》，同治四年七月初五日，中华书局编辑部、李书源整理：《筹办夷务始末·同治朝》四，第1444页。

④ 《张亮基奏法主教胡缚理偏执抚回之议贻误地方折》，同治四年七月初五日，中华书局编辑部、李书源整理：《筹办夷务始末·同治朝》四，第1445页。

此，奕䜣等与法国署理公使伯洛内会晤，要求传教士胡缚理"不应干预剿抚事宜"。伯洛内答应致函胡缚理，要求他"不得干预贵州公事"①，随后在致函胡缚理时"切属其教外之事，一毫莫管"②。同时，总理衙门奏请饬云贵总督劳崇光、贵州巡抚张亮基，奉旨后要告知胡缚理"所有地方公私事件，现在剿抚事宜，毋任从中羼越，致多棘手"③。

1866 年，安徽巡抚乔松年在上奏时，提出限制教民的办法，即中国人只可习教而不可传教，或是限定中国人传教的人数。奕䜣等人在议复中指出这种办法不可行，因为"条约既未明载，必欲强为限制，势有所难而事仍无济"。而且，"各省大吏如能通饬所属，按照条约，详绎章程，遇事平情办理，则彼教无可矫强，于地方自有裨益"④。

1871 年，总理衙门拟定《传教章程》，试图限制传教士的在华活动。这一章程的出台有其特殊的背景。19 世纪 60 年代，总理衙门多次就限制传教士，与法国驻华公使交涉，却因法国庇护传教士而未果。中英修约结束后，奕䜣等办具传教节略，乘阿礼国回国时，让他带回英国。总理衙门之所以这样做，是有所考虑的，因为英国信奉的新教与天主教不同，而且英国"重通商而不重传教，并时恐天主教在中国滋事，有碍通商大局"。而且，阿礼国将传教节略带回英国后，可以通过报刊将之公之于众，"使法国修约时，或可去其已甚，稍挽狂澜"⑤。天津教案发生后，曾国藩和丁日昌均要求外国限制传教士。总理衙门为此拟定了传教节略和《传教章程》，并与各国驻华公使就传教问题进行商议，以达到限制传教士的目的。

在致阿礼国的节略中，奕䜣指出为防范因教案而酿成大祸，"自应妥定

---

① 《奕䜣等奏议复张亮基贵州教士抚回折》，同治四年七月二十八日，中华书局编辑部、李书源整理：《筹办夷务始末·同治朝》四，第 1456 页。
② 《法署使伯洛内函》，同治四年七月二十八日，中华书局编辑部、李书源整理：《筹办夷务始末·同治朝》四，第 1459 页。
③ 《奕䜣等奏议复张亮基贵州教士抚回折》，同治四年七月二十八日，中华书局编辑部、李书源整理：《筹办夷务始末·同治朝》四，第 1456 页。
④ 《奕䜣等又奏议复乔松年限制中国人传教折》，同治五年二月十二日，中华书局编辑部、李书源整理：《筹办夷务始末·同治朝》四，第 1662—1663 页。
⑤ 《奕䜣等又奏拟定传教节略及章程通行各国使臣片》，同治十年七月十七日，中华书局编辑部、李书源整理：《筹办夷务始末·同治朝》九，第 3293—3294 页。

章程，使习教之人，不得藉端讹诈平民；不习教之人，亦不得恃众欺陵教民"；并且，传教士必须归中国地方官员管辖。节略还提出传教一事"于通商大局，亦甚有关碍，不可不预为筹办，以期永敦和好"①。

1871年2月14日，总理衙门致函各国驻华公使，并附节略和《传教章程》八条。在致各国公使的传教节略中，奕䜣指出传教虽然是条约的规定，但是传教流弊太多，教案的发生与传教士庇护教民不无关系。而且，"各省教案，虽因百姓积怨成忿所致，亦实因教民等有以激之；各省一切案件，固属地方官员办理未能尽善，亦实因中外各国办事大员，明知教士教民处置多有不洽，不肯设法挽救"。因此，奕䜣认为：为使民教相安，中外之间应当商议"处置得宜之法"。他还指出："以本王大臣所闻，无论何国教士住居某国，即遵某国法律、风俗，不准自立门户。凡违背国法、官令，僭权越权，及损人名节，陵虐损害人民，令人怀疑，招众怨怒，一切不法之端，皆有厉禁。"因此，传教士在中国建堂、传教，也应当遵守中国的法律、风俗，方能与地方相安无事②。《传教章程》从八个方面，对传教士在华活动提出了限制和管理的办法。

总理衙门致送各国公使节略和章程的目的就是"设法钤束传教士，示以限制，俾不致仍前妄为"，并就此向各国公使反复论说。各国公使对于《传教章程》不无指摘，但是"节略所叙，均不能訾为不然，即不能谓此事之不应商办"；所以，他们均同意将之寄回本国③，也就是说要听从本国的意见。1871年3月20日，美国驻华公使镂斐迪在照会总理衙门时，指明了《传教章程》的"不可操作性"。英国的格兰维尔伯爵在致函驻华公使威妥玛时，也指出《传教章程》的有些条款所指内容与英国传教士无关，有的是针对天主教传教士的；声明英国传教士按照中英条约的规定在各地传教，"传教士有义务和其他英国臣民一样，尽可能避免冒犯中国官方和民众，但是传教士

---

① 《给英使阿礼国节略》，同治十年七月十七日，中华书局编辑部、李书源整理：《筹办夷务始末·同治朝》九，第3295页。

② 《给各国议办传教节略》，同治十年七月十七日，中华书局编辑部、李书源整理：《筹办夷务始末·同治朝》九，第3296—3297页。

③ 《奕䜣等又奏拟定传教节略及章程通行各国使臣片》，同治十年七月十七日，中华书局编辑部、李书源整理：《筹办夷务始末·同治朝》九，第3294页。

作为英国人，不能因为自己的传教士的特性而放弃了条约所给予的权利"；强调按照中英《天津条约》的规定处理传教事务①。1871年3月27日，德国驻华公使李福斯照会奕䜣，认为《传教章程》八条"大约难以皆按所拟而行，内中不免有应更改之处"。八条当中多提及天主教之事，而"天主教有其教之章程，不能让他人干预阻止，而地方官又有其律例，必须施于教中"。这就导致天主教教内的管理与地方官的管理混在一起，"实系难为办理"。"譬如天主教人入堂认罪，与教中妇女入堂，此二事均令除却，是即如不令天主教在中国传教之意。"② 最终，各国对于总理衙门所提出的《传教章程》八条并不接受，"均以有碍和约，不能照办"答复③。

此外，总理衙门提出《传教章程》，还有一个目的就是：试图在法国修约时，"或可藉此得有钤制"。所以，总理衙门同时将节略和章程寄给当时出使法国的崇厚，指示他在递交国书后，如果论及教务，可以详细陈说法国传教士在华传教的"实在情节"④。1871年三月，崇厚在法国接到《传教章程》，并在法国答应其递交国书之前，于7月21日、7月28日、8月3日等日与法国大臣热福理面议该章程⑤。热福理对之"多所辩驳，大概以传教之事，中国官不能拦阻，而教中有事，亦不能不允由中国官查办，总求民教相合为要"。然而，崇厚提出在中国商办民教相安的办法时，热福理却有意推托⑥。当时崇厚就保护传教，"说过有权教士一事"。据崇厚所言，他访察熟

① "Earl Granville to Mr. Wade," August 21, 1871, *Correspondence with Mr. Wade Her Majesty's Envoy Extraordinary and Minister Plenipotentiary in China*, 1871 (*Supplement to the London Gazette of Tuesday, the 12th of December*), Middlesex: Thomas Harrison and James William Harrison's Office, 1871, pp. 5612—5614; *Correspondence Respecting the Circular of the Chinese Government of February 9, 1871, Relating to Missionaries*, London: Harrison and Sons, 1872, pp. 18—20.

② 《德使李福斯为已将总署传教章程译送本国等事致奕䜣照会》，同治十年二月初七日，中国第一历史档案馆等合编：《清末教案》第1册，第970页。

③ 《奕䜣等奏筹议重修法国条约折》，同治十一年四月十一日，中华书局编辑部、李书源整理：《筹办夷务始末·同治朝》九，第3463页。

④ 《奕䜣等又奏拟定传教节略及章程通行各国使臣片》，同治十年七月十七日，中华书局编辑部、李书源整理：《筹办夷务始末·同治朝》九，第3294页。

⑤ 不过，当时二人就此会晤时，即当面说明"并非商办此事，不过讲论情形"。（《崇厚又奏在法讲论教务八条章程并无定断片》，同治十一年正月二十三日，中华书局编辑部、李书源整理：《筹办夷务始末·同治朝》九，第3442页。）

⑥ 《崇厚奏出使法国情形折》，同治十一年正月二十三日，中华书局编辑部、李书源整理：《筹办夷务始末·同治朝》九，第3430—3431页。

悉中国情形的法国官员和传教士的公论,"均以罗马教化皇,若派一总主教赴中国稽察教务,依靠贵国钦差保护,与本国总理衙门妥商教务办法,将来于公事有益"①。然而,崇厚向法国递交国书颇费周折,递交国书后未能就传教问题与法国政府商议。1871年11月30日,崇厚在即将回国之际,照会法国大臣热福理,重提四个月前提到过的商办传教问题解决办法,并问热福理将来到中国修约可否就此事与总理衙门商办。不过,法方所给的仅是外交辞令式的回答②。因此,崇厚出使法国并未能就传教一事达成任何结果。

此后,清政府还就解决传教问题采取了若干措施。1873年,徐桐从固结民心出发,指出教民因为有教会的庇护,官府不能过问;"今纵不能骤加裁抑,惟有予官吏以控制之权,凡遇民教交涉事件,务持情法之平,勿祖教以抑民,勿徇夷而废法,显行董戒之条,隐弭句结之患,是惟良有司之尽心民事耳"③。奕䜣等人在议复时指出:1862年,总理衙门曾与法国公使计议"给传教士谕单,不准丝毫干预公事,奏准通行各省。遇有外国教士挽越词讼,即执此谕单所载,以折其焰而弱其势"。奕䜣等还指出,"屡经奏奉谕旨,饬令各督抚切诫地方官,遇有民教交涉事件,务须一律秉公持平办理,正系予地方官吏以控制之权"④。

1874年,福建巡抚王凯泰就"防维教务"提出自己的看法。他认为天主教传入中国,不能不按照条约为之保护。然而,教民因受传教士庇护,而使良民受屈,影响恶劣。所以,他提出教民是中国的百姓,中国所辖之民,"必不可以自主之权,由彼擅握,致使大拂民情"。他主张让现有的教民在官方登记存案,后续入教者"禀由地方官查无过犯,方准照约保护";"倘系现在案犯,及先无报案者,概不准作教民论,教士不得过问"⑤。

① 《崇厚与法国总理外部大臣等往来照会函二十一件》,同治十一年正月二十三日,中华书局编辑部、李书源整理:《筹办夷务始末·同治朝》九,第3439页。

② 《崇厚与法国总理外部大臣等往来照会函二十一件》,同治十一年正月二十三日,中华书局编辑部、李书源整理:《筹办夷务始末·同治朝》九,第3439页。

③ 《徐桐奏敬陈管见四端以备采择折》,同治十二年六月二十日,中华书局编辑部、李书源整理:《筹办夷务始末·同治朝》十,第3665页。

④ 《奕䜣等奏议复徐桐奏敬陈安危大计折》,同治十二年六月二十四日,中华书局编辑部、李书源整理:《筹办夷务始末·同治朝》十,第3673页。

⑤ 《王凯泰又奏筹议海防要计折》,同治十三年十一月十一日,中华书局编辑部、李书源整理:《筹办夷务始末·同治朝》十,第4015页。

1877 年，郭嵩焘等上奏时，指出"各种教士传习异教之国，西洋所必不能行者也。中国不禁异教，可以勉强行之。纵教民为奸恶，动辄挟制地方，枉法宽容以屈抑良民，亦现立之条约所必不能行者也，急应设法补救"。所以，郭嵩焘等提出：总理衙门要与各国驻华公使会商，对各国来华神甫的资格加以限制，"必系传教信士，确守教规，不至恣行奸恶，始准充当神甫"。而且，神甫要约束教民，持平处理民教冲突①。

此外，还有官员就稽查、管理育婴堂等提出了若干办法。总理衙门也就具体的事务同各国进行了交涉。与此同时，中国驻外使节积极通过外交途径，试图规范和限制教会在华活动。1891 年，长江教案发生后，薛福成为应对与英法交涉长江教案，对处理教案及其善后问题多有思考。他在《分别教案治本治标之计疏》中指出，对于中国的传教问题，"不与妥议章程，终非善策"。"中国许洋人传教，既在约章，势难骤改。惟妥筹约束之法，本系内治之要政，非各国所得干预。而彼不能不干预者，积渐使然也。" 1871 年，总理衙门提出的《传教章程》遭到各国拒绝；薛福成认为：其中有的内容确实难以办到，如"限定各堂华民入教之数，撤去女教士、女塾、恤孤局，及非教民子弟不得入男塾"；但是，有的可以办到，如"禁教士诋毁儒教，凡有教堂听华官随时查看，堂中所收婴孩悉报明地方官，教民有讼教士不得徇庇"。他主张"择其可行而先为商办。中外合力，徐与磋磨。彼既就我范围，即可循序渐进。将来于彼所难允者，相机伺便，与之理论；抑或俟武备日精，邦交日固，竟仿西洋限制之法"。所以，他认为解决传教问题要采取渐进的办法，"要在统筹全局，因势利导，虽效之迟速不可知，但尽一分心力，必有一分补救"②。

1892 年春，薛福成为解决长江教案的善后问题，曾拟就《善后章程》。随后，薛福成认为教案之后章程应略有变更，所以将该章程中的育婴一项抽出，"专以清查此事，藉释群疑"。薛福成所拟的管理育婴堂办法共有八条，主要涉及登记存案、准许中国官绅和体面之人"前往观看"、报告收养婴孩

---

① 《使英郭嵩焘等奏请饬总署会商驻京公使严订神甫资格以免发生教案片》，光绪三年四月初八日，王彦威、王亮辑编，李育民等点校整理：《清季外交史料》第 1 册，第 182—183 页。

② 《分别教案治本治标之计疏》，光绪十七年，丁凤麟、王欣之编：《薛福成选集》，第 392—393 页。

的数量以及死亡的处理、查明收养婴孩的来历、避免误收被拐婴孩、收养孩童的年龄限定、不干预地方公事等。当薛福成派庆常向法国外交部提出交涉时，法国外交部"以各省新出揭帖，及陕西教案为词，坚不就范"。薛福成考虑到中国"各处教堂启衅之由，咸以育婴为藉口"，所以坚持力争，最终法国外交部同意"以后准中国官绅到堂观看，即日函嘱李梅酌办"①。

除以上外，清政府为解决教务问题，还曾派员赴罗马教廷，试图解决天主教在华传教问题，但未能如愿②。从总体上看，清政府在承认条约的前提下，与各国交涉规范传教事务，取得了一定的成效。然而，列强出于自身利益计，并没有完全接受清政府的要求，这突出地表现在各国对待《传教章程》的态度上。因此，清政府的教务交涉并未能完全解决相关问题。这也是后续中外继续有相关交涉的原因。1899 年 3 月 15 日，清政府又与各国议定《地方官接待教士事宜条款》。

二、 教会租地权交涉

在传教条款规定的权利当中，教会在内地租买地产是比较特殊的。中法《北京条约》第六款中文本规定的"租买田地，建造自便"实际上是没有法律效力的。遗憾的是，清政府并没有即时发现这一问题，遑论提出反对意见了。因此，这一"特权"事实上为清政府所接受。

至于如何实行这一规定，如前所述，1865 年 2 月总理衙门与法国驻华公使柏德美进行过商议，达成"柏德美协定"，承认了法国传教士在内地购买土地、房屋的权利。此后，清政府即依此规定办理相关事务。并且，清政府还附加了一项条件，那就是卖地产之前，要报明地方官员同意。

1865 年，总理衙门处理浙江会稽租地案就是依据这一协定。当年，天主教传教士在会稽租地建堂，宁绍台道令会稽县将卖房产者"提案究治，以示惩儆"。法国总领事对此表示反对，其依据就是中法《北京条约》第六款中的"任法国传教士在各省租买田地，建造自便"。对此，总理衙门一方面说，

---

① 《论办理教案善后章程书》，光绪十八年，丁凤麟、王欣之编：《薛福成选集》，第 463—466 页。
② 参见顾卫民：《中国与罗马教廷关系史略》，东方出版社，2000 年，第 105—116 页；杨大春：《晚清政府与罗马教廷的外交历程》，《史学月刊》2001 年第 1 期。

"查法国续约第六条所载租卖田地建造自便，并无内地字样，何以天主教必欲在会稽县城买屋建堂"。另一方面则说，内地建教堂由来已久，如果外国传教士买地为建堂之用，那么"其卖契内只可载明卖作本处天主教堂公产字样"，至于外国人在内地购买私产就违背了条约，应当予以禁止①。显然，总理衙门对中法《北京条约》第六款的解释是难以说服法方的，而后一说法则是依据新达成的"柏德美协定"。有学者曾指出浙江会稽教会租地案的解决，使"洋教士以教堂名义租买产业就是'合法'的了。会稽案件也因而成为洋教士在内地租买房地产的第一个'合法'的事例"②。而且，总理衙门处理会稽租地案的办法为以后江宁、安庆天主教传教士建堂提供了依据；曾国藩在办理扬州教案时，认为传教士在镇江可照例办理③。事实上，后来清政府处理法国教会内地租买田地各案，依据的就是中法《北京条约》第6款以及"柏德美协定"。

值得注意的是，清政府一开始没有将中法《北京条约》规定的教会内地租买田地之权主动扩大到其他国家。1864年，美国传教士梅礼士到山东省登州府传教。他在租房过程中，以为绅衿阮廷珍等从中阻挠，于是要求地方官出示晓谕，不准他们从中阻挠。山东地方官员认为蓬莱县不是通商口岸，"似不应准其在该处传教，并无在传教之处一律租赁民房明文；且查条约所载，凡在通商港口尚不许强租硬占"。所以，梅礼士在非通商口岸的要求与约不符。总理衙门根据中美《天津条约》第十二款的规定，认为条约只是准许在通商口岸租房，并有不许强租明文，美国传教士要在非通商口岸租房，"又与民情不洽，显有强租情弊"，未予以核准④。

后来，地方官员在处理教会内地租地问题时虽然多有限制，但是有的官员还是同意给予英美教会租地的权利，依据也有所不同。1868年，曾国藩在处理扬州教案时，札复英国领事麦华陀，同意英国传教士在扬州租地。麦氏

---

① 徐家干编：《教务辑要》卷2，湖北官书局，1898年，第17—19页。

② 魏金玉：《十九世纪后半期在华教会对土地房屋的掠夺》，《经济研究》1965年第8期。

③ 《麦华陀领事致斯坦利伯爵文·附件4 曾国藩总督致镇江蔡道台批复》，1868年9月9日，中国第一历史档案馆等合编：《清末教案》第6册，第46页。

④ 徐家干编：《教务辑要》卷2，第15—17页。

随后致函曾氏说："札复有英国民人可照约在扬州租屋居住之语。本领事闻此公议，甚为欣喜。"① 那么，地方政府的法律依据是什么呢？1869 年，扬州教案发生后，丹徒知县接到来自道台的指令，可以向戴德生出租房屋，并在告示中称："复查中英条约内第十二条曾规定，英国人在通商口岸或其他各地欲租房屋者，应一律按当地民间市价订立合约，当事人任何一方不得强求。"并且，要求民众"自本告示之日起，如有外国人欲向汝等租赁房屋，汝等既无妨碍亦无不愿者，必须按照条约规定，照市面通行价格商订租约。并在履约之前，必须据实呈报本县。如不愿租给外国人，汝等可自己作主，不得违反条约，采取强迫行动"②。可见，地方官员依据的是中英《天津条约》第 12 款的规定，这明显是对该款中的"各口并各地方"的误解。

1873 年，江汉关道就美国教会在武昌租地照会美国领事时，无异于承认了美国享有与法国传教士同样的权利。照会在罗列了中美《天津条约》的第十二款以及"柏德美协定"的主要内容后，指出："条约只云通商港口并未兼指内地，特因内地建堂由来已久，是以总理衙门特与法国议立定章，贵国既云实惠均沾，则买地、税契一节，即当查照一律办理。"并且，要求教会按照中美《天津条约》交税契式③。很明显，这里的依据是中美《天津条约》以及通过最惠国待遇享用"柏德美协定"。

因此，英美等国教会获得内地租买土地的权利并没有合理的法律依据。这些国家的教会获得在内地租买土地的权利，很大程度上是取决于清政府的态度。诚如顾维钧所言：清政府"常以为法教士以地方教堂执事资格，得在内地永久居住，及购置不动产者，乃约章所定权利，并以为凡法教士所享有者，其他各国教士，亦得以同样条件，一体均沾，方足以昭公允"④。在这种情况下，地方官员均以为传教士在内地租买土地和居住是有条约依据，反对

---

① 《麦华陀领事致斯坦利伯爵文·附件 11 麦华陀领事致曾国藩总督文》，1868 年 9 月 18 日，中国第一历史档案馆等合编：《清末教案》第 6 册，第 38 页。

② 《麦华陀领事致斯坦利伯爵文》，1868 年 9 月 23 日，中国第一历史档案馆等合编：《清末教案》第 6 册，第 18 页。

③ 徐家干编：《教务辑要》卷 3 上，第 41—42 页。

④ 顾维钧：《外人在华之地位》，第 264 页。

者"殊属罕觏"①。的确，中国的官方文件也承认了传教士租买田地的合法性。如：1875 年，广东分巡惠潮嘉兵备道发布告示称："各国洋人在内地租屋安分传教，毋得搔扰滋事，条约本已载明。"② 1886 年，重庆教案发生前后，当地知县在发布告示中就声称："各该美国人购买及营建房屋之事，与条约并无不合""各该洋人系照条约所允建造房屋"③。

　　那么，清政府是何时发现中法《北京条约》第六款中法文本差异的呢？同治年间，清政府已注意到这一问题。1865 年 7 月 9 日的赫德日记曾写下了这段话："我们向他们谈外国人的善意等等，他们提出了《法国条约》，指出条约的中文本同外国文本有许多不同之处，而且还指出这样的事实，即可能从文本筛滤出其中隐含任何对外国人有利的含义时，便宣称这是文本的意义和解释！"④ 这说明清政府至少在 1865 年已知道中法《北京条约》第六款的中法文本差异。1868 年以后，清政府为准备与法国修约，比较注意条约法文本的翻译。当时清政府注意到赫德翻译中法《北京条约》第六条，"译至奉教之人止，以下则法文所无"。而且，"前传法文馆学生阅看从先互换法文条约原本。据称，此款内奉教之人以下实无并任云云等字样"。同时，清政府也注意到中法《天津条约》"有以原文为正之说，应请持此以立论"⑤。但是，总理衙门在拟定修改《天津条约》第十款时又指出，"礼拜堂等项系传教事，应另立专条，不应列入通商。缘通商只准租赁，传教始许置买。又，内地人卖屋给法国作教堂，应先报官，不准私相授受。法国买内地房屋，契内应注明教堂公产，不准作为教士私产"⑥。很明显，这里又承认 1865 年"柏德美协定"的规定。而且，这次中法修约无果而终，传教条款的修改也遭到失败。所以，清政府即便是在发现中法《北京条约》第六款中法文本不一致后，也没有否定教会内地租买土地的权利，更没有能够通过谈判解决实质

---

　　① 顾维钧：《外人在华之地位》，第 265—266 页。

　　② "Persecution and Reparation," *The Chinese Recorder*, Vol. Ⅶ, 1876, p. 64.

　　③ 《田贝致叭嘎函第 212 号·附件 2 田贝致总理衙门照会》，1886 年 9 月 29 日，中国第一历史档案馆等合编：《清末教案》第 5 册，第 169、170 页。

　　④ ［美］凯瑟琳·F. 布鲁纳、费正清、理查德·J. 司马富编，陈绛译：《赫德与中国早期现代化——赫德日记（1863—1866）》，第 381 页。

　　⑤ 中国第一历史档案馆：《同治年间总署查核中法条约底本》，《历史档案》1988 年第 4 期。

　　⑥ 中国第一历史档案馆：《同治年间总署查核中法条约底本》，《历史档案》1988 年第 4 期。

性的问题。

1895 年，中方又根据法国驻华公使施阿兰的要求，同意"卖业者毋庸先报明地方官请求准办"，并将"柏德美协定"的内容及此次新增的前述内容咨文各省查照实行①。但是，公产被盗卖现象屡见不鲜，所以总理衙门与施氏商议"如遇国家禁地、民间公产，不准误买"②。1897 年，总理衙门根据美国提出的要求，正式同意该国教会在内地有置产权。

从以上可知，与内地租买土地权利的实施相伴随的还有内地居留权的问题。这一权利在条约中也没有明确的规定。所以，何天爵认为"在内地居住的自由是作为一项特权而不是权利给予传教士的，中国政府认可了这一事实，并且已经出让了这一特权，就要负责保护传教士免受暴力或任何形式的骚扰"③。

三、 教案的发生与中外交涉④

1860 年以后，各国传教士不断来华，教会势力遍及中国沿海、内地。受强权政治、文化冲突、利益冲突等原因的影响，中国各地教案频发。据学者统计，1861—1894 年间，中国各地发生的教案有 759 起⑤。就具体起因而言，除去利益冲突外，这些教案有因中国排教攻击而起的，有因还堂而起的，有因租地而起的，有因传教士违约而起的，也有多种原因共同影响而产生的。无论如何，强权政治的背景是各种教案发生的重要原因。

1871 年，美国驻上海总领事西华在论及天津教案发生原因时，剖析了中国民众"厌恶洋人的普遍情绪产生影响的诸种因素"，认为最重要的原因是种族偏见、清帝国的闭关政策、中国人无知识、宗教不同、鸦片贸易、治外

① 《法国教堂入内地买地来往照会》，光绪二十一年三月十八日、五月初三日，王铁崖编：《中外旧约章汇编》第 1 册，第 612—613 页。
② 徐家干编：《教务辑要》卷 2，第 46 页。
③ Chester Holcombe, *The Real Chinese Question*, p. 164.
④ 本部分由李育民撰写。
⑤ 赵树好：《晚清教案发展阶段新探》，苏位智、刘天路主编：《义和团运动一百周年国际学术讨论会论文集》上，山东大学出版社，2002 年，第 575 页。

法权制度、外国官民的傲慢态度、外国报刊的偏颇和不公正等八个方面①。西华没有局囿于该事件的具体原因，而是立足于中外关系的整体，做了较为客观的深入探析。他所列举的八个因素，可以分为三个类别，反映了中外双方在条约关系中的态度和地位，以及这一关系的实际状态。

第一类是中外双方共同存在的因素，包括种族偏见和宗教不同。关于种族偏见，西华认为到处存在，如"美国白人对黑人怀有种种偏见，就是一个现成的强有力的例证"。就国家之间而言，西方国家对中国人的偏见尤为显著。中国人来到美国时，"必然会遇到不加掩饰的怀疑和憎恶"；美国人"欢迎从其它国家来的移民"，"但对华人的敌意是如此之大，他们的入境被限制到只有它正常流入的零头"。他认为，"种族的偏见和反感是这样的强有力，以致当不同血统的人们突然间产生密切的联系时，我们就要面临最严重的后果"。由此，他提出，"问题不是敌对的感情会不会随这种接触而发生，而是不同特性的种族的交往应当怎样进行，才能使其发生最少的冲突"。显然，西华看到了由于条约关系而产生的广泛接触及其冲突和后果，并提出如何减少冲突的问题。而由于这种不平等的条约关系，西华不可能解答这一问题。关于宗教不同，"对整个人类来说，超自然力量、来生、神赐与神谴等等的观念，是普遍存在的。在这方面，中国人也不能说有例外"，"有她固有的信仰"。因此，"外来的人想要改变中国人的宗教信仰，就必然会受到极大的冷遇"。不过，西华认为，"人们常说中国人对宗教的见解非常宽容"，"中国人确实是比较不受许多世纪以来对许多国家的人民心理产生过很大作用的宗教的影响"。他更多地是从西方传教士的角度分析了教案普遍发生的原因，在他看来，问题不仅仅是由于宗教信仰的不同，更在于输入新宗教的方式和传教士的行为。不管通常的办法输入新宗教是否会引起敌对情绪，但可以肯定的是，"已采用的输入新宗教的方法，已经显然给政府和人民带来了恶感"。也就是说，用条约的方式强行传教，导致了中国的反感。而如果传教士们"是图谋私利的人，他们就要做出种种事情来维护他们的权力和权势"。有关天主教传教士各种各样的传说，验证了这一点，

---

① 《美国驻上海总领事西华致戴维斯函》，1871 年 8 月 22 日，中国第一历史档案馆等合编：《清末教案》第 5 册，第 52—58 页。

例如，某主教"住的是一座可以与总督官邸互相比美争胜的宫殿，他乘坐的是只准帝国最高官员使用的那种轿子，在他的主教管区内，从一处到另一处，排场像王侯一般的豪华"；天主教神父们要求以平等地位同地方官员文移往来，串通教民使地方政府的政令无法贯彻，还为教民要求各种不寻常的令人反感的豁免特权，等等。"事实上，他们正在一国的统治领土内建立一种危及这一国家的统治。"这样，传教士们更激起中国政府和民众的不满和敌意。显然，在双方共同存在的因素中，西方因素是主要的。

第二类是中国方面的因素，包括闭关政策和中国人的无知识。关于前者，中国的情况，"是她在极大程度上能够不靠同外国的交往而取得她自身的发展"。中国民族"生活在如此不受干扰的丰足的国家里，它避免同外部世界相接触，而且在相当长的时期内成功地做到这一点"。他们有一种力量来坚持他们的政策，"这些都不是什么可奇怪的事"。关于后者，西华认为，只有3%的中国人"能阅读各种体裁的著作或古典著作"，其中妇女则只有1‰。因此，"中国人必须被看作一个未受教育的民族"，"必然是迷信的和多疑的"，"不能够公正地估量他们观察到的事实的意义和份量"。这一论断较为客观，长时期的闭关锁国，使得中国排斥对外交往；因缺乏必要的文化知识而视野狭隘，使得中国人对近代文明的认识和接受受到极大限制。但西华没有强调这方面的因素，因为中外冲突的主要原因并不在此。

第三类是西方方面的原因，包括鸦片贸易、治外法权制度、外国官民的傲慢态度、外国报刊的偏颇和不公正等四个因素。关于鸦片贸易，清帝国出口产品的6/7，"被白白地消耗在对其人民绝对有害的毒品之中"。洋人同鸦片纠缠在一起，"是他们文化中的一个污点，也是中国人深恶痛恨洋人的一个起因"。关于治外法权，即领事裁判权，"这样一种交往条件自然不能不为中国所厌恶"，"这对中国人是一种持久的耻辱，是恶感的成因"。原因之一，是由于"这个政府在许多方面是骄傲的政府。这个民族对自己的优越性抱有根深蒂固的信心"。因此，当西方国家凭借武力，"将他们自己绝不会向别人让步而接受的这样一种不寻常的制度强加于中国时，引起人们深深的反感"。原因之二，是这种制度对中国人经常产生不公正的事情。西方在华司法裁判机构，"不可能始终拥有明智的、正直的和无偏见的法官"，"将公正给予被轻视的中国的起诉人"。此外，即使给了真正的公正，"中国人的利益、感情和偏见也会时常引起最严重的争执"。例如，外国轮船撞沉渔船事件频繁发生，"已经把沿江的百姓激恼到了这样的地步"。两江总督曾担心，"如果外国法庭继续拒绝给以赔偿的话，他们会拼命报复"。直隶总督"对一个类似案件的对华人不利的判决感到恼怒，曾恫吓说要把轮船扣留起来直到作出赔偿为止"。关于外国官民的态度，"外交代表们有时表现出放肆的态度"，尤其是各口岸的各国领事，"向当地官吏表示不满时使用飞扬跋扈的方式"。甚至在领事的要求下，"炮舰被用来解决争端，财产被剥夺，还有人被杀头"。在租界里，外国人"欺负性情较温顺的华人是司空见惯的事"，人们常看到"他们在大街上把中国人粗暴地推来搡去，在骑马或驾车时用皮鞭抽打他们"。外国轮船的船主毫不在乎地把本地人的船只撞沉，"有时甚至不停下来把不幸遇难的人救起"。就这样，"我们的名誉在当地政府和人民的心目中大受影响"。关于外国报刊的言论，"表现着洋人的过火倾向，它所刊行的文章往往出之以过激的方式。其情绪并不总是公正的，情报时常有不足和偏颇之处，它的表述方式是严厉的"。中国人多少知道外国报刊评论里的内容，很多积怨由此而产生。

从西华的分析来看，中国人对洋人的不满和积怨，主要是由不平等的条约关系引起的，包括直接的和间接的。这些因素，是"造成中国人恶感的一些不可避免的和无可争辩的原因"，并由此"能够估量它们的发展趋势和规模"。其后果"却须由实际所发生的一切来说明"，天津教案便是"这种恶感在天津所表现的形式"。正是基于这样一种整体思考，在研究了整个事件之后，西华产生一种强烈的信念：即"不管法国领事采取什么样的行动，这样的风暴十有八九总是要来的。在那时候，他不过是随风飘荡的一根鸿毛罢了"①。

1892 年，中国驻外公使薛福成也指出教案发生的强权政治的背景。他在当年 7 月 31 日的日记中写道：在信奉天主教的法国、意大利、德国、奥地利等国，"教士慑于国家之威，无不谨受约束，恪守准绳"。然而，"惟其前往中

---

① 《美国驻上海总领事西华致戴维斯函》，1871 年 8 月 22 日，中国第一历史档案馆等合编：《清末教案》第 5 册，第 58、79 页。

国者，不能人人如在其本国之驯谨。而中国与法国所立条约，既授以保护天主教之权，中国稍欲裁制教士，辄为法之外部及驻华公使所格，即使情理兼足，法人明知我当行之权；然彼既欲要结教士之心，又欲自示其权力之大，故无不一意阻挠者"。因此，他认为"中国竟无法以治教士，而教士之偭规错矩者亦愈多；而愚民之蓄疑积忿者，逐一发而不可遏"①。事实上，中国各地官绅和民众在反对教会时，也有将其矛头指向了传教背后的不平等条约。《湖南匿名揭帖》明确指出"逆夷猖獗，要挟中朝，包藏祸心，普天切齿。近闻新定和约，各州府县分设夷官，专主教民交涉事件；又将于湘城创立洋厂，制造洋炮。呜呼！其事一成，则滨海沿江诸郡县之害，又将蔓延我省"②。福建龙岩的揭帖直指条约，"若论条约，我圣上被奸兽花言巧语瞒许，条约岂能瞒我等乎"③。下面结合不同类型的教案，对教案的起因及其引发的交涉进行简要的阐述。

在各种教案当中，有相当数量的教案是因为中国人打毁、攻击传教士而起。这类教案的发生较为复杂，有的是因为官绅或民众反教、有的是因秘密会社反教而起。就其诱因而言，有的是教会无视地方权威、干预地方事务，引发官绅不满，从而遭到攻击。如 1861 年贵阳教案、1869 年酉阳教案等。有的则是民众反对教会在当地传教而打毁教堂等建筑，如 1862 年湘潭教案和南昌教案。有的是谣言而引起民众攻击教会，如 1868 年扬州教案和凤山教案、1870年天津教案。有的是因利益冲突和谣言而引发民众攻击教堂，如 1895 年成都教案。秘密会社反教引发的教案有 1891 年长江教案，该教案有明显的政治目的，即企图通过攻击教会引发列强干涉而使清政府处于困境。这些教案发生后，各国均以清政府未能按约保护教会为由提出交涉。除总理衙门与各国公使进行交涉外，地方大吏也与教会或领事进行交涉，有的则由清政府派官员进行交涉。交涉结果均是以处罚官民、赔偿教会作结。关于这些教案的交涉与解决，相关论著已有较多的研究，兹不重复论及。

还堂案在教案中占有一定的比例。根据中法《北京条约》的规定，中国需

---

① 蔡少卿整理：《薛福成日记》下，光绪十八年闰六月初八日，第 733—734 页。
② 《湖南匿名揭帖》，光绪三年二月二日，王明伦编：《反洋教书文揭帖选》，齐鲁书社，1984 年，第 107 页。
③ 《福建龙岩州揭帖》，光绪九年，王明伦编：《反洋教书文揭帖选》，第 129 页。

要"赔还"禁教时被没收的教堂、学堂、田土等教产①。所以，1860 年后，天主教传教士在多地随指建筑为旧教堂。因时间久远、产权变更、民众不愿归还、教会不愿更换等原因，指还教堂多有冲突发生。如 1861 年济南还堂案、南阳还堂案、绛州还堂案等。有的教案发生后，因为彼此争执，未能即时解决，拖延多时。1866 年，法国驻华公使伯洛内照会总理衙门，要求迅速解决江宁、陕西等地的还堂案。迫于外交压力，清廷和总理衙门均主张尽早解决，以免节外生枝。陕西还堂一事拖延五年未能解决，清廷为此在上谕中称："各省查还天主堂旧址，原系按照和约办理，自应早为完结，以免外国人藉口。"② 按条约规定，还堂是要还原地。法国署理公使伯洛内坚持这一点，声称"至有几处改地交还，实出一时从权，难引为例"③。

租地往往引发教案与交涉。这种情况在各地较为常见。中外条约中有关于外人在华租地的规定，而且清政府要求教会租地建堂"其卖契内只可载明卖作本处天主教堂公产字样"④。然而，有的教会在租地之时，并不尊重当地民众的意见，强行租地，或是未按要求租地，结果引发民众的反对和中外交涉。如 1881 年发生的济南教案，持续到 1884 年方才解决。

也有教会违约行为引发的教案与交涉。违约行为在前述各种情况均有所体现，主要是违背传教条款的规定。此外，传教士尚有其他违约之举。如 1869 年广东九龙司教堂采石建堂案即是一例。根据中外条约的规定，传教士可以建造教堂，"并无山石任听开采之说"。起初，两广总督同意划出地界允许教会开采石料，以三年为限，是出于和好而"逾格相待"。然而，期限到后，教会又提出宽展时限和地段，于是地方官绅与教会议明延长三年，1869 年到期后交还地方官封禁。然而，1869 年采石期限到后，教会没有中止开石，反而声称中国阻挠其采石，由此引发中法交涉⑤。

---

① 中法《续增条约》，咸丰十年九月十二日，王铁崖编：《中外旧约章汇编》第 1 册，第 147 页。

② 《廷寄》，同治五年二月初七日，中华书局编辑部、李书源整理：《筹办夷务始末·同治朝》四，第 1648 页。

③ 《法署使伯洛内给奕䜣照会》，同治五年二月初七日，中华书局编辑部、李书源整理：《筹办夷务始末·同治朝》四，第 1650 页。

④ 《总署致江苏巡抚李鸿章咨文：教士买地建堂契内应载明卖作本地教堂公产》，同治四年二月，廉立之、王守中编：《山东教案史料》，第 409 页。

⑤ 《给法使罗淑亚照会》，同治八年十月二十日，中华书局编辑部、李书源整理：《筹办夷务始末·同治朝》七，第 2804 页。

一般而言，教案交涉多是围绕着某一起教案而进行的。不过，也有多起教案引发的中外交涉。这是由于多起教案同时发生，或是多起教案发生后拖延未决，涉事国驻华公使或领事将之和盘托出，要求解决这些教案。此类交涉较多，如1869年的中法教案交涉就体现了这一点。当年，法国驻华公使罗淑亚因四川酉阳教案、贵州遵义教案未能得到及时解决，连带提出河南南阳、湖北天门、山西丰镇厅、广东九龙司等地教案未能解决的问题，武力威胁清政府解决教案。值得注意的是，罗淑亚提及的这些教案既有还堂案、租地案、民教冲突案，也有武童打教案；其中既有中国民众的违约行为，也有民教利益冲突。总理衙门与罗淑亚进行交涉，反对其额外要求；同时积极解决教案争端，奏派湖广总督李鸿章前往四川解决酉阳教案，后又派其协助解决遵义教案。另外，总理衙门还催促各地即时解决当地教案①。罗淑亚南下后，两江总督马新贻、安徽巡抚等先后与之会面，解决了刚刚发生的安庆教案。于是，法国提出的其他教案相继解决。

各种教案交涉体现了传教条款实施引发的复杂外交问题，教务交涉体现了限制传教活动的问题，教会租地权的交涉则体现了权利认定的问题。这些交涉都在不同程度上体现了中外条约关系的复杂性。

第五节　边界条约的执行与中外交涉

边界条约不仅规定了中国与邻国的边界勘定、划分，而且规定了边界贸易、往来等内容。第二次鸦片战争后，中国与外国签订了相当数量的边界条约。这些条约在执行过程中，因为国家和民间利权问题而引发某些纠纷和违约事件。如越界垦种、割草、伐木，越界贸易与活动，越界挖矿，边界人犯的抓捕与交换，等等。这些事件不仅关乎条约执行，而且关乎国家领土主权和边民利益。为解决这些事件，中国不得不与外国进行交涉。这在中国的东北、西北

---

① 《奕䜣等奏法使罗淑亚照会酉阳遵义教案未结并胪列湖北山西河南广东各案折》，同治八年十月初三日，中华书局编辑部、李书源整理：《筹办夷务始末·同治朝》七，第2777—2779页。

陆路边界表现得尤其突出。下文以中俄边界条约的执行为例，结合具体案例解析边界条约执行引发的各种交涉。

一、 俄人越界垦种割草的交涉

1861 年，俄国人越界到雅克萨对岸私垦土地，黑龙江将军饬副都统衙门派员与俄国官员交涉，俄国官员立下字据下年再不违约耕种。然而，1862 年夏，巡河委员又发现俄国人越界垦种，另在阿奇夏纳垦种，俄国人"恃其人众我寡，不让平毁"；俄国边界官员"称系其上司饬令复种"，"伊不能主持，俟再转报该上司，听候办理"。黑龙江将军特普钦得到副都统的报告后，令副都统派员再与俄国边界官员交涉，并指出："该上司既已先行违约，指饬属下人等越界妄行，于属下人等毫无约束，何以永敦和约。"在中方的辩驳之下，俄国的边界官员"理竭词穷，始复另给字据，严禁所属，下年再不违约越界耕种"。鉴于中俄沿江边界较长、越界垦种多有发生，特普钦为防止以后再有此类事件发生，咨黑龙江副都统严令巡江各员加意防范禁止，咨呈总理衙门查办；此外，不得不上奏朝廷①。

然而，黑龙江与俄国交界的越界违约耕种问题非但没有结束，1863 年中俄之间在执行边界相关条约时还出现了更多的冲突。1863 年 5 月 3 日，海兰泡俄国官员布色依派马列为乞到黑龙江城，要求借用驿马，到省城递送公文，面述重要事件。对于俄方的这一要求，黑龙江副都统关保立即上报给黑龙江将军特普钦，特普钦"随飞饬该副都统，务按条约折服，不准借给驿马，并不准其来省。如有行知事件，应照和约所载，交该副都统衙门转送"。中方官员按照条约再三劝阻。然而，俄方官员马列为乞却坚称中俄《北京条约》第十一条内载明，"有重大紧要事件，必须有人传述，东悉毕尔总督等与黑龙江将军行文，交俄罗斯国可靠之员"。随后，马列为乞在中方不提供驿马的情况下，乘用自己的马匹前往省城。5 月 16 日，马列为乞到达省城。随后，马列为乞与特普钦相见，所呈公文称：系俄国阿穆尔省将军派员到齐齐哈尔省城面述事情。公文

---

① 《特普钦奏今年俄人仍越界私种已与俄酋布色依理论片》，同治元年十一月十七日，中华书局编辑部、李书源整理：《筹办夷务始末·同治朝》二，第 497 页。

中还提出"在省城通商，并乞由齐齐哈尔省城借道前往吉林，由松花江水路回国"。这显然与中俄条约的规定不符，所以特普钦"随饬员传谕，所求各事均与条约不符，碍难准行"。至于马列为乞面述的重要事件，实际是涉及中国领土主权的越界垦种问题。马列为乞提出，俄国人在雅克萨对面的江右地方种地，中国派人阻拦，并声称"该种地之处，从前原属俄国地界，应听其耕种"。俄方的这一主张遭到特普钦的反驳，特普钦指出"无论该处原系中国地面，碍难听其越界，即令从前系属俄界，自立约分界之后，已属中国地界，亦应遵守无替，岂可违约妄行"。马列为乞又提出这是因为江汉北移，导致了江汉左岸归属右岸。对于这一说辞，特普钦回答说"前定和约原以大江左右岸分界"，所以不论有无江汉、江汉有无改移，"总应以大江两岸为限"。在中方的反驳之下，马列为乞难再诡辩，只好提出"暂行借给耕种"，并声称本国大臣已经行文驻北京的公使"恳求借给，日后仍归中国"。此外，他还提出瑷珲城江左俄国有村落无处割草，请求能暂借江右中国地界打草。对于俄国的这种所谓的"暂借"之说，特普钦回答得极为干脆，"如果与和约相符，即百年亦不相争；如与条约不符，即暂时亦不应借"。而且，国法森严，"即寸疆尺土，亦不敢轻易许借，此事断难依行"[1]。特普钦除将事情经过上奏朝廷外，还奏请饬总理衙门在俄国"行文求借"时加以阻止[2]。

　　而且，黑龙江官员加强了对边界的巡查，与俄国边界官员进行交涉，将多处俄国人越界垦种之地平毁。值得注意的是，除雅克萨对过夹心滩一处外，俄国人对其他平毁地方均无异议，并声称下年不复垦种。对于夹心滩，俄国不愿平毁，声称此处"系两国公中地方，所换和约，并未指明"。然而，根据中方官员的勘测，其地本属右岸。俄国边界官员曾向本国驻华公使提出过"暂借"此地。所以，特普钦奏请旨饬总理衙门交涉[3]。在未得总理衙门回复之际，黑龙江地方官员与俄国地方官进行了交涉，俄方坚持不肯退垦，并有意推诿，因

---

　　① 《特普钦奏俄人马列为乞赴省要求借地耕种并按约驳阻折》，同治二年四月十六日，中华书局编辑部、李书源整理：《筹办夷务始末·同治朝》二，第678—680页。

　　② 《特普钦又奏俄人要求请饬总理衙门禁止片》，同治二年四月十六日，中华书局编辑部、李书源整理：《筹办夷务始末·同治朝》二，第680—681页。

　　③ 《特普钦又奏俄人越界占垦办理情形片》，同治二年八月十八日，中华书局编辑部、李书源整理：《筹办夷务始末·同治朝》二，第860—861页。

此交涉不得要领①。

　　针对此事以及此前俄国人越界在呼伦贝尔所属卡伦割草之事，总理衙门向俄国公使巴留捷克照会，巴氏回复称已将照会翻译为俄文，转行东悉毕尔总督，"查明如所报情形确实，必照例严办背约之人"②。对于俄国迟迟不解决夹心滩越界垦种问题，奕䜣等主张"边界既定，寸土亦难任其占垦"；以前俄国侵占领土就是因为中国边界官弁不认真巡查，对于私垦行为不加阻拦，导致俄国日渐侵占，据为己有③。1863 年 10 月 8 日，奕䜣为此照会俄国署理公使格凌喀，声称夹心滩紧靠黑龙江右岸，实是中国专管地方；"缘和约统以黑龙江左右分岸，自当以江身大流为断，该滩既靠右岸，自与俄国无干"。和约所载，中俄黑龙江南北边界，已极显明，不能说是并未指明。而且，此地是两国分界大臣按约勘定，也无异议，"其为中国专管地方万无疑义"。至于俄国头目色依布的推诿行为，反而证明了俄国的越界违约。所以，奕䜣要求格凌喀转告俄国东悉毕尔总督，严令俄国人不得违约越界私垦④。然而，格凌喀迟迟没有回复。随后，总理衙门又收到黑龙江将军特普钦关于俄国人越界垦种的咨文。1863 年 12 月 22 日，奕䜣照会俄国新任驻华公使倭良戛里，在催问此事时再次申明中方立场，要求其转行俄国东悉毕尔总督解决此事，不许再有越界私垦行为⑤。12 月 27 日，倭良戛里才照会总理衙门称已转行俄国东悉毕尔总督。此后，总理衙门多次为此事诘问该使。1864 年 5 月 24 日，总理衙门收到倭良戛里的照会，声称：俄国东悉毕尔总督咨称，"已札行阿穆省固毕尔那托尔，严行禁止本国民人，嗣后不得越界于黑龙江右岸私行垦种地址"⑥。

　　① 《特普钦奏下江又有二处俄人越界耕种已经平毁惟夹心滩地不允退出折》，同治二年十一月初三日，中华书局编辑部、李书源整理：《筹办夷务始末·同治朝》三，第 978—979 页。

　　② 《奕䜣等奏据吉黑将军折咨与俄使辩论情形折》，同治二年七月初四日，中华书局编辑部、李书源整理：《筹办夷务始末·同治朝》二，第 790 页。

　　③ 《奕䜣等又奏黑龙江俄人越界垦荒案与俄使格凌喀倭良戛里来往照会情形折》，同治三年四月二十八日，中华书局编辑部、李书源整理：《筹办夷务始末·同治朝》三，第 1091—1092 页。

　　④ 《给俄署使格凌喀照会》，同治三年四月二十八日，中华书局编辑部、李书源整理：《筹办夷务始末·同治朝》三，第 1093 页。

　　⑤ 《给俄使倭良戛里照会》，同治三年四月二十八日，中华书局编辑部、李书源整理：《筹办夷务始末·同治朝》三，第 1094 页。

　　⑥ 《俄使倭良戛里照会》，同治三年四月二十八日，中华书局编辑部、李书源整理：《筹办夷务始末·同治朝》三，第 1095—1096 页。

二、 俄人违约入境与越界贸易的交涉

除越界垦种外，俄国人还不顾中国边界官员的阻止，违约入境，从事贸易等活动。对于这种行为，有的地方官根据条约进行劝阻；有的迫于无奈，除上报朝廷外，还请总理衙门向俄国驻华公使交涉。

1862 年，有两名俄国人越界到珲春，声称进集市贸易，实际并没有携带货物。珲春地方官员发现后予以劝阻。当时，珲春协领台斐音阿派佐领温冲阿对俄人劝阻时称，"按照和约，在交界地方约期开换，未便越界游行"。吉林将军景纶、副都统麟瑞在得到上述报告后，指出：中俄《北京条约》第四条内载有"所定交界各处，准许两国所属之人随便交易。自系专指交界之处而言，并无载有准入市集字样"。而且，景纶等在边界事务的处理上相当谨慎，他们饬令台斐音阿"遵照和约据理开导，万勿激滋事端"①。

1863 年，黑龙江将军特普钦据呼伦贝尔署总管那尔胡善的报告，得知俄国人骑马携枪越界进入中国境内，阻拦不住。为此，特普钦除处罚办理不善的边界官员外，上奏请旨饬总理衙门告知俄国驻华公使，"嗣后无票俄罗斯人等，不准违约越界游行"②。同年，三名没有申领执照的俄国人在边界百里内活动，且非法从事贸易。随后，三人的活动遭到地方官员的阻止，他们却以中俄《陆路通商章程》第一款的规定为据加以声辩。巡卡总管依凌阿对此答复称："无票人等，不准越卡。"显然，俄国人未申领执照入境即为违约。黑龙江将军特普钦认为该章程第二款规定"如无执照前往，查明除货物入官外，将该商按照《北京和约》第十条，被逃获送之法办理"。这些俄国人"前既违约越界窥探，本非商人可比"。他们以章程第一款作依据，依凌阿却不按第二款的规定与之剖辩，反而与俄方立下字据。对于这种行为，特普钦主张将字据交还俄国官员，并明白开导俄方官员"嗣后不准再有私行越界之事"。而且，他还奏准将

---

① 《景纶麟瑞奏俄人欲至珲春贸易已阻旋回折》，同治元年二月十五日，中华书局编辑部、李书源整理：《筹办夷务始末·同治朝》一，第 153 页。

② 《特普钦又奏俄人越境窥探请饬总理衙门禁止折》，同治二年四月十六日，中华书局编辑部、李书源整理：《筹办夷务始末·同治朝》二，第 682 页。

署副都统衔总管那尔胡善、总管依凌阿"交部议处，以为办理边务者戒"①。

三、 俄人越界伐木的交涉

1868 年，俄国人不听中方守卡官员劝阻，进入呼伦贝尔所属的那罕台，砍伐树木运回俄境。事发后，呼伦贝尔副都统衔总管明通派副管德平等人，到达阿普该图卡伦，会晤俄卡玛雨尔。然而，卡目却声称玛雨尔因事外出。于是，德平等人与该卡目提出交涉，指出俄方违约之处，并与之互换字据，从此严禁俄国人，不准违约越界伐木刈草。然而，黑龙江将军德英认为"呼伦贝尔与俄国接壤，凡遇边务，均应会同俄卡玛雨尔办理，未便因该玛雨尔托故躲避，仅与卡目会办易字，仍恐将来续有狡赖"。所以，德英又派明通等人前去交涉，将此前所换字据交还，与该卡玛雨尔重换字据②。

四、 俄国越界捕人的交涉

1863 年，吉林乌苏里口卡官佐领春福先后捕获窜匪两名，然而俄国官员西拉米起却带领二十余人持械将两人抢去。春福于是面见俄国官员吉成科，指出按照中俄《北京条约》第八条的规定，"两国民人，倘有犯罪之人，照《天津和约》第七条，各按本国法律治罪"。俄国将中国抓获的犯人抢去，"实属背约，应即送交中国治罪"。俄方答复说："此二犯暂羁俄狱，各禀本国大臣，候文办理。"随后，三姓副都统富尼扬阿根据条约，照会俄官吉成科；然而，吉成科不答应，声称要等该国大臣到伯里再决定。而且，俄方提出固毕尔那托尔要乘轮船进松花江，到三姓与中国大员商办事件。春福回答说："如有相商事件，应照和约所载，备文交卡官转送，不应俄国大臣亲往。"俄国官员不予答复。对于俄国人驾驶轮船越界一事，吉林将军景纶、副都统麟瑞比较担忧，除加强防范、极力阻拦外，又不能因其强横而生衅端。所以，二人上奏，请总理

---

① 《特普钦奏俄人越境案那尔胡善等与俄官办理舛错请交部议处折》，同治二年五月十三日，中华书局编辑部、李书源整理：《筹办夷务始末·同治朝》二，第 710 页。
② 《德英奏俄人越界伐木已与俄卡目互换字据折》，同治七年十一月初六日，中华书局编辑部、李书源整理：《筹办夷务始末·同治朝》七，第 2501—2502 页。

衙门向俄国驻华公使"按照和约辩论，阻其人船越界，迅将罪犯交回"①。清廷为此除令总理衙门交涉外，还令景纶等加强防范。

1863 年，俄国士兵武装越界进入科布多昌吉斯台卡伦，殴打阻拦的守台官兵，并将之拘走，随后又放回。乌里雅苏台将军明谊照会俄国官员，俄方却无答复。明谊认为与俄国交涉会谈难有效果，只有"令蒙古及各外夷倾心内向，稍遏其吞并之心，再无别策"②。清廷在得到明谊的奏报后，谕令总理衙门与俄国驻华公使交涉；并谕令明谊除加强防范外，"仍一面行文知照该国西悉毕尔衙门，以理诘问，务令约束该国人等确遵条约，静候会议界址，勿再如此无理滋闹，方是正办"③。

五、 边界缉拿人犯交还的交涉

1868 年，俄国境内曾发生中国淘金匪徒攻击俄国城市的事件。事后，中俄就被缉拿的中国人交还等问题进行了交涉。当时，清政府派副都统乌勒兴阿到摩阔崴，与俄方进行交涉。关于入俄境的中国人的处理，俄方提出"有中国人入俄界，有本衙门文书持来者，无有我们之书，则以乱党之类治罚，我们法典所在"等要求。乌勒兴阿则根据中俄《北京条约》第八条的规定，指出"中国民人若有杀人抢夺重伤，谋杀放烧房屋等重案，查明系俄国人犯者，将该犯送交本国按律治罪，系中国人犯者，或在犯事地方，或在别处，俱听中国按律治罪，遇有大小案件，领事官与地方官各办各国之人，不可彼此妄拿存留查治"。然而，俄方在查阅俄文条约后，却声称"此条之听字，系中国人有犯，不过告诉中国听知而已"。对于俄方的这种解释，中方代表极力争辩，声言："既说告知，何以有中国按律治罪，各办各国之人，不可彼此妄拿存留查治字样"。俄方代表则坚持己见，"以我约不合伊约，混行枝梧，颠顸狡赖"。随后，俄方在照会中仍然称"若有乱党，则依俄国法典治罪"。中方为此在照复中进

①《景纶麟瑞奏俄官欲入三姓交易及俄官西米拉强行抢走二罪犯折》，同治二年五月十二日，中华书局编辑部、李书源整理：《筹办夷务始末·同治朝》二，第707—708 页。

②《明谊奏俄人来昌吉斯台折》，同治二年五月十四日，中华书局编辑部、李书源整理：《筹办夷务始末·同治朝》二，第711 页。

③《廷寄》，同治二年五月十四日，中华书局编辑部、李书源整理：《筹办夷务始末·同治朝》二，第712 页。

行了驳斥。最终，俄方将捕获的八十名中国人交还给中国，按照中国法律分别予以处理。而且，中方还要求俄方交还逆匪张城子和周佩珍①。

六、 越界俄人利益受损处理的交涉

1863 年 11 月，有六名俄罗斯人越界捕牲，借住中国人家中，被呼伦贝尔的额尔得尼托罗辉卡之卡兵那蒙阿等三人偷去马三匹。1864 年初，俄方官员告知呼伦贝尔总管明通。明通即时将此禀告黑龙江将军特普钦。特普钦命将三人解省审问，在如何处罚上综合考虑了条约与相关规定。他认为理藩院的《俄罗斯事例》的规定与中俄《北京条约》的规定不符；如果照前者处理，"此后遇有案件，恐致两歧"。他主张按中俄《北京条约》规定各照本国法律计赃定罪，不管赔偿，"按照律例，将那蒙阿照为首盗牛三只例，拟枷号四十日，杖一百；色清额、莫哈拉等为从，减一等，各拟枷号三十五日，杖九十"。而且，特普钦上奏请饬总理衙门和理藩院核议示复遵办②。

七、 俄人越界采金、盖房、开垦的交涉

乌里雅苏台所属唐努乌梁海边地一带，与俄国有明确的边界划分。然而，俄国人却在此边界地方多有越界行为。1879 年，总理衙门就得到乌里雅苏台将军等关于俄国人在唐努乌梁海盖行栈、挖金沙的报告。总理衙门要求地方官禁止俄国人的这种行为。而且，总理衙门就此照会俄国驻华署理公使凯阳德，"转饬边界官，查明禁止"。凯阳德照复称：如果俄国人在中国境内挖金，"自必禁止"。至于建立行栈之事，他却声称："乌梁海地方，除几处有人久住之地外，余皆往来游牧，时有迁移，俄商在彼毋须建盖坚固房屋，空费资本，然必暂设堆货之草栅土屋，以防潮湿，而杜失窃。"总理衙门面对俄方的这种态度，只能告知乌里雅苏台将军和办事大臣，随时防范，毋稍疏忽。1881 年，乌里雅苏台将军等因俄国人在萨尔鲁克居住、挖金沙，"当即照会驻库领事，迅饬边

---

① 《富明阿毓福奏乌勒兴阿与俄官会议收到送回八十人按律分别办理折》，同治七年八月十六日，中华书局编辑部、李书源整理：《筹办夷务始末·同治朝》七，第 2457—2458 页。
② 《特普钦奏拿获偷俄人伊祀等马匹三犯审明定拟失察各员请交部严议折》，同治三年六月初四日，中华书局编辑部、李书源整理：《筹办夷务始末·同治朝》三，第 1120—1121 页。

界官严行禁止"①。然而，中方的上述努力没有能够阻止俄国人的越界行为，其越界行为也发展到挖金沙、开垦土地、建造房屋。1888 年，中俄两国商定，派员在乌梁海吉尔札里克商议处理以上三事。双方官员会晤时，俄国官员对于中国官员指出的俄国人的上述越界行为，却声称：盖房是经过俄国驻华公使与中国大臣商妥，"准俄人在乌梁海地面建盖房屋"；至于挖金沙、开垦土地都是在本国地面，并有本国东锡毕尔大臣所发的执照。俄方的这一说法与事实不符。因为俄国人在乌梁海建房"虽总理衙门咨有明文，是其暂盖寄货行栈"，然而，俄国人却以此为借口在乌梁海建造坚固房屋十多处。至于挖金、开地，中国官员查明确实是在中国地界，显属违约行为。中方以此与俄方辩论，"俄官一味支吾"，"复经质辩，情词尤为闪烁"。俄方拒不承认违约事实，中方的交涉未能成功。所以，当时办理交涉的佐领荣昌等人向乌里雅苏台办理大臣祥麟报告时说："此关两国交涉之大事，微末员弁曷敢擅专。"祥麟为此上奏，提出派大员查清中俄边界，免生缪葛②。至于如何处理此事，总理衙门认为俄国人侵占该地已非一日，该衙门又不能臆断边界情形，"应仍请旨饬下该将军等，详勘界限，研究根由，援据久定之约章，与该俄官竭力理论，倘彼坚执，或应知照驻俄使臣，严请外部妥筹办法，或即估给盖房之费，令其从速迁徙"；一切均由乌里雅苏台将军等就近相机筹定，奏明办理③。1889 年，祥麟等派吉玉、荣昌等，就俄国人在乌梁海境内盖房、挖金、开地进行勘查。吉玉、荣昌等所到之处，"与俄人竭力理论，并斥其房屋华丽，背约开地挖金，且与之婉言睦谊"。然而，俄人在该地"盘据已久，现驻俄人均非掌事俄官，大半持有贸易执照，以为护符"。因此，祥麟等在得到吉玉等查明情况后，奏请与俄国交涉，"将侵入沙滨岭、霍呢音岭山阳背约挖金、种地、盖房之俄人，照约迁回本国，按限贸易，以符永久勿替之谊"④。显然，这一事件的处理并非易事。

---

① 《总署奏议复俄据蒙边挖金垦地建房并添建界牌折》，光绪十五年二月初十日，王彦威、王亮辑编，李育民等点校整理：《清季外交史料》第 4 册，第 1637 页。

② 《乌里雅苏台办事大臣祥麟等奏唐努乌梁海边地俄人采金拟清界限固疆圉折》，光绪十四年十一月二十三日，王彦威、王亮辑编，李育民等点校整理：《清季外交史料》第 4 册，第 1616—1617 页。

③ 《总署奏议复俄据蒙边挖金垦地建房并添建界牌折》，光绪十五年二月初十日，王彦威、王亮辑编，李育民等点校整理：《清季外交史料》第 4 册，第 1638 页。

④ 《乌里雅苏台办事大臣祥麟等奏派员履勘唐努乌梁海中俄界址请饬商俄使令背约俄人迁回折》，光绪十五年十月十七日，王彦威、王亮辑编，李育民等点校整理：《清季外交史料》第 4 册，第 1690 页。

八、 有关边界中国人利益问题的交涉

根据《爱珲条约》第一款的规定，"黑龙江左岸，由精奇里河以南至豁尔莫勒津屯，原住之满洲人等，照旧准其各在所住屯中永远居住，仍着满洲国大臣官员管理，俄罗斯人等和好，不得侵犯"[①]。所以，黑龙江左岸的精奇里一带虽然已划归俄国，但是居民仍归黑龙江将军管辖。1861 年，黑龙江将军奏准照旧巡查精奇里；1871、1877、1879 年黑龙江将军曾三次巡查该地。此后，总理衙门未得到黑龙江将军的续报[②]。1887 年，黑龙江派员前往江左一带查放卡伦、封堆时，经过海兰泡城，遭到俄国派兵阻止。前任黑龙江副都统成庆与俄方进行交涉，俄方答复称："精奇里河等处，均系江左俄属，按照条约，毋庸中国官兵查放。"面对这种情况，黑龙江将军恭镗等上奏，认为黑龙江左岸已划归俄国，俄国阻止中国官兵查放，"似非有意寻衅"，"若仍守前章，实恐无以昭示国家大信"。不过，事关中外交涉，黑龙江将军不敢擅自决定，奏请饬总理衙门核议[③]。总理衙门对此的意见是：仍然照条约办理，不能迁就，"原住旗屯既应照约管辖，则查放旧章亦不妨藉为维系"[④]。

以上各种事件仅是中俄在常态之下因执行边界条约而引发的。此外，中朝、中越、中缅边界也有边界条约执行引发的边界交涉事件。这些事件的处理往往关系到国家领土主权。总理衙门与边界大吏均采取了较为慎重的态度，以防影响国家领土主权和边疆安定。如总理衙门针对中俄边界违约等问题，均向俄国驻华公使进行了交涉。而且，对于俄国人在没有通商口岸的黑龙江和吉林的种种要求（如通商、越界种地刈草），总理衙门在 1870 年上奏时即提出：如果俄方在边界事务上行事"果系循理按约之端，可以允行者，自难过为拒绝；

---

① 中俄《爱珲城和约》，咸丰八年四月十六日，王铁崖编：《中外旧约章汇编》第 1 册，第 85—86 页。

② 《总署奏查放黑龙江左岸卡伦应饬熟思审处勿遽迁就折》，光绪十四年九月初九日，王彦威、王亮辑编等点校整理：《清季外交史料》第 4 册，第 1593—1594 页。

③ 《黑龙江将军恭镗等奏黑龙江左岸原设卡伦封堆碍难派兵查放折》，光绪十四年八月初三日，王彦威、王亮辑编，李育民等点校整理：《清季外交史料》第 4 册，第 1589 页。

④ 《总署奏查放黑龙江左岸卡伦应饬熟思审处勿遽迁就折》，光绪十四年九月初九日，王彦威、王亮辑编，李育民等点校整理：《清季外交史料》第 4 册，第 1594 页。

若系违理背约之事，碍难照准者，即当力为维持"。这一意见为清政府所认可①，是其办理边界交涉的基本主张。

第六节　其他方面的条约执行与中外交涉

条约执行是一个复杂的问题，涉及诸多方面的问题。除常态之下发生的各种交涉外，围绕着条约执行，中外之间还在特定时局下因具体事务发生交涉。19世纪六七十年代中国新疆危机发生时，官兵和民众违约越界并互有误伤、误杀事件。这些事件均发生于时局动荡之际，双方互有交涉。有的事件以处罚当事人和赔偿而解决，有的不了了之。这类事件较多，此处不拟展开论述。

值得注意的是，太平天国起义期间，往往有外国人接济太平军、交接太平军、投入太平军。这些事件不仅涉及违约贸易的问题，而且涉及如何根据条约处罚外国人的问题。因此，清政府出于自身统治利益的考虑，针对具体事件，就条约执行与各国进行了交涉。

一、外人违约接济太平军的交涉

关于外人接济太平军，中外条约中均明确规定禁止此种行为。1861、1863年，总理衙门曾先后三次照会各国驻华公使，要求其禁止本国人接济太平军②。1863年，总理衙门照会英、法、美等国公使，声称"军火违禁，例不准贩运进口。近来外国各商私运军火甚多，屡有接济贼匪情事，为害甚巨，人所共知，亟宜照章禁止"；"倘再有私运军火来中国各口者，本爵现已通饬水师兵船，并饬各海关巡船，无论所运军火在口内口外，一体按拿，按照条约严行惩办，将船货一并入官"③。

---

① 《奕䜣等奏拟差员往吉黑商议边界事务请饬妥办折》，同治九年二月初五日，中华书局编辑部、李书源整理：《筹办夷务始末·同治朝》八，第2872页。

② 《奕䜣等又奏严禁洋船济贼已给英法俄美照会接到照复折》，同治二年七月初四日，中华书局编辑部、李书源整理：《筹办夷务始末·同治朝》二，第798—799页。

③ 《给英法俄美公使照会》，同治二年七月初四日，中华书局编辑部、李书源整理：《筹办夷务始末·同治朝》二，第799页。

随后，总理衙门在清军围攻南京正急之际，照会各国驻华公使，严禁外国人接济太平军，声明：按照和约，各国商人不能前往金陵，因为发现有外国商船接济太平军，所以"现既专派师船巡查，如外国商船仍前任意停泊，接济匪粮军火，势必用炮轰击，其咎实由该商船自取"①。除俄国驻华公使没有答复外，英国驻华公使对此完全同意；法、美"虽似有求免轰击之意"，但也不会反对②。而且，总理衙门针对美国驻华公使蒲安臣所说的"外国规例，只可船货入官"，声明："洋船赴不通商口岸贸易，自应将船货入官，惟于有贼之地，且有接济贼匪情事，其罪自不止将船货入官已也。"因此，"嗣后遇有此项犯法之船，中国立即开炮轰击"，按照中美《天津条约》第十四款的规定，"美国商人携带各项违禁货物之例，听中国地方官自行办理治罪可也"③。

1865 年，英国"古董"号轮船因为向占据漳州的太平军贩卖军火，到厦门时被扣留。此事经曾宪德照会英国领事柏威林讯问查实。中国地方官方的态度是，根据中英《天津条约》第四十七款规定，"该'古董'轮船违约济匪，应即照约入官"④。

二、 外人交接太平军的交涉

1865 年初，英国驻厦门领事柏威林不听地方官员劝阻，到漳州与太平天国侍王李世贤会面。福州将军英桂、闽浙总督左宗棠等人认为柏威林的行为有违条约，并让英国驻福州领事有雅芝、税务司美里登查问。有雅芝认为"此事柏威林实属无理，惟伊等系属同官，权不能制，应由住京公使将柏威林撤回"。因此，英、左等人上奏，请旨饬总理衙门向英国驻华公使交涉，将柏威林撤换⑤。而且，左宗棠、李鸿章等人也曾就此事致函总理衙门。总理衙门为此照

　　① 《给英法俄美公使照会》，同治二年七月初四日，中华书局编辑部、李书源整理：《筹办夷务始末·同治朝》二，第 800 页。
　　② 《奕䜣等又奏严禁洋船济贼已给英法俄美照会接到照复折》，同治二年七月初四日，中华书局编辑部、李书源整理：《筹办夷务始末·同治朝》二，第 799 页。
　　③ 《给美使蒲安臣照会》，同治二年七月初四日，中华书局编辑部、李书源整理：《筹办夷务始末·同治朝》二，第 803—804 页。
　　④ 《英桂等又奏查获违约之古董英船请奖美理登各员片》，同治四年四月十五日，中华书局编辑部、李书源整理：《筹办夷务始末·同治朝》四，第 1364 页。
　　⑤ 《英桂左宗棠徐宗干奏查厦门英领事柏威林亲赴漳州请饬英使撤换折》，同治四年二月二十七日，中华书局编辑部、李书源整理：《筹办夷务始末·同治朝》四，第 1340—1341 页。

会英国署理驻华公使威妥玛；威妥玛答复后，总理衙门认为威妥玛因柏威林的行为"甚为无颜，欲藉查复为名，预作掩饰地步"。不过，威妥玛曾札饬柏威林禁止英国人"通贼"。所以，总理衙门准备根据威妥玛的下一步行动，确定应对办法①。

为杜绝外国人与太平军交接，英桂、左宗棠以及福建巡抚徐宗干提出，派税务司美里登与前任兴泉永道曾宪德到厦门，会同税务司办理相关事宜。曾宪德等到厦门后，会晤柏威林，"多方开导"之下，柏威林"亦颇生悔悟"，对于曾宪德所说的"一体示禁洋人通贼"表示接受。而且，漳州捕获的与太平军交接的洋人，显然有违约之举。美国驻上海总领事照会厦门领事，也认为这些人违约，"属其解沪惩办"②。奕䜣等人对于漳州捕获的外国人，所持意见是：福建委员已将洋人解赴上海道收讯，应请旨饬上海通商大臣江苏巡抚转饬上海道，"照会各该国领事，务将该洋匪花耳等，照各该国民人通贼之例治罪，以符条约而儆效尤"③。

柏威林因为随同查办事件，英桂等上奏时称他"尚知愧悟，可否量予奖励，俾免向隅，出自圣裁"④。鉴于柏威林参与办理缉捕接济太平军的外国人，总理衙门认为他"虽先经与侍逆往来，尚知自改前非"，所以照麦华陀在江苏出力成案，"照会该国公使，转达本国，给予奖叙"⑤。

三、白齐文事件与中外交涉

在华外人拥有领事裁判权，清政府难以对其形成管束。不过在特殊情况下，清政府还是采取了相应的措施。如对于外人违约滋事的恶劣行径，清政府就提出交涉。1862 年，江苏如皋周家圩港发生居民与洋人互斗事件，由于外国

① 《奕䜣等又奏议复英桂等英领事柏威林亲赴漳州片》，同治四年三月初二日，中华书局编辑部、李书源整理：《筹办夷务始末·同治朝》四，第 1346 页。

② 《英桂左宗棠徐宗干奏两次擒获李侍贤句串英美布国八人船只折》，同治四年四月十五日，中华书局编辑部、李书源整理：《筹办夷务始末·同治朝》四，第 1362—1363 页。

③ 《奕䜣等奏议复英桂等舟师缉获美国花耳等折》，同治四年五月初一日，中华书局编辑部、李书源整理：《筹办夷务始末·同治朝》四，第 1369 页。

④ 《英桂等又奏查获违约之古董英船请奖美里登各员片》，同治四年四月十五日，中华书局编辑部、李书源整理：《筹办夷务始末·同治朝》四，第 1364 页。

⑤ 《奕䜣等奏议复英桂等奖励法美理登各员折》，同治四年五月二十日，中华书局编辑部、李书源整理：《筹办夷务始末·同治朝》四，第 1384 页。

人到非通商口岸活动，酗酒滋事，后又发生攻击兵船之事。清廷为此令总理衙门王大臣"将该洋人违约妄行各情，告知该国住京公使，与之理论"①。在中外之间就处罚外国人而引发的交涉中，白齐文事件尤为典型。

白齐文作为来华美国人，较为特殊。他曾参加过常胜军，后又加入太平军，被清军捕获，随即作为永不准来华之人被遣送回国。1865年2月，白齐文又潜入中国，试图投入时在漳州的太平军李世贤部，结果于5月被清军捕获。如何处置白齐文，中外之间颇有不同意见。李鸿章指出白齐文参加太平军本应严处，"且以不准再来中国之人，仍潜入内地，蓄意从逆，谋害中国"，按律当诛，"前缘美领事西华，强执和约由本国治罪之条晓晓置辩，致稽显戮"。所以，李鸿章出于事涉外交的考虑，对于此案是由他"咨复左宗棠即将白齐文正法，余犯解交该领事严办"，还是由总理衙门与美国驻华公使交涉以"严办"或"治以死罪"处理，不敢擅做决定，只能上奏请旨②。

为处理白齐文，总理衙门照会美国署理驻华公使卫廉士，提出应该照以前提出的处理办法即行正法③。然而，卫廉士在白齐文被清军捕获后，照会总理衙门却指出按照中美《天津条约》第十一款的规定，白齐文应归领事官惩办。同时，他又称："惟思白齐文屡次藐视中、美两国律法，实属怙恶不悛，罪所难免。"所以，他提出将白齐文关押在中国监狱，然而，白齐文可否归在中国严办，他需要报请本国政府决定"该如何办理此异常之案"，到时再告知中国④。

与白齐文一同被捕获的外国人还有三人，其中就有英国人。所以，英国驻福州领事要求将英国人交其讯办，"以期照约遵行"。然而，闽浙总督左宗棠答复说："查和约内所载，外国人有犯事者，均归各国领事官惩办，是指寻常犯事而言，若通匪从逆，则所犯至重，虽系外国之人，却是中国之贼，

① 《廷寄》，同治元年七月初二日，中华书局编辑部、李书源整理：《筹办夷务始末·同治朝》一，第319页。

② 《李鸿章又奏美白齐文复来投漳被获请旨饬遵片》，同治四年五月二十一日，中华书局编辑部、李书源整理：《筹办夷务始末·同治朝》四，第1387—1389页。

③ 《奕訢等奏议复李鸿章拿获白齐文请旨饬遵折》《给美署使卫廉士照会》，同治四年闰五月初五日，中华书局编辑部、李书源整理：《筹办夷务始末·同治朝》四，第1392、1394页。

④ 《美署使卫廉士照会》，同治四年闰五月初五日，中华书局编辑部、李书源整理：《筹办夷务始末·同治朝》四，第1395页。

事在和约之外。"随即，英国领事将此报告给英国驻华署理公使威妥玛。威妥玛根据中英《天津条约》第九、十六款的规定，指出"该领事官所请，无非按照条约之据，贵国省宪既于外国货物毫不能办，何况性命大案，更无此权，其理实无可辩论之处"。威氏要求恭亲王奕䜣告知左宗棠、李鸿章，"均不能毫违条约，必将英民交与英领事官酌情审明办理"①。对此，奕䜣等的答复是：除白齐文外，其他捕获的英国人均交英国领事"秉公办理"②。

由于白齐文事涉"通匪"，与之一同被捕的英国人克令要作人证，所以，清政府不愿意根据条约的规定将之就近交给驻厦门的美国和英国领事，而是要将之送到上海，由负责东南交涉事务的李鸿章与驻上海的美国和英国领事处理。6月，白齐文一行在押赴上海途中翻船，全部溺毙。事发后，中方将消息告诉美方和英方，双方都主张由本国领事接收遗体，处理后事。

不过，威妥玛对中方的处理提出了抗议。他指出克令溺亡一事是在事发后五十多天才知晓，而且首先得到通知的是英国驻上海领事（1865年8月20日由上海道告知），距事发地较近的英国驻宁波领事却直至8月23日还不知晓。他认为这是中方的过错，"从前外国人被中国拘禁身死之由不明，每至因而起衅，而地方官在内地拘拿犯事之洋人，理应倍加慎重，免使外国人疑有刻待之处为要"。"此案无论何人拿获克令，即应就近送交厦门英领事官查办，未经如此办理，已属违约；及至解到福州，有领事请该知府解交该领事查办，知府因奉左制台谕饬，不肯送交，亦属违约；复将该英人押赴内地，转送中国官查办，尤属违约之至。"③鉴于克令的特殊情况，威妥玛在照会中指出：1864年，英国人麦飞尔在苏州被民众捆绑致死，他曾与总理衙门交涉，要求按条约规定处理入内地的英国人；克令"难保不似麦尔飞等犯有重案，惟系英民，则应按例秉公询问，而且按约应由本国领事官审办"；左宗棠、李鸿章"均无询问该英国人之权，尤不应片时扣留，不为立即送交拿

① 《英署使威妥玛照会》，同治四年闰五月初五日，中华书局编辑部、李书源整理：《筹办夷务始末·同治朝》四，第1395—1396页。
② 《给英署使威妥玛照会》，同治四年闰五月初五日，中华书局编辑部、李书源整理：《筹办夷务始末·同治朝》四，第1397页。
③ 《英署使威妥玛给奕䜣照会》，同治四年十月初二日，中华书局编辑部、李书源整理：《筹办夷务始末·同治朝》四，第1539页。

获之处附近领事官查办"。他还在照会中极力声明：中国各省的地方官应该按照中英《天津条约》第九款的规定，对待进入中国内地的英国人①。

针对威妥玛的照会，奕䜣在回复时，承认威妥玛所援引的中英《天津条约》第九、十款的规定，中方应当遵守；同时指出：克令一事系属专案，与美国人白齐文有关。白齐文曾参加太平军，现在又到福建企图"通贼"，到处与中国为敌，情罪重大，非寻常案犯可比。"条约虽有携带各项违禁货物，听中国自行治罪，大合众国不得稍有袒护等语；闽省遍查条约内，无洋人通贼如何办理明文，而通贼较携带违禁货物更重，遂以洋人通贼为约外之事，不知例应作何办理，不能作主定办。缘上海通商大臣系专办各国交涉事件之人，且白齐文前在苏省有案，是以决计将其解交办理。"克令是同犯，所以一同押解到上海，由通商大臣交各国领事惩办，中方并不审办。中方之所以将之送往上海，是因为上海的领事"势权较重"②。

不过，威妥玛针对"洋人通贼为约外之事""上海通商大臣系专办各国交涉事件之人"有不同意见。对于前者，威妥玛认为根据中英《天津条约》第十五、十六款的规定，英国人进入中国内地犯法，"无论通贼，抑或别案，各该官均应解交就近领事官审办，并无擅自羁留之理"。而且，该约第九款也有相关规定。对于后者，他断章取义，扯出中国外交权归江苏巡抚兼任的通商大臣还是归总理衙门的问题③。

在这种情况下，奕䜣照会威妥玛说，"现在此事既已如此办理，诚如贵大臣所言，辩驳究属无益"。同时，奕䜣提出通饬各省照约行事，"不得再有错误，以致自取咎戾也"④。威妥玛对此表示认可，同时他还强调"盖条约不守，难保和局，条约所载，英民仅归英官究审，内地各官拿获英犯，不可陵虐。全约一部之中，莫要于此，不但不守此条难免启衅，即有情形使人怀疑

① 《英署使威妥玛给奕䜣照会》，同治四年十月初二日，中华书局编辑部、李书源整理：《筹办夷务始末·同治朝》四，第1540页。
② 《奕䜣给英署使威妥玛照会》，同治四年十月初二日，中华书局编辑部、李书源整理：《筹办夷务始末·同治朝》四，第1540—1541页。
③ 《英署使威妥玛给奕䜣照会》，同治四年十月初二日，中华书局编辑部、李书源整理：《筹办夷务始末·同治朝》四，第1542—1543页。
④ 《奕䜣给英署使威妥玛照会》，同治四年十月初二日，中华书局编辑部、李书源整理：《筹办夷务始末·同治朝》四，第1544页。

背约,亦易另生事端"①。这样因白齐文案引发的中英之间有关克令的交涉结束。这一事件的处理反映了中外在特殊事件上,对待条约的态度分歧以及相应的变通。

中外条约签订后,其执行并不是一个简单的问题。条约具体条款的落地实施、实施的环境和条件以及相关各方的态度都会影响条约的执行。中外各方制定了各项约章,进一步细化或规范了相关条款,从而影响了条约的实施。针对条约的实施环境和条件问题,中外之间还在相关条款的实施上采取了变通之策。然而,条约涉及各方权益,不同的理解或解释往往会导致条约执行中的守约与违约问题的发生。因此,中国与外国在通商、传教、边界等事务上,因条约执行而发生了诸多的冲突与交涉。这些冲突与交涉发生在不同时空范围内,中外各方在具体事件中的责任也各不相同,其解决又从不同方面影响了条约关系。以上种种情形在不同程度上反映了条约关系运行的实态及其具体面相的复杂性。

---

① 《英署使威妥玛给奕䜣照会》,同治四年十月初二日,中华书局编辑部、李书源整理:《筹办夷务始末·同治朝》四,第 1544 页。

第八章　条约关系下的外交礼仪与制度

　　19 世纪 60—90 年代，随着条约关系的发展，传统的朝贡关系趋于崩溃。朝贡国的相继丧失使得中国传统的外交礼仪和制度只能勉强维持。与此同时，条约关系成为中外关系的主导。中国必须在条约关系的格局下，办理与有约国的交往。这种交往完全有别于传统的朝贡关系。条约相关条款的实施、国际惯例的采用以及应对中外交往的需要，都促使中国的外交礼仪和制度发生相应的变化。这主要体现在外交礼仪、中央外交制度、地方外交制度的变化以及驻外使领馆制度的建立上。

第一节　清朝外交礼仪的变化

　　第二次鸦片战争后，中外条约关系不断发展，有约国日益增多。各国公使相继进驻北京，不断增多的通商口岸均驻有各国领事。中国先后向境外派遣和派驻了使节和领事。如何应对中外交往中的礼节新变化成为需要解决的问题。值得注意的是，中外条约对国际交往的某些惯例是有所规定的。因此，伴随着中外条约的执行，中国在对外交往中逐步采用了国际交往的惯例，如总理衙门与各国公使的交往、领事与地方官员的交往等。然而，有的惯例却因中国传统礼仪制度以及清政府不愿意放弃天朝上国的观念等原因，难以立即实施；有的因条约规范不明确或外国人有新的要求，不得不重新商定。

一、 觐见礼仪的变化

在中央层面，中外条约规定了驻华公使觐见中国皇帝的礼节。如中英《天津条约》第三款规定，"英国自主之邦与中国平等"，故其公使驻京，"作为代国秉权大员，觐大清皇上时，遇有碍于国体之礼，是不可行。惟大英君主每有派员前往泰西各与国拜国主之礼，亦拜大清皇上，以昭划一肃敬"[1]。然而，条约中规定的外国公使觐见皇帝、呈递国书，却因中国传统觐见礼仪等原因长期未能解决。

1860 年，英法两国驻华公使曾提出呈递国书，"照会数次，竟以仪节未定，事不果行"。咸丰帝病逝后，因为同治帝年幼，两宫皇太后垂帘听政，所以各国公使未能觐见。对于这种状况，各国公使"以阻其入觐，为不以客礼相待，时来饶舌，言多愤激"。对于各国的要求，中国方面曾答复道："如欲请觐，必须行跪拜礼"；各国对此坚决反对，声称："并非属国，不能改从中华仪节。"[2] 1866 年，崇厚在上奏时也提及接见外交使节一事，认为此"尤为各国所必欲祈求之事"，"目下既已定有条约，则礼节稍有不同，然必得豫为筹及，如将来有恩允召见之事，先当议定朝见之礼，使各国使臣知所遵守也"[3]。

到 1867 年，各国驻华公使仍未能实现觐见中国皇帝的要求。当年，总

---

① 中英《天津条约》，咸丰八年五月十六日，王铁崖编：《中外旧约章汇编》第 1 册，第 96 页。

② 《总理衙门条说六条》，同治六年九月十五日，中华书局编辑部、李书源整理：《筹办夷务始末·同治朝》五，第 2124 页。

③ 《崇厚奏议复奕䜣等英国呈递议论折》，同治五年三月十三日，中华书局编辑部、李书源整理：《筹办夷务始末·同治朝》五，第 1709 页。

理衙门在预备次年的中英修约时，提出觐见一事是必须要预先考虑的问题之一。总理衙门认为：韩愈在《原道》中说"孔子之作《春秋》也，诸侯用夷礼则夷之，夷而进于中国则中国之"。因此，"今夷并未自进于中国，而必以中国之礼绳之，其势有所不能。若权其适中者而用之，未卜彼之能否听从，而本衙门亦不敢主持独创此议"。然而，中国不许外国公使入觐，却找不出理由。所以，总理衙门征询沿海、沿江封疆大吏应对修约的意见，如何办理觐见礼仪就是其中的重要内容①。

封疆大吏在觐见一事上均主张同治帝亲政后再接见各国使节，但是要妥议礼节。如李瀚章对于总理衙门提出的"权其适中者用之"的办法表示赞同②。左宗棠认为西方各国本不是中国属国，所以各国公使要求入觐，不会接受中国的跪拜礼，"彼以见其国主之礼入觐……似不妨允其所请"。不过，他提出呈递书的礼节须预先商榷，"或由使臣面递御前大臣，大臣代为呈进"；呈递国书之外，无须请觐，如果要请觐，只能行中国跪拜礼③。曾国藩虽然没有论及具体的礼仪，却指出对待欧美各国不应使用对待藩属国的办法。他指出康熙帝时与俄罗斯议界通市，"实系以敌国之礼待之，与以属藩之礼待高丽者迥不相同"。道光、咸丰以来，待英、法、美三国，"皆仿康熙待俄国之例，视同敌体"。他提出可以在同治帝亲政后，接受外国公使进觐，"其仪节临时酌定，既为敌国使臣，不必强以所难"④。英桂在上奏时也提出"外夷进于中国，自应示以怀柔，第彼既以列国自居，势难绳以中国之礼"⑤。虽然有人在讨论此事时多少带有传统的华夷观念，但是上述多人的意见已经表明，他们在理与势的分析之下，并不主张以传统的朝贡礼仪对待条约国，而是主张以"敌国""列国"来看待。这说明中国对涉外礼仪不得不做出相

---

① 《总理衙门条说六条》，同治六年九月十五日，中华书局编辑部、李书源整理：《筹办夷务始末·同治朝》五，第 2124—2125 页。

② 《李瀚章条说》，同治六年十一月二十一日，中华书局编辑部、李书源整理：《筹办夷务始末·同治朝》六，第 2191 页。

③ 《左宗棠条说》，同治六年十月二十五日，中华书局编辑部、李书源整理：《筹办夷务始末·同治朝》六，第 2154 页。

④ 《曾国藩奏议复修约事宜折》，同治六年十一月二十三日，中华书局编辑部、李书源整理：《筹办夷务始末·同治朝》六，第 2226—2227 页。

⑤ 《英桂奏议复修约事宜折》，同治六年十一月二十五日，中华书局编辑部、李书源整理：《筹办夷务始末·同治朝》六，第 2230 页。

应的调整。

由于同治帝尚处年幼，觐见一事及其相关礼节问题只好向后推延。因此，各国驻华使节未能按照外交惯例，向中国皇帝呈递国书。有的情况下，呈递国书只能以变通的方式处理。如英国、比利时使节携带国书来华，或是由督抚接收，或是由总理衙门接收后呈进，"并未准令亲递"，随后颁发国书，"亦由承领之衙门转给"。此后，各国使节来华间有携带国书者，"因未准令亲递，仅止录出原文送阅，或并不送阅"。因此，当中国聘请蒲安臣出使各国时，奕䜣等人出于礼节的考虑，提出呈递国书一事，"尚可援照英国、比国之案，于到外国后，毋庸亲递，以防流弊"。至于各国有优待使臣之处，总理衙门告知蒲安臣"凡有碍国体之事，不必举行"[1]。

1873 年 2 月 23 日，同治帝亲政。次日，英、法、俄、德、美等五国驻华公使就联衔照会奕䜣，提出觐见要求；3 月 5 日，五国公使又联衔照会奕䜣，提出何时、何地会晤，商议觐见一事。总理衙门同意于 3 月 18 日到倭良戞里住处会晤。对于各国的要求，总理衙门主张"仍就礼节与之熟商力争"。因此，总理衙门在与各国公使会晤时，"彼谓条约中有碍于国体之礼，为不可行，则告以碍于中国国体，亦不可行。彼谓条约允以优待，则告以中国相待能优于礼之中，不能优于礼之外。彼谓惟拜跪之礼，有碍国体者不能行，此外均可商酌，则告以惟拜跪之礼，最关中国国体，首先议定，此外始可从容拟议"。事实上，总理衙门也清楚"彼国从未娴习之礼，未易强以必行"，与各国争辩的目的就在于"如能就我范围，固于体制较免窒碍，亦藉以折其虚悰桀骜之气"。几经争辩，各国公使最终同意在各国觐见常礼免冠三鞠躬的基础上，改为免冠五鞠躬[2]。与此同时，封疆大吏在讨论觐见一事，有的主张反对外国公使觐见，有的则主张做出变通。如李鸿章从时势、西方国家的地位、儒家思想、国际法等提出，皇帝若就觐见礼仪做出变通，"天

---

① 《奕䜣等奏咨会蒲安臣递国书二事折》，同治六年十一月二十九日，中华书局编辑部、李书源整理：《筹办夷务始末·同治朝》六，第 2248 页。

② 《奕䜣等又奏与各国使臣辩论觐见礼节折》，同治十二年三月十八日，中华书局编辑部、李书源整理：《筹办夷务始末·同治朝》九，第 3604—3605 页。

下后世，当亦无敢议其非者"①。1873 年 6 月 29 日，各国公使在紫光阁觐见同治帝。公使只能将国书呈递到同治帝面前的书案上，同治帝通过恭亲王之口向各公使"所代表的统治者表达他的亲睦之谊"。不过，各国公使对觐见的形式并不满意②。英国驻华公使威妥玛首先表露出意见，即紫光阁是清朝筵宴藩属之地，有将外国使臣置于等同贡使的意味。各国使臣"为其摇惑，颇多未惬"③。清政府的这种安排，表明其"内心并未真正改变传统的'驭夷'观念"；然而，此次各国公使的觐见却是一个重要的转折点，"反映出羁縻之道正走向穷途末路，揭示了条约关系所带来的近代外交体制不可阻挡地取代'天朝'体制的历史趋向"④。

此后，因同治帝病逝、光绪帝年幼，因此各国公使不便觐见中国皇帝。光绪帝亲政后，各国公使又提出觐见。1890 年，总理衙门与各国公使议定，遵照成礼，觐见地方定在紫光阁。不过，各国公使对于在紫光阁觐见有所不满，他们在给总理衙门所递节略中表示，紫光阁觐见，并不合宜，希望"将来觐见贺年，另指他处"。由于总理衙门告知已经明降谕旨"言明必须在紫光阁"，并且已经准备妥当，所以"各国大臣均暂应允"。奥地利驻华公使毕格哩因"近患咳症，不能口奏颂词"，觐见缓期。随后，德国驻华公使巴兰德与总理衙门会晤，旧话重提，声称："紫光阁为筵宴藩属之地，见诸记载，各国使臣于此处觐见，在圣意固属优待，而道路传闻，总疑视与国使臣等于藩属，于体面有碍。"他坚持请总理衙门代奏，"务求另易他处"。总理衙门虽然与之辩论，但是"总不能破其成见"。针对这种情况，总理衙门奏准各国使臣觐见时"另易他处，俾释怀疑之见"⑤。1890 年 12 月 12 日，光绪帝发布上谕，按照 1873 年的礼节接见各国公使，从次年正月起"增定岁见之期"，"续到各使，按年觐见"；1891 年 2 月 27 日，清廷又同意以后"续到使

① 《李鸿章奏请斟酌时势权宜变通以定洋人觐见礼仪折》，同治十二年四月初五日，中华书局编辑部、李书源整理：《筹办夷务始末·同治朝》九，第 3626 页。

② ［美］马士著、张汇文等合译：《中华帝国对外关系史》第 2 卷，第 293—294 页。

③ 《总署奏使臣觐见恳求另定处所据实代陈折》，光绪十七年九月十八日，王彦威、王亮辑编，李育民等点校整理：《清季外交史料》第 4 册，第 1748 页。

④ 李育民：《晚清中外条约关系研究》，第 491—492 页。

⑤ 《总署奏使臣觐见恳求另定处所据实代陈折》，光绪十七年九月十八日，王彦威、王亮辑编，李育民等点校整理：《清季外交史料》第 4 册，第 1748—1749 页。

臣，随到随见"①。1891 年的这种改变值得注意，从此清帝随时接见新到任的外国公使，开始作为一种外交礼仪制度被规定下来②。1891 年 3 月 5 日，光绪帝在紫光阁接受各国公使觐见，各国公使仍不满意。此次觐见后，清政府改在承光殿接受各国公使觐见。1891 年 10 月，奥匈帝国的公使在承光殿觐见光绪帝。不过，各国对在此殿觐见还是不满意③。1892 年 2 月，外交团就觐见一事达成一致，即当年的按年觐见可以在承光殿举行，条件是 1893 年的觐见应当安排在皇宫的一个殿里举行。这一要求遭到清政府的拒绝，于是觐见作罢。1892、1893 年，英、德、比三国公使分别在承光殿单独觐见光绪帝④。1894 年，施阿兰作为法国驻华公使来华，其使命之一就是向中国皇帝履行呈递国书的礼节，"这是在两国政府间接见和对待外交人员必须建立的绝对平等与互惠的关系问题"。所以，他向亲庆王奕劻提出，自己要在皇宫以内，向中国皇帝亲递国书，"觐见典礼采用的仪式在各方面都合乎中国使节在西方各国所受到的类似的接待"。然而，奕劻仍然坚持以往在承先殿接见的旧例。于是，施阿兰只将附有照会的国书副本交给总理衙门，并声明希望"有朝一日能够按照我国政府训令所指示的条件和觐见仪式，亲自向中国皇帝陛下呈递国书的正本"。为了解决觐见问题，施阿兰还进行了多次谈判。当时，除法国外，俄国、西班牙也对觐见问题始终"抱着坚决果断的态度"⑤。同时，由于甲午战争的影响，光绪帝同意在文华殿接受各国公使觐见。1894 年 11 月 12 日，各国公使在文华殿觐见光绪帝，并呈递国书⑥。

---

① 转引自王开玺：《隔膜、冲突与趋同——清代外交礼仪之争透析》，北京师范大学出版社，1999 年，第 340 页。
② 王开玺：《隔膜、冲突与趋同——清代外交礼仪之争透析》，第 340 页。
③ 王开玺：《隔膜、冲突与趋同——清代外交礼仪之争透析》，第 342—343 页；［美］马士著、张汇文等合译：《中华帝国对外关系史》第 2 卷，第 461 页。
④ ［美］马士著、张汇文等合译：《中华帝国对外关系史》第 2 卷，第 462 页。
⑤ ［法］A. 施阿兰著、袁传璋、郑永慧译：《使华记（1893—1897）》，第 11、17 页。
⑥ 王开玺：《隔膜、冲突与趋同——清代外交礼仪之争透析》，第 343 页；［美］马士、张汇文等合译：《中华帝国对外关系史》第 2 卷，第 462 页。

二、 中外官员交往礼仪的变化

与觐见皇帝礼仪的缓慢变化不同的是，外国驻华使节、领事与中国官员的交往礼仪发生了重要的变化。尤其是领事与中国地方官的交往还多有交涉发生。就外国驻华公使与中国官员交往礼仪而言，中外条约有相应的规定。如中英《天津条约》第五款规定，"大清皇上特简内阁大学士尚书中一员，与大英钦差大臣文移、会晤各等事务，商办仪式皆照平仪相待"[1]。各国公使进驻北京后，总理衙门按照各国惯例与之进行交往。在相关事务的处理上，总理衙门逐步接受了外国的惯例。以中外订约而言，外国要求换约通商，经总理衙门奏准后，使臣呈递照会，再宣读简派全权大臣谕旨；外国使臣将国书与派办大臣公同阅看，然后再行会商。奕䜣等在上奏时称"臣等历办各国通商事务，皆系如此，此系外国人积习"[2]。

后来，外国公使还提出了与中国各部院大臣往来的要求。1875 年，威妥玛提出驻华公使与各部院大臣往来。总理衙门考虑到中国既已派大臣出使，各部院大臣与各国公使往来礼节"自未便置之不议"[3]。1875 年 9 月 28 日，总理衙门奏准与各部院大臣商订同外国驻华公使往来的办法。1876 年 1 月 6 日，总理衙门奏准"各国使臣于开岁订定初次来见时，由臣衙门先期知照各部院大臣，届期至臣衙门与臣等一同接见；并由臣等与各部院大臣于接见后，商定日时前往各国使臣寓馆回答"[4]。

而且，中外条约还对外国驻华官员与中国官员交往的品级对应与交往方式作了规定。如中法《天津条约》第四款规定："将来两国官员、办公人等因公往来，各随名位高下，准用平行之礼。大法国大宪与中国无论京内、外大宪公文往来，俱用'照会'。"法国二等官与中国各省大臣公文往来，用

---

[1] 中英《天津条约》，咸丰八年五月十六日，王铁崖编：《中外旧约章汇编》第 1 册，第 97 页。

[2] 《奕䜣等又奏丹使拉斯勒福请看简派全权谕旨已查照大西洋谕与看片》，同治二年四月初八日，中华书局编辑部、李书源整理：《筹办夷务始末·同治朝》二，第 677 页。

[3] 《总署奏驻京使臣与部院大臣往来礼节未便置之不议片》，光绪元年八月初一日，王彦威、王亮辑编，李育民等点校整理：《清季外交史料》第 1 册，第 48 页。

[4] 《总署奏各国驻京使臣新年拟与各部院大臣互相道贺片》，光绪元年十二月初十日，王彦威、王亮辑编，李育民等点校整理：《清季外交史料》第 1 册，第 71 页。

"申陈"字样，中国大臣批复用"札行"字样。"两国平等官员照相并之
礼。"领事与地方官平行来往移文①。中英《天津条约》第七款规定领事、
署理领事与道台平级，副领事、署副领事、翻译官与知府平级，"视公务
应需，衙署相见，会晤文移，均用平礼"②。不过，条约的规定也有不尽完
善的地方，加之各国的非分要求，中外之间就领事与中国地方官员交往的
礼仪也有交涉。

例如，中外条约起初并没有涉及总领事一职，因此没有与之对应的同级
中国官员交往的规定。1858 年，桂良等致英、法、美三国公使的照会底稿中
有"总领事应与藩臬司同品之语"。1862 年，中普条约第四款才开始有总领
事的名目。正因为如此，薛焕与李鸿章在办理普鲁士换约时，鉴于其换约公
使列斐士是以总领事兼理大臣事，就其本职而言不能照会总理衙门，只能用
申陈。薛焕、李鸿章认为"体制所在，必应力争，俾后永为定式"。于是，
二人饬署理江苏布政使、苏松太道吴煦，告诉列斐士将照会改为申陈呈送③。
不过，对于薛焕这一举措，周家勋则认为，普鲁士换约一事"觐翁（薛焕）
极欲尊崇体制，而总理衙门矫枉过正，先令司道中与之照复互换，此乃弄巧
成拙，徒增一番唇舌耳"④。

同治年间，中外之间围绕着领事与地方官员的往来礼节也有交涉发
生。1864 年，河南巡抚致函总理衙门，指责法国驻汉口领事达布理在河南
巡抚衙门"擅递申呈"。总理衙门认为该领事"隔省投递申呈，殊属不
合"，于是与法国驻华公使就此事进行了函商。法国公使声称："各口领事
与各口省分大宪公文往来可以依此节办法，惟恐本住省分大宪推辞，并他
省大宪嗔其侵越。"总理衙门经过交涉后，就此类事情的办理咨文三口通
商大臣，称："嗣后如遇领事在本住省分大宪衙门投递申呈，一面收受，

①　中法《天津条约》，咸丰八年五月十七日，王铁崖编：《中外旧约章汇编》第 1 册，第 105 页。
②　中英《天津条约》，咸丰八年五月十六日，王铁崖编：《中外旧约章汇编》第 1 册，第 97 页。
③　《薛焕李鸿章奏布国条约求多缮二十二本请旨遵行折》，同治元年十一月二十九日，中华书局编辑部、李书源整理：《筹办夷务始末·同治朝》二，第 514 页。
④　《周家勋致吴煦函》，1862 年 10 月 18 日，太平天国历史博物馆编：《吴煦档案选编》第 2 辑，第 368 页。

一面即为行文，其公文所行省分之大宪亦须查明案情，斟酌详审，妥为办理。"① 1864 年 1 月 4 日，美国驻华公使蒲安臣照会总理衙门，声称西华升任总领事，请知照江苏巡抚李鸿章，"务宜相与和衷办事"。而西华在升任总领事后，在致李鸿章的申陈中提出"请与往来公文改用平行"，即总领事与巡抚平级往来。总理衙门在收到李鸿章的咨文后，认为蒲安臣的照会中"虽未言明总领事请与巡抚平行"，但是"恐其以平行相待"，必须"明白驳正"。于是，总理衙门在照会蒲安臣时指出"总领事应与藩臬平行"。而且，总理衙门认为李鸿章据理驳斥西华，"措词亦甚妥协"②。可见，总理衙门与地方大吏均是以条约规定办理地方官与领事往来礼仪的。

1875 年，英国驻华公使威妥玛照会总理衙门，指出：闽浙总督不愿以礼接见英国领事官；两广总督也不愿意，"嗣费执原见，仍以礼接见"③。对于英方的要求，总理衙门的答复是："领事官与中国官员往来，载在条约"；总理衙门会行文该省查询，"总期照约办理，毋得畸轻畸重"④。1876 年，中英《烟台条约》第二端优待往来提出，中英两国官员京外往来会晤以及文移往返一切事例，当明定章程。应由总理衙门照会各国驻京公使，会同商订礼节条款，"总期中国官员看待驻居中国各口等处外国官员之意，与泰西各国交际情形无异，且与各国看待在外之中国官员相同"。根据这一规定，总理衙门照会各国公使，就往还礼节进行商议，议定后照会总理衙门⑤。

然而，各国公使对于各国领事与中国地方官员的往来仍有意见。1879 年，各国公使进行了商议。1880 年，威妥玛就中外往来仪式向总理衙门提出意见。总理衙门致函地方大员商议。各省官员向总理衙门表达了自己的意见。其中刘坤一的意见具有代表性。在他看来，中外官员相见和公文往来，

① 《领事不合隔省擅递申呈》，同治三年六月十一日，《通商约章类纂》第 4 卷，天津官书局，1886 年，第 26 页。
② 《领事升总领事仍用申陈》，同治三年二月初八日，《通商约章类纂》第 4 卷，第 26—27 页。
③ 《英使致总署各口滋事案件未妥情形请催令办理照会　附总目》，光绪元年七月十六日，王彦威、王亮辑编，李育民等点校整理：《清季外交史料》第 1 册，第 31 页。
④ 《总署复英使各口滋事案件办理情形逐条详复照会》，光绪元年七月二十二日，王彦威、王亮辑编，李育民等点校整理：《清季外交史料》第 1 册，第 34 页。
⑤ 《总署致各国公使往来礼节条款请会商见复照会》，光绪二年八月初九日，王彦威、王亮辑编，李育民等点校整理：《清季外交史料》第 1 册，第 137 页。

以客礼相待应当肯定。一直以来中国各省官员接见外国官员时也知道以客礼来接待。外国争执不休的，主要是针对领事与地方督抚之间的公文往来礼仪的名实不副与不平等，类似属员上陈督抚和督抚向属员行文，"领事有公事须达督抚，其来文虽名申呈，其款式实即照会；其与首府州县行文来往，则皆用照会或信函。督抚之于领事，则照章札行；彼之所以哓哓者，职此之故"。刘坤一认为，外国领事并非属员，既不愿意，不妨予以变通。其变通办法是："嗣后札文如不便改用文移，似可改用照会。如此则中外各官，彼此行文，无论大小，均归一律，而'该领事'等字样，亦即可以不用。"①

随后，总理衙门针对各国驻华公使送来的《中外往来仪式节略》所提办法，逐条答复，但是威妥玛并不满意，后经晤谈商妥。1880 年 11 月 13 日，总理衙门以节略的形式答复威妥玛，威氏接受后，通知各国公使接受。《中外往来仪式节略》涉及三方面的内容。第一，各国公使要求各国领事遇有事件必须面见各省督抚大吏，无论在内地和通商口岸，都应当随时接见。在接见礼仪上，"虽各官品级不同，然究系客官，不得以属员视之，宜行以宾主之礼"。总理衙门指出督抚至道台，品级不同，但是会晤外国领事都是以客礼相待，"将来遇有事件，亦当随时接见，一律以宾主之礼相待"。第二，各国公使要求各国领事官与中国外省官宪，遇有交涉事件，需用公文往来，行文格式，不得如上司行属员，下僚陈上宪，"无论品级孰大孰小，概用'文移'二字，则不致有相属之意"。总理衙门声明：按照条约的规定，领事官、署领事官和道台同品级，副领事官、署副领事官、翻译官和知府同品级，"会晤文移均用平礼"；"文移"是同品级之间使用，督抚与领事等官员之间"未便概要用'文移'二字"；"但体制果无大碍，自应设法通融。现拟遇有寻常公务，领事即可照旧'照会'道台，由道台转申督抚，督抚即可照旧札行道台，由道台'照会'领事，可省彼此径行文件。若事关紧要，彼此无论品级大小，概用'照会'往来"。第三，各国公使要求"外省官员与各国领事官文件内书'贵领事'字样，各处公文内有提及领事官者，则书其姓曰

---

① 《复总署》，光绪六年六月十一日，中国科学院历史研究所第三所工具书组校点：《刘坤一遗集》第 5 册，第 2480 页。

'某领事'字样";"中国外省官宪行属员文内，向用朱笔圈点，近于示式与外国官员文件似可不用"。总理衙门认为这两项要求无关体制，均可照行。①

因此，根据这一变通办法，领事与地方大吏的交际礼仪有所变化，各国公使达到了提高领事地位的目的。张之洞认为按照新的办法，督抚与领事之间互用照会，这种做法"已属谦而又谦"②。

1888 年，总理衙门因外国公使的要求，致电到任未久的闽浙总督卞宝第，告知封疆大吏与领事交际的办法。当时，各国公使提出的办法有二：一是中国"大宪函请拜各领事，领事辞不敢当，仍先拜大宪，大宪于七天以内回拜"。二是"如领事后到任，不致函，即先拜大宪，亦于七天内回拜"。当时，总理衙门尚未与各使定议通行，而卞宝第到任不久，所以先把外国人要求的办法告知他③。卞宝第对于前一个办法表示反对，认为外国公使与中国督抚是平行的。根据中外条约的规定，领事与道、府平级，"未有大宪到任先拜道、府者"。他主张"不如待领事来拜，七日以内回拜可也"④。次年，张之洞也对督抚与领事交往礼节表达了意见，认为"领事职分较卑"，向来督抚到任，都是领事先差人贺喜，随即约期来谒见，然后督抚再答拜，"从无先往拜之事，亦无差人先拜之事"。"粤省从无领事责望大吏先拜之事，即省城司道亦无先拜者"；其他各省也是如此。而且，督抚是"大吏地主"，领事是"侨寓专管商务之员"，督抚不宜先拜访领事⑤。

除接待外国来华官员外，清政府陆续派出了出使外国的官员。由于中外条约有相应的规定，因此清政府也要求各国按条约对待中国出使官员。1868年，清政府在聘蒲安臣为中国使节出使各国时，即要求以条约中规定的同等

① 《中外往来仪式节略》，光绪六年十月十一日，王铁崖编：《中外旧约章汇编》第 1 册，第 377—378 页。

② 《粤督张之洞致总署督抚将军例不先拜领事电》，光绪十五年四月十三日，王彦威、王亮辑编，李育民等点校整理：《清季外交史料》第 4 册，第 1663 页。

③ 《总署致卞宝第各省长官到任与领事交际办法电》，光绪十四年九月二十八日，王彦威、王亮辑编，李育民等点校整理：《清季外交史料》第 4 册，第 1601 页。

④ 《闽督卞宝第致总署大宪先拜领事有亵国体电》，光绪十四年九月三十日，王彦威、王亮辑编，李育民等点校整理：《清季外交史料》第 4 册，第 1601 页。

⑤ 《粤督张之洞致总署督抚将军例不先拜领事电》，光绪十五年四月十三日，王彦威、王亮辑编，李育民等点校整理：《清季外交史料》第 4 册，第 1663 页。

条件对待中国使团成员①。此后，中国驻外使节、领事均按照国际惯例与各国往来。而且，清政府在对外交往中也接受了相应的国际惯例，如实行宝星制度、悬挂国旗、军舰相遇礼节等。1882 年 2 月 7 日，总理衙门根据中外情形，奏定《奖给洋员宝星章程》，将奖给外国人的双龙宝星分为头等、二等、三等、四等四个等级，并对四个等级宝星的奖励对象、制作样式作了规定②。

可见，伴随着条约关系的发展和运行，清政府不得不适应中外条约所规定的外交礼仪，接受国际惯例，办理中外交往；作为传统的天朝礼仪体制象征的觐见也无法坚持，最终适应了条约所规范的礼仪。而且，各国在具体方面提出新的要求，经过交涉，中外达成了相应的规定。这一变化过程也反映了清朝在迈向国际社会的过程中，外交礼仪制度的艰难蜕变。

第二节 清朝中央外交制度的变化

19 世纪 60—90 年代，中外条约关系的发展对清政府中央外交制度的变化产生了重要的影响。一方面，条约关系的运行使清政府不得不采取应对举措，外交制度因之而发生相应变化。另一方面，在条约关系不断发展的背景下，朝贡关系日渐式微，相关制度不得不发生变化。

一、 总理衙门的设立

1861 年 1 月，办理抚局的奕䜣、桂良、文祥出于办理外交的需要，奏请设立总理各国事务衙门，其理由是：各国事件"向由外省督抚奏报，汇总于军机处。近年各路军报络绎，外国事务头绪纷繁，驻京之后，若不悉心经理，专一其事，必至办理延缓，未能悉协机宜"。奕䜣等提出总理各国事务衙门"一切均仿照军机处办理，以专责成"；"俟军务肃清，外国事务较简，

---

① 《给蒲安臣出使条规八条》，同治六年十一月初一日，中华书局编辑部、李书源整理：《筹办夷务始末·同治朝》六，第 2167 页。

② 《总署奏厘定奖给洋员宝星章程折 附章程》，光绪七年十二月十九日，王彦威、王亮辑编，李育民等点校整理：《清季外交史料》第 2 册，第 519 页。

即行裁撤，仍归军机处办理，以符旧制"①。

总理衙门奉旨设立后，奕䜣、桂良、文祥又上奏，提出章程 10 条，对其衙署的建立、人员、经费、办公、司员甄劾等作了说明②。清廷给予总理衙门办理外交事务的重要地位，诚如 1861 年 6 月 11 日的廷寄所称："奕䜣等总理各国事务，如各省督抚办理外国事务，有未尽妥协之处，经该国公使呈诉，即当酌量事之轻重，札饬各该督抚遵照施行；一面奏闻。"其目的就是要"使各国知总理衙门事权较重，遇事可以代为办理，若因该国所请，事事降旨，不但无此体制，且恐各国视总理衙门不过仅能转奏，必启轻视之心，于事无益"。所以，清廷就外国公使请求奕䜣等奏请颁发谕旨，提出的应付办法是："即告以应由总理衙门札饬各督抚遵照条约办理，未便据情奏请谕旨。如此则呼应较灵，亦可杜该国无厌之请矣。"③ 值得注意的是，总理衙门是第二次鸦片战争后清政府应对中外条约关系的产物，反映了清朝对外观念的变化，具有近代性质；然而，总理衙门设置之初依然受到清朝传统羁縻之道的影响，地位被有意贬低④。

太平天国、捻军相继平定后，总理衙门不仅没有被裁撤，相反却因为应对条约关系的需要而不断扩充职能。总理衙门的办事人员相应增加，相关的制度也发生变化。1864 年，总理衙门鉴于洋务日益繁剧，"人少事多，力小任重"，提出了变通章程五条，就设立司务厅、清档房以及增加人员等拟订了具体的办法⑤。

总理衙门主要办理外交交涉以及与通商、传教、边界相关的事务。起初，总理衙门设英国股、法国股、俄国股和美国股。各股均负责与数个国家的交涉往来事务，还负责有其他具体的事务。如英国股负责与英国、奥匈帝国的交涉往来事务，还负责各国通商、各关权税；法国股负责与法国、荷

---

① 《章程六条》，咸丰十年十一月初三日，贾桢等纂修：《筹办夷务始末·咸丰朝》八，第 2675—2676 页。

② 《奕䜣桂良文祥奏总理衙门未尽事宜拟章程十条呈览折》《章程十条》，咸丰十年十二月二十四日，贾桢等纂修：《筹办夷务始末·咸丰朝》八，第 2715、2715—2719 页。

③ 《廷寄》，咸丰十一年五月初四日，贾桢等纂修：《筹办夷务始末·咸丰朝》八，第 2888 页。

④ 李育民：《晚清中外条约关系研究》，第 484 页。

⑤ 《变通章程五条》，同治三年八月二十日，中华书局编辑部、李书源整理：《筹办夷务始末·同治朝》三，第 1215—1217 页。

兰、西班牙、巴西的交涉往来事务，还负责保护民教及各岛招工等事；俄国股负责与俄国、日本的交涉往来事务，还负责陆路通商、边防疆界诸事以及"国家之庆赏、宾客之典礼及官若吏之迁转、考试、甄录"；美国股负责与美国、德国、秘鲁、意大利、瑞典、挪威、比利时、丹麦、葡萄牙等国的交涉往来事务，还负责"设埠保工诸务"。1883 年增设的海防股负责南洋和北洋的海防事务，"凡长江水师、沿海炮台、船厂、购置轮船、枪炮、药弹、创造机器、电线、铁路及各省矿务皆隶焉"①。除办理与有约国间的事务外，总理衙门还负责办理与无约国订约交涉等相关事宜。

二、 总理衙门与理藩院、礼部的职能划分

显然，总理衙门在办理中外交涉和中外交往中占有重要的地位。正因为如此，总理衙门设立以后，原属理藩院和礼部的事务，有的转由总理衙门负责办理。如理藩院原负责处理中俄关系，总理衙门设立后理藩院不再担负外事工作②。不过，总理衙门设立之初，也有外交事务由总理衙门与理藩院同时处理的情况。如 1864 年，黑龙江将军特普钦处理呼伦贝尔的卡兵偷窃越界俄人的马匹一案时，上奏请饬总理衙门和理藩院"核议示复遵办"③。随着中俄条约关系的发展，中俄关系之间的通商、边界事务等均由总理衙门负责办理。

由于传统的朝贡制度依然存在，总理衙门在办理涉外事务时，不得不尊重礼部的既有职能。这突出地表现在中朝关系的处理上。1864 年，吉林将军景纶因为朝鲜人恳求越界伐木而咨文总理衙门，总理衙门"以事隶礼部，转行知照"礼部。随后，总理衙门又根据礼部的咨文，对礼部为处理此事的原奏作了议复④。19 世纪六七十年代，总理衙门在接到欧美国家发来的有关朝鲜事务的照会时，往往要告知礼部，由礼部负责与朝鲜联络处理。不过，礼

---

① 刘锦藻撰：《清朝续文献通考》第 118 卷《职官四》，商务印书馆，1936 年，第 8779 页。
② 李鹏年等编著：《清代中央国家机关概述》，黑龙江人民出版社，1988 年，第 226 页。
③ 《特普钦奏拿获偷俄人伊宛等马匹三犯审明定拟失察各员请交部严议折》，同治三年六月初四日，中华书局编辑部、李书源整理：《筹办夷务始末·同治朝》三，第 1121 页。
④ 《奕䜣等奏议复礼部朝鲜请越界伐木建房折》，同治三年六月二十四日，中华书局编辑部、李书源整理：《筹办夷务始末·同治朝》三，第 1154 页。

部坚持传统制度，不愿转寄欧美国家给朝鲜的照会。此后，随着中朝关系的变化，礼部和总理衙门在处理朝鲜事务的职能上发生相应的变化。

1882 年，朝鲜国王向清政府请求在通商口岸贸易。清廷发布上谕称"现在各口既已通商，自应量予变通，准其一体互相贸易"。同时，上谕对礼部与总理衙门的职责作了划分，即朝鲜贸易事由总理衙门核办，朝贡陈奏等事仍照旧例由礼部办理。此后，中朝交往发生了相应的变化，即朝鲜"赍咨、赍奏等官由海道来者，必先到北洋衙门投递咨文；由陆路来者赴部投文后，亦必另有咨文前赴北洋大臣衙门投递。若事关贸易，原准其分咨，其并非贸易事件亦如此办理，核与定章及前奉谕旨均有未符"。1885 年，礼部根据自己的职掌和 1882 年的上谕，奏请"饬下朝鲜国王，嗣后除贸易事件准其分咨各处外，其余奏咨事宜仍照向例，均由臣部办理。即间有应行分咨北洋大臣衙门之件，亦由臣部转发，不得擅自径申，以符定章"①。礼部的这一请求，恰恰反映了中朝《商民水陆贸易章程》签订后中朝关系的变化，及其对清朝中央和地方外交制度的影响。事实上，根据中朝相关章程的签订，相关事务也转由总理衙门和直隶总督兼北洋大臣负责。

总理衙门在办理对外关系事务上，除与礼部有相互关联外，还在处理税务相关事务上与户部有相互关联。如总理衙门办理中外通商事务之初，"于税务本非素谙，所有从前各海口税务案卷又均在户部，莫能知其源委"；奕䜣等人虽然可以向户部咨查，但是"于底蕴究未能熟悉"。考虑到中外应办税务事件较多，奕䜣等在上奏时提出"请旨饬下户部，凡有关税务事件，均由户部主稿，随时与臣等会商办理，以昭详慎而免纷歧"②。

因此，伴随着条约关系的发展，清政府的中央外交制度发生较大的变化。总理衙门在应对条约关系中无疑扮演了重要角色。它的设立是中国外交制度早期现代化的重要表现。然而，总理衙门是按照传统官僚政治的组织原则和方法建立起来的，官员均为各衙门兼差，办理诸多与洋务有关的事宜，

① 《礼部奏朝鲜例行公事应照旧章办理折》，光绪十一年七月二十二日，王彦威、王亮辑编，李育民等点校整理：《清季外交史料》第 3 册，第 1231 页。

② 《奕䜣等又奏税务请由户部主稿会商办理片》，咸丰十一年十月十二日，中华书局编辑部、李书源整理：《筹办夷务始末·同治朝》一，第 47—48 页。

并非真正意义上的专门外交机构。

第三节　清朝地方外交制度的变化

1860 年以后，伴随着条约关系的扩展和运行，地方外交和中外交往日益增多。清政府为适应中外通商、传教等事务的需要，对地方外交制度也做了相应的调整。其主要变化如下：

一、　中俄陆路边界地方交涉体制

中俄之间陆路边界较长，边疆制度与内地多有不同。而且，中俄新签订的条约根据两国交往的变化，对陆路边界交涉多有规定。于是，不同于其他沿海、沿江的地方交涉体制得以形成。

1860 年，中俄《北京条约》第九条对中俄边界交往作了相应的规定，即：“向来仅止库伦办事大臣与恰克图固毕尔那托尔，及西悉毕尔总督与伊犁将军往来行文，办理边界之事。自今此外，拟增阿穆尔省及东海滨省固毕尔那托尔，遇有边界事件，与黑龙江及吉林将军往来行文，恰克图之事由恰克图边界廓米萨尔与恰克图部员往来行文，俱按此约第八条规模。该将军、总督等往来行文，俱按天津第二条和约，彼此平等，且所行之文，若非所应办者，一概不管。遇有边界紧要之事，由东悉毕尔总督行文军机处或理藩院办理。”①

1864 年，中俄《勘分西北界约记》第九条规定：“从前仅止库伦办事大臣与恰克图固毕尔那托尔，及伊犁将军塔尔巴哈台参赞大臣与西悉毕尔总督往来行文；自今勘定边界之后，乌里雅苏台、科布多二处，遇有会同俄国查办事件，应拟增添由乌里雅苏台将军、科布多参赞大臣与托木、色米珀拉特二省固毕尔那托尔往来行文办理。其所行文件，或用清字，或用

---

① 中俄《北京续增条约》，咸丰十年十月初二日，王铁崖编：《中外旧约章汇编》第 1 册，第 152 页。

蒙古字俱可。"①

　　而且，中俄条约对于边界事件的查办也有相应的规定，如中俄《北京条约》的第八、十条就有相应的内容②。这成为中国边疆官员应对俄国相关要求的依据。1862 年 1 月 10 日，俄国驻伊犁匡苏勒官直接向伊犁将军咨文，提出通商要求。伊犁将军常清认为中俄通商若有不便之处，应由悉毕尔总督衙门来文酌商，该匡苏勒官径自咨行，与定议条约不符。而且，按照《伊犁通商章程》，该匡苏勒官有商办事件，一向与营务处互相行文。所以，该匡苏勒官行为属于擅改旧章，于是常清决定"遵照向例，饬令仍由营务处呈递，以符定制"③。1873 年，法国司铎包若瑟为司铎诺依而然到东三省传教，直接致函盛京将军衙门，要求保护。包若瑟的这一举动实际上违背了中外交往的要求。盛京将军都兴阿、副都统清凯为此上奏将擅接公文的值班佐领恩俸以及承办协领庆玺予以处罚。至于信函，都兴阿等将之交给海关兵备道（即山海关道），"照会转交该国领事官照约办理"④。

　　此外，总理衙门为解决库伦办事大臣应对中俄交往问题，曾提出如下办法，即"库伦大臣出派三、四品官员，遇有事件，与俄罗斯领事官平行商办"。因此，库伦办事大臣提出"将库伦管理商民事务员外郎和昆等几员，在差所请赏加顶翎，遇有事件与俄国之领事官会同商办"。这一办法得到清政府的同意。然而，此制度实行之初就不顺利。当时俄国驻库伦的领事要求与办事大臣会商办理，不与库伦办事大臣所派官员交接。库伦办事大臣色克通额、阿尔塔什达认为，俄国领事的这种要求"实为不遵和约，任意肆行"⑤。

　　至于中俄陆路通商的收税问题，奕訢等也提出了相应的办法。1861 年 1月，奕訢、桂良、文祥提出："至俄国新议行销货物之库伦、喀什噶尔、张

---

　　① 中俄《勘分西北界约记》，同治三年九月初七日，王铁崖编：《中外旧约章汇编》第 1 册，第 217 页。
　　② 中俄《北京续增条约》，咸丰十年十月初二日，王铁崖编：《中外旧约章汇编》第 1 册，第 151、152 页。
　　③ 《常清奏俄匡苏勒请暂在阿克苏通商应饬咨驳折》，同治元年三月初二日，中华书局编辑部、李书源整理：《筹办夷务始末·同治朝》一，第 171—172 页。
　　④ 《都兴阿等奏请将误接公文之协领佐领恩交部议处折》，同治十二年十一月二十二日，中华书局编辑部、李书源整理：《筹办夷务始末·同治朝》十，第 3710 页。
　　⑤ 《色克通额阿尔塔什达奏俄商违约往蒙各旗贸易等三事请总理衙门定章令俄使巴留捷克遵行折》，咸丰十一年十一月二十六日，中华书局编辑部、李书源整理：《筹办夷务始末·同治朝》一，第 78 页。

家口，并旧有通商之恰克图、塔尔巴哈台等处，并请敕下伊犁将军，库伦、喀什噶尔、塔尔巴哈台各大臣，张家口监督"，除俄国条约内第一条所载乌苏里、绥芬河等处不纳税外，旧有税课照办，洋税则按条约规定办理①。

以上是边疆地区对外交往体制的大概情形。在具体执行上，这一体制也存在问题。1864 年，索雅特乌梁海曾发生俄国庙宇失窃和俄商被阻事件，乌里雅苏台将军和库伦办事大臣互相推诿，导致案件三年未能办结。1867 年，乌里雅苏台将军麟兴等奏请此事应由库伦办事大臣就近办理，自己未便与俄国通文会办案件。然而总理衙门指出，这可能是麟兴漏查中俄《勘分西北界约记》所致，因为该约第九条有相关的规定。所以总理衙门认为事关交涉，应不分畛域，妥筹办法，决定"相应请旨饬下库伦大臣，会同定边将军赶紧派员查办"②。随后，麟兴就俄人越界一事再次上奏，指出乌里雅苏台"向不与俄官行文，故此次俄人越界，不欲与之通文会办"。总理衙门再次批驳了麟兴的意见，严肃警告"疆臣有办理边疆之责，自必有总制疆圉之权，若外国人阑入疆内，疆臣不能办理，并文移亦推托不行，非惟与条约不符，亦且示外国人为无权，更为外国人所轻视"，麟兴"仍当照约行文，妥为办理，不可稍涉推诿，致滋贻误"③。

二、 南、北洋通商大臣的设立

第二次鸦片战争后，中外交往格局发生大的变化。为应对沿海、沿江各口通商交涉事务，清政府先后设立了南洋通商大臣和北洋通商大臣。

1861 年 1 月，奕䜣、桂良、文祥为统筹全局，奏请南北口岸，分设大臣。新增南、北口岸后，如果再让五口通商大臣办理，"不独呼应不灵，各国亦不愿从"。所以，奕䜣等提出设立三口通商大臣，管理牛庄、登州、天津。而五口通商大臣原由两广总督兼任，咸丰九年改由两江总督兼任。

---

① 《章程六条》，咸丰十年十一月初三日，贾桢等纂修：《筹办夷务始末·咸丰朝》八，第 2678 页。
② 《奕䜣等又奏议复德勒克多尔济俄庙失窃俄商被阻折》，同治六年二月二十二日，中华书局编辑部、李书源整理：《筹办夷务始末·同治朝》五，第 2015—2016 页。
③ 《奕䜣等奏议复麟兴等向不与俄官行文折》，同治六年十一月初三日，中华书局编辑部、李书源整理：《筹办夷务始末·同治朝》六，第 2171—2172 页。

然而，随着南方新的沿海、沿江口岸相继开放，事务更加繁杂，清政府"诚恐该督曾国藩兼司其事，非特鞭长莫及，并虑未能谙悉夷情"，仍责令署理钦差大臣江苏巡抚薛焕妥为办理。至于五口旧有管理税务的将军、监督、道员，并不另议更改；新开口岸琼州、潮州、台湾、淡水、镇江、九江、汉口等，"于何省附近，均由本省督抚会同上海钦差大臣，奏明派员经理。除各省中外交涉事件，应由本省地方官按照条约随时办理外，其各新旧口岸税银，并进口出口船只数目各情形，按月呈报管辖之通商大臣、钦差大臣稽查。并由该大臣按月咨报总理处及户部"①。

不过，南、北洋通商大臣在制度设计上也多有变化，后来形成由两江总督和直隶总督分别兼署的制度。下面分别阐述南、北洋通商大臣设置的变化。先看南洋大臣的演变。

第二次鸦片战争后，南洋通商大臣由江苏巡抚薛焕兼任。由于上海洋务关系紧要，奕䜣等认为如果江苏巡抚薛焕"因军务纷繁，有不能兼顾之处，再行察看情形，另行请旨办理"②。1861年，李鸿章署理江苏巡抚，前任江苏巡抚薛焕专任南洋通商大臣。然而，薛焕却认为专设南洋通商大臣一职，多有不妥之处。这与第二次鸦片战争后东南各口办理对外交往的格局有关。当时，南洋及内江通商各口，除闽、粤两关隶于将军及专差监督管理外，其余通商口岸，多由各省督抚委令道员管理，"凡有交涉外国事务，责成关员经理，而督抚总其大纲；或由将军监督主持，而督抚会同筹办"。各关的"税钞征收解交，均由督抚稽核，即将军监督管理者，督抚亦必与闻，应行奏咨事件，即可随时办理"。如果"遇有领事等官与关员辩论不决，则督抚据理以剖断之，因势而调和之。倘争执不休，则径行咨呈总理衙门，或请察核示复遵行，或请照会外国公使"。因此，各地对外通商交涉事务均由地方督抚就近办理。如果专设大臣"统辖江、楚、苏、浙、闽、粤六省口岸，分为十余处地方，远隔数千里，殊有鞭长莫及之虞，而事务亦多格碍"。而且，各国驻京公使不与身处地方的薛焕交往；关税的征收也由督抚考核；专设的

---

① 《章程六条》，咸丰十年十一月初三日，贾桢等纂修：《筹办夷务始末·咸丰朝》八，第2676—2678页。

② 《奕䜣等又奏恒祺请留京天津通商大臣请于崇厚崇纶内简派放片》，咸丰十年十一月初三日，贾桢等纂修：《筹办夷务始末·咸丰朝》八，第2681—2682页。

南洋通商大臣没有兼职，办公毫无凭借。所以，薛焕上奏提出裁撤专设南洋通商大臣一职①。随后，他又上奏提出，北洋三口有通商大臣，"南省亦应一律设立，似宜仍以督抚兼领"；鉴于广东、福建"虽有新立口岸，然皆有本省成案可循"，"惟长江通商事属创始"，可在曾国藩和官文两者中特简一员兼办通商事务②。

针对薛焕的建议，曾国藩指出两江总督管辖三省、兼管漕河两端，加之军务繁忙，不能兼办通商事件，而署理江苏巡抚李鸿章资历尚浅。对于当时的南方对外交涉，曾国藩认为：广东、福建、浙江三省洋务，应遵谕旨，由监督、道员经理，将军、督抚稽查。至长江深入腹地，路远事繁，应当分别办理，即另设长江通商大臣，专办长江沿岸四省洋务③。对此，总理衙门大臣商议后，提出如下办法：1. 五口通商大臣移扎长江，所有上海及长江一带中外交涉事件，由通商大臣专管，各督抚兼理；闽、粤、浙三省中外交涉事件，照旧由各该将军、督抚专管，通商大臣兼理。2. 沿海沿江各监督、道员以下，均归该通商大臣统辖。各路地方官，遇到中外交涉之事，由监督、道员按约办理，监督、道员不能办理完结的，均由该通商大臣裁决④。所以，1862 年 8 月，薛焕办理完中比订约后，清廷并没有让他照以前的谕令回京，而是因为"通商大臣现尚未可裁撤，拟改移长江，以期居中扼要"，要他与曾国藩妥为筹议，对于上海应办的事件，薛焕仍当随时筹办⑤。

与此同时，清廷谕令曾国藩与薛焕商议设立长江通商大臣相关事宜，如廉俸、官属书役、衙署等。在商议的过程中，薛焕进一步阐明了裁撤专职长江通商大臣的主张。他提出的理由有以下几个方面：一是"自各国公使驻京，一切裁决于总理衙门"。二是地方外交可以由地方官员处理。"凡各口洋

① 《薛焕奏南洋通商专设大臣鞭长莫及请即裁撤折》，同治元年五月十七日，中华书局编辑部、李书源整理：《筹办夷务始末·同治朝》一，第 246—247 页。

② 《薛焕又奏长江通商请于曾国藩官文中特简一员片》，同治元年五月十七日，中华书局编辑部、李书源整理：《筹办夷务始末·同治朝》一，第 248 页。

③ 《曾国藩奏议复薛焕请宜另设长江通商大臣折》，同治元年六月十八日，中华书局编辑部、李书源整理：《筹办夷务始末·同治朝》一，第 302—303 页。

④ 《奕䜣等奏议复曾国藩请设长江通商大臣折》，同治元年七月二十五日，中华书局编辑部、李书源整理：《筹办夷务始末·同治朝》一，第 340 页。

⑤ 《廷寄》，同治元年七月二十九日，中华书局编辑部、李书源整理：《筹办夷务始末·同治朝》一，第 356—357 页。

人偶违条约，有时可与力争，则可就关员结办，即临以督抚而有余，有时争之不服，则动向公使陈诉，虽临以大臣而无济。"三是长江通商大臣办理地方交涉多有不便。因为"大臣巡历各口，督抚近驻本省，洋人性急，弗耐守候，不能不由本省就近办理"。督抚的奏咨还未到京，各国公使已经知晓。而且，"由大臣辗转复咨，更恐贻误事机"。"至华洋商民争斗构衅，关涉刑名案件，事隶地方有司，尤不能不资督抚之力，庶饬办易而呼应更灵。"所以，他认为"通商纵有专员，在内仍不能免总理衙门之烦渎，在外仍不能免减各省督抚之责任，虚系一官，有名无实"。曾国藩虽然认为薛焕的意见精当，但是出于镇压太平天国的考虑，仍然认为"疆臣专谋军事，恐难兼顾洋务"。①

薛、曾二人的意见未能达成一致，薛焕仍然负有办理通商事务之责。由于两江总督曾国藩正忙于进剿太平军，不可能参与办理地方外交，所以，薛焕办理外交时与李鸿章多有协商，形成了这样一种局面，即"上海交涉事件，即系李鸿章与薛焕暗中联络，不至意见参差"②。1863 年 2 月 23 日，清廷谕令薛焕赴京另行简用，李鸿章暂行接署办理通商事务大臣③。随后，曾国藩的态度开始发生变化。1863 年 7 月 27 日，曾国藩上奏称"李鸿章奉命兼领通商大臣，数月以来，秩然就理，益信华洋交涉之事，均系疆吏必不可省之事。是五口通商大臣固属可裁，即长江大臣亦同虚设"。因此，他奏请照薛焕原奏的意见裁撤通商大臣，各口洋务归并本省督抚及将军经理④。此时，原拟与曾国藩会衔上奏的薛焕已经到了北京，所以只能由曾国藩单独上奏。

对于曾国藩此折表达的意见，奕䜣等人在议复时认为"南洋通商大臣一缺固属可裁，但自咸丰十年换约以来，各省各口以及各内地，均有洋人出

---

① 《南洋通商大臣一缺仍请裁撤折》，同治二年六月十二日，《曾国藩全集》（修订版）第 6 册，第 291—292 页。

② 《廷寄》，同治元年九月二十六日，中华书局编辑部、李书源整理：《筹办夷务始末·同治朝》一，第 442 页。

③ 《上谕》，同治元年十二月二十六日，中华书局编辑部、李书源整理：《筹办夷务始末·同治朝》二，第 570 页。

④ 《南洋通商大臣一缺仍请裁撤折》，同治二年六月十二日，《曾国藩全集》（修订版）第 6 册，第 292 页。

入。设遇有不协之事，自应由各督抚随时酌量办理"。然而，各省督抚初与外国人交涉，"未必尽娴洋务"；而南洋各省离京远，事事都与总理衙门商议，"诚恐缓不济急"。所以，奕訢等主张暂留通商大臣一职，以便南方诸省办理洋务。然而，设专缺不免经费虚糜，鉴于曾国藩认为李鸿章兼办以来有成效，奕訢等人于是请旨"将南洋通商大臣暂行责成李鸿章经理，仍加钦差大臣字样，以崇体制而重事权"。至于南京攻克后，该职仍然由江苏巡抚兼理，或者由两江总督兼理，或者裁撤，届时再根据情况决定①。

于是，李鸿章作为江苏巡抚居上海，又兼通商大臣之职。这样一来，华洋交涉事件繁杂的上海，"缘通商大臣主持一切，关道有所禀承"。1863年，李鸿章在攻克苏州后，移驻省城。他认为上海道黄芳兼管地方关税各事，难以独任洋务，所以奏请有办理洋务经验的候补知府应宝时作为通商大臣衙门随员，帮办洋务；有紧要事件可与黄芳一道禀告李鸿章裁夺，或者由李鸿章抽闲往沪督办②。可见，上海通商大臣的职责就是"总理上海及长江一带中外交涉事件，并管南洋各口关税事务"。1866年，李鸿章升任湖广总督后，两江总督曾国藩署理通商大臣。随后，曾国藩奏请由丁日昌暂护通商大臣。清廷没有同意，而是认为丁日昌是曾国藩的下属，可以"责成该员妥办中外交涉事件，仍由该督统率"，不必由丁日昌暂护通商大臣关防。随即丁日昌升任江苏巡抚，曾国藩调任直隶总督。那么上海通商大臣一职如何处理呢？奕訢等人不能决定，所以在上奏时提出，"应否照案令新任两江总督马新贻接受，仍令丁日昌会同办理，抑或于两员内派一员之处，恭候钦定"③。对此，清廷谕令由两江总督马新贻接任通商大臣；同时，又指出丁日昌久在上海，对外国情形更为熟悉，遇有紧要事件，着即帮同办理④。此后，上海通商大臣一职开始成为两江总督的固定兼职。

---

① 《奕訢等奏议复曾国藩南洋通商大臣应否裁撤折》，同治二年七月初十日，中华书局编辑部、李书源整理：《筹办夷务始末·同治朝》二，第809—810页。

② 《李鸿章奏请饬应宝时帮办洋务折》，同治二年十二月初八日，中华书局编辑部、李书源整理：《筹办夷务始末·同治朝》三，第993页。

③ 《奕訢等奏请简放上海通商大臣折》，同治七年八月初五日，中华书局编辑部、李书源整理：《筹办夷务始末·同治朝》七，第2447页。

④ 《上谕》《廷寄》，同治七年八月初五日，中华书局编辑部、李书源整理：《筹办夷务始末·同治朝》七，第2447页。

这一制度的运作与上海道以及洋务委员有密切的关系。诚如曾国藩在1868 年奏请奖励洋务委员时所称：上海的中外争端最多，"向由通商大臣遴选官绅数人，并由苏松太道酌派熟悉情形之员，会同专办洋务。遇有事理重大者，则用文牍往来，详细剖析，其余事涉琐屑，头绪纷繁，及紧急事件，不及备文洀函者，皆令洋务委员与领事觌面辩驳，或一日往返数次，展转筹商，既不敢过于迁就有损体制，亦不敢稍涉卤莽激成事端，数年以来，该委员竭力维持，尚属妥帖"①。

再看北洋通商大臣的由来和演变。

1861 年 1 月，奕䜣等奏准设立北洋三口通商大臣，起初派恒祺为通商大臣，崇厚协理。后因北京办理外交事务的需要，奕䜣奏请将恒祺留京②，以崇厚任三口通商大臣，负责管理北洋三口通商事务。除董恂曾短暂署理过北洋三口通商大臣外，崇厚长期任三口通商大臣。三口通商大臣一开始是设立专官，专司其责。不过，薛焕专任南洋通商大臣有钦差大臣的身份，北洋三口通商大臣并不兼任钦差大臣。而且，在办理地方交涉事务上，崇厚也需要有天津地方官员的支持。1861 年初，他函请奕䜣等札饬天津道督同僚属协助办理天津外交事务。奕䜣等同意崇厚的请求，札饬天津道帮同照料天津地方交涉事宜，同时也指出"其通商一切，仍由崇厚经理，不得稍有诿卸"③。当然，三口通商大臣在天津办理中外通商、交涉事务外，还要负责管理牛庄和登州的相关事务，在中外条约关系中扮演了重要角色。然而，三口通商大臣的运作也存在问题。

1870 年，工部尚书毛昶熙因制度设计和运作上存在问题，奏请裁撤三口通商大臣。他认为三口通商大臣驻扎天津专办洋务，兼督海防，但是，由于"镇、道、府、县，皆非所属"，三口通商大臣在办理交涉事件时难以得到地方的帮助，多有不便。三口通商大臣"有绥靖地方之责，无统辖文武之权"，

① 《曾国藩又奏请奖上海通商委员片》，同治七年九月十七日，中华书局编辑部、李书源整理：《筹办夷务始末·同治朝》七，第 2471 页。
② 《奕䜣等又奏恒祺请留京天津通商大臣请于崇厚崇纶内简放片》，咸丰十年十一月初三日，中华书局编辑部、李书源整理：《筹办夷务始末·咸丰朝》八，第 2681—2682 页。
③ 《奕䜣等又奏崇厚请札饬孙治办理天津交涉事宜片》，咸丰十一年二月十五日，贾桢等纂修：《筹办夷务始末·咸丰朝》八，第 2770—2771 页。

如果各存意见，又不得不向保定的直隶总督函商，易误事机。就办理海防而言，以往是由三口通商大臣会同直隶总督、提督筹办，但是总督、提督将之诿为三口通商大臣之事，不愿参与。据此，毛昶熙提出"任人宜防牵制，则分不如专"，可以仿效南洋通商之例，北洋三口不必专设大员，责成直隶总督办理三口的洋务和海防事宜①。

总理衙门针对毛昶熙三口通商大臣驻津专管洋务，兼督海防的说法，指出洋务和海防事务原本就是总督应办之事，只不过因为督臣远驻省城，山东、河南各省，"匪踪未靖"，无暇兼顾天津海防，所以才设立三口通商大臣驻津，会商督臣办理洋务，"并非直隶总督专办地方，三口大臣专办通商"。不过，总理衙门出于办理洋务和海防的需要，赞同毛昶熙提出的裁撤三口通商大臣的建议，将所有三口通商大臣管理的洋务和海防事务交直隶总督负责，"仿照南洋通商大臣之例，颁给钦差大臣关防"；东海关、牛庄关仍归直隶总督管辖。为兼顾直隶地方事务以及天津的洋务与海防事宜，直隶总督可以"每年于海口春融开冻后，移札天津，冬令封河后，仍回省城"②。随后，清廷发布上谕，裁撤三口通商大臣，于是直隶总督兼任北洋大臣成为定制。

三、 海关道的设立

各地通商口岸开埠后，通商交涉事务增多。清政府不得不对地方行政作出调整，设立海关道以办理各口岸的通商交涉事务。而且，《天津条约》规定领事与道台平级。因此，海关道成为办理地方交涉的重要官员。各地海关道的设立多有不同，有以下四种情况：

第一，由原管地方道台就近转化而来。鸦片战争后的江海关道（即上海道），就是由苏松太道转化而来。因该道本驻扎上海，上海开埠后即就近办理地方通商交涉事务。1860 年以后，新开放的琼州、温州、重庆等条约口岸就是以这种方式设立海关道的。1876 年，琼州开埠后，总理衙门奏定"其一

---

① 《毛昶熙奏敬陈管见请撤三口通商大臣折》，同治九年九月十六日，中华书局编辑部、李书源整理：《筹办夷务始末·同治朝》八，第 3117 页。

② 《奕䜣等奏遵议毛昶熙请撤三口通商大臣折》，同治九年十月二十日，中华书局编辑部、李书源整理：《筹办夷务始末·同治朝》八，第 3160—3161 页。

切交涉事件，均责成雷琼道督饬各该地方官照约核办"①。1877年，浙江温州开放为通商口岸，定名为瓯海关，由温处道负责中外通商和交涉事宜。1890年，重庆开埠后，以川东道为海关道，办理通商交涉事宜。

嘉峪关作为陆路通商口岸开放，设立海关监督也采取了沿海、沿江通商口岸的办法。1881年，总理衙门在中俄《改订条约》即将换约生效之际，就预备办理事宜上奏称：嘉峪关开放后，请以甘肃安肃兵备道兼充嘉峪关监督，办理交涉事件，"比照各海关成例，遇有缺出，以记名海关道员，与各部院京察一等记名道、府人员，一并请旨简放"②。

第二，由该管道台就近移扎通商口岸而成。汉口、登州、宜昌属于这种情况，但是具体情形又各有不同。江汉关道虽然是由汉黄德道转化而来，但是有一个过程。汉口开埠之初，因为武昌省城的司道公务繁忙，而本管汉口的汉黄德道驻在黄州府，均不便管理汉口开埠后的通商事务。所以，湖广总督官文奏准派盐运使衔补用道张开霁到汉口，办理通商事务③。此后，湖广总督才将汉黄德道从黄州迁至汉口。

登州海关道设立的具体情形与汉口海关道有所不同，设立时对相关制度作了变更。登州开埠后，崇厚和山东巡抚虽派员前往办理，但是效果不佳。然而，山东地理位置重要，过往中外商船沿途私卸货物、偷税漏税情况严重。就管理而言，崇厚"驻津兼辖，实属鞭长莫及，呼应不灵"；登州"向未设官，并无管关监督道员经理，以致积弊难返，非奏派设立监督，认真经理，不足以专责成而裕税课"。所以，崇厚提出两个办法，一是山东登莱青道改扎烟台，仿照江苏上海、浙江宁绍台等道之例，专司登州中外税务；二是由总理衙门从司员当中拣派熟悉情形人员前往任监督。总理衙门主张采用第一项办法，认为"登州居东海之滨，尤须有职分较大之员就近驻扎"④。登

　　① 《总署奏酌定开办琼州通商日期折》，光绪二年二月十五日，王彦威、王亮辑编，李育民等点校整理：《清季外交史料》第1册，第82页。
　　② 《总署奏中俄新订条约请预筹以备开办折》，光绪七年五月二十八日，王彦威、王亮辑编，李育民等点校整理：《清季外交史料》第2册，第492页。
　　③ 《官文又奏委张开霁驻居汉口专办通商片》，咸丰十一年四月二十五日，贾桢等纂修：《筹办夷务始末·咸丰朝》八，第2877页。
　　④ 《奕䜣等又奏崇厚咨登州口鞭长莫及请饬登莱青道作为税务监督折》，咸丰十一年十二月十七日，中华书局编辑部、李书源整理：《筹办夷务始末·同治朝》一，第91页。

莱青道由户部颁给东海关监督关防，负责征收进出登州的外国商船洋税，登、莱、青三府和武定府沿海州县进出内地商船的土税。由于负责通商事务，因此登莱青道的管辖也不同于以往，即受到双重管辖，由三口通商大臣和山东巡抚随时稽查；如果该道"于中外交涉事件不能熟悉，而于征收税课未克力除积弊，仍听所属州县陋习相沿，即行会同山东巡抚参办"，再由总理衙门"奏请简派熟悉之员接手办理"；如果能够在整顿税收上"大有起色"，"亦准酌量奏请奖励"①。显然，登莱青道负有"经理税务，并办理中外交涉事宜"的职能，这种制度的变更模仿了上海、宁波等地海关道的做法；而且，登莱青道为后来山海关兵备道的设立提供了参考样本②。

1876 年，宜昌开埠后，也采用汉口开埠后的办法。起初，清政府设计的方案是拟援照福建、广东等省海关监督兼辖通商子口办法，将宜昌关务统归江汉关道一手经理，不必另设监督③。不过，这一设计不切实际。1876 年，郭嵩焘即提出：江汉关远在宜昌千里之外，宜昌非其属地，很难兼管该口岸的通商事务，应将荆宜施道移扎宜昌，列为关道④。1877 年初，署理湖广总督翁同爵奏称：汉口离宜昌较远，开埠后交涉事务多，必须有该管道员任监督请援照汉口成案，将荆宜施道由荆州移驻宜昌，办理通商交涉事件⑤。这一主张为清政府所允准⑥。

第三，将通商口岸附近相关机构裁撤，改设海关道。这种情况以牛庄为典型。1862 年，牛庄开埠后，山海关监督驻在营口。然而，牛庄地方情形复杂，"往往交涉中外事件，诸多掣肘，皆由监督无地方之责，值班尉县分期轮替，事无专责，且盛京将军、奉天府尹远在省城，文报往返需时，监督呼

---

① 《奕䜣等又奏崇厚咨登州口鞭长莫及请饬登莱青道作为税务监督折》，咸丰十一年十二月十七日，中华书局编辑部、李书源整理：《筹办夷务始末·同治朝》一，第 92 页。

② 《崇厚奏遵旨核议牛庄改设道员折》，同治五年八月二十九日，中华书局编辑部、李书源整理：《筹办夷务始末·同治朝》五，第 1854—1855 页。

③ 《鄂督翁同爵奏宜昌添开通商口岸应设税关监督折》，光绪三年正月初十日，王彦威、王亮辑编，李育民等点校整理：《清季外交史料》第 1 册，第 166 页。

④ 《使英郭嵩焘奏办理洋务宜以理势情三者持平处理折 附乾隆四十一年上谕》，光绪二年十月二十七日，王彦威、王亮辑编，李育民等点校整理：《清季外交史料》第 1 册，第 150 页。

⑤ 《鄂督翁同爵奏宜昌添开通商口岸应设税监督折》，光绪三年正月初十日，王彦威、王亮辑编，李育民等点校整理：《清季外交史料》第 1 册，第 166—167 页。

⑥ 《总署议复鄂督翁同爵奏宜昌添开通商口岸请将荆宜施道移扎兼办折》，光绪三年正月二十七日，王彦威、王亮辑编，李育民等点校整理：《清季外交史料》第 1 册，第 169 页。

应不灵"。因此，牛庄的交涉事件"不无迟滞，各国领事官有所藉口，于抚驭商民殊非所宜"。针对这种情形，崇厚提出"遇有该口中外交涉案件，责成该监督督率牛、海、盖等处尉县，就近认真核办"。值班尉县也由山海关监督节制。海关监督所办理的事情，仍呈报总理衙门、将军府尹、三口通商大臣衙门①。1866 年，奕䜣等出于管理牛庄地方事务、税务等的考虑，认为必须"添设职分较大之员驻扎该处"。为此，奕䜣等在上奏中提出裁撤山海关监督，仿照山东海关之例，改设海关道，作为山海关兵备道，并对该道的管辖范围以及职责作了说明②。随后，崇厚从办理税收、对外交涉等方面，就设立山海关兵备道提出了意见③。盛京将军都兴阿因奉天府"向未设有道员"，从地方情形出发，就山海关道的管辖地域与权限提出了意见④。崇厚还受命前往营口督办改设道员事宜，并提出了相关的建议⑤。在此基础上，吏部、户部、礼部、兵部、刑部、工部、总理衙门，在议复崇厚所提必设道台未尽事宜时，基本表示赞同，并就具体事宜提出办法⑥。随后，都兴阿、崇厚就山海关改设道台提出三条办法；崇厚就山海关道加按察使衔等提出建议⑦。这样，设立山海关道的基本制度得以确定。

第四，借鉴既有制度和新办法，新设海关道。这种情况以天津海关道为代表。1870 年，三口通商大臣裁撤后，直隶总督兼办洋务和海防事务。李鸿章出于办理洋务的需要，提出"目前最急者，须先添设海关道一员"。李鸿章之所以提出在天津设立海关道，与中外条约关系的运行有很大的关系。除

---

① 《崇厚又奏山海关监督无地方之责以后交涉案件责成该监督核办请议章程片》，中华书局编辑部、李书源整理：《筹办夷务始末·同治朝》四，第 1463—1464 页。

② 《奕䜣等奏拟裁山海关监督改设海关道以一事权折》，同治五年八月十三日，中华书局编辑部、李书源整理：《筹办夷务始末·同治朝》五，第 1839 页。

③ 《崇厚奏遵旨核议牛庄改设道员折》，同治五年八月二十九日，中华书局编辑部、李书源整理：《筹办夷务始末·同治朝》五，第 1854—1855 页。

④ 《都兴阿等奏遵旨核议牛庄改设道员折》，同治五年九月十三日，中华书局编辑部、李书源整理：《筹办夷务始末·同治朝》五，第 1861—1862 页。

⑤ 《崇厚奏营口改设道员择紧要者陈请折》，同治五年十一月初九日，中华书局编辑部、李书源整理：《筹办夷务始末·同治朝》五，第 1946—1948 页。

⑥ 《吏部会同户部礼部兵部刑部工部总理各国事务衙门奏议复崇厚山海关改设道员未尽事宜折》，同治五年十一月二十八日，中华书局编辑部、李书源整理：《筹办夷务始末·同治朝》五，第 1971—1973 页。

⑦ 《议山海关改设道员事宜三条》，同治五年十二月初六日；《崇厚奏议复道员加衔守尉离防二事折》，同治五年十二月十二日，中华书局编辑部、李书源整理：《筹办夷务始末·同治朝》五，第 1975—1976，1978—1979 页。

去天津中外事务繁多这一原因外，增设津海关道与交涉体制以及条约的规定有密切的关系。三口通商大臣最初是由长芦盐政改授的，职分较卑，而当时条约没有规定通商大臣与领事的交涉礼仪，所以二者往来公文，均以照会平行往来。后来，崇厚升任侍郎后，三口通商大臣与领事平等往来已形成惯例，未能改变。李鸿章以总督兼办洋务，且有钦差大臣的身份，此时条约对总督与外国官员交接的级别有明确的规定，"未便遇事通融，致亵国体而启外人骄慢之渐"。李鸿章也曾以两江总督兼任南洋通商大臣，认为"旧例尚在，未可前后易辙"。所以，他奏请设立津海关道，"专管洋务及新钞两关税务"①。李鸿章的建议为清廷所允，于是津海关道得以设立。

津海关道负责与领事办理中外交涉，遇有事关重大或二者因意见不合不能迅速解决的事件，"始禀请督臣核示饬办，免致辄因细故，便须督臣亲身与领事官接见辩论，盖显示以昭条约，即隐示以维体制也"。基于天津地位的特殊性、直隶总督不能常驻天津等原因的考虑，李鸿章在山海关道章程的基础上进行变通，提出了津海关道章程②。按照章程，津海关道与其他海关道的一个显著不同就是，"仿照各省督粮道管辖有粮各州县之例，所有直隶一省交涉洋人事件，统归关道管理"③。

除天津外，广西龙州、云南蒙自开埠后，分别设立了太平归顺道、临安开广道，办理通商事务。而且，蒙自开埠设道还受到了龙州设道的影响。诚如 1887 年 6 月 30 日的上谕所言，"粤省以龙州开关请设太平归顺道一员，云南事同一律，着该督抚趁此尚未开办之时，悉心布置，奏明办理"④。

值得注意的是，海关道往往还负有另外一个职能，即同时担任海关监督。然而，海关监督在现实中是很难监督外籍税务司的。1867 年，崇厚在就预筹中英修约表达意见时，专门指出税务司的问题。他认为税务司设立之

---

① 《李鸿章奏遵旨酌议应办事宜折》，同治九年十月二十八日，中华书局编辑部、李书源整理：《筹办夷务始末·同治朝》八，第 3170—3171 页。

② 《李鸿章奏津海关道章程七条呈览折》，同治九年十一月初八日，中华书局编辑部、李书源整理：《筹办夷务始末·同治朝》八，第 3190 页。

③ 《新设津海关道未尽事宜清单七条》，同治九年十一月初八日，中华书局编辑部、李书源整理：《筹办夷务始末·同治朝》八，第 3191 页。

④ 《总署奏中法界务商务续经议定折　附界务商务专条及附章各一件　照会上谕各二件》，光绪十三年五月初十日，王彦威、王亮辑编，李育民等点校整理：《清季外交史料》第 4 册，第 1484 页。

初，"不过为监督官雇用之人"。1860 年以后，崇厚与恒祺 "札调赫德，原以洋商征税等事，各监督初办恐多棘手，用以藉资稽查。于是税务司遂为官用之人，职司稽查税务"。赫德担任总税务司后，取得了任用税务司的权力，海关监督不能决定税务司的去留。各口海关监督又因随时换任，对情形不熟，往往将税务事宜专委给税务司。这就导致了一种结果，即 "各口税务司之权日重，洋商但知有税务司，而不知有监督矣。税务司乃因中国应有之权而据为己有，明理者尚安本分，倚势者任意把持"。鉴于这种状况，崇厚出于防范税务司的考虑，提出在修约时 "无论何款，不可有责成税务司字样，则沿海利权不至移于外国"①。崇厚的这种主张难以实现，因为海关道本来应有的办理海关税收、通商口岸交涉的职能，"由于海关行政为外籍税务司所把持，实际上转变为以后者为主"②。

一般而言，各通商口岸开放后，海关道是办理口岸交涉的重要机构。但是，广东的广州和北海却有所不同。广州长期由海关监督负责处理中外交涉；北海开埠后，因为高廉道离北海较远，交涉由廉州府负责。1877 年，北海开设通商口岸时，两广总督刘坤一等奏称由廉州知府、合浦知县、税务委员等将征收关税以及中外交涉各事，随时会商妥办③。如前文所述，1880年，总理衙门与威妥玛商定《中外往来仪式节略》，规定领事与地方官公务交涉仪式，咨行各省遵行。不过，各地具体情况有差异，因此实施过程中有所变化。对此，两广总督张树声指出广东交涉事务繁多，四个口岸交涉事务的办理有所不同。潮州、琼州两地的中外交涉，分别由惠潮嘉道和雷琼道办理，紧要之事，申报总督查办，与新定仪式大致相同。广州只有粤海关监督，没有关道，各国领事往往直接向督抚交涉，"并无由道转申之事"。北海属于廉州，距高廉道有数百里之远，交涉事件，均由廉州府查办，只有紧要事件才转申督抚。上述情况，不符合总理衙门的新定章程。考虑到广东的特

---

① 《崇厚又奏密陈预筹三事片》，同治六年十一月二十六日，中华书局编辑部、李书源整理：《筹办夷务始末·同治朝》六，第 2241—2242 页。

② 李育民：《晚清中外条约关系研究》，第 479 页。

③ 《粤督刘坤一等奏北海开设通商口岸折》，光绪三年六月二十二日，王彦威、王亮辑编，李育民等点校整理：《清季外交史料》第 1 册，第 195 页。

殊情形，张树声奏请将新定仪式稍加推广变通，汕头、海口两地的交涉事件照旧由惠潮嘉道和雷琼道办理，广州则派省城首道——督粮道专办，"再于候补道、府中，择其熟习洋务者一二人，会同办理"。至于北海，张树声提出仍旧由廉州府就近办理中外交涉事件，这"与由道转申之新章未能尽合，但前项《仪式节略》内，既已明言彼此无论品级大小，概用照会，则令领事照会知府，外人当亦无词。其事关紧要者，仍由臣等自行妥办"①。

四、 洋务局、通商局、洋务处的设立

随着条约关系的展开，通商、传教、外人游历等成为各省需要处理的事件，尤其是在有通商口岸的省份这类事情更为繁多。于是，各省督抚的涉外职能相应增加。督抚和其他官员如何应对涉外事务，在不同程度上影响了地方外交制度的变化。各省除设立海关道外，为办理地方对外交涉事务，还设立了洋务局、通商局、教案局、洋务处等机构，任命候补官员协助督抚办理对外交涉事件。江苏、福建、浙江、广东、安徽等省有通商口岸的省份，较早设立了这类机构。

就洋务局而言，时人称之为"中外交涉之枢纽"②，这反映了洋务局在中外交涉中的作用。江苏、安徽、浙江、四川、广西等省先后设立有洋务局、洋务总局。它们既有归属总督署的，也有归属巡抚的，还有归属海关道署的。江苏南京和苏州均设立有洋务局，分别协助两江总督和江苏巡抚办理中外交涉。以金陵洋务局为例，"凡外国人之有事于南洋节署者，例由洋务局问明来历，达之节署，准其于某日接见，始由局员带领，分庭抗礼。故必先经上海道预为照会，否则听其自来自去，无人过问。若商人来往，则不在此列"③。19世纪70年代，浙江、四川均设有洋务局。浙江因地处沿海，并有通商口岸，中外交涉事务较多，因此设立洋务局，派用候补官员办理相关事

---

① 《粤督张树声奏拟订中外交涉行文仪式以资遵守片》，光绪七年三月十五日，王彦威、王亮辑编，李育民等点校整理：《清季外交史料》第2册，第487—488页。

② 《白下秋歌》，《申报》1887年5月22日。

③ 《白下秋歌》，《申报》1887年5月22日。

宜①。四川省设有洋务总局显得有些特别，当时该省尚无通商口岸，设立洋务局主要是为了办理传教事宜。据《四川省志·外事志》，19 世纪 70 年代已有的四川洋务局和川东洋务局"还不是有专职官员的常设机构"；1891 年重庆开埠，1895 年四川洋务总局设立，"汇总办理全省外事"②。1888 年，广西因为龙州开埠通商的缘故设立了洋务局，由熟悉洋务的广西按察使张联桂督办③。需要指出的是，1883 年，张之洞为讲求洋务和西学、培养人才的需要而在山西省城设立洋务局，其名虽称"洋务局"④，但是并非办理交涉的机构。

在有的通商口岸，海关道署也附设有洋务局，协助处理地方交涉事宜。1874 年，上海道冯焌光在上海设立了洋务总局，时论称："夫洋务局，苏垣本已早经设立。上海为洋商总汇之处，本属缺少。今冯公特为设立，从此办理洋务者当必更臻妥协矣。"⑤ 此外，镇江、芜湖等通商口岸的海关道署也设有洋务局。汕头开埠后，曾在惠潮嘉巡道署内设洋务公所，后改为稽查汕头海口洋务局，负责处理中外交涉和通商贸易事务⑥。

通商局与洋务局虽然名称各异，但是二者的实际功能相同。福建、台湾、新疆设有通商局。福建省于 1866 年在福防厅署设立福建通商总局。这一机构的设立有一个变化的过程。鸦片战争后，福建的福州和厦门被辟为通商口岸，于是设立招商总局，由福建布政使负责，后来又调浙江宁绍台丽道来福建专办，设立外局，后又因事务较简改为福州府负责。1860 年以后，台湾有口岸开放，加上福州洋务较繁，于是福建"先后奏委道员督同福州府办

---

① 《浙省抚辕事宜》，《申报》1878 年 8 月 14 日；《浙省抚辕事宜》，《申报》1878 年 10 月 17 日。

② 四川省地方志编纂委员会编纂：《四川省志·外事志》，巴蜀书社，2001 年，第 11 页。不过，在 19 世纪 80 年代，洋务局却是四川重要的机构，有专职人员办理事务。诚如 1880 年川督奏称："川省现在各局如筹饷报销局、捐输厘金局、洋务局、采访忠节局，各有专办之事，不能不分设各局，用专责成。"（《光绪六年四月初九日京报全录》，《申报》1880 年 5 月 27 日。）1888 年初，川督刘秉璋上奏称："川省候补道中其可用者原不乏人，惟盐局、省厘货厘两局、机器局、洋务局关系皆重，必须拣选干员承办，未敢轻易更动，偶有要缺要差，踌躇四顾，颇难其选。"（《光绪十三年十二月初六日京报全录》，《申报》1888 年 2 月 6 日。）

③ 《桂抚沈秉成奏龙州设洋务局办理通商事宜折》，光绪十四年三月十一日，王彦威、王亮辑编，李育民等点校整理：《清季外交史料》第 4 册，第 1565 页。

④ 《札司局设局讲习洋务》，光绪十年四月初一日，苑书义等主编：《张之洞全集》第 4 册，第 2399 页。

⑤ 《道宪特设洋务总局》，《申报》1875 年 2 月 13 日。

⑥ 广东省汕头市地方志编纂委员会编：《汕头市志》第 3 册，新华出版社，1999 年，第 242 页。

理所有福厦台三口通商"；1866 年，福防厅署设立福建通商总局，于是"内外局归并"①。在福建的福州，督办省会通商局务的是盐法道②。1899 年，福建通商局改为福建洋务局③。

1869 年，台湾设立通商专局④，由分巡台湾兵备道督办；1878 年，旗后（旧港名，今高雄）设立通商分局。台湾设立行省后，在台北设立商务总局，台南设立分局，办理通商交涉事宜。台湾北部的淡水、鸡笼由总局管理，台湾布政使管辖；南部的安平、打狗属于分局管理，由台湾道管辖。1888 年起，台湾所有口岸的中外交涉事宜归台湾省办理⑤。

与福建、台湾不同的是，新疆为应对中俄贸易和交涉的需要，设立了专门的中俄通商局。1881 年，俄国在新疆伊犁、塔城、喀什设立领事后，清政府为处理通商交涉事宜，在三地设立了中俄通商局。1892 年，魏光焘又奏准在噶什喀尔设立中俄通商局。1896 年，新疆设立中俄通商总局，1911 年改为交涉总局。

与前述通商局不同的是，有的地方为应付特定的中外贸易而专门设立的通商局，不能视为交涉机构。如 1885 年，吉林在珲春设立通商局，"专司吉林与朝鲜通商之事，稍改市易旧例，准其随时交易，以示优待属国之意。所定贸易章程与各国通商章程两不相涉，以事体本不同也"⑥。

在没有通商口岸的省份，涉外事务主要是传教事务。早在 19 世纪六七十年代，贵州和四川为了处理不断发生的教案，设立了教案局。这也是各省应对地方交涉事件的重要方式之一。1883 年，山西巡抚张之洞鉴于"晋省民教交涉事件，近年日渐繁多。缘奸民恃其护符，无理生衅。该教堂包揽祖庇，动辄径向巡抚衙门投递信函，时来恩扰，教堂日横，民怨日深，实属可虑"。所以，他到任后，设立教案局，委派冀宁道，专司其事，另派候补官

① 沈瑜庆等纂：《福建通志·外交志》，江苏广陵古籍刻印社，1986 年缩印版，第 5—6 页。
② 《卞宝第奏盐法道海钟毫无知识请饬送部引见折》，同治八年三月十五日，中华书局编辑部、李书源整理：《筹办夷务始末·同治朝》七，第 2640 页。
③ 福建省地方志编纂委员会编：《福建省志·外事志》，方志出版社，2004 年，第 9 页。
④ 沈瑜庆等纂：《福建通志·外交志》，第 7 页。
⑤ 李汝和主修：《台湾省通志》卷 3《政事志·外事篇》，台湾省文献委员会，1971 年，第 64—65 页。
⑥ 长顺修、李桂林纂：《吉林通志》上，吉林文史出版社，1986 年，第 722 页。

员入局任事，"遇有教案，令教堂函致该局，衡量事理，依据条约，分别准驳"。而且，他对传教士到山西巡抚衙门"径渎者""斥之不答"①。

与上述各省不同的是，广东虽然是开放最早的省份，拥有多处通商口岸，但是该省长期以来没有专门负责办理地方外交的机构。1860 年以后，广东办理地方外交的变化从一个侧面反映了地方外交体制的多元化。

广东地处沿海，交涉事务繁要，但"向无关道专办洋务"②，两广总督衙门"于交涉事件，总汇纷来"③。这就造成各国驻广州领事不按条约与司道交涉，往往直接与督抚交涉，以致"渎扰不休，每隔数日，必来一见，骄蹇不逊，要求无厌"。在张之洞看来，广东的洋情"不特非各国交际之常例，亦且为中国各口岸领事之所无"④。因此，19 世纪七八十年代，历任两广总督为应对广州的对外交涉，采取了相应的措施。

1878 年，两广总督刘坤一在广州设立洋务公所，遴派熟悉洋务人员，专办交涉事件；委派广西补用道许其光、前任碣石镇总兵彭玉督办，"遇有饬办之事，即由该道等会同藩、臬二司，督饬公所文武各员，查照条约，悉心核议，禀商臣等，妥为办理"⑤。可见，洋务公所只是协助总督办理中外交涉事务，并非专职机构。

1881 年，两广总督张树声、广东巡抚裕宽奏请"派粮道专管寻常洋务事件，由道转申"。随后，总理衙门照会各国公使，要求各国领事照办。然而，各国领事并不遵守，有事不经由粮道，仍然是"径达督署，动辄来署索见"。1883 年，广东布政使龚易图因为受总理衙门和两广总督张树声的奏派办理汕头、沙面两案。此后，遇有紧要的洋务事件，两广总督"每饬该司与之晤接"⑥。

张之洞就任两广总督后，认为外国领事直接向总督交涉不合体例，这与

---

① 《设立教案局片》，光绪八年十二月十六日，苑书义等主编：《张之洞全集》第 1 册，第 142 页。
② 《请派瑞璋兼办洋务片》，光绪十一年四月二十日，苑书义等主编：《张之洞全集》第 1 册，第 301 页。
③ 《札司道讲求洋务》，光绪十二年六月二十日，苑书义等主编：《张之洞全集》第 4 册，第 2523 页。
④ 《陈明广东洋务情形并委蒋泽春兼办片》，光绪十二年三月二十四日，苑书义等主编：《张之洞全集》第 1 册，第 435—436 页。
⑤ 《新设洋务公所委员会办片》，光绪四年，中国科学院历史研究所第三所工具书组校点：《刘坤一遗集》第 1 册，第 481—482 页。
⑥ 《请派瑞璋兼办洋务片》，光绪十一年四月二十日，苑书义等主编：《张之洞全集》第 1 册，第 301 页。

"洋人暴横，历任疆臣恐生枝节，诸多隐忍"有直接关系。所以，他对待领事直接向总督交涉"稍加严重"，对其不合理的要求或拒、或驳、或不答复；而且，"有应告知该领事之事，或派地方官，或派局员，或派司道，或另派委员，或约之使来，或令委员作函与之，并无一定"①。

1885 年，龚易图调任湖南。张之洞奏请派熟悉洋务的两广盐运使瑞璋办理广东未结洋务各案，"嗣后遇有洋务要件，即饬该司与之面加商酌，函牍往来，官阶体制，与藩司相近，洋人当无异词"。"其寻常事件，仍由粮道会同该司妥办。"不过，张之洞此举是"因运司瑞璋谙悉洋务，是以请旨派办，并非委令运司衙门永远专办"②。

然而，这种因人而设的临时性举措并不能解决问题。不久，瑞璋升任江西按察使。如何填补空缺成为不得不考虑的问题。正好出使美、日、秘大臣张荫桓经过广东出国，广州法国领事法兰亭对张荫桓说，遇有要事，如果张之洞无暇接晤，"只须择一可以商酌定议之人与之商办亦可"。张荫桓将此告知张之洞。张之洞据此认为各国领事"但求有人与之接见，为彼了事，即臣不常与见亦尚无妨"。所以，他奏请派"明亮老成，凝重得体"的署理两广盐运蒋泽春办理洋务，遇有要件仍由他"授以大指荦要，令接晤后禀复，由臣核定"；至于情形紧急，非面见不可时，张之洞则立即接见。对于张之洞的意见，清廷旨令"寻常交涉事件，可由该督派员晤商。至事关紧要及领事初到请见，仍着该督与之面晤，免滋借口"③。

随后，张之洞指出接见领事只是广东对外交涉的一部分，"至于抚绥之本、因应之方，必须合通省有职掌之大员，悉心筹画，同任其责，且须广集群材，以资练习"。他之所以有这种主张，主要是出于办理广东洋务的考虑。他认为广东地方交涉事务繁多，但是办理交涉并不妥当，主要表现有四：一是各种交涉事件中"间或有事资群议者，向来一经行议，司则以诿之府，府

---

① 《陈明广东洋务情形并委蒋泽春兼办片》，光绪十二年三月二十四日，苑书义等主编：《张之洞全集》第 1 册，第 436 页。

② 《请派瑞璋兼办洋务片》，光绪十一年四月二十日，苑书义等主编：《张之洞全集》第 1 册，第 301—302 页。

③ 《陈明广东洋务情形并委蒋泽春兼办片》，光绪十二年三月二十四日，苑书义等主编：《张之洞全集》第 1 册，第 435、438 页。

则以诿之县。县无可诿，则遂束之高阁，迨经屡奉檄催"，结果却是草草应对，错误较多。二是"司、道、府、县衙门自理案件，干涉洋务者，或失之卑屈，或失之迂远，既与条约不符，亦于事理不切"。出现以上二种情况的原因就在于"各衙门多诿为无关职任，不加深求，约章全不究心，成案直未寓目，以至隔膜无当"。三是地方官员在办理涉外事务时，出现了明显违约、违规的情形，"甚至近年有外州县禀请粤海关监督，向领三联单之洋商索补厘金者；有外府行文税务司，其书衔称为大英官员者"。四是办理交涉的地方体制存在问题，以前督抚曾奏由督粮道专办广州口岸洋务，但是各国领事事无大小，仍直接照会两广总督衙门，"动辄渎请晤商，并不知照该道，以致该局徒成具文"。同时，张之洞认为"洋务动关大局，亦非一粮道衙门所能周知定断，遇有交涉事件，本省实任候补各官，大都茫然，罕有能为指臂之助者"。所以，他提出"应即兼派在省四司道，督同大小各员筹办。司道为总办，如候补道中有得力之员，一体派委"；并且，在两广总督衙门"附近毗连地方，设立办理洋务处，即与在本部堂署内无异"。办理洋务处内"荟集条约档案、中外图籍，以便查核而资讲求"。"委员各勤所司，司道时常到处"，并分别不同情况办理与外国领事、副领事、翻译官等的交涉事宜①。于是，广东洋务处于 1886 年设立，该处"办理一切交涉事宜，责任綦重"②。显然，广东洋务处的设立及其运作又与各省的洋务局有所不同。

　　上述各种机构为各地应对中外条约关系发挥了重要的作用。当然，这些机构办理交涉事务是否有效，不仅要视办理者是否得人，而且与地方外交体制有关。19 世纪 70 年代，有人即指出了这一点，认为中国各通商口岸虽然设有专官办理洋务，但是有名无实，"西国官商亦以其无权也，视之若赘旒"。就洋务人员办理中外交涉而言，"其为是官者遇大事固不能自主，即一二琐屑小事亦不能独断独行，必且禀承上命，需之以时日，而虚与之周旋"。因此，各国领事"即小事亦必见道宪，谒抚院，或且直陈之制军之前；稍或迟回审顾焉，则立禀其国之驻京公使，而与总理衙门为难矣"。就办理洋务

---

① 《札司道讲求洋务》，光绪十二年六月二十日，苑书义等主编：《张之洞全集》第 4 册，第 2523—2524 页。
② 《粤东纪事》，《申报》1887 年 6 月 11 日。

者的素质而言，"今日之为洋务人员者，大半因循懦玩，不自振作；而畏蜀如虎，徒见盈廷之诺诺，而未见一士之谔谔"①。这一说法未免有些夸张，但是反映了各省办理洋务中存在的问题。1895年，有人也指出了中国地方外交体制的症结所在，即办理效率低下，"如遇重大交涉，则由关道上之总督，由总督上之枢廷，文牍往还，非积以时日不能遽了"②。

　　值得注意的是，19世纪60—90年代，地方外交制度的变化是各省应对中外条约关系的产物，在传统官僚体制中有其存在的合理性。这为其他省份应对中外条约关系提供了参考的样本。因此，1895年以后，更多省份纷纷设立了洋务局，有的通商局也改为洋务局；20世纪初，洋务局依然存在，有的省份还设立了与其功能相似的交涉局。不过，这种地方外交制度的变化又是外交事务地方化的产物，"是一种有损国家统一，不科学的制度。在这种制度之下，应由国家中央政权行使的权力，却分散到地方，不仅造成外交上的分割状态，且更使地方势力坐大，影响国家统一"③。

第四节　外交的"内外兼顾"与驻外使领馆的设立

　　1860年以后，清政府为应对条约关系下的中外交往新格局，对中央和地方的外交制度做了相应的改变。然而，涉外事务的处理往往需要中央与地方的联络与合作；为办理外交、保护侨民，中国不得不派出驻外使节和领事。于是，清政府采取措施，在制度上注意内外兼顾，即朝廷内外的中央与地方的兼顾，国内外的驻外使领馆与总理衙门的兼顾。

一、条约关系下的夹地兼顾

　　兼顾中央与地方既与应对条约关系的需要有关，也与现行外交制度本身的缺陷有关。就应对条约关系而言，各国驻华公使与通商口岸领事的声息相

---

①　《论办理洋务宜得人》，《申报》1879年3月27日。
②　《自强策（续前稿）》，《申报》1895年3月17日。
③　李育民：《晚清中外条约关系研究》，第481页。

通，彼此联络制造的外交压力，对清政府的外交产生的影响是显而易见的。而且，总理衙门处理涉外事件的主张必须通过地方执行，地方涉外事件的发生与处理往往又会影响总理衙门与外国公使的交涉。这也就决定了应对条约关系必须内外兼顾。就清朝的外交制度而言，清政府在 1860 年以后并没有形成从中央到地方的专职外交系统。从表面上看，从海关道到南、北洋大臣，再到中央的总理衙门，似乎构成了一个洋务机构体系。"事实上，这套从中央到地方的洋务机构设置是内部结构松散，缺乏有机联系的。"的确，总理衙门与南、北洋大臣之间并无统属关系，地方督抚在办理涉外事务上有较大的主动权。这导致各地办理交涉各自为政，缺乏统一的部署①。如何打通中央与地方的联系以应对条约关系，是不能不考虑的问题。因此，总理衙门与地方督抚不得不经常咨文往来，以便加强中央与地方的联系。

1861 年，奕䜣等奏请设立总理衙门和三口通商大臣的目的，就在于可"与上海南北分理其事，而总汇于京师，以收身使臂臂使指之效。如天津办理得宜，则虽有夷酋驻京，无事可办，久必废然思返，是天津通商大臣最关紧要"②。可见，总理衙门与南、北洋大臣在办理外交事务上有总与分的关系，然而不无管辖与隶属的关系。这种制度上的安排体现了朝廷内外的兼顾。

而且，出于办理外交事务的需要，清政府改变以往的做法，要求加强朝廷内外互通声息，各地之间也要互通信息。1861 年 1 月，奕䜣等在上奏时提出："查办理外国折报，以及恭奉寄信谕旨，向以事涉外国，军机处既不发钞，各督抚亦不互相关会，原以昭慎密而防泄漏。惟现既令各该省及通商大臣、钦差大臣随时咨报京城总理处，而各省将军、府尹、督抚随时应办事件，亦应彼此声息相通，方不至稍有歧异。"因此，"各省办理外国事件，请敕该将军、督抚互相知照，以免歧误"。此外，奕䜣等人还要求各地按月定

---

① 王立诚：《中国近代外交制度史》，甘肃人民出版社，1991 年，第 89—90 页。
② 《奕䜣等又奏恒祺请留京天津通商大臣请于崇厚崇纶内简放片》，咸丰十年十一月初三日，《筹办夷务始末·咸丰朝》八，第 2681 页。

期向总理衙门提供通商口岸商情和新闻信息①。随后，总理衙门还请各地督抚将地方办理交涉的情况及时咨报，以便了解地方情况，与各国驻京公使进行交涉。

互通信息之外，总理衙门还提出了办理洋务人员的内外兼顾问题。因为1860年以后，中国"内外均与洋人时有交涉事件，洋人以贸易为重，沿江沿海通商各口办理税务，均关紧要"。然而，"洋税新定科则，与户部各关常税互有参差，其中应征、应免、应罚，必须丝丝入扣，而随时交涉事件，往往有条约不能尽载，势须触类旁通"。办理交涉与通商事务必须要有熟悉此类事务之人，不能交给生手办理。1864年，奕䜣等针对上述情况，提出《内外兼顾章程》三条②。

《内外兼顾章程》目的就是要解决通商、交涉人才的专门化问题，涉及人员培训、官员升迁等问题。其第一条主要是针对办理洋税人员的培训而言。该条指出"张家口、杀虎口、山海关三项税差，向由户部预行咨取各部院保送一、二等人员，遇有前项税差缺出，由户部带领引见，请旨简放"。由于此等人员现在需要办理洋税，他们在得差后，往往要到总理衙门"探访一切"，结果匆匆即了，难以办理税务。所以，总理衙门提出以后这类人员由各部院保送后，由户部咨送总理衙门"分班学习兼行"，本衙门照旧当差，遇有差缺，再照旧章请旨简放。至于已保送而未放之员，也可以补行通知，"一体学习"。

第二条是针对各海关道的选任而言。该条指出"九江关之广饶九南道，江汉关之汉黄德道，镇江关之常镇道，与沿海浙海关之宁绍台道，江海关之苏松太道，东海关之登莱青道各缺，现均添办洋税，与各国领事官办事，纷纭繆辖，一有错误，洋人藉为口实"。而且，偷漏税问题的处理也很棘手。总理衙门的章京经常办理中外交涉，对上述事务熟悉；他们经常与公使打交道，各国领事不敢蒙蔽，办理洋务当较顺手。所以，总理衙

---

① 《章程六条》，咸丰十年十一月初三日，贾桢等纂修：《筹办夷务始末·咸丰朝》八，第2678—2679、2680页。

② 《奕䜣等奏洋务交涉繁剧谨拟内外兼顾章程呈览折》，同治三年四月二十四日，中华书局编辑部、李书源整理：《筹办夷务始末·同治朝》三，第1076页。

门提出，以后本衙门章京保送时，"如有实系才具出众税务谙练之员外郎、郎中各员"，交军机处存记；"遇有前项通商各道员缺出，如遇各该省无奏升奏补熟悉洋务之员，拟请与京察一等记名简放人员，一体开单请旨"。此条还指出"以上各缺向归督抚管，此项人员遇有地方与洋人交涉事件，该督抚亦得指臂之助，倘仅止洋务熟悉，于地方不甚得力，该督抚仍照常随时参劾，亦不得稍有迁就"。

　　第三条是针对总理衙门人员的安置问题。由于总理衙门的办事章京都是由各部院"咨取兼行"，其在总理衙门和各部院保送一等者，"向多以道、府外用，其间保送京堂者较少"。总理衙门办理交涉事件，"多非例案所有，若均保外用，一时更易生手"。所以，总理衙门提出在保奖之年，"如郎中等员有堪胜表率者，准保四五品京堂"，照例办理；"照军机处之例，随时酌核奏留"总理衙门办事①。

　　这一章程虽然只是在有限的范围涉及内外通商交涉的人员培养和安置问题，但是在一定程度上改变了既有官员保奖、任职制度。这一变化恰恰反映了总理衙门为应对中外条约关系运行而做出的制度性调适。然而，在总理衙门任职者，"在署十年而稍习公事，无不得关道以去矣"。这些人任职关道后，"外升藩臬，内升亲卿，又不复入总理衙门矣"。这种人才内外升迁未能形成专门的洋务系统内的升转，结果导致总理衙门缺乏专门的洋务人才。1892年，薛福成就指出"欲精研洋务，必自整顿总理衙门始；欲整顿总理衙门，必自堂司各官久于其任始"②。

　　以上仅是朝廷内外制度上的兼顾问题。随着驻外使节和领事的派遣，驻外使领馆制度的形成，清政府形成了外交制度的国内外兼顾。

二、　外交制度的国内外兼顾

　　虽然中外条约中有互派公使的规定，但是清政府迟迟未能派出驻外公使。1865、1866年，赫德、威妥玛先后向清政府呈递《局外旁观论》《新议

---

① 《内外兼顾章程三条》，同治三年四月二十四日，中华书局编辑部、李书源整理：《筹办夷务始末·同治朝》三，第1076—1078页。

② 蔡少卿整理：《薛福成日记》下，光绪十八年闰六月初四日，第733页。

略论》，均提出中国向外国派遣公使的建议。三口通商大臣崇厚认为：派出驻外使节"乃西洋立约之国最为应办之事，藉以通和好而达情意。中国向无此事，彼转以为可疑"。他揆诸古今情势，提出将来各国必定会提出遣使一事，总理衙门应当"豫筹遣使之道，并与各国君若臣相见礼节"，先酌定周备的办法，"此外交第一要门"①。随后，清政府先后于 1866、1868 年尝试派出了斌椿访问团、蒲安臣使团。1875 年，李鸿章在上奏中再次提出遣使日本，指出"各国互市遣使，所以联外交，亦可以窥敌情，而中国并其近者而置之，殊非长驾远驭之道"。"即泰西各大邦，亦当特简大臣轮往兼驻，重其禄赏而定以年限，以宣威信，通情款；其中国交涉事件有不能议结，或所立条约有大不便者，径与该国总理衙门往复辩论，随时设法商议，可渐杜该使蒙蔽要挟之弊，似于通商大局有裨。"②

19 世纪 70 年代起，清政府陆续向英国、美国、日本等国派出了驻外使节，随后又派出驻外领事，建立了驻外使领馆制度，在外交制度上形成了国内外的兼顾。

1876 年，总理衙门奏定《出使章程》，规定：出使大臣分为头等、二等、三等，有正、副使之分，办理之初所有出使大臣均作为二等。出使以三年为期，期满前由总理衙门"预请简派大臣接办"。至于参赞、领事、翻译等人员，由出使大臣酌定人数，开列姓名，知照总理衙门查核，随带出洋，以三年为期。出使大臣到各国之后，遇紧要事件随时陈奏，寻常事件函知总理衙门转奏。出使大臣的俸薪"照现在实职官阶支给"，二、三品官职充任二等钦差者，月给俸薪 1200 两；三、四品官职充任三等钦差者，月给俸薪分别为 1000 两、800 两；四品充任二等钦差者，月给俸薪 1000 两；副使月给俸薪 700 两。此外，该章程还对出使大臣、副使以下各员的俸薪等作了规定③。此后总理衙门又根据实际情况对章程中的规定作了相应的修改和变通。

---

① 《崇厚奏议复奕䜣等英国呈递议论折》，同治五年三月十三日，中华书局编辑部、李书源整理：《筹办夷务始末·同治朝》五，第 1709 页。

② 《直督李鸿章奏日使大久保抵琅王乔约期撤兵并请遣使驻日本片》，光绪元年二月初八日，王彦威、王亮辑编，李育民等点校整理：《清季外交史料》第 1 册，第 6 页。

③ 朱寿朋著、张静庐等校点：《光绪朝东华录》第 1 册，中华书局，1984 年，第 295—296 页。

　　郭嵩焘、刘锡鸿出使英国后，因驻外公使各国惯例只有一名，无副使名目。于是，清政府又将刘锡鸿改派为驻德公使。1877 年，总理衙门根据驻外公使的实际情况对其薪俸作了修改。因为，1876 年奏定的《出使章程》未规定五品官员充二等钦差的薪俸。当时，何如璋、刘锡鸿都是五品官阶。所以，总理衙门奏定何、刘二人"均照四品充二等者，月给银一千两以示体恤"，以后有此种品级人员的待遇均照此办理①。1879 年，曾纪泽出使英、法，总理衙门因为其承袭侯爵，"加恩以四五品京堂候补，爵秩较崇，自应量予优异"，奏准将其比照二、三品充二等公使支给俸薪②。

　　清政府派遣的驻外使节起初多实行兼使；而且，除清政府主动派遣外，还有应外国要求而派遣的。1884 年，比利时驻华公使诺丹高多次向总理衙门提请向该国派遣使臣；1885 年，新任比利时公使继礼用又提出此事。总理衙门认为中国与比利时交涉事件不多，不必简派专员驻扎，而比利时处于法国与荷兰之间，可以仿照意大利、荷兰、奥地利三国之例，由出使法国、德国大臣兼充③。

　　起初的兼使是采取就近兼充的办法。然而，曾纪泽出使俄国完成交收伊犁谈判后，兼使英、俄。后又出现兼使德、法的暂时办法。1887 年，总理衙门从就近办事便利的考虑，对上述状况作了调整，恢复驻英公使兼充驻法国公使的旧例，"以义、比两国附之"；驻俄国公使兼充驻德公使，"以奥、荷两国附之"④。不过，法国对于中国驻外公使兼使法国表示不满，希望中国向法国派出专驻巴黎的公使⑤。

　　与各国驻外公使不同的，中国与朝鲜签订《商民水陆贸易章程》后，清政府向朝鲜派驻官员。起初派驻的是总办商务委员陈树棠。1885 年，陈树棠

---

　　① 《总署奏定出使日德等国大臣薪俸片》，光绪三年六月十五日，王彦威、王亮辑编，李育民等点校整理：《清季外交史料》第 1 册，第 194 页。

　　② 《总署奏酌议出使大臣崇厚曾纪泽薪俸折》，光绪四年八月二十三日，王彦威、王亮辑编，李育民等点校整理：《清季外交史料》第 2 册，第 266 页。

　　③ 《总署奏请简派驻比国使臣片》，光绪十一年六月初三日，王彦威、王亮辑编，李育民等点校整理：《清季外交史料》第 3 册，第 1202 页。

　　④ 《总署出使兼驻之国宜令附近分隶折》，光绪十三年四月二十六日，王彦威、王亮辑编，李育民等点校整理：《清季外交史料》第 4 册，第 1469 页。

　　⑤ ［法］A. 施阿兰著，袁传璋、郑永慧译：《使华记（1893—1897）》，第 11—12 页。

因病回国。李鸿章奏派袁世凯总办朝鲜交涉事宜，称"陈树棠赴朝之时，尚属商务初开，今则口岸渐增，贸易日盛，各国公使麇集汉城，一切相机因应犹赖该员从旁赞画；似宜优其事权，作为驻扎朝鲜总理交涉通商事宜，略示与闻外交之意"。由于西方国家派官员出驻属国，是由外交部给予文凭，所以李鸿章在上奏时提出，如果朝廷同意派袁世凯总办朝鲜交涉事宜，除由李鸿章檄饬其就任外，"并请饬下总理衙门加札饬遵"①。可见，袁世凯在朝鲜的职权与前任陈树棠相比更为明确，真正拥有了办理交涉的权力。这也是清政府向外派出官员中较为特别的。

19世纪70年代起，驻外公使为保护在海外侨民，在相关地方派驻了领事。到1890年，清政府先后在海外多地派驻了总领事、领事、副领事，如英国属地新加坡领事，美国旧金山总领事，古巴的哈瓦那总领事，日本的横滨、长崎、神户领事，日本箱馆的副领事。其方式有以下三种：

一是专驻一地的领事。如新加坡领事、美国旧金山总领事等。值得注意的是，新加坡领事的设立较为特别。因为在早期的中外条约中，虽然有外国在华派驻领事的规定，但是并没有规定中国在对方国家派驻领事。早期中英条约即属这种情况。这一方面与清政府缺少这方面的意识有关，另一方面也与有些国家少有中国人前往有关。然而，随着中外交往的增多以及对海外了解的增加，清政府发现有的国家和地区有大量的中国人，于是改变态度，向相关国家提出派驻领事，管理和保护当地中国人。然而，这在很大程度上取决于相关国家的态度。清政府经过交涉之后，英国才同意中国在新加坡派设领事。1877年，中国在新加坡设立领事馆，这是中国在海外设立的第一个领事馆。1878年，郭嵩焘奏定按照《出使章程》，正领事官月给薪俸500两，领事、翻译官月给薪俸300两；总理衙门又提出新加坡领事馆未便设立文案名目，将之改为领事随员，"照出使大臣随员月给俸薪银二百两之数酌减，每月给予俸薪银一百六十两，稍示等差"②。1891年，中国驻新加坡领事馆

---

① 《直督李鸿章奏请派袁世凯总办朝鲜交涉事宜折》，光绪十一年九月二十三日，王彦威、王亮辑编，李育民等点校整理：《清季外交史料》第3册，第1248页。

② 《总署奏新加坡设总领事经费薪俸办法折》，光绪四年十一月初八日，王彦威、王亮辑编，李育民等点校整理：《清季外交史料》第2册，第274页。

改为总领事馆。

二是兼办多地的领事。这在中国早期驻日领事中多有体现。中日通商后，日本对中国开放的口岸有八个，驻日公使何如璋在华商最多的横滨、神户、长崎三处设立理事官，横滨理事兼管筑地、箱馆，神户理事兼管大阪。当时，没有华商的新潟、夷港未予考虑；后来两地渐有华商贸易，继任驻日公使黎庶昌将两地事务暂归横滨理事兼管。由于横滨、筑地的事务繁重，而箱馆、新潟、夷港同处北海道，居横滨距离远，因此驻横滨理事阮祖棠向驻日公使徐承祖提出在箱馆、新潟、夷港三口专门派一人办理相关事宜。徐承祖认同这一看法。他以横滨理事"事繁路远，势难兼顾"为由，奏请派员分管箱馆、新潟、夷港三口。其办法是委派横滨理事馆随员刘坤专管三口事宜，赏给副理事衔，每年冬、夏到三口查阅两次，平时驻横滨理事署，遇有要事随时前往办理①。1891 年，驻日公使李经方因大阪、筑地寓居华人增多，奏准照前例向两处分别派设副理事官。筑地副理事官驻东京公使署，协助横滨正理事官办理筑地的事务；大阪副理事官驻神户理事署，协助神户理事官办理大阪的事务②。同年，李经方又奏请将箱馆副理事官改为常驻，就近兼管新潟、夷港。

三是在无约国派驻领事。1879 年，商人陈国芬等向驻美、日、秘三国公使陈兰彬禀请在檀香山设立领事。陈兰彬认为夏威夷是无约之国，中国不便在该国设立领事，而且该国也不是美国属邦，"非使美之员所能添设"。鉴于夏威夷有不少华工，而且这里又是中国华工前往秘鲁的中转站，陈兰彬认为中国应当派员驻此管理和保护华工，而商人陈国芬是合适的人选。于是，陈兰彬提出了一个变通的办法，即由南洋大臣或两广总督或驻美、日、秘公使，发给陈国芬商董谕帖，管理当地华工，试办一年。总理衙门同意陈兰彬的意见，但是南洋大臣、两广总督发给谕帖，不便管理，所以奏请由陈兰彬

---

① 《使日徐承祖奏添设新潟等处理事折》，光绪十二年正月十七日，王彦威、王亮辑编，李育民等点校整理：《清季外交史料》第 3 册，第 1313—1314 页。

② 《使日本李经方奏请添设筑地大阪二处副理事片》，光绪十七年二月十三日，王彦威、王亮辑编，李育民等点校整理：《清季外交史料》第 4 册，第 1734—1735 页。

就近发给陈国芬商董谕帖，"暂行试办，与领事官示有区别"①。1881 年，陈兰彬在试办一年期满后，向总理衙门提出了改商董为领事的建议。他认为中国与夏威夷之间没有条约并不影响设立领事，因为与夏威夷没有条约关系的俄罗斯等国都在该国派驻有领事。总理衙门同意了陈兰彬的建议，并奏准任命陈国芬为驻夏威夷领事官，薪俸在出使美国经费内开支②。因此，中国驻夏威夷领事成为驻外领事中的一个特例。

此外，清政府出于保护海外华人利益，还积极与俄国、西班牙进行交涉，以图在俄国的海参崴、西班牙的属地小吕宋设立领事。前者属于非通商口岸设领交涉，后者属于条约无设领规定的交涉。

早在 1881 年，吴大澂出于保护、管理在海参崴中国人的目的，提出与俄国交涉，在海参崴设立公所，"仿照领事官之例，遇有商务及诉讼事宜，由该员就近经理，或会同俄官秉公商办"③。吴大澂也曾就此事与总理衙门函商。于是，曾纪泽奉命与俄国外交部就此进行了商议。俄方提出海参崴是"屯兵海口，非通商口岸可比"，不便允许中国设立领事；为保护华民，中国可以在当地设立商务官员，"不提领事名目"，不过这需要咨询东悉毕尔总督方能决定。总理衙门与俄国驻华公使也曾提及此事，对方回复是要等外交部的复文。然而，俄国并未即时答复④。因此，海参崴设领一事长期未能解决。1885 年，总理衙门借俄国提出将吐鲁番领事移驻乌鲁木齐之机，照会俄国驻华公使，提出在海兰泡、海参崴两地设立领事。俄国驻华公使"借词外部迁延悬宕"，不予答复。后来，中国同意吐鲁番领事移驻乌鲁木齐后，又向俄国提出交涉。1897 年，俄方才同意中国照德国、日本之例，在海参崴设立商

①《总署奏檀香山拟设商董由驻美公使发给谕帖折》，光绪五年二月二十三日，王彦威、王亮辑编，李育民等点校整理：《清季外交史料》第 2 册，第 288 页。

②《总署奏檀香山设领事片》，光绪七年三月十六日，王彦威、王亮辑编，李育民等点校整理：《清季外交史料》第 2 册，第 489 页。

③《帮办吉林军务吴大澂奏苏城沟等处拟设官理事片》，光绪七年二月初九日，王彦威、王亮辑编，李育民等点校整理：《清季外交史料》第 2 册，第 481 页。

④《总署奏遵议设所管理海参崴俄界华民折》，王彦威、王亮辑编，李育民等点校整理：《清季外交史料》第 2 册，第 524 页。

务委员①。

　　清政府为保护在小吕宋的华人，曾向西班牙提出在当地设立领事。然而，清政府在小吕宋设领并不顺利。中国驻美、日、秘三国公使陈兰彬曾向西班牙提出过这一要求，西班牙却以其与中国所订条约中没有在其属地设官明文加以拒绝。此后，历任驻美、日、秘三国公使郑藻如、张荫桓、崔国因也就此事向西班牙进行了交涉。中国也曾派员调查小吕宋华人处境，但是设领事一事均未能如愿。1891 年，崔国因提出西班牙外交部在设领事一事上"推诿游延"，只有用其他办法加以抵制，即可以通过禁其彩票的方式使其同意中国设领事②。不过，西班牙出于自身利益的考虑，仍长期不同意中国向小吕宋派驻领事，直到 1897 年以后中国的努力方有所成效。

　　驻外使领馆的设立是中国执行双边条约的结果。同时，它们是中外条约关系运行的重要机构，在提供海外情报、与驻在国进行交涉、与总理衙门和南、北洋大臣互通信息、保护海外华人等多方面，均发挥了重要作用。

　　19 世纪 60—90 年代，随着中外条约关系的发展，中国日益走进国际社会，外交礼仪和外交制度发生了较大的变化。这是中国外交制度早期现代化的起步。然而，受传统观念和制度的影响，这一时期的外交礼仪和制度尚存在诸多不足。虽然如此，上述变化却奠定了后续中国外交礼仪和制度演变的基础。

---

　　① 《总署奏海参崴应设商务委员请派李家鳌充任片》，王彦威、王亮辑编，李育民等点校整理：《清季外交史料》第 5 册，第 2460—2461 页。
　　② 《使美崔国因奏小吕宋议设领事日外部径直推辞宜另筹抵制折》，王彦威、王亮辑编，李育民等点校整理：《清季外交史料》第 4 册，第 1731—1734 页。

第九章　条约关系运行中的各方应对

中外条约关系在中外交往中得到不断发展和完善，并取代朝贡关系，成为中外交往的新秩序。这一秩序既有国际惯例的采用与实施，也有西方强加给中国的不平等条约义务。西方列强为自身利益考虑，竭力维系这种不平等条约关系，清政府在理与势的选择之下不得不接受这种条约关系。条约关系的运行对中国产生了多方面的重要影响，其不平等的一面所带来的危害日渐突显。与此同时，由于国际法的传入、国际交往的增多，中国人开始重新审视中外条约关系，发出了改变不平等条约关系的早期呼声。

第一节　清政府应对条约关系的方略

清政府应对条约关系有一个变化过程。鸦片战争后，清政府在应对条约关系时，奉行传统的羁縻之道，其基本原则是怀柔远人，给予恩惠。第二次鸦片战争失败后，种种条约权益的出让使得清朝统治者改变态度，将羁縻之道作为"治标之计"，信守条约，而"根本之计则是自强'驭夷'"①。因此，清政府为应对条约关系，在内政与外交方面均采取了相应的措施：在自身恪守条约的同时，要求对方遵守条约，并预筹修约；"建立不同于'天朝'体制的对外体制"②。这些措施在不同时期虽有变化，并有侧重，但是归结起来，主要表现在以下几个方面：

一、　信守条约

第二次鸦片战争后，列强为实现条约权益，一再要求清政府履行条约；清政府在办理交涉的过程中，对条约及其作用有了更多的认识。在这种背景下，清政府内部逐渐形成了重视自己守约的主体意识，同治初年，清政府逐渐确立了恪守条约的方针。潮州入城问题的解决表明清政府遵守条约的观念发生了重大转变，也是清政府确立守约方针的重要转折点。1875 年，马嘉理事件的发生对中国的外交产生重大的影响，更进一步促进了清政府加强信守条约的方针③。在此方针之下，清政府主要采取了如下措施：

一是讲求约章。鸦片战争后，近代中外条约关系逐渐形成。伴随着条约关系的运行，与条约相关的章程、成案相继出现。它们与条约都是办理中外交往的重要依据。然而，地方官员与民间对之少有了解。诚如时人所言，"叩关互市后，交涉之事日以繁，讲信修睦之经或载条例，或凭案牍，日增月新，不但草野所未喻，即当事者亦莫得而详知也"④。第二次鸦片战争后，清政府采取了信守条约的方针，改变以往将条约匿不公开的做法，向各省颁行条约⑤。

条约经总理衙门颁行各省后，有的官员对之加以利用，以办理涉外事件。1862 年，湖南巡抚毛鸿宾在处理茶叶出洋征税问题时，"奉总理各国事务衙门咨照《通商章程》"，于是他"查咸丰十年颁刻三国通商条款"，知晓

① 李育民：《晚清中外条约关系研究》，第 445、451—452 页。
② 李育民：《晚清中外条约关系研究》，第 433 页。由于外交制度的演变前章已经论及，本章不再将之作为应对举措重复论述。
③ 李育民：《论清政府的信守条约方针及其变化》，《近代史研究》2004 年第 2 期。
④ 《通商约章成案汇编》，《申报》1887 年 4 月 22 日。
⑤ 李育民：《论清政府的信守条约方针及其变化》，《近代史研究》2004 年第 2 期。

了有关子口税的规定①。

　　然而，各地官员多有不了解条约、不讲求条约者。1864 年，苏州麻庄乡四名外国人②抢夺民众的鸡等物品，与民众发生争斗后被擒获，地方官不予处理，结果两人被捆绑致死。事发后，英国署理公使威妥玛承认英国人有不领执照违约进入内地、四人进入内地后又有偷窃并有致中国人伤亡的违法行为。但是，他抓住此案，指责中国地方官员不按中英《天津条约》第九、十八款保护外国人、将被抓获外国人送给领事处理，并威胁要处罚中国官员③。奕䜣等人在与威妥玛交涉时，指出外国人违约之外，也要求威妥玛转饬各通商口岸的领事"嗣后务须严禁本国人，慎毋不领护照，违约擅入内地"，避免再有类似事件发生④。然而，奕䜣等人从此事也发现地方官员"平时于条约漫不经心，故临事茫无主见已可概见"。所以，奕䜣等奏请令各省讲求条约，按照条约规定对待外国人⑤。

　　讲求条约就必须知晓条约。1860 年以前，清政府不公开刊发条约，对中外交涉颇有影响。1861 年 4 月 20 日，薛焕致函吴煦时说："二十二年江宁和约数条，从前刻本上并未载入，弟前在道任时，陈若木曾抄一纸交我，当即附卷存案，祈饬查出，照抄一纸送弟署备查。缘今日粤东来文，有引江宁条约之说也。"⑥ 而编印刊发约章和约章集成为讲求条约的重要途径。与此同时，中外条约不断增多，相关的章程和成案相应增加，它们在办理中外交往中起着重要作用。诚如徐宗亮所说，"各国通商以来，条约与章程并重。每案定议之后，总理各国事务衙门通咨各省刊布遵行，有司据为信守，然未辑有成书"⑦。而且，条约、章程和成案并非完全一致，因为"通商事务固准条

---

①《毛鸿宾奏议复耆龄湖南茶税办法折》，同治元年二月二十四日，中华书局编辑部、李书源整理：《筹办夷务始末·同治朝》一，第 167 页。

② 一名英国人，三名普鲁士人，只有一名普鲁士人领有执照。

③《英署使威妥玛照会》，同治三年十二月十六日，中华书局编辑部、李书源整理：《筹办夷务始末·同治朝》三，第 1310—1311 页。

④《给英署使威妥玛照会》，同治三年十二月十六日，中华书局编辑部、李书源整理：《筹办夷务始末·同治朝》三，第 1313 页。

⑤《奕䜣等奏麻庄乡人拿获外人四名各官推诿致二人殒命请饬各省官注意条约折》，同治三年十二月十六日，中华书局编辑部、李书源整理：《筹办夷务始末·同治朝》三，第 1309 页。

⑥《薛焕致吴煦函》，1861 年 4 月 20 日，太平天国历史博物馆编：《吴煦档案选编》第 2 辑，第 46 页。

⑦《通商约章类纂·凡例》，《通商约章类纂》，第 1 页。

约、章程，亦时有因事立论变通办理者"①。吴汝纶也指出"通商数十年，章程成案，多与条约不符者。拘守条约，不能办事"。刊刻条约、章程和成案对应对中外交往十分必要②。

19 世纪 70 年代，中外条约关系进一步发展，中外交涉事件频发。因此，中国各界对中外条约以及相关章程和成案予以关注，并就编纂这些文献提出了不同主张。一是主张汇编条约、章程和成案。早在 1871 年，李鸿章就提出了辑录通商条约、章程、成案的主张。他的办法是：派平时留心著述而又熟悉洋务的凌焕到南京，"禀明曾国藩，饬将南洋卷档即以条约为纲，按款采集成案，胪列章程；明年春夏间赍至天津，再将北洋办过各案择要添入"，按照官书体例编定，南、北洋衙门各存一编；将来修换新约、或者议订通商律例，均可以此编为参考，是办理洋务不可少之书③。李鸿章的主张与后来的《通商约章类纂》编纂方式颇有相似之处。然而，他的这一主张在当时并没有付诸实行。倒是 1874 年谢家福所辑的《条约汇编》一书附有成案。当时，谢家福的《和约汇编》并未刊行，仅有抄本，有学者认为这是"我国近代最早的条约集"④。二是主张刊刻条约。1875 年，总理衙门以中国对外条约单行本汇刊的形式，出版了《通商各国条约》（铅印本，16 册)⑤。同年，薛福成在《应诏陈言疏》中提出"条约诸书宜颁发州县"，建议将《万国公法》《通商条约》等书多为刊印，由各省藩司颁发州县⑥。这一建议得到总理衙门的重视。当年，总理衙门"咨行各省督抚，各将条约刊刻，发给道、府、厅、州、县各地方官"。所以，此后各省"自行刊印各国条约"⑦。

值得注意的是，1875 年的马嘉理事件对中国外交产生了重要的影响。李瀚章、李鸿章参与过办理此案及其交涉事宜。事后，李鸿章深感办理中英交涉之艰难，认为"各省地方官吏于洋务隔膜既多，当此时势艰难又罕能为国

① 《通商约章类纂·凡例》，《通商约章类纂》，第 1 页。

② 《答汪毅山》，施培毅、徐寿凯校点：《吴汝纶全集》第 3 册，黄山书社，2002 年，第 42 页。

③ 《凌焕集录通商成案片》，同治十年十月十一日，顾廷龙、戴逸主编：《李鸿章全集》第 4 册，第 421 页。

④ 赵国璋、潘树广主编：《文献学大辞典》，广陵书社，2005 年，第 648 页。

⑤ 北京图书馆统编部联合目录编辑组编辑：《中俄关系图书联合目录》（中文部分），1974 年，第 66 页。

⑥ 《应诏陈言疏》，光绪元年，丁凤麟、王欣之编：《薛福成选集》，第 81 页。

⑦ 《总署奏请将条约发交州县各官以凭交涉折　附上谕》，光绪三年五月初七日，王彦威、王亮辑编，李育民等点校整理：《清季外交史料》第 1 册，第 187 页。

家分忧远虑，倘均如岑毓英之任性贻误，诚恐后患方长"。所以，他在 1876
年上奏时提出"应请旨严饬各直省督抚，督饬所属地方官，讲求条约，先事
防维"①。同年，郭嵩焘就办理洋务，在上奏时提出："凡保举关道之员，亦
应责成研习各国通商条约，随时考查，以资历练"②。次年，闽浙总督何璟在
上奏时指出，福建交涉事务繁多，但是该省"办理洋务之人本属无多，求其
熟于各国通商条约者盖鲜"。总理衙门据此认为"一省如此，各省可知"，便
在上奏时提出应饬令地方官员讲求条约。随后清廷发布上谕，要求各地着
各该将军、督抚、府尹，再行严饬所属，"务将条约详研熟识，能令贯通，
以期深明窍要，遇事办理妥协"③。清政府的这种态度进一步推动了各种条
约集的编纂。

正是因为上述诸种因素的影响，中国的官方和民间编纂出版了一批有关
条约的文献。1877 年，畿辅通志局编纂出版《通商各国条约类编》。1878
年，谢家福的《和约汇编》以《和约汇抄》④为名列入"申报馆丛书"，正式
刊行⑤。1882 年，总理衙门编辑出版《中俄约章会要》，后来孙宝琦认为
"我国编辑国际条约而列于官书者，始于光绪八年总署排印之《中俄约章会
要》"⑥。1886 年，天津官书局出版《通商约章类纂》。此外，上海洋务局在
《通商约章类纂》出版以前曾刊有《条约易简录》⑦，具体成书时间待考。

在以上诸书中，《通商约章类纂》成书最晚。但是，其编纂早在 19 世纪
70 年代的光绪初年即已开始，前后历时十余年，多人经手，成书过程颇费周
折。该书出版后成为办理洋务的重要参考书籍。而且，该书在中外约章的编
纂上起到了承前启后的作用。1891 年，《各国约章纂要》在《通商约章类纂》
的基础上，增补 1886—1890 年间新定约章编纂而成。19 世纪末 20 世纪初，

---

① 《请饬官吏讲求条约片》，光绪二年七月二十七日，顾廷龙、戴逸主编：《李鸿章全集》第 7 册，第 156 页。
② 《使英郭嵩焘办理洋务宜以理势情三者持平处理折　附乾隆四十一年上谕》，光绪二年十月二十七日，王彦威、王亮辑编，李育民等点校整理：《清季外交史料》第 1 册，第 150 页。
③ 《总署奏请将条约发交州县各官以凭交涉折　附上谕》，光绪三年五月初七日，王彦威、王亮辑编，李育民等点校整理：《清季外交史料》第 1 册，第 187—188 页。
④ 李成杭：《〈和约汇抄〉编者小考》，《文教资料》1988 年第 3 期。
⑤ 《新书出售》，《申报》1878 年 8 月 3 日。
⑥ 孙宝琦：《光绪条约·序》，许同莘、汪毅、张承棨编纂：《光绪条约》，1914 年。另有国际法学者也持此种看法。（沈克勤编著：《国际法》，台湾学生书局，1980 年，第 575 页。）
⑦ 《通商约章成案汇编》，《申报》1887 年 4 月 22 日。

多部中外约章集的编纂借鉴了《通商约章类纂》①。这些约章集为中国官方应对条约关系提供了重要的参考。

二是遵循条约。讲求条约可以说是信守条约的基础，而遵循条约则是信守条约的重要体现。清政府在讲求条约的同时，还强调遵循条约。这在清政府的对内、对外政策上多有体现。

第二次鸦片战争后，清廷多次发布上谕，要求各地官员遵循条约。如1865 年 1 月 13 日，清廷发布上谕："着各直省督抚严饬该地方官，嗣后遇有外国人不持执照擅入内地，及持有执照而或有不法情事，抑或照内查有讹误者，均着按照条约，拿交领事官惩办。"对于那些官府未能觉察到，"先由民间受害之家拿送者，一经解到，亦着按约就近送交领事官惩办"。官府和民间"拿送"，"中途拘禁，不准陵虐"。同时，上谕还提出："至中外一切交涉事件甚多，并着饬令该地方官平时将各国条约悉心检阅，不准视为具文，漠不关心，致临时多所舛误"②。

总理衙门在办理外交时，也申明中国遵循条约的立场。1866 年，法国署理驻华公使伯洛内照会奕䜣，因教案未能即时处理而大肆要挟。奕䜣在照复中进一步申明了中国执行条约的立场，即中法之间"凡事只宜按照条约，就事论事，揆之时势，准之情理，可行者无不允行，不可行者亦难勉强"。他自己"万不肯于条约之外轻生他议，就使彼此往返辩论，或不免偶有龃龉之时，亦不过据理争持，期于两无偏倚，其于贵国与我中国两相和好之谊，丝毫不得有损"③。

不仅如此，清政府也要求外国遵循条约处理外交事件。1869 年，奕䜣在照会法国驻华公使罗淑亚时，就指出：1867 年 8 月 5 日，总理衙门照会法国驻华公使兰盟，指出：直隶的天津、江苏的嘉定、福建的厦门等地，都有法国人伤毙中国人命的案件；然而，"事阅数年，均未办结，希为迅速办结，

---

① 李传斌：《〈通商约章类纂〉考论》，《史学月刊》2020 年第 2 期。
② 《上谕》，同治三年十二月十六日，中华书局编辑部、李书源整理：《筹办夷务始末·同治朝》三，第1310 页。
③ 《给法署使伯洛内照会》，同治五年七月十八日，中华书局编辑部、李书源整理：《筹办夷务始末·同治朝》五，第 1828 页。

以昭公允"①。为使中国人在海外免遭苛待，中国政府也曾要求外国政府遵守条约和国际法。1887 年 12 月 12 日，中国驻英公使刘瑞芬照会英国外交部，就澳大利亚立法限制中国人一事，指出殖民地的这些立法违背中英条约和国际惯例，希望将之废除②。然而，在不平等条约关系之下，清政府的上述要求往往难以取得理想的效果。

由于条约的实施多涉及地方各省，因此总理衙门多次奏请饬各省官员遵循条约。1870 年，奕䜣等在上奏中提出："条约既为中国所共订，遇有中外交涉事件，即不能不查照办理。"地方官员"平时必须检阅，庶临事方有凭藉"。所以，"应请饬下各大吏，转饬各地方官，嗣后务须按约办事，免令洋人藉口，致误大局，是为至要"③。1875 年，马嘉理事件发生后，总理衙门又奏明请旨，一方面令各省大吏转饬地方官，"于各国执有护照之人入境，务须一体细核条约本意，妥为分别办理，以安中外而杜衅端"；另一方面，在获得允准后，除将各国条约咨送各省外，"再由臣衙门将约内所载执照游历分别保护办法各条约摘出，专钞分送各省，仍令转给地方官一律照办"。10 月 10 日，清廷发布上谕，令"各省督抚务饬地方官细核条约本意，遇有各国执持护照之人入境，必须照约妥为办理，以安中外而杜祸端"④。

地方官员的态度对遵循条约有重要的影响。同治初年，由于各地官员对于中外条约了解不多，未能有效执行条约，尤其是贵州教案、潮州入城事件等拖延多年未能解决，从而引发了外国人的不满。赫德的《局外旁观论》、威妥玛的《新议略论》都提出中国应当执行条约的意见。赫德就认为"既定有条约，必应于边界循照定章；必应准传教而保护奉教；必应于贸易之事遵

①　《给法使罗淑亚照会》，同治八年十月二十日，中华书局编辑部、李书源整理：《筹办夷务始末·同治朝》七，第 2805 页。

②　"Foreign Office to Colonial Office," December 21，1887，*Correspondence Relating to Chinese Immigration into the Australasian Colonies，with a Return of Acts Passed by the Legislatures of Those Colonies，and of Canada and British Columbia on the Subject*，pp. 1—2.

③　《奕䜣等奏议复丁日昌曾国藩所奏折》，同治九年九月二十四日，中华书局编辑部、李书源整理：《筹办夷务始末·同治朝》八，第 3130 页。

④　《总署奏请申明各国条约饬令各省照办折　附上谕》，光绪元年九月十二日，王彦威、王亮辑编，李育民等点校整理：《清季外交史料》第 1 册，第 55—56 页。

守各章"①。针对外国人的要求以及中国外交的处境，清朝的封疆大吏们提出了应对中外条约关系的策略。北洋三口通商大臣崇厚认为：外交之道在守信，"守信之法，务在中国官民均以条约为准"。1860 年《北京条约》签订后，"即奉明降旨，将所定条约发钞通商各省，数年以来，地方官自应咸使闻知"。然而，"每遇中外交涉案件，该地方官或有意延阁，或含混了事，甚有任意妄断，因小事而激生他事"。其原因就在于"不明条约，且有未经目见者，洋人执约以争，转得有所藉口。其通商各口而外，不特偏僻小县为然，即通都大邑之府、厅、州、县官吏幕友，亦均未明此义"。所以，"每遇交涉事件，不能持平办理。其余关系教民者，各州县尤属层见叠出，易滋事端"。针对以上情况，崇厚在上奏时，提出了如下应对之策："应请旨饬下各省将军、督抚、府尹转饬两司暨该管道、府，将各国条约重行刊刻，颁发通省各府、厅、州、县，咸使知悉。如遇接替时，亦必移交后任，遇有中外交涉事件，按照条约，持平妥办。"②

涉外事件发生后，外国驻华公使、领事往往催促办理，甚至会威胁中国官方。所以，封疆大吏也要求地方官及时循约办理涉外事件，以免引发外交纠纷。1865 年，潮州海阳县曾文财因欠英国商人银二万四千多元，引发中英交涉，后经地方官员追查方才办结。事后，广州将军兼署两广总督瑞麟、署理广东巡抚郭嵩焘，为此"严饬各地方官，此后办理中外交涉事件，务当按照条约，妥速查究办结，以昭平允，不容歧视延误"③。

需要注意的是，在不同时空范围内，各地官员在循约办理对外交涉上表现得颇不一致。不少封疆大吏主张遵循条约办理中外交涉。1861 年 6 月，福州将军文清、福建巡抚瑞璜在会晤英国领事星察理、嘉乐士时，告诉二人说："新定通商条款，自应恪遵妥办以期永好。"④

---

① 《总税务司赫德局外旁观论》，同治五年二月十六日，中华书局编辑部、李书源整理：《筹办夷务始末·同治朝》四，第 1669 页。

② 《崇厚奏议复奕䜣等英国呈递议论折》，同治五年三月十三日，中华书局编辑部、李书源整理：《筹办夷务始末·同治朝》五，第 1709—1710 页。

③ 《瑞麟郭嵩焘奏遵旨办结曾源成欠英商巴里逊银两片》，同治四年十一月十一日，中华书局编辑部、李书源整理：《筹办夷务始末·同治朝》四，第 1565 页。

④ 《文清瑞璜奏英领事星察理到福州请谒折》，咸丰十一年七月二十五日，中华书局编辑部、李书源整理：《筹办夷务始末·同治朝》一，第 13 页。

同年，两广总督劳崇光等在上奏中称：中英条约换定后，"于上年十月颁行到粤，臣等当经照式刊刻分布所属，通饬遵照，遇有中外交涉事件，无不按照妥办。即如外国人准持执照前往内地一条，所持执照，系由外国领事缮给，送交地方官盖印。凡英国人在省城领照往各处游行请盖印者，已有三十余起，均系随到随即印发"。而且，中国官员在办理事情时，均依照条约的规定办理。英国领事曾将该国商民到潮州的空白执照盖印，时任惠潮嘉道的邱景湘认为"条约内有通商各口，地在百里毋庸请照之语，汕头距府城不及百里，按照条约本可毋庸给照，且府城民情尚未和顺，劝其暂缓，是以未经印发"①。

1861年，法国将军孟斗班致函薛焕，对中国官军在董家渡"抢教内人停泊之船"，要求"出令严饬部官员军民人等，保护传教司铎，不准他人妄行滋扰"。对此，吴煦在代拟薛焕复孟斗班的信中指出："至中国与贵国和约内，凡天主教中人，理应厚待保佑，载有专条，万不能稍有异言，是以董家渡为首抢船之犯，随即尽法严办。"②

两广总督毛鸿宾、署广东巡抚郭嵩焘"每与各国领事接晤，开诚布公，讲信明义，遇有交涉事件，按照条约，可行者则推诚而直诺，不行者必据理以婉辞……故年余以来，彼此情义似尚相孚"。但是，二人又认为对外交往除了用怀柔之道、讲恩信外，"必有不可犯、不可胜、能制人而不制于人之实用"，因此应当立即讲求"自强自励之要道"③。1866年，浙江巡抚马新贻在上奏时提出，对于办理宁波通商口岸事宜，"臣惟严饬文武各员，凡与夷人交涉事务，皆谨守条约而接之以礼。如有干请，实在条约之中者，立为查照办理，以消其寻衅之端；如在条约之外及窒碍难行者，则据实开导，告以缘由，以绝其无厌之请"④。1869年，安徽巡抚英翰就办理安庆教案，在上

---

① 《劳崇光等又奏复陈潮州阻英领事坚佐治入城实情折》，咸丰十一年八月初一日，中华书局编辑部、李书源整理：《筹办夷务始末·同治朝》一，第17页。

② 《吴煦代拟薛焕复孟斗班函（底稿）》，1861年3月20日，太平天国历史博物馆编：《吴煦档案选编》第2辑，第36—37页。

③ 《毛鸿宾郭嵩焘奏敌国外患所当预筹请饬整饬纪纲申明法度折》，同治四年三月十八日，中华书局编辑部、李书源整理：《筹办夷务始末·同治朝》四，第1350—1351页。

④ 《马新贻奏议复奕䜣等英国呈递论议折》，同治五年十月二十一日，中华书局编辑部、李书源整理：《筹办夷务始末·同治朝》五，第1930页。

奏时称："自来中外交涉事件，惟有遵照条约办理，而斟酌缓急轻重，全在操纵之得宜。"①

当然，在实际执行过程中，并非所有官员都能够严格遵循条约。有的地方官对条约不熟悉，难以遵循。这在 19 世纪 60 年代较为突出。诚如 1865 年奕䜣等所说，"现在各省地方官，于各国条约每多不能熟悉，一旦获有通贼之外国人，以为情罪重大，从而甘心，不暇查阅条约，亦所不免"。当年，有英国人在赣州因为"通贼"被地方官羁押，英国驻九江领事、驻华公使分别向地方官员和总理衙门提出交还此人②。清政府的态度是：如果查明确有其人，地方官不能将之羁押，而是应当按照条约，将其交该省领事官讯办。如果不能照实办理，"别经查出，必将该地方官从重治罪"③。后经地方官员查明，英国人蛮晖并非是被羁押，而是贩运军火到漳州太平军李世贤部；李部失败后，他又到永定投入湘军营中。"军中未谙条约，因蛮晖系外国人，无从遣送"，所以把他"暂留在营"。于是，江西巡抚孙长绂饬令地方官员把蛮晖刻日解交广饶九南道，按照条约办理④。有的地方官甚至不遵循条约。1861 年贵阳教案的发生就表明了贵州官员在对待传教条款的态度。事发前，总理衙门曾于 1860 年将中法《天津条约》盖印，通行各省，"各该督抚自应遍为张贴，俾军民人等咸得知悉，免致再于法国传教及中国奉教之人稍有谋害"。而且，清廷多次发布上谕，要求照条约持平办理天主教案件。然而，贵州前任巡抚何冠英以及继任巡抚韩超、贵州提督田兴恕、贵阳知府多文、开州知州戴鹿芝，却有攻击杀死法国传教士与教民之举。法国驻华公使哥士耆曾从广州给贵州巡抚韩超寄去"和约告示二十张"，韩超则将之还给贵阳的胡主教，根本不予张贴⑤。

---

① 《英翰奏办理安庆考童滋闹教士公寓折》，同治八年十一月初六日，中华书局编辑部、李书源整理：《筹办夷务始末·同治朝》七，第 2817 页。

② 《奕䜣等又奏江西赣州羁押英人瞒四辉里请按约核办折》，同治四年八月二十三日，中华书局编辑部、李书源整理：《筹办夷务始末·同治朝》四，第 1476 页。

③ 《廷寄》，同治四年八月二十三日，中华书局编辑部、李书源整理：《筹办夷务始末·同治朝》四，第 1477 页。

④ 《刘坤一奏遵旨查复赣州羁押英人一案折》，同治四年九月十一日，中华书局编辑部、李书源整理：《筹办夷务始末·同治朝》四，第 1527 页。

⑤ 《奕䜣等奏法使哥士耆照会贵州两次杀害教民请饬四川两广总督查办折》，同治元年五月二十三日，中华书局编辑部、李书源整理：《筹办夷务始末·同治朝》一，第 255 页。

19 世纪七八十年代，各地仍然有官员不能讲求条约，不能切实遵循条约。1876 年，有媒体刊文称："中国近年也知学外国语言文字，却不知中外官场先要把先后三次各国通商条约及《万国公法》读熟了就好办洋务了；虽不能人人皆能，若一府一县之中佐贰闲曹有一个实在熟的，到了洋务交涉连府县都不外行。我看此事极有关涉，极为紧要，必须办的。"① 这从一个侧面反映了中国地方官员并不讲求条约以及难以应对洋务的实情。甚至到了1886 年，时任两广总督的张之洞针对广东地方交涉还指出，各级官吏论及涉外事件时，层层推诿，最后草率处理，"引约章则多舛，援成案则多歧"②。

此外，条约的实施不仅关系地方，也与中央层面的外交有密切关系。因此，总理衙门与地方政府在处理条约关系时，不得不相互协作。一方面，中央与地方要互通信息。总理衙门为此曾多次致函地方大吏，提出"各省办理外国事件，均应随时互相咨会，以免歧误"③。另一方面，中央与地方在办理交涉时，要上下联动。地方官员在执行条约规定的过程中，对于约外侵权行为除照约抵制外，往往奏请饬总理衙门或驻外公使进行交涉。19 世纪60 年代，俄国不顾条约的规定，沿松花江上驶，要求呼兰通商，遭到黑龙江地方官员的反对。1869 年，黑龙江将军德英、齐齐哈尔副都统全英在对待俄国人的违约要求时，"饬所属地方暨防卡官弁一体遵照，如遇该船入境，仍按条约，妥为剖辩拦阻，不准轻启衅端，亦毋许任其阑入"。但是，如果俄国人不遵守条约，仅仅剖辩是难以解决问题的。所以，德英、全英上奏请旨饬下总理衙门照会俄国驻华公使"严禁俄夷官商，此后务须恪遵条约，不得滥行越境，致失和好，以靖边疆"④。诸如此类的应对之举，在晚清是较为常见的。

---

① 《和合闲谈》，《中国教会新报》1870 年第 115 期。

② 《札司道讲求洋务》，光绪十二年六月二十日，苑书义等主编：《张之洞全集》第 4 册，第 2523 页。

③ 《刘岳昭等奏遵查马如龙采办外洋军火情形折》，同治十二年八月初六日，中华书局编辑部、李书源整理：《筹办夷务始末·同治朝》十，第 3683 页。

④ 《德英全英奏呼兰俄船要求通商请按约办理折》，同治八年八月初一日，中华书局编辑部、李书源整理：《筹办夷务始末·同治朝》七，第 2721 页。

二、　外交应对

信守条约是清政府应对中外条约关系的基本方针。在此方针的指导下，清政府为应对中外条约关系还在外交方面采取了相应的举措。如派出驻外使节、领事以及游历官员；在中外订约中，尝试建立平等关系，筹划取消某些条约特权；等等。这些在前文已经有所论述，此处不赘。此外，清政府还在处理涉外事件或涉外事务上，采取了若干外交应对举措。

一是反对外人违约侵权。在循约维权的同时，许多中国官员反对外国人违约侵权。外人违约侵权行为多发生在通商领域。1861 年 1 月 10 日，上海道吴煦在上王梦龄的禀文中称："近日英夷桀骜非常，自开办新章以来，种种占尽便宜。最可恨者，硬阻各项厘捐，总谓碍伊贸易。百计争辩，迄无挽回。沪上进款日绌，出款愈繁，实有万难支撑之势，为唤奈何！"① 奕䜣等在致薛焕的咨文中也指出："嗣后该国呈诉各情，若于条约未符，或虽符而事关税项及地方情形，可以据理驳斥者"，薛焕应当"据实咨复，断不可稍有迁就"。薛焕在上奏中说："臣职司通商，诚如训示责无旁贷，凡遇领事官争论一切，惟有督饬吴煦设为譬喻，详细开导，仍就条款逐层剖辩，不惜舌敝唇焦，以尊国体而驯夷情，万不敢稍涉诿卸。"② 19 世纪 60—90 年代，清政府往往依据条约规定，反对外国人违约经商，依约处理违约行为。

一方面，清政府根据条约的规定，反对外国人提出的约外通商要求。1866 年 3 月 31 日，俄国驻华公使倭良嚜里向总理衙门提出黑龙江内地贸易的要求。奕䜣在照复倭良嚜里时指出，按照中俄《北京条约》《瑷珲条约》的规定，中俄只能在两国交界地方以及黑龙江、松花江两岸地方贸易，俄国商人不能进入黑龙江内地贸易③。对于中方的合理解释，倭良嚜里却表示反对，随即照会奕䜣，声称："查所引《北京和约》第四条，所言甚是，然此

---

① 《吴煦上王梦龄禀（底稿）》，1861 年 1 月 10 日，太平天国历史博物馆编：《吴煦档案选编》第 2 辑，第 3 页。

② 《薛焕奏凡遇领事官争论一切仍就条款剖辩片（抄件）》，1861 年 3 月，太平天国历史博物馆编：《吴煦档案选编》第 4 辑，第 277 页。

③ 《给俄使倭良嚜里照会》，同治五年五月初四日，中华书局编辑部、李书源整理：《筹办夷务始末·同治朝》五，第 1738 页。

条并无禁止前往内地文意。"而且，中英《天津条约》第九条以及其他国家与中国所签订的条约，"均有准听持照前往内地各处通商之句，即系他国民人皆许前往，何能独禁俄人照办?"同时，他援引中俄《天津条约》规定的利益均沾，认为俄国人理所当然地可以享有这一权利①。倭良嘎里显然有意曲解条约的规定，因为中俄《北京条约》第四条规定的是边界贸易，根本不能引申出"并无禁止前往内地文意"的解释；至于由边界进入内地，与由通商口岸进入内地也是完全不同的。面对倭良嘎里的无理要求，奕䜣等人到俄国驻华使馆面商，当面予以驳斥，最终达成边界"百里内照章贸易，百里外持照游历"。不过，倭良嘎里还要求，俄国人从阿巴该推卡伦持照至阿木尔省贸易，路过墨尔根、瑷珲等城，不得拦阻。总理衙门一开始并没有接受，随后因为俄方一再坚持，总理衙门认为这只是俄国人为到本国阿木尔省贸易需要，就近从中国内地经过，与通商不同，"似难过于拒绝"，才同意了这一要求，但是要求倭良嘎里告知俄国边界官"转饬俄商，勿得无故逗留，别行闯越"②。而且，总理衙门将此决定行文黑龙江将军查照商办。

　　然而，倭良嘎里在此基础上，又进一步混淆是非，提出额外要求。1866年5月25日，总理衙门收到倭良嘎里的信函与照会。倭氏在信函中要求准许俄国商人到黑龙江、吉林内地贸易；在照会中又有意曲解总理衙门照会中的"勿得无故逗留"，声称"按无故之说，或泛指他故，并非实指通商而言也。遇有相买相卖等事，亦自不得拦阻"③。总理衙门对此进行了反驳，声称俄国人从中国内地路过时，可以互换零星米面，但是不能有大宗买卖④。然而，倭良嘎里并不接受中国的说法，并声称他早已通告东悉毕尔总督。最终，中俄双方并未能在黑龙江通商一事上达成一致。

　　1869年，署黑龙江将军德英在巡边时至黑龙江城。俄国巡边大臣萨阔勒

---

① 《俄使倭良嘎里照会》，同治五年五月初四日，中华书局编辑部、李书源整理：《筹办夷务始末·同治朝》五，第1738—1739页。

② 《奕䜣等奏俄使请赴黑省内地通商现办情形折》，同治五年五月初四日，中华书局编辑部、李书源整理：《筹办夷务始末·同治朝》五，第1732—1733页。

③ 《俄使倭良嘎里函》《俄使倭良嘎里照会》，同治五年五月初四日，中华书局编辑部、李书源整理：《筹办夷务始末·同治朝》五，第1742—1743页。

④ 《给俄使倭良嘎里照会》，同治五年五月初四日，中华书局编辑部、李书源整理：《筹办夷务始末·同治朝》五，第1744页。

阔幅前来会晤，就俄国人到呼兰通商遭拒一事提出质疑，声称按照中俄《北京条约》第四条、《天津条约》第十二条，俄国人可以到呼兰通商。德英等人则指出中俄《北京条约》第四条载有"两国交界处所，准其随便通商，不纳税课"等内容，"其余除交界处所之外，并未载有俄国商人随便在各处通商之语"①。

另一方面，清政府对于外人违约生产和经营行为，均据约予以处理或加以反对。如清政府一直坚持反对洋盐进口，外商凡有违背者，均按条约规定加以处理。1895 年以前，清政府一直反对外国人在华开办工厂，对于相关违约行为，均照约予以处理。如 1882 年，一名英商欲在上海建造缫丝厂；1888 年，外国人格兰脱想在上海开设轧花厂，都被总理衙门"按照和约力行禁止"。其他口岸的这类举动也遭到中国官方的反对。1883 年，德商在厦门私运机器，拟在厦门制造铁盆，结果总理衙门"详辩禁止"。而且，当年总理衙门还行文各国公使不准外国人在中国制造各项货物。1893 年 7 月 22 日，总理衙门接到美国和其他多国驻华公使来文，其文声称：上海道不准进口轧花机器等，认为中方"有背和约，请即除去"。总理衙门答复称："按照和约，洋人至通商各口，其以手工做成各货者一概不问；如以机器来华制造货物，即在中国销售，实属违背和约。""此事实为保护贫苦工匠性命起见，中国有可以禁止进口之权。"②

二是限制外人在华活动。中外条约对外人在华活动多有规定。然而，外人在华活动多有违约之举。不少官员就限制外人在华活动提出了自己的意见。1876 年，时任两广总督的刘坤一发布《变通通省洋务简要事宜条款》，对外人在华活动采取了若干限制之策③。在具体领域，清政府也提出了相应的管束或限制来华外人的办法，涉及聘用外人、外人游历等方面。下面举数例加以说明。

---

① 《德英奏俄大臣萨阔勒阔幅问呼兰通商被阻事已据约辩复折》，同治八年九月二十三日，中华书局编辑部、李书源整理：《筹办夷务始末·同治朝》七，第 2769 页。

② 蔡少卿整理：《薛福成日记》下，光绪二十年二月十五日，第 864 页。

③ 《变通通省洋务简要事宜条款》，光绪二年，中国科学院历史研究所第三所工具书组校点：《刘坤一遗集》第 6 册，第 2798—2800 页。

在"借师助剿"一事上，曾国藩主张将外国人限制在通商口岸。他在1862年2月24日致函吴煦时说："目前之计，惟有借助洋人，聊固吾圉。惟闻洋人有攻取金陵、苏、常之说，则鄙人终不谓然。上海系通商口岸，人民之多，财货之富，中外同其利害，自当共争之而共守之。苏、常、金陵本非子口，非洋人应管之地，自当以情理劝阻。"①

在外聘洋员的司法管理上，1863年白齐文的处罚即是例证。1863年1月，白齐文因索饷而殴伤杨坊，并抢劫军饷。事发后，李鸿章和总理衙门均主张由中国政府处理白齐文。美国驻华公使蒲安臣照会总理衙门称，"李鸿章欲用中国之例办白齐文，查条约白齐文系美国人，别国不能治罪，如果白齐文犯何等罪，本国领事官必然加以处治"②。对此，总理衙门在照会蒲安臣时也指出，白齐文虽是美国人，"然既受中国官职，自应遵守中国法度，有功必赏，有罪应罚"③。然而，清政府最终因为美国、英国驻华公使对白齐文的庇护，未能照中国法律处置他。

对于外国人提出的游猎要求，中国官方据约加以反对。1876年初，英国麦领事向南洋大臣提出，准许英国人在内地通商游猎。南洋大臣对此答复是游历为中英条约所许，"游猎一层则系为条约所无，嗣后遇有领照游猎之人，只可照章游历，勿再误会条约游历为游猎"。英国麦领事在得到答复后，又向南洋大臣申陈："应即详本国驻京大臣核明条约，批示遵行"。因此，南洋大臣咨文总理衙门，请与英国驻华公使交涉。总理衙门同意南洋大臣的意见，认为"游猎与游历显然判为两事，条约内既未载有游猎字样，自确有所据，不妨与之力辩，仍希札复该领事，嗣后务须遵照条约办理，毋得牵混"。而且，总理衙门就此事与英国驻华公使进行了交涉④。

广东地方当局也曾限制过洋人在香山县的射猎活动。1893年初，广东巡

---

① 《曾国藩致吴煦函》，1862年2月24日，太平天国历史博物馆编：《吴煦档案选编》第2辑，第268页。

② 《美使蒲安臣照会》，同治二年二月二十七日，中华书局编辑部、李书源整理：《筹办夷务始末·同治朝》二，第630页。

③ 《给美使蒲安臣照会》，同治二年二月二十七日，中华书局编辑部、李书源整理：《筹办夷务始末·同治朝》二，第630页。

④ 《总署咨洋人入内地游猎条约既未载明毋得牵混文》，光绪二年，《约章成案汇览》乙篇，卷33下，第12页。

抚因一名葡萄牙籍的男童在香山县附近随意射猎，多次伤及华人，所以指示前山同知发布公告，禁止洋人在香山县射猎。中葡因此而发生交涉。澳门总督拒绝承认中国有权以任何理由禁止洋人从澳门进入中国。他表示虽然可以遵守中国有关体育的法令，但是按照通商条约规定，洋人可以在通商口岸100里的范围内自由旅行，因此他声称"澳门必须在此方面坚持至少与通商口岸相等的地位"。而且，他向广东巡抚提出可以起草一项中国人和外国人都适用的射猎章程，"他将保证澳门居民共同遵守"。广东巡抚拒绝了这一提议，因为"通商条约没有提及射猎，洋人根本无权在华射猎，所以官府的禁令及拒绝给予相关洋人不带火器而自由行动的权利是正当的，毋庸置辩"。然而，香港和澳门的"体育人士"却不顾禁令，继续在中国的禁区内射猎；不过，只要他们不走近前山，中方就不会有任何干涉。1893年8月底，中国官兵将四名在前山近邻射猎的葡萄牙人包围，缴去猎枪。此事引起澳门地方的强烈不满，随后中国官府不再阻止射猎活动，禁猎令于是很快被撤销了[1]。显然，广东地方当局虽然依据条约，对澳门以及香港人在香山县的射猎活动采取了措施，然而在澳门当局的反对之下，限制措施被迫取消。这也表明限制外国人在华活动并非易事。

至于外人在华游历，清政府试图通过发放执照加以限制。第二次鸦片战争后，英国人当中颇有专为到内地游历者，如果按条约规定在执照中注明游历通商，"稍涉牵混"，所以奕䜣曾与英国驻华公使卜鲁士议定，往后发给执照，须将游历通商四字分别填写；如专为入内地买卖货物而用，则在执照内注明通商字样，不必再写游历等字，执照系由海关给发；如专为进入内地游历的，仍按照条约，执照由领事官发给，地方官盖印，执照内只注明游历字样，不写通商等字[2]。事后，总理衙门行文各省督抚、札知税务司，照此办理。然而，这一办法在执行中却遇到了问题，如英国驻牛庄领事密迪乐在

① 《1892至1901年拱北关十年贸易报告》，莫世祥、虞和平、陈奕平编译：《近代拱北海关报告汇编（一八八七—一九四六）》，第42—43页。

② 《总理衙门汇编同治元年英国人游历清档》，同治二年十二月初一日，中国第一历史档案馆、北京大学、澳大利亚拉筹伯大学编：《清代外务部中外关系档案史料丛编——中英关系卷》第4册《交聘往来》，中华书局，2009年，第16—17页。

办理游历执照时，声称他接到的卜鲁士札文仅指出：以后领事"发给执照，务须填写英人所往地名及英人姓名"；至于前述奕䜣与卜鲁士商定的办法，卜鲁士并没有言及①。因此，他拒绝将游历执照后面的通商二字删去。1862年3月5日，奕䜣照会英国驻华公使卜鲁士，重申此前与之面商的结果，请卜鲁士"札谕密领事发给游历执照，务将通商二字删除，俾免牵混，并希转饬各处领事官一体遵照"。然而，英方拒绝了中方的这一要求。3月11日，卜鲁士照会奕䜣称：奕䜣照会中所说"以前面定"之有关游历执照和通商执照分别办理的办法，"其中必有错会之处"，他与奕䜣前后会晤时，从未提及；"换约以来，发给执照内并无专指该英人缘何启程之语"，中英条约中没有所谓的分填游历和通商的说法。他认为"遇良善之人请发执照，即于通商、游历二者分禀与否，自应任听其便，本国并无令其分晰指定之例，实可无庸将执照式样更改"。至于由海关发放执照，他也不同意，主张仍由领事发执照，由中国地方官照旧盖印②。3月16日，奕䜣照会卜鲁士，声明"游历通商四字必须分别填写之故，并非误会前说"。海关发给执照，各关可"稽查商人影射偷漏等弊"；游历执照内有通商字样，游历者将"藉此牵混，携带货物，各处销售"，这样"漫无限制，实觉无凭稽查"。他认为之所以将执照分为游历、通商，分别发给，目的在于"两不相混，较便稽查，实与税务有益，并非有意将执照式样更改"。他仍然希望卜鲁士"速行札谕密领事，嗣后发给通商游历执照，务分别办理，以免牵混，并饬各处领事官一体照办"③。然而，由于英方反对游历执照删去通商二字，中方不得不做出让步。1864年，总理衙门指出：中英《天津条约》第九款"游历二字之下既有通商二字，是游历执照内添有通商字样，亦不能禁其添写"，"嗣后各国游历执照如列有通商二字者，领事官送请地方官盖印，准其印给"。此外，清政府还

① 《总理衙门汇编同治元年英国人游历清档》，同治二年十二月初一日，中国第一历史档案馆、北京大学、澳大利亚拉筹伯大学编：《清代外务部中外关系档案史料丛编——中英关系卷》第4册《交聘往来》，第9—11页。
② 《总理衙门汇编同治元年英国人游历清档》，同治二年十二月初一日，中国第一历史档案馆、北京大学、澳大利亚拉筹伯大学编：《清代外务部中外关系档案史料丛编——中英关系卷》第4册《交聘往来》，第22页。
③ 《总理衙门汇编同治元年英国人游历清档》，同治二年十二月初一日，中国第一历史档案馆、北京大学、澳大利亚拉筹伯大学编：《清代外务部中外关系档案史料丛编——中英关系卷》第4册《交聘往来》，第23页。

就外人游历地点和范围的填写也采取过相应的措施①。

1882 年，张之洞就外国人在各省游历护照的发放提出了限制意见。总理衙门认为外人在游历护照上"往往有填写十八省者，虽条内并无限其所至之处，然浑言十八省，实属泛而难稽"。但是，张之洞提出的限外国人只准填一两处，外国人必不肯接受此限制。至于张之洞提出的护照由总理衙门或南、北洋通商大臣盖印发给，总理衙门认为中英条约中有相应的规定，且条约通行已久，势难更改。所以，1883 年，总理衙门在继续按旧章由领事发给护照、地方官盖印的同时，照会各国公使，"嗣后洋人游历各省，由何处至何处，并经过何处，均于照内一一注明，不得泛言十八省，非独便于稽查，亦且易于保护"②。

三是加强传教事务的管理。各国通过不平等条约获得在内地自由传教的特权后，清政府为应对传教问题采取了相应的防范措施。1871 年，总理衙门曾向各国提出《传教章程》八条，未被各国接受。不过，清政府在 19 世纪 60—90 年代，根据中外条约的规定，对传教事务还是采取了若干限制管理政策。这主要表现在以下几个方面：

（一）加强对传教士及其活动的限制和管理。奕䜣等人认为基督教虽然"以劝人行善为本，其名尚正，然恐日久弊生，藉端滋事"；所以，为防范传教士干预地方事务，他们与法国驻华公使商定，在发给传教士谕单内"载明不准丝毫干预公私事件等语"③。1870 年，丁日昌、曾国藩在办理天津教案的过程中，颇有感触，提出了管理传教士的主张。丁日昌指出："天主、耶稣各教，传入中国，载在条约，固不能不照章随时保护，然亦不能任听作奸犯科，以致事机决裂，不可收拾。"鉴于天主教在招收教徒时不择良莠，并有干预司法的情况，他奏请"饬知中外通商衙门，将天主一教，于今年续修

---

①　参见胡忠良：《从档案谈晚清欧洲人在华游历》，《历史档案》2002 年第 2 期。

②　《总署奏遵议发给洋人游历内地护照请仍照旧章片》，光绪八年八月二十日，王彦威、王亮辑编，李育民等点校整理：《清季外交史料》第 2 册，第 567 页。

③　《奕䜣等又奏因山西教民二事请饬各省教案持平办理折》，咸丰十一年十月二十九日，中华书局编辑部、李书源整理：《筹办夷务始末·同治朝》一，第 70 页。

条约时，议明教士不准滥收莠民，干预词讼"①。曾国藩则提出"中国欲长全和局，外国欲久传此教，则条约不能不酌增，拟请议定，此后天主仁慈各堂，皆归地方官管辖。堂内收入一人，或病故一人，必应报明注册。仍由地方官随时入堂查考，如有被拐入堂，或由转卖而来，听本家查认备价赎取。教民与平民争讼，教士不得干预扛帮"。而且，他奏请饬总理衙门就此与各国公使商订办法②。奕䜣等人在议复二人的上奏时，指出1861年法国驻华公使给传教士的谕单即有"丝毫不得干预别项公私事件"等词；1862年颁发的上谕也要求持平办理民教交涉事件。曾、丁二人的建议正好说明，各地官员未能真正奉行。不过，奕䜣等根据曾、丁二人的建议，注意从外交层面进行努力，"惟有随时随事，仍持前说，苟有一隙可乘之机，自必悉心筹办，以期维持一分，即少一分流毒"。至于地方官员不能持平办理，原因就是他们有偏苟教民的、有偏护教民的、有苛待教民的、有徇庇教民以挟制上司的，所以选用官员对于处理教务教案也是非常重要的③。

（二）加强对教堂、育婴堂的管理。19世纪60—90年代，清政府为加强对教堂的督控，在此前暗查的基础上，先后实行了明查和普查的政策④。同时，许多人提出加强对育婴堂的管理。因为，教会在各地所立育婴堂多易滋生事端，引发反教事件。1889年，广东番禺发生过此类事件。事后，张之洞与法国驻广州署理领事于雅乐商议，达成官方派员稽查育婴堂的办法，希望"各省皆可相机援照仿行"⑤。

（三）规范传教士接待。1863年，四川将军崇实在办理贵州教案时，提出了如何接待传教士的问题。因为按照中法《天津条约》第四款的规定："二等官员与中国省中大宪公文往来用申陈，中国大宪用札行等语。是外国

① 《丁日昌又奏官民过出有因教务隐忧方大折》，同治九年八月二十五日，中华书局编辑部、李书源整理：《筹办夷务始末·同治朝》八，第3089、3091页。

② 《曾国藩又奏密陈传教情形片》，同治九年八月二十九日，中华书局编辑部、李书源整理：《筹办夷务始末·同治朝》八，第3097页。

③ 《奕䜣等奏议复丁日昌曾国藩所奏折》，同治九年九月二十四日，中华书局编辑部、李书源整理：《筹办夷务始末·同治朝》八，第3129页。

④ 杨大春：《晚清政府基督教政策初探》，金城出版社，2004年，第97—103页。

⑤ 《商定稽查外国育婴堂办法折》，光绪十五年八月初六日，苑书义等主编：《张之洞全集》第1册，第687—688页。

办公员弁且不能一律平行，况传教各士止系劝善，并非办公，自当与官吏有别。即如川省之艾嘉略、黔省之胡缚理，或称副使，或称鉴牧，而在该国究居何等，执照未经注明。地方大吏见和约内有厚待保护字样，遂不与之较论尊卑，凡以属在远人，自当仰体皇上怀柔之意。"而有的中国教民"因有主教传教之事，亦遂自居显贵"，引发民教冲突。所以，他上奏请旨饬总理衙门与法国驻华公使商议如何优待在华传教士，但必须"分别等次，定其体制"。至于中国教民，本属中国齐民，"不得假该教之名，妄自尊大，与地方官相抗"①。

（四）规范教民管理。教民本属中国人，然而由于牵涉传教以及外国传教士的袒护，因此教民的管理也引发了中外交涉。总理衙门为此采取了相应的外交举措。1861 年，山西教民段振会"因租种荒地，业主议欲加增租钱"，段氏"不愿加租，自定交纳钱粮数目，请为代求总理衙门，行文山西巡抚转饬照办"。为此，法国驻华公使哥士耆致函总理衙门要求处理。对于段振会的要求，总理衙门认为"各省地丁钱粮自有定额，岂容该教民擅自定数，今段振会辄敢悬定，显系恃教妄为"。而且，山西巡抚也指出了传教士梁多明、副安当干预地方事务，导致教民欺侮良民，非教民轻视教民。地方官"或以甫定和约，惟恐滋生事端，遂一切以迁就了事，则奉教者之计愈得，而不奉教者之心愈不能甘"。奕䜣等人上奏时提出处理的办法是："应请旨饬下各省督抚，于凡交涉天主教事件，务须谆饬各该地方官查明根由，斟酌事势，持平办理。"对于中国教民，"如果循规蹈矩，谨遵条约，但以奉教为事者，其人虽系奉教，究属朝廷赤子，自应与不奉教者一体抚字，不可因习教而有所刻求"；如果"倚恃教民，作奸犯科，至有霸地抗租，欺侮良民等事，为国法所不贷者，定照中国例加等治罪，亦不能因习教而少从宽宥"。只有这样对待，民教才能彼此相安，永无嫌隙②。此后，法国驻华公使布尔布隆又照会总理衙门，提出地方官不再向教民摊派民间祈神、演戏、赛会等费的要

---

① 《崇实又奏外国教士与中国教民应与法使详定等威折》，同治二年二月二十四日，中华书局编辑部、李书源整理：《筹办夷务始末·同治朝》二，第 623—624 页。

② 《奕䜣等又奏因山西教民二事请饬各省教案持平办理折》，咸丰十一年十月二十九日，中华书局编辑部、李书源整理：《筹办夷务始末·同治朝》一，第 70—71 页。

求。为此，总理衙门行文各省，免除教民正项差徭以外的祈神、演戏、赛会等费用摊派。然而，在上谕和总理衙门的咨文发布后，布尔布隆仍然指出，各省在处理教民交涉事件时，"仍未能恪遵办理"。奕䜣等人认为各省地方官员"办事每多拘泥"，上述情况应当是有的。所以，奕䜣等人上奏，请旨饬令各省督抚转饬地方官员遵守前述政策，办理与教民相关的交涉事件①。

（五）持平处理民教冲突。对于民教冲突事件，清政府一再强调要持平办理。1861 年 12 月 3 日，清廷发布上谕，同意总理衙门提出的持平办理的办法，只是在个别地方的措词上有所区别。如上谕中称"嗣后各该地方官于凡交涉习教事件，务须查明根由，持平办理"②。涉及传教的事件不再局限于天主教，关涉新教者自然也包含在内。上述政策可以说是后来清政府处理相关事件的基本政策。随后，清廷又发布上谕，要求各省督抚转饬地方官员持平办理与教民相关的交涉事件③。张之洞在山西的举措较为特别。如前文所述，他就任山西巡抚后，针对山西教案具体情况，专门设立教案局，负责教案交涉。要求遇有教案，教堂函致该局，教案局衡量事理，依据条约办理。至于到直接赴巡抚衙门渎扰的，张之洞则将之斥退不予答复④。

值得注意的是，总理衙门采取上述政策，并不能仅仅从遵守和执行条约这一层面来看待。有的情况下还体现了外交与内政关系的考量。诚如 1862年总理衙门在上奏中所言："前次具奏请旨饬下各省地方官办理法国传教士一折，实因上海为南省税务总汇之区，浙江宁波、杭州失陷以来，上海有岌岌莫保之势。"在这种情况下，总理衙门主张在传教问题上满足法国的要求以借法国保护上海，"惟既欲资其兵力，即须设法牢笼，故于法国藉端挟制请保护传教人一事，略为俯就"。至于天主教，奕䜣等人在奏折中则称："臣等亦知天主教系属异端，虽已开禁，仍当暗为防范。无如事势所迫，不能不因事制宜，两害相形则取其轻，此臣等万不得已之苦衷，实非局外人所能共

---

① 《奕䜣等奏法使布尔布隆照会各省教案未能遵旨办理请再饬遵折》，同治元年三月初六日，中华书局编辑部、李书源整理：《筹办夷务始末·同治朝》一，第 179 页。

② 《上谕》，咸丰十一年十一月初二日，中华书局编辑部、李书源整理：《筹办夷务始末·同治朝》一，第73 页。

③ 《上谕》，同治元年三月初六日，中华书局编辑部、李书源整理：《筹办夷务始末·同治朝》一，第180 页。

④ 《设立教案局片》，光绪八年十二月十六日，苑书义等主编：《张之洞全集》第 1 册，第 142 页。

谅也。"而且，奕䜣等人认为平定太平天国后，就可以转而控驭外国，"彼时再为设法，则天主教之弊，亦可默化潜移"①。1862 年，南昌教案发生后，清廷发布上谕称："外国天主教原属异端，无如自咸丰八年以前早已弛禁，况此时既与该国换约，而上海等处复藉其力以制逆匪，不能不暂示羁縻。所赖各地方官仰体朝廷不得已之苦衷，妥为驾驭，弗令滋生事端。"② 上述看法其实也正是清政府在内外交困之下对待传教事业的真实反应。

四是督促办理中外交涉事件。在应对中外交涉事件上，清政府往往采取拖延的办法。1880 年，翰林院编修许景澄在论及中外交涉应对策略时，指出："溯中外通商以来，其平常交涉事件，利用敷衍延宕以减其欲。若两国重事，安危所争，利在审定窍要，当断即断，以杜后衅。"③ 事实上，不论对待大事小事，这种"敷衍延宕"的办法往往引起各国的不满。19 世纪 60—90 年代，伴随着中外条约关系的发展，中外交涉事件频发，外国动辄以交涉事件相要挟，要求即时处理涉外事件。很多事件因各种原因未能得到即时有效的解决，从而引发了更多的中外交涉。因此，清政府不得不督促各级官吏即时处理中外交涉事件。

总理衙门在奏请饬各地官员遇有中外交涉事件持平办理的同时，也提出要即时处理相关事件。清廷就此也曾多次发布上谕。1878 年，总理衙门就福州乌石山教案的处理，在上奏时提出"惟与洋人办事，总须秉公持平，迅速议结为妥，否则迟延愈久，枝节愈多"。针对这一事件的处理，清廷在上谕中提出"近来中外交涉事件，总以秉公持平迅速拟结为要"④。

各地为督促办理交涉事件，采取了相应的措施。1869 年，闽浙总督英桂、福建巡抚卞宝第在凤山教案解决之后，在上奏中指出："台湾地方官，于中外交涉之案，并不按约速为办结，致领事藉端生衅，固属咎无可辞。"

---

① 《奕䜣等又奏牢笼法国即所以保上海片》，同治元年三月初六日，中华书局编辑部、李书源整理：《筹办夷务始末·同治朝》一，第 180—181 页。

② 《廷寄》，同治元年三月二十七日，中华书局编辑部、李书源整理：《筹办夷务始末·同治朝》一，第 195 页。

③ 《编修许景澄奏俄事应先筹定讲约事宜以保和局折》，光绪六年八月二十九日，王彦威、王亮辑编，李育民等点校整理：《清季外交史料》第 2 册，第 437 页。

④ 《总署奏闽省焚毁英教士洋楼请旨办理折 附上谕及函二件》，光绪四年九月初八日，王彦威、王亮辑编，李育民等点校整理：《清季外交史料》第 2 册，第 269 页。

所以，在处罚相关官员后，台湾道曾宪德等"会议功过章程，通饬台属各员遵照，嗣后华洋交涉事件，责令随到随办，不准稍事迁延，如再有延不办结之案，即由臣等指名严参，务使彼族无可藉口"①。

有的地方官在处理边界事务时，也督促官员遵守条约，即时处理相关事件。1860 年，中俄《北京条约》签订后，署黑龙江将军特普钦、齐齐哈尔副都统那敷德因为黑龙江城与俄国一江相隔，所以"随时严饬该署副都统爱绅泰，凡涉边界事宜，均须遵照条约妥切筹办，并加意密防，毋稍疏懈"。与此同时，特普钦等为符合条约划界，将历年巡查之处做了调整②。在东北，黑龙江将军等地方官员对于俄国人越界偷垦荒地、偷割羊草的行为，即时根据条约进行交涉，使俄国人承认违约越界。1861 年夏，有俄国人越界到黑龙江城所属右岸地方，偷垦荒地，并盖房一所。署理副都统爱绅泰"随时派员查得，遵照和约，据理剖辩"。俄国官员承认越界事实，同意惩办越界俄人，往后不准再有违约越界之事发生。此后呼伦贝尔再次发生了俄人越界割羊草之事，此事经交涉后处理完毕。但是，署黑龙江将军特普钦、齐齐哈尔副都统那敷德认为，"叠经严饬该总管珠勒格讷等督饬各该卡官认真巡防，不可稍懈"，出现上述情形是珠勒格讷等官员"于边界事务漫不经心"，"积渐因循，日久蒙蔽"所致；而且，在处理此事时，珠勒格讷等人未让俄国人将剩余羊草毁弃，而是允许他们搬回。为剔除积弊、防患于未然，特普钦、那敷德提出将珠勒格讷革职，各卡官、巡查各官一并严议③。

显然，在外交压力之下，清政府从中央到地方不得不即时处理相关涉外事件，避免外国以之为借口而提出额外的要求。而且，这一举措在上谕以及各级官方文件中多有体现，涉及教案、中外纠纷、边界问题等。可以说，这也是清政府应对条约关系的惯常之举。

---

① 《英桂卞宝第奏台湾案已办结折》，同治八年二月二十二日，中华书局编辑部、李书源整理：《筹办夷务始末·同治朝》七，第 2630 页。

② 《特普钦那敷德奏改定查边新界抽撤续添卡伦折》，咸丰十一年十一月初六日，中华书局编辑部、李书源整理：《筹办夷务始末·同治朝》一，第 75 页。

③ 《特普钦那敷德奏俄人越界割草挖窨请将珠勒格讷革职折》，同治元年正月十三日，中华书局编辑部、李书源整理：《筹办夷务始末·同治朝》一，第 121—122 页。

三、 内政应对

中外条约关系的运行对中国内政产生了多方面的影响。为应对条约关系，清政府自 1860 年以后采取了诸多措施，如设立总理衙门，改革地方外交制度；设立同文馆，培养外交人才。此外，清政府还在如下具体领域采取了应对举措。

为了督促各地即时办理中外交涉事件，清政府加大对官员的处罚。19 世纪 60 年代，清政府在处理教案时，列强往往要求处罚官员，清政府表现出的态度是并不愿意照此行事。贵阳教案发生后，清政府为减轻对田兴恕的处罚以保天朝颜面，而重拾"八议"之法。此后，由于教案以及其他涉外事件的频发，加之列强的态度强硬，清政府因涉外事件而处罚官员的力度加强，不再提及"八议"之法①。1891 年宜昌教案发生后，清廷在上谕中即称："若再有似此之案，除将地方官从重惩处外，并惟该督抚是问。"② 这表明不仅直接负责的官员要接受处罚，总督也要负连带责任。1895 年，成都教案发生后，清政府将四川总督刘秉章革职，永不叙用。因教案而处罚总督这样的封疆大吏在以往是没有的。而且，清政府还对教案负有责任的官员进行经济上的处罚。这一措施起源于刘坤一的提议。1891 年，刘坤一在芜湖教案发生后，为防范教案发生，提出了"应赔款项由该关道及知县按月分赔"的办法。1896 年，总理衙门在讨论该办法时，认为分赔办法有一定道理，但教案办理不善，分管的上级官员均难辞其咎，"仅责道县分赔，不足以昭公允而重考成"。因此，总理衙门提出："应请嗣后如遇教案赔偿之款，议结后由该管督、抚、藩、臬、道及府、厅、州、县分年按成偿还归公，并分咨户部及臣衙门备案。"③ 总理衙门提出的这一办法为清政府所接受。

为应对边界问题和在华外人的管理，总理衙门提出了各省绘制地图的意见。1863 年，奕訢等出于办理边界事务的考虑，指出"控制中外之要，必以形势为先，斟酌险易之情形，当取图籍为据"。所以，奕訢等上奏时，"拟请

---

① 李育民：《中外条约关系与晚清法律的变化》，《历史研究》2015 年第 2 期。
② 李刚己辑录：《教务纪略》，台北文海出版社，1988 年，第 13 页。
③ 蔡乃煌总纂：《约章分类辑要》卷 3—6，台北文海出版社，1986 年，第 673 页。

旨饬下各省将军、大臣、督抚转饬各府、州、县地方官……将各该省沿边及腹里，并中外接壤之区，绘以总图，再分各府州县各绘细图，分别于后，汇为一册"。册内要将边界内外的山川形势、城镇村落的方向、道里远近险易等查明，并且要将居人住牧的数量、台卡营汛驻扎处所官兵的数量查清注明。如果册内不能备载，可以在图内"逐细详加贴说"①。奕䜣等人指出，过去疆吏对于疆界不重视，导致俄国暗中侵占，签订条约时已酿成不可救药之势，所以，"图籍之所关，甚非浅鲜，不可不亟亟讲求"。不仅沿边各地方与外国外藩接壤处所，必须一一详查绘明，而且内地之沿海通商各口，但凡有外国租赁房屋居住之处，也必须将其地方形势、山川城镇、道里方向、有无险隘，逐一搜求，详载图册②。

尤其值得注意的是，伴随着中外条约关系的运行，清政府不得不对国内法律作相应的调整，并为应对新情况制定新法规。这主要表现为以下三个方面：

一是根据条约规定，删去旧例。中外条约关于传教的规定，对于国内法的修订、过去处罚的改判产生了一定影响。如中法《天津条约》第十三款规定"向来所有或写、或刻奉禁天主教各明文，无论何处，概行宽免"③。因此，奕䜣等人认为天主教现已弛禁，过去的"所有各项明文，已在毋庸议之列。应请查明一律革除，嗣后如修新例，不再增刊此等禁止明文，并将旧例所载全行删去。仍将条款内宽免字样改为革除，庶于此条上下文义较为联贯"④。

正因为条约的规定，国内法的相关约束力已经失效，如何对待过去因信教而被处罚的教徒也是一个值得注意的问题。1862年，宛平县教民张加斯禀告法国孟主教，其祖父张成善1828年因习教被发配至山西解州安邑县，"恳

① 《奕䜣等又奏请饬各省勘绘新图折》，同治二年十二月二十日，中华书局编辑部、李书源整理：《筹办夷务始末·同治朝》三，第1003页。
② 《奕䜣等又奏密陈勘绘新图之故片》，同治二年十二月二十日，中华书局编辑部、李书源整理：《筹办夷务始末·同治朝》三，第1004页。
③ 中法《天津条约》，咸丰八年五月十七日，王铁崖编：《中外旧约章汇编》第1册，第107页。
④ 《奕䜣等奏法使布尔布隆照会各省教案未能遵旨办理请再饬遵折》，同治元年三月初六日，中华书局编辑部、李书源整理：《筹办夷务始末·同治朝》一，第179—180页。

请办理释回"。法国驻华公使哥士耆根据孟主教呈报，照会总理衙门，称：按照中国新例，"于习教一事已经按约弛禁"，请恭亲王将之释回①。由于张成善原本天主教徒，"改悔后因仍用旧时教中音乐"而受处罚，没有他项罪名，所以刑部在议复张成善一事时，提出"现在天主教业已弛禁"，此人年事已高，"自应准其释回"。而且，刑部趁此机会，提出"通行各直省督抚、将军、都统、府尹，如有学习天主教案内发配各犯，并无另犯不法别情，即行释回，仍一面咨部销案"②。

中外条约打破了清政府传统的海禁政策。从《南京条约》始，诸多条约都有中外人民往来的规定；中英、中法《北京条约》又规定了招收华工出洋。同治年间，清政府在允许华工出洋的前提下，修改《大清律例》，就华工出洋增加条例一项，其内容涉及两个方面"一是从严打击拐卖人口犯罪，二是将条约规定转为律例条文，明确允许华民出洋承工"。这实际上明确废止了旧的禁止出洋的规定③。19世纪70年代，清政府还采取了系列措施保护海外华工。

但是，清政府并没有明确废止禁止海外华人回国的旧例。薛福成在1893年上奏时指出，中外订约以来，"海禁早弛"，以前海禁时期的旧例"已不废而自废，不删而自删"。然而，出洋华人担心官长查究，胥吏侵扰，宗党威族讹索等而不敢归国。因此，他奏请"申明新章，豁除旧禁，以护商民而广招徕"④。总理衙门在奉旨议奏时，对薛福成的意见表示赞同，指出："华民流寓各国人数滋多，若概禁其遄返故乡，不免触望。"针对海外华人回国所面临的种种问题，总理衙门奏请："敕下刑部，将私出外境之例酌拟删改，并由沿海各直省督抚出示，晓谕州县乡村，申明新章既定，旧禁已除，除伪冒洋商，包揽货税，及别有不法重情者，仍应查究外，其余良善商民，无论

---

① 《法使哥士耆照会》，同治元年十月二十二日，中华书局编辑部、李书源整理：《筹办夷务始末·同治朝》一，第472页。

② 《刑部奏议复张成善准其释回并请通行各省折》，同治元年十月二十八日，中华书局编辑部、李书源整理：《筹办夷务始末·同治朝》一，第477—478页。

③ 李育民：《中外条约关系与晚清法律的变化》，《历史研究》2015年第2期。

④ 《使英薛福成奏请申明新章豁除旧禁以护商民折》，光绪十九年七月初十日，王彦威、王亮辑编，李育民等点校整理：《清季外交史料》第4册，第1787页。

在洋久暂、婚娶、生息，一概准由出使大臣或领事官给与护照，任其回国谋生置业，与内地人民一律看待，并听其随时经商出洋，毋得仍前藉端讹索。违者，按律惩治。"① 总理衙门的意见被清政府接受，这样清政府最终完成了废除禁止出洋旧例的法律程序②。

二是为应对中外交往，对旧律作出相应的调整。清政府因处罚涉外罪犯，而对相关刑罚作出了适当的更改。1866 年，总理衙门指出"所有外国协获及逃匿洋境一切罪犯，凡系华人，按照条约应交中国办理。然而，外国对这类罪犯"每致延不交出，转以中国法重，一经交出，必处以极刑，伊国不忍为词，藉口延宕"。为防止外国人不交逃犯或本国处罚失当，总理衙门提出"凡系外国交出中国人犯，即由该督抚核其情罪轻重"，咨商总理衙门核复，"奏明办理"③。

而且，清政府因为外国要求和处理相关问题，不得不对刑律中凌迟处死的处罚作出调整。1865 年，总理衙门收到英国署理公使威妥玛呈递说帖，劝清政府停用凌迟之刑，遭到总理衙门的拒绝。1866 年，阿礼国就任英国驻华公使后，向总理衙门提出废止凌迟之刑。总理衙门以外国不应干预中国刑法予以拒绝，并称："无论在中国者外国不得与闻，即中国人犯逃往外国，亦当按约访查交出。"不过，阿礼国根据"从前交出人犯，每被凌迟，其实问至斩决"，提出"在中国者，由中国办理，不敢与闻；若逃至英属，由英国交出，仍请问至斩决而止"。随后，威妥玛又呈递说帖，声言如果中国不答应英国的要求，那么英国就不交出逃到英属地方的中国犯人④。1866 年 4 月12 日，奕䜣又收到阿礼国催促答复的照会。阿礼国在照会中声称："奉到本国咨文内，以按照《天津条约》第二十一款，内载查明罪犯交出一节，属令本大臣妥为商办。"其实这主要涉及英国交出的中国罪犯如何处罚的问题。

---

① 《总署遵议薛福成请申明新章豁除海禁旧例折》，光绪十九年八月初四日，王彦威、王亮辑编，李育民等点校整理：《清季外史料》第 4 册，第 1791 页。

② 李育民：《中外条约关系与晚清法律的变化》，《历史研究》2015 年第 2 期。

③ 《奕䜣等奏请饬沿江海各省督抚凡外国交出中国人犯咨商核复奏明办理折》，同治五年三月十六日，中华书局编辑部、李书源整理：《筹办夷务始末·同治朝》五，第 1715—1716 页。

④ 《奕䜣等又奏英国屡请废除凌迟恐其不交逃犯故请勿拘常例片》，同治五年三月十六日，中华书局编辑部、李书源整理：《筹办夷务始末·同治朝》五，第 1716—1717 页。

阿礼国听说英国将逃到香港的中国罪犯抓获后交给广州地方官，广州地方官将罪犯凌迟处死。他指出，英国与其他国家对于中国刑法的严酷颇有意见。阿礼国还声称：恭亲王奕䜣曾当面答应他"凡有本国交出犯罪之人，审问之时，免用严刑讯办，如有定罪正法，免加本国不怿之刑"，请奕䜣予以确认①。面对英国的要求，总理衙门认为："香港等处归英人住扎以来，中国人犯往往藉该处为逋逃之薮，若任其抗延不交，即斩决亦不能办。"而且，各省凌迟处死的犯人本来不多，逃至香港的罪犯当中"实犯至凌迟者更属无几"。这种情况下，"与其坚持定律，致该国曲加庇匿，使法无所施；莫若稍示转圜，俾不致久稽显戮"。所以，总理衙门奏准"外国交出中国逃往人犯，由该督抚核其情罪，由臣衙门随时酌核情形，奏明请旨办理，毋庸再拘常例"②。

三是为应对新情况，制定新的法规。中外条约关系运行过程中出现了不少违法问题，如诱拐华工出洋等。为防范此类问题的发生，清政府对相关法律也作了相应的修改。为打击拐贩华工出洋案件，两广总督瑞麟、广东巡抚蒋益沣奏定新章，对抓获者就地正法。1874年，张兆栋因为拐匪"稍知敛迹"，于是又改照旧制办理。1875年，两广总督英翰因为中秘条约签订，预筹华工出洋章程，于是奏请"仿照新定章程，俾犯法奸徒得以随时就地惩办"③。

此外，清政府还试图在涉外案件的处理上参酌中西。由于领事裁判权的存在，中外处罚不公的现象时有发生，危害极大。郭嵩焘指出："自始通商，即分别各国民商归领事官管理，地方官权利尽失。而于条约所载，地方官又多忽视不甚究心，使洋人据为口实，于是并条约所有之权利皆失之。"权利既失，加之中西律例差距较大，中国官员在办理中外交涉事件时，无所适从。郭嵩焘提出补救办法，奏请敕令总理衙门参核各国所定通商律法，分别

---

① 《英使阿礼国照会》，同治五年三月十六日，中华书局编辑部、李书源整理：《筹办夷务始末·同治朝》五，第1719页。

② 《奕䜣等又奏英国屡请废除凌迟恐其不交逃犯故请勿拘常例片》，同治五年三月十六日，中华书局编辑部、李书源整理：《筹办夷务始末·同治朝》五，第1717页。

③ 《粤督英翰奏秘鲁换约事竣闽粤拐卖人口应按约严禁片》，光绪元年九月二十九日，王彦威、王亮辑编，李育民等点校整理：《清季外交史料》第1册，第58页。

条款，编纂《通商则例》，颁发各省。这样，"一切办理洋案有所依据，免致遇事张皇，推宕留难，多生枝节"①。正如总理衙门所说，郭嵩焘的主张"意在引中外之律例为交涉之准绳，遇事庶几持平，在今日允为要务"。由于外国在华领事裁判权的存在，总理衙门认为划一中外律例在实行上有困难。虽然如此，总理衙门却早已开始翻译外国法律。针对郭嵩焘提出编纂《通商则例》的主张，总理衙门提出派人搜集并翻译各国律例，再由总理衙门"拣派通晓律例各章京，将中外律例分门缀辑。如所治何罪，于《大清律例》各条下，附以各国律例、从前历办成案，随条采注，用备比议"。同时，南、北洋通商大臣也派员进行翻译整理，咨送总理衙门，由总理衙门"划一纂订成书"②。在此前后，多位清朝官员提出了采用西方法律的主张。但是，这些主张均未能付诸实行③。

然而，应对条约关系，从根本上讲，起决定性作用的是国家实力。清政府对此并非无视。从中央到地方，许多官员主张富国强兵，以培养外交实力。这也是清政府从内政方面应对条约关系的重要举措。1862年，奕䜣等人在上奏中指出："今各国兵船、商船布列江海各口，外洋公使混迹都城，挟其无厌之愿以肆要求。"在这种情况下，奕䜣等人办理外交相当困难，中外之间"口舌不能争，因之彼此反颜者亦非一次。虽未必遽致决裂，然犬羊之性无常，万一持之过严，因而生衅，则中国之力不足以制之，内患未平，外侮又作……臣等所以不敢不稍宽钤束以示羁縻者，实由于此"④。1867年，吏部主事梁鸣谦在修约条说中指出："以今日而言和约，不必计彼之能否信服，只问我之能否自强。""我能自强，条款虽多，何在不可箝制；我不能自强，即条约已定，能禁彼之不背约而行乎？""无自强之实，贸然议和，所谓

---

① 《使英郭嵩焘奏请纂成通商则例折》，光绪三年八月二十七日，王彦威、王亮辑编，李育民等点校整理：《清季外交史料》第2册，第206—207页。

② 《总署奏拟纂通商则例以资信守折》，光绪三年九月二十五日，王彦威、王亮辑编，李育民等点校整理：《清季外交史料》第2册，第215—217页。

③ 李育民：《中外条约关系与晚清法律的变化》，《历史研究》2015年第2期。

④ 《奕䜣等奏议复王茂荫坚持和约折》，同治元年四月二十七日，中华书局编辑部、李书源整理：《筹办夷务始末·同治朝》一，第219页。

条约者，彼之条约，非我之条约也。"① 至于如何办理外交，奕䜣等人的意见是"办理外国之事，非恐决裂，即涉迁就"。为了避免决裂，奕䜣等人只能不避"迁就之讥"；要办理好外交，只能同心协力，筹富国强兵之策；"若目前办理，惟有于要求无厌之中，设法稍加抑制，使之暂得相安，不致别生枝节"②。

总之，清政府为应对条约关系在诸多方面采取了相应的措施，在某些方面取得了一定的成效。然而，清政府在总体外交战略上的妥协，加之自强未能真正实现，都影响了各种措施的实施效果。

第二节　各国对待条约关系的态度

近代中外条约关系较为复杂。与中国订约的国家不仅有欧美列强，而且有其他弱小国家以及东亚近邻。就后者而言，其情况明显有别于前者。欧洲各小国往往是在欧美列强的羽翼之下，跟随欧美列强获取条约利益。秘鲁、巴西与中国签订条约有别于欧美列强，但是也获得了诸多条约权益。东亚近邻中只有日本与朝鲜同中国签订有条约。中朝之间的条约关系仅是朝贡关系的条约化。中日条约关系起初是平等关系，然而对外持侵略政策的日本一直试图改变中日《修好条规》，取得与西方列强一致的条约特权。因此，欧美列强在对华条约关系中无疑占据了主导地位。欧美列强在华条约特权"有共同的利益关系，表现出相互协调的一致性"；由于各国彼此之间的差异，它们在对华政策上也有分歧。然而，"以政治强权进行'豪夺'""以经济实力实施'巧夺'"却是它们对华政策的两个基本倾向③。因此，本节主要论及欧美列强对待条约关系的态度。其态度主要表现在以下三个方面：

---

① 《附呈吏部主事梁鸣谦条说》，同治六年十一月二十一日，中华书局编辑部、李书源整理：《筹办夷务始末·同治朝》六，第 2201、2203 页。
② 《奕䜣等奏议复王茂荫坚持和约折》，同治元年四月二十七日，中华书局编辑部、李书源整理：《筹办夷务始末·同治朝》一，第 220 页。
③ 李育民：《晚清中外条约关系研究》，第 748—749 页。

一、 使用炮舰政策

在强权即是公理的时代，发动侵略战争是西方列强获取海外利益的重要方式。各国为维持和扩大条约关系，除利用战争获得利权外，还因一些事件而赤裸裸地使用炮舰政策。总理衙门就指出"各国使臣遇事，以用兵恫喝，是其常技"①。据有的学者统计，1860—1890 年间，各国为处理教案，11 次以炮舰相威胁，22 次直接出动炮舰②。各国的这种政策不仅解决了事件本身，有时还解决了其他相关问题，影响了中外条约关系。下面以英法为例，结合具体事件加以说明。

第二次鸦片战争后，法国为解决教案问题，多次使用炮舰政策。1862 年 12 月 27 日，法国驻华公使哥士耆因多起教案未能及时解决，照会总理衙门，声称：法国派三等提督若勒思带领兵船来中国，在华法国陆海军均归其指挥。所以，他请恭亲王行文两江、两广、闽浙、湖广、四川等督抚，告知此事；明年二月若氏到北京，与之商议公务，"至其时如何办理之处，均在湖南、江西、贵州、四川各督抚把握之中"③。显然，法国驻华公使将来华兵舰行动与湘、赣、黔、川处理教案联系在一起，企图使用炮舰政策压迫清朝政府迅速解决各地方教案。总理衙门对其目的相当清楚，"窥其意显因各省教民案件，未能尽遂所请，特作恫喝之语，藉端要挟，而又隐约其词，其居心已可概见"。所以，总理衙门上奏请饬湖南、江西、贵州、四川迅速解决教案，以免法国有所借口④。

1865 年，四川酉阳教案发生后，法国署理公使伯洛内照会奕䜣，威胁用兵，称："数日前本国来文，属本大臣告知贵亲王，宜时记念前此西洋各国到中国用兵，皆因此等事端启衅。如将来再有此事，则本国仍用前法，以期

<hr />

① 《总署奏英员马嘉理被戕一案英使词意叵测请加意边防海防折　附上谕》，光绪元年二月十四日，王彦威、王亮辑编，李育民等点校整理：《清季外交史料》第 1 册，第 7 页。

② 赵树好：《教案与晚清社会》，中国文联出版社，2001 年，第 152 页。

③ 《法使哥士耆照会》，同治元年十一月十五日，中华书局编辑部、李书源整理：《筹办夷务始末·同治朝》二，第 495 页。

④ 《奕䜣等奏法使哥士耆照会饬发兵船请饬各省速办教案折》，同治元年十一月十五日，中华书局编辑部、李书源整理：《筹办夷务始末·同治朝》二，第 493 页。

得所修补而后已。"①。

1866 年，法国署理驻华公使伯洛内又因中国南方教案未能即时解决，照会总理衙门要派兵船前往，称："南方有数省之官员及各该处绅士富豪，通同一气，欺陵陷害传教士及习教人。本大臣不得不派本国兵船到各处所，俾该处官员及劣绅富豪，悉按和约保护教务，以免后来各省传教士及习教人再受欺陵陷害。"② 对于伯洛内的这种借端恐吓，奕䜣在照复中对南京、安庆教案处理作了说明，并指出："本爵因思两国既敦和好，遇有交涉事件，只宜就事论事，按约核办。今南京教堂已定，即安庆与各省教案亦均次第商办，自可无庸兵船保护。"③

1869 年，法国驻华公使罗淑亚为四川酉阳教案、贵州遵义教案悬而未结，连带提出湖北天门县、山西丰镇厅、河南南阳府、广东九龙司等地教案，向清政府提出：他将到上海会同本国提督，率领三四艘兵船前往江西、湖北，在汉口再作停留，到时如果仍未有合理的解决，他还要由汉口前往四川。罗淑亚的行为是典型的武力威胁④。事实上，他也曾南下会同本国兵船前往江西、湖北等地，在武力威胁之下解决各地的教案。

英国为解决教案、中英贸易纠纷等问题，也多次使用炮舰政策，以达到其目的。1868 年，英国领事麦华陀为解决扬州教案而使用炮舰政策。此后，英国领事相继在台湾、福州、潮州，为解决外交问题而使用武力。总理衙门对此不无担忧地说："近来各口洋人滋事之案，多系英国兵船，亦多起于英国领事官，若不早为禁戢，深恐迫百姓以不能忍受之举激成变故，且恐各国纷纷效尤，动辄擅动兵船，履霜坚冰，尤不可不防其渐。"⑤ 奕䜣在照会英国

① 《法署使伯洛内照会》，同治四年八月三十日，中华书局编辑部、李书源整理：《筹办夷务始末·同治朝》四，第 1493 页。

② 《法署使伯洛内照会》，同治五年六月初七日，中华书局编辑部、李书源整理：《筹办夷务始末·同治朝》五，第 1780 页。

③ 《给法署使伯洛内照会》，同治五年六月初七日，中华书局编辑部、李书源整理：《筹办夷务始末·同治朝》五，第 1782 页。

④ 《法使罗淑亚照会》，同治八年十月初三日，中华书局编辑部、李书源整理：《筹办夷务始末·同治朝》七，第 2782 页。

⑤ 《奕䜣等奏凉亭案又闽广兵船滋事已照会英使阿礼国折》，同治八年四月十九日，中华书局编辑部、李书源整理：《筹办夷务始末·同治朝》七，第 2646 页。

驻华公使阿礼国时，也指出"近来英国兵船到处滋事，台湾情形，重于扬州；潮州情形，又重于台湾"①。

的确，这些事件严重违约，性质恶劣。1868 年，英国驻台湾领事吉必勋在解决台湾凤山教案和樟脑贸易时，公然使用炮舰政策。当年，台湾因樟脑贸易和传教问题而发生多起事件。就樟脑贸易而言，台湾实行樟脑官卖，英国商人一直希望自由买卖，多年未能解决。1868 年，英国商人必麒麟"在不通商之梧栖港口岸，勾通奸民，设栈收买樟脑，私运出口，致被截留，遭风漂没"。加之又发生凤山教案、华洋互殴一事，吉必勋为解决事件，调兵船两艘赴台，企图威胁中方。11 月 8 日，福建兴泉永道曾宪德受命到达台湾，办理交涉。吉必勋对交涉并不积极，英军多有军事行动。英军除在安平开炮威胁外，还牵走中国水师船一只，并拘禁官兵。直至 11 月 24 日，吉必勋才在中方再三开导下，同意将各案办结。然而，11 月 25 日晚，英军又攻入安平协署，杀死、杀伤兵勇多人，并烧毁兵营和火药局库，副将江国珍受伤后服毒而死。而且，英军还有向地方强索军费的行为。闽浙总督英桂、福建巡抚卞宝第在上奏时指出，吉必勋等人的"种种违约妄为，实系有心构衅"。并且吉必勋等任性滋事，如果仍留在台湾，势必更加毫无顾忌，后患愈深，"并恐各口领事，闻风效尤，关系更非浅鲜"。所以，他们请旨饬总理衙门与英国驻华公使交涉，将吉必勋以及统兵军官革职撤回②。最终，英国在炮舰政策下，经过交涉，解决了凤山教案，实现了在台湾的樟脑贸易。

1869 年初，英国领事星察理在处理福建川石山教会租地一事时，竟然派兵船前往川石山岛，开枪打死阻止施工的中国人一名，并有强迫中国人立字据之举③。事发后，闽浙总督英桂"派员驰往弹压，一面札饬星察理撤退兵船"；随后派员与星察理商议，按照宁波招宝山、福州乌石山成案，由官方

---

① 中国第一历史档案馆等合编：《清末教案》第 1 册，第 669 页；另参见《给英使阿礼国照会》，同治八年四月十九日，中华书局编辑部、李书源整理：《筹办夷务始末·同治朝》七，第 2649 页。

② 《英桂卞宝第奏台湾七案结五洋人私买樟脑未有章程英领事吉必勋调兵船开炮索费请照会英使折》，同治七年十一月二十八日；《英桂卞宝第奏台湾案已办结折》，同治八年二月二十二日，中华书局编辑部、李书源整理：《筹办夷务始末·同治朝》七，第 2505—2507、2629—2630 页。

③ 《给英使阿礼国照会》，同治八年四月十九日，中华书局编辑部、李书源整理：《筹办夷务始末·同治朝》七，第 2646—2647 页。

盖层租给教会①。奕䜣为此事在照会英国驻华公使阿礼国时，要求英方按约惩办肇事的英国人，交出唆使英国人开枪的中国人；并向阿礼国指出："近来案无大小，稍有不协，领事官即擅用兵船，若不及早消弭，恐迫中国百姓以不能忍受之举，本大臣甚以为虑。"②

1869 年，英国在处理本国水兵与潮州澄海县民众纠纷时又使用了炮舰政策，手段更为残暴。1869 年 1 月 20 日，二十多名英国官兵乘船到澄海县的鸥汀乡操演。有英国人在打鸟时，与当地民众发生纠纷，鸥汀乡的耆民前往劝慰，却被英国人带走。于是，乡民前来救援，与英国人发生冲突，双方均有人受伤。事发后，英国驻汕头领事阿查理照会中方官员，地方官于是劝导该乡民众不许报复。然而，1 月 29 日，英国兵船多艘驶至鸥汀、浮陇等乡，施放枪炮，导致 65 人被杀死，随后又有 4 人因伤而死；烧毁民房 445 间，并掳捉当地民众多人。英国人的上述举动是严重的违约行为。按照条约规定，"通商各口有出外游玩者，地在百里，期在三五日内，毋庸请照，水手船上人等，不在此列"；所以，"此案起衅之初，英国官兵赴乡，上岸操演，本非条约内准行之事"。英国官兵与民众冲突发生后，起初罗领事照约解决；然而，随后领事阿查理却迫不及待地使用武力，这种野蛮行径严重违背了中英条约关于两国人纠纷处理的规定③。

面对上述法国驻华公使罗淑亚、英国领事的炮舰政策，总理衙门分别向法国政府、英国驻华公使提出交涉。不过，这些武力行动却是因地方未能即时解决涉外事件而起。所以，1870 年，奕䜣等人奏请饬封疆大吏"切饬所属，遇有中外交涉事件，务即认真查办，持平迅结，毋得稍任偏倚拖延，以遏患萌而维大局"④。

除通商、传教事务外，列强还因其他问题而使用武力。有的国家因边界

---

① 《英桂奏英教士胡约翰在川石山租地盖亭案已办结折》，同治八年二月十八日，中华书局编辑部、李书源整理：《筹办夷务始末·同治朝》七，第 2626—2627 页。
② 《给英使阿礼国照会》，同治八年四月十九日，中华书局编辑部、李书源整理：《筹办夷务始末·同治朝》七，第 2648 页。
③ 《给英使阿礼国照会》，同治八年四月十九日，中华书局编辑部、李书源整理：《筹办夷务始末·同治朝》七，第 2648—2649 页。
④ 《奕䜣等又奏法使罗淑亚藉兵要挟请饬各省外国案件持平速结折》，同治九年二月二十日，中华书局编辑部、李书源整理：《筹办夷务始末·同治朝》八，第 2883 页。

问题而使用武力。如俄国为解决边界问题多次使用武力威胁。有的国家为条约权利的实施使用武力。如 1866 年 6 月 20 日，美国"沃楚西特"号的海军士兵在浙江沿海登陆，其目的就是"为了惩罚该地区发生的针对美国领事馆官员的攻击行为"[①]。

为实现侵略目标，有的国家还对中国发起侵略战争，以达到其目的。如英国入侵西藏、中法战争、中日甲午战争就是最明显不过的例证了。这些侵华战争后签订的中外条约完全是强权政治下的产物，进一步扩大了各国在华权益。尤其值得注意的是日本，它在与中国签订平等的中日《修好条规》后，一直企图改变这种"平等"关系。而且，日本奉行"脱亚入欧"和所谓"大陆政策"，不断向中国发起挑战。最终，日本步西方列强之后尘，发动甲午战争，逼迫中国签订《马关条约》，实现了梦寐以求的愿望，建立起不平等的中日条约关系。中日条约关系的这种变化"正是日本将崇尚武力和自我中心的传统与西方的强权政治结合起来的体现"[②]。

二、 采用"和平"手段

第二次鸦片战争后，各国通过一系列不平等条约，建构起中外不平等条约关系。片面最惠国待遇、领事裁判权、片面协定关税等条约特权将中国置于不对等的地位，给中国造成了极大的危害。各国在除使用武力之外，还使用各种所谓的"和平"手段，彼此合作或单独对华，以维持和扩大这种不平等条约关系。

19 世纪六七十年代，各国在美国的倡导下采取了"合作政策"，在对华政策上采取一致的步调，以维护和扩大在华条约权益。同时，欧美列强还积极支持欧洲各小国同中国签订不平等条约，使这些小国在非战争状态下获得了与欧美大国一样的利权。而且，列强对于中国提出的若干要求，采取了一致反对的态度。如 1871 年，总理衙门提出《传教章程》后，各国一致不予

① 汪熙、秦岭、顾宁：《美国海军与中美关系》，复旦大学出版社，2013 年，第 85 页。
② 李育民：《晚清中外条约关系研究》，第 654 页。

接受，并且彼此之间是有协商的①。

1875 年，马嘉理事件发生后，英国撇开各国，单独同中国进行交涉，"合作政策"破产。此后，各国采取了各自的侵华政策。不过，它们在华仍然存在共同利益。所以，各国在相关事宜上，依然联合起来向清政府施压，达到维持其既得利益的目的。各国对于中国政府提出的要求，往往不予接受，还在具体事务上为实现共同权益而协商，一道向清政府施压。

无论是合作对华，还是单独对华，各国都要求中国遵守条约、履行条约义务，这是条约关系运行的根本。1868 年 12 月 28 日，英国外交大臣克拉伦登在与作为中国出使外国使节的蒲安臣会谈后，致函蒲安臣，表达了英国的对华立场。关于中外条约，克拉伦登在信中说道：英国政府希望"中国忠实地遵守现有条约的条款"，"并保留它们使用友好方式的权力，以引导中国政府在那些条约开辟的道路上前进；而且，为追求扩展与中国人贸易往来的外国臣民们，提供更多的便利、鼓励和保护"；中国各省的督抚无视外国人的权利，中国的中央政府需要为改正地方政府的错误承担起相应的责任②。蒲安臣在回信中表示赞同克拉伦登"关于严格遵守现有条约条款的重要性"的意见，并且表示会将之告诉清政府。随后，克拉伦登将相关信息告诉了英国驻华公使阿礼国③。

各国驻华外交官和领事常向中国官方要求官民遵守中外条约。1862 年初，英国驻华公使卜鲁士因各地通商利益受损，照会奕䜣，请其"奏请大皇帝明降谕旨，示以各国条约，原为慎重之文，近有外省大吏任便自行，或不谨守约条，或敢私为改易，殊非内外友谊之道，实易开嫌隙之源。嗣后各省大小官员，务将和约各款逐条参核，如有似应变通之事，当先咨贵亲王，俟

---

① *Correspondence Respecting the Circular of the Chinese Government of February 9，1871，Relating to Missionaries*，pp. 21—23.

② "The Earl of Clarendon to Mr. Burlingame," December 28, 1868〔in "Correspondence Respecting the Relations between Great Britain and China（Mission of Mr. Burlingame），1868，1869"〕，Edward Hertslet Compile, *British and Foreign State Papers，1868—1869*，Vol. LIX，London：William Ridgway，1874，p. 280.

③ "Mr. Burlingame to the Earl of Clarendon," January 1, 1869，"The Earl of Clarendon to Sir. R. Alock," January 13, 1869〔in "Correspondence Respecting the Relations between Great Britain and China（Mission of Mr. Burlingame），1868，1869"〕，Edward Hertslet Compile, *British and Foreign State Papers，1868—1869*，Vol. LIX，pp. 282—283.

接奉议准复文再为更变，否则丝毫不得违背，敢有相违者立予重处"①。奕訢在答复时，不得不声明中国坚持和约，自己开诚布公办理中外交涉，"务期中外乂安"，"间有未及办结者，或因民情未协；或因地方一时窒碍难行；或因军务倥偬，以至稍延时日，均难逆料"②。

1866 年，英国驻华使馆参赞威妥玛通过公使阿礼国向总理衙门提交《新议略论》，建议中国"内改政治，外笃友谊"，内改政治就是要"借法兴利除弊"；外笃友谊就是要与外国讲求和睦，互派公使，遵守条约③。

各国驻华外交官和领事不仅要求中国从整体上接受不平等条约，而且结合具体的通商、传教、边界、外人在华权益等涉外事件交涉，要求中国履行相关条款的义务。诸如此类的事例不胜枚举，下文仅举一例加以说明。1860年，英国驻上海领事密迪乐就执行条约，与上海道吴煦进行了交涉。当年 12月 6、10 等日，英国领事密迪乐与上海道吴煦"曾将两国钦差大臣所发示谕宣明，新约章程布贴到处。维时彼此往来公文声明，嗣后两次和约开行，凡有交涉事宜，悉照新章办理"。而且，密迪乐认为吴煦在租界内设立洋药捐局有违条约，吴煦答应迁出。由于吴煦没有及时迁出该局，并发布洋药捐的告示，所以密迪乐照会吴煦予以反对，声称：告示"饬令售卖洋药各行司帐助局经收"，如此办法，与中英《天津条约》第十三条不符。而且，吴煦的告示及司帐谕单、洋药局章程，均要求洋药每箱必先给银 50 两，方准起出商栈，明显与新定税则章程五条不符。密迪乐认为该局刊发的章程第一款引用税则章程的第五条，改为"一经进口，即系华商货物，转运内地亦惟华商贩运"，将原文的"离口"改为了"进口"，明显违背和约。"该局有意违约，贵道以为可行"？1860 年 12 月 20 日，密迪乐再次照会吴煦，"声明违约之事皆不应为"。12 月 22 日，吴煦回复说"贵领事既谓不然，本道亦不欲深办"，而且同意将洋药总局迁出。然而，在密迪乐看来，吴煦"虽如此答应，

① 《英使卜鲁士照会》，咸丰十一年十二月二十五日，中华书局编辑部、李书源整理：《筹办夷务始末·同治朝》一，第 101 页。
② 《给英使卜鲁士照会》，咸丰十一年十二月二十五日，中华书局编辑部、李书源整理：《筹办夷务始末·同治朝》一，第 104 页。
③ 《英参赞威妥玛新议略论》，同治五年二月十六日，中华书局编辑部、李书源整理：《筹办夷务始末·同治朝》四，第 1680—1681 页。

不过改样办理，仍属违约"。他特别指出种种违约事实：洋药总局虽搬入广潮公所，但所用侦探仍在租界内，洋行没有华商前来交易。公所洋药新章"勒令华商专向趸船买受洋药，并不许往他处承买，其应纳税银每箱加纳二十四两"，仍然与和约不符。第十条"专指地方官襄办此事，声明违犯斯章者，该地方官定即咨回原籍，连家属一并拿办"。密迪乐指责："自和约颁出之时至今，办理洋药事务，并不遵照两国大皇帝所定，乃照贵道总局公所会同商定之法而办。"并警告吴煦："本国国家既与别国商定此等紧要和约，永不准人有意违犯。"①

各国在要求中国遵守条约的同时，也向中国表明坚守条约。条约在执行的过程中，不可避免地会出现守约和违约方面的问题。然而，各国在对待守约与违约的立场上，表现出了两面性与虚伪性。

各国与中国订约后，冠冕堂皇地宣称遵守条约。1861 年，法国驻华公使布尔布隆在给奕䜣的照会中称："凡和约条款所载之言，必宜两面遵行，方能两面有益，将见两国和好，可以愈久愈笃。"而且，法国参赞哥士耆也奉公使布尔布隆之令，向奕䜣当面申明："无论西洋官员、传教士、商人、各色人等前赴内地，或进京城，均宜先奉路照；否则贵国地方官理合拦阻拿获，解送进口领事官查办。"②类似这样的态度，其他各国均在不同场合有公开的表示。

然而，列强在声明遵守条约的同时，往往指责中国人违背条约。1861年，英国驻华公使卜鲁士在照会总理衙门时称：他自 1844 年来中国，"素已留心体察"中国情事，中英"始终不和之缘，总由各省督抚于外国交涉事件，并无尽心守约之理……各大吏向不存秉公尽约之意，转以条约准行之处多方推却，设法阻挠，不使外国得其优利"。而且，他还在照会中指出中国违约之处。对于英商在厦门租地一事，他指出中国地方官不按条约帮助英国人在通商口岸租地，"且多阻滞，此敌意与英民大为窒碍"。对于英国商民遭

---

① 《英领事密迪乐以洋药捐局违约事致吴煦照会》，1861 年 3 月 1 日，太平天国历史博物馆编：《吴煦档案选编》第 4 辑，第 365—368 页。

② 《法使布尔布隆照会》，咸丰十一年七月十八日，中华书局编辑部、李书源整理：《筹办夷务始末·同治朝》一，第 11 页。

遇到的诈骗、欠账问题，他责备中国官方不能即时解决，有的领事"备文多日，不见完结，不得已，遂声言咨请师船，立可围口，或以税饷扣留作抵为词，地方官始令债主将帐目稍为清理。惟是失仪之咎，岂在无奈强为者，实在颟顸不肯伸理者也"。对于英商从浙江贩丝到上海、从湖北叶家市到汉口被多征税一事，他认为这是"外官不重条约"的明证，而且他们对于上海、汉口领事的照会并不理会。因此，卜鲁士指出："但外官果有深知嗣不遵约，则难免上谴，每有违约者，必应从严议处，庶知寅畏，尚敢不重条约乎？"①

而且，各国在实际执行条约上往往是口惠而实不至。各国在华多有违约行为发生。对于明显的违约行为，中方向外国照会指出后，外国领事或公使未必接受，反而指责中国地方官员。如下事例就清楚地展现了这一点。1861年，有英国商人在温州载盐运至上海。江海关监督照会英国领事，"责该商船不遵条约，请将船货入官"。江海关监督的要求完全是根据条约的规定而做出的。然而，英国领事并不愿意遵照条约的规定办理，相反却提出"温州地方官既准该商船装货，则江海关不能治其罪"②。江海关监督于是请总理衙门向英国驻华公使交涉。然而，英国驻华公使卜鲁士对英国商船到温州、山东的非通商口岸贸易，贩卖盐、豆类等违禁商品，不仅不追究，反而诡辩称中国"各关非疏于防范，即希冀营私"；如果中国地方官能够尽责，外国船只也不能"自便"。对于外商的违约行为，他认为"各船主固不得谓无罪，而该官等阳奉阴违，则船主之罪因而较轻"，指责"职司防禁之员反准犯禁，实与贵国自准违约无异"，不准许海关监督照会中代为拿货入官的请求③。面对这种情况，总理衙门一方面照会英国驻华公使，"仍令其严饬英商遵约"；另一方面，"请旨饬下浙江抚臣严檄温州等处地方官，凡不准通商口岸，如有洋船前往贸易，及运违禁货物，均严行禁止。倘有宽纵，或官吏受贿放行，一经查出，从重惩办"。无独有偶，英商不遵中外约章，还在登州贩豆

①《英使卜鲁士照会》，咸丰十一年十二月二十五日，中华书局编辑部、李书源整理：《筹办夷务始末·同治朝》一，第98—99页。

②《奕䜣等又奏英商在温州登州贩货走私英使卜鲁士强辩请饬各该省严禁片》，咸丰十一年十二月十七日，中华书局编辑部、李书源整理：《筹办夷务始末·同治朝》一，第92—93页。

③《英使卜鲁士照会》，咸丰十一年十二月二十五日，中华书局编辑部、李书源整理：《筹办夷务始末·同治朝》一，第99—100页。

出口，结果粤海关不准其上岸。对此，英国驻华公使"不咎英商之违约贩私，而咎登州地方官之纵民私卖"。为防患于未然，总理衙门只能在交涉之外，要求山东巡抚和盛京将军等严饬地方官"禁绝洋船装载豆石、豆饼出口"，"洋商欲买豆石"，只能"雇用内地商船装运，照例完纳税课"。这样"英商不敢违约贩私，该公使亦不能藉端争辩矣"①。

同样的事情在 1862 年又有发生。当年，福州有白里船贩卖违禁物品私盐，不按条约规定按时报关，又到非通商口岸金门贸易，违背中英《天津条约》第三十七款和第四十七款以及《通商章程善后条约》。然而，英国领事并不照条约处理，反而包庇英国船只。奕䜣为此照会英国驻华公使卜鲁士，"此次显违条约，任意妄为，倘不惩办，将来纷纷效尤，尚复成何事体? 贵大臣事事以条约为重，而星领事乃敢如此，其视条约固轻，视贵大臣亦觉不重，岂贵国钦差大臣之威令不能行于一领事耶?""至中国地方官办理中外交涉事件，如有显违条约之处，当即立予处分，今星领事肆意妄为，非寻常过失可比"; 希望卜鲁士处罚领事星察理②。奕䜣还在照会中希望卜鲁士"通饬各领事官，无得矫强，实为至要!""严饬商人恪遵条约，勿私载食盐，致干究办"③。然而，卜鲁士在照复时指出:"至于英船如到不列通商口岸之处私作买卖，领事官丝毫不可包庇，本大臣业经有通行各口之件"，并不言及如何处罚本国领事的违规行为。而且，他在照会末还说:"谅贵国沿海地方官员，果能认真尽职，一切走私不难即日禁止。"④ 这又将禁止走私的责任推向中方。不过，卜鲁士的态度也使总理衙门看到"外国公使既不肯袒护该领事，则中国地方官自应认真查拿，按约办理。即或该领事徇私偏袒，亦可据此与之理论，谅不至激出事端"。所以，总理衙门上奏请饬沿海通商各省的封疆大吏，通饬所属官员严密稽查，对于到非通商口岸贸易的外商以及在通

---

① 《奕䜣等又奏英商在温州登州贩货走私英使卜鲁士强辩请饬各该省严禁片》，咸丰十一年十二月十七日，中华书局编辑部、李书源整理:《筹办夷务始末·同治朝》一，第 93 页。

② 《给英使卜鲁士照会》，同治元年闰八月二十九日，中华书局编辑部、李书源整理:《筹办夷务始末·同治朝》一，第 423 页。

③ 《给英使卜鲁士照会》，同治元年闰八月二十九日，中华书局编辑部、李书源整理:《筹办夷务始末·同治朝》一，第 424 页。

④ 《英使卜鲁士照会》，同治元年闰八月二十九日，中华书局编辑部、李书源整理:《筹办夷务始末·同治朝》一，第 424 页。

商口岸暗售军火者"照约办理"①。

奕訢针对卜鲁士的上述言辞，在照会中予以驳斥。如卜鲁士说，英商到温州贩盐，中国地方官不能驳斥其行为，"船主之罪因而反轻"。奕訢指出："惟思条约经两国大臣公同酌定，彼此颁发遵行，诚如贵大臣所云实为慎重之文。温州不能严加防范，登州纵民私卖，固属非是。"但是，如果英商"能恪遵贵大臣约束，应不待地方官禁止，自不敢前往贸易，又何敢以违约之事，微有亏折，便公然上诉贵大臣查办乎？是该洋商视条约为具文，已可概见"。温州非通商口岸，限于巡船巡丁少而不能加意防范，"或者势不能禁止，亦未可知"。"若全归罪于地方官，而不禁止商船贩私，是何异人家被窃，因不能禁止，反谓失物者之罪重，窃物者之罪反轻也。"而且，英商贩私盐、从烟台载豆都是违约行为，中方的处理办法都是照约行事②。从奕訢的反驳，我们不难看出英方在明显违约的前提下反而指责中方，这是典型的强盗逻辑。

不仅英国如此，其他国家也有这种表现。1864年，俄国官员石沙木勒幅带领官兵，乘坐轮船，沿松花江上驶，声称要经三姓到吉林面见吉林将军商议要事。吉林地方官员即时上报。总理衙门也同俄国驻华公使进行了交涉，但是没有得到答复。对此，清廷谕令吉林将军景纶、副都统麟瑞，"吉林三姓等处，并非条约内所载准行通商地方"，俄国人不听劝阻，"恃强深入"，居心叵测；所以，景纶等在会晤俄国官员时，要告诉他们总理衙门已就此向俄国公使交涉，"由三姓至吉林，均非条约内准行通商地方，按约辩论，令其即行回国"③。石沙木勒幅一行到吉林省城后，没有登岸，说要见吉林将军；吉林将军景纶派员上船与之见面，指出"和约原无两国大员亲面议事条款，吉林又非通商之区，尔等竟坐轮船深入松花江内，本属错误"。最终，石沙木勒幅一行离开吉林，所谓的公事也未议及，但是留下一纸说景纶不接

---

① 《奕訢等又奏洋船私贩及接济军械英使卜鲁士已有照复请饬沿海严查片》，同治元年闰八月二十九日，中华书局编辑部、李书源整理：《筹办夷务始末·同治朝》一，第422页。

② 《给英使卜鲁士照会》，咸丰十一年十二月二十五日，中华书局编辑部、李书源整理：《筹办夷务始末·同治朝》一，第104—105页。

③ 《廷寄》，同治三年七月二十二日，中华书局编辑部、李书源整理：《筹办夷务始末·同治朝》三，第1181页。

见与和约不符①。对于石沙木勒幅的行为，清廷在上谕中指出这是违约越界；俄方既然要面见将军谈要事，景纶应当传其来见，"责以违约越界之罪，以折其虚忄乔之心，并可询悉该夷来意，以凭办理"。结果景纶的做法反令俄国人有所借口，而且能够沿途画下山川形势，来去自如。所以，清廷认为景纶未能妥善办理此事②。

各国在华传教活动也多有与条约规定不符之处。1892 年 9 月 15 日，徐建寅致函薛福成即指出：各国传教虽有条约规定，但是"其教堂之内增设育婴、妇女等堂，和约中并无此款"。"今以外人来此设教，于约章之外私立善举，又不照华民之例，禀请地方官批准，本在封禁之例，自然易生猜疑。则与民不和，滋生事端，亦是自贻伊戚，不能责地方官以保护不力，为索赔之地也。"③

而且，各国在对待条约实施上往往偏向于本国。诚如 1877 年总理衙门在上奏时所称，"各国使臣于条约之利于彼者，力为之争；利于中国者，曲为之说"。就中外命案的处理而言，各国往往要求中国从严处罚杀死外国人的案犯，而对于杀死中国人的外国案犯往往从宽处罚④。此外，各国在教案发生后，往往不顾事实真相，要求中方赔偿并处罚官民。这正是 1878 年总理衙门咨文中国驻外公使，要求他们就条约相关问题向各国解释，严格遵循条约本意的重要原因之一⑤。然而，在强权政治的背景下，中国的这些要求难以实现。

在维系并享用已有条约特权的同时，各国还通过外交讹诈、曲解约款等方式进一步扩大在华权益，不断扩大条约关系的内容与范围。1867 年，奕䜣等人在上奏时就指出：洋人之所以重视条约，"盖以条约为挟持之具"。只要

①　《景纶麟瑞奏俄船驶抵吉林未与接见遂即回帆折》，同治三年七月三十日，中华书局编辑部、李书源整理：《筹办夷务始末·同治朝》三，第 1197 页。

②　《廷寄》，同治三年七月三十日，中华书局编辑部、李书源整理：《筹办夷务始末·同治朝》三，第 1198 页。

③　蔡少卿整理：《薛福成日记》下，光绪十七年八月十三日，第 654 页。

④　《总署奏拟纂通商则例以资信守折》，光绪三年九月二十五日，王彦威、王亮辑编，李育民等点校整理：《清季外交史料》第 2 册，第 215 页。

⑤　《总理衙门咨行出使大臣》，1878 年，[英] 赫德著、叶凤美译：《这些从秦国来——中国问题论集》，天津古籍出版社，2005 年，第 146 页。

对其有益，则必出全力相争，不载入条约之内不止。"迨至入约之后，字字皆成铁案，稍有出入，即挟持条约，纠缠不已"。各国在与总理衙门交涉时，"深险狡黠，遇事矫执，或系约中本系明晰，而彼必曲申其说；或条约中未臻妥善，而彼必据以为词，极其坚韧性成，得步进步，不独于约内所已载者难稍更动，且思于约外未载者更为增添"①。

的确，各国在第二次鸦片战争后，就向中国提出了条约内所没有的修铁路、设电线、贩盐、挖煤、内河行轮等要求。清政府出于统治利益和国家利权的考虑，在各方面进行了抵制。但是，列强在 19 世纪 60—90 年代，强迫中国签订了一系列的不平等条约，不断扩大在华利权，获得了内河航行、通商口岸设关栈、租界免厘、挖煤、架设电线等新利权。这些条约特权都在不同程度上强化了不平等的中外条约关系。

不仅如此，各国常常无视条约文本原意，企图通过曲解条约的方式获得利益，进而造成事实。如中俄关于在张家口通商事宜，因条约有争议之处，"俄人欲在张家口通商，坚执俄文条约有此语，而汉文实无此条，屡以此烦渎"。总理衙门认为"万不能允，现已痛驳其误，可见其事事有诡计，不能不十分郑重也"②。然而，在有的情况下，清政府却迫于无奈，只能答应列强的要求，最终使其获得相应的权益。

此外，即便是在遵守条约的前提下，各国还通过多种方式削弱中国的政策限制，以扩大其在华权益。如美国政府在第二次鸦片战争前后，就要求其在华领事尊重中美条约、不违背美国政府的对华政策、不干涉中国的内乱，同时也要求在华领事"通过实施审慎而又坚强、独立的行动，以清除在中国存在严重的贸易限制，并获取更多的交流上的便利，这不仅仅是为了本国的公民，而且是为了将中华帝国完全开放给世界上所有文明国家的商业企业"。

---

① 《奕䜣等奏明年五月为重修各国条约之限已派章京造册请饬通商大臣咨送能员以备查询折》，同治六年五月十五日，中华书局编辑部、李书源整理：《筹办夷务始末·同治朝》五，第 2056 页。

② 《黄瀛山房主人致吴煦函》，1861 年 10 月 14 日，太平天国历史博物馆编：《吴煦档案选编》第 5 辑，第 235 页。

为实现这一目标，"领事官员们将在其正当的职权范围内，做他们所能做的事"①。事实上，19 世纪 60—90 年代，各国在行使条约特权之际，对中国的政策多有干涉，从而达到了其扩展在华利益的目的，如要求开放豆禁、改变中国内地税的征收等。

列强的上述各种"和平"手段虽然有别于赤裸裸的武力威迫，但是它们却是以强权政治为背景的。所以，这些"和平"手段只是表现上的和平，列强曲解条约、使用外交讹诈就充分体现了这一点。列强通过这些方式不仅充分享有了条约权益，而且进一步扩大了在华权益。

三、 干涉中国内政和外交

条约执行关乎内政与外交。然而，各国在中外交涉中，利用条约执行中的具体事件，以达到预期目的；在处理与条约执行相关的交涉事件时，还以之为借口干预中国内政。这些都在一定程度上展现了中外条约关系的畸形状态。

各国在办理交涉事件时，往往将其他事宜牵入到所议事务之中，以达到制造压力、抵制中方要求、附带解决其他事件等目的。这具体表现为以下几种情形：一是为解决相关事宜，各国会将其他与本国相关的事宜和盘托出，制造外交压力，迫使清政府做出让步。如 1875 年，总理衙门就马嘉理事件与威妥玛进行交涉时，威妥玛提出了十余项与英国相关的交涉事件，指责中方不履行条约，以制造外交压力②。二是在解决某项重要事宜时，将清政府不同意的次要事件牵入，从而使清政府为不影响重要事件的解决，不得不做出让步，答应解决次要事件。1877 年，西班牙为解决索威拉纳商船事件就体现了这一点。1864 年初，索威拉纳商船在台湾遭风后被匪拆抢。事发后，西班牙驻厦门领事曾向中国官方报告此事；1867 年，西班牙公使才提出查办此

---

① *The United States Consul's Manual：A Practical Guide for Consular Officers and also for Merchants，Shipowners，and Masters of American Vessels in all Their Consular Transactions*，Second Edition，Washington：Hudson Taylor，1863，p. 64.

② 《英使致总署各口滋事案件未妥情形请催令办理照会　附总目》，光绪元年七月十六日，王彦威、王亮辑编，李育民等点校整理：《清季外交史料》第 1 册，第 30—31 页。

事；1874 年，西班牙公使又提出此事何人承办。然而，此案并没有解决。
1876 年，西班牙公使要求中方赔偿。总理衙门对此要求加以驳斥，声称此事
发生在中国与西班牙订约之前，而且双方条约中也没有明文规定赔偿。1877
年，正当中国与西班牙就《古巴华工条款》达成一致时，西班牙公使伊巴里
故意拖延签字，目的就是要解决索威拉纳商船的赔偿事宜。他照会总理衙
门，声称中方的做法不遵守《世理公法》《万国公法》等国际公法关于救助
遭难船只的规定。清政府为不影响《古巴华工条款》的签订，只好同意以抚
恤为名给予西班牙 1.8 万元，以解决"本属无理取闹之事"的索威拉纳商船
事件①。三是各国经常以其他事件未解决为由，抵制中国的正当要求。1878
年，总理衙门向俄国驻华公使交涉引渡逃到俄国的叛匪头目白彦虎，俄国公
使布策却称："本国按照条约办理，惟牵引交涉未结各案，以为中国未能照
约办结。"布策的这一说法遭到总理衙门大臣的驳斥，不得不答应日后会照
会答复②。

各国还以条约执行中发生的事件为借口提出交涉，干预中国的内政。这
在传教事件的处理上表现得尤为突出。

贵阳教案发生后，法国驻华公使哥士耆认为该案的发生，是因为贵阳的
大小官员在和约互换后"不肯张贴宣示"。他在致两广总督劳崇光函中，指
出"目今所最要者，令贵州省迅速将和约贴出方妥"。于是，他将 20 份条约
文告交给劳崇光，送往贵阳，让贵阳的官员张贴③。

1862 年，哥士耆又为江西和湖南教案未能即时解决，照会奕䜣称：
"教中各事将及一载，各省大吏不能实指主教传教罪名，借端巧为排陷，
显背和约第十三、第三十六等款。"④ 这里的和约即是指中法《天津条约》。
他就如何处理两省教案提出了双方会议讨论的八条意见，其间多有不合理

---

① 《总署奏西班牙商船被抢与古巴换约案同时办结片　附照会二件》，光绪三年十月十六日，王彦威、王亮
辑编，李育民等点校整理：《清季外交史料》第 2 册，第 224—225 页。
② 《总署奏与俄国交涉引渡逆回白彦虎情形折　附照会二件》，光绪四年二月二十二日，王彦威、王亮辑编，
李育民等点校整理：《清季外交史料》第 2 册，第 246 页。
③ 《法使哥士耆给劳崇光函》，同治元年五月二十三日，中华书局编辑部、李书源整理：《筹办夷务始末·同
治朝》一，第 263 页。
④ 《法使哥士耆照会》，同治元年闰八月二十四日，中华书局编辑部、李书源整理：《筹办夷务始末·同治
朝》一，第 396 页。

之处。不仅如此，他还拟出了要求中方刊发的告示初稿①。针对哥士耆的意见，奕䜣拟定《保护教民章程》三条，在照会时附送哥士耆②。对于哥士耆的八条要求，湖南巡抚毛鸿宾除个别方面表示同意外，其他多从实际情况以及湖南省情予以反驳③；并且提出教民注册，以便保护和管理，杜绝争端发生的意见④。江西巡抚沈葆桢认为处理对外问题不能失之太柔，然而迫于形势，此次不得不赔偿教会，"作此无可奈何之策"⑤；其对待八条要求的态度比湖南巡抚毛鸿宾要宽容许多，然而江西官绅的态度却引起了民众的强烈反教情绪⑥。

1862 年 12 月 31 日，哥士耆到总理衙门当面递交处理贵州教案的十二条要求。哥士耆冠冕堂皇地说，"凭依两国和好，援照和约定例"，提出处理贵州教案的办法。哥士耆要求将贵州巡抚韩超革职，永不叙用；田兴恕、赵畏三、戴鹿芝押赴北京处斩；而且，其第四条要求"田兴恕等处决之时，应请颁发谕旨宣示，此案因田兴恕等及韩超违背法国和约（即中法《天津条约》——引者注）第八、第十、第十三、第三十八等款，分别斩决革职，罪有应得"⑦。不过，对于哥士耆的要求，奕䜣在照复时指出，根据条约和中国律例，不能将大臣处死，并以 1858 年的《和约章程补遗》第一款内载"西林县张鸣凤将马神父妄行杀害，本系有罪之人，应即革职，以后永不准莅任等语"为据，反驳哥士耆称奕䜣视条约为废纸的说法。总体而论，奕䜣指出"至若尽按十二条之办法，不但与中国向例不合，亦与贵国补约第一条不符，

---

① 《会议条款拟稿八条》《告示拟稿》，同治元年闰八月二十四日，中华书局编辑部、李书源整理：《筹办夷务始末·同治朝》一，第 396—400 页。

② 《保护教民章程三条》，同治元年闰八月二十四日，中华书局编辑部、李书源整理：《筹办夷务始末·同治朝》一，第 401—402 页。

③ 《议复教案条款清单》，同治元年十二月十五日，中华书局编辑部、李书源整理：《筹办夷务始末·同治朝》二，第 538—540 页。

④ 《毛鸿宾奏议复法哥士耆条款开单呈览折》，同治元年十二月十五日，中华书局编辑部、李书源整理：《筹办夷务始末·同治朝》二，第 537—538 页。

⑤ 《沈葆桢又奏对外不容太柔此次所请为万不得已片》，同治元年十二月十六日，中华书局编辑部、李书源整理：《筹办夷务始末·同治朝》二，第 544 页。

⑥ 《沈葆桢奏议复法使哥士耆条款开单呈览折》《议复教案条款清单》，同治元年十二月十六日，中华书局编辑部、李书源整理：《筹办夷务始末·同治朝》二，第 541—543、545—546 页。

⑦ 《法使哥士耆面递条款十二条》，同治元年十一月二十九日，中华书局编辑部、李书源整理：《筹办夷务始末·同治朝》二，第 507 页。

本爵宁可以身当祸，断不能受万世之讥评"①。奕䜣坚持认为只能议赔款，而不能抵命。随后，法国公使馆邀请总理衙门官员到使馆面商②。哥士耆照复奕䜣，仍然要求田兴恕等三人抵命，强辩处死田兴恕的原因、西林教案与贵州教案的区别，甚至威胁说："本大臣实望贵国勿因此事再受兵戈惊扰，糜费死亡，以至重定和约，种种失计，只由免此三罪人一死之故，不可不权其轻重早自审处也。"③ 1863 年 1 月 20 日，宝鋆等到法国驻华使馆商议处理贵州教案一事，哥士耆态度恶劣且强硬。总理衙门大臣在几欲决裂的情况下，"不得已，于词色之间稍示牢笼"。哥士耆于是答复说，此案必须照他原来提出的办法办理，由总理衙门考虑办法致函告知④。1 月 21 日，总理衙门致函法国驻华公使，指出贵州教案的处理办法中"应以是否论抵一条为重"，中国已派出钦差大臣前往查办，"一经查实，自必按照中国律例，分别首从抵罪。其余各款，应由钦差大臣查办时酌核办理"⑤。

　　1863 年初，四川将军所派委员宣维礼、吉祥就贵州教案的处理提出四条意见，即：青岩教案的赔偿照哥士耆在广东所议之数赔偿；开州杀死传教士文乃耳，可援照条约中所载的广西西林教案的处理办法；颁发告示和约二十张，议定后即行张贴；禁止滋扰教堂，清还神像和书籍⑥。对于以上四条，贵州主教胡缚理虽然有不同意见，但是尚有可以通融办理之处。至于开州杀死文乃耳的处理，胡缚理将之归于驻华公使的职责范围之内。然而，法国驻华公使早已表示反对前述处理意见。在这种情况下，总理衙门一方面致函劳崇光，提醒其到黔妥善办理；另一方面，寄希望于法国新任驻华公使柏德美

　　① 《给法使哥士耆照会》，同治元年十一月二十九日，中华书局编辑部、李书源整理：《筹办夷务始末·同治朝》二，第 509—510 页。

　　② 《奕䜣等奏贵州事件法使哥士耆照复面商坚执前议已经函复折》，同治元年十二月十二日，中华书局编辑部、李书源整理：《筹办夷务始末·同治朝》二，第 527 页。

　　③ 《法使哥士耆照会》，同治元年十二月十二日，中华书局编辑部、李书源整理：《筹办夷务始末·同治朝》二，第 529—530 页。

　　④ 《奕䜣等奏贵州事件法使哥士耆照复商面坚执前议已经函复折》，同治元年十二月十二日，中华书局编辑部、李书源整理：《筹办夷务始末·同治朝》二，第 527 页。

　　⑤ 《给法使哥士耆函》，同治元年十二月十二日，中华书局编辑部、李书源整理：《筹办夷务始末·同治朝》二，第 531 页。

　　⑥ 《委员宣维礼吉祥议单四条》，同治二年二月初四日，中华书局编辑部、李书源整理：《筹办夷务始末·同治朝》二，第 591 页。

接替哥士耆，在新旧交卸之时能有转机①。

然而，法国新任驻华公使柏德美对于贵州教案一事早有成见。1863 年 6 月 5 日，柏德美到总理衙门递交照会和贵州教案处理的五条要求，态度坚决。当天，英国驻华公使卜鲁士也到了总理衙门。他为柏德美从旁助势，在谈及贵州教案时，说"此即中国背约薄待外国之证"，并声称"各国现已联为一气"。次日，柏德美又函催定期解决。在局势难以扭转的情况下，总理衙门只能奏请将教案"赶紧切实办结"②。可见，柏德美的举动以及其他国家的态度进一步推动了清政府处理贵州教案。加之张亮基、劳崇光先后到达贵州，田兴恕的处理以及整个贵州教案的解决才有了新进展。

此后，天津教案、马嘉理事件等涉外案件，清政府都不得不处罚官民，给予赔偿。1895 年，成都教案发生后，清政府迫于无奈，将四川总督刘秉璋革职。清政府因教案而如此处罚总督，这是前所未有的。可见，各国利用条约关系运行过程中产生的各种事件，影响和干涉中国内政与外交，产生了恶劣的影响。

列强在中外条约关系的运行过程中，对待条约关系的态度在国别上、在不同时空的表现都有所差异。但是，它们都是以本国利益为出发点，坚持不平等条约，不断扩大条约利权。其对待条约关系的态度也体现出了强权政治的逻辑和各国对待条约关系的虚伪性。这正是中外不平等条约关系难以改变的根本原因。

第三节　国际法传入与中国对条约关系的应对

早在鸦片战争爆发前，林则徐曾请美国传教士伯驾翻译过滑达尔《万国律例》的部分内容。然而，"在其后一段时间，国际法又被忽略。直至

---

① 《奕䜣等奏议复崇实折及法使哥士耆禀函四件已函劳崇光折》，同治二年二月初六日，中华书局编辑部、李书源整理：《筹办夷务始末·同治朝》二，第 593 页。
② 《奕䜣等奏法使柏尔德密催办贵州教案词意决绝请饬令严讯折》，同治二年四月二十二日，中华书局编辑部、李书源整理：《筹办夷务始末·同治朝》二，第 684—685 页。

中外条约关系确立之后，国际法再次受到关注"①。第二次鸦片战争后，随着《万国公法》等国际法著作的翻译，国际法传入中国。中国的官方以及知识精英开始运用国际法看待中外条约关系，并就应对中外条约关系提出了自己的看法。

一、 国际法的传入

第二次鸦片战争后，中国对国际法的关注一方面来源于办理外交的需要，另一方面与《万国公法》的翻译有密切的关系。

就外交而言，清政府对国际法的态度变化经历了一个从"未便参阅"到"奉为圭臬"的过程②。起初，中国与外国订约，并不知道国际法。文祥的态度就是例证。"有时西人援公法以相诘责"，文祥回应道："我中国不愿入尔之公法。中西之俗，岂能强同。尔述之公法，我实不知。"③

不过，奕䜣等人在办理对外交涉时，发现外国人"往往辩论事件，援据中国典制律例相难"；然而，奕䜣等人"每欲借彼国事例以破其说，无如外国条例俱系洋字，苦不能识"；奕䜣等人"因于各该国彼此互相非毁之际，乘间探访，知有《万国律例》一书，然欲径向索取，并托翻译，又恐秘而不宣"④。而且，各国向中国派驻公使和领事，也使得总理衙门必须了解相关的国际交往惯例。因此，1863 年 7 月 14 日，赫德在总理衙门与董恂、薛焕、恒祺、崇纶等议事时，这几位总理衙门大臣都急于要赫德"把惠顿的《国际法》至少是其中有些对他们可能有用的部分译成中文"。从当天起，赫德开始着手惠顿所著《国际法》的摘译工作，并将译文交总理衙门大臣，到 8 月 17 日"竟然已经是厚厚一大册了"⑤。此后，美国驻华公使蒲安臣告知奕䜣等人，美国人丁韪良译有《万国律例》；并带丁氏将译本呈交，声称"此书

---

① 李育民：《晚清中外条约关系研究》，第 364 页。
② 李育民：《晚清中外条约关系研究》，第 363—375 页。
③ 蔡少卿整理：《薛福成日记》下，光绪十八年闰六月初三日，第 732 页。
④ 《奕䜣等又奏美士丁韪良译出万国律例呈阅已助款刊行折》，同治三年七月二十九日，中华书局编辑部、李书源整理：《筹办夷务始末·同治朝》三，第 1184 页。
⑤ ［美］凯瑟琳·F. 布鲁纳、费正清、理查德·J. 司马富编，傅曾仁等译：《步入中国清廷仕途——赫德日记（1854—1863）》，第 375、379、380、381、385、386、387、391 页。

凡属有约之国皆宜寓目，遇有事件，亦可参酌援引"。丁韪良也极力推荐此书。奕䜣等人认为此书"衡以中国制度，原不尽合，但其中亦间有可采之处"，所以派人与丁韪良一同对之"商酌删润"。1864 年，总理衙门运用该书中的主张处理了普鲁士在中国领海拘捕丹麦商船的事件。所以，总理衙门更加确信该书的价值①。这可以说是条约关系基本形成后，中国首次使用国际法处理中外交涉事件。其具体情况如下：

1864 年春，普鲁士使臣李福斯乘坐兵船到天津，准备由津赴京与总理衙门办理交涉事宜。然而，李福斯乘坐的兵船却在大沽的拦江沙外，将其敌国丹麦的 3 艘商船拘捕。奕䜣等人在接到崇厚的函报后，认为"拦江沙距大沽海口不远，无论何国与何国为仇，总不应在中国洋面报复"。而且，"外国持论，往往以海洋距岸十数里外，凡系枪炮之所不及，即为各国公共之地，其间往来占住，即可听各国自便"。总理衙门对此事相当重视，要求李福斯先解决此事，再谈公事。其目的有二：一是"欲藉此以消其桀骜之心"；二是"以辨明此地实系中国洋面，并非各国公共海洋"。于是，总理衙门照会李福斯，要求释放丹麦商船。然而，李福斯只释放了两只船，并照会称：扣留丹麦船只"系属按照欧罗巴所定军法，其扣留处所，相去海岸远近，亦属《万国律例》准拿敌船之处"。而且，他还以此事的处理由国家定夺作推托。总理衙门随即照会李福斯，声称："此次扣船处所，乃中国专辖之内洋，欧罗巴所定军法，不能强中国以必知。"而且，李福斯是全权大臣，不能称自己不能干预此事②。随后，总理衙门又针对李福斯在照会中所说的"丹国船只被我国扣留，咎在我国，丹国亦不能向中国理论，中国亦无须任其责"，函告他说：在中国洋面扣船"即属轻视中国"，中国"非为丹国任其责，实为中国保其权"。在中方的坚持之下，李福斯只好让领事备款交给船主，解决了第三只丹麦商船被扣的问题③。

---

① 《奕䜣等又奏美士丁韪良译出万国律例呈阅已助款刊行折》，同治三年七月二十九日，中华书局编辑部、李书源整理：《筹办夷务始末·同治朝》三，第 1184—1185 页。

② 《奕䜣等又奏布使李福斯来津擅扣丹国商船已与交涉放回将往来照会呈览折》，同治三年六月十五日，中华书局编辑部、李书源整理：《筹办夷务始末·同治朝》三，第 1144—1145 页。

③ 《给布使李福斯函》《布使李福斯照会》，同治三年六月十五日，中华书局编辑部、李书源整理：《筹办夷务始末·同治朝》三，第 1148—1149 页。

这次事件的处理不仅表明当时中国的"某些高官看来已经熟悉了"惠顿《万国公法》的原则①，而且对于中国重视和利用国际法有积极影响。1864年，奕䜣等人在上奏时，即以此事件说明《万国律例》对于中国办理外交的价值。所以，他们决定资助刊印丁韪良所译《万国公法》一书，交给总理衙门 300 部，准备将来通商口岸各给一部，"其中颇有制伏领事官之法，未始不有裨益"②。

继刊印《万国公法》后，同文馆、江南制造总局先后组织翻译了多部国际法的书籍，如《公法会通》《各国交涉公法论》《公法便览》《公法总论》等。徐维则《增版东西学书录》对诸书有如下评价：《万国公法》一书可使"中土办理交涉得其旨要矣"。《各国交涉公法论》"于和战条例尤为详备，较丁译各书为优矣。性法、公法本分二端，言性法之书译本颇少，于此可见崖略"。《公法会通》"即事明义，绝无偏倚"，译者丁韪良又加有注释，"较《万国公法》更为明洁也"。《公法便览》比《万国公法》更为周密，"文义简显"。《公法总论》一书的作用是"学者苦诸公法书繁重，得此足为纲领"③。的确，这些国际法译著对于清政府办理外交、中国人认识和了解国际法提供了可供参照的文本。

二、　中国各界对国际法与条约关系的认识

国际法的传入为中国官方和知识精英认识条约关系，提供了理论武器。他们不仅重视国际法在外交中的作用，而且主张利用国际法应对中外条约关系。当然，他们从现实的中外条约关系中也认识到了国际法的不足。

洋务派对于条约和国际法在外交中的作用有清楚的认识。1876 年初，李鸿章在与日本使臣森有礼会谈时，森有礼说："据我看来，和约没甚用处。"李鸿章反驳道："两国和好，全凭条约，何说没用？"森有礼说："和约不过

---

① Raphael Pumpelly, "Western Policy in China," *The North American Review*, Vol. 106, No. 219, April, 1868, pp. 592-612.

② 《奕䜣等又奏美士丁韪良译出万国律例呈阅已助款刊行折》，同治三年七月二十九日，中华书局编辑部、李书源整理：《筹办夷务始末·同治朝》三，第 1185 页。

③ 熊月之编：《晚清新学书目提要》，上海书店出版社，2007 年，第 39—40 页。

为通商事，可以照办；至国家事，只看谁强，不必尽依着条约。"李鸿章反驳说："此是谬论，恃强违约，《万国公法》所不许。"森有礼答复说："《万国公法》也可不用。"李鸿章对此回答说："叛约背公法，将为万国所不容。"① 李鸿章在为《通商约章类纂》作序时即指出："泰西立国之道以互市为经，以交邻为纬，而订约之议行焉。盖犹春秋会盟载书遗意，从则直，违则曲，和战之局由是而决。其关于两国利害抑重矣哉。自入中国交涉以来，率循是道。"② 19 世纪七八十年代，中国官员在论及中外交涉事件时，经常会提及《万国公法》的内容与主张，或主张援引《万国公法》以辩驳。如1878 年，何如璋在论及处理日本梗阻琉球入贡一事时，所提主张之一就向日本提出交涉，"或援《万国公法》以相纠责"③。有的官员虽然不办理外交事件，但是留心时务，对《万国公法》一书的相关内容也多有了解。1878 年，翰林院侍讲张佩纶在崇厚奉命出使俄国时，上奏勿给崇厚全权名号，指出英法两国驻外使臣均无全权名号，"崇厚加内大臣衔秩已尊矣，于《万国公法》所谓交遣使臣当平行等级，已相符合"④。1879 年，崇厚签订《交收伊犁条约》后，沈葆桢、李鸿章、张之洞等官员在论及该约如何应对时，均以《万国公法》在相关方面的规定为由，认为中国可以不批准该约。这些都体现了清朝留心时务的官员对国际公法的重视和了解。

一些封疆大吏积极主张研究条约和国际法。1883 年，时任山西巡抚的张之洞在太原设立洋务局，向各省招揽人才，研究洋务和西学，其中就包括有公法、条约等内容⑤。这一举措体现了清朝官方为应对中外交涉，对国际法的重视。诚如山西洋务局的《延访洋务人才启》所说，"中外交涉事宜，以商务为体，以兵战为用，以条约为章程，以周知各国物产、商情、疆域、政

---

① 《总署奏日使因朝鲜事辩论拟请照会咨送礼部续行该国折 附照会及节略》，光绪二年正月三十日，王彦威、王亮辑编，李育民等点校整理：《清季外交史料》第 1 册，第 78 页。

② 李鸿章：《〈通商约章类纂〉序》，《通商约章类纂》。

③ 《总署奏日本梗阻琉球入贡现与使臣何如璋相机筹办折》，光绪四年六月初五日，王彦威、王亮辑编，李育民等点校整理：《清季外交史料》第 2 册，第 256 页。

④ 《侍讲张佩纶奏请勿给崇厚全权及便宜行事字样折》，光绪四年九月初七日，王彦威、王亮辑编，李育民等点校整理：《清季外交史料》第 2 册，第 266 页。

⑤ 《札司局设局讲习洋务》，光绪十年四月初一日，苑书义等主编：《张之洞全集》第 4 册，第 2399 页。

令、学术、兵械、公法、律例为根柢，以通晓各国语言文字为入门"①。

而且，封疆大吏在应对中外条约关系时，以国际法为依据反驳列强的无理要求，并提出了抵制之法。1867 年，李鸿章预筹各国修约事宜，就总理衙门提出的诸事发表意见，并指出："此外或尚有要求之事，无非上侵国家利权，下夺商民生计，皆可引《万国公法》直言斥之。"②

总理衙门在对外交涉时，也常用国际法维持利权、驳斥外国人。1869 年，总理衙门在给英国驻华公使阿礼国的节略中，指出："查中外时势，有难有易，且亦各有国体及自主之权。如时势可行，及无碍国体政权者，中国原有自主变通之法；其窒碍难行者，无论不能勉强，就令勉强试办，终必无成。"③

不少有识之士在阅读了国际法相关著作后，认识到利权之所在，主张利用国际法维护国家利权。如薛福成在《筹洋刍议·利权一》中指出："《万国公法》有之曰，凡欲广其贸易，增其年税，或致他国难以自立自主，他国同此原权者，可扼之以自护也。又曰，若于他国之主权、征税、人民、内治有所妨害，则不行。今各国徇商人无厌之请，欲有妨于中国，其理之曲直，不待言而明矣。"④ 郑观应指出："各国之藉以互相维系，安于辑睦者，惟奉《万国公法》一书耳。其所谓公者，非一国所得而私；法者，各国胥受其范。""公法一出，各国皆不敢肆行，实于世道民生，大有裨益。然必自视其国为万国之一，而后公法可行焉。"然而，"通商以来，各国恃其富强，声势相联，外托修和，内存觊觎，故未列中国于公法，以示外之之意。而中国亦不屑自处为万国之一列入公法，以示定于一尊，正所谓孤立无援，独受其害，不可不幡然变计者也。""如中国能自视为万国之一，则彼公法中必不能独缺中国，而我中国之法，亦可行于万国。"他还提出中国应当"遣使会同

---

① 《延访洋务人才启》，苑书义等主编：《张之洞全集》第 4 册，第 2400 页；另参见《山西省城洋务局启》，《述报》卷 3，光绪甲申年闰五月初九日，第 15 页。

② 《李鸿章奏议复修约事宜折》，同治六年十二月初六日，中华书局编辑部、李书源整理：《筹办夷务始末·同治朝》六，第 2258 页。

③ 《给英使阿礼国节略》，同治八年九月十九日，中华书局编辑部、李书源整理：《筹办夷务始末·同治朝》七，第 2752 页。

④ 《筹洋刍议·利权一》，丁凤麟、王欣之编：《薛福成选集》，第 548—549 页。

各国使臣，将中国律例，合万国公法，别类分门：同者固彼此通行，不必过为之虑；异者亦各行其是，无庸刻以相绳；其介在同异之间者，则互相酌量，折衷一是"①。

1889 年，钟天纬在所撰《据公法以立国论》一文中，指出"夫《万国公法》一书，原为各国应守之成规，并非各国必遵之令甲，强者藉此而愈肆其强，弱者恃此而无救其国"。他根据《万国公法》《公法会通》《交涉公法论》等著作的相关内容，指责美国在对待华工问题上明显违背了国际公法。然而，如果中国采取同样的政策作为报复，虽然在国际法上可行，但是"其曲在彼，而隙则自我启之也"。追根溯源，他指出"当彼国遣使请商改约时，路人皆知其心；而当局曲从其请，既许改其约矣，则阴堕其术中，而显授以口实。遂启彼得步进步之心，今且百喙争之而不得"。所以，他在文末不无感触地说，"我愿当局者，毖后惩前，尚其慎之于后哉"②。其言外之意就是提醒当局者注意利用国际法维护利权。

此外，陈虬在《利济教经》中提出"识时务，主富强。讲公法，明约章"③。汤寿潜根据国际法的规定，指出只有外国公使自用之物，进口可以免税，而且有量的限制；"领事以下更宜有额定之税"④。

与此同时，不少官员和有识之士从国际法的角度，认识到了中外条约的不平等及其对中国的危害。如郑观应在《易言》20 篇本的《公法》篇中，指出"公法者，万国之大和约也"。但是，西方列强同中国所签订的条约，"即其专为通商言之者，何矛盾之多也。一国有利，各国均沾之语，何例也？烟台之约，强减中国税则，而外部从而助之，何所仿也？华船至外国，纳钞之重，数倍于他国，何据而别出此也？外国人初到中国，不收身价；中国人至美国者何如？中国所征各国商货之入口税甚轻，各国所征于中国商货者，又何如也？"比较以上差异，他认为"公于何有？法于何有？而公法家犹大书

① 《论公法》，夏东元编：《郑观应集》上册，上海人民出版社，1982 年，第 66—67 页。
② 《据公法以立国论》，薛毓良、刘晖桢编校：《钟天纬集》，上海交通大学出版社，2018 年，第 139—140 页。
③ 《利济教经·时务章第三十三》，胡珠生辑：《陈虬集》，第 131 页。
④ 《危言》，政协浙江省萧山市委员会文史工作委员会编：《汤寿潜史料专辑》（《萧山文史资料选辑》第 4 辑），1993 年，第 248—249 页。

而特书曰：一千八百五十八年，英、法、俄、美四国与中国立约，嗣后不得视中国在公法之外。又加注而申言之曰，谓得共享公法之利益。嘻！亦异已"①。此后，王之春在《蠡测卮言·慎约议》中指出："所谓公法者，即万国之合约章程也。然法既曰公，自宜顾名而思义。曩者中国与英、法两国立约时，皆先兵戎而后玉帛，被其迫胁，兼受蒙蔽，所定条款受损实多，往往有出乎地球公法之外者。"继此之后，美国、德国以及荷兰等小国先后与中国签订条约，"维时中国于洋务利弊未甚讲求，率将'利益均沾'一条刊入约内，一国所得，各国安坐而享之，一国所求，各国群起而助之，遂使泰西诸国协以谋我，挟以要我，几几有固结不解之势"。而且，中外待遇不公体现在诸多方面，"至若洋人居中国不归中国官管理，试问华人之居外洋者何如？外国人到中国不收身价，试问中国之到外洋者何如（华人到美国，每人每岁收税银一二元不等）？且中国所征于各国商货之入口者税甚轻，华船至外国，纳钞之重数倍于他国"。"至于烟台之约，且强减中国税则，几于喧宾而夺主。"因此，"合彼此而较之，公于何有？法于何有"？此外，"更有词虽甚公而法甚不公者"②。比较王之春与郑观应的言论，二者表述多有相似之处。由于《蠡测卮言》的成书晚于《易言》，所以王之春很可能是借鉴了郑观应的主张。不过，这种采借却表明了王氏对待公法与条约的认识。另如钟天纬在1888年撰写的《挽回中国工商生计利权论》一文中指出：中外通商立约四十年有三大失误："一误于金陵之约，将税则载入约章，而定为值百抽五，从此如蚕受缚，而不能自脱矣；二误于与各国立约，概许其利益同沾，遂驱互相仇恨之国，使之合而协以谋我；三误于天津之约，将长江内地开口通商，遂使门户尽开，洋人直入卧内，而驵失自主之权。"也就是说，协定关税、片面最惠国待遇、内地开放是中外条约对中国的三大危害。至于租界、审案权、传教造堂，他认为"犹其弊之小焉者已"③。

甲午战争前，陈炽在其撰著的《庸书》中，也对协定关税进行了评判。他指出："税则者，国家自主之权也，非他国所得把持而搀越者也。"欧洲各

① 《公法》，夏东元编：《郑观应集》上册，第175—176页。
② 《蠡测卮言·慎约议》，赵春晨等点校：《王之春集》第1册，岳麓书社，2010年，第462—463页。
③ 《挽回中国工商生计利权论（一）》，薛毓良、刘晖桢编校：《钟天纬集》，第87页。

小国也能够关税自主，关税过重，只有商议更改，"从无用兵相挟、下旗竟去之事。盖西例然也。既已商于其国，受其保护，分其利权，自应静候稽征，输纳税课，此人情天理，非可凭恃势力，强人以所难也"。然而，"中国当道光之间，勉强行成，情形隔膜，误将税则载入约章。夫条约所载者，两国之公权也。太阿倒持，授人以柄，九州之铁，铸错竟成，非惟中国所未闻，抑亦西人所不及料矣。日本与泰西立约，受弊略同"①。

不惟如此，他们还认识到中西实力的差距使中国并不能够真正地利用国际法维护自己的利权。一方面，他们认为列强并不将中国视为公法中的平等一员。驻外公使黎庶昌、薛福成等就明确指出了这一点。1884 年，黎庶昌在《敬陈管见折》就指出："方今四海合纵连衡，虽以日本一隅，犹有所依傍；独我中国，名为共入公法，实则屏之局外。"② 1892 年，薛福成在《论中国在公法外之害》一文中，指出："用公法之柄，仍隐隐以强弱为衡，颇有名实之不同。"不过，"各国之大小强弱，万有不齐，究赖此公法以齐之，则可以弭有形之衅。虽至弱小之国，亦得藉公法以自存"。他还指出：日本和泰国三十年来"尽力经营，以求附乎泰西之公法。然而，中国由于历史的原因，被西人视为"公法外之国"，因此"公法内应享之权利，阙然无与。如各国商埠，独不许中国设领事官；而彼之领事在中国者，统辖商民，权与守土官相埒；洋人杀害华民，无一按律治罪者；近者美国驱禁华民，几不齿中国于友邦"。以上这些都与公法相悖，"公法外所受之害，中国无不受之"③。

另一方面，他们在中外交往的过程中，认识到国际法并非可恃。毕竟在强权即是公理的时代，国际法并不是万能的。1876 年初，日本使节森有礼在天津与李鸿章会谈，就流露出国家强弱决定了是否遵守条约和国际法④。信奉公法的李鸿章也不得不面对强权压倒公理的问题。他曾劝朝鲜与各国签订条约，认为公法保护有约之国，"无无故称兵夺人土地者"。然而，与美国等

① 《庸书·外篇卷上·税则》，赵树贵、曾丽雅编：《陈炽集》，中华书局，1997 年，第 81 页。
② 《敬陈管见折》，黎铎、龙先绪点校：《黎庶昌全集》一，上海古籍出版社，2015 年，第 224 页。
③ 《论中国在公法外之害》，光绪十八年，丁凤麟、王欣之编：《薛福成选集》，第 414—415 页。
④ 《总署奏日使因朝鲜事辩论拟请照会咨送礼部续行该国折　附照会及节略》，光绪二年正月三十日，王彦威、王亮辑编，李育民等点校整理：《清季外交史料》第 1 册，第 78 页。

国签订有条约的琉球却被日本所灭。1880年，李鸿章接见朝鲜赍咨官卞元圭时，卞氏问道：琉球被日本侵夺，"即公法所不许也，天下各国其将公议而兴亡继绝乎？"李鸿章对朝鲜官员作了如下回答："日本之于琉球，自谓前明中叶即为藩属，并球后以新闻纸遍告各国，各国亦轻信之。公法乃泰西所订，东土未必照行。但各国通商公共之口一国不能独占，占之则必群起而争。"① 无论李鸿章如何信奉公法，他的这一答复在一定程度上说明，他对公法实施上存在的问题是有所认识的。1880年，李鸿章在论及中外条约时，指出："从前中国与英、法两国立约，皆先兵戎而后玉帛，被其迫胁兼受蒙蔽，所定条款吃亏过巨，往往有出地球公法之外者。"② 驻日公使何如璋在论及朝鲜处境时，指出朝鲜受列强的"威逼势劫"，只能"成不公不平、所损实多之条约"③。其他官员对列强恃强不守约的行径也有所认识。1877年，蔡钧因香港总督指责广州海关改变征税办法而与之交涉，蔡钧在交涉时指出："凡事亦可变通。我想国强，条约尚可背，公法亦可废，况章程耶？"④ 1882年，留防朝鲜的淮军将领吴长庆在上奏中指出："英、俄二国向恃强大，贪婪无厌，不能保其恪守约条，永无异志。"⑤ 二人均明白表达了中国人对强权与条约之间关系的看法。中法战争期间，清政府对法国恃强不顾国际公法的行为多有驳斥，并向各国指明，但是最终无济于事。因此，清政府虽然认识到国际公法的作用，但是也认识到其不足恃之处，"更不愿用它取代'天朝'体制"⑥。

一些有识之士也认识到强权之下国际法并不可恃，这在他们的相关论著中多有体现。如郑观应在《盛世危言》的《公法》篇中指出："《公法》一书久共遵守，乃仍有不可尽守者。盖国之强弱相等，则藉公法相维持，若太强

① 《直督李鸿章奏朝鲜学员令其自备资斧暂从海道不得多派从人片 附章程笔谈清折》，光绪六年九月二十九日，王彦威、王亮辑编，李育民等点校整理：《清季外交史料》第2册，第456页。
② 《直督李鸿章奏日本议结琉球案牵涉改约暂宜缓允折》，光绪六年十月初九日，王彦威、王亮辑编，李育民等点校整理：《清季外交史料》第2册，第461页。
③ 《主持朝鲜外交议》，吴振清、吴裕贤编校整理：《何如璋集》，天津人民出版社，2010年，第94页。
④ 蔡钧撰、张晓川整理：《外交辩难》，第19页。
⑤ 《广东提督吴长庆奏留防朝鲜难于措置请陛见折 附上谕》，光绪九年九月十八日，王彦威、王亮辑编，李育民等点校整理：《清季外交史料》第2册，第688页。
⑥ 李育民：《晚清中外条约关系研究》，第366页。

太弱，公法未必能行也。"所以，他认为公法可恃，又不可恃。"公法仍凭虚理，强者可执其法以绳人，弱者必不免隐忍受屈也。是故有国者，惟有发愤自强，方可得公法之益。倘积弱不振，虽有百公法何补哉？"①

1883 年，王韬指出："试观《万国公法》一书，乃泰西之所以联与国，结邻邦，俾众咸遵其约束者，然俄邀诸国公议行阵交战之事，而英不赴，俄卒无如之何。此盖国强则公法我得而废之，亦得而兴之；国弱则我欲用公法，而公法不为我用。"②他进而指出："彼之所谓'万国公法'者，必先兵强国富，势盛力敌，而后可入乎此。否则束缚驰骤，亦惟其所欲为而已。"③

钟天纬则指出："天下之理，必合天下之势以为衡，而理乃圆足。若只论是非，不论强弱，则势至窒碍而难行，理亦凭虚而无着，转不能通行于天下。此其说，窃尝于万国公法得之。"他进一步指出"我观泰西今日之局，小国援公法未必能却强邻，大国藉公法转足以挟制小国。则所谓万国公法者，不过为大侵小，强陵弱藉手之资而已"。欧洲各国关系即例证，美国禁止中国华工赴美也是例证。所以，他认为："所谓公法者，本视国之强弱为断，而并非以理之曲直为断也。""理必与势并衡者也。""我苟能自立，而后公法始可得而言，约章始可得而守。否则虽繁称博引，据公法之成案，以喋喋争之，其如彼族之掩耳匿笑乎哉！"④

而且，列强在对待条约时往往有其利益的倾向性，不会顾及公法的公平与正义。薛福成指出："洋商于已得之利，则习而忘之，未得之利，则变幻百出以图之，充其无穷之欲壑，虽尽去商税，犹未以为足也。众商日聒之领事，领事日唆之公使，公使非不知事之难行，姑肆其恫喝以尝试中国，幸而得请，可以要誉市恩，万一中国必不能允，彼亦有辞以谢众商矣。"⑤1879年，总理衙门在议及崇厚在俄国商议交收伊犁时，指出："洋人性情最为叵测，往往于彼有益之事我已照行，于我有益之事彼则翻悔。如近年烟台条款

① 《盛世危言·公法》，夏东元编：《郑观应集》上册，第 389 页。
② 《洋务》上，王韬：《弢园文录外编》，上海书店出版社，2002 年，第 27 页。
③ 《变法自强》上，王韬：《弢园文录外编》，第 29 页。
④ 《公法不足恃论》，薛毓良、刘晖桢编校：《钟天纬集》，第 141 页。
⑤ 《筹洋刍议·利权二》，丁凤麟、王欣之编：《薛福成选集》，第 551 页。

内，凡英商利益各条均已开办，而洋药厘税一节至今英国尚未商办。"① 1880
年，李鸿章在接见朝鲜赍资官卞元圭时，指出中国与西方立约通商之初，不
知道西方通例是入口税重、出口税轻，"为西人所蒙"，进、出口税一律定为
5％，"条约既定，至今一成不可易，虽贩运内地加半税二五，然吃亏实多"。
所以，他提醒朝鲜官员，朝鲜开埠通商之初，"税额必须加重，可以自主。
否则，各国援例而来，必有后悔"②。

　　正是基于对国际法的了解以及对中外条约关系现状的认识，中国的官绅
对于中外条约关系的产生之因及其特性有了共同的看法，即中国早期订约失
权一方面是由于中国不知晓国际通例，另一方面是因为列强的强权侵夺。诚
如黄遵宪所言：中国、日本两国"与泰西所缔结条约，皆非万国公例。其侵
我自主之权，夺我自然之利，鳏损过多，此固由未谙外国情形，抑亦威逼势
劫使之然也"③。因此，国际法的传入为中国人认识中外条约关系、改变条约
关系提供了法理依据；然而，如何利用国际法改变中国的境遇，又与列强的
强权政治、中国官方对待条约的态度以及中国的外交和内政有密切的关系。
19 世纪 60—90 年代，中国各界改变不平等条约关系早期努力及其成效即体
现了这一点。

第四节　改变不平等条约关系的早期呼声

　　中外条约关系使中国被置于不平等的地位，这正是某些西方人所主张的
结果。1876 年，英国的《中国邮报》（China Mail）还有如下言论："我们反
对中国拥有类似于我们自己的国家与其他西方国家保持的国际权利。对于一

---

　　① 《总署奏请饬崇厚妥商俄国交还伊犁片　附上谕》，光绪五年六月初五日，王彦威、王亮辑编，李育民等
点校整理：《清季外交史料》第 2 册，第 304 页。
　　② 《直督李鸿章奏朝鲜学员令其自备资斧暂从海道不得多派从人片　附章程笔谈清折》，光绪六年九月二十
九日，王彦威、王亮辑编，李育民等点校整理：《清季外交史料》第 2 册，第 455 页。
　　③ 《朝鲜策略》，光绪庚辰，吴振清等编校整理：《黄遵宪集》下，天津人民出版社，2003 年，第 400 页。

个半文明国家的正义就成了对我们自己的人民的不正义。"① 这显然与国际法的精神和原则是相悖的。而且，各国在华利权的实施也使中国社会各界从不同角度认识到了其对自身利益以及国家利益的危害。这突出地表现在领事裁判权、片面最惠国待遇、协定关税、传教特权等的影响上。有的官员在应对外交问题时，提出了相应的主张。有的商人在利益受损之际，提出了应对不平等条约关系之策。广大民众在反对传教时，指出了列强逼签条约的不公。此外，日本人积极进行的修约活动也对中国产生了一定的影响。因此，一批有识之士面对利权丧失，发出了改变不平等条约关系的早期呼声。

一、 中国官方的改约主张

同光之际，一些清朝官员或因办理外交，或因受外国影响，提出了修改不平等条约的主张。这主要体现在对待外人在华所享的片面最惠国待遇、领事裁判权、协定关税等特权方面。

同治年间，有官员对领事裁判权的危害即有所认识，并提出了改变这种中外不平等待遇的主张。总理衙门章京周家楣在预筹与各国修约时，就提出："中外办罪生死出入，不得其平，拟请定约时，将中外命案定一公例，凡系交涉之案，彼此照办以得其平；于条约内载明遵守，虽在彼族诸多狡展，而在我总宜力争。"周家楣的意见显然是针对领事裁判权的危害而提出的。大学士文祥对他的意见表示赞同，以为可行，但是"仍恐启内地设洋官之端，不如各照中外律例自行办理"②。1869年，总理衙门在致英国驻华公使阿礼国的节略中就提出："中国舆情，亦尝谓与外国交涉人命、钱财等案，实系华人理曲者固无所怨，无如即十分理直，如抵命赔偿各情，从未见洋人与华人一律办理，动辄以势力相压，不但深愤外国，并怨中国官员不为作主。"③ 文祥也曾对阿礼国说："撤消你们的领事裁判权的条款，那末商人和

---

① Henry Richard, *Our Relations with China：Speech Delivered in the House of Commons*，June 27th 1876，pp. 6—7.

② 《总署奏拟纂通商则例以资信守折》，光绪三年九月二十五日，王彦威、王亮辑编，李育民等点校整理：《清季外交史料》第2册，第216页。

③ 《给英使阿礼国节略》，同治八年九月十九日，中华书局编辑部、李书源整理：《筹办夷务始末·同治朝》七，第2751页。

传教士就可以定居在任何地方和一切地方；但是要保留它，那末我们就一定尽量把你们和我们的纠纷限制在各条约口岸。"① 然而，中英修约之际，总理衙门并没有提出废除领事裁判权，这与当时的外交背景、清政府对外政策②以及担心外国人提出"内地设洋官"等都有密切的关系。

有的官员认识到了片面最惠国待遇的恶劣影响，较早提出了应对之策。1870 年，奕䜣等人在中英《新定条约》签订后在上奏时称："伏查从前各国条约，最难措手者，惟中国如有施恩利益，各国一体均沾等语。数年来，遇有互相牵引，十分掣肘。"这次与英国的修约，"为各国倡始，若不将此节辩明，予以限制，则一国利益，各国均沾，此国章程，彼国不守，其弊曷可胜言"。所以，奕䜣等人"督饬办理章京，设法与之辩论，将彼此所允，逐款酌匀，明示各国以欲得此款之益，即当恪遵此款之章，不得仍前藉口均沾，止拣利益"③。1871 年，日本向中国遣使订约时，曾国藩就建议将"均沾"一条删去。李鸿章在与日本谈判议约时，坚持不将片面最惠国待遇列入中日《修好条规》。其原因就在于对片面最惠国待遇危害性的认识。所谓中国在与英、法订约后，相继与美国、德国以及荷兰、比利时等小国订约，当时"中国于外务利弊，未甚讲求，率以利益均沾一条列入约内，一国所得，诸国安坐而享之；一国所求，诸国群起而助之。遂使协以谋我，有固结不解之势"④。

此外，曾国藩也曾致书威妥玛，指出"他日换约，去所不便，择其便者"。王之春认为这种主张是"不易之通论"⑤。

光绪年间，总理衙门和一些官员就改变不平等条约关系，提出了更进一

---

① ［美］马士著、张汇文等合译：《中华帝国对外关系史》第 2 卷，第 241—242 页；另参见［英］赫德著、叶凤美译：《这些从秦国来——中国问题论集》，第 44—45 页。F. L. Hawks Pott, *A Short History of Shanghai*, Shanghai: Kelly & Walsh, Limited, 1928, p. 94.

② Daniel S. Margolies, Umut Özsu, Maïa Pal, Ntina Tzouvala eds., *The Extraterritoriality of Law: History, Theory, Politics*, New York: Routledge, 2019, pp. 115—116; Immanuel C. Y. Hsü, *China's Entrance into the Family of Nations: The Diplomatic Phase, 1858—1880*, p. 141.

③ 《奕䜣等奏英国新约应办一切事宜折》，同治八年十二月二十五日，中华书局编辑部、李书源整理：《筹办夷务始末·同治朝》七，第 2848 页。

④ 《直督李鸿章奏日本议结琉球案牵涉改约暂宜缓允折》，光绪六年十月初九日，王彦威、王亮辑编，李育民等点校整理：《清季外交史料》第 2 册，第 461 页。

⑤ 《蠡测卮言·慎约议》，赵春晨等点校：《王之春集》第 1 册，第 463 页。

步的主张。1878 年，为应对各国修约，总理衙门咨文中国驻外公使，指出"条约每届十年准修一次，其如何增删改换，自系出于两国情愿"。鉴于 1869 年中英新修条约"未能照行"、中德修约进展不顺利，总理衙门请中国的驻外使节注意向各国的外务大臣，解释货物出入内地、厘捐、外国人不归中国管辖、一体均沾以及传教的条约本意，希望各国能够按照条约行事。而且，咨文还提出"若于条约字意之外，为外国附会强解添注，是于中国人民增其不公不服之处；若使中国征课权宜之法，为外国阻碍而难行，则按中国自主之权而论，亦我中国不允不服之事也。各国条约原有修好及永远相安之意，而其永远相安之道所重者，则在彼此互从各国各有自主之权耳"①。

1879 年，薛福成撰成《筹洋刍议》，其中《约章》一篇提出了修约的主张。他认为修约是中外通行之例。中外订约之初，"有视若寻常而贻患于无穷者，大要有二"。一是"一国获利，各国均沾也"。二是"洋人居中国，不归中国官管理也"。这二者就是片面最惠国待遇和领事裁判权。在列强不愿意放弃上述利权的前提下，薛福成提出了相应的办法。关于片面最惠国待遇，他提出："莫如存其名而去其实，使彼相忘于不觉。"他认为 1868 年中英新约的第 1 条和照会之文用意甚好，只是未能实行。他赞同赫德提出的"拟订各国通行约本，另设一汉文条约底式，凡有外国订约者，即按通行之约以授之"；认为"此诚省事之良法也。'利益均沾'之文不必去，而其弊自去矣"。针对德、英、法三国的修约，他提出"宜告之曰：约文有'一体均沾'之语，若稍有参差，则一事两歧，而开办无期；莫若乘立约之始，而会归于一"。如果英、法、德三国同意，其他各国的态度也就不用担心了。关于领事裁判权，薛福成提出的办法是"为今之计，既不能强西人而就中法，且莫如用洋法以治洋人"。其根据有三：一是烟台条款，有照会各国议定审案章程的约定。二是赫德亦称华洋讼案，应定通行讯法，通行罪名，才能经久无弊。三是美国与日本议立新约，允许归复日本内治权，外国人归地方官管辖。所以，他提出中国也应与各国协商，议定条约；"凡通商口岸，设立

---

① 《总理衙门咨行出使大臣》，1878 年，［英］赫德著、叶凤美译：《这些从秦国来——中国问题论集》，第 141、146 页。

理案衙门，由各省大吏遴选干员，及聘外国律师各一人主其事；凡有华洋讼件，均归此衙门审办。其通行之法，宜参用中西律例，详细酌核；如犹不能行，即专用洋法亦可。"之所以要用外国法律，他认为"以洋法治华人，所以使华人避重就轻也。以洋法治洋人，所以使洋人难逃法外也。补偏救弊，舍是无他术矣"①。

大约在此前后，王之春在《蠡测卮言》中表达了修改不平等条约的主张。他提出："条约非一成不变者也，下届更修和约之日，宜明告各国曰，某约不便于吾国，某法不便于吾民，某税不合于吾例，须斟酌以协其平。彼如不允，则据理直争，百折不回，彼亦无术以处之也。"王之春认为此前滇案未结，英国有所借口，"今前案既结，彼已无所借口"；而且，"英国于条约之内事尚未能尽行，理已先绌，兹复以理相折，谅英有不得不允之势。英既允，余无虑矣。即或各执一词，相持不决，则因此款于我稍有损，必取别款之稍有益于我者以抵之，变通尽利，亦不必过为操切，务使利害相权、赢绌相当"②。此外，他还提出多出口，少进口，降低出口税，增加进口税，以收回利权，富国商民的想法③。

1880 年，中国官员在办理交涉之际，提出了修改条约、收回利权的主张。而且，当年日本的对外修约之举，对中国也颇有影响。

1880 年，曾纪泽奉命出使俄国，交涉改议崇厚所订条约。他在上奏应对办法时，就中外条约表达了自己的看法。他指出西洋定约有两种，一种是"长守不渝"的分界，一种是"可随时修改"的通商。各国在定约时，必要商定若干年修改一次，以保利去弊。然而中国与西洋立约，每当修约之年，外国公使必多方要挟，"一似数年修改之说，专为彼族留不尽之途，而于中华毫无利益者"。针对这种情况，曾纪泽提出："其实彼所施于我者，我固可还而施之于彼。诚能深通商务之利弊，酌量公法之平颇，则条约之不善，正

① 《筹洋刍议·约章》，丁凤麟、王欣之编：《薛福成选集》，第 527—529 页。
② 《蠡测卮言·慎约议》，赵春晨等点校：《王之春集》第 1 册，第 463 页。
③ 《蠡测卮言·防漏税》，赵春晨等点校：《王之春集》第 1 册，第 481 页。

赖此修改之文，得以挽回于异日，夫固非彼族所得专其利也。"①

　　同年，李鸿章在办理中国与巴西订约事竣后，指出："中西互市以来，立约十有余国，因利乘便，咸思损我以自肥，若不设法维持，逐渐收回利权，后患殊多。"关于片面最惠国待遇，他指出中外条约中的"'均沾'二字，利在洋人，害在中土，设法防弊，实为要图"②。针对中国利权受损的现状，李鸿章在与巴西使节商议条约时，提出"按照各国约章酌量变通，冀可收回权利；亦乘巴西有求于我，先就一国稍倡其端，将来各国续来议约，即可逐渐设法转移"③。所以，他注意维护国家利权，针对片面最惠国待遇和领事裁判权等作出了相应的限制④。中巴条约签订后，他又提出"将来各处循照议定条款，妥慎办理。凡紧要枢纽，勿任略有通融，冀可渐收权利"⑤。而且，他认为继中日订约中不列入"一体均沾"后，中国与秘鲁、巴西立约"亦稍异于前"，"诚以内治与约章相为表里，苟动为外人所牵制，则中国永无自强之日"⑥。

　　值得注意的是，1880 年，日本试图通过外交的方式取消列强的条约特权，这一举动引起中国的关注，并产生了一定的影响。中国首任驻日公使何如璋在关注日本外交动向的同时，对中外条约关系多有思考。他致函中国出使英、法公使曾纪泽，表达了自己对于修约的看法。他认为：日本在学习西方的同时，"外交一事，亦颇能知利弊而不甘受侮"。日本鉴于本国利益的外流，"亟议改约，欲增进口之税，免出口之税，以力自维持"。就中国而言，"欧罗巴诸国与我结约，皆威迫势劫而后成议，其取我财贿，伤我利权，有泰西所无者"。他主张"今趁日本改约之时，窃拟我国亦当及此"，也就要改变中国的对外贸易的处境。中国虽然"急切难图强盛"，但是"泰西向例，

---

　　① 《使俄曾纪泽奏谨就收回伊犁事宜敬陈管见折》，光绪六年六月十五日，王彦威、王亮辑编，李育民等点校整理：《清季外交史料》第 2 册，第 412 页。

　　② 《巴西议约竣事折》，光绪六年八月初一日，顾廷龙、戴逸主编：《李鸿章全集》第 9 册，第 144 页。

　　③ 《直督李鸿章奏巴西修约情形折　附条约及节略》，光绪七年闰七月初十日，王彦威、王亮辑编，李育民等点校整理：《清季外交史料》第 2 册，第 501 页。

　　④ 《巴西议约竣事折》，光绪六年八月初一日，顾廷龙、戴逸主编：《李鸿章全集》第 9 册，第 144—145 页。

　　⑤ 《巴西议约竣事折》，光绪六年八月初一日，顾廷龙、戴逸主编：《李鸿章全集》第 9 册，第 145 页。

　　⑥ 《直督李鸿章奏日本议结琉球案牵涉改约暂宜缓允折》，光绪六年十月初九日，王彦威、王亮辑编，李育民等点校整理：《清季外交史料》第 2 册，第 461 页。

无因议关税而启兵戎者，则何妨一一言之？"而且，中国可以利用国际关系，尝试修改通商条约。他认为当时"英、俄两国耽耽虎视，我与英则英胜，我与俄则俄胜，我所以自处，固应中立，然英人见中俄交厚，亦亟欲自结于我。我通商之约莫要于英，英不难我，则事成矣"①。

而且，何如璋致函两江总督刘坤一，结合国际惯例与中日两国的实况，就日本修约和中国应当采取的举措表达了自己的意见。他认为日本与欧美国家修约，目的就是要取消治外法权和协定关税。关于治外法权，他指出：在亚洲，领以本国之法审断本国之民，称为治外法权。然而，"治外法权为天下极不均平之政"，中日两国均因条约的规定而受治外法权之害，"此日本所以欲令外人悉归己管也"。至于协定关税，何如璋指出：西方诸国海关税则，"轻重皆由己定，布告各国，俾令遵行而已，未有与他国协议而后定者"。而中日两国"必与西人议而后能行"，这对两国的经济造成极大危害，"此日本所以欲议加税，悉由自主也"。面对日本修约的外交努力，何如璋就中国如何应对提出了自己的看法。他认为："夫商人归领事自管，因法律风气各有不齐，恐一时实难更变。惟通商一事，实应加意防维。"最终他认为：当今要务，莫要于练兵自强，"惟兵力足恃，然后可以力求商务，议改条约"。同时，他从中国所处时局出发，指出："方今俄事波澜未平，即幸而无事，力图自强，仍不可以少缓。"②

刘坤一对何如璋的意见表示赞同，在复函中表达了自己的看法。刘坤一说道："溯查中国立约之初，尚未深悉外国底里，以致急就成章，受其欺侮。厥后得步进步，几于听客所为，甚至关税罚办，亦须会讯，华人控告驻华洋人，亦须向彼赴诉，政权利权，均被移夺，至无一事可以自伸。"日本向欧美提出修约，"此谋国者所不得不尔"。然而，欧美各国"不愿以既得利益还之于人，必且互相推诿，不肯首先答应，以致久搁无成"。不过，刘坤一也认为"然日本此举，果能如愿以偿，他日中国踵而行之，似亦未尝不可得手，而要必自能自强始"。如果中国不能练兵自强，就不能"保今日之局"，

---

① 《与出使英法国大臣曾袭侯书》，吴振清、吴裕贤编校整理：《何如璋集》，第112—113页。
② 《与刘岘庄制府论日本议改条约书》，吴振清、吴裕贤编校整理：《何如璋集》，第113—115页。

"遑云更改旧章乎"！"夫思改旧章，即知自强之机；果改旧章，即能自强之效。"刘坤一不无感慨地说："日本蕞尔国，尚能自奋如此；中国地大物博，乃隐忍数十年，未敢遽存此念，是必于自强之道，合力图维，持久不变，方能有此一日。"①

李鸿章也颇受日本与欧美修约的影响。1880 年，他在办理中国与巴西订约时，就指出：日本与各国议改约稿，在优待别国条款中提明出于"甘让"及"互相酬报"字样。"盖曰'酬报'，则必彼国有利益予我，而后我国以利益酬之。即遇强国从权予以利益，彼强国亦必有益我数事，以副酬报之名。曰'甘让'，则必彼此重在交谊，而非屈于势力。"因此，某国想利益同沾，必须要遵守酬报专条，并且要"一体尽遵"该专条，否则本国可以不答应；如果本国让与别国的利益"非出甘心，则局外虽欲援例同沾，我仍可以不准也"。基于此种认识，他在中巴订约时，对最惠国相关条款作了限制②。

19 世纪八九十年代，随着洋务事业和中外交往的发展，清政府就取消不平等条约提出了诸多主张。在外交方面，总理衙门在对外交涉中表达了修约的意思。1884 年，总理衙门在照会各国驻华公使时，提出："惟我中国办事，均系十分遵约，一本《万国公法》而行。即如前与各西国所立各约，其中原有中国未尽出于情愿勉为允许者，谅各国大臣亦所素悉，中国则于明知各约内之有损于国无益于民者，初未尝或有不行照办，不过期望各西国渐渐可以改为和平。"③ 在培养外交实力方面，许多官员认识到自强与修约的关联。1889 年，志锐在上奏中提出广筹经费以发展海军，"至军威日盛，国势自强，然后仿照外国通行之例，改修条约，加增关税"④。然而，中国实现自强并非一朝一夕之事，这对凭借国力实现修约颇有影响。奕劻等人在上奏时，针对志锐的意见就指出：海军军费难筹，增加筹款数量难以办到；"至改修条约，

① 《复何子峨》，光绪六年七月二十七日，中国科学院历史研究所第三所工具书组校点：《刘坤一遗集》第 5 册，第 2487 页。
② 《巴西议约竣事折》，光绪六年八月初一日，顾廷龙、戴逸主编：《李鸿章全集》第 9 册，第 144—145 页。
③ 《总署致各国公使请将法人违约之处转报各本国照会》，光绪十年六月二十二日，王彦威、王亮辑编，李育民等点校整理：《清季外交史料》第 3 册，第 868 页。
④ 《光绪十五年七月二十七日詹事志锐奏》，中国史学会主编：《洋务运动》（三），上海人民出版社、中国书店出版社，2000 年，第 121—122 页。

加增关税，更非旦夕所可期"；因此，他们主张发展海军"势难过求速效"，只能努力而为，以求奏效于将来①。

与此同时，中国出使外国的官员在 19 世纪八九十年代，对中外条约关系多有关注。他们从法理、各国经验、中国实际等方面出发，就取消不平等条约特权提出了自己的主张。

曾任驻日使馆参赞的黄遵宪对明治维新以来日本修改条约予以关注。他在自己所著的《日本国志》中指出：日本"全国君臣上下所最注意者，在改正条约"②。而且，黄遵宪对列强在华的治外法权表示反对，并提出了应对之策。他指出"欧西之人皆知治外法权为天下不均不平之政"，"而今日治外法权之毒乃遍及于亚细亚"。日本通过外交和内政改革长期未能解决。就中国而言，黄遵宪认为治外法权对中国的危害极大，要各国"一旦强使就我，其势又甚难。而现行条约隐忍不改，流毒之深，安有穷期"。所以，他提出"今日之势不能强彼以就我，先当移我以就彼"。他提出的办法是"举各国通行之律译采其书，别设一词讼交涉之条，凡彼以是施，我以是报，我采彼法以治吾民，彼虽横恣，何容置喙。而行之一二年，彼必嚣然以为不便，然后与之共商"。他提出可以"略仿理藩院蒙古各盟案件，以圈禁罚赎代徒流笞杖，定一公例，彼此照办，或庶几其有成乎？若待吾国势既强，则仿泰西通行之例，援南京初立之约，悉使商民归地方官管辖，又不待言矣"③。

1884 年，曾任出使美、西、秘三国公使随员的徐承祖在向朝廷进呈管见时，就对中外条约关系提出了自己的看法。他指出："溯自与洋人定约以来，我国所立条约，吃亏处甚多。"中国应慎重对待时局，此时不应与西方列强发生战争，但是要利用时机"急修战守之具"以自强；而且，中国还可以利用列强争斗之机实现改约，所谓"欧洲各国，疆域毗连，心怀争利，交涉通商，一有不合，即以兵戎相见"；中国"于此时要其改约，凡有损于我者去

---

① 《光绪十五年九月二十五日总理海军事务奕劻等奏》，中国史学会主编：《洋务运动》（三），第 126 页。
② 黄遵宪著、吴振清等点校整理：《日本国志》上卷，天津人民出版社，2005 年，第 197 页。
③ 黄遵宪著、吴振清等点校整理：《日本国志》上卷，第 176—177 页。

之，有益于我者增之，彼自不敢不俯首听从"①。在晚清时期，中国根本没有这种机会，徐承祖的这种改约主张未免有些乐观。不过，徐承祖作为出使人员也是相当务实的。他指出各国重视修好订约，"凡有关国体者，如彼此土产出口税从不肯此轻彼重，其定界则恐沧海或有变迁，故兼以经纬度数为准，商务则力求保护，字斟句酌，必两得其平"。因此，他认为其他国家的约章对于中国应对外交也有参考价值，故在随使美国之际，翻译美国、英国与各国所订的条约，成《英美条约》一书，以便后来办理交涉、修改条约借以取证。1884 年，徐承祖在返京之际，将此稿录呈总理衙门；1886 年，时任驻日公使的徐承祖在东京将之印刷出版，"以质诸海内之留心洋务者"②。

1887 年，曾纪泽在海外发表《中国先睡后醒论》③ 一文，表明了中国的外交立场。他在文中指出：中国所最应整顿的，有如下数事："一善处寄居外国之华民，一申明中国统属藩国之权，一重修和约以合堂堂中国之国体。"鸦片战争后，中国勉强订立的和约"未能平允"，"中间有伤自主之体统"，所以不能不设法改订。他指出："所云有伤体统，即通商各口租界一条，暨今不及备载诸事，若此者，却夺中国地主之权，不能置之不问。今拟于第三次十年换约之期，将此数条废去重立，以免后患。"曾纪泽认为中国并非不知修改此条的难处，"然此次决当力任其难，以免将来或任更难之事"。对于以上三事，他在文末称"中国决派钦使，分诣诸国，往复妥议，必不能隐忍不问。第事体重大，其整顿也，自不免多延时日"④。

薛福成对中国洋务和外交多有关注。1890 年，时任出使英、法、意、比公使的薛福成从外交与内政关系的角度出发，在上奏时表达了他对条约与维护利权的认识。他认为："乘此振兴之际，遇有交涉事件，可以相机度势，默转潜移，稍裨大局。大抵外交之道，与内治息息相通。如商税受损，则财

---

① 《光绪十年闰五月初二日候选知府徐承祖呈》，中国史学会主编：《洋务运动》（一），第 246—247 页；另见《条议存稿》，光绪十一年，骆远荣编著：《徐承祖与晚清外交》，第 301—305 页。

② 《译著〈英美条约〉自序》，光绪十二年，骆远荣编著：《徐承祖与晚清外交》，第 310—311 页。

③ 该文原为英文 "China, the Sleep and the Awakening"，刊于 *Asiatic Quarterly Review*，1887（3）；后由英文报刊 *The Chinese Recorder*，*North-China Herald* 转载。1887 年 6 月 14、15 日，《申报》以《中国先睡后醒论》为题连载中文本，中文本由颜咏经口译、袁竹一笔述。

④ 《中国先睡后醒论》，喻岳衡校点：《曾纪泽集》，第 373—374 页。

用不足矣！教民横恣，则吏治不饬矣！海外之华民保护不及，则国势不张矣！内地之土货行销不远，则民生不厚矣！此在任使事者设法维持，随宜筹措。虽旧约纵难更改，而情势或可变通。"所以，他"拟于兹数者审度情形，俟有机会，大则奏请谕旨遵办，小则函咨总理衙门裁酌，总期捷声息而通隔阂，收权利而销外侮"①。而且，薛福成就外国派设领事须经中国同意并发给"准照"，提出了自己的建议。他指出从前外国在中国派驻领事，"并不请中国准照，随意遣派，竟若在中国有自主之权者。因而辄敢与地方有司，遇事掣肘，动辄要挟，蛮横无理"。这种情况是不合公法的②。1881年，中国与巴西签订的《和好通商条约》才有领事必须获得派驻国的批准，如办事不合，派驻国可追回准照的规定③。然而，当时李鸿章与巴西议约时，"欲复领事官领准照之例，甚费踌躇"。"然仅一弱国，尚办不动"，至于各列强更是难以改变，所以他试图通过允许英国在新疆喀什噶尔设领事作为突破口，以解决这一问题。1891年1月1日，他致函总理衙门时提出：中国可以答应英国在喀什噶尔设领事的要求，但是要与英国议明"必须待中国给予准照，然后新疆地方官才认为英国领事。自此次为始，各口领事亦必领给准照，此亦万国通行之法，谅彼无词坚拒。英人允许，即可相机推之各国，一律照行"④。1891年，芜湖、武穴教案发生后，中国从严处理，然而外国驻华公使和领事"尚思无理取闹"；薛福成认为其原因就在于"该领事之设，不由中国给予准照，虽肆行无忌，中国不得而撤去之也"。所以，薛福成再次向总理衙门建议：中国可以答应英国在喀什噶尔设领事，作为抵换，中国可以与英国商明：设立领事"此后亦援西例，须由我给予准照"。而且，"援照西例，收回中国给发领事准照之权，得从早办成最妙"。其收回的策略就是"交涉事件应挽回者甚多，然欲挽回一事，不能凭空如愿，必须有所抵换。

---

① 《使英薛福成奏察看英法交涉事宜谨陈梗概折》，光绪十六年九月初十日，王彦威、王亮辑编，李育民等点校整理：《清季外交史料》第4册，第1721页。

② 《三论添设香港领事及英派员驻喀什噶尔书》，光绪十六年十一月二十一日，丁凤麟、王欣之编：《薛福成选集》，第341页。

③ 中巴《和好通商条约》，光绪七年八月十一日，王铁崖编：《中外旧约章汇编》第1册，第395页。

④ 《三论添设香港领事及英派员驻喀什噶尔书》，光绪十六年十一月二十一日，丁凤麟、王欣之编：《薛福成选集》，第341页。

夫抵换非尽不可行，在权其利害之轻重耳"①。

1893 年，出使美、西、秘公使崔国因奉使任满，在奏陈办理使事时指出："东西各国与亚洲立约，向不公平。其所由来者，渐非一朝一夕之故。骤然挽回，固难为力，然亦当步步留心，早为之计。"他指出美国与英国等国签订有"各准民人入籍之约"，美国与英法等国"均有互交逃犯之约"，美国与夏威仁"有报施之约"，"此固可一体均沾者"。他认为如果华人入美国籍，那么拥有选举权，就可以阻止排外法案；如果有互交逃犯之约，那么中国"自可刑暴诘奸"，外国境地也不会成为逋逃薮，上海租界也不会有领事会审。"如可与约报施，则彼之重税苛虐于我者，我可以抵制还之。我之轻税优待于彼者，责彼以称施报之。"他认为中美之间最不公平的是"两国入口之税，我之所征于彼者太轻，彼之所征于我者太重，虽为约所限，然当徐思变计，以求裕帑而裕商也"。至于西班牙，他认为也可参考该国与其他国家所订条约，加以援用，以保护中国商民的利益②。

此外，甲午战前日本积极同欧美国家改订关税对中国产生了较大的影响。陈炽在其所撰的《庸书·税则》篇中指出了协定税则的危害，日本能够改而中国未能改，所以他主张中国更改税则。针对有人所担心的"欲改税则，其如各国不从何？"陈炽认为不足虑。"定议十年换约，本虑彼此有不便之端，今之三联单，入口税，不便于中国也深矣。既有换约之权，即有改章之力，此公理之可持者也。"至于如何着手，他认为英国在华商务利益所占比重最大，"英人联络中国，和好日敦，宜与密约相援，而显商改税。英从，而各国安有不从者？此私情之可浼者也。"③

1895 年，户部尚书熙敬等在上奏时，指出中外条约规定的协定关税使中国的关税受到限制，"待洋人则优，征华商则重，办理不得其平"。熙敬等认为"条约税则及通商各款，遇修约年分，原准酌量议改"；日本与英美改订

---

① 《论外国领事宜由中国给予准照书》，光绪十七年六月十八日，丁凤麟、王欣之编：《薛福成选集》，第381—382 页。

② 《使美崔国因奏奉使任满谨陈办理使事各节折》，光绪十九年九月初四日，王彦威、王亮辑编，李育民等点校整理：《清季外交史料》第 4 册，第 1793—1794 页。

③ 《庸书·外篇卷上·税则》，赵树贵、曾丽雅编：《陈炽集》，第 82 页。

税则，增加关税，关税"今昔异形"；中国也曾力争鸦片加税，实现税厘并征。据此，熙敬等提出"利权所在，据理力争，未尝不可挽回万一"。所以，他们主张"宜将有约各国进出口税则悉心参考，知我吃亏所在"，先与对华贸易最多、商务最盛的英国商订。"英国不以加税为怼，各国当必从同"。当然，熙敬等人也知道西方国家重视商业利益，日本加税"亦几经磨砻而成"，"但使经年累月，反复申论，争得一分即得一分之益"。即使不能加税，如果能将向来不收税的吕宋烟、洋酒、米面、毡绸等照西例一律收进口税，"微特将来可从此进步"，现在也可以获益。由于加税一事涉及通商约章，所以熙敬等奏请饬下总理衙门"相机设法，遇有可乘之时，竭力妥办，勿视为不急之图，庶几得尺得寸，逐渐收回利权"①。

户部尚书熙敬奏请改税则后，总理衙门于 1896 年也表明了对修改税则的看法。奕訢等在上奏时指出：中国对洋货征收的进出口税低于华商出口税、更低于各国税额；原定税则时"以关平银三两作一金镑计算，近来镑值日昂，税数仍旧，名为值百抽五，实则抽不及二三"；而且，中国对外人自用的很多物品实行免税。上述情形对于国计民生均有危害，"及今而筹补救，则增收进口洋税应亦各国所共谅"。对于日本改定税则的成功，总理衙门看来"日本税关情形初与中国相埒，自前年与英国立约加税，美国翕然从之，大抵邦交所系，各国亦不能坚持利己损人之见也"。总理衙门认为英国在华商业最多，如果英国同意改税则，那么"各国当易就范"。当时正值李鸿章出使各国，总理衙门奏请饬李鸿章"或先就俄、德、法三国发凡起例以取成于英，或先与英商妥而及诸国，均由该大臣酌办，务将从前税则酌增"；对于纸、墨、烟、酒等不收税的货物，"均援西例征税"；使馆需用的物品，也要明定限制，以防渔利偷漏②。不过，主持通商外交事务的总理衙门没有长期持续的更改税则的政策。这与日本 19 世纪 70 年代以来持续修改不平等条约、更改税则的努力形成了鲜明的对比。

① 《户部尚书熙敬等奏整顿洋税逐渐收回利权片》，光绪二十一年六月初四日，王彦威、王亮辑编，李育民等点校整理：《清季外交史料》第 5 册，第 2289—2290 页。
② 《总署奏拟增进口洋税酌筹办法请饬相机办理折》，光绪二十二年正月十一日，王彦威、王亮辑编，李育民等点校整理：《清季外交史料》第 5 册，第 2374—2375 页。

除以上修改条约的主张外，清政府鉴于传教条款所带来的系列问题，试图通过外交途径解决传教问题。1869 年，主持外交的恭亲王奕䜣和文祥向英国驻华公使阿礼国表达了中方对待传教的态度。当年，奕䜣在阿礼国离开北京时，对他说："把你们的鸦片烟和你们的传教士带走，你们就会受欢迎了。"大约与此同时，文祥也向阿礼国表示，撤消领事裁判权条款，外国商人与传教士就可在任何地方定居，否则只能把中外纠纷限制在各条约口岸①。

1870 年，天津教案的发生对中国外交影响甚大。有的官员出于对传教恶劣影响的考虑，提出了修改或取消传教条款的建议。河南道监察御史长润就主张废除传教条款，他指出："和约内既有传教一条，固难禁民入教，今津郡之变……正可假民之愤，议撤传教之条，以固天下民人之心。"他建议清政府令曾国藩与总理衙门迅速同各国公使与法国理论，"撤去传教一条，将各处教堂尽行毁废，传教之人尽行撤回"②。与长润要求驱逐传教不同的是，参与处理天津教案的丁日昌则主张：在当年续修条约时，"议明教士不准滥收莠民，干预词讼"③。

出使美、西、秘公使崔国因针对传教问题提出了自己的意见。他认为准许洋人传教，已立有和约，无法挽回，但外交上应当预筹办法予以限制。他指出"俄国之待教士，不准深入内地；德国之待教士，必饬恪守官律，一则所以限制教堂，一则所以限制教士。教堂稀少，则易于防闲；教士矜持，则不招嫌怨"。他建议将来如与美国换约，可以俄、德情形为对证，"且可与言，民教即有不和，中国只按所失赔偿，外国不准格外要挟"。他认为办理传教问题，可以由易到难，从美国开始，如果美国同意，再与英法商办，"必使教堂不再蔓延，然后教案不致增剧"。而且，随着中国的强大，"中外

---

① ［美］马士著、张汇文等合译：《中华帝国对外关系史》第 2 卷，第 241—242 页；另参见［英］赫德著、叶凤美译：《这些从秦国来——中国问题论集》，第 44—45 页。F. L. Hawks Pott, *A Short History of Shanghai*, p. 94.

② 《长润奏传教有碍通商查明教堂起出各物折》，同治九年六月二十三日，中华书局编辑部、李书源整理：《筹办夷务始末·同治朝》八，第 2951—2952 页。

③ 《丁日昌又奏官民过出有因教务隐忧方大折》，同治九年八月二十五日，中华书局编辑部、李书源整理：《筹办夷务始末·同治朝》八，第 3091 页。

之势相埒，要挟之见自消"①。

此外，在教会租地方面，地方督抚也有相应的举措。1891 年，刘坤一致函李鸿章提出，限制教士传教，"凡买地建堂，须照条约禀经地方官查明税契，方可责以保护"。他为此还函请总理衙门"会商各使"，并函请薛福成与英法外交部交涉②。

为取消鸦片进口，清政府也采取了相应的举措。如上文所述，1869 年，恭亲王奕䜣曾对即将离任回国的阿礼国说，把鸦片烟和传教士带走，外国人就会受欢迎了。这虽然不是正式的外交要求，但是却表明了中国官方对待鸦片贸易的立场。同年，总理衙门在给英国驻华公使阿礼国的公文中也明确表达了反对鸦片贸易的态度③，所谓"恭亲王等欲将鸦片准入中国之款作为废纸"。当时，奕䜣等总理衙门大臣在文中称：华商将"佳茶好丝"卖给英国，英商却将无异毒药的鸦片卖给中国，"似此作为，殊属不公"；英国既然"专为流通中外贸易而来，何不将此害人之物除去"；希望阿礼国转禀英国"饬下印度及他处，将种烟之地改种谷米、棉花"，中国也严禁种植鸦片；这样就可以停止鸦片贸易，杜绝鸦片吸食④。然而，英国和印度政府通过鸦片贸易获得了巨额利润，不愿轻易放弃鸦片贸易。19 世纪 70 年代，主张禁止鸦片贸易的西方正义人士指出鸦片自由贸易的条款和领事裁判权是造成中国毒品泛滥的重要原因，提出："如果我们真诚地决定放弃鸦片税收，那就没有理由在条约中保留一个与这一精神完全不一致的条款。让这一条款取消，并让英国尽力控制其在中国领水的英国臣民吧。"⑤ 由于英国政府对此二者不愿轻易放弃，因此清政府难以从英国方面打开缺口，即便是增加鸦片进口税也

① 《使美崔国因奏外洋藉口会匪恫喝要求谨拟防患之法折》，光绪十八年三月二十一日，王彦威、王亮辑编，李育民等点校整理：《清季外交史料》第 4 册，第 1755 页。

② 《致李中堂》，光绪十七年十月初九日，中国科学院历史研究所第三所工具书组校点：《刘坤一遗集》第 5 册，第 2528 页。

③ "Preface," *Reply of the K'euen Keae Shay*, *An Association of Chinese Inhabitants of the City and Province of Canton, for the Promotion of Abstinence from Opium, to the Address of the Anglo-Oriental Society for the Supression of the Opium Trade*, London: Anglo-Oriental Society for the Suppression of the Opium Trade, 1877.

④ 《论英国禁烟会始末书》，光绪十八年五月初八日，丁凤麟、王欣之编：《薛福成选集》，第 443—444 页。

⑤ F. S. Turner, *British Opium Policy and Its Results to India and China*, London: Sampson Low, Marston, Searle, & Rivington, 1876, pp. 212—213.

是经历多年谈判才得以实现。

　　不过，清政府仍然坚持取消鸦片进口。李鸿章曾致函英国的力除鸦片贸易会，表明了中国政府禁止鸦片贸易的立场，指出"中国的主导性动机是通过在各地征收重税以禁止鸦片"。对于有人认为中国政府通过鸦片进口获得税收，李鸿章指出"我的政府将乐意停止所有这种税收，以终止鸦片进口"①。1881 年前后，中国在与有关国家订约时，注意加入禁止贩卖鸦片的条款。如 1880 年的中美《续约附款》第二款专门规定了禁止两国商民贩运洋药②；1881 年的中俄《改订陆路通商章程》将洋药列为违禁品③；1881 年的中巴《和好通商条约》第十四款专门规定了禁止两国商民贩运洋药④。这些均在一定程度上体现了中国官方取消鸦片贸易的立场。不过，中国与英国以及其他国家之间未能将鸦片贸易禁止。诚如英国传教士杨格非在 1882 年所说："在鸦片贸易问题上，中国人应当有完全的自由照他们的选择去做"，而且英国政府"不应当阻止中国政府禁止鸦片进口，如果中国政府愿意这样做的话"。他指出：中国与俄国、美国新签订的条约都有"绝对禁止鸦片进口的条款"，"如果中国能坚持他们的权利，英国的条约就必须修改，而且必须加入类似的条款"。但是，英国出于自身利益的考虑，是不会这样做的⑤。19 世纪 80 年代，中英之间通过多年的谈判，仅在鸦片进口问题达成税厘并征。此外，1886 年的中法《越南边界通商章程》第十四款也只是规定"洋药、土药均不准由北圻与云南、广东、广西之陆路边界贩运、买卖"⑥。因此，清政府长期未能将条约中允许进口鸦片的条款删除。

　　的确，从 19 世纪 60 年代末起，清政府在对外订约时，鉴于此前订约失权，采取了一些措施，试图收回利权。这在 1868 年的中英修约以及此后的

---

　　① *Correspondence with the Government of India Respecting the Negotiations with China on the Subject of Opium*，London：Eyre and Spottiswoode，1882，pp. 11—12。

　　② 中美《续约附款》，光绪六年十月十五日，王铁崖编：《中外旧约章汇编》第 1 册，第 380 页。

　　③ 中俄《改订陆路通商章程》，光绪七年正月二十六日，王铁崖编：《中外旧约章汇编》第 1 册，第 389 页。

　　④ 中巴《和好通商条约》，光绪七年八月十一日，王铁崖编：《中外旧约章汇编》第 1 册，第 397 页。

　　⑤ Griffith John，*Plain Questions and Straight forward Answers about the Opium Trade*，London：Dyer Bros.，Amen Corner，Paternoster Row，1882，pp. 33—34。

　　⑥ 中法《越南边界通商章程》，光绪十二年三月二十二日，王铁崖编：《中外旧约章汇编》第 1 册，第 481 页。

中德修约、中美修约，中国与日本、秘鲁、巴西等国的订约中都有所体现。而且，总理衙门在外交上也采取了措施，企图通过制定章程限制在华传教士的活动。1871 年，总理衙门曾提出限制传教的八条办法，提交各国。结果，各国以"原约未有之条，不能照允"①。总理衙门限制传教的努力因此付之东流。1872 年，总理衙门在准备谈判修约时，提出了四条注意事项，第一条即是"上届换约时，中国无熟识洋文之人，恐有洋汉不符之处。此次修约，应先将条约汉洋文核对符合，然后办理。先将旧约核对"。第三条要求把 1871 年"所议《传教章程》八条，应添入新约。应酌入"②。然而，法国在谈判过程中却拒绝了中方所提出的限制传教士的要求。后来，因中法修约的延搁，清政府的以上努力宣告失败。此外，清政府在外交中，也反对出让新的利权。1877 年，卫三畏就指出"治外法权是（中国）的统治者头脑中痛苦的事情，而且他们通过比较两国人民在彼此国家所处的法律地位，常常反对美国代表提出的任何新特权，甚至对所有外国也是如此"③。

　　然而，清政府上述这些倡言与外交活动只是在若干方面采取举措。而且，就在日本与欧美国家积极展开外交、修改不平等条约之际，清政府却没有能够在既有的基础上，采取积极主动的外交，修改不平等条约。例如，中国各界虽然认识到了协定关税的危害，但是出于国家实力与列强态度的考虑，未能采取主动的举措。1880 年 8 月 26 日，何如璋与朝鲜使节金宏集在中国驻日使馆笔谈时，议及关税自主以及日本正在进行的对外修改税则；金宏集问："中国税则，何尚未行此法乎？"何如璋并没有正面回答，只是说："我亚洲各国，以前均未悉此种情形，故受损实多。此间因近日始知，故欲与西人议改。鄙见欲贵国乘机会先一□为之，此难得之事也。"他还告诉金宏集可以在与日本商议开放港口时，抓住机会向日本提出商定税则，并且可以用日本改约之事为理由④。再如，在李鸿章的主持下，马建忠等人参与了朝鲜与欧美国家条约的签订，并结合中国的经验对相关条约特权作了限制。

①　徐家干编：《教务辑要》卷 2，第 38 页。
②　中国第一历史档案馆：《同治年间总署查核中法条约底本》，《历史档案》1988 年第 4 期。
③　S. Wells Williams, *Our Relations with the Chinese Empire*, p. 12.
④　刘雨珍编校：《清代首届驻日公使馆员笔谈资料汇编》下册，第 705—706 页。

就领事裁判权而言，朝美条约还规定"如朝鲜日后改定律例及审案办法，在美国视与本国律例、办法相符，即将美国官员在朝鲜审案之权收回，以后朝鲜境内美国民人，即归地方官管辖"①。这一内容显然是马建忠等人根据实际而做出的设计。对于条约中的这一规定，时任署理直隶总督张树声说："其日后改定律例一节，尤有关系，虽一时未必办到，特存是说，可待将来。"②然而，在 19 世纪八九十年代，中国在收回领事裁判权方面并未能走到这一步。迟至 20 世纪初，经过中外商约谈判，中外条约中才出现类似的规定。

不仅如此，总理衙门在处理相关问题上也存在失误。1880 年，陈宝琛就中国与日本解决琉球问题、修改中日条约，在上奏中提出："自道、咸以来，中国为西人所侮，屡为城下之盟，所定条约，挟制、欺凌大都出地球公法之外。惟日本、巴西等国定约在无事之时，亦值中国稍明外事，曾国藩主之于前，李鸿章争之于后，始将均沾一条驳去。既藉此以为嚆矢，未尝不思乘机伺便，由弱国以及强国潜移默转于无形也。"然而，他认为中国如果与日本改约，同意利益均沾，这一做法却是"首决藩篱"③。陈炽在其所撰的《庸书》中指出：1889 年春，"日本换约，日使密商中国共议变更。曾纪泽闻而欣然，亟欲乘机改定，而总署昧于操纵，畏难苟安，拒而不纳，故《日英和约》仅增一则，曰：'日本如有急需，可酌增进口税，惟不得逾值百抽三十之数。'彼改，而我仍不改也"④。

二、　中国知识精英的改约主张

除去官员外，一些关心时政、熟悉洋务的知识精英对不平等条约的危害有较为清楚的认识，并就取消条约特权提出了自己的主张。1876 年，有人在《申报》发表《医国论》一文，呼吁："今之计惟有痛洗一切苟且不可终日之

①　《直督李鸿章奏筹办朝鲜与美国议定约稿请派员会办折　附条约》，光绪八年三月初八日，王彦威、王亮辑编，李育民等点校整理：《清季外交史料》第 2 册，第 528 页。
②　《直督张树声奏朝鲜与美国立约竣折》，光绪八年四月二十六日，王彦威、王亮辑编，李育民等点校整理：《清季外交史料》第 2 册，第 544 页。
③　《右庶子陈宝琛奏琉案日约不宜遽订折》，光绪六年九月二十五日，王彦威、王亮辑编，李育民等点校整理：《清季外交史料》第 2 册，第 451 页。
④　《庸书·外篇卷上·税则》，赵树贵、曾丽雅编：《陈炽集》，第 81 页。

政，实事求是。凡有窒碍之条约，不妨开诚布公，委曲譬导，执理以争，切不可含糊推委，再蹈覆辙；显喻以利害，即暗折其机芽。如有可行之事，于彼有益，于我无损，不妨维持而保卫之，不必待其力请而后许。"[①] 早期维新派在此具有思想先导的作用[②]。具体而言，王韬、郑观应、汤寿潜等人可谓主张修改不平等条约的代表。他们就取消领事裁判权、片面最惠国待遇、协定关税等危害极大的条约特权提出了自己的主张。

王韬提出取消外国人在华的额外权利，"事之成否不必计也，而要在执持西律以与之反复辩论，所谓以其矛陷其盾也。向者英使阿利国（即阿礼国——引者注）以入内地贸易为请，总理衙门亦以去额外权利为请，其事遂不果行"。他认为："夫额外权利不行于欧洲，而独行于土耳其、日本与我中国，如是则贩售中土之西商，以至传道之士、旅处之官，苟或有事，我国悉无权治之。此我国官民在所必争，乃发自忠君爱国之忱，而激而出之者也。"[③] 王韬也指出有英国人对华采取了不同的立场，主张取消领事裁判权等特权；他们认为"今欲永与中国和好，莫如收各处领事额外之权，而重改天津之约，一秉至公。今美与中国情浃意孚，一切以公法行事，则我亦不得不以公法待中国，今领事在中国，遇事不交华官办理，而辄调用炮船，此公法所未有也"。英国前任驻华公使阿礼国"曾有此意，谓中外交涉之事，宜归中国地方官，如不能办则归总理衙门，至传教人入内地，本非和约所许，我惟求中朝事权归一，上以整顿官吏，下以约束人民"[④]。

郑观应在 19 世纪六七十年代即对不平等条约特权持批评态度，并提出了修改和应对之策。这在光绪元年（1875）完成初稿的《易言》中多有体现。关于协定关税，郑观应从其危害以及外国人的税制，提出中国应当在修改条约时更改税则。郑观应指出"曾考泰西各国税额，大致以值百取二十或取四十为制，最多则有值百取百者。又有全不取税者，盖于轻重之中各寓自

①　《医国论》，《申报》1876 年 6 月 8 日。
②　王建朗：《中国废除不平等条约的历程》，第 10—11 页；李育民：《中国废约史》，中华书局，2005 年，第 93—101 页。
③　《除额外权利》，王韬：《弢园文录外编》，第 73—74 页。
④　《英待中国意见不同》，王韬：《弢园文录外编》，第 87 页。

便之计"。中国对进口的烟、酒不纳税，"泰西俱无此例，尤属不公"，应重订新章，仿照各国税则，加征进口税，并重税烟酒、鸦片虚费等物，以示平允。如何修改税则呢？他认为有两个方面需要注意，一是"统计我国之所无者，则轻税以广来源，有者则重税以遏去路。权其轻重，卫我商民"。二是"倘虑率尔更易，龃龉必多，惟于期满换约之时重定税则，据理力争，务使之就我范围而后已耳"[1]。

郑观应指出领事裁判权对中国的危害，"惟查中西立约之时，以中国法重，西国法轻，判然各异"。所以，缔约各国取得领事裁判权，然而这一权利的实施却对中国不公，"顾有时华、洋同犯命案，华人则必议抵偿，并施抚恤，无能免者，至洋人则从无论抵，仅议罚锾。若过持公论，争执条约，而洋官反暗中回护，纵遣回国，究诘无从，非特轻法未加，抑且无法以治。"为应对这种状况，他提出学习西方的律师制度，中外诉讼时，"其律法参用中西，与洋官互商，务臻妥善。如犹以为不合，即专用洋法以治之。以洋法治洋人使之无可规避，以洋法治华人罪亦同就于轻。庶几一律持平，无分畛域"[2]。

汤寿潜在其所撰的《危言》一书中对不平等条约及其危害多有批评，并提出应对的措施。他在《洋税》篇中指出：中外订约之初确定税则为值百抽五，对中国造成了极大的危害。他反复斟酌时势、情理，认为"改约而加重税则势固万不能行，守约而更定税则理必在所当允"。所以，他建议"请与各使臣声明，旧约原有照时值估计之文，一面饬行总税务司，各按各价确切估计，照值百抽五之约，厘为定则"，中国无法改约加税，就应当如约保税[3]。

汤寿潜指出片面最惠国待遇的危害，"中国之所以被各国要挟者，病在约中'利益均沾'一语"。"中国之利益各国共沾之，久沾之，而独不令中国共沾之乎？而反不令中国自沾之乎？"不过，对于加税以抵之说，他认为不切实际，"前者英使威妥玛以我拟抽收洋货厘税，至纠集十余国公使麇聚都

---

① 《论税务》，夏东元编：《郑观应集》上册，第 70 页。
② 《论交涉》，夏东元编：《郑观应集》上册，第 118、119 页。
③ 《危言》，政协浙江省萧山市委员会文史工作委员会编：《汤寿潜史料专辑》，第 248 页。

门，肆意要挟，彼方喋喋请减，我反贸贸议加，几疑与狐谋皮！"汤寿潜认为"泰西交涉，有此款受损而举他事之有权利者以抵偿之，今且不必明言加税，而先思一抵偿之税"。他提出中国可以向各国使臣商议，"嗣后中国商船运货前往各国，亦援值百抽五之约，以免歧异，以照平允。明知其不肯画诺，而正以折之，坚以持之，旋微示进口加税抵偿之旨"。这样中国可以实现加关税的目的，所谓"不得于彼，聊得于此，此以拒为钩之策，似可行也"。他不无感触地说："有可据之理而昧之，愚也；有可蹈之瑕而失之，怠也。前此草草定约，是一误矣；今不因所误而谋万一之补救，几何不再误也哉！"①

为抵制外国的要挟，汤寿潜还提出了通过限制外人在华特权来抵制的办法。他在论及通商口岸时，指出"此后西人如以口岸要挟，竟可如其所请，而以交涉事之有益于我者，或加重进口税则，或照中律以断在华西人等款以抵偿之，庶乎失之东隅，犹为收之桑榆也"②。

除去通商特权、领事裁判权外，传教特权也引起中国各界的重视。不少人就取消和限制传教特权提出了建议。诚如传教士卜舫济所说，近代中国民众反对基督教的原因是多样化的，但是"传教被条约保护这一事实引起了人们对它的批评，即基督教堂是依赖武力来扩展的"③。一些官绅通过著述揭露了传教的政治背景。关注中西关系的夏燮在著《中西纪事》时，对《天津条约》的传教规定予以评述，指出英法通过武力和订立条约的方式强迫在中国传教，"欲以此强中国，岂非欲用夷而变夏哉！"④ 夏燮指出了传教背后的强权政治，并带有文化上的隐忧。此后，随着传教势力的扩张，更多的人发表了类似言论。1883 年，福建龙岩州反教揭帖即称："若论条约，我圣上被奸兽花言巧语瞒许，条约岂能瞒我等乎？""各乡各姓子侄，各有心怀痛恨不平，尔等当知番狗来历，不过势逼官长，任纵设教行医……"⑤ 有人明确指

---

① 《危言》，政协浙江省萧山市委员会文史工作委员会编：《汤寿潜史料专辑》，第 249 页。
② 《危言》，政协浙江省萧山市委员会文史工作委员会编：《汤寿潜史料专辑》，第 256 页。
③ F. L. Hawks Pott, *A Short History of Shanghai*, p. 94.
④ 夏燮：《中西纪事》，岳麓书社，1988 年，第 206 页。
⑤ 《附件：英使抄送龙岩州反教揭帖》，中国第一历史档案馆等合编：《清末教案》第 2 册，中华书局，1998 年，第 392 页。

出外国在华传教是"独占便宜",是国家不平等的表现,所谓:"教堂之设,止有外洋人在中国传教者,绝无中国人往外洋传教者;止有中国人信外洋之教者,绝无外洋人信中国之教者。"① 辜鸿铭在 1891 年长江教案发生时,在《字林西报》发表文章,抨击在华传教士说:他们"四处游荡,他们的眼中却没有法律,因为他们的领事远在天边,而中国人对之又没有裁判权"。没有法律与舆论的约束,传教士"是能够无恶不作的",这是他们遭到中国人反对的重要原因②。

与此同时,中国的有识之士就如何解决传教问题进行思考,提出了自己的主张。他们除议及加强对传教与教民的限制和管理外,还提出修改不平等条约,以解决传教问题。郑观应在《易言》的《传教》一文中指出:"今中国既许洋人传教,不得不按照条约为之保护,而各教士所到之处,理应归地方官约束,不得干预公事,任意妄为。"然而,一些教民和传教士却以条约为护符,影响和干预中国司法。所以,郑观应主张中国政府应当加强对教民的管理,传教士不能干预中国司法,并认为"今欲中外相安,惟有会集万国公议妥商,劝令英不贩烟,法不传教"③。

郑观应在《盛世危言》中的《传教》一文中抨击传教士说:"若纵教民为奸恶,倚教士为护符,动辄挟制地方官枉法左袒,以屈抑良民,是非劝人为善,直助人为恶,既大失其传教劝善之本心,抑亦条约所必不能从者也。"至于如何解决这一问题,他认为"宜与之剀切辨明,改修条约,载明华民入教,开列姓名籍贯,报明地方官,查无过犯之人,方准注册照约保护,遇有事故,仍依华例惩办"④。

苏州元和县附生陶师韩在分析教案及其解决办法的基础上,提出:"中西条约中,亦当略为更改。凡在传教处之教士、教民,均须持己以正,接人以和平,如中国僧道之奉公守法。其有不受约束本分者,听中国民人赴地方官衙门控告,其教民则归地方官查办,其教士则由地方官函请该管领事提

---

① 《申报·中西交涉损益论》,夏东元编:《郑观应集》上册,第 427 页。
② 《尊王篇·为吾国吾民争辩》,黄兴涛等译:《辜鸿铭文集》上,海南出版社,1996 年,第 47—48 页。
③ 《论传教》,夏东元编:《郑观应集》上册,第 121—123 页。
④ 《传教》,夏东元编:《郑观应集》上册,第 407 页。

究。该管领事务必澈底查明，秉公审断，不得典章袒护，致招物议。"① 辜鸿铭也提出："为了中外人民的共同利益，请求外国政府着手解决中国的传教问题，即便不将其完全撤离，起码也应该对它作某些修改。"②

有人根据别国的情况，进一步提出了取消传教条款的主张。诚如王韬在《传教》一文中所说："将来易约之时，可否将传教一款删除，实可消无端之萌蘖，而绝无限之葛藤。如向者日本与泰西立约，教士但可旅居而不能传教，我中国何不可援此以行？"不过，王韬认为"不知此恐不能也，盖泰西诸国有所不许也"。有人又提出传教士深入内地导致事端多发，中西不睦，"中国何以不将前后情形遍告欧洲，诚以和约之立，有所利益，固宜谨守，而有时多所妨碍，亦可删除，即如蒲晏臣（即蒲安臣——引者注）所立华民往美佣工之约，今美廷何以不守，而反拟请中国删除也？岂彼可行之于我，而我不可行之于彼乎？此屈臣公法二百六十三款中所有也"。对于这种看法，王韬指出"然而我恐其不能行也"③。

传教之外，中国各界对鸦片流毒有着深切的体认，主张取消条约中鸦片进口的规定。有的中国人通过一些途径向英国表达了禁止鸦片贸易的意愿。1875 年，英国伦敦的英东力除鸦片贸易会（Anglo-Oriental Society for the Supression of the Opium Trade）曾向中国各界发来公开函④，广为散发，以引起中国各界开展禁烟。1877 年，广州的羊城劝戒社回复该会，回函由传教士湛约翰（John Chalmers）译成英文并在英国刊印。羊城劝戒社在回复中指出：中英条约使得鸦片贸易合法化，这是中国难以禁止鸦片的重要原因；而且，鸦片贸易条款有悖于"保持永久和平、友好"的中英订约之目的，有害于英国在中国的形象以及英国利益；解决这一问题的最好的办法是请英国驻

---

① "壬辰春季超等第四名陶师韩文"，《格致书院壬辰课艺》上，光绪壬辰弢园选印。
② 《尊王篇·为吾国吾民争辩》，黄兴涛等译：《辜鸿铭文集》上，第 50 页。
③ 《传教》，王韬：《弢园文录外编》，第 52—53 页。
④ 《英东力除鸦片贸易会告白》，《万国公报》1875 年第 370 期。"Appendix：Address to the Chinese People," *Reply of the K' euen Keae Shay, An Association of Chinese Inhabitants of the City and Province of Canton, for the Promotion of Abstinence from Opium, to the Address of the Anglo-Oriental Society for the Supression of the Opium Trade*, pp. 18—22.

华公使与总理衙门商定"将鸦片从中国关税中清除"①。19 世纪八九十年代，鸦片进口问题仍然是中国各界关注的话题。王韬等知识精英就此也提出了自己的主张。1890 年，王韬在评论《格致书院课艺》中的李鼎颐所撰论禁洋药之文时，指出："将来更换和约之时，于鸦片一门似宜杜绝其来源，或限以若干年后印度不得再种鸦片，洋药不得再至中国。如上年中美定约云鸦片烟不得互相买卖，中巴和约第十四款言彼此不得贩运洋药，可援以为例。或虑英之政府未必肯从，不知昔年初禁鸦片之时，当事者苟能深悉洋情，未尝不可禁绝，惟过于操切遂至竟成画饼。"② 1895 年，有人鉴于鸦片危害国计民生，提出"拟先饬各省禁栽罂粟，违者科以重罚，然后与各国重订条约之际议将鸦片永禁进口"③。

此外，海外华人也在特定环境下表达了他们对待不平等条约的立场。这突出地表现在如何对待在外华工境遇问题上。1873 年，在美华人面对着美国人的排华运动，公开发表了题为《中国人立场上的中国人问题》的声明，表达了中国人的立场。这一声明后来印成小册子发行；1877 年，基顺(O. Gibson) 所著《唐人在金山》一书将之收录。在美华人通过《中国人立场上的中国人问题》，指斥美国人违约，并就中外条约关系表达了自己的意见。他们指出"中国政府的政策是绝对独享的"，然而"美国和其他基督教国家抱有不同的主张，并提出了一种不同的政策。它们向中国人提出了条约规定、通商关系以及商品和人员友好交流的要求。为从中国获取这些，它们寻找到战争的借口，结果由于中国的失败，我们的政府被迫放弃其传统的旧政策，与征服者签订了和好通商条约"④。他们指出"美国人和其他外国人被允许在中国各地游历、经商、传教，而不受中国法律约束。外国政府坚持它们有权在我们国家的各个地方按自己的法律行事，而在我们的人民看来，这对我们的政府是一种羞辱"。鉴于美国人对华人所持态度，他们提出："我们

---

① *Reply of the K'euen Keae Shay, An Association of Chinese Inhabitants of the City and Province of Canton, for the Promotion of Abstinence from Opium, to the Address of the Anglo-Oriental Society for the Suppression of the Opium Trade*, pp. 9, 11, 13, 14, 15.

② 《续上栽禁洋药议·王韬附识》，《申报》1890 年 3 月 9 日。

③ 《接录中国利弊宜变通治法为善后议》，《申报》1895 年 3 月 28 日。

④ O. Gibson, *The Chinese in America*, pp. 286—287.

建议快速而全面地废除现在中美之间的条约，所有中国人退职，终止对美贸易，同时从中国撤离所有美国人，中止商贸交流。"不过，他们在声明的最后指出："由于我们在这里现正处于神圣的条约规定之下，我们谦卑地祈祷我们所受的待遇是根据那些规定而定的，直至这些条约被取消。"① 在美华人的这种态度既是对美国人违约排华的抗议，同时也是中国人对外公开反对不平等条约特权的表现。不惟如此，澳大利亚的华工因为英国人的排斥和打压，向英国政府发出了反对之声。他们指出英法通过武力强迫中国签订条约，为其国人获得自由进出中国的权利；《蒲安臣条约》签订后，美国人也获得同样的权利；然而，中国政府在履行条约义务的同时，中国人却不能享受条约给予的同样待遇，中国人在澳大利亚就遭到了英国人的限制和苛待。他们对在美国的中国人就美国排华所发表的声明表示赞同，并针对澳大利亚的排华提出：如果英国人不愿中国人到澳大利亚，就请英国政府到中国"请求取消现存条约"②。

　　显然，国际法的传入、中外条约关系的运行，使中国的有识之士从法理和现实上认识到不平等条约关系的危害。因此，他们从不同角度和立场提出了上述修改不平等条约的主张，有的还付诸实践。不过，这些主张和行动主要涉及领事裁判权、片面最惠国待遇、协定关税、传教特权和鸦片贸易等方面，尚未有整体系统的思想主张。而且，中国官方也没有长期持续的修约政策。这一时期的修约主张只能是中国谋求改变不平等条约关系的最初尝试和努力。而且，这种局部的尝试和努力要取得完全的成功，面临较大的困难。因为列强不会轻易将已获利权轻易放弃，修改不平等条约还与中国的国力、国际时局有密切的关系。1870 年代以来日本修改条约的不断尝试与努力，就从一个侧面证明了这一点。而且，日本在内政与外交方面所具备的条件恰恰是中国缺乏的③。除面临不利的外交环境外，清政府也缺乏日本修改条约的

---

① O. Gibson, *The Chinese in America*，pp. 291—292.

② L. Kong Meng, Cheok Hong Cheong, Louis Ah Mouy Eds, *The Chinese Question in Australia*，1878—1879，Melbourne: F. F. Bailliere, 1879, pp. 3—6，26—29.

③ ［美］詹森主编、王翔译：《剑桥日本史（第五卷）：19 世纪》，浙江大学出版社，2014 年，第 672—676 页。

气魄与决心。就改变中外通商税率而言，中国各界均认识到其不合理性，但是清政府未能采取积极措施对之加以更改。如李鸿章在 1886 年论及中法陆路通商章程的谈判时，指出"中国通商之始，未谙各国情形，所定税则进出口一律，所以洋货畅销，土货滞销。但因约章久定，不能设法挽回"①。因此，清政府对待不平等条约的态度及其总的外交政策，也决定了它不可能像同时代的日本那样提出废除不平等条约②。这一切正是中国早期修改不平等条约的困境之所在，决定了中国难以在修改不平等条约上取得大的进展。

与中国不同的是，日本因为特殊的地缘优势，得到英、俄、美的重视，三国均想利用其在东亚进行侵略。这成为日本地缘外交成功的重要条件。与此同时，明治维新使日本走上现代化，日本坚持向列强谈判修约，因此"国际体系发现只有日本向西方的条约结构发起挑战，这是亚洲国家中的第一个"。1894 年，日本经过二十多年努力，取得修约谈判的成功。"条约关系导致了日本外交文化的演进，随后导致了日本整个社会的演进。"③ 显然日本修约的成功有着与中国完全不同的国际、国内环境以及实施路径。诚如中国驻日公使何如璋在评论日本积极谋求改税则时所说，"日本全国上下合力一心，恐外国碍难尽拒，不能不分别酌改。在日本亦明知泰西通例，未能因税务而启兵端，故敢于发议耳。以今日万国聚而谋我，除力图自强，徐谋保护抵制之法，别无善策"④。这同时表明中国要改变不平等中外条约关系尚有很长的路要走。

19 世纪 60—90 年代，条约关系的运行产生了多方面的影响，使之成为中国与缔约各国一直密切注意的问题。面对条约执行，清政府从自身地位与国家主权出发，不得不信守条约，进行外交和内政上的应对，并试图限制列强侵权，但收获并不显著；列强从自身利益出发，或合作或单独对华，或用

① 《直督李鸿章奏与法使议订滇粤边界通商章程折 附章程》，光绪十二年三月二十四日，王彦威、王亮辑编，李育民等点校整理：《清季外交史料》第 3 册，第 1341 页。

② Immanuel C. Y. Hsü, *China's Entrance into the Family of Nations: The Diplomatic Phase 1858—1880*, p. 142.

③ Michael R. Auslin, *Negotiating with Imperialism: The Unequal Treaties and the Culture of Japanese Diplomacy*, Cambridge: Harvard University Press, 2006, p. 208.

④ 《论日本改订税则书》，吴振清、吴裕贤编校整理：《何如璋集》，第 104 页。

强权或用"和平"手段，虚伪地宣称遵守条约，在充分享有条约特权的同时，不断扩大在华权益。这种不同应对举措事实上正是中外条约关系不平等性的产物，也决定了中国难以改变其不平等性。这种现实的遭遇，加上国际法知识的传播，引起了中国人对条约与国际法、中外条约关系的思考，并就改变中外条约关系提出了自己的主张。这些认识奠定了后续中国人谋求改变中外条约关系的重要基础。

第十章 《马关条约》与东亚传统国际秩序的崩溃①

日本在明治维新以后，推行侵略扩张的"大陆政策"，试图"脱亚入欧"。因此，中日条约建立后，日本一直寻求机会，试图获取与列强一样的在华权利。1894 年，日本经过长期的准备，悍然发动战争。中国在战败之际不得不签订《马关条约》。随后，《辽南条约》和中日《通商行船条约》相继签订。这些条约的签订改变了中日条约关系、中朝关系，影响了东亚国际秩序，使传统的朝贡关系彻底崩溃，从而使中外条约关系发展到一个新的阶段。

第一节 《马关条约》与中日商约的签订

1894 年，朝鲜因全罗道发生东学党起义，请中国派兵协助镇压。清政府根据中日《天津会议专条》的规定通知日本，日本立即派兵赴朝。然而，朝

---

① 本章由李育民撰写。

鲜把起义平息下去之后，日本不仅不撤兵，反而继续增兵，乘机控制朝鲜政府，并对中国军队发起攻击。中日甲午战争爆发。继甲午海战失利后，中国在朝鲜、东北的陆路作战相继失利。1895 年初，清政府在战守皆无所恃的情况下，决定议和。1 月 14 日，清政府正式派张荫桓和邵友濂为全权大臣，赴日议和。然而，当张、邵二人到达日本后，日本却说二人"使权不足，不能开议，应即出境"。而且，伊藤博文声称"中国若复遣使，自非名位极崇、能肩重担者，不足与议"①。于是，张、邵二人无功而返。

1895 年 2 月，清政府迫于无奈任命李鸿章为全权大臣到日本议和。随后，美国驻华公使田贝给中方送来日本发来的电报，日方声称"中国另派大臣议和，除先允偿兵费并朝鲜由其自主外，若无商让地土及办理条约画押之全权，即无庸前往"。清政府只能答应日本的要求。对于日本的要求，李鸿章认为"中国壤地固难轻以予人"，但揆诸中国历史、西国近事，均有让地之事。"此次日本乘屡胜之势，逞无厌之求，若竟不与通融，势难解纷纾急。"他在上奏中声称自己赴日议和，当竭力辩争，"倘彼要挟过甚，固不敢曲为迁就，以贻后日之忧，亦不敢稍有游移，以速目前之祸"。1895 年 3 月 3 日，光绪帝接到李鸿章的奏折后，在上谕中也颇为无奈地说：此次特派李鸿章与日本议约，原系万不得已之举。"该大臣膺兹重任，惟当权衡于利害之轻重，情势之缓急，即与议定条约。"②

3 月 19 日，李鸿章一行抵达日本马关。3 月 20 日，中日双方代表进行了第一次会晤，李鸿章提出了停战的要求。3 月 21 日，双方会晤时，日方提出苛刻的停战条款，李鸿章认为"要挟过甚，碍难允行"③。3 月 24 日，李鸿章提出修改停战条款，遭到日方拒绝；于是，李鸿章只得将停战姑置勿论，转而索取议和条款④。日方答应次日午面交议和条款，结果当天李鸿章

---

① 《使日张荫桓邵友濂奏奉国书至广岛日以使权不足不能开议回沪钞呈日廷敕书及问答电 附旨并钞稿五件》，光绪二十一年正月二十一日，王彦威、王亮辑编，李育民等点校整理：《清季外交史料》第 5 册，第 2105 页。
② 《全权大臣李鸿章奏遵旨赴日本议约预筹大略折 附谕》，王彦威、王亮辑编，李育民等点校整理：《清季外交史料》第 5 册，第 2127—2128 页。
③ 《寄译署》，光绪二十一年二月二十五日酉刻，顾廷龙、戴逸主编：《李鸿章全集》第 26 册，第 81 页。
④ 《寄译署》，光绪二十一年二月二十八日未刻，顾廷龙、戴逸主编：《李鸿章全集》第 26 册，第 82 页。

结束谈判回寓所时，遭遇日本人行刺受伤①。李鸿章的遇刺受伤使日本改变谈判方针。3 月 28 日，日本外相陆奥宗光向李鸿章"面交节略，允即停战"。3 月 30 日，中日双方签订停战条款，规定奉天、直隶、山东停战。随后，中方屡次催促日本提出约款，日方于 4 月 1 日提出约款。

日方提出的约款共有十一条，比后来的《马关条约》更苛刻。如赔款 3 亿两白银，开放苏州、杭州、沙市、重庆、北京、湘潭、梧州等七处为通商口岸，等等。李鸿章在电请国内训示的同时，备文驳诘日方。然而，伊藤博文等在答复时，态度强硬，声称："系战后约款，与寻常议约不同。"李鸿章认为日本的态度"隐以同治年间德法成案为根据"。李鸿章"仍力与坚持"。4 月 10 日会议时，伊藤博文提交了改定后的约章，"较之原约，颇有删易"。4 月 11 日，日方专函申明此为谈判的最后办法。这种情况下，李鸿章派李经方与伊藤博文商议，希望能够争回一些权益。结果事与愿违，伊藤博文直接说："无可再商，无可再改。"与此同时，停战期限将至，日本不同意展期，同时又有军事行动。此时，李鸿章"未敢一意驳斥"，"又不敢率意径行，以从敌人之欲"。4 月 14 日，李鸿章接到上谕"如竟无可商议，即遵前旨，与之定约"。4 月 15 日，双方进行会议。李鸿章"竭力与争"，日方态度强硬，但在"让地、划界、赔款、利息、内地租栈、日银纳税各节尚勉从删改"。于是，中日条约议妥。4 月 17 日，中日两国全权大臣签订《马关条约》②；同日，双方签订《停战展期专条》。5 月 2 日，清政府不得不批准《马关条约》。5 月 8 日，《马关条约》在烟台互换生效。

《马关条约》第一款规定："中国认明朝鲜国确为完全无缺之独立自主，故凡有亏损独立自主体制，即如该国向中国所修贡献典礼等，嗣后全行废绝。"第二款规定：清政府将台湾岛、澎湖列岛、辽东半岛的管理之权，"并将该地方所有堡垒、军器工厂及一切属公物件，永远让与日本"。第四款规定：中国给日本赔款 2 亿两白银。第六款规定："日中两国所有约章，因此

---

① 《寄译署》，光绪二十一年二月二十八日酉刻，顾廷龙、戴逸主编：《李鸿章全集》第 26 册，第 83 页。
② 《全权大臣李鸿章奏中日会议和约已成折 附马关条约议订专条另纾停战条约停战展期专条及李鸿章咨文伍廷芳等呈文》，王彦威、王亮辑编，李育民等点校整理：《清季外交史料》第 5 册，第 2173—2174 页。

次失和，自属废绝。"同时，该款还规定中国开放沙市、重庆、苏州、杭州为通商口岸，日本还获得了在通商口岸自由设厂的权利[1]。

值得注意的是，在《马关条约》的中、日、英三个文本中，台湾问题的表述存在差异。中文本第二款规定："中国将管理下开地方之权并将该地方所有堡垒、军器工厂及一切属公物件，永远让与日本"，包括"台湾全岛及所有附属各岛屿"和"澎湖列岛"。第三款规定了交接程序，"本约批准互换之后，两国应各选派官员二名以上，为公同划定疆界委员，就地踏勘，确定划界"。"各该委员等当从速办理界务，以期奉委之后，限一年竣事。"[2]《马关条约》签订互换后，中日办理了交接手续，并签订文据。文据称：交接《马关条约》所定"中国永远让与日本之台湾全岛及所有附属各岛屿，并澎湖列岛"之"管理主权"，以及"一切属公物件"均皆清楚[3]。

日文本与英文本与此不同，主要不同之处在于领土转受性质的表述。日文本规定，"清國ハ左記ノ土地ノ主権並ニ該地方ニ在ル城塁兵器製造所及官有物ヲ永遠日本国ニ割興ス"[4]，其意为：清国将左记土地（即"台湾全岛及所有附属各岛屿"和"澎湖列岛"等地）主权以及该地的城垒、兵器制造所及官府所有物等，"永远割与日本国"。英文本规定，"China cedes to Japan in perpetuity and full sovereignty the following territories, together with all fortifications arsenals, and public property thereon：…"[5] 其意为：中国将下开领土（即"台湾全岛及所有附属各岛屿"和"澎湖列岛"）之主权等"永远割让给日本"[6]。

由上可见，三种文本存在较大的不同。中文本《马关条约》规定将"管理"之权，交接文据称"管理主权"，"永远让与日本"，这里所说的是"管

---

① 中日《马关新约》，光绪二十一年三月二十三日，王铁崖编：《中外旧约章汇编》第 1 册，第 614—617 页。

② 中日《马关新约》，光绪二十一年三月二十三日，王铁崖编：《中外旧约章汇编》第 1 册，第 614—615 页。

③ 《交接台湾文据》，光绪二十一年五月初十日，王铁崖编：《中外旧约章汇编》第 1 册，第 620 页。

④ 《媾和条约》，1895 年 4 月 17 日，海关总署《中外旧约章大全》编纂委员会编：《中外旧约章大全》第 1 分卷（1689—1902），中国海关出版社，2004 年，第 1224 页。

⑤ "Treaty of Shimonoseki," April 17, 1895，海关总署《中外旧约章大全》编纂委员会编：《中外旧约章大全》第 1 分卷（1689—1902），第 1216 页。

⑥ 参见郑海麟：《〈马关条约〉：三种文本有差异》，《两岸关系》2001 年第 12 期；伍俐斌：《〈马关条约〉是否"割让"台湾给日本之考辨》，《台湾研究》2013 年第 3 期。

理"之权，或"管理主权"，显然与领土主权不同。日文本规定，将土地之"主权""永远割与日本国"。英文本规定，将领土之"主权""永远割让给日本"。根据中文本，中国只是将台湾等地的"管理"之权"让与"日本，并未割让领土主权。此规定类似中葡《和好通商条约》第二款"大西洋国永居、管理澳门"①，葡萄牙在澳门获得的只是居住和管理权，而不是领土主权。日文本和英文本虽有些不同，但其意都是将台湾等地的主权割给日本。应该说，只有根据日文本和英文本，台湾等地才具有国际法上"割让"给日本的法律性质。而中文本只是将类似行政管理权"让与"日本，主权仍属于中国。

《马关条约》签订后，引起中国官民的强烈反应。很多官员上奏表示反对；在京应试的各省举人发起公车上书，反对签约。然而，这一切未能改变清政府接受《马关条约》这一严重丧失利权的不平等条约。

《马关条约》的签订同时产生了重要的国际影响。1895 年 4 月 23 日，俄、法、德三国出于各自利益的考虑，向日本提出归还辽东半岛给中国。5 月 5 日，日本迫于三国的干涉，不得不同意放弃辽东半岛②。经俄、法、德三国与日本协商，日本同意：中国给日本 3000 万两，作为归还辽东半岛的"偿款"。

1895 年 10 月 14 日，清政府派李鸿章与日本驻华公使林董商议交还辽东半岛事宜。起初，清政府希望通过谈判，在 3000 万两的基础上再作减少。10 月 20 日，李鸿章在总理衙门与林董会晤时提出这一想法，林董态度坚决，"以此系三国定议之数，断难再减分厘"③。随后，李鸿章与林董就交还辽东半岛进行了交涉，林董提出了包括八款内容的条约稿本。双方以此为基础反复交涉，最终达成了包括六款内容的《辽南条约》④。1895 年 11 月 8 日，李鸿章与林董分别代表中日两国签订《辽南条约》。该约对日本归还辽东半岛

---

① 中葡《和好通商条约》，光绪十三年十月十七日，王铁崖编：《中外旧约章汇编》第 1 册，第 523 页。
② 丁名楠等：《帝国主义侵华史》第 1 卷，人民出版社，1961 年，第 371—376 页。
③ 《全权大臣李鸿章奏与日使会商归还旅顺因三国定议在先偿款未能减少折》，光绪二十一年九月初八日，王彦威、王亮辑编，李育民等点校整理：《清季外交史料》第 5 册，第 2338 页。
④ 《全权大臣李鸿章奏与日使会商交收辽南各款议定条约折 附条约及专条》，王彦威、王亮辑编，李育民等点校整理：《清季外交史料》第 5 册，第 2343 页。

给中国作了相应的规定。第一款规定：日本将《马关条约》第二款"中国让与日本国管理之奉天省南边地方"，"并照本约第三款所定，日本国军队一律撤回之时，该地方内所有堡垒、军器工厂及一切属公物件，永远交还中国"。因此，《马关条约》第三款，"并拟订立陆路通商章程之事，作为罢论"。第二款规定：中国"为酬报交还奉天省南边地方"，于 1895 年 11 月 16 日将库平银 3000 万两交给日本政府。第三款规定：中国将 3000 万两白银交给日本政府之日起，日本军队在三个月内从辽南地方撤回。第四款规定：中国对日本占据辽南期间"所有关涉该国军队之中国臣民概予宽贷，并饬有司不得擅为逮系"①。因此，在俄、法、德三国的干涉之下，中国以交"赎辽费"的方式避免了日本对辽东半岛的割占。而且，该约在规定日本归还辽东半岛的同时，还对《马关条约》的相关条款作了修正。除《马关条约》中有关辽东半岛的内容宣布失效外，原约规定的拟订陆路通商章程之事也因此而取消。

然而，俄、法、德三国却以干涉还辽有功，向中国提出了报答三国的要求。清政府不得不同意。以此为起点，各国在 19 世纪末掀起了瓜分中国的狂潮。

《马关条约》互换后，中日两国根据该约的规定进行了商约谈判。该约第六款规定："中国约俟本约批准互换之后，速派全权大臣与日本所派全权大臣会同订立通商行船条约及陆路通商章程。其两国新订约章，应以中国与泰西各国现行约章为本。"② 因此，清政府在条约互换后，积极筹备议定商约的问题。1895 年 8 月 3 日，清廷在给李鸿章、王文韶的电旨中表明了议约的态度，即"中日新约第六款现将开议，此事于国家税厘、华民生计有碍，该大臣等必须坚定把握，力与磋磨。凡此次所许利益，皆不得溢出泰西各国之外"③。8 月 6 日，光绪帝发布上谕，除重申 8 月 3 日电旨的内容外，要求李鸿章、王文韶等"按照所指各条，悉心筹画，商定办法，以为辩论地步"；李鸿章作为条约原议之人，"尤当惩前毖后，力图补救，总期争得一分，即

---

① 中日《辽南条约》，光绪二十一年九月二十二日，王铁崖编：《中外旧约章汇编》第 1 册，第 636—637 页。
② 中日《马关新约》，光绪二十一年三月二十三日，王铁崖编：《中外旧约章汇编》第 1 册，第 615 页。
③ 《总署章京沈曾植呈日约将次开议陈事宜以备采择文 附旨》，光绪二十一年六月十三日，王彦威、王亮辑编，李育民等点校整理：《清季外交史料》第 5 册，第 2296 页。

有一分之益"①。

1895 年 12 月 29 日，李鸿章与日本驻华公使林董开始就商约进行谈判。林董以《马关条约》为底本拟出约稿，提出了各项要求。李鸿章对约稿中的相关要求作了反驳和修正。如机器制造土货，李鸿章修改为"于货物造成之后，离厂之先，完一值百抽十离厂正税，然后方准发售"。林董却坚持以《马关条约》为依据，反对李鸿章的意见，声称"该约但载有制造货物应完纳内地税，并无应纳在口制造正税字样"。他甚至多次在交涉中提出制造货税即按《马关条约》办理，不必再行议订，"如必欲议收制造正税，则商约只可暂停不议"。如优待在日本的中国官民，林董以《马关条约》中的"以泰西各国约章为本"为据，毫无顾及。对于"李鸿章改拟中国使臣携带眷属，及在日本设立领事，暨中国寓日人民应照日本相待最优之国人民一律优待各节"，林董都说："英法等国条约所无，不允照办"；并且说"泰西各国系专指欧洲各国而言，美国续约及秘鲁、巴西各约虽有设立领事优待华民之款，然非泰西之国，不得援引为例"。至于重庆行轮，李鸿章在修改稿中"拟令仍照英国专章办理"；然而，林董态度强硬地说：《马关条约》"业已载明，日本轮船得驶至重庆，不能将已许之利益复行收回"。可见，中日之间的交涉难以达成一致。因此，李鸿章在上奏中指出"林董交来原稿及此次改稿均不能作为定论"②。

1896 年 2 月 10 日，清政府因为另派李鸿章出使俄国，而改由张荫桓作为全权大臣与林董商议通商事宜。张荫桓在受命接手后，认为林董依据《马关条约》所出商约约稿，"既不能废马关约，则现议各条岂能别开生面"？至于有人提出"藉此商约为马关约匡救，甚且欲为泰西各国已定之约争回利益"，张荫桓认为"此皆未悉此中为难之故也"。他根据李、董二人的历次问答节略，上奏指出商约交涉有"五难"，难以处理。1896 年 3 月 8 日，张荫

① 《谕李鸿章王文韶等此次议约关系国计民生甚巨慎毋含混迁就》，光绪二十一年六月十六日，王彦威、王亮辑编，李育民等点校整理：《清季外交史料》第 5 册，第 2299 页。
② 《全权大臣张荫桓奏遵议日本商约谨陈大略折》，光绪二十二年正月二十五日，王彦威、王亮辑编，李育民等点校整理：《清季外交史料》第 5 册，第 2376—2377 页。

桓奉旨:"力与磋磨,毋得畏难迁就。"①

1896 年 3 月 11 日至 4 月 2 日,张荫桓与林董先后进行了四次会议,在林董原拟四十款约稿的基础上,驳删第五、九、十、十七、十八、十九、三十一、三十四、三十五、三十六等款,剩余三十一款。三十一款中照原稿未改的有二十四款,驳改的有七款。驳删各款中的第五、九、十、十七、十八、十九、三十一等七款"关系国体、利权",张荫桓认为"万难核准",经过辩驳,林董只得同意删除。至于第三十四、三十五、三十六款,张荫桓认为这三款"皆日本饮恨旧约,不得与各国均沾,欲于新约取偿者也,所论亦太繁琐"。所以,他仿照中英条约,将三条改为一条,"视原稿较为近理"。经过以上删改,张荫桓认为商约谈判"似觉渐有端绪",但是林董对于税务仍然不肯"和衷通改,一时断难定议"。因此,张荫桓在 4 月 13 日上奏谈判情形时,表示将会就未能商妥各节继续与林董辩驳②。随后,张荫桓与林董进行了多次会议。6 月 7 日,林董给张荫桓送来说帖并附约稿。张荫桓在此基础上,进一步提出修改意见,就征税问题商定办法。在张荫桓的辩驳之下,林董对三十一款进行了删改,不再提及减税、免税,"惟将制造税剔开另议"。而且,总理衙门已经奏定"制造货税值百抽十,华洋一律"。张荫桓认为这一办法"正系另筹钳束,以保利权。现已预定税章,以后办法自有依据"。所以,张荫桓坚决抵制林董所说的制造税只完纳内地值百抽三之税,最终使林董提出的约稿"凡涉制造字样一概删去"③。这样,张荫桓与林董议定商约。至于通商章程,林董本想与商约一同议订,附于条约之后。随后,林董提出缓议。张荫桓认为,这可能是"约款内已将制造货税剔出,故欲留此为他日另议地步"。因此,中日通商"暂照各国现行章程",征税"仿照他国现行税则"④。1896 年 7 月 21 日,张荫桓与林董签订中日《通商行船条约》。

① 《全权大臣张荫桓奏遵议日本商约谨陈大略折》,光绪二十二年正月二十五日,王彦威、王亮辑编,李育民等点校整理:《清季外交史料》第 5 册,第 2376—2377 页。

② 《全权大臣张荫桓奏遵议日本商约删改各款折》,光绪二十二年三月初一日,王彦威、王亮辑编,李育民等点校整理:《清季外交史料》第 5 册,第 2383—2384 页。

③ 《全权大臣张荫桓奏日本商约删驳请即定议画押折 附日本商约原送条款并改定条款各一件》,光绪二十二年六月初六日,王彦威、王亮辑编,李育民等点校整理:《清季外交史料》第 5 册,第 2401—2402 页。

④ 《全权大臣张荫桓奏日使请缓议制造货税尚无窒碍拟随时商订片》,光绪二十二年六月初六日,王彦威、王亮辑编,李育民等点校整理:《清季外交史料》第 5 册,第 2412 页。

与此同时，中日双方就日本在新开通商口岸开辟租界的问题进行了交涉。最终中国在日本要求设立专管租界上予以让步，日本则在中国要求征收机器制造税上予以让步。1896年10月19日，中日双方签订《公立文凭》。该约第一款规定："添设通商口岸，专为日本商民妥定租界，其管理道路以及稽查地面之权，专属该国领事。"第三款规定：日本同意"中国政府任便酌量课机器制造货物税饷，但其税饷不得比中国臣民所纳加多，或有殊异"。中国政府同意"一经日本政府咨请，即在上海、天津、厦门、汉口等处，设日本专管租界"①。该约首次以条约的形式确定了列强在华设立租界的权利，使租界制度有了"合法"的条约依据。

以上即是《马关条约》《辽南条约》《通商行船条约》《公立文凭》签订的大概情形。这几个条约的签订在当时产生了重要的影响。尤其是《马关条约》《通商行船条约》《公立文凭》改变了中日条约关系，扩大了条约特权的内容和范围，影响了中外条约关系的发展。

中日条约关系开始于中日《修好条规》，该约规定了中日的平等条约关系。然而，一直致力于"脱亚入欧"的日本不断发起侵略，试图改变中日条约关系，获得与欧美列强在中国一样的权益。中国在甲午战争中的失败使日本找到了机会，《马关条约》《通商行船条约》《公立文凭》的签订即是日本长期追求的结果。这三个条约彻底改变了中日之间的平等条约关系，将中国置于不对等的地位，建立起中日不平等条约关系。值得注意的是，日本长期致力于修改其与欧美国家签订的不平等条约，甲午战争前后刚刚与英国完成修约，取消协定关税、领事裁判权等特权。随后，日本于1894年11、12月，先后与美国、意大利签订新的条约。甲午战争结束后，日本又在1895—1897年间先后与俄国、德国、法国、荷兰、奥地利等国改订条约。至此"日本对欧美国家的改订条约问题，大体告一段落"②。然而，日本在实现同欧美国家修改条约目标的同时，却通过战争的方式将自己不愿意的不平等关系强加给中国。《马关条约》第六款明确规定议定中日商约"应以中国与泰西各

---

① 《公立文凭》，光绪二十二年九月十三日，王铁崖编：《中外旧约章汇编》第1册，第686页。
② 米庆余：《日本近代外交史》，南开大学出版社，1988年，第87—88页。

国现行约章为本"。谈判过程中，日本也不愿意将优待中国人写入条约①。甲午战争后，日本又将中日不平等条约关系不断扩大。这一切都反映了日本赤裸裸的侵略政策，而这一政策的成功进一步刺激了其军国主义的膨胀。

《马关条约》《通商行船条约》《公立文凭》使日本获得了欧美列强在中国获得的诸多条约特权，使日本跻身列强的行列。而且，日本利用战胜中国之机，强迫中国放弃了更多的利权。除赔款、领土问题外，日本进一步扩大了在华通商权益。《马关条约》新辟苏州、杭州、沙市、重庆为通商口岸，进一步扩大了通商的范围。《公立文凭》则使设立租界合法化，成了列强在华的条约特权。而且，《马关条约》规定了外国人在华设厂的特权。这是中外条约中首次对此作出明确规定，使列强长期以来的要求成为现实。早在1885 年底，中法商议滇粤通商章程时，所提条约稿本的第十八款提出在通商处所开厂制造。总理衙门认为：这一规定"暗藏有土货改造售卖之弊"，中国如果同意此条，"必致尽夺内地商人生意。各国觊此利益已久，本署不惮苦口辩驳，德国使臣哓渎再三，已经坚持不允，应令分别删驳"②。这里的"德国使臣哓渎再三"当是指德国驻华公使巴兰德"摘条约'工作'二字，藉词争辩"，企图达到使用机器在华从事加工生产的目的③。因此，李鸿章与戈可当谈判，坚持反对法方的这一要求。戈可当无奈之下，只好提出在新商议的商约第三款中补入 1858 年中法《天津条约》第七款。因为该款中"工作"二字，戈可当"欲藉此以塞外部之意"。李鸿章对此认为 1858 年以来 30年间，"法商并无因工作二字，在各口开设制造各厂，则滇粤边界地方亦必不能借词设厂制造"④。可见，清政府长期以来反对各国在华设厂，不同意以条约的方式使各国获得明确的权利。然而，《马关条约》却使得外国在华投资设厂成为现实。

---

① 《总署奏中日通商条约请批准互换折　附照会五件　说帖二件》，光绪二十二年九月初一日，王彦威、王亮辑编，李育民等点校整理：《清季外交史料》第 5 册，第 2426—2427 页。
② 《总署致李鸿章论中法约款函　附草案及约约》，光绪十一年十一月初一日，王彦威、王亮辑编，李育民等点校整理：《清季外交史料》第 3 册，第 1263 页。
③ 《致总理衙门总办函》，光绪二十年四月，朱家英整理：《许景澄集》第 2 册，第 325 页。
④ 《直督李鸿章奏与法使议订滇粤边界通商章程折　附章程》，光绪十二年三月二十四日，王彦威、王亮辑编，李育民等点校整理：《清季外交史料》第 3 册，第 1340 页。

《马关条约》《通商行船条约》《公立文凭》获得各国在华利益的同时，各国也可以通过片面最惠国待遇获得其所规定的新权益。因此，甲午战争"以暴力方式结束了平等条约关系的尝试"，进一步加强了中外条约关系不平等的主导倾向①。而且，《马关条约》对东亚国际关系产生了极大的影响，导致了中国传统朝贡关系的崩溃。

第二节 条约关系的新变化

甲午战争与《马关条约》对于中国、日本、东亚国际关系均产生了重要的影响，并且使中外条约关系发生了重要的变化。

就中日条约关系而言，1871 年的中日《修好条规》从形式上构建了中日平等条约关系。然而，这一基本平等的条约关系，以及清政府为此所作的尝试和努力，却被甲午战争和《马关条约》所摧毁。需要指出的是，从一开始，日本便希望获取与欧美列强同样的特权，中日平等的条约关系没有共同的基础，一直处于摇荡和危机之中。订约交涉中，日本代表竭力要取得与西方列强同等的条约，"上下总不甘心"，"几至罢议"，但李鸿章坚持不改②。换约之后，日方一再向中国"提出更订条约之议"③，试图改变这一近代性质的平等条约关系。早在 19 世纪 80 年代，日本便开始筹划"用武力强制清国签订并批准条约"④，一面加紧扩充军备，一面等待更有利的时机，其"总决算就是甲午战争"⑤。其后，日本确立了以朝鲜问题为核心的对华方针，内阁会议决定"摧毁清帝国对朝鲜的统治"⑥。经过一系列的前期准备，待羽翼丰满，日本便发动了改变中日条约关系的甲午战争。1876 年，日本迫使朝鲜签

---

① 李育民：《晚清中外条约关系研究》，第 189 页。
② 《复总署 论日本修约》，光绪十三年二月初五日，顾廷龙、戴逸主编：《李鸿章全集》第 34 册，第 184 页。
③ ［日］东亚同文会编、胡锡年译：《对华回忆录》，商务印书馆，1959 年，第 33 页。
④ ［日］信夫清三郎编、天津社会科学院日本问题研究所译：《日本外交史》上册，商务印书馆，1980 年，第 187 页。
⑤ ［日］井上清著、尚永清译：《日本军国主义》第 2 册，商务印书馆，1985 年，第 133 页。
⑥ ［日］信夫清三郎编、天津社会科学院日本问题研究所译：《日本外交史》上册，第 198 页。

订《江华条约》，获得领事裁判权、沿海自由航行等权利，全面打入朝鲜，开始与清政府争夺对朝鲜的宗主权。1882 年，朝鲜发生壬午兵变，日本又胁迫朝鲜签订《仁川条约》，获得在汉城的驻兵权。1884 年，朝鲜发生甲申政变，日本政府于翌年要挟清政府订立《天津会议专条》，在朝鲜获得与中国对等的权利，即：中日两国出兵朝鲜，须相互知照[①]。这样，朝鲜似乎被置于中日两国的共同保护之下。

1894 年，日本悍然发动甲午中日战争。清政府在失败后，不得不接受城下之盟，与之签订了《马关条约》。以此为标志，日本如愿以偿，完成了"脱亚入欧"，中日之间条约关系的性质发生了根本性的改变，由此前的平等关系变为不平等的关系。《马关条约》是一个地地道道的不平等条约，中国丧权辱国，空前严重。不仅割地、赔款，推翻中国对朝鲜的宗主权，而且废弃了中日间平等的条约关系。该约第六款规定："中日两国所有约章，因此次失和，自属废绝。"该约奠立了中日新的条约关系，此前的平等关系由此被否定。该约还规定，中日须重新订立通商条约，要以中国与西方各国现行约章为本。也就是说，通过新订通商条约，日本可以获得与西方列强同样的特权。同时又规定，在新订约章未实行之前，日本享有最惠国待遇，"与中国最为优待之国""一律无异"[②]。而以往各国与中国订约，如未定议，则不能通商。根据《马关条约》的上述规定，日本可在新商约生效之前，享有与各国同样的特权。与之相对照的是，对在日华商如何办理，《马关条约》未作规定，因此"日本现在待中国寓日商民几与无约之国等"[③]。根据《马关条约》，中日两国于 1896 年 7 月订立了《通商行船条约》。通过该约，日本获得了西方列强在华享有的所有条约权利，诸如领事裁判权、片面最惠国待遇、片面协定关税，等等。10 月，中日又订立《公立文凭》，给予日本设立专管租界的权利。

《马关条约》《通商行船条约》和《公立文凭》，构成了中日之间新的不

---

① 中日《天津会议专条》，光绪十一年三月初四日，王铁崖编：《中外旧约章汇编》第 1 册，第 465 页。

② 中日《马关新约》，光绪二十一年三月二十三日，王铁崖编：《中外旧约章汇编》第 1 册，第 615—617 页。

③ 《全权大臣张荫桓奏遵议日本商约谨陈大略折》，光绪二十二年正月二十五日，王彦威、王亮辑编，李育民等点校整理：《清季外交史料》第 5 册，第 2377 页。

平等的条约体系。其中，《马关条约》是核心，其他条约均是由此衍生。《马关条约》订立后，便已确定了中日间不平等条约关系的基础。如前所述，无论是张荫桓还是李鸿章，都无法通过交涉补救中国失去的利益，哪怕只不要超过西方列强的条约权利之外也不可能。与此对比，在这个新的条约关系中，日本不仅得到了西方列强所攫取的所有特权，而且还将其扩大。例如，西方列强多年来孜孜以求的在华设厂，由《马关条约》得以实现。对日本而言，此项特权在当时并无多大意义，因为"日本的私人资本当时还未感到有在海外开设工厂的必要"。据日本全权代表林董所言，这项要求，"实际并非出自日本本身的要求，是由于'别有用意'而加进和约之中的"。所谓"别有用意"，据日本报刊披露，是指"对英国进行国际贿赂"①。日本外务大臣陆奥宗光也说，"讲和条约中有关通商上之让与，与其说于我有利，莫如说于欧洲各国更大为有利。因为日本与清国之通商贸易，尚不如欧洲与清国之间通商贸易那样发达。从新开辟港口、扩大航路以及在通商港口建立制造工厂等，一切统按最惠国条款待遇，欧洲各国将立即享受其利益"②。

再如，在华设立租界，长期来并无条约依据，其合法性不过是在于清政府的"默认"而已③，现在这一事实上的特权变成了合法的条约特权。《公立文凭》第一款规定："添设通商口岸，专为日本商民妥定租界，其管理道路以及稽查地面之权，专属该国领事。"④ 其后日本与各口岸地方官员所订租界章程，作了更为详细、明确的规定。例如《厦门日本专管租界条款》第二款载："租界内所有马路、警察之权，以及界内诸般行政之权，皆由日本政府管理。界内道路、桥梁、沟渠、码头由日本领事官设法修造，并由日本领事官管理。"⑤ 日本既开条约允许之先例，"他国依最惠国之条款，亦得要求同等待遇。于是各国租界内行政权之取得，而成为条约上之权利"⑥。而且，日

---

① ［日］信夫清三郎编、天津社会科学院日本问题研究所译：《日本外交史》上册，第 292 页。

② 《陆奥外务大臣致林外务次官电》，1895 年 4 月 22 日，戚其章主编：《中日战争》第 10 册，中华书局，1995 年，第 117 页。

③ 参见李育民：《近代中国的条约制度》，第 86—89 页。

④ 《公立文凭》，光绪二十二年九月十三日，王铁崖：《中外旧约章汇编》第 1 册，第 686 页。

⑤ 中日《厦门日本专管租界条款》，光绪二十五年九月二十一日，王铁崖编：《中外旧约章汇编》第 1 册，第 925 页。

⑥ 林东海：《外事警察与国际关系》，商务印书馆，1937 年，第 102 页。

本共取得了八处专管租界的设立权，比英国的五处还多。"这个事实象征性地表明了日本外交的一个显著特点：维新以来'独立'这一课题的完成，同时也就是'侵略'的开始。"①

在新建立的中日条约关系中，中国已经处于完全不平等的地位，一些重要的权利都是单方面的。即以最惠国条款而论，中国要求享有同等的权利，却遭到日本的拒绝。此时的日本已把自己置于与西方列强同样的地位，甚至还有过之无不及。在谈判商约时，中国代表"屡以优待华人一节为言"，提出：奥地利条约有最惠国条款，"若按照《马关条约》办理，以欧洲各国约章为本，则奥国之约不能抹煞不算"。但是，日本方面坚决不允，先以"欧洲条约，并无华民在外国一律优待之条"为辞；继而又说，中国与别国订立通商条约，"虽有华民应得按照相待最优之国一律相待之条，后因于该国内之益有所妨碍，或与该国内或该国内一处地方之平安有所妨碍，该国终立限制之条。贵大臣当能记忆也。若夫奥国华人稀到，所有条约未可比照而论"②。

甲午战争和《马关条约》奠定了此后中日关系的基础，日本由此成为中外条约关系中的一股重要力量，在整体上强化了这一关系的不平等性质。这场战争成了日本资本主义的跳板。"日本则由于巨额赔款的流入，一面进行以扩充军备为核心的产业革命，另一方面获得了采用金本位制的资金，也就拿到了参加以伦敦为中心的国际金融市场的通行证。日本资本主义依靠地理上靠近中国和拥有较多的专管租界，取得了比欧洲列强更为有利的条件，登上了开拓中国市场的新旅程。"③ 其后日本又进一步扩展了不平等条约特权。显然，通过甲午战争在中国取得特权地位的日本，不论是广度还是深度，都不断地推进了不平等条约关系的发展。

甲午战争暨《马关条约》，在中外条约关系史上具有极其重要的地位，它不仅中断了中国建立平等关系的尝试，加深了中国半殖民地化，而且进一

① ［日］信夫清三郎编、天津社会科学院日本问题研究所译：《日本外交史》上册，第293页。
② 《张大臣致日使林董照会》，光绪二十二年六月十一日；《日使林董复张大臣照会》，明治二十九年七月二十一日，王彦威、王亮辑编、李育民等点校整理：《清季外交史料》第5册，第2424、2425页。
③ ［日］信夫清三郎编、天津社会科学院日本问题研究所译：《日本外交史》上册，第293页。

步扩展了条约特权，充实了这一关系中的不平等内涵。通过甲午战争订立的《马关条约》等条约，日本完成了"脱亚入欧"，跻身于资本主义世界，加入了通过条约对中国实施"准统治权"的行列，将不平等条约关系推进到一个新的阶段。从扩展不平等条约特权和压服清帝国的角度而言，欧美列强对这个新伙伴的所作所为是赞成的和欢迎的。战争前夕，英国与之订立条约，同意放弃在日本的领事裁判权，无疑是对侵略行为的极大鼓励。1895 年 3 月以后，俄国各报对日本之所为，"无加以过甚攻击者"，"完全改变从前论调"。《新时代》载文，更以赞许的口吻说："身为黄种人之日本，利用欧洲之先进武器与政体，拥有与欧洲人同等之资格，出现于历史舞台上，表示出与身为亚利安人种之欧洲人均属同等之人类，企图驰骋于世界文明及外交场中，与列国争衡。""日本勃兴之形迹，恰与俄国完全一致。然而日本将来之进展，借助于其本国固有文化或可较俄国有长足进步，亦未可知。"① 英国的主要报纸，"都多多少少地非常支持"日本的要求，"特别是通商特权的要求"，仅少数次要报纸"表达了对日本由于要求取得中国领土而成为东方至高无上之国的厌恶"②。这些，反映了西方国家对日本采取基本支持或放任的立场，而这在相当程度上是由于日本"脱亚入欧"所产生的效果，也由此使它们的利益更趋向一致。

作为一种新的国际秩序模式，近代中外条约关系是以不平等条约为主导的。中日甲午战争以暴力方式结束了平等条约关系的尝试，更加强了这一主导倾向，导致这一关系的恶化。而且，甲午战争对东亚三国的关系产生了重要的影响。

朝鲜通过《马关条约》脱离了与中国的朝贡关系。中朝之间的关系由此发生了重要变化。此前，作为藩属国的朝鲜，奉清王朝为上国，没有平等地位。现在不同，中国认可其独立自主的国家地位，不再视其为自己的属国，而朝鲜也以此自居，无所顾忌地向中国提出体现这一地位的要求。《马关条约》签订后的第二年，朝鲜即要求中国适应这一新的格局，重建两国关系。

---

① 《驻俄国西公使致陆奥外务大臣函》，1895 年 5 月，戚其章主编：《中日战争》第 10 册，第 71—72 页。
② 《驻英国加藤公使致陆奥外务大臣电》，1895 年 4 月 10 日，戚其章主编：《中日战争》第 10 册，第 94 页。

它一方面表示，"韩为中属，历有可考，今逼为自主，实出无奈，想中朝必不过责"，但另一方面又明确提出与中国建立新的条约关系，谓："既废旧章，亦不可不修新约，未知中朝厚意何在？"中国方面，虽然尚不习惯且不愿意接受朝鲜的要求，力图"驳阻"，但又不得不面对这一现实①。尽管清王朝没法在对朝关系中"存属国之体"，但终究无可挽回，不得不与之另建条约关系。

值得注意的是，日本在甲午战争之后，不断加强对朝鲜的控制。所以，朝鲜并没有真正成为一个"独立自主"的国家，而是逐步沦为日本的保护国，直到被日本吞并。朝日关系决定了朝鲜在甲午战后只是一个有名无实的"独立"国家，在与他国的关系中，不可能取得真正的独立地位。清政府与朝鲜建立的新关系，缺乏必要的根基，不能构成真正的平等条约关系，不过是以近代形式表明中朝传统关系的改变而已。

新建立的中朝条约关系，是以现存中外条约为蓝本，与此前的朝贡关系截然不同。19世纪80年代，随着日本侵略朝鲜的加剧，为抵制其野心，清政府采取加强控制的举措，以条约形式进一步规范和确认朝贡关系。如第四章所述，1882年，中朝订立《商民水陆贸易章程》，该约开宗明义，确认了中朝之间宗主国与朝贡国的国家关系，规定了中国对朝鲜的不平等特权，如领事裁判权②。翌年，又签订《奉天与朝鲜边民交易章程》和《吉林朝鲜商民贸易地方章程》两个条约，体现了中朝之间的宗属关系。显然，这里借鉴了中外条约关系中的某些特权制度，其实质是中国对朝鲜的不平等。不过，它在本质上仍属朝贡关系，建立在历史形成的传统基础之上，与西方列强强加给东方国家的不平等条约关系，有着性质上的不同。这是一种与现存条约不同的特殊关系，上述章程对此作了明确说明。除了《商民水陆贸易章程》规定"不在各与国一体均沾之列"之外，另两个章程亦作了类似限定，或谓

---

① 《总署奏预筹朝鲜通商办法以存体制折》，光绪二十二年六月十八日，王彦威、王亮辑编，李育民等点校整理：《清季外交史料》第5册，第2414页。

② 中朝《商民水陆贸易章程》，光绪八年八月二十日，王铁崖编：《中外旧约章汇编》第1册，第404—405页。

"与各海口岸通商情事不同""其他各国不在此例"①，或谓"与各国通商章程两不相涉"②。

甲午战争之后的中朝关系与此不同，融入了近代条约关系体系。1899 年9 月 11 日，中朝订立《通商条约：海关税则》，正式建立了近代性质的条约关系。经过该约，中朝建立了平等的条约关系，废弃了两国间以中国为中心的传统关系。清政府由此放弃维护传统国际秩序的努力，鸦片战争之后建立的条约关系，基本上成为中国唯一的对外关系模式。

第三节　朝贡关系的崩溃

条约关系是西方列强强加于中国的一种新的国际秩序，它打破了朝贡关系的独尊体制，更冲击了"天下共主"的理念，建立了真正的对华不平等关系。与鸦片战争之前不同，作为条约关系的主导方，西方列强不再被纳入"共主"之下的附属国范围，朝贡关系的理念不再施于它们身上。作为理念和体制，朝贡关系已完全局囿于传统的朝贡国，即朝鲜、越南、琉球、缅甸、暹罗等国。条约关系出现后，朝贡关系并未取消，中国处于两种国际秩序并存的格局。一方面，中国仍以天朝上国的身份，与周边国家，如朝鲜、越南等国，继续维持传统的朝贡关系；另一方面，英、美、法等西方列强通过新的条约关系，对中国行使"准统治权"。随着西方列强不断扩大侵略，中国传统的朝贡国相继丧失。《马关条约》的签订使得中国失去最重要的朝贡国朝鲜，传统的朝贡制度崩溃。为说明这一制度的崩溃，我们有必要对晚清时期朝贡制度的存在样式及其变化作整体的回溯。

晚清时期，朝贡关系的存在具体体现在以下几个方面。

一是过去的藩属国，尤其是主要的藩属国，仍然奉清王朝为上国，一如既往地向中国朝贡。从 1840—1894 年，朝鲜除了每年 4 次例贡（即万寿、

---

① 中朝《奉天与朝鲜边民交易章程》，光绪九年二月，王铁崖编：《中外旧约章汇编》第 1 册，第 418 页。

② 中朝《吉林朝鲜商民贸易地方章程》，光绪九年八月，王铁崖编：《中外旧约章汇编》第 1 册，第 444 页。

元旦、冬至三节和年贡）按期进行，从未中断之外，其他如谢恩、庆贺、陈奏、奏请等事，均另遣使进贡方物。尽管因受他国影响，朝鲜对宗主国中国产生离心倾向，试图摆脱朝贡关系，但这一关系的形制并未瓦解①。另一个主要藩属国越南，即使在遭到法国的压迫之下，亦坚持向清王朝朝贡。如1874年，法国强迫越南签订《第二次西贡条约》，"承认安南国王是有主权的，是完全独立于任何外国的"②，否定中越之间的朝贡关系。但在越南国王看来，该约并不影响中越之间的朝贡关系。不久，因同治帝驾崩，越王便打算遣使进香，"虔修职贡"③。清廷考虑越南国内正在"剿办各股匪，尚未蒇事"，谕令不必赴京进香，"以示怀柔藩服至意"④。其后，越南仍然按期遣使朝贡，直到1881年为止⑤。据统计，1860—1894年，朝鲜向中国朝贡的年份有25年，琉球8年，越南5年，其他国家，如尼泊尔4次，缅甸1次。这些国家的"朝贡使节继续前来北京，好像什么也没有发生似的"⑥。以廓尔喀为例，1872年，廓尔喀"例贡曾经奉旨免进"；1876年，该国国王在次年五年一次的例贡到来之际，禀请进贡，得到清廷的同意⑦。

二是清帝国没有因条约关系的产生而放弃朝贡关系，仍然在国家仪礼和体制中实施这一传统对外模式。1877年，四川总督丁宝桢为抵制英国由印度向西藏渗透，主张加强维护廓尔喀、布鲁克巴同中国的传统关系。总理衙门评价这一主张"自系深谋远虑，亦目前之要策"；主张中国在力图自强、严防强邻的同时，使这两个国家"知合力与谋"，从而"内固藩篱，而外弭衅隙"⑧。此后，驻藏大臣采取了相应的措施联络两国以及受英国侵略而"仅存

---

① 参见孙艳姝：《晚清中朝朝贡关系详考》，《史学月刊》2011年第1期。
② 《法国和安南王国和平同盟条约》，1874年3月15日，世界知识出版社编辑：《国际条约集（1872—1916）》，世界知识出版社，1986年，第1页。
③ 《德宗景皇帝实录》卷11，光绪元年六月丁丑，《清实录》第52册，中华书局，1987年，第215页。
④ 《德宗景皇帝实录》卷15，光绪元年八月乙丑，《清实录》第52册，第254页。
⑤ 参见李云泉：《中法战争前的中法越南问题交涉与中越关系的变化》，《社会科学辑刊》2010年第5期。
⑥ ［美］费正清、刘广京编，中国社会科学院历史研究所编译室译：《剑桥中国晚清史》上卷，中国社会科学出版社，1985年，第253页。
⑦ 《驻藏大臣松溎奏廓尔喀禀请进贡请旨示遵片》，光绪二年四月十二日，王彦威、王亮辑编，李育民等点校整理：《清季外交史料》第1册，第96—97页。
⑧ 《总署议复丁宝桢奏英人西藏探路用意狡谲情形折》，光绪三年十二月二十一日，王彦威、王亮辑编，李育民等点校整理：《清季外交史料》第2册，第238—239页。

一隅"的哲孟雄①。当西方列强侵犯藩属国之时，清政府极力维持。法国强迫越南订约，认为越为"自主之国"；驻法公使曾纪泽表示，"不能于中国无干"。"三百年以前，越南尚隶中国版图，厥后封为属国，自理内政，法国虽与之定约，中国之权力尚在"，"中国不愿邻近属邦改隶西洋之国"②。英国占据缅甸，清政府要求"立君存祀"，被拒绝之后又"改为存贡之议"。总理衙门坚持不懈，认为"百年旧典，未可弁髦弃之"，得以"将十年派员之例，列入约中"③。对于朝鲜，清政府始终坚持宗属关系，即使彼与各国订约，"仍是中朝属邦"。彼与各国交际，"冒称自主，是中朝宽容之大度"。若与中朝交涉，"亦俨然以自主，大放厥词，是置中东数百年名分纲纪于度外"④。清政府在各方面注意维护朝贡关系，甚至在朝鲜借款问题上，亦从保护属藩大局的角度思考对策，提出对此有裨益的举措⑤。当日本试图否定中朝间的宗属关系，清政府则毫不退让，坚决维护对朝鲜的宗主国地位。李鸿章表示："高丽属国几千年，何人不知。和约上所说，所属邦土，土字指中国各直省，此是内地，为内属，征钱粮管政事。邦字指高丽诸国，此是外藩，为外属，钱粮政事，向归本国经理。历来如此，不始自本朝，如何说不算属国。"⑥ 甲午战争前夕，清政府更是竭尽全力，避免朝贡关系的崩溃。李鸿章致电驻日公使汪凤藻，明确表示这一态度，谓："我朝保护属邦旧例，天下各国皆知，日本即不认朝鲜为中属，而我行我法，未便自乱其例。"⑦

　　三是将条约关系强加给中国的西方国家，亦在某种程度上承认朝贡关系

　　① 《驻藏大臣松溎等奏办理边防联络哲孟雄廓尔喀部落折》，光绪四年四月二十四日，王彦威、王亮辑编，李育民等点校整理：《清季外交史料》第 2 册，第 252—253 页。
　　② 《总署收出使大臣曾纪泽夹单》，光绪七年二月十九日，郭廷以、王聿均主编：《中法越南交涉档》一，"中研院"近代史研究所，1983 年，第 152 页。
　　③ 《使英薛福成奏缅甸每届十年派员呈贡英外部允实行片》，光绪十九年九月二十六日，王彦威、王亮辑编，李育民等点校整理：《清季外交史料》第 4 册，第 1799—1800 页。
　　④ 《李鸿章与朝鲜驻津陪臣金明圭问答》，光绪十五年十二月二十六日，王彦威、王亮辑编，李育民等点校整理：《清季外交史料》第 4 册，第 1700 页。
　　⑤ 《直督李鸿章奏借给朝鲜银十万两由华商出名订立合同限期拨还折》，光绪十八年九月十五日，王彦威、王亮辑编，李育民等点校整理：《清季外交史料》第 4 册，第 1773 页。
　　⑥ 《日本使臣森有礼署使郑永宁与李鸿章晤谈节略》，光绪元年十二月二十八日，台北"中研院"近代史研究所印编：《清季中日韩关系史料》第 2 卷，第 284 页。
　　⑦ 《直督李鸿章致总署准韩请派兵保护已电汪使知照又日本不认韩为我属邦电　三件》，光绪二十年五月初三日，王彦威、王亮辑编，李育民等点校整理：《清季外交史料》第 4 册，第 1851 页。

的合法性。1882年，美国与朝鲜议约，中方提出，"首条须提明朝鲜系中国属邦"，美方坚拒，"请援照日本成式"。相持月余，最后议定，"由韩王另给照会，声明属邦，而内治、外交，向来均由朝鲜自主"。其后，"各国均照此约为蓝本"，在一定程度上肯定了中朝宗属关系，"日人吞韩阴谋亦遂牵制阻退"。随后，俄国亦与中国"密议"，"两国政府均不改变朝鲜现在情形"，认可中朝传统关系①。甲午战争前夕，中日因朝鲜问题的矛盾趋于白热化，清政府一再强调这一客观史实。总理衙门致李鸿章，谓："韩为中属，各国无异词，日即不认，亦不能损我权利"②。李鸿章致电袁世凯，谓："韩属华，已数百年，各国皆知。即韩与各国立约，均经声明，务劝王坚持。"③ 总理衙门照会各国公使，亦指出："朝鲜为中国属邦，历有年所，天下皆知。即该国与各贵国立约时，均经声明有案。日本强令不认，于中国体制有碍，已失向来睦谊。"④ 清政府屡屡揭示朝鲜系中国属国的事实，申言"朝鲜与各国立约时声明在先，各国虽未明认，实已默许"⑤。

不可讳言，西方列强在承认朝贡关系的同时，又在破坏和否定这一体现中国主导地位的国际秩序。它们在蚕食中国周边国家领土的过程中，不断压缩朝贡关系的空间，逐渐用不平等的条约关系取代中国传统对外关系模式。效法西方列强的日本既是始作俑者，又是最终扼杀朝贡关系的操刀手，甲午战争暨《马关条约》便是这一过程的转折点。

到19世纪90年代，中国仅剩下朝鲜一个朝贡国，成为维持传统国际秩序的唯一象征。中国竭力维护这一体制，"并未视韩与各外国同例"；然而，朝鲜在日本的鼓动下，"竟欲自比于各外国，且欲藉外国以制中"⑥，试图脱

---

① 《直督李鸿章致总署韩违约遣使欧洲酌拟办法函》，光绪十四年五月初六日，王彦威、王亮辑编，李育民等点校整理：《清季外交史料》第4册，第1576页。

② 《总署致李鸿章韩为中属各国皆知会剿万不可允电》，光绪二十年五月十六日，王彦威、王亮辑编，李育民等点校整理：《清季外交史料》第4册，第1856页。

③ 《直督李鸿章致总署袁电日逼韩不认属华闻大鸟拟用兵押凯出境请准回国电 三件》，光绪二十年五月二十六日，王彦威、王亮辑编，李育民等点校整理：《清季外交史料》第4册，第1862页。

④ 《总署致驻京各国公使日本首先开衅击沉高升商轮责有攸归照会》，光绪二十年六月十八日，王彦威、王亮辑编，李育民等点校整理：《清季外交史料》第4册，第1888页。

⑤ 《直督李鸿章致总署照会似宜略述属国一节日货暂停进口但各国运日货恐不能禁电 二件》，光绪二十年六月二十五日，王彦威、王亮辑编，李育民等点校整理：《清季外交史料》第4册，第1894页。

⑥ 《李鸿章与朝鲜徐相雨笔谈文》，光绪十二年八月二十日，王彦威、王亮辑编，李育民等点校整理：《清季外交史料》第4册，第1419页。

出朝贡关系。通过甲午战争，日本以武力解除了中朝之间的朝贡关系，从根本上摧毁了中国长期奉行的这一国际秩序模式。因此，有学者指出中日甲午战争"表现的是两种国际秩序的冲突，并不仅仅是简单的中日对抗"；交战双方中的日本"试图成为欧洲国际社会中的一员"，而中国"试图保持其'天朝上国'的地位"①。甲午战争后，中国根据《马关条约》的规定，明确放弃了对朝鲜国的宗主国地位。这标志着朝贡关系的终结，为不平等条约关系的发展，清除了体制上和思想观念上的障碍。

朝贡关系是中国传统对外体制和对外观念，即天朝体制外政部分的核心，是华夷秩序的根本和象征。无疑，宗藩体系是条约关系的对立物，而朝鲜则是中国最重要的藩属，堪为这一体系的标志。经过甲午战争和《马关条约》，继越南之后，朝鲜也与中国脱离了朝贡关系，华夷秩序荡然无存，传统的中外关系体系已完全崩溃。中国昔日的藩属朝鲜，名义上具有独立自主的地位，实际上成为日本的被保护国，随后又被其兼并。

因此，甲午战争和《马关条约》的签订是东亚国际秩序发展的重要转折点，对中外条约关系和朝贡关系产生了双重影响。就条约关系而言，《马关条约》及其相关条约改变了日本与中国的平等条约关系，构建了中日不平等条约关系，并进一步扩大了列强在华权益。而且，《马关条约》还导致了三国干涉还辽，进而对甲午战后的中外条约关系发展产生了深远的影响。就朝贡关系而言，《马关条约》结束了中朝之间的传统朝贡关系。其后，作为中国传统国际秩序的朝贡关系，虽在尼泊尔、不丹等国家还有些残留②，但未能构成一种国际秩序。作为一种国际秩序，朝贡关系不复存在。上述这种变化对东亚国际关系格局的演变也产生了重要的影响。

---

① Shogo Suzuki, *Civilization and Empire：China and Japan's Encounter with European International Society*, p. 141.

② 参见章熙林：《尼泊尔新志》，商务印书馆，1947 年，第 87、88 页；刘宏煊主编：《中国睦邻史——中国与周边国家关系》，世界知识出版社，2001 年，第 330—331 页。

结　语

　　1861—1896 年是中外条约关系的重要拓展期。中外条约关系在《天津条约》《北京条约》构建的框架基础上，进一步发展。各国通过合作和单独对华等方式，武力与外交并用，使得清政府不得不放弃更多的权利。更多的国家与中国签订了不平等条约，继英、法、美、俄、瑞典—挪威等国之后，欧洲各小国相继与中国订约，甚至亚洲的日本，美洲的巴西、秘鲁先后与中国订约，墨西哥也开始与中国谈判建立条约关系。在此过程中，与条约相关的各种约章不断产生，形成了不平等的中外约章体系。因此，条约制度日益完备化，不平等条约关系的框架愈加牢固，条约关系下的外人在华权利网络愈织愈密；不平等条约关系的实施范围也不断扩大，中国也在被迫走向开放的同时承担起更多的不平等条约义务。

　　在西力东渐的背景下，不平等条约关系的维系和运行对中国造成了极大的危害，造成了中国国家地位的边缘化。与此同时，中国传统的朝贡关系受到前所未有的挑战。中国周边的朝贡国相继遭到列强的侵略，与中国断绝朝贡关系。而且，中国与琉球、越南、缅甸等国朝贡关系的结束都在不同程度上与中外条约关系有密切的关联。中朝关系还出现了基于新订条约的新变化。

　　围绕着条约特权的实施，中外之间对条约条款的不同理解、有意或无意的违约等都使得中外条约关系的运行表现得相当复杂。因此，中外之间在通商、传教、边界等领域发生了一系列的冲突与交涉。这些冲突与交涉不仅是条约关系运行的表现，而且其处理的结果又在很大程度上强化和扩展了条约关系。

　　条约关系的运行使清政府不得不进行外交与内政的调整与调适，相关的应变举措改变了中国对外交往的格局。然而，在强权政治的压制之下，清政府不得不承担条约义务，国家主权日益受到侵害。随着中外交往的增多、国际法的传入，清政府以及知识精英认识到中外条约的危害，发出了修改不平等条约的早期呼声。清政府试图通过照常举行的修约或与弱小国家新修条约中的限制，达到限止特权或收回利权的目的。而且，清政府在对外交往中针对不同国家采取了区别对待的政策，尝试与日本建立起平等条约关系。

　　然而，在强权即是公理的时代，清政府的上述努力未能取得实质性的成功。这一方面与中国的自强长期未能取得成功有密切的关系，另一方面与各国的侵华政策有密切的关系。甲午战争前后，日本对外条约关系的改变即证明了这一点。19 世纪 50 年代以后，日本面临着与中国同样的外来侵略，形成了对外不平等条约关系，与中国同样处于被侵害的境地。然而，日本在明治维新后通过改革以图富强，并积极进行修改不平等条约的外交。甲午战争前后，日本利用特殊的国际关系，与英、美等国相继完成修改条约。而且，日本"擅于复制它的欧洲老师所提供的模式"①，采取了与中国完全不同的对外政策，发动了对周边国家的侵略。1894 年，日本发动了侵略中国的甲午战争，并为列强所利用。结果，它们均达到了各自的目的。与日本不同的是，中国的自强新政面临诸多问题，列强环伺使得中国缺乏有利的外交环境，难以改变中外不平等条约关系。当然，清政府在外交政策上的失误也未尝不是重要原因。

　　甲午战争的爆发对中外条约关系产生了重要的影响。《马关条约》的签订改变了中日条约关系，构建起中日不平等条约关系。而且，它彻底打破了中朝之间的朝贡关系，使中国传统的朝贡制度崩溃。中日条约关系的建立对中外条约关系产生了重要的影响。甲午战争后，中外条约关系发生的一系列变化都在很大程度上与此有关。因此，19 世纪 60—90 年代，中外条约关系的拓展以及各方的应对奠定了其后续演变的重要基础。

---

　　① Douglas Howland, *International Law and Japanese Sovereignty: The Emerging Global Order in the 19th Century*, p. 25.

主要参考文献

一、 资料丛刊、汇编、实录、史志、已刊档案等

《清光绪朝中日交涉史料》第 1 卷，北平故宫博物院 1932

《清实录》第 52 册，中华书局 1987

《清盐法志·通例》，盐务署印行 1920

《通商约章类纂》，天津官书局 1886

《中国海关通志》编纂委员会编：《中国海关通志》，方志出版社 2012

蔡乃煌总纂：《约章分类辑要》，台北文海出版社 1986

长顺修、李桂林纂：《吉林通志》，吉林文史出版社 1986

陈翰笙主编：《华工出国史料》第 2 辑《英国议会文件选译》，中华书局 1980

陈翰笙主编：《华工出国史料汇编》第 1 辑《中国官文书选辑》，中华书局 1985

郭廷以、王聿均主编：《中法越南交涉档》，"中研院"近代史研究所 1983

郭卫东编：《中外旧约章补编（清朝）》，中华书局 2018

海关总署《旧中国海关总税务司署通令选编》编译委员会编译：《旧中国海
　　关总税务司署通令选编》第 1—3 卷，中国海关出版社 2003

海关总署《中外旧约章大全》编纂委员会编：《中外旧约章大全》第 1 分卷
　　（1689—1902），中国海关出版社 2004

黄国安、萧德浩、杨立冰编：《近代中越关系史资料选编》，广西人民出版社
　　1988

黄遵宪著、吴振清等点校整理：《日本国志》，天津人民出版社 2005

贾桢等纂修：《筹办夷务始末·咸丰朝》，中华书局 1979

李刚己辑录：《教务纪略》，台北文海出版社 1988

李汝和主修：《台湾省通志》，台湾省文献委员会 1971

廉立之、王守中编：《山东教案史料》，齐鲁书社 1980

刘锦藻撰：《清朝续文献通考》，商务印书馆 1936

刘雨珍编校：《清代首届驻日公使馆员笔谈资料汇编》，天津人民出版社 2010

马玉华主编：《中国边疆研究文库·初编·西南边疆卷四》，黑龙江教育出版社 2013

莫世祥、虞和平、陈奕平编译：《近代拱北海关报告汇编（一八八七—一九四六）》，澳门基金会 1998

戚其章主编：《中日战争》，中华书局 1995

乔志强编：《义和团在山西地区史料》，山西人民出版社 1980

沈瑜庆等纂：《福建通志·外交志》，江苏广陵古籍刻印社，1986 年缩印版

世界知识出版社编辑：《国际条约集（1648—1871）》，世界知识出版社 1984

世界知识出版社编辑：《国际条约集（1872—1916）》，世界知识出版社 1986

四川省地方志编纂委员会编纂：《四川省志·外事志》，巴蜀书社 2001

孙学雷、刘家平主编：《国家图书馆藏清代孤本外交档案》，全国图书馆文献缩微复制中心 2003

台北"中研院"近代史研究所编印：《海防档·电线》，1957

台北"中研院"近代史研究所编印：《教务教案档》第 1—7 辑，1974—1981

台北"中研院"近代史研究所编印：《清季中日韩关系史料》，1972

太平天国历史博物馆编：《吴煦档案选编》，江苏人民出版社 1983

天津市档案馆编：《三口通商大臣致津海关税务司札文选编》，天津人民出版社 1992

王尔敏、吴伦霓霞编：《盛宣怀实业函电稿》，台北"中研院"近代史研究所 1993

王明伦编：《反洋教书文揭帖选》，齐鲁书社 1984

王铁崖编：《中外旧约章汇编》，生活·读书·新知三联书店 1957

王彦威、王亮辑编，李育民等点校整理：《清季外交史料》，湖南师范大学出版社 2015

夏燮：《中西纪事》，岳麓书社 1988

萧德浩、黄铮主编：《中越边界历史资料选编》，社会科学文献出版社 1993

熊月之：《晚清新学书目提要》，上海书店出版社 2007

徐家干编：《教务辑要》，湖北官书局 1898

薛典曾、郭子雄编：《中国参加之国际公约汇编》，商务印书馆 1937

阎广耀、方生选译：《美国对华政策文件选编：从鸦片战争到第一次世界大战（1842—1918）》，人民出版社 1990

张宁、孙小迎、李燕宁编：《法国档案中的清末中法（中越边界）划界史料选编》，社会科学文献出版社 2016

章熙林：《尼泊尔新志》，商务印书馆 1947

赵尔巽等撰：《清史稿》，中华书局 1977

中国第一历史档案馆：《同治年间总署查核中法条约底本》，《历史档案》1988年第 4 期

中国第一历史档案馆、北京大学、澳大利亚拉筹伯大学编：《清代外务部中外关系档案史料丛编——中英关系卷》第 4 册《交聘往来》，中华书局 2009

中国第一历史档案馆、福建师范大学历史系合编：《清末教案》第 1—2、4—6 册，中华书局 1996、1998、2000、2006

中国近代经济史资料丛刊编辑委员会主编：《中国海关与缅藏问题》，中华书局 1983

中国近代经济史资料丛刊编辑委员会主编：《中国海关与中葡里斯本草约》，中华书局 1983

中国史学会主编：《洋务运动》，上海人民出版社、中国书店出版社 2000

中华书局编辑部、李书源整理：《筹办夷务始末·同治朝》，中华书局 2008

朱士嘉编：《美国迫害华工史料》，中华书局 1958

朱寿朋著、张静庐等校点：《光绪朝东华录》，中华书局 1984

二、 人物文集、日记、年谱、回忆录等

蔡钧撰、张晓川整理：《外交辩难》，上海古籍出版社 2020

蔡少卿整理：《薛福成日记》，吉林文史出版社 2004

崔国因著，刘发清、胡贯中点注：《出使美日秘日记》，黄山书社 1988

丁凤麟、王欣之编：《薛福成选集》，上海人民出版社 1987

顾廷龙、戴逸主编：《李鸿章全集》，安徽教育出版社 2008

胡珠生辑：《陈虬集》，浙江人民出版社 1992

黄盛陆、石恒昌、李瓒绪等标点：《岑毓英奏稿》，广西人民出版社 1989

黄兴涛等译：《辜鸿铭文集》，海南出版社 1996

江世荣编注：《曾国藩未刊信稿》，中华书局 1959

黎铎、龙先绪点校：《黎庶昌全集》，上海古籍出版社 2015

李军整理：《吴大澂日记》，中华书局 2020

梁小进主编：《郭嵩焘全集》，岳麓书社 2018

骆远荣编著：《徐承祖与晚清外交》，江苏大学出版社 2016

任青、马忠文整理：《张荫桓日记》，上海书店出版社 2004

容闳著，徐凤石、恽铁憔译：《西学东渐记》，岳麓书社 1981

施培毅、徐寿凯校点：《吴汝纶全集》，黄山书社 2002

王韬：《弢园文录外编》，上海书店出版社 2002

吴振清、吴裕贤编校整理：《何如璋集》，天津人民出版社 2010

吴振清、徐勇、王家祥编校整理：《黄遵宪集》，天津人民出版社 2003

夏东元编：《郑观应集》，上海人民出版社 1982

夏东元编著：《盛宣怀年谱长编》，上海交通大学出版社 2004

薛毓良、刘晖桢编校：《钟天纬集》，上海交通大学出版社 2018

喻岳衡校点：《曾纪泽集》，岳麓书社 2008

苑书义、孙华峰、李秉新主编：《张之洞全集》，河北人民出版社 1998

《曾国藩全集》（修订版），岳麓书社 2011

曾纪泽、庆常等撰，李峻杰整理：《金轺筹笔》，上海古籍出版社 2020

赵春晨、曾主陶、岑生平点校：《王之春集》，岳麓书社 2010

赵春晨编：《丁日昌集》，上海古籍出版社 2010

赵树贵、曾丽雅编：《陈炽集》，中华书局 1997

政协浙江省萧山市委员会文史工作委员会编：《汤寿潜史料专辑》（《萧山文
　　史资料选辑》第 4 辑），1993

志刚：《初使泰西记》，湖南人民出版社 1981

中国科学院历史研究所第三所工具书组校点：《刘坤一遗集》，中华书局 1959

朱家英整理：《许景澄集》，浙江古籍出版社 2015

［法］A. 施阿兰著，袁传璋、郑永慧译：《使华记（1893—1897）》，商务印书馆 1989

［美］凯瑟琳·F. 布鲁纳、费正清、理查德·J. 司马富编，陈绛译：《赫德与中国早期现代化——赫德日记（1863—1866）》，中国海关出版社 2005

［美］凯瑟琳·F. 布鲁纳、费正清、理查德·J. 司马富编，傅曾仁、刘壮翀、潘运昌、王联祖译：《步入中国清廷仕途——赫德日记（1854—1863）》，中国海关出版社 2003

［日］东亚同文会编、胡锡年译：《对华回忆录》，商务印书馆 1959

［英］赫德著、叶凤美译：《这些从秦国来——中国问题论集》，天津古籍出版社 2005

三、 研究著作、论文

曹中屏：《朝鲜近代史 1863—1919》，东方出版社 1993

陈新文：《"封锁香港" 问题研究（1868—1886）》，《近代史研究》2003 年第 1 期

刁敏谦：《中国国际条约义务论》，商务印书馆 1925

丁名楠等：《帝国主义侵华史》第 1、2 卷，人民出版社 1961、1986

耿昇：《传教士与远征军——法国传教士艾嘉略第二次鸦片战争亲历记》，《杭州师范学院学报》2005 年第 4 期

顾维钧：《外人在华之地位》，外交部图书处 1924

顾卫民：《中国与罗马教廷关系史略》，东方出版社 2000

郭海燕：《从朝鲜电信问题看甲午战前的中日关系》，《近代史研究》2008 年第 1 期

韩晶：《晚清中国电报局研究》，上海师范大学博士学位论文 2010

侯中军：《近代中国的不平等条约》，上海书店出版社 2012

胡忠良：《从档案谈晚清欧洲人在华游历》，《历史档案》2002 年第 2 期

江天凤主编：《长江航运史（近代部分）》，人民交通出版社 1992

姜铎：《洋务运动研究的回顾》，《历史研究》1997 年第 2 期

蒋孟引：《第二次鸦片战争》，生活·读书·新知三联书店 1965

金兆梓：《现代中国外交史》，商务印书馆 1930

李育民：《近代中国的条约制度》，湖南师范大学出版社 1995

李育民：《近代中外条约关系刍论》，湖南人民出版社 2011

李育民：《论清政府的信守条约方针及其变化》，《近代史研究》2004 年第
　2 期

李育民：《晚清中外条约关系的基本形态论析》，《史林》2016 年第 4 期

李育民：《晚清中外条约关系研究》，法律出版社 2018

李育民：《中国废约史》，中华书局 2005

李育民：《中外条约关系与晚清法律的变化》，《历史研究》2015 年第 2 期

李云泉：《朝贡制度史论》，新华出版社 2004

林东海：《外事警察与国际关系》，商务印书馆 1937

刘宏煊主编：《中国睦邻史——中国与周边国家关系》，世界知识出版社 2001

刘培华：《近代中外关系史》上册，北京大学出版社 1986

吕一燃主编：《中国近代边界史》，四川人民出版社 2007

吕昭义、陶亮：《1890 年〈中英会议藏印条约〉谈判中的中锡边界交涉》，《中
　国边疆史地研究》2020 年第 2 期

茅海建：《戊戌变法史事考二集》，生活·读书·新知三联书店 2011

米庆余：《日本近代外交史》，南开大学出版社 1988

卿汝楫：《美国侵华史》，人民出版社 1962

沈克勤编著：《国际法》，台湾学生书局 1980

苏位智、刘天路主编：《义和团运动一百周年国际学术讨论会论文集》，山东
　大学出版社 2002

孙艳妹：《晚清中朝朝贡关系详考》，《史学月刊》2011 年 1 期

汪敬虞：《赫德与近代中西关系》，人民出版社 1987

汪熙、秦岭、顾宁：《美国海军与中美关系》，复旦大学出版社 2013

王国平：《论中国近代通商口岸的范围及列强的侵权》，《江海学刊》2001 年

第 4 期

王建朗：《中国废除不平等条约的历程》，江西人民出版社 2000

王开玺：《隔膜、冲突与趋同——清代外交礼仪之争透析》，北京师范大学出版社 1999

王立诚：《中国近代外交制度史》，甘肃人民出版社 1991

魏金玉：《十九世纪后半期在华教会对土地房屋的掠夺》，《经济研究》1965 年第 8 期

吴昆吾：《不平等条约概论》，商务印书馆 1933

伍俐斌：《〈马关条约〉是否"割让"台湾给日本之考辩》，《台湾研究》2013 年第 3 期

夏东元：《洋务运动史》，华东师范大学出版社 1992

严中平主编：《中国近代经济史（1840—1894）》，经济管理出版社 2007

杨大春：《晚清政府基督教政策初探》，金城出版社 2004

邮电史编辑室编：《中国近代邮电史》，人民邮电出版社 1984

张海鹏、李国强：《论〈马关条约〉与钓鱼岛问题》，《人民日报》2013 年 5 月 8 日

张维翰：《拟陈另订中法商约及改善中法关系意见书》，《星期评论》1929 年第 2 卷第 39 期

赵佳楹编著：《中国近代外交史（1840—1919）》，山西高校联合出版社 1994

赵树好：《教案与晚清社会》，中国文联出版社 2001

郑海麟：《〈马关条约〉：三种文本有差异》，《两岸关系》2001 年第 12 期

中国第一历史档案馆、福建师范大学历史系合编：《清季中外使领年表》，中华书局 1985 ［德］施丢克尔著、乔松译：《十九世纪的德国与中国》，生活·读书·新知三联书店 1963

［韩］李泰镇著、金京子译：《明治日本侵韩史略》，中国人民大学出版社 2011

［美］费正清、刘广京编，中国社会科学院历史研究所编译室译：《剑桥中国晚清史》上卷，中国社会科学出版社 1985

［美］惠顿著、丁韪良译：《万国公法》，上海书店出版社 2002

〔美〕孔华润主编、王琛等译：《剑桥美国对外关系史》，新华出版社 2004

〔美〕马士著，张汇文、章巽、倪征暎等合译：《中华帝国对外关系史》，商务印书馆 1963

〔美〕欧内斯特·梅、小詹姆斯·汤姆逊编，齐文颖等译，齐文颖校订：《美中关系史论——兼论美国与亚洲其他国家的关系》，中国社会科学出版社 1991

〔美〕威罗贝著、王绍坊译：《外人在华特权和利益》，生活·读书·新知三联书店 1957

〔美〕詹森主编、王翔译：《剑桥日本史（第五卷）：19 世纪》，浙江大学出版社 2014

〔美〕泰勒·丹涅特著、姚曾廙译：《美国人在东亚——19 世纪美国对中国、日本和朝鲜政策的批判的研究》，商务印书馆 1959

〔日〕安冈昭男著、胡连成译：《明治前期日中关系史研究》，福建人民出版社 2007

〔日〕井上清著、尚永清译：《日本军国主义》，商务印书馆 1985

〔日〕西里喜行著、胡连成等译、胡连成终校、王晓秋审校：《清末中琉日关系史研究》，社会科学文献出版社 2010

〔日〕信夫清三郎编、天津社会科学院日本问题研究所译：《日本外交史》，商务印书馆 1980

〔英〕伯尔考维茨著，陈衍、江载华译：《中国通与英国外交部》，商务印书馆 1959

〔英〕莱特著、姚曾廙译，《中国关税沿革史》，商务印书馆 1963

〔英〕萨道义著、中国人民外交学会编译室译：《外交实践指南》，世界知识出版社 1959

〔英〕魏尔特著，陈敉才、陆琢成、李秀风译，戴一峰校：《赫德与中国海关》，厦门大学出版社 1993

四、 英文文献

A Retrospect of Political and Commercial Affairs in China during the Five

Years *1868 to 1872*, Shanghai: The North-China Herald Office, 1873

Alexander Michie, *The Englishman in China during the Victorian Era as Illustrated in the Career of Sir Rutherford Alcock*, Edinburgh and London: William Blackwood and Sons, 1900

Alexander Michie, *The Political Obstacles to Missionary Success in China*, Hong Kong: Hong Kong Daily Press Office, 1901

Arthur H. Smith, *China and America Today: A Study of Conditions and Relations*, New York: Laymen's Missionary Movement, 1907

A. J. Sargent, *Anglo-Chinese Commerce and Diplomacy (Mainly in the Nineteenth Century)*, Oxford: The Clarendon Press, 1907

British Parliamentary Papers: Missionaries in China, 1868 — 1872, Cleveland, 1915

Chao-Kwang Wu, *International Aspect of the Missionary Movement in China*, Baltimore: The Johns Hopkins Press, 1930

Chester Holcombe, *The Real Chinese Question*, New York: Young People Missionary Movement, 1907

Christian Statesman

Correspondence Relating to Chinese Immigration into the Australasian Colonies, with a Return of Acts Passed by the Legislatures of Those Colonies, and of Canada and British Columbia on the Subject, London: Eyre and Spottiswoode, 1888

Correspondence Respecting the Attack on the Indian Expedition to Western China, and the Murder of Mr. Margary (Presented to both Houses of Parliament by Command of Her Majesty), London: Harrison and Sons, 1876

Correspondence Respecting the Circular of the Chinese Government of February 9, 1871, Relating to Missionaries, London: Harrison and Sons, 1872

Correspondence Respecting the Treaty between Japan and Corea, London: Harrison and Sons, 1876

Correspondence with Mr. Wade Her Majesty's Envoy Extraordinary and Minister Plenipotentiary in China, 1871 (*Supplement to the London Gazette of Tuesday, the 12th of December*), Middlesex: Thomas Harrison and James William Harrison's Office, 1871

Correspondence with the Government of India Respecting the Negotiations with China on the Subject of Opium, London: Eyre and Spottiswoode, 1882

Daniel S. Margolies, Umut Özsu, Maïa Pal, Ntina Tzouvala eds. , *The Extraterritoriality of Law: History, Theory, Politics*, New York: Routledge, 2019

Demetrius C. Boulger, *The Life of Sir Halliday Macartney*, London: John Lane The Bodley Head, 1908

Douglas Howland, *International Law and Japanese Sovereignty: The Emerging Global Order in the 19th Century*, Palgrave Macmillan, 2016

D. F. Rennie, *Peking and the Pekingese: During the First Year of the British Embassy at Peking*, London: John Murray, Albemarle Street, 1865

Edward Hertslet Compile, *British and Foreign State Papers, 1868 — 1869*, Vol. LIX, London: William Ridgway, 1874

Edward Hertslet, Edward Cecil Hertslet Compile and Edit, *British and Foreign State Papers, 1888 — 1889*, Vol. LXXXI, London: Harrison and Sons, St. Martin's Lane

Edward Hertslet, *Treaties & C. , between Great Britain and China*, London: Harrison and Sons, 1896

Edward Hertslet, *Treaties and Tariffs Regulating the Trade Between Great Britain and Foreign Nations: and Extracts of Treaties between Foreign Powers, Containing Most-favoured-nation Clauses Applicable to Great Britain (China)*, London: Butterworth, Harrison and Sons, 1877

Executive Documents Printed by Order of the House of Representatives, *1870 — 1871*, Washington: Government Printing Office, 1871

Executive Documents Printed by Order of the Housr of Representatives, *during the Second Session of the Thirty-ninth Congress*, *1866 — 1867*, Washington: Government Printing Office, 1867

F. L. Hawks Pott, *A Short History of Shanghai*, Shanghai: Kelly & Walsh, Limited, 1928

F. S. Turner, *British Opium Policy and Its Results to India and China*, London: Sampson Low, Marston, Searle, & Rivington, 1876

F. W. Williams, *A Sketch of the Relations between the United States and China*, Boston: Thomas Y. Crowell & Co. , 1910

F. W. Williams, *Anson Burlingame and the First Chinese Mission to Foreign Powers*, New York: Charles Scribners's Sons, 1912

Griffith John, *Plain Questions and Straight forward Answers about the Opium Trade*, London: Dyer Bros. , Amen Corner, Paternoster Row, 1882

Henry Richard, *Our Relations with China*: *Speech Delivered in the House of Commons*, *June 27th 1876*, London: Hodder and Stoughton, 1876

Immanuel C. Y. Hsü, *China's Entrance into the Family of Nations*: *The Diplomatic Phase 1858 — 1880*, Harvard University Press, 1960

Ira M. Condit, *The Chinaman as We See Him and Fifty Years of Work for Him*, Chicago: Fleming H. Revell Company, 1900

James Mac Donald, *The China Question*, London: Effingham Wilson, Royal Exchange, 1870

John Bassett Moore, *A Digest of International Law*, Vol. V , Washington: Government Printing Office, 1906

John H. Mitchell, *Abrogation of Treaties with China and Absolute Prohibition of Chinese Immigration*, Washington, 1886

John Ross, *Chinese Foreign Policy*, Shanghai: The Celestial Empire Office, 1877

John R. Haddad, *America's First Adventure in China: Trade, Treaties, Opium, and Salvation*, Philadelphia: Temple University, 2013

J. H. Bridges, "England and China," *International Policy: Essays on the Foreign Relations of England*, London: Chapman and Hall, 1866

Kenneth Scott Latourette, *A History of Christian Missions in China*, New York: The Macmillan Company, 1932

Laws, Treaty, and Regulations Relating to the Exclusion of Chinese, Washington: Government Printing Office, 1899

L. Kong Meng, Cheok Hong Cheong, Louis Ah Mouy Eds. , *The Chinese Question in Australia*, *1878—1879*, Melbourne: F. F. Bailliere, 1879

Message of the President of the United States to the Two Houses of Congress at the Commencement of the Third Session of the Thirty-Seventh Congress, Vol. 1, Washington: Government Printing Office, 1862

Michael R. Auslin, *Negotiating with Imperialism: The Unequal Treaties and the Culture of Japanese Diplomacy*, Cambridge: Harvard University Press, 2006

O. Gibson, *The Chinese in America*, Cincinnati: Hitchcock & Walden, 1877

Papers Relating to the Foreign Relations of the United States Transmitted to Congress with the Annual Message of the President, *December 4*, *1871*, Washington: Government Printing Office, 1871

Papers Relating to the Foreign Relations of the United States, *for the Year 1887*, *Transmitted to Congress*, *with A Message of the President*, *June 26, 1888*, Washington: Government Printing Office, 1888

Reply of the K' euen Keae Shay, *An Association of Chinese Inhabitants of the City and Province of Canton*, *for the Promotion of Abstinence from Opium*, *to the Address of the Anglo-Oriental Society for the Supres sion of the Opium Trade*, London : Anglo-Oriental Society for the Suppression of the Opium Trade, 1877

Robert E. Speer ed. , *A Missionary Pioneer in the Far East: A Memorial of Divie Bethune McCartee*, New York, 1922

Robert Lee, *France and the Exploitation of China*, 1885—1901: *A Study in Economic Imperialism*, New York: Oxford University Press, 1989

Shogo Suzuki, *Civilization and Empire: China and Japan's Encounter with European International Society*, London: Routledge, 2009

Stanley Lane-Poole, *The Life of Sir Harry Parkes*, *K. C. B.*, *G. C. M. G.*, *Sometime Her Majesty's Minister to China and Japan*, Vol. I-Cosul in China, London: Macmillan and Co. , 1894

S. Wells Williams, *Chinese Immigration*, New York: Charles Scribner's Sons, 1879

S. Wells Williams, *Our Relations with the Chinese Empire*, San Francisco, 1877

The China Review

The Chinese Recorder

The Christian Recorder

The North American Review

The United States Consul's Manual: A Practical Guide for Consular Officers and also for Merchants, *Shipowners*, *and Masters of American Vessels in All Their Consular Transactions*, Washington: Hudson Taylor, 1863

The Watchman and Wesleyan Advertiser

William Frederick Mayers, *Treaties between the Empire of China and Foreign Powers*, Fourth and Further Enlarged Edition, The North-China Herald Office, 1902

William Speer, *The Oldest and the Newest Empire China and the United States*, Hartford: S. S. Scranton and Company, 1870

William Woodville Rockhill, *China's Intercourse with Korea from the Xvth Century to 1895*, London: Luzac & Co., 1905